Inhalt

Die Fastenzeit – Österliche Bußzeit

Heilige Woche – Karwoche

Die Osterzeit

ZU DIESEM BUCH: ANNÄHERUNGSVERSUCHE

Ferne und Nähe

Kommen Sie doch näher! Fühlen Sie sich dazu eingeladen, wenn Sie dieses Messbuch aufschlagen? Die liturgischen Texte und Schriftlesungen für die Sonntage und Festtage des vor uns liegenden Kirchenjahres sprechen auf vielerlei Weise eine Einladung zur Annäherung aus. Unsere redaktionellen Beiträge begeben sich auf Spurensuche – hinführend, auslegend, meditierend. In ihrer Vielstimmigkeit wollen sie zum genauen Hinhören, Nachlesen und Nachdenken ermuntern. Aber es liegt nicht nahe, das Unglaubliche: dass Gott Menschen seine Nähe anbietet. Dass der ganz Andere da ist, für alle und mich – und doch der ferne Fremde bleibt. Glauben wagen heißt Annäherung wagen.

Rühr-mich-nicht-an

Rühr-mich-nicht-an: In Anspielung auf den gerne sinnbildlich gedeuteten Namen einer Pflanze wurden in der Vergangenheit besonders empfindliche Menschen manchmal so genannt, oft mit abwertendem Unterton. Sie fallen auf, weil sie Berührungen scheuen. Wer hätte gedacht, dass das einmal die neue Normalität für ganze Gesellschaften sein würde: *Halten Sie Abstand!* Zum Schutz vor Infektionen mussten wir uns an umfassende Kontaktbeschränkungen gewöhnen. Nähe kann Gefahr für Leib und Leben bedeuten. Auch bei Ansteckungsgefahren anderer Art gilt *Abstand halten!* als das Gebot der Stunde. Wenn das gesellschaftliche Immunsystem versagt, können antisemitische Äußerungen wieder in aller Öffentlichkeit hemmungslos laut werden. Populistische Ideologien und Verschwörungstheorien gehen viral, politische und religiöse Fundamentalismen grassieren. Auch im Raum der Kirche bedrängen schwer erträgliche Zustände nicht wenige Menschen so sehr, dass sie sich gezwungen sehen, der Institution den Rücken zu kehren. Und fassungslos erleben wir, wie im Krieg brutal schier unüberbrückbare Gräben aufgerissen werden. Wie soll da jemals wieder Annäherung möglich sein?

Rühr-mich-nicht-an, Noli-me-tangere: Das schlichte Springkraut heißt so, weil bereits die kleinste Berührung eine heftige Reaktion auslöst. Durch einen Schleudermechanismus bringt die einjährige Pflanze die

Saat für das nächste Jahr aus. Bei aller Distanzierung, die sie im Namen führt – das *Anrühren* sichert ihr Überleben.
Auch Menschen machen von allem Anfang an die Erfahrung: Wenn ich leben will, bin ich auf Gedeih und Verderb von der zugewandten Nähe anderer Menschen abhängig. Jedes Menschenkind braucht Berührung, um zu gedeihen. Es erlebt bestenfalls, dass Nähe Sättigung, Geborgenheit und Leben bedeutet. Aber schon die Kleinsten verspüren auch den Drang, alleine das Weite zu suchen. Nein zu sagen und Freiräume zu erobern. Selbst den Abstand zu bestimmen. Lebenslange Gleichgewichtsübung: balancieren zwischen dem Bedürfnis nach Distanz und Selbstbestimmung – und der Sehnsucht nach Nähe und Berührung.

Halte mich nicht fest

In besonderer Weise erfahren Menschen die verwirrende Gleichzeitigkeit von Distanz und Nähe, wenn es um die Frage geht: Kann ich mit dem Geheimnis Gottes in Berührung kommen? Biblische Texte suchen nach Ausdruck für das Unsagbare, das nicht zu fassen ist. *Komm nicht näher heran!* hört Mose am brennenden Dornbusch (Ex 3,5). Er hat Abstand zu wahren, wird aber im gleichen Atemzug mit seinem Namen angesprochen – er persönlich ist gemeint in dieser überwältigenden Begegnung. Sein eigenes Leben und das des ganzen Volkes liegt Jahwe am Herzen, der sich ihm sowohl entzieht als auch offenbart.
Noli me tangere! sagt Jesus zu Maria Magdalena bei der Begegnung im Garten an seinem Grab (Joh 20,17; vgl. S. 365). Die Trauernde ist zunächst so vom Tod umfangen, dass sie an dem vertrauten Fremden vorübergeht, ohne ihn zu erkennen. Erst als der geliebte Verstorbene sie beim Namen ruft, wendet sie sich zu ihm um. Aber noch im glücklichen Moment des Wiedererkennens muss sie akzeptieren, dass sich ihre Sehnsucht nicht auf die naheliegende Weise stillen lässt: *Noli me tangere! Halte mich nicht fest!* Von ihr können wir lernen, dass es möglich ist, Trauer und Verzweiflung hinter sich zu lassen und getrost mit unauflöslichen Widersprüchen zu leben. Er ist gestorben und dennoch nicht im Tod gefangen. Er lässt sich sehen, aber nicht festhalten. Ferne und Nähe schließen einander nicht aus. Die Glaubenszeugin der ersten Stunde, die Apostelin der Apostel, ist offenbar wirklich getröstet, als sie Jesu Auftrag erfüllt und den Jüngern verkündet: *Ich habe den Herrn gesehen* (Joh 20,18).

Hoffnung – hell und weit

Der Evangelist lässt an dieser Stelle keine Illusionen aufkommen: Nie ist es einfach gewesen, dem Glaubenszeugnis anderer zu trauen. Maria Magdalenas Zeugnis bewirkt keineswegs, dass alle Jünger ihre Furcht hinter sich lassen (vgl. Joh 20,19). Sollen wir dennoch den Versuch wagen, vom Unfasslichen zu reden? Tatsächlich folgen gläubige Menschen immer wieder neu dem Impuls, sich denkend Gott zu nähern und tastend nach Worten für ihre Erfahrungen zu suchen.
Gegen Ende des 1. Jahrhunderts ermutigt der Verfasser des 1. Petrusbriefs die Mitglieder seiner Gemeinde, konsequent nach ihren an der Botschaft Jesu geschulten Überzeugungen zu leben – *voll Mitgefühl und Liebe zueinander* (1 Petr 3,8). Darüber hinaus sollen sie auf Anfrage offen vertreten, warum sie so leben wie sie leben: *Seid stets bereit, jedem Rede und Antwort zu stehen, der von euch Rechenschaft fordert über die Hoffnung, die euch erfüllt.* (1 Petr 3,15; vgl. S. 417 und S. 421). Wer Rede und Antwort stehen will, muss sich auf innere und äußere Auseinandersetzungen einlassen. Wie kann ich glaubhaft und verständlich zum Ausdruck bringen, was mich im Innersten bewegt? Petrus hat eine schlichte Antwort: Dass ich von Zuversicht erfüllt bin, das macht mich aus. Ich lebe aus der Hoffnung.
In der christlichen Ikonographie wird die Hoffnung zuweilen als schöne junge Frau im grünen Gewand dargestellt, mit Blütenzweigen in der Hand. Das Leben liegt vor ihr, blühend. Wer hofft, lebt und erwartet Leben. Der stabile Anker, den sie zudem bei sich trägt, gibt ihr Sicherheit im Wagnis des Aufbruchs.
Bei Tomas Halik lese ich, Glaube sei die Offenheit dem Geheimnis Gottes gegenüber. Liebe die Offenheit für das Geheimnis der Menschen und Gottes. Und Hoffnung die Offenheit in Richtung Zukunft. Ein neueres geistliches Lied singt davon, dass die Zukunft Gottes Land ist, hell und weit. Ein Segen, wenn sich zur Sehnsucht nach der Berührung mit dem Geheimnis Gottes und der Fülle des Lebens Vertrauen und Hoffnung gesellen: *Wer aufbricht, der kann hoffen in Zeit und Ewigkeit.* In diesem Sinne mögen die Schritte durch das kommende Jahr Wege der Annäherung bahnen und hoffnungsvoll ins Offene führen.

Irmtrud Schweigert

EIN NEUES LESEJAHR: DAS EVANGELIUM NACH MATTHÄUS

Das erste Evangelium

Am ersten Advent beginnt mit dem neuen Kirchenjahr der dreijährige kirchliche Lesezyklus von Neuem. Das Lesejahr A erhält seine besondere Prägung durch das Matthäus-Evangelium. Dass es die Sammlung der Schriften des Neuen Testaments eröffnet, zeigt seine traditionelle Vorrangstellung durch die besondere Verbreitung und Wertschätzung in der Alten Kirche. Dabei ist es weder die älteste Schrift im Zweiten Testament noch das älteste Evangelium. Der Verfasser verarbeitet schon vorliegende ältere schriftliche Zeugnisse nach seinem eigenen literarischen und theologischen Konzept. Das früher entstandene Markus-Evangelium findet ebenso Eingang wie Zitate aus der Logienquelle, einer frühen Sammlung von Reden und Aussprüchen Jesu – das gilt für Matthäus wie für Lukas. Darüber hinaus kann er auf eigene Quellen, vermutlich aus mündlicher Tradition, zurückgreifen. Und nicht zuletzt schöpft er aus der jüdischen Tradition, in der er aufgewachsen ist: Er wolle aus seinem Schatz Neues und Altes hervorholen (vgl. Mt 13,52), also die alten Heiligen Schriften für seine Zeit in seiner Jesus-Gemeinde neu erschließen.

Ein Gottesvolk aus Juden und Nichtjuden

Augenzeuge ist der Matthäus-Evangelist nicht – auch wenn er in der kirchlichen Tradition mit dem Apostel und Zöllner Matthäus gleichgesetzt wird. Er verfasst sein Evangelium erst nach der Zerstörung Jerusalems und des Tempels durch die Römer im Jahre 70, vermutlich zwischen 80 und 90. Der an Christus glaubende jüdische Autor der zweiten Generation lebt in der Diaspora, wohl im syrischen Antiochien oder auch in Damaskus. Er schreibt stilsicher und gekonnt auf Griechisch für seine aus Juden und Nichtjuden gemischte Gemeinde. Den vielen Judenchristen unter ihnen muss er jüdische Traditionen und theologische Schlüsselbegriffe nicht erläutern. Sie kennen beispielsweise wie er von Kind auf die Bedeutung des Gesetzes, der Tora. Sie teilen seinen Respekt vor dem Gottesnamen und verstehen, warum er deshalb umschreibend von der „Herrschaft der Himmel“

spricht. In seinem Evangelium zeigt er, wie sehr der Jude Jesus im Glauben Israels verwurzelt ist und bleibt. Daher ist auch seine in der Rezeptionsgeschichte so folgenschwer antijudaistisch missbrauchte Polemik gegen die Pharisäer als positive Auseinandersetzung innerhalb des Judentums um den richtigen Umgang mit dem religiösen Erbe zu verstehen, insbesondere als Kampf um die oft vermisste Einheit von Lehre und Tun. In der Gemeinde sollen aber auch Menschen Platz haben, die aus dem nichtjüdischen Heidentum der Umgebung zum Glauben und zur Gemeinde gekommen sind; auch sie sollen dem einen Gottesvolk zugehören – davon ist Matthäus überzeugt. Für ihn gilt bei allen Konflikten und Auseinandersetzungen in der diversen Gemeinde die Devise: Die Gemeinde Jesu Christi soll aus der Vision eines geschwisterlichen Miteinanders leben. Vertrauensvolle Öffnung statt ängstlicher Abschottung.

Mit uns Gott – mit uns allen

In seinem Evangelium deutet der schriftgelehrte Verfasser an vielen Stellen das Leben und Wirken Jesu im Licht der Verheißungen Israels. Als Einziger bringt er gleich zu Beginn in den Vorgeschichten eine Ankündigung Jesajas mit dem Kind in Verbindung, das geboren werden soll: „Sie werden ihm den Namen Immanuel geben, das heißt übersetzt: Gott mit uns." (Mt 1,23) Die große Hoffnung, die der Prophet für Israel formuliert hat, geht hier und jetzt in Erfüllung. Ihre Entsprechung findet diese Zusage im trostreichen letzten Vers des Matthäus-Evangeliums: „Und siehe, ich bin mit euch alle Tage bis zum Ende der Welt." (Mt 28,20) Mit Jesus wird der Horizont weit: Die frohe Botschaft richtet sich ausdrücklich an alle Völker (Mt 28,19). Bei genauem Hinsehen klingt diese Weite schon im ersten Vers des Evangeliums an, wo vom Ursprungs Jesu Christi, „des Sohnes Davids, des Sohnes Abrahams" (Mt 1,1) die Rede ist: Als Nachkomme Davids ist Jesus derjenige, der Israel als Messias versprochen wurde. Und gleichzeitig ist er Nachkomme Abrahams, des glaubenden Nichtjuden. In ihm wurde allen Völkern Segen verheißen. Die Liebe Gottes gilt allen Menschen. Das gilt für die gemischte Gemeinde des Matthäus, dies gilt bis heute.

Frauen im Stammbaum Jesu

Genealogien unterstreichen – ohne Anspruch auf Historizität in unserem Sinne – die Bedeutung von Personen und legitimieren insbesondere den Machtanspruch der Herrschenden. Auf dem Hintergrund dieser Tradition entfaltet der Stammbaum im ersten Kapitel des Matthäus-Evangeliums über dreimal vierzehn Glieder die Herkunft Jesu, um zu zeigen: Gott wirkt von allem Anfang an in der menschlichen Geschichte. Er wirkt über die lange Folge der Generationen in konkreten Menschen. In der patriarchal geprägten Welt des Matthäus werden überwiegend männliche Vorfahren erwähnt. Umso mehr lassen sie aufhorchen, die vier dort – außer Jesu Mutter Maria – überraschend genannten Frauen Tamar, Rahab, Rut und Batseba. Was sie verbindet: In ihrer Umgebung sind sie Fremde mit ungewöhnlichen Lebenswegen, mutige Persönlichkeiten mit kreativen Überlebensstrategien. Bis heute ermutigend, dass der Evangelist sie aufruft als Zeuginnen für den weiten Horizont Gottes.

Lehre verstehen – Gerechtigkeit tun

In fünf von ihm redaktionell komponierten Reden stellt Matthäus Jesus als Lehrer vor, der dazu anleitet, den Willen seines Vaters zu tun. Die Bergpredigt mit dem Vaterunser, der Goldenen Regel, den Seligpreisungen und detaillierten Handlungsanweisungen gilt als einer der zentralen Texte des Christentums. Der Evangelist ist überzeugt: Wir Menschen sind in der Lage, die Worte des Lehrers zu hören und zu verstehen. Es ist uns möglich, Einsicht zu gewinnen in die Lebensmöglichkeiten, die er uns eröffnet. Diese Erkenntnis stößt Bewegung an und weist den Weg zum rechten Tun. In Worten und Taten sollen wir nach seinem Beispiel in dieser Welt die Gerechtigkeit Gottes verwirklichen – was für ein Anspruch! Aber vor allem Anspruch ermutigt uns der Zuspruch „Immanuel“, nicht zu verzagen. „Mit uns Gott“ befreit zu befreiendem Handeln.

Irmtrud Schweigert

Der Advent

1. ADVENTSSONNTAG

27. November 2022

Es ist kalt und ungemütlich geworden draußen. Darf es wieder Funktionskleidung sein, oder diesmal lieber etwas richtig Schönes? Warm, winddicht und wasserabweisend, Kapuze ist unerlässlich, tauglich bei Starkregen, Sturm und Minusgraden, oder habe ich mein Herz an diesen perfekt geschneiderten kleinen Wintermantel verloren? Der könnte sich aber als die falsche Wahl erweisen, wenn es wettermäßig hart auf hart kommt. Dilemma; ich habe mich wieder fürs Praktische entschieden. Aber man wird ja noch träumen dürfen. Die Lesungen des ersten Adventssonntags sehen hier kein Entweder-oder. Sie sehen weiter. „Vielmehr zieht den Herrn Jesus Christus an." (Röm 13,14a; vgl. die zweite Lesung.) Ein Gewand, das schön ist und schön macht – und das zugleich wundersam schützt und wärmt. Das ist die Verheißung und der Aufruf des Advents. „Vielmehr zieht den Herrn Jesus Christus an." Gewand, das sanft einhüllt, aber nicht einlullt; das nicht einspinnt, nicht einengt noch einzwängt, sondern beweglich macht, ganz unerhört.

ERÖFFNUNGSVERS — Ps 25 (24), 1–3

Zu dir, Herr, erhebe ich meine Seele.
Mein Gott, dir vertraue ich.
Lass mich nicht scheitern,
lass meine Feinde nicht triumphieren!
Denn niemand, der auf dich hofft, wird zuschanden.

KYRIE-RUFE

Herr Jesus Christus, Menschensohn,
du wirst kommen mit großer Macht
und Herrlichkeit.
V/A: Herr, erbarme dich.
Du kommst zu einer Stunde,
in der wir es nicht erwarten.
V/A: Christus, erbarme dich.
Du führst die Menschen
und die Welt zur Vollendung.
V/A: Herr, erbarme dich.

TAGESGEBET

Herr, unser Gott, alles steht in deiner Macht; du schenkst das Wollen und das Vollbringen. Hilf uns, dass wir auf dem Weg der Gerechtigkeit Christus entgegengehen und uns durch Taten der Liebe auf seine Ankunft vorbereiten, damit wir den Platz zu seiner Rechten erhalten, wenn er wiederkommt in Herrlichkeit. Er, der in der Einheit des Heiligen Geistes mit dir lebt und herrscht in alle Ewigkeit.

WORTGOTTESDIENST

ZUR 1. LESUNG Ja, die Kirche hat ein Glaubwürdigkeitsproblem. Umkehr, Neuanfang, wie soll das gehen? Wie können wir denn Strahlkraft gewinnen, wenn wir „nicht gehen im Licht des HERRN", wenn wir nicht toragemäß, solidarisch, liebevoll, friedfertig und gerecht, miteinander leben? „I have a dream." Jesaja hat einen Traum, der vergeht nicht wie eitel Schaum: Gott hat gesprochen. Wenn Gott spricht, vergeht den Menschen Hören und Sehen. Weder Worte noch Bilder können es fassen, können ihn fassen. Was Jesaja vernimmt, ist wirklich visionär. Es zeigt uns letzte Dinge. Unerhörtes wird geschehen: Das kleine Juda wird zum Treffpunkt großer und mächtiger Nationen werden, Fremde wenden sich gen Jerusalem, das sie anzieht wie ein kräftiger Magnet. Sie ziehen zum Zion! Sie ziehen in Frieden, nicht in den Krieg. Sie kommen! Nicht, um zu plündern, sondern als Pilger. Nicht Gold und Silber, sondern nach Gottes Weisung verlangen sie. Die alte Welt nimmt eine neue Wendung: Alle Völker rüsten für den Frieden.

ERSTE LESUNG

Jes 2,1–5

Der Herr führt alle Völker zusammen in den ewigen Frieden des Reiches Gottes

Lesung aus dem Buch Jesája.

Das Wort, das Jesája, der Sohn des Amoz, über Juda und Jerusalem geschaut hat.

Am Ende der Tage wird es geschehen: Der Berg des Hauses des HERRN steht fest gegründet als höchster der Berge; er überragt alle Hügel. Zu ihm strömen alle Nationen. Viele Völker gehen und sagen: Auf, wir ziehen hinauf zum Berg des HERRN und zum Haus des Gottes Jakobs. Er unterweise uns in seinen Wegen, auf seinen Pfaden wollen wir gehen. Denn vom Zion zieht Weisung aus und das Wort des HERRN von Jerusalem.

Er wird Recht schaffen zwischen den Nationen und viele Völker zurechtweisen. Dann werden sie ihre Schwerter zu Pflugscharen umschmieden und ihre Lanzen zu Winzermessern. Sie erheben nicht das Schwert, Nation gegen Nation, und sie erlernen nicht mehr den Krieg.

Haus Jakob, auf, wir wollen gehen im Licht des HERRN.

ANTWORTPSALM

Ps 122 (121), 1–3.4–5.6–7.8–9 (Kv: 1b)

Kv Zum Haus des HERRN wollen wir gehen. – Kv

Ich freute mich, als man mir sagte: *
„Zum Haus des HERRN wollen wir gehen.“

Schon stehen unsere Füße in deinen Toren, Jerusalem: /
Jerusalem, als Stadt erbaut, *
die fest in sich gefügt ist. – (Kv)

Dorthin zogen die Stämme hinauf, die Stämme des HERRN, /
wie es Gebot ist für Israel, *
den Namen des HERRN zu preisen.
Denn dort standen Throne für das Gericht, *
die Throne des Hauses David. – (Kv)

Erbittet Frieden für Jerusalem! *
Geborgen seien, die dich lieben.
Friede sei in deinen Mauern, *
Geborgenheit in deinen Häusern! – (Kv)

Wegen meiner Brüder und meiner Freunde *
will ich sagen: In dir sei Friede.
Wegen des Hauses des HERRN, unseres Gottes, *
will ich dir Glück erflehen. – Kv

ZUR 2. LESUNG Steht auf vom Schlaf! Die Nacht geht zu Ende! Paulus hört die Signale. Er vernimmt die Verheißung. Das Heil ist nahe wie nie zuvor. Doch wir müssen erst noch zu uns kommen, damit der Tag kommen kann. Wir sind gerufen, wachsam und achtsam zu sein. Es gilt, sich nicht zu verlieren an die Vertröstungen und Verheißungen auf dem Markt der Möglichkeiten. Sich nicht ruhig stellen zu lassen durch vergötterten Genuss, Geld und Geltung. Dann wird es hell unter uns. Jesus Christus hat eine neue Möglichkeit des Menschseins gelebt. Jeder und jede ist eingeladen: Komm – kleide dich in sein Licht und Leben wie in ein Gewand.

ZWEITE LESUNG

Röm 13,11–14a

Jetzt ist das Heil uns näher

Lesung aus dem Brief des Apostels Paulus an die Gemeinde in Rom.

Schwestern und Brüder! Das tut im Wissen um die gegenwärtige Zeit: Die Stunde ist gekommen, aufzustehen vom Schlaf. Denn jetzt ist das Heil uns näher als zu der Zeit, da wir gläubig wurden. Die Nacht ist vorgerückt, der Tag ist nahe.

Darum lasst uns ablegen die Werke der Finsternis und anlegen die Waffen des Lichts! Lasst uns ehrenhaft leben wie am Tag, ohne maßloses Essen und Trinken, ohne Unzucht und Ausschweifung, ohne Streit und Eifersucht! Vielmehr zieht den Herrn Jesus Christus an.

RUF VOR DEM EVANGELIUM

Vers: Ps 85 (84), 8

Halleluja. Halleluja.
Lass uns schauen, o HERR, deine Huld
und schenke uns dein Heil.
Halleluja.

ZUM EVANGELIUM Das Kirchenjahr beginnt nicht mit einem spektakulären Feuerwerk, nicht mit einem rauschenden Fest, nicht mit knallenden Sektkorken. Den apokalyptischen Bildern zum Trotz: Das Kirchenjahr beginnt in Stille und Abgeschiedenheit, es beginnt in der Wüste; es beginnt mit Sehnsucht und Erwartung. Erwartung als Bereitschaft ohne Bescheid- und Besserwissen, Warten ohne Erwartetes, aktiv-passive Offenheit für das Ersehnte, das wir nicht in unserer Gewalt haben, so sagt es die französische Philosophin Simone Weil (1909–1943). Der Beginn des Kirchenjahres markiert den Anfang eines besonderen Weges auf ein besonderes Fest hin: das Fest der Menschwerdung des schöpferischen Gottes-Wortes. Wenn Gottes eigenes Wort zur Welt kommt, bedeutet das die Umkehrung aller Verhältnisse, in denen wir uns widerstandslos, bequem und blind eingerichtet haben. Gott selbst bedeutet uns, umzukehren aus allem, was wir festhalten, sogar mit Zähnen und Klauen verteidigen, obwohl es uns festhält und uns und anderen Schaden zufügt. „Seid also wachsam!" Werden wir wach und weit für das, was uns von Gott her erwartet.

EVANGELIUM

Mt 24,37–44

Seid wachsam und haltet euch bereit!

+ Aus dem heiligen Evangelium nach Matthäus.

In jener Zeit sprach Jesus zu seinen Jüngern: Wie es in den Tagen des Noach war, so wird die Ankunft des Menschensohnes sein. Wie die Menschen in jenen Tagen vor der Flut aßen und tranken, heirateten und sich heiraten ließen, bis zu dem Tag, an dem Noach in die Arche ging, und nichts ahnten, bis die Flut hereinbrach und alle wegraffte, so wird auch die Ankunft des Menschensohnes sein.

Dann wird von zwei Männern, die auf dem Feld arbeiten, einer mitgenommen und einer zurückgelassen. Und von zwei Frauen, die an derselben Mühle mahlen, wird eine mitgenommen und eine zurückgelassen.

Seid also wachsam! Denn ihr wisst nicht, an welchem Tag euer Herr kommt.

Bedenkt dies: Wenn der Herr des Hauses wüsste, in welcher Stunde in der Nacht der Dieb kommt, würde er wach bleiben und nicht zulassen, dass man in sein Haus einbricht.

Darum haltet auch ihr euch bereit! Denn der Menschensohn kommt zu einer Stunde, in der ihr es nicht erwartet.

LANGFASSUNG

Mt 24,29–44°

Man wird den Menschensohn auf den Wolken des Himmels kommen sehen, mit großer Kraft und Herrlichkeit. – Seid wachsam und haltet euch bereit!

+ Aus dem heiligen Evangelium nach Matthäus.

In jener Zeit sprach Jesus zu seinen Jüngern: Sofort nach den Tagen der großen Drangsal wird die Sonne verfinstert werden und der Mond wird nicht mehr scheinen; die Sterne werden vom Himmel fallen und die Kräfte des Himmels werden erschüttert werden.

Danach wird das Zeichen des Menschensohnes am Himmel erscheinen; dann werden alle Völker der Erde wehklagen und man wird den Menschensohn auf den Wolken des Himmels kommen sehen, mit großer Kraft und Herrlichkeit.

Er wird seine Engel unter lautem Posaunenschall aussenden und sie werden die von ihm Auserwählten aus allen vier Windrichtungen zusammenführen, von einem Ende des Himmels bis zum andern.

Lernt etwas aus dem Vergleich mit dem Feigenbaum! Sobald seine Zweige saftig werden und Blätter treiben, erkennt ihr, dass der Sommer nahe ist. So erkennt auch ihr, wenn ihr das alles seht, dass das Ende der Welt nahe ist.

Amen, ich sage euch: Diese Generation wird nicht vergehen, bis das alles geschieht. Himmel und Erde werden vergehen, aber meine Worte werden nicht vergehen.

Doch jenen Tag und jene Stunde kennt niemand, auch nicht die Engel im Himmel, nicht einmal der Sohn, sondern nur der Vater.

Denn wie es in den Tagen des Noach war, so wird die Ankunft des Menschensohnes sein. Wie die Menschen in jenen Tagen vor der Flut aßen und tranken, heirateten und sich heiraten ließen, bis zu dem Tag, an dem Noach in die Arche ging, und nichts ahnten, bis die Flut hereinbrach und alle wegraffte, so wird auch die Ankunft des Menschensohnes sein.

Dann wird von zwei Männern, die auf dem Feld arbeiten, einer mitgenommen und einer zurückgelassen. Und von zwei Frauen, die an derselben Mühle mahlen, wird eine mitgenommen und eine zurückgelassen.

Seid also wachsam! Denn ihr wisst nicht, an welchem Tag euer Herr kommt.

Bedenkt dies: Wenn der Herr des Hauses wüsste, in welcher Stunde in der Nacht der Dieb kommt, würde er wach bleiben und nicht zulassen, dass man in sein Haus einbricht.

Darum haltet auch ihr euch bereit! Denn der Menschensohn kommt zu einer Stunde, in der ihr es nicht erwartet.

Glaubensbekenntnis, S. 482 ff.

FÜRBITTEN

Ein neues Kirchenjahr liegt vor uns. Stehen wir auf vom Schlaf und gehen wir mit wacher Hoffnung auf Gottes Heil zu:

- Bitten wir um Wachsamkeit für die Kirche, dass sie neu und erneuert aus deiner befreienden Gegenwart lebt und wirkt. V: Gott unserer Hoffnung. A: Höre unser Rufen.
- Bitten wir für die Verantwortlichen in Politik und Gesellschaft, dass sie Gedanken des Friedens und der Versöhnung denken und umsetzen. V: Gott unserer Hoffnung. A: Höre unser Rufen.
- Bitten wir für die Menschen, die in Armut leben müssen, dass sie Grund zur Hoffnung haben. V: Gott unserer Hoffnung. A: Höre unser Rufen.
- Bitten wir für alle, die Unrecht nicht hinnehmen und sich für Freiheits- und Menschenrechte einsetzen, dass ihnen Kraft geschenkt werde. V: Gott unserer Hoffnung. A: Höre unser Rufen.
- Bitten wir in dieser Adventszeit für unsere lieben Verstorbenen und für die, an die niemand denkt. V: Gott unserer Hoffnung. A: Höre unser Rufen.

Guter Gott, du rufst uns zu Umkehr und Neubeginn. Du bist der Grund unserer Hoffnung. Lass das Licht der Hoffnung uns und allen Menschen leuchten, heute und alle Tage.

EUCHARISTIEFEIER

GABENGEBET

Allmächtiger Gott, alles, was wir haben, kommt von dir. Nimm die Gaben an, die wir darbringen. Mache sie für uns in diesem Leben zum Sakrament der Erlösung und rufe uns an deinen Tisch im kommenden Reich. Darum bitten wir durch Christus, unseren Herrn.

Präfation, S. 489 ff.

KOMMUNIONVERS

Ps 85 (84), 13

Der Herr wird seinen Segen spenden,
und unsere Erde bringt ihre Frucht hervor.

SCHLUSSGEBET

Herr, unser Gott, du hast uns an deinem Tisch mit neuer Kraft gestärkt. Zeige uns den rechten Weg durch diese vergängliche Welt und lenke unseren Blick auf das Unvergängliche, damit wir in allem dein Reich suchen. Darum bitten wir durch Christus, unseren Herrn.

FEIERLICHER SCHLUSSSEGEN

Der barmherzige Gott hat uns den Glauben an das Kommen seines Sohnes geschenkt; er segne und heilige euch durch das Licht seiner Gnade. – A: Amen.
Er mache euch standhaft im Glauben, froh in der Hoffnung und eifrig in Werken der Liebe. – A: Amen.
Die erste Ankunft des Erlösers sei euch Unterpfand der ewigen Herrlichkeit, die er uns schenken wird, wenn er wiederkommt auf den Wolken des Himmels. – A: Amen.

Das gewähre euch der dreieinige Gott, der Vater und der Sohn † und der Heilige Geist. – A: Amen.

***

WER AUF VOM TODESSCHLAFE STAND

Macht weit die Pforten in der Welt!
Ein König ist's, der Einzug hält,
umglänzt von Gnad und Wahrheit.
Wer von der Sünde sich gewandt,
wer auf vom Todesschlafe stand,
der siehet seine Klarheit.
Seht ihn weithin
herrlich schreiten,
Licht verbreiten;
Nacht zerstreut er,
Leben, Fried und Wonne beut er.

Albert Knapp

2. ADVENTSSONNTAG

4. Dezember 2022

„Wenn möglich, bitte wenden!" Die Aufforderung aus dem „Navi" geht uns manchmal auf die Nerven; manchmal ist sie ein Glück. Der zweite Adventssonntag steht unter dem Ruf: Kehrt um! Wie wir uns beim Autofahren manchmal vergewissern müssen, dass die Richtung noch stimmt, und wenden, wenn wir feststellen, dass wir uns verfahren haben, so ist es auch auf unserem Lebensweg immer wieder nötig, innezuhalten und zu prüfen, ob wir auf dem rechten Weg sind. Und wie schon das schlichte Geradeausfahren nur möglich ist, indem man ständig ein wenig den Kurs korrigiert, so sind auch auf dem nicht immer schnurgeraden Lebensweg immer wieder Korrekturen nötig. Der Aufruf, umzukehren – im Griechischen steht hier „umdenken, sich neu besinnen" –, ist nichts Trauriges, Düsteres, Entmutigendes, sondern Ermutigung, das letzte Ziel und Lebensglück im Blick zu behalten. Umdenken, sich eines Besseren, eines Anderen besinnen: Biblisch gesehen ist das der Weg der Güte, Gottes guter Weg.

ERÖFFNUNGSVERS

Vgl. Jes 30,19.30

Der Herr wird kommen, um die Welt zu erlösen.
Volk Gottes, mach dich bereit.
Höre auf ihn, und dein Herz wird sich freuen.

KYRIE-RUFE

Herr Jesus Christus, du bringst
Frieden und Gerechtigkeit.
V/A: Herr, erbarme dich.

Du befreist den Armen, den Elenden
und den, der keinen Helfer hat.
V/A: Christus, erbarme dich.
Du nimmst uns alle an und taufst uns
mit dem Heiligen Geist.
V/A: Herr, erbarme dich.

TAGESGEBET

Allmächtiger und barmherziger Gott, deine Weisheit allein zeigt uns den rechten Weg. Lass nicht zu, dass irdische Aufgaben und Sorgen uns hindern, deinem Sohn entgegenzugehen. Führe uns durch dein Wort und deine Gnade zur Gemeinschaft mit ihm, der in der Einheit des Heiligen Geistes mit dir lebt und herrscht in alle Ewigkeit.

WORTGOTTESDIENST

ZUR 1. LESUNG Macht hängt sprachlich mit Vermögen und Möglichkeit zusammen. Mächtigen stehen Möglichkeiten offen, die Ohnmächtigen verschlossen sind. Nichts, oder fast nichts, ist unmöglich; Mächtige vermögen jedenfalls mehr als andere. Und zweifellos nutzen und benutzen unzählige Machthaber die eigene Macht, um sich, ihren Familien und Freunden ein mächtiges Vermögen zu verschaffen. Politische Macht ohne Machtmissbrauch scheint unwahrscheinlicher zu sein als ein Sechser im Lotto. Diese Erfahrung steht auch im Hintergrund der heutigen Lesung. Aus dem „Baumstumpf Isais" – Isai war der Vater Davids – wird ein Sprössling erhofft. Das bedeutet: Weder David noch Salomo sind anschlussfähig, ihre Dynastien haben abgewirtschaftet. Noch weiter zurück muss es gehen, damit der Neuanfang gelingen kann. Und doch, sollte es nicht möglich sein? Ein Herrscher, der ganz und gar vom HERRN her regiert? Dem das Recht der Armen und Wehrlosen mehr am Herzen liegt als die Sicherung eigener Macht durch moderne Waffentechnologie und als die Nummernkonten der Sippe? Das klingt paradiesisch, und das ist es auch. Das klingt nach Gott, nach Gottes Geist. „Denn für Gott ist nichts unmöglich." (Lk 1,37, vgl. Gen 18,14) Wenn gefährliche Raubtiere und giftige Schlangen von ihrer Gier und ihrem Drang zu töten ablassen können, warum nicht auch der Mensch?

ERSTE LESUNG

Jes 11,1–10

Er entscheidet für die Armen, wie es recht ist

Lesung aus dem Buch Jesája.

An jenem Tag wächst aus dem Baumstumpf Ísais ein Reis hervor, ein junger Trieb aus seinen Wurzeln bringt Frucht. Der Geist des HERRN ruht auf ihm: der Geist der Weisheit und der Einsicht, der Geist des Rates und der Stärke, der Geist der Erkenntnis und der Furcht des HERRN. Und er hat sein Wohlgefallen an der Furcht des HERRN.

Er richtet nicht nach dem Augenschein und nach dem Hörensagen entscheidet er nicht, sondern er richtet die Geringen in Gerechtigkeit und entscheidet für die Armen des Landes, wie es recht ist. Er schlägt das Land mit dem Stock seines Mundes und tötet den Frevler mit dem Hauch seiner Lippen.

Gerechtigkeit ist der Gürtel um seine Hüften und die Treue der Gürtel um seine Lenden.

Der Wolf findet Schutz beim Lamm, der Panther liegt beim Böcklein. Kalb und Löwe weiden zusammen, ein kleiner Junge leitet sie. Kuh und Bärin nähren sich zusammen, ihre Jungen liegen beieinander. Der Löwe frisst Stroh wie das Rind. Der Säugling spielt vor dem Schlupfloch der Natter und zur Höhle der Schlange streckt das Kind seine Hand aus. Man tut nichts Böses und begeht kein Verbrechen auf meinem ganzen heiligen Berg; denn das Land ist erfüllt von der Erkenntnis des HERRN, so wie die Wasser das Meer bedecken.

An jenem Tag wird es der Spross aus der Wurzel Ísais sein, der dasteht als Feldzeichen für die Völker; die Nationen werden nach ihm fragen und seine Ruhe wird herrlich sein.

ANTWORTPSALM

Ps 72 (71), 1–2.7–8.12–13.17 (Kv: vgl. 7)

Kv In den Tagen des Herrn sollen Gerechtigkeit blühen
und Fülle des Friedens. – Kv

Verleih dein Richteramt, o Gott, dem König, *
dem Königssohn gib dein gerechtes Walten.
Er regiere dein Volk in Gerechtigkeit *
und deine Elenden durch rechtes Urteil. – (Kv)

In seinen Tagen sprosse der Gerechte *
und Fülle des Friedens, bis der Mond nicht mehr da ist.
Er herrsche von Meer zu Meer, *
vom Strom bis an die Enden der Erde. – (Kv)

Ja, er befreie den Armen, der um Hilfe schreit, *
den Elenden und den, der keinen Helfer hat.
Er habe Mitleid mit dem Geringen und Armen, *
er rette das Leben der Armen. – (Kv)

Sein Name soll ewig bestehen, *
solange die Sonne bleibt, sprosse sein Name.
Mit ihm wird man sich segnen, *
ihn werden seligpreisen alle Völker. – Kv

ZUR 2. LESUNG Eines Sinnes sein untereinander – die Mahnung des Paulus könnte akuter und aktueller nicht sein. Der Ton wird ja immer aufgeregter, rauer und schriller unter uns, vor allem in den sogenannten sozialen Medien. Wer anders denkt als ICH, als WIR, wird rasch zum Feind, ja zum Todfeind. „Der Gott der Geduld und des Trostes“, den der Apostel anruft, scheint da unendlich fern. Eines Sinnes sein, das ist ein Gottesgeschenk, betont der Apostel. Ein Geschenk, das die Beschenkten fordert und herausfordert: uns. Den anderen annehmen in seinem Anderssein, ist das nicht Verrat an der eigenen Überzeugung, Hochverrat am wahren Gott? Ehrverletzung, Blasphemie! Oder ist das der wahre Gottesdienst? Maßstab ist der Weg Jesu.

In ihm hat sich Gott der Menschen aus der Völkerwelt erbarmt und Israel seine Zuverlässigkeit, Liebe und Treue bestätigt. Der Apostel zögert nicht, beiden zuzurufen: „Darum nehmt einander an, wie auch Christus uns angenommen hat, zur Ehre Gottes!"

ZWEITE LESUNG

Röm 15,4–9

Christus rettet alle Menschen

Lesung aus dem Brief des Apostels Paulus an die Gemeinde in Rom.

Schwestern und Brüder! Alles, was einst geschrieben worden ist, ist zu unserer Belehrung geschrieben, damit wir durch Geduld und durch den Trost der Schriften Hoffnung haben. Der Gott der Geduld und des Trostes aber schenke euch, eines Sinnes untereinander zu sein, Christus Jesus gemäß, damit ihr Gott, den Vater unseres Herrn Jesus Christus, einmütig und mit einem Munde preist.

Darum nehmt einander an, wie auch Christus uns angenommen hat, zur Ehre Gottes! Denn, das sage ich, Christus ist um der Wahrhaftigkeit Gottes willen Diener der Beschnittenen geworden, um die Verheißungen an die Väter zu bestätigen; die Heiden aber sollen Gott rühmen um seines Erbarmens willen, wie geschrieben steht:

Darum will ich dich bekennen unter den Heiden und deinem Namen lobsingen.

RUF VOR DEM EVANGELIUM

Vers: Lk 3,4b.6

Halleluja. Halleluja.
Bereitet den Weg des Herrn!
Macht gerade seine Straßen!
Und alle Menschen werden das Heil Gottes schauen.
Halleluja.

ZUM EVANGELIUM „Kehrt um! Denn das Himmelreich ist nahe." Der Täufer hat das nahe Feuergericht Gottes verkündet, doch seine aufrüttelnde Rede von der Axt, die schon an die Wurzel der Bäume gelegt ist, und vom bereits anlaufenden Reinigen der Tenne zielt auf Bekehrung, auf Umkehr. Selbst jetzt bietet Gott dem in Schuld verstrickten Volk die Vergebung der Sünden und den Neuanfang an, deren leibliches Zeichen die Wassertaufe ist. Jesus von Nazaret hat eine alles wendende Erfahrung gemacht – das angekündigte Reich Gottes steht nicht nur aus, es steht nicht bloß vor der Tür: Das Reich Gottes steht in die Zeit hinein. Die Türen haben sich geöffnet, und Gottes Wirklichkeit tritt ein; sie stellt sich ein in den Heilkräften Jesu, in seiner göttlichen Wunder-Macht über die ganze Palette menschlicher Beschädigungen, Besessenheiten, Verengungen, Verkrümmungen und Leiden. Gottes Heil ist da, im Heiler; im Heiland Jesus von Nazaret lässt sich das Heil berühren, hat Gottes Heiliger Geist die Welt für immer berührt.

EVANGELIUM Mt 3, 1–12

Kehrt um! Denn das Himmelreich ist nahe

+ **Aus dem heiligen Evangelium nach Matthäus.**

In jenen Tagen trat Johannes der Täufer auf und verkündete in der Wüste von Judäa:

Kehrt um! Denn das Himmelreich ist nahe. Er war es, von dem der Prophet Jesája gesagt hat:

Stimme eines Rufers in der Wüste: Bereitet den Weg des Herrn! Macht gerade seine Straßen!

Johannes trug ein Gewand aus Kamelhaaren und einen ledernen Gürtel um seine Hüften; Heuschrecken und wilder Honig waren seine Nahrung.

Die Leute von Jerusalem und ganz Judäa und aus der ganzen Jordangegend zogen zu ihm hinaus; sie bekannten ihre Sünden und ließen sich im Jordan von ihm taufen.

Als Johannes sah, dass viele Pharisäer und Sadduzäer zur Taufe kamen, sagte er zu ihnen: Ihr Schlangenbrut, wer hat euch denn gelehrt, dass ihr dem kommenden Zorngericht entrinnen könnt?

Bringt Frucht hervor, die eure Umkehr zeigt, und meint nicht, ihr könntet sagen: Wir haben Abraham zum Vater. Denn ich sage euch: Gott kann aus diesen Steinen dem Abraham Kinder erwecken.

Schon ist die Axt an die Wurzel der Bäume gelegt; jeder Baum, der keine gute Frucht hervorbringt, wird umgehauen und ins Feuer geworfen.

Ich taufe euch mit Wasser zur Umkehr. Der aber, der nach mir kommt, ist stärker als ich und ich bin es nicht wert, ihm die Sandalen auszuziehen. Er wird euch mit dem Heiligen Geist und mit Feuer taufen.

Schon hält er die Schaufel in der Hand; und er wird seine Tenne reinigen und den Weizen in seine Scheune sammeln; die Spreu aber wird er in nie erlöschendem Feuer verbrennen.

Glaubensbekenntnis, S. 482 ff.

FÜRBITTEN

Johannes' Weckruf in der Wüste gilt auch uns. Wir bitten Gott um seinen Beistand:

- Für die Kirche: Ermutige und stärke auch heute Frauen und Männer, die uns aufwecken und den Weg ins Weite weisen. V/A: Höre und erhöre uns.
- Für alle, die in dieser Adventszeit aufbrechen wollen: Hilf uns, einander Lieblosigkeit und Versäumnisse zu vergeben. V/A: Höre und erhöre uns.
- Für die vielen in Trauer und Leid: Sei du mit ihnen und lass sie Menschen finden, die an ihrer Seite stehen. V/A: Höre und erhöre uns.

- Für die Sterbenden: Schenke ihnen dein Licht und öffne ihnen einmal dein Leben in Fülle und Freude. V/A: Höre und erhöre uns.

Du, Gott des Erbarmens, willst, dass wir einander dein Erbarmen weiterschenken. Stärke und leite uns auf unserem Weg durch den Ruf des Täufers, so bitten wir durch Christus, unseren Bruder und Herrn.

EUCHARISTIEFEIER

GABENGEBET

Barmherziger Gott, wir bekennen, dass wir immer wieder versagen und uns nicht auf unsere Verdienste berufen können. Komm uns zu Hilfe, ersetze, was uns fehlt, und nimm unsere Gebete und Gaben gnädig an. Darum bitten wir durch Christus, unseren Herrn.

Präfation, S. 489 ff.

KOMMUNIONVERS

Bar 5,5; 4,36

Jerusalem, erhebe dich,
steig auf den Berg und schau die Freude,
die von deinem Gott zu dir kommt.

SCHLUSSGEBET

Herr, unser Gott, im heiligen Mahl hast du uns mit deinem Geist erfüllt. Lehre uns durch die Teilnahme an diesem Geheimnis, die Welt im Licht deiner Weisheit zu sehen und das Unvergängliche mehr zu lieben als das Vergängliche. Darum bitten wir durch Christus, unseren Herrn.

FEIERLICHER SCHLUSSSEGEN

S. 21 f.

***

PROPHETISCHER RAT

mach die Augen auf
schau ins Weite
über dich hinaus
sieh Gott in die Augen
und mach dich fest
im Du

Heinz Detlef Stäps

HOCHFEST DER OHNE ERBSÜNDE EMPFANGENEN JUNGFRAU UND GOTTESMUTTER MARIA

8. Dezember 2022

Erwählung und Berufung sind biblische Schlüsselwörter. Erwählt ist Israel als Ganzes (vgl. Dtn 7,6), Gott wählt und ruft aber auch einzelne Menschen, in und außerhalb Israels. Der Perser Kyros wird sogar als Gottes Gesalbter bezeichnet (vgl. Jes 45,1). Erwählte sind kein willenloses Werkzeug in Gottes Hand. Erwählung ist aber kein Verdienst, sie gründet in Gottes Liebe. Erwählte sind auch nicht einfach Privilegierte. Es sind Menschen, die hinschauen, wo andere weggucken und sich wegducken. Sie hören hin, wo andere weghören. Sie hören die Stimme in den Stimmen. Horch! Wer hat da gerufen? Sie horchen auf. Und stehen auf. Das Mädchen Maria hat es getan.

ERÖFFNUNGSVERS

Jes 61,10

Von Herzen will ich mich freuen über den Herrn.
Meine Seele soll jubeln über meinen Gott.
Denn er kleidet mich in Gewänder des Heils,
er hüllt mich in den Mantel der Rettung
und schmückt mich köstlich wie eine Braut.

KYRIE-RUFE

Herr Jesus Christus, du bist das Urbild
und das Ziel der ganzen Schöpfung.
V/A: Herr, erbarme dich.

Du führst die gefallene Menschheit
zur Vollendung.
V/A: Christus, erbarme dich.
Du hast in Maria die Gestalt
unversehrten Menschseins bewahrt.
V/A: Herr, erbarme dich.

Ehre sei Gott, S. 479 f.

TAGESGEBET

Großer und heiliger Gott, im Hinblick auf den Erlösertod Christi hast du die selige Jungfrau Maria schon im ersten Augenblick ihres Daseins vor jeder Sünde bewahrt, um deinem Sohn eine würdige Wohnung zu bereiten. Höre auf ihre Fürsprache: Mache uns frei von Sünden und erhalte uns in deiner Gnade, damit wir mit reinem Herzen zu dir gelangen. Darum bitten wir durch Jesus Christus.

WORTGOTTESDIENST

ZUR 1. LESUNG Der Erdling (in „adam" klingt „adama" an, das hebräische Wort für Ackerboden) ist dazu geschaffen, den Erdboden zu bebauen – doch warum muss das unter so vielen Opfern und Entbehrungen geschehen? Die Menschen sind von Gott gewollt als Mann und Frau, im Menschsein gleich, verschieden genug, um einander Hilfe und glückliche Bereicherung zu sein – warum gelingt es so selten? Warum werden Frauen beherrscht und verachtet; warum denken wir verächtlich über Unterschiede? Im Namen Eva, hebräisch: „chawwa", lässt sich das hebräische Wort für Leben hören, „chajm". Eva, Wunder des Lebens, bringt Leben hervor – doch warum so mühsam, schmerzhaft, und manchmal sogar unter Lebensgefahr? Die Menschen sind vom Schöpfer geliebt und mit allem ausgestattet, was sie brauchen – warum verletzen sie die Grenze zwischen Gott und Mensch? Auf diese uralten Fragen gibt das dritte Kapitel des Buches Genesis Antwort. Die Antwort will den fragwürdigen Zustand von Welt und Mensch nicht festschreiben. Sie hält vielmehr die Erinnerung daran wach, wie Gott die Welt will: als Ort der Freundschaft zwischen Gott und Mensch und von Mensch zu Mensch. Maria aus Nazaret ist dafür das lebendige Unterpfand.

ERSTE LESUNG

Gen 3,9–15.20

Feindschaft setze ich zwischen dir und der Frau, zwischen deinem Nachkommen und dem Nachkommen der Frau

Lesung aus dem Buch Génesis.

Nachdem der Mensch vom Baum gegessen hatte, rief Gott, der Herr, ihm zu und sprach: Wo bist du? Er antwortete: Ich habe deine Schritte gehört im Garten; da geriet ich in Furcht, weil ich nackt bin, und versteckte mich.

Darauf fragte er: Wer hat dir gesagt, dass du nackt bist? Hast du von dem Baum gegessen, von dem ich dir geboten habe, davon nicht zu essen? Der Mensch antwortete: Die Frau, die du mir beigesellt hast, sie hat mir von dem Baum gegeben. So habe ich gegessen.

Gott, der Herr, sprach zu der Frau: Was hast du getan? Die Frau antwortete: Die Schlange hat mich verführt. So habe ich gegessen.

Da sprach Gott, der Herr, zur Schlange: Weil du das getan hast, bist du verflucht unter allem Vieh und allen Tieren des Feldes. Auf dem Bauch wirst du kriechen und Staub fressen alle Tage deines Lebens. Und Feindschaft setze ich zwischen dir und der Frau, zwischen deinem Nachkommen und ihrem Nachkommen. Er trifft dich am Kopf und du triffst ihn an der Ferse.

Der Mensch gab seiner Frau den Namen Eva, Leben, denn sie wurde die Mutter aller Lebendigen.

ANTWORTPSALM

Ps 98 (97), 1.2–3b.3c–4 (Kv: 1ab)

Kv Singet dem Herrn ein neues Lied,
denn er hat wunderbare Taten vollbracht! – Kv

Singet dem HERRN ein neues Lied, *
denn er hat wunderbare Taten vollbracht!
Geholfen hat ihm seine Rechte *
und sein heiliger Arm. – (Kv)

Der HERR hat sein Heil bekannt gemacht *
und sein gerechtes Wirken enthüllt vor den Augen der Völker.
Er gedachte seiner Huld *
und seiner Treue zum Hause Israel. – (Kv)

Alle Enden der Erde *
sahen das Heil unsres Gottes.
Jauchzet dem HERRN, alle Lande, *
freut euch, jubelt und singt! – Kv

ZUR 2. LESUNG Gott hat das erste Wort. Immer gibt unser Lobpreis nur die Antwort auf sein zuvorkommendes Wort. Am Anfang des Epheserbriefes steht ein menschliches Segenswort: Gott wird dafür „gesegnet", so sagt es der griechische Text, dass er uns gesegnet hat. Gott segnet uns, indem er sein Antlitz über uns leuchten lässt (vgl. Num 6,24–26). In Jesus Christus hat uns Gott sein Gesicht zugewandt, ein strahlendes Angesicht. Gottes Segen ist unsere Erwählung zu einer Kindschaft, die älter ist als die Welt. Das verändert unser Leben. Auf solchen Segen gibt es nur eine Antwort – den Dank „mit Herzen, Mund und Händen" (GL 405).

ZWEITE LESUNG

Eph 1,3–6.11–12

In Christus hat Gott uns erwählt vor der Grundlegung der Welt, zum Lob seiner herrlichen Gnade

Lesung aus dem Brief des Apostels Paulus an die Gemeinde in Éphesus.

Gepriesen sei Gott, der Gott und Vater unseres Herrn Jesus Christus. Er hat uns mit allem Segen seines Geistes gesegnet durch unsere Gemeinschaft mit Christus im Himmel.

Denn in ihm hat er uns erwählt vor der Grundlegung der Welt, damit wir heilig und untadelig leben vor ihm. Er hat uns aus Liebe im Voraus dazu bestimmt, seine Söhne zu werden durch Jesus Christus und zu ihm zu gelangen nach seinem gnädigen Willen, zum Lob seiner herrlichen Gnade. Er hat sie uns geschenkt in seinem geliebten Sohn.

In ihm sind wir auch als Erben vorherbestimmt nach dem Plan dessen, der alles so bewirkt, wie er es in seinem Willen beschließt; wir sind zum Lob seiner Herrlichkeit bestimmt, die wir schon früher in Christus gehofft haben.

RUF VOR DEM EVANGELIUM

Vers: vgl. Lk 1,28.42

Halleluja. Halleluja.
Gegrüßet seist du, Maria, voll der Gnade,
der Herr ist mit dir,
du bist gebenedeit unter den Frauen.
Halleluja.

ZUM EVANGELIUM In jener Zeit. Genau genommen, und Lukas nimmt es genau, ist jene Zeit der sechste Monat der Schwangerschaft, die Gabriel Zacharias und Elisabet angekündigt hatte. Verkündigung nicht des Herrn, sondern seines Vorläufers, Johannes. Eine Ankündigung, die beim künftigen Vater nicht auf fruchtbaren Boden, sondern auf den Fels des Unglaubens oder in den Treibsand des Kleinglaubens gefallen war. Verständlich, galt Elisabet doch als unfruchtbar, und beide Eheleute waren inzwischen betagt. Doch Gottes Wort, das Gabriel Zacharias und Elisabet überbrachte, fruchtete, wunderbar. Und nun, in Elisabets sechstem Monat, ist der Gottesbote abermals unterwegs, im Auftrag des Herrn. Abermals Ankündigung wundersamer Schwangerschaft und heilbringender Geburt! Wenn man aber wunderbar und heilbringend steigern kann, kündigt Gabriel jetzt eine noch wunderbarere Schwangerschaft und eine noch heilvollere Geburt an. Zacharias' und Elisabets Sohn werde „groß sein vor dem Herrn", er werde „schon vom Mutterleib an … vom Heiligen Geist erfüllt sein." (Lk 1,15); Freude und Umkehr zu Gott werde er in Gottes Volk bewirken, hieß es vor sechs Monaten. Kann man das steigern? Gott kann es. Lukas lässt keinen Zweifel daran: Marias Kind wird aus Heiligem Geist stammen, es wird „heilig und Sohn Gottes genannt werden". Es wird den Thron Davids erben und über Jakobs Haus herrschen auf ewig. Unvorstellbar, undenkbar, wunderbar. Und dann noch ein Wunder: Maria – hört. Maria – bedenkt sich. Maria – bedankt sich. (vgl. Lk 1,46–55) Maria – glaubt.

EVANGELIUM Lk 1,26–38

Sei gegrüßt, du Begnadete, der Herr ist mit dir

+ Aus dem heiligen Evangelium nach Lukas.

In jener Zeit wurde der Engel Gábriel von Gott in eine Stadt in Galiläa namens Nazaret zu einer Jungfrau gesandt. Sie war mit einem Mann namens Josef verlobt, der aus dem Haus David stammte. Der Name der Jungfrau war Maria.

Der Engel trat bei ihr ein und sagte: Sei gegrüßt, du Begnadete, der Herr ist mit dir. Sie erschrak über die Anrede und überlegte, was dieser Gruß zu bedeuten habe.

Da sagte der Engel zu ihr: Fürchte dich nicht, Maria; denn du hast bei Gott Gnade gefunden. Siehe, du wirst schwanger werden und einen Sohn wirst du gebären; dem sollst du den Namen Jesus geben. Er wird groß sein und Sohn des Höchsten genannt werden. Gott, der Herr, wird ihm den Thron seines Vaters David geben. Er wird über das Haus Jakob in Ewigkeit herrschen und seine Herrschaft wird kein Ende haben.

Maria sagte zu dem Engel: Wie soll das geschehen, da ich keinen Mann erkenne?

Der Engel antwortete ihr: Heiliger Geist wird über dich kommen und Kraft des Höchsten wird dich überschatten. Deshalb wird auch das Kind heilig und Sohn Gottes genannt werden.

Siehe, auch Elisabet, deine Verwandte, hat noch in ihrem Alter einen Sohn empfangen; obwohl sie als unfruchtbar gilt, ist sie schon im sechsten Monat. Denn für Gott ist nichts unmöglich.

Da sagte Maria: Siehe, ich bin die Magd des Herrn; mir geschehe, wie du es gesagt hast.
Danach verließ sie der Engel.

Glaubensbekenntnis, S. 482 ff.

FÜRBITTEN

Gott hat Maria vertraut, und Maria vertraute der göttlichen Botschaft. Wir bitten um den Mut Marias, um ihren Mut des Aufbruchs:

- Wir bitten für alle Menschen, die dem Wort Gottes mehr vertrauen als Normen, Erwartungen und Traditionen. V: Gott, dir vertrauen wir. A: Höre unser Rufen.
- Wir bitten für die christlichen Kirchen, die ihre Stimme erheben gegen die Missachtung und Benachteiligung von Frauen weltweit. V: Gott, dir vertrauen wir. A: Höre unser Rufen.
- Wir bitten für alle, die bereit sind, zum Erlösungswerk Jesu Christi mit ihren je eigenen Charismen und Gaben beizutragen. V: Gott, dir vertrauen wir. A: Höre unser Rufen.
- Wir bitten für die Opfer von Naturkatastrophen und menschlicher Gewalt: Lass sie solidarische Hilfe erfahren. V: Gott, dir vertrauen wir. A: Höre unser Rufen.

Der Mut der Maria aus Nazaret leite auch uns heute. Dazu stärke uns der Gott des Lebens, dem wir vertrauen. So bitten wir durch Christus, unseren Bruder und Herrn.

EUCHARISTIEFEIER

GABENGEBET

Herr, unser Gott, in deiner Gnade hast du die selige Jungfrau Maria auserwählt und vor jeder Sünde bewahrt. An ihrem Fest feiern wir das Opfer, das alle Schuld der Menschen tilgt. Befreie uns auf ihre Fürsprache aus der Verstrickung in das Böse, damit auch wir heilig und makellos vor dir stehen. Darum bitten wir durch Christus, unseren Herrn.

PRÄFATION

In Wahrheit ist es würdig und recht, dir, Vater im Himmel, zu danken und das Werk deiner Liebe zu rühmen. Denn du hast Maria vor der Erbschuld bewahrt, du hast sie mit der Fülle der Gnade beschenkt, da sie erwählt war, die Mutter deines Sohnes zu werden. In unversehrter Jungfräulichkeit hat sie Christus geboren, der als schuldloses Lamm die Sünde der Welt hinwegnimmt. Sie ist Urbild und Anfang der Kirche, der makellosen Braut deines Sohnes. Vor allen Heiligen ist sie ein Vorbild der Heiligkeit, ihre Fürsprache erfleht uns deine Gnade durch unseren Herrn Jesus Christus. Durch ihn preisen dich Himmel und Erde, Engel und Menschen und singen wie aus einem Munde das Lob deiner Herrlichkeit: Heilig …

KOMMUNIONVERS

Großes hat man von dir gesagt, Maria,
denn aus dir ging hervor die Sonne der Gerechtigkeit,
Christus, unser Gott.

SCHLUSSGEBET

Herr und Gott, das Sakrament, das wir empfangen haben, heile in uns die Wunden jener Schuld, vor der du die allerseligste Jungfrau Maria vom ersten Augenblick ihres Daseins an auf einzigartige Weise bewahrt hast. Darum bitten wir durch Christus, unseren Herrn.

FEIERLICHER SCHLUSSSEGEN

Gott, der allmächtige Vater, segne euch durch den Erlöser der Welt, unseren Herrn Jesus Christus, den Sohn der jungfräulichen Mutter Maria. – A: Amen.
Sie hat den Urheber des Lebens geboren; ihre mütterliche Fürsprache erwirke euch Gottes Hilfe. – A: Amen.
Euch und allen, die heute das Hochfest der ohne Erbsünde empfangenen Jungfrau Maria begehen, schenke Gott die wahre Freude und den ewigen Lohn. – A: Amen.
Das gewähre euch der dreieinige Gott, der Vater und der Sohn † und der Heilige Geist. – A: Amen.

***

DU BIST NICHT ALLEIN

Du bist nicht allein –
so sagt es der Engel
dem Mädchen Maria.
So spürt es die eine
und sagt es
der anderen zu.

Du bist nicht allein,
der Herr ist mit dir:
So dürfen auch wir
einander Zuversicht schenken,
einander bestärken:
Du bist nicht allein.

Der Herr ist mit dir, Maria:
seine Hilfe, sein Schutz, seine Gnade!
Du bist nicht allein, Maria:
Sein Geist ist mit dir,
sein Rat, sein Trost, seine Stärke!

So bitten auch wir
um sein lebendiges Licht,
das unsere Nacht durchbricht,
unsere Ängste lindert
und unsere Verhärtungen
löst.

Dorothee Sandherr-Klemp

3. ADVENTSSONNTAG

11. Dezember 2022

Vertreibung, ein Thema der Menschheitsgeschichte. Der Globus brennt. Ein furchtbarer Dauerbrenner. Vertreibungen und Fluchtbewegungen haben das 20. Jahrhundert geprägt. Und auch heute drücken sie der Welt ihren schweren Stempel auf. Die Menschen, die ihre Heimat verloren haben, sehnen sich nach Heimat. Nach einem Ort, an dem sich menschlich leben lässt. Nach einem Alltag mit sicheren Straßen und mit Häusern, die Schutz bieten. Nach einem Dasein ohne Raubtierinstinkte und blutige Gewalt. Oft sind sie traumatisiert, zu verzweifelt, um hoffen zu können. Hoffen wir für sie: auf ein Land ohne Lebensangst, in dem die Betäubten zu sich kommen können und die gestorbene Hoffnung erwacht. Setzen wir uns für die Schutzlosen ein. Ist das nicht der Sinn von Gottes Advent?

ERÖFFNUNGSVERS

Phil 4,4.5b

Freut euch im Herrn zu jeder Zeit!
Noch einmal sage ich: Freut euch!
Denn der Herr ist nahe.

KYRIE-RUFE

Herr Jesus Christus, du schenkst große Freude.
V/A: Herr, erbarme dich.
Du machst Blinde sehen und Lahme gehen.
V/A: Christus, erbarme dich.
Du kommst und wirst uns retten.
V/A: Herr, erbarme dich.

TAGESGEBET

Allmächtiger Gott, sieh gütig auf dein Volk, das mit gläubigem Verlangen das Fest der Geburt Christi erwartet. Mache unser Herz bereit für das Geschenk der Erlösung, damit Weihnachten für uns alle ein Tag der Freude und der Zuversicht werde. Darum bitten wir durch Jesus Christus.

WORTGOTTESDIENST

ZUR 1. LESUNG Wer kann anderen so Mut machen? Wer kann es wagen? Bedrückt und beschädigt sind die Menschen, die hier angesprochen werden: geschwächt, gelähmt, auf den Tod krank. Von harten Kontrasten lebt dieser große biblische Hoffnungstext. Jede Blumenwiese ist schön, doch die Blüte der Wüste ist jubelnder Durchbruch zu Licht und Leben. Nicht die Stärke der Starken, sondern die Kraft der Schwachen verdient unser Staunen, und der Mut eines Mutlosen ist ein wahres Wunder. Wo immer der Gang der Dinge und der Lauf der Welt überraschend und heilsam durchbrochen werden, da dürfen wir uns mit Israel freuen und rufen: Seht, hier ist unser Gott!

ERSTE LESUNG

Jes 35, 1 – 6a.10

Gott selbst kommt und wird euch retten

Lesung aus dem Buch Jesája.

Jubeln werden die Wüste und das trockene Land, jauchzen wird die Steppe und blühen wie die Lilie. Sie wird prächtig blühen und sie wird jauchzen, ja jauchzen und frohlocken. Die Herrlichkeit des Líbanon wurde ihr gegeben, die Pracht des Karmel und der Ebene Scharón. Sie werden die Herrlichkeit des Herrn sehen, die Pracht unseres Gottes.

Stärkt die schlaffen Hände und festigt die wankenden Knie! Sagt den Verzagten: Seid stark, fürchtet euch nicht! Seht, euer Gott! Die

Rache kommt, die Vergeltung Gottes! Er selbst kommt und wird euch retten.
Dann werden die Augen der Blinden aufgetan und die Ohren der Tauben werden geöffnet. Dann springt der Lahme wie ein Hirsch und die Zunge des Stummen frohlockt.
Die vom HERRN Befreiten kehren zurück und kommen zum Zion mit Frohlocken. Ewige Freude ist auf ihren Häuptern, Jubel und Freude stellen sich ein, Kummer und Seufzen entfliehen.

ANTWORTPSALM Ps 146 (145), 6–7.8–9a.9b–10 (Kv: vgl. Jes 35, 4)

Kv Komm, o Herr, und erlöse uns! – Kv

(*Oder:* Halleluja.)

Der HERR ist es, der Himmel und Erde erschafft, /
das Meer und alles, was in ihm ist. *
Er hält die Treue auf ewig.
Recht schafft er den Unterdrückten, /
Brot gibt er den Hungernden, *
der HERR befreit die Gefangenen. – (Kv)

Der HERR öffnet die Augen der Blinden, *
der HERR richtet auf die Gebeugten,
der HERR liebt die Gerechten. *
Der HERR beschützt die Fremden. – (Kv)

Er hilft auf den Waisen und Witwen, *
doch den Weg der Frevler krümmt er.
Der HERR ist König auf ewig, *
dein Gott, Zion, durch alle Geschlechter. – Kv

ZUR 2. LESUNG „Wie lange dauert es denn noch? Wann ist denn endlich Weihnachten?“ So ähnlich fragen kleine Kinder ungeduldig in diesen Tagen. Sie können es kaum noch erwarten. Ähnlich ungeduldig wartete die frühe Kirche auf die Wieder-Ankunft Christi. Als diese sich hinauszögerte, wurde das Durchhalten schwer. Hatte man sich im Schwung der ersten Begeisterung in der Gemeinde über die sozialen Grenzen hinweg zusammengefunden, so wurde es auf die Dauer anstrengend, miteinander zu leben. In dieser Situation mahnt der Jakobusbrief: Haltet aus, klagt nicht übereinander. Das kann heißen: Klagt einander nicht an vor der Gemeinde. Nicht ihr habt zu urteilen, sondern Christus wird das tun. Haltet geduldig aus – das kann auch übersetzt werden: Seid langmütig, großherzig, macht euer Herz, euren Mut, eure Lebens- und Liebeskraft groß und weit. Denn das, was ihr von Herzen ersehnt, wird in eurem Leben ankommen, im rettenden Richter, im barmherzigen Herrn.

ZWEITE LESUNG

Jak 5,7–10

Macht eure Herzen stark, denn die Ankunft des Herrn steht nahe bevor

Lesung aus dem Jakobusbrief.

Schwestern und Brüder, haltet geduldig aus bis zur Ankunft des Herrn! Siehe, auch der Bauer wartet auf die kostbare Frucht der Erde, er wartet geduldig auf sie, bis Frühregen oder Spätregen fällt. Ebenso geduldig sollt auch ihr sein; macht eure Herzen stark, denn die Ankunft des Herrn steht nahe bevor.

Klagt nicht übereinander, Brüder und Schwestern, damit ihr nicht gerichtet werdet! Seht, der Richter steht schon vor der Tür.

Brüder und Schwestern, im Leiden und in der Geduld nehmt euch die Propheten zum Vorbild, die im Namen des Herrn gesprochen haben!

RUF VOR DEM EVANGELIUM

Vers: vgl. Jes 61,1ab (Lk 4,18)

Halleluja. Halleluja.
Der Geist des Herrn ruht auf mir.

Der Herr hat mich gesandt,
den Armen die frohe Botschaft zu bringen.
Halleluja.

ZUM EVANGELIUM Jesus und Johannes: Johannes wird auf Jesus aufmerksam und sendet aus der Haft seine Jünger aus, ihn respektvoll nach seiner Identität zu befragen, und höchste Bewunderung für den Täufer spricht umgekehrt aus den Worten Jesu. Mit seinen Spitzen gegen den Landesherrn Antipas, dessen Münzen das Schilfrohr zeigen und der nicht weit von Johannes' Taufstelle in einem reich ausgestatteten Sommerpalast in Tiberias residiert, reiht sich der Täufer in die Schar der biblischen Propheten ein, die weltlichen Herrschern die Stirn boten. Ja, mehr noch: Er ist in den Augen Jesu der Größte der Menschen. Dann jedoch kommt eine neue Kategorie ins Spiel, das Reich Gottes, das Himmelreich. In der Person Jesu kommt Gottes Reich ins Spiel. Mit der Verkündigung des Gottesreiches, das Jesus repräsentiert, werden die Karten neu gemischt. Erkennen und ergreifen – oder verspielen wir diese Chance?

EVANGELIUM Mt 11,2–11

Bist du der, der kommen soll, oder sollen wir auf einen anderen warten?

+ Aus dem heiligen Evangelium nach Matthäus.

In jener Zeit hörte Johannes im Gefängnis von den Taten des Christus. Da schickte er seine Jünger zu ihm und ließ ihn fragen: Bist du der, der kommen soll, oder sollen wir auf einen anderen warten?

Jesus antwortete ihnen: Geht und berichtet Johannes, was ihr hört und seht: Blinde sehen wieder und Lahme gehen; Aussätzige werden rein und Taube hören; Tote stehen auf und Armen wird das Evangelium verkündet. Selig ist, wer an mir keinen Anstoß nimmt.

Als sie gegangen waren, begann Jesus zu der Menge über Johannes zu reden: Was habt ihr denn sehen wollen, als ihr in die Wüste hinausgegangen seid? Ein Schilfrohr, das im Wind schwankt?

Oder was habt ihr sehen wollen, als ihr hinausgegangen seid? Einen Mann in feiner Kleidung? Siehe, die fein gekleidet sind, findet man in den Palästen der Könige.

Oder wozu seid ihr hinausgegangen? Um einen Propheten zu sehen? Ja, ich sage euch: sogar mehr als einen Propheten. Dieser ist es, von dem geschrieben steht:

Siehe, ich sende meinen Boten vor dir her, der deinen Weg vor dir bahnen wird.

Amen, ich sage euch: Unter den von einer Frau Geborenen ist kein Größerer aufgetreten als Johannes der Täufer; doch der Kleinste im Himmelreich ist größer als er.

Glaubensbekenntnis, S. 482 ff.

FÜRBITTEN

Johannes bahnt dem Heil, das von Gott kommt, den Weg. Den Mächtigen seiner Zeit aber ist er unbequem. Wir bitten Gott um Beistand und Mut:

- Ermutige und belebe die Kirche, dass sie die Botschaft vom Heil auch heute vernehmbar und erfahrbar machen kann. V: Starker Gott. A: Höre und erhöre uns.

- Hilf uns, nicht das Äußerliche zu beurteilen, sondern den Menschen zu sehen. V: Starker Gott. A: Höre und erhöre uns.

- Stärke alle, die sich für Gerechtigkeit und Gleichheit einsetzen. V: Starker Gott. A: Höre und erhöre uns.

- Ermutige uns, die wir sicher und auskömmlich leben dürfen, mit denen zu teilen, die zu wenig zum Leben haben. V: Starker Gott. A: Höre und erhöre uns.

- Stärke alle, die Kranke und Sterbende begleiten und sie nicht alleine lassen. V: Starker Gott. A: Höre und erhöre uns.

Wir danken Gott für die Kraft des Johannes und für seinen Sohn, der einer von uns wurde, und bitten ihn um seinen Segen: für heute und für alle Tage, die uns geschenkt sind.

EUCHARISTIEFEIER

GABENGEBET

Herr, unser Gott, in dieser Feier erfüllen wir den Auftrag deines Sohnes. Nimm unsere Gaben an und gib deiner Kirche die Gnade, immer und überall sein Opfer zu feiern. Schenke uns durch dieses Geheimnis dein Heil, das du der Welt bereitet hast. Darum bitten wir durch Christus, unseren Herrn.

Präfation, S. 489 ff.

KOMMUNIONVERS

Jes 35,4

Sagt den Verzagten: Habt Mut, fürchtet euch nicht!
Seht, hier ist euer Gott!
Er selbst wird kommen und euch erretten.

SCHLUSSGEBET

Barmherziger Gott, komm durch dieses heilige Mahl uns schwachen Menschen zu Hilfe. Reinige uns von Schuld und mache uns bereit für das kommende Fest. Darum bitten wir durch Christus, unseren Herrn.

FEIERLICHER SCHLUSSSEGEN

S. 21 f.

***

UNERKANNT

Du Kind
wirst ausbrechen aus deiner gutbürgerlichen Stube.
Du wirst die Sünder
zu Gott
umkehren
und die Axt
an die Wurzel
der Bäume legen.

Du wirst
den Mächtigen
in die Suppe
spucken,
dich unbeliebt machen
und ein Opfer des Henkers werden.

Du verweist uns auf ihn,
auf das Lamm Gottes,
das unerkannt mitten unter uns
steht.

Heinz Detlef Stäps

4. ADVENTSSONNTAG

18. Dezember 2022

Manchmal wünschen wir uns genau das – einen spektakulären Fund in einer vergessenen Höhle im Heiligen Land oder einem sehr geheimen Geheimfach im hintersten Winkel einer verfallenen, von unbesiegbarer Natur überwucherten Bibliothek: Das Leben Jesu, wie es wirklich war. Wo ist er denn nun tatsächlich geboren, was hat er bis zu seinem öffentlichen Wirken gemacht, und haben der kleine Täufer und er oft zusammen gespielt? Auf Videos und Tonaufzeichnungen müssen wir ja definitiv verzichten, aber ein paar Tagebuchfragmente, Zeilen einer Autobiografie auf brüchigem Pergament, das wäre doch schön. Die biblischen Evangelien betonen allerdings nicht, dass Jesus schrieb; das eine Mal, wo es erzählt wird, schreibt er in den Sand. Was also wird aus unserem Wunsch nach „Fakten, Fakten, Fakten", nach „authentischem Material", wie man so sagt? Die Lesungen des heutigen Adventssonntags antworten auf andere Fragen, auf die Frage nach dem innersten Sein und der Sendung Jesu. Öffnen wir uns dem zarten und dichten Gewebe ihrer Antworten und trauen wir ihm zu, dass es auch unsere Fragen trägt: Heilige Schrift.

ERÖFFNUNGSVERS

Vgl. Jes 45,8

Tauet, ihr Himmel, von oben!
Ihr Wolken, regnet herab den Gerechten!
Tu dich auf, o Erde, und sprosse den Heiland hervor!

KYRIE-RUFE

Herr Jesus Christus, von einer Frau geboren,
du bist Sohn Gottes in Macht.
V/A: Herr, erbarme dich.

Du bist Immanuel, Gott mit uns.
V/A: Christus, erbarme dich.
Du wirst dein Volk von seinen Sünden
und aus seinem Leid erlösen.
V/A: Herr, erbarme dich.

TAGESGEBET

Allmächtiger Gott, gieße deine Gnade in unsere Herzen ein. Durch die Botschaft des Engels haben wir die Menschwerdung Christi, deines Sohnes, erkannt. Führe uns durch sein Leiden und Kreuz zur Herrlichkeit der Auferstehung. Darum bitten wir durch ihn, Jesus Christus.

WORTGOTTESDIENST

ZUR 1. LESUNG Mitten in der Geschichte setzt Gott einen Neuanfang für die Geschichte – durch ein Kind. Das verheißt der Prophet Jesaja seinem König Ahas, dem das Gottvertrauen fehlt. Die Christenheit erkannte hierin einen Hinweis auf die Geburt Jesu: Das Kind, das in Maria heranwächst, ist nicht einfach die Fortsetzung der menschlichen Geschichte, die in Schuld verstrickt ist. Es kommt ganz und gar aus Gott und bleibt ganz mit ihm geeint. Aber dieser Mensch wird sich durch uns, seine Mitmenschen, mit unserer Schuldgeschichte berühren und treffen lassen, so tief, dass er durch und für unsere Schuld sterben wird. Auf diese Weise bringt sich Gott mit den Menschen in Verbindung, überwindet die Sünde, die Trennung, rettet von Schuld. Dies sagen die Namen des verheißenen Kindes: Immanuel, Jesus – Gott ist mit uns, Gott rettet.

ERSTE LESUNG

Jes 7,10–14

Siehe, die Jungfrau hat ein Kind empfangen, sie gebiert einen Sohn und wird ihm den Namen Immanuel – Gott mit uns – geben

Lesung aus dem Buch Jesája.

In jenen Tagen sprach der Herr zu Ahas – dem König von Juda; und sagte: Erbitte dir ein Zeichen vom Herrn, deinem Gott, tief zur Unterwelt oder hoch nach oben hin!

Ahas antwortete: Ich werde um nichts bitten und den Herrn nicht versuchen.

Da sagte Jesája: Hört doch, Haus Davids! Genügt es euch nicht, Menschen zu ermüden, dass ihr auch noch meinen Gott ermüdet? Darum wird der Herr selbst euch ein Zeichen geben: Siehe, die Jungfrau hat empfangen, sie gebiert einen Sohn und wird ihm den Namen Immánuel – Gott mit uns – geben.

ANTWORTPSALM

Ps 24 (23),1–2.3–4.5–6 (Kv: vgl. 7b.10b)

Kv Der Herr wird kommen,
er ist der König der Herrlichkeit. – Kv

Dem Herrn gehört die Erde und was sie erfüllt, *
der Erdkreis und seine Bewohner.
Denn er hat ihn auf Meere gegründet, *
ihn über Strömen befestigt. – (Kv)

Wer darf hinaufziehn zum Berg des Herrn, *
wer darf stehn an seiner heiligen Stätte?
Der unschuldige Hände hat und ein reines Herz, /
der seine Seele nicht an Nichtiges hängt *
und keinen trügerischen Eid geschworen hat. – (Kv)

Er wird Segen empfangen vom Herrn *
und Gerechtigkeit vom Gott seines Heils.

…n; unter ihnen lebt auch ihr, die ihr von Jesus Christus beru… seid.

…alle in Rom, die von Gott geliebt sind, die berufenen Heiligen: Gnade sei mit euch und Friede von Gott, unserem Vater, und dem Herrn Jesus Christus.

RUF VOR DEM EVANGELIUM

Vers: vgl. Mt 1,23

Halleluja. Halleluja.
Halleluja. Halleluja.
Siehe: die Jungfrau wird empfangen
und einen Sohn gebären,
sein Name wird sein: Immánuel – Gott mit uns.
Halleluja.

ZUM EVANGELIUM Das Neue Testament beginnt mit dem Stammbaum Jesu, des Abrahamssohns aus dem Hause Davids. Am Ende der langen Ahnengalerie begegnen wir Maria, der Mutter des Erlösers, auf den der große Gottesplan zuläuft. Maria ist die fünfte Frau, die im Stammbaum Jesu namentlich genannt wird. Nun könnte man einwenden, Tamar, Rahab, Rut und Batseba – Ehebrecherin, Dirne, Ausländerin bzw. Nicht-Jüdin – seien für Maria nicht gerade die beste Gesellschaft, jedenfalls dann nicht, wenn man sich an die Werte der sogenannten guten Gesellschaft hält. Doch die Weitung enger Vorstellungen und verhärteter Erwartungen gehört dazu: Gottes Heil spart die Außenseiter nicht aus, und der Gott Israels will sich sogar mit denen verbünden, die nicht seine Verbündeten sind. Gottes Geist ist eben nicht Menschengeist, sondern Heiliger Geist. Maria ist offen für diesen Geist.

EVANGELIUM

Mt 1,18–24

Jesus wird geboren werden von Maria, die verlobt ist mit Josef, dem Sohn Davids

FEIERLICHER SCHLUSSSEGEN

S. 21 f.

***

MARIA

Maria
ruht
in sich

verankert
in Gottes Wort

kann sie
Antwort geben

Gottes Plan
bejahen

auch wenn es
dunkel wird

Jesus

Heinz Detlef Stäps

Die Weihnachtszeit

HOCHFEST DER GEBURT DES HERRN
WEIHNACHTEN – CHRISTTAG

„Und das Wort ist Fleisch geworden und hat unter uns gewohnt und wir haben seine Herrlichkeit geschaut, die Herrlichkeit des einzigen Sohnes vom Vater, voll Gnade und Wahrheit." (Joh 1,14) Das weihnachtliche Geheimnis, „voll Gnade und Wahrheit", entfaltet die Kirche in vier Eucharistiefeiern. Am Vorabend und in der Nacht steht die Geburt Christi, des von Gott verheißenen Retters, im Mittelpunkt. Die Feier in der Morgenfrühe, die „Hirtenmesse", ist von der Freude derer geprägt, die den Weg zur Krippe finden. In der Messe am Tage feiern wir die Menschwerdung des göttlichen Wortes, die „uns zu Lichtes Kindern macht".

UND UNS ZU LICHTES KINDERN MACHT

Das ewig Licht geht da herein,
gibt der Welt ein' neuen Schein;
es leucht wohl mitten in der Nacht
und uns zu Lichtes Kindern macht.
Kyrieleis.

Martin Luther

AM HEILIGEN ABEND

24. Dezember 2022

Adventszeit. Waren das jetzt wirklich schon vier Wochen? Die Pandemie verhinderte in den letzten Jahren Weihnachtsmärkte und ließ vorweihnachtliche Betriebsfeiern platzen; dennoch fühlen wir uns getrieben. Nächstes Jahr mache ich es ganz anders! Mein Stoßseufzer nach den Wochen des Advents überzeugt mich noch weniger als die bald folgenden Vorsätze zum neuen Jahr. Wie kann es sein, dass die Adventszeit in meinem Leben so verdunstet und verdampft? Heute versammeln wir uns zum Heiligen Abend vor dem Krippen- und Erlöserkind: Gottes leibhafte Erinnerung, dass wir Beschenkte und Befreite sind.

ERÖFFNUNGSVERS

Vgl. Ex 16,6–7

Heute sollt ihr es erfahren:
Der Herr kommt, um uns zu erlösen,
und morgen werdet ihr seine Herrlichkeit schauen.

KYRIE-RUFE

Herr Jesus Christus, du bist deinem
Volk Israel als Retter gesandt.
V/A: Herr, erbarme dich.
Du bist gekommen, um dein Volk
von seinen Sünden zu erlösen.
V/A: Christus, erbarme dich.
Du bist auch das Licht der Völker,
das strahlend aufgeht über uns.
V/A: Herr, erbarme dich.

Ehre sei Gott, S. 479 f.

TAGESGEBET

Gütiger Gott, Jahr für Jahr erwarten wir voll Freude das Fest unserer Erlösung. Gib, dass wir deinen Sohn von ganzem Herzen als unseren Retter und Heiland aufnehmen, damit wir ihm voll Zuversicht entgegengehen können, wenn er am Ende der Zeiten als Richter wiederkommt. Er, der in der Einheit des Heiligen Geistes mit dir lebt und herrscht in alle Ewigkeit.

WORTGOTTESDIENST

ZUR 1. LESUNG Im unerbittlichen Glitzerglanz der Kaufhausbeleuchtungen und gigantischen Leuchtreklamen sehnen wir uns nach dem stillen Sternenhimmel oder einfach nach dem Dunkel. Für die Menschen im alten Orient wäre das wohl undenkbar gewesen. Licht war für sie untrennbar mit Leben, Fülle und der Wiederherstellung von Gerechtigkeit verbunden. Ein besonderer Schmerz der Exilszeit war für die Israelitinnen und Israeliten das Wissen: In Jerusalem gehen die Lichter aus, und die bange Befürchtung: für immer. Nach dem Exil brannten sie darauf, ihre Stadt im alten Glanz erstrahlen zu sehen. Der Prophet Tritojesaja („der dritte Jesaja“) setzt einen eigenen Akzent: Der Glanz einer Stadt ist nicht ihr wirtschaftliches Florieren, nicht ihre rege Bautätigkeit, nicht ihre schiere Größe. Der Glanz einer Stadt ist ihre Gerechtigkeit. Sie ist keine trübe Funzel, sondern eine lodernde Flamme – eine großartige Energiequelle für alle, denen anonyme Wohnsilos, eine kinder- und altersfeindliche Stadtplanung und die Ghettos und Slums der Megastädte nicht gleichgültig sind. In diesem Geist erhoffen wir in dieser Nacht den Aufgang der „Sonne der Gerechtigkeit“.

ERSTE LESUNG

Jes 62,1–5

Der Herr hat an dir Gefallen

Lesung aus dem Buch Jesája.

Um Zions willen werde ich nicht schweigen, um Jerusalems willen nicht still sein, bis hervorbricht wie ein helles Licht seine Gerechtigkeit und sein Heil wie eine brennende Fackel.

Dann sehen die Nationen deine Gerechtigkeit und alle Könige deine Herrlichkeit. Man ruft dich mit einem neuen Namen, den der Mund des HERRN für dich bestimmt. Du wirst zu einer prächtigen Krone in der Hand des HERRN, zu einem königlichen Kopfschmuck in der Hand deines Gottes.

Nicht länger nennt man dich „Verlassene“ und dein Land nicht mehr „Verwüstung“, sondern du wirst heißen: „Ich habe Gefallen an dir“ und dein Land wird „Vermählte“ genannt. Denn der HERR hat an dir Gefallen und dein Land wird vermählt.

Wie der junge Mann die Jungfrau in Besitz nimmt, so nehmen deine Söhne dich in Besitz. Wie der Bräutigam sich freut über die Braut, so freut sich dein Gott über dich.

ANTWORTPSALM

Ps 89 (88),20a u. 4–5.16–17.27 u. 29 (Kv: 2a)

Kv Von der Huld des HERRN
will ich ewig singen. – Kv

Einst hast du in einer Vision zu deinen Frommen gesprochen: /
„Ich habe einen Bund geschlossen mit meinem Erwählten *
und David, meinem Knecht, geschworen:
Auf ewig gebe ich deinem Haus festen Bestand *
und von Geschlecht zu Geschlecht gründe ich deinen Thron. – (Kv)

Selig das Volk, das den Jubelruf kennt, *
HERR, sie gehen im Licht deines Angesichts.
Sie freuen sich allezeit über deinen Namen *
und sie jubeln über deine Gerechtigkeit. – (Kv)

Er wird zu mir rufen: Mein Vater bist du, *
mein Gott, der Fels meiner Rettung.
Auf ewig werde ich ihm meine Huld bewahren, *
mein Bund mit ihm ist verlässlich." – Kv

ZUR 2. LESUNG In der Heilsgeschichte Israels ist Jesus der unerwartete Erwartete, gerade wie der Hütejunge David, den damals kein Mensch auf dem Schirm hatte, und auf den doch Gottes unwiderrufliche Gnadenwahl gefallen war. Auch mit Jesus von Nazaret hatte niemand gerechnet, und doch haben auf ihn schon die Propheten gehofft. Auf ihn hat zuletzt Johannes der Täufer hingewiesen, indem er die öffentliche Aufmerksamkeit von sich ab- und auf Jesus hinlenkte: „Ich bin nicht der, für den ihr mich haltet ..." In der Synagoge der kleinen pisidischen Stadt Antiochia zeigt Paulus auf, dass Gottes Heilstaten in der Geschichte Israels und sein so unvorhersehbares wie folgerechtes Handeln in Jesus Christus untrennbar zusammengehören: Das ist Gottes immer neue, immer unbereute Treue.

ZWEITE LESUNG

Apg 13,16–17.22–25

Aus Davids Geschlecht hat Gott dem Volk Israel Jesus als Retter geschickt

Lesung aus der Apostelgeschichte.

In der Synagoge von Antióchia in Pisídien stand Paulus auf, gab mit der Hand ein Zeichen und sagte:

Ihr Israeliten und ihr Gottesfürchtigen, hört! Der Gott dieses Volkes Israel hat unsere Väter erwählt und das Volk in der Fremde erhöht, im Land Ägypten; er hat sie mit hoch erhobenem Arm von dort herausgeführt. Dann erhob er David zu ihrem König, von dem er bezeugte: Ich habe David, den Sohn des Ísai, als einen Mann nach meinem Herzen gefunden, der alles, was ich will, vollbringen wird.

Aus seinem Geschlecht hat Gott dem Volk Israel, der Verheißung gemäß, Jesus als Retter geschickt. Vor dessen Auftreten hat Johannes dem ganzen Volk Israel eine Taufe der Umkehr verkündet.

Als Johannes aber seinen Lauf vollendet hatte, sagte er: Ich bin nicht der, für den ihr mich haltet; aber siehe, nach mir kommt einer, dem die Sandalen von den Füßen zu lösen ich nicht wert bin.

RUF VOR DEM EVANGELIUM

Halleluja. Halleluja.
Morgen wird die Sünde der Erde getilgt
und über uns herrscht der Retter der Welt.
Halleluja.

ZUM EVANGELIUM Jesus, aller Welt „Helfer wert" (GL 218,2), wird in dem kleinen Israel geboren. Die alte Verheißung an Gottes erwähltes Volk wird durch sein Kommen bestätigt. Nicht vergebens hat Israel auf den Messias aus dem Hause Davids gewartet. Matthäus zieht den Stammbaum sogar bis zu Abraham zurück und weitet damit den Blick auf die vielen – auch heidnischen – Völker, als deren Vater Abraham gilt. Dieser ist ja Segen für alle Geschlechter der Erde (vgl. Gen 12,1–3) und „Vater der Menge" (Gen 17,5). Jesus Christus wird hier ausdrücklich als Sohn Davids und Sohn Abrahams bekannt. Nimmt man das Evangelium ernst, dann wird klar: Die Geschichte Jesu kann niemals gegen die Gottesgeschichte Israels ausgespielt werden – es ist seine Geschichte!

EVANGELIUM

Mt 1,1–25

Stammbaum Jesu Christi, des Sohnes Davids, des Sohnes Abrahams

+ Aus dem heiligen Evangelium nach Matthäus.

Buch des Ursprungs Jesu Christi, des Sohnes Davids, des Sohnes Abrahams: Abraham zeugte den Ísaak, Ísaak zeugte den Jakob, Jakob zeugte den Juda und seine Brüder. Juda zeugte den Perez und den Serach mit der Tamar. Perez zeugte den Hezron, Hezron zeugte den Aram, Aram zeugte den Amminádab, Amminádab zeugte den Nachschon, Nachschon zeugte den Salmon. Salmon zeugte den Boas mit der Rahab. Boas zeugte den Obed mit der Rut. Obed zeugte den Ísai, Ísai zeugte David, den König.

David zeugte den Sálomo mit der Frau des Uríja. Sálomo zeugte den Rehábeam, Rehábeam zeugte den Abíja, Abíja zeugte den Asa, Asa zeugte den Jóschafat, Jóschafat zeugte den Joram, Joram zeugte den Usíja. Usíja zeugte den Jotam, Jotam zeugte den Ahas, Ahas zeugte den Hiskíja, Hiskíja zeugte den Manásse, Manásse zeugte den Amos, Amos zeugte den Joschíja. Joschíja zeugte den Jójachin und seine Brüder; das war zur Zeit der Babylonischen Gefangenschaft.

Nach der Babylonischen Gefangenschaft zeugte Jójachin den Scheáltiël, Scheáltiël zeugte den Serubbábel, Serubbábel zeugte den Ábihud, Ábihud zeugte den Éljakim, Éljakim zeugte den Azor. Azor zeugte den Zadok, Zadok zeugte den Achim, Achim zeugte den Éliud, Éliud zeugte den Eleásar, Eleásar zeugte den Mattan, Mattan zeugte den Jakob.

Jakob zeugte den Josef, den Mann Marias; von ihr wurde Jesus geboren, der der Christus genannt wird.

Im Ganzen sind es also von Abraham bis David vierzehn Generationen, von David bis zur Babylonischen Gefangenschaft vierzehn Generationen und von der Babylonischen Gefangenschaft bis zu Christus vierzehn Generationen.

Mit der Geburt Jesu Christi war es so: Maria, seine Mutter, war mit Josef verlobt; noch bevor sie zusammengekommen waren, zeigte sich, dass sie ein Kind erwartete – durch das Wirken des Heiligen Geistes. Josef, ihr Mann, der gerecht war und sie nicht bloßstellen wollte, beschloss, sich in aller Stille von ihr zu trennen.

Während er noch darüber nachdachte, siehe, da erschien ihm ein Engel des Herrn im Traum und sagte: Josef, Sohn Davids, fürchte dich nicht, Maria als deine Frau zu dir zu nehmen; denn das Kind, das sie erwartet, ist vom Heiligen Geist. Sie wird einen Sohn gebären; ihm sollst du den Namen Jesus geben; denn er wird sein Volk von seinen Sünden erlösen.

Dies alles ist geschehen, damit sich erfüllte, was der Herr durch den Propheten gesagt hat:

Siehe: Die Jungfrau wird empfangen und einen Sohn gebären und sie werden ihm den Namen Immánuel geben, das heißt übersetzt: Gott mit uns.

Als Josef erwachte, tat er, was der Engel des Herrn ihm befohlen hatte, und nahm seine Frau zu sich. Er erkannte sie aber nicht, bis sie ihren Sohn gebar. Und er gab ihm den Namen Jesus.

Oder:

KURZFASSUNG Mt 1,18–25

Maria wird einen Sohn gebären; ihm sollst du den Namen Jesus geben

+ Aus dem heiligen Evangelium nach Matthäus.

Mit der Geburt Jesu Christi war es so: Maria, seine Mutter, war mit Josef verlobt; noch bevor sie zusammengekommen waren, zeigte sich, dass sie ein Kind erwartete – durch das Wirken des Heiligen Geistes.

Josef, ihr Mann, der gerecht war und sie nicht bloßstellen wollte, beschloss, sich in aller Stille von ihr zu trennen.

Während er noch darüber nachdachte, siehe, da erschien ihm ein Engel des Herrn im Traum und sagte: Josef, Sohn Davids, fürchte dich nicht, Maria als deine Frau zu dir zu nehmen; denn das Kind, das sie erwartet, ist vom Heiligen Geist. Sie wird einen Sohn gebären; ihm sollst du den Namen Jesus geben; denn er wird sein Volk von seinen Sünden erlösen.

Dies alles ist geschehen, damit sich erfüllte, was der Herr durch den Propheten gesagt hat:

Siehe: Die Jungfrau wird empfangen und einen Sohn gebären und sie werden ihm den Namen Immánuel geben, das heißt übersetzt: Gott mit uns.

Als Josef erwachte, tat er, was der Engel des Herrn ihm befohlen hatte, und nahm seine Frau zu sich. Er erkannte sie aber nicht, bis sie ihren Sohn gebar. Und er gab ihm den Namen Jesus.

Glaubensbekenntnis, S. 482 ff.

(*Kniebeuge zu den Worten:* „hat Fleisch angenommen“ bis „Mensch geworden“)

FÜRBITTEN

Jesus Christus, wahrer Gott und wahrer Mensch, tritt ein in die Dunkelheit der Welt. Sein Licht leuchtet auch uns. Wir rufen zu ihm:

- Weise deiner Kirche den Weg zu Einheit und Liebe. V: Jesus Christus, Licht und Leben. A: Leuchte und erleuchte uns.
- Bestärke alle, die sich mit Papst Franziskus auf den Weg zu echter Gemeinschaft, Teilhabe und Sendung machen. V: Jesus Christus, Licht und Leben. A: Leuchte und erleuchte uns.
- Segne alle Menschen, die das Fest deiner Geburt begehen. V: Jesus Christus, Licht und Leben. A: Leuchte und erleuchte uns.
- Segne alle, die heute traurig und verzweifelt sind. V: Jesus Christus, Licht und Leben. A: Leuchte und erleuchte uns.
- Segne die Familien und stärke sie im Band der Liebe. V: Jesus Christus, Licht und Leben. A: Leuchte und erleuchte uns.

Jesus Christus, heute ist dein Licht allen Menschen erschienen. Hilf uns, dein Licht in unseren Herzen zu entzünden und es hineinzunehmen in unser Leben. So bitten wir heute und an allen Tagen unseres Seins.

EUCHARISTIEFEIER

GABENGEBET

Herr, unser Gott, mit der Menschwerdung deines Sohnes hat unsere Rettung begonnen. Nimm diese Gaben an und mache uns durch diese Opferfeier bereit für das Geheimnis der Heiligen Nacht, in der wir den Ursprung unserer Erlösung festlich begehen. Darum bitten wir durch Christus, unseren Herrn.

Präfation, S. 491 f.

KOMMUNIONVERS

Vgl. Jes 40,5

Die Herrlichkeit des Herrn wird offenbar,
und alle Menschen erfahren Gottes Heil.

SCHLUSSGEBET

Allmächtiger Gott, gib uns Anteil am göttlichen Leben durch die Menschwerdung deines Sohnes, dessen Fleisch und Blut wir im Sakrament empfangen haben. Darum bitten wir durch ihn, Christus, unseren Herrn.

FEIERLICHER SCHLUSSSEGEN

S. 75

***

WIE DU MEIN WOLLTEST WERDEN

Da ich noch nicht geboren war,
da bist du mir geboren
und hast mich dir zu eigen gar,
eh ich dich kannt, erkoren.
Eh ich durch deine Hand gemacht,
da hast du schon bei dir bedacht,
wie du mein wolltest werden.

Paul Gerhardt

IN DER HEILIGEN NACHT

24./25. Dezember 2022

Das Dunkel gehört zur Wirklichkeit unseres Lebens. Wer wollte es leugnen; vor allem, wer vermöchte es? Verlorenheit und Angst, Verzagen, Verzweiflung und Versagen, Unfriede und Gewalt, Entbehrung und Entehrung: Nichts davon bleibt dem kleinen Gottesvolk erspart. Was schmerzt mehr: das Joch der Fremdherrschaft oder der Hunger, der im ganzen Land herrscht? Stockfinster sieht es aus. Da gehen die Lichter aus: ein Volk, das im Dunkel lebt. Doch diesem Volk geht ein Licht auf. Jesaja, der Prophet, sieht es schon. Friede und Freiheit, Recht und Gerechtigkeit werden in Israel wohnen – durch ein Kind aus Davids Haus. Gottes leidenschaftliche Liebe macht diesen Traum wahr. Das Dunkel gehört zur Wirklichkeit unseres Lebens, das ist wahr. Aber wirklich wahr ist auch das Licht, das in der Dunkelheit leuchtet: Gottes strahlender Stern. Geteilte – geheilte Nacht.

ERÖFFNUNGSVERS Ps 2,7

Der Herr sprach zu mir:
Mein Sohn bist du, heute habe ich dich gezeugt.

Oder:

Freut euch im Herrn,
heute ist uns der Heiland geboren.
Heute ist der wahre Friede vom Himmel herabgestiegen.

KYRIE-RUFE

Herr Jesus Christus, durch das Licht deiner Geburt
hast du die Finsternis der Welt erhellt.
V/A: Herr, erbarme dich.
Du nimmst die drückende Last
von unseren Schultern.
V/A: Christus, erbarme dich.
Du bist der Wunderbare Ratgeber
und der Fürst des Friedens.
V/A: Herr, erbarme dich.

Ehre sei Gott, S. 479 f.

TAGESGEBET

Herr, unser Gott, in dieser hochheiligen Nacht ist uns das wahre Licht aufgestrahlt. Lass uns dieses Geheimnis im Glauben erfassen und bewahren, bis wir im Himmel den unverhüllten Glanz deiner Herrlichkeit schauen. Darum bitten wir durch Jesus Christus.

WORTGOTTESDIENST

ZUR 1. LESUNG „Immanuel!", ein Heilsruf aus dem Jerusalemer Tempelkult, bedeutet: „Mit uns ist Gott!" oder „Sei mit uns, Gott!" Die erste Lesung dieser Nacht gibt der Immanuel-Prophetie (Jes 7,14–16) eine liedhafte Gestalt und fasst die große Hoffnung in poetische Worte und unmittelbar anrührende Bilder. Sie sprechen von der Inthronisation eines außergewöhnlichen Königs und nennen seine hoffnungsvollen Thronnamen. Das Licht für ein Volk, das von Finsternis bedroht ist; das Feuer, das alles verbrennt, was an Krieg erinnert; der Jubel, die Freude, der Friede. Wie nahe liegt es, dass die christliche Tradition das alte Hoffnungslied mit der Geburt Jesu in Verbindung bringt!

ERSTE LESUNG

Jes 9,1–6

Ein Sohn wurde uns geschenkt; man rief seinen Namen aus: Fürst des Friedens

Lesung aus dem Buch Jesája.

Das Volk, das in der Finsternis ging, sah ein helles Licht; über denen, die im Land des Todesschattens wohnten, strahlte ein Licht auf. Du mehrtest die Nation, schenktest ihr große Freude. Man freute sich vor deinem Angesicht, wie man sich freut bei der Ernte, wie man jubelt, wenn Beute verteilt wird. Denn sein drückendes Joch und den Stab auf seiner Schulter, den Stock seines Antreibers zerbrachst du wie am Tag von Mídian. Jeder Stiefel, der dröhnend daherstampft, jeder Mantel, im Blut gewälzt, wird verbrannt, wird ein Fraß des Feuers.

Denn ein Kind wurde uns geboren, ein Sohn wurde uns geschenkt. Die Herrschaft wurde auf seine Schulter gelegt. Man rief seinen Namen aus: Wunderbarer Ratgeber, Starker Gott, Vater in Ewigkeit, Fürst des Friedens. Die große Herrschaft und der Frieden sind ohne Ende auf dem Thron Davids und in seinem Königreich, es zu festigen und zu stützen durch Recht und Gerechtigkeit, von jetzt an bis in Ewigkeit. Der Eifer des HERRN der Heerscharen wird das vollbringen.

ANTWORTPSALM

Ps 96 (95),1–2.3 u. 11.12–13a (Kv: vgl. Lk 2,11)

Kv Heute ist uns der Heiland geboren:
Christus, der Herr. – Kv

Singet dem HERRN ein neues Lied, *
singt dem HERRN, alle Lande,
singt dem HERRN, preist seinen Namen! *
Verkündet sein Heil von Tag zu Tag! – (Kv)

Erzählt bei den Nationen von seiner Herrlichkeit, *
bei allen Völkern von seinen Wundern!

Der Himmel freue sich, die Erde frohlocke, *
es brause das Meer und seine Fülle. – (Kv)

Es jauchze die Flur und was auf ihr wächst. *
Jubeln sollen alle Bäume des Waldes
vor dem HERRN, denn er kommt, *
denn er kommt, um die Erde zu richten. – Kv

ZUR 2. LESUNG Sein oder Schein? Nur schöner Schein? Zweimal ist in der heutigen Lesung aus dem Titusbrief die Rede vom Erscheinen. Die Gnade Gottes ist uns erschienen, als Christus in die Welt kam. Aber wir warten noch auf das Erscheinen der Herrlichkeit Gottes. Die Gnade Gottes bedeutet also nicht, dass wir uns entspannt zurücklehnen. Sie ermutigt uns im Gegenteil dazu, das Gute zu tun; sie ermöglicht es erst. Es ist eine Erziehung zum Guten, nicht durch Drohung, sondern durch Hoffnung, ja durch Verlocken, letztlich durch Befähigung, durch Begabung: Erlösung von Schuldenlast macht frei, das Gute zu tun. Gott erscheint nicht nur zum Schein. Sein Erscheinen verlockt uns dazu, ein Leben zu wagen, in dem sein Für-uns-Sein erscheint.

ZWEITE LESUNG

Tit 2,11–14

Die Gnade Gottes ist erschienen, um alle Menschen zu retten

Lesung aus dem Brief des Apostels Paulus an Titus.

Die Gnade Gottes ist erschienen, um alle Menschen zu retten. Sie erzieht uns dazu, uns von der Gottlosigkeit und den irdischen Begierden loszusagen und besonnen, gerecht und fromm in dieser Welt zu leben, während wir auf die selige Erfüllung unserer Hoffnung warten: auf das Erscheinen der Herrlichkeit unseres großen Gottes und Retters Christus Jesus.

Er hat sich für uns hingegeben, damit er uns von aller Ungerechtigkeit erlöse und für sich ein auserlesenes Volk schaffe, das voll Eifer danach strebt, das Gute zu tun.

RUF VOR DEM EVANGELIUM

Vers: vgl. Lk 2, 10–11

Halleluja. Halleluja.
Ich verkünde euch eine große Freude:
Heute ist uns der Retter geboren;
er ist der Christus, der Herr.
Halleluja.

ZUM EVANGELIUM „Den Wievielten haben wir heute?" Der Blick auf den Kalender hilft zumeist weiter. Aber nicht immer. Der Adventskalender hat mit dem 24. (oder 25.) Dezember sein Ziel erreicht. Dieser Endpunkt ist zugleich der Ausgangspunkt unserer Zeitrechnung. Die Zählung der Jahre „nach Christi Geburt" wurde nicht am Geburtstag selbst, sondern gut 500 Jahre später eingeführt: Die Geburt von Betlehem, kein „Event", sondern ein unspektakuläres Ereignis, unsichtbar für die weltlichen Herrscher und die Religionsfürsten, für die Schaulustigen und die mit den Mobiltelefonen, kenntlich nur einer Handvoll einfacher, aufmerksamer Leute, sollte der Dreh- und Angelpunkt der Jahreszählungen werden. Uns stehen heute Nacht die Türen offen: Im Kind in der Krippe können wir das Ziel unserer Tage erkennen. Und wir dürfen uns von ihm führen lassen, in jedes neue Jahr.

EVANGELIUM

Lk 2, 1–14

Heute ist euch der Retter geboren

+ Aus dem heiligen Evangelium nach Lukas.

Es geschah aber in jenen Tagen, dass Kaiser Augústus den Befehl erließ, den ganzen Erdkreis in Steuerlisten einzutragen. Diese Aufzeichnung war die erste; damals war Quirínius Statthalter von Syrien. Da ging jeder in seine Stadt, um sich eintragen zu lassen.
So zog auch Josef von der Stadt Nazaret in Galiläa hinauf nach Judäa in die Stadt Davids, die Betlehem heißt; denn er war aus dem

Haus und Geschlecht Davids. Er wollte sich eintragen lassen mit Maria, seiner Verlobten, die ein Kind erwartete.

Es geschah, als sie dort waren, da erfüllten sich die Tage, dass sie gebären sollte, und sie gebar ihren Sohn, den Erstgeborenen. Sie wickelte ihn in Windeln und legte ihn in eine Krippe, weil in der Herberge kein Platz für sie war.

In dieser Gegend lagerten Hirten auf freiem Feld und hielten Nachtwache bei ihrer Herde.

Da trat ein Engel des Herrn zu ihnen und die Herrlichkeit des Herrn umstrahlte sie und sie fürchteten sich sehr. Der Engel sagte zu ihnen: Fürchtet euch nicht, denn siehe, ich verkünde euch eine große Freude, die dem ganzen Volk zuteilwerden soll:

Heute ist euch in der Stadt Davids der Retter geboren; er ist der Christus, der Herr.

Und das soll euch als Zeichen dienen: Ihr werdet ein Kind finden, das, in Windeln gewickelt, in einer Krippe liegt.

Und plötzlich war bei dem Engel ein großes himmlisches Heer, das Gott lobte und sprach: Ehre sei Gott in der Höhe und Friede auf Erden den Menschen seines Wohlgefallens.

Glaubensbekenntnis, S. 482 ff.

(*Kniebeuge zu den Worten:* „hat Fleisch angenommen“ bis „Mensch geworden“)

FÜRBITTEN

„Das Volk, das im Dunkeln lebt, sieht ein helles Licht.“ Wir rufen zu Gott, der unsere Dunkelheit erhellt:

- Hilf der Kirche, den Traurigen und Verlassenen, den Mutlosen und Entkräfteten nahe zu sein. V: Gott, Schöpfer und Beistand. A: Höre unser Rufen.
- Stärke alle, die Schritte des Friedens und der Versöhnung gehen: in den Familien, im Freundeskreis, in Schule und Beruf. V: Gott, Schöpfer und Beistand. A: Höre unser Rufen.

- Ermutige diejenigen, die sich um Menschen ohne Obdach sorgen und auch in dieser besonderen Nacht für sie da sind. V: Gott, Schöpfer und Beistand. A: Höre unser Rufen.

- Bewahre und schütze alle, die sich für den Frieden und für Verständigung einsetzen, wo Aggression und Unfrieden herrschen. V: Gott, Schöpfer und Beistand. A: Höre unser Rufen.

- Stärke und stütze die Menschen, die Machtmissbrauch im Raum der Kirche und großes Leid an Leib und Seele erfahren haben. V: Gott, Schöpfer und Beistand. A: Höre unser Rufen.

Gott, du Quell des Lebens und der Hoffnung. Dein Licht strahlt über den Gerechten. Hilf uns, in der Kraft deines Geistes zu leben. Dazu segne uns der dreieinige Gott, der Vater, der Sohn und der Heilige Geist.

EUCHARISTIEFEIER

GABENGEBET

Allmächtiger Gott, in dieser heiligen Nacht bringen wir dir unsere Gaben dar. Nimm sie an und gib, dass wir durch den wunderbaren Tausch deinem Sohn gleichgestaltet werden, in dem unsere menschliche Natur mit deinem göttlichen Wesen vereint ist. Darum bitten wir durch ihn, Christus, unseren Herrn.

Präfation, S. 491 f.

KOMMUNIONVERS

Joh 1,14

Das Wort ist Fleisch geworden
und wir haben seine Herrlichkeit geschaut.

SCHLUSSGEBET

Herr, unser Gott, in der Freude über die Geburt unseres Erlösers bitten wir dich: Gib uns die Gnade, ihm unser ganzes Leben zu weihen, damit wir einst Anteil erhalten an der ewigen Herrlichkeit deines Sohnes, der mit dir lebt und herrscht in alle Ewigkeit.

FEIERLICHER SCHLUSSSEGEN

Der barmherzige Gott hat durch die Geburt seines Sohnes die Finsternis vertrieben und (diese Nacht) diesen Tag erleuchtet mit dem Glanz seines Lichtes; er mache eure Herzen hell mit dem Licht seiner Gnade. – A: Amen.
Den Hirten ließ er durch den Engel die große Freude verkünden; mit dieser Freude erfülle er euer ganzes Leben. – A: Amen.
In Christus hat Gott Himmel und Erde verbunden; durch ihn schenke er allen Menschen guten Willens seinen Frieden, durch ihn vereine er euch mit der Kirche des Himmels. – A: Amen.
Das gewähre euch der dreieinige Gott, der Vater und der Sohn † und der Heilige Geist. – A: Amen.

***

LEUCHTE DU UNS VORAN

Stern über Betlehem, zeig uns den Weg,
führ uns zur Krippe hin, zeig, wo sie steht,
leuchte du uns voran, bis wir dort sind,
Stern über Betlehem, führ uns zum Kind!

Alfred Hans Zoller

AM MORGEN

25. Dezember 2022

Die Hirtenmesse oder Messe in der Morgenröte nimmt den Moment auf, in dem die Hirten die Botschaft gehört haben, das Geschehene aber noch im Verborgenen ist. Die Morgenröte hat etwas Verheißungsvolles: Noch liegt ein ganzer Tag vor uns. Noch sind wir nicht in die Geschäftigkeit des Alltags eingespannt. Es ist eine Zeit, das Wesentliche zu sehen. Wenn das Marktgeschrei der Wichtigtuer noch nicht laut wird, kann das Unscheinbare in seiner Bedeutung erahnt werden. Dann lässt sich die sanfte Stimme vernehmen, die uns zuruft: „Du bist gerettet."

ERÖFFNUNGSVERS

Vgl. Jes 9,1.5; Lk 1,33

Ein Licht strahlt heute über uns auf,
denn geboren ist uns der Herr.
Und man nennt ihn: Starker Gott, Friedensfürst,
Vater der kommenden Welt.
Seine Herrschaft wird kein Ende haben.

KYRIE-RUFE

Herr Jesus Christus, du bist uns erschienen
als die Güte und Menschenfreundlichkeit Gottes.
V/A: Herr, erbarme dich.
Du vertreibst die Finsternis der Herzen
durch das Licht deiner Geburt.
V/A: Christus, erbarme dich.
Du kommst zu den Verlorenen
und bringst ihnen die Rettung.
V/A: Herr, erbarme dich.

Ehre sei Gott, S. 479 f.

TAGESGEBET

Allmächtiger Gott, dein ewiges Wort ist Fleisch geworden, um uns mit dem Glanz deines Lichtes zu erfüllen. Gib, dass in unseren Werken widerstrahlt, was durch den Glauben in unserem Herzen leuchtet. Darum bitten wir durch ihn, Jesus Christus.

WORTGOTTESDIENST

ZUR 1. LESUNG Das englische Wort für „Vorname" ist „Christian name", christlicher Name, Taufname. Doch Namensgebung ist heute weitaus häufiger ästhetische Wahl denn religiöses Bekenntnis, eher eine Frage des Wohlklangs als eine bewusste Weichenstellung. Welche Noemi weiß hierzulande, dass ihr Name „die Liebliche" bedeutet, welche Mara hat davon gehört, dass der Sinn dieses Wortes „die Bittere" ist? Welcher Michael ist sich seiner Botschaft bewusst: „Wer ist wie Gott?" Und doch verbirgt sich auch im puren Wohlklang ein guter Wunsch für das Kind. – Namen sind Schall und Rauch, sagen wir manchmal. In der Welt der Bibel ist das anders. Namen sind dort Lebensprogramme. So wird dem Retterkind der Name „Immanuel" gegeben („Gott ist mit uns", vgl. Jes 7,14). Im letzten Teil des Jesajabuches bekräftigt eine Namensänderung eine Verheißung: Der Prophet kündigt an, dass die Stadt, die so lange der Willkür ihrer Besatzer ausgeliefert war, neues Selbstbewusstsein gewinnen und in Gottes Augen schön und begehrenswert sein wird. Die Sehnsucht nach der neuen, geheilten Wirklichkeit spiegelt sich in einer endgültigen Umbenennung: Jerusalem heißt jetzt „Begehrte, nicht mehr verlassene Stadt".

ERSTE LESUNG

Jes 62, 11 – 12

Siehe, deine Rettung kommt

Lesung aus dem Buch Jesája.

Siehe, der Herr hat es bekannt gemacht bis ans Ende der Erde. Sagt der Tochter Zion: Siehe, deine Rettung kommt. Siehe, sein Lohn ist mit ihm und sein Ertrag geht vor ihm her! Dann wird man sie nennen „Heiliges Volk", „Erlöste des Herrn". Und du wirst genannt werden: „Begehrte, nicht mehr verlassene Stadt".

ANTWORTPSALM

Ps 97 (96), 1 u. 6.11 – 12 (Kv: vgl. Jes 9, 1; Lk 2, 11)

Kv Ein Licht strahlt heute über uns auf:
geboren ist Christus, der Herr. – Kv

Der Herr ist König. Es juble die Erde! *
Freuen sollen sich die vielen Inseln.
Seine Gerechtigkeit verkünden die Himmel, *
seine Herrlichkeit schauen alle Völker. – (Kv)

Licht wird ausgesät für den Gerechten, *
Freude für die, die geraden Herzens sind.
Freut euch am Herrn, ihr Gerechten, *
dankt seinem heiligen Namen! – Kv

ZUR 2. LESUNG Aus der reichen Glaubenstradition seines Volkes heraus ist Paulus davon überzeugt: In der langen Liebesgeschichte zwischen Gott und Israel ließ sich Gott immer wieder neu erfahren als der Gott, der sich den Menschen bedingungslos zuwendet. Sein Name, in dem er sich zeigt und zugleich menschlicher Verfügungsgewalt entzieht, lautet: Ich-bin-da, Ich-bin-für-euch-da. Im Brief an Titus verleiht der Apostel seiner Überzeugung Ausdruck, dass in Jesus Christus Güte und Menschenliebe Gottes in menschlicher Gestalt zur Welt gekommen ist. Er beschreibt die beglückende Erfahrung von Menschen, die spüren, dass der Geist Gottes in ihrem Leben neues Leben möglich macht, allen Hindernissen zum Trotz. Und er legt den so Beschenkten Demut nahe – Gott schenkt aus Gnade und Erbarmen.

ZWEITE LESUNG

Tit 3,4–7

Gott hat uns gerettet nach seinem Erbarmen

Lesung aus dem Brief des Apostels Paulus an Titus.

Als die Güte und Menschenfreundlichkeit Gottes, unseres Retters, erschien, hat er uns gerettet – nicht aufgrund von Werken der Gerechtigkeit, die wir vollbracht haben, sondern nach seinem Erbarmen – durch das Bad der Wiedergeburt und die Erneuerung im Heiligen Geist.

Ihn hat er in reichem Maß über uns ausgegossen durch Jesus Christus, unseren Retter, damit wir durch seine Gnade gerecht gemacht werden und das ewige Leben erben, das wir erhoffen.

RUF VOR DEM EVANGELIUM

Vers: Lk 2,14

Halleluja. Halleluja.
Ehre sei Gott in der Höhe
und Friede auf Erden den Menschen seines Wohlgefallens.
Halleluja.

ZUM EVANGELIUM Der Verkündigungsengel und die Engelscharen haben sich in den Himmel zurückgezogen. Sie haben den Stein ins Rollen gebracht: Sie haben Menschen beschwingt. Die Hirten verlieren keine Zeit. Sie suchen und finden. Nun sind sie es, die die Deutung des Engels über das Neugeborene ausgießen wie helles Licht: Staunen ringsum. Dann kehren die Hirten in ihren Alltag zurück. Doch der ist verwandelt. Sie preisen und loben Gott für das, was sich vor ihren eigenen Augen gefügt hat. In ihre Freude einzustimmen und Weihnachten zu feiern sind auch wir gerufen, Hörerinnen und Hörer der Erzählung, Boten und Botinnen der Engelsbotschaft, auch wir.

EVANGELIUM

Lk 2,15–20

Die Hirten fanden Maria und Josef und das Kind

+ Aus dem heiligen Evangelium nach Lukas.

Als die Engel von den Hirten in den Himmel zurückgekehrt waren, sagten die Hirten zueinander: Lasst uns nach Betlehem gehen, um das Ereignis zu sehen, das uns der Herr kundgetan hat!

So eilten sie hin und fanden Maria und Josef und das Kind, das in der Krippe lag. Als sie es sahen, erzählten sie von dem Wort, das ihnen über dieses Kind gesagt worden war. Und alle, die es hörten, staunten über das, was ihnen von den Hirten erzählt wurde.

Maria aber bewahrte alle diese Worte und erwog sie in ihrem Herzen.

Die Hirten kehrten zurück, rühmten Gott und priesen ihn für alles, was sie gehört und gesehen hatten, so wie es ihnen gesagt worden war.

Glaubensbekenntnis, S. 482 ff.

(*Kniebeuge zu den Worten:* „hat Fleisch angenommen" bis „Mensch geworden")

FÜRBITTEN

Wie die Hirten, so sind auch wir gerufen, in unserem Leben aufzubrechen und Jesus zu suchen. Rufen wir zu ihm, unserem Bruder und Herrn:

- Hilf deiner Kirche, dich zu finden in den Kleinen, in den Unbeachteten und den Verachteten. V: Jesus, Bruder und Erlöser. A: Wir bitten dich, erhöre uns.
- Sei auch bei den Menschen, die enttäuscht die Kirche verlassen haben und nach Sinn und Mitte suchen. V: Jesus, Bruder und Erlöser. A: Wir bitten dich, erhöre uns.
- Stärke alle, die Weihnachten feiern, und gib, dass die Botschaft der Menschenfreundlichkeit Gottes ihre Herzen erreiche. V: Jesus, Bruder und Erlöser. A: Wir bitten dich, erhöre uns.
- Begleite und ermutige all diejenigen, die sich für Frieden und Gerechtigkeit einsetzen. V: Jesus, Bruder und Erlöser. A: Wir bitten dich, erhöre uns.
- Segne die Kinder, die in dieser Nacht geboren werden, mit ihren Eltern und Geschwistern. V: Jesus, Bruder und Erlöser. A: Wir bitten dich, erhöre uns.

Jesus Christus, du bist uns Menschen nahegekommen, du bist unser Bruder geworden. Das macht uns dankbar und froh, und dafür preisen wir Gott – zusammen mit den Hirten in Betlehem.

EUCHARISTIEFEIER

GABENGEBET

Himmlischer Vater, erfülle die Gaben dieser Erde mit deinem Segen, damit sie das Geheimnis dieses Tages darstellen: Wie Christus als neugeborener Mensch und als wahrer Gott vor uns aufleuchtet, so lass uns durch diese irdische Speise das göttliche Leben empfangen. Darum bitten wir durch ihn, Christus, unseren Herrn.

Präfation, S. 491 f.

KOMMUNIONVERS

Vgl. Sach 9,9

Juble laut, Tochter Zion, jauchze, Tochter Jerusalem,
siehe, dein König kommt zu dir,
der Heilige, der Heiland der Welt.

SCHLUSSGEBET

Herr, unser Gott, die Menschwerdung deines Sohnes erfülle uns mit Freude und Dank. Lass uns dieses unergründliche Geheimnis im Glauben erfassen und in tätiger Liebe bekennen. Darum bitten wir durch Christus, unseren Herrn.

FEIERLICHER SCHLUSSSEGEN

S. 75

***

KEHRN WIR ZURÜCK

Stern über Betlehem, kehrn wir zurück,
steht noch dein heller Schein in unserm Blick,
und was uns froh gemacht, teilen wir aus,
Stern über Betlehem, schein auch zu Haus.

Alfred Hans Zoller

AM TAG

25. Dezember 2022

Willkommen! Willkommen! Wann habe ich das letzte Mal so gejubelt? Über eine Ankunft, über ein angekündigtes Kommen? Nicht gedämpfte, nicht routinierte, sondern unbändige Freude? Zion freut sich in der ersten Lesung unbändig über ihren Gott, der als König und Sieger zurückkehrt und ihr den Frieden bringen will. Die Stadtwächter nehmen die Nachricht des Freudenboten auf, sie sehen mit eigenen Augen, sie rufen das Wunder jubelnd aus, und wie ein Lauffeuer breitet sich Freude aus, breitet sich Hoffnung aus. Es jauchzen ja nicht zuerst die Satten und Sicheren, in Jubel brechen die Gebrochenen aus: „Brecht in Jubel aus, jauchzt zusammen, ihr Trümmer Jerusalems!" Hoffnung wider alle Hoffnung, Hoffnung für alle, ansteckende Hoffnung von Gott her.

ERÖFFNUNGSVERS

Vgl. Jes 9,5

Ein Kind ist uns geboren, ein Sohn ist uns geschenkt.
Auf seinen Schultern ruht die Herrschaft.

KYRIE-RUFE

Herr Jesus Christus, du bist
Gott von Gott, Licht vom Licht.
V/A: Herr, erbarme dich.
Du bist für uns Menschen und zu unserem Heil
vom Himmel gekommen und Mensch geworden.
V/A: Christus, erbarme dich.
Du bist ganz Gott und ganz Mensch.
V/A: Herr, erbarme dich.

Ehre sei Gott, S. 479 f.

TAGESGEBET

Allmächtiger Gott, du hast den Menschen in seiner Würde wunderbar erschaffen und noch wunderbarer wiederhergestellt. Lass uns teilhaben an der Gottheit deines Sohnes, der unsere Menschennatur angenommen hat. Er, der in der Einheit des Heiligen Geistes mit dir lebt und herrscht in alle Ewigkeit.

WORTGOTTESDIENST

ZUR 1. LESUNG „Jauchzt zusammen, ihr Trümmer Jerusalems!" Scherben und Schutt sollen sich freuen und in Jubel ausbrechen? Scherben und Trümmer: Die verschleppten Einwohner Jerusalems haben es exakt so erfahren. Wie Steine aus einer Mauer, so hat man sie gewaltsam herausgebrochen aus ihrem Leben. Die Welt ist in tausend Stücke zerfallen, und ein kleines Bruchstück waren sie. Von ihrer Vergangenheit bleibt den Deportierten nichts als schmerzhaft schneidende Splitter. Doch in der Verbannung tritt ein Freudenbote auf und macht den Zerschlagenen Mut: Gott selber will sein Volk trösten und Jerusalem aufbauen. Gott will Zions König sein. „Jauchzt zusammen, ihr Trümmer Jerusalems!"

ERSTE LESUNG Jes 52,7–10

Alle Enden der Erde werden das Heil unseres Gottes sehen

Lesung aus dem Buch Jesája.

Wie willkommen sind auf den Bergen die Schritte des Freudenboten, der Frieden ankündigt, der eine frohe Botschaft bringt und Heil verheißt, der zu Zion sagt: Dein Gott ist König.

Horch, deine Wächter erheben die Stimme, sie beginnen alle zu jubeln. Denn sie sehen mit eigenen Augen, wie der HERR nach Zion zurückkehrt.

Brecht in Jubel aus, jauchzt zusammen, ihr Trümmer Jerusalems! Denn der HERR hat sein Volk getröstet, er hat Jerusalem erlöst. Der HERR hat seinen heiligen Arm vor den Augen aller Nationen entblößt und alle Enden der Erde werden das Heil unseres Gottes sehen.

ANTWORTPSALM

Ps 98 (97), 1.2–3b.3c–4.5–6 (Kv: vgl. 3cd)

Kv Alle Enden der Erde
sehen das Heil unsres Gottes. – Kv

Singet dem HERRN ein neues Lied, *
denn er hat wunderbare Taten vollbracht!
Geholfen hat ihm seine Rechte *
und sein heiliger Arm. – (Kv)

Der HERR hat sein Heil bekannt gemacht *
und sein gerechtes Wirken enthüllt vor den Augen der Völker.
Er gedachte seiner Huld *
und seiner Treue zum Hause Israel. – (Kv)

Alle Enden der Erde *
sahen das Heil unsres Gottes.
Jauchzet dem HERRN, alle Lande, *
freut euch, jubelt und singt! – (Kv)

Spielt dem HERRN auf der Leier, *
auf der Leier zu lautem Gesang!
Mit Trompeten und lautem Widderhorn *
jauchzt vor dem HERRN, dem König! – Kv

ZUR 2. LESUNG Mehr als 30 wörtliche Zitate und um die 80 Anspielungen auf die Bibel Israels führt der Hebräerbrief ins Feld, um seiner Botschaft Gewicht und Sinn zu geben. Von Beginn an stehen die fünf Bücher Moses als Autorität im Hintergrund: „Vielfältig und auf vielerlei Weise hat Gott einst zu den Vätern gesprochen durch die Propheten." Bereits in der Eröffnung des Briefes finden sich im Blick auf Jesus drei Bibelzitate. Die göttliche Sohnschaft wird aus einer Verbindung von Psalm 2,7 („Mein Sohn bist du. Ich selber habe dich heute gezeugt.") und 2 Sam 7,14 („Ich werde für ihn Vater sein und er wird für mich Sohn sein.") plausibel gemacht. Selbst die Engel, wie es mit Psalm 97,7 heißt, werfen sich vor Jesus nieder. Jesus als Sohn und Erbe des Alls, durch den Gott die Welt geschaffen hat, wird durch diese Einbindung in die jüdische Tradition als derjenige erwiesen, der das Schöpferwort erneuert und mit Vollmacht bestätigt. Gerade darum kann er „Urheber und Vollender des Glaubens" (Hebr 12,2) genannt werden. Auch wir sind gerufen, ihm zu folgen, der lebendigen Gottesspur.

ZWEITE LESUNG

Hebr 1,1–6

Gott hat zu uns gesprochen durch den Sohn

Lesung aus dem Hebräerbrief.

Vielfältig und auf vielerlei Weise hat Gott einst zu den Vätern gesprochen durch die Propheten; am Ende dieser Tage hat er zu uns gesprochen durch den Sohn, den er zum Erben von allem eingesetzt, durch den er auch die Welt erschaffen hat; er ist der Abglanz seiner Herrlichkeit und das Abbild seines Wesens; er trägt das All durch sein machtvolles Wort, hat die Reinigung von den Sünden bewirkt und sich dann zur Rechten der Majestät in der Höhe gesetzt; er ist umso viel erhabener geworden als die Engel, wie der Name, den er geerbt hat, ihren Namen überragt.

Denn zu welchem Engel hat er jemals gesagt: Mein Sohn bist du, ich habe dich heute gezeugt, und weiter: Ich will für ihn Vater sein und er wird für mich Sohn sein?

Wenn er aber den Erstgeborenen wieder in die Welt einführt, sagt er: Alle Engel Gottes sollen sich vor ihm niederwerfen.

RUF VOR DEM EVANGELIUM

Halleluja. Halleluja.
Aufgeleuchtet ist uns aufs Neue der Tag der Erlösung:
Ein großes Licht ist heute auf Erden erschienen.
Kommt, ihr Völker, und betet an den Herrn, unseren Gott!
Halleluja.

ZUM EVANGELIUM „Im Anfang" – so lauten die ersten Worte der Bibel. „Im Anfang" beginnt auch Johannes sein Evangelium. Wo schon Matthäus und Lukas mit ihren Erzählungen von der Jungfrauengeburt deutlich gemacht haben, dass Gott nicht erst nachträglich in das Leben des Menschen Jesus eingegriffen hat, sondern es von Anfang an prägt, geht Johannes noch weiter. Wenn Christus Gott so nahe ist, muss er die gesamte Zeit umfassen, sogar vor aller Zeit, sogar das Grundprinzip der Schöpfung sein. Johannes nennt ihn den Logos, das Wort. Nicht ein Wort wie die vielen Wörter, die wir reden, sondern das Wort, mit dem Gott schafft: Gott sprach … Und es wurde … Dieses Wort ist etwas, das uns ganz ursprünglich begründet. In ihm ist das Leben, auch unser Leben. Die ungeheuerliche, paradoxe Behauptung lautet: „Und das Wort ist Fleisch geworden." Fleisch aber bedeutet: begrenzt, veränderlich, schwach, verletzbar, leidend, sterblich. Das Johannes-Evangelium spekuliert nicht darüber, wie beides logisch zu vereinbaren ist, Gottes eigenes Leben und unser Leben. Es bekennt nur, was diese Verbindung für die Menschen bedeutet: Gnade und Wahrheit – in Fülle.

EVANGELIUM

Joh 1,1–18

Das Wort ist Fleisch geworden und hat unter uns gewohnt

+ Aus dem heiligen Evangelium nach Johannes.

Im Anfang war das Wort und das Wort war bei Gott und das Wort war Gott. Dieses war im Anfang bei Gott. Alles ist durch das Wort geworden und ohne es wurde nichts, was geworden ist. In ihm war Leben und das Leben war das Licht der Menschen. Und das Licht leuchtet in der Finsternis und die Finsternis hat es nicht erfasst.

Ein Mensch trat auf, von Gott gesandt; sein Name war Johannes. Er kam als Zeuge, um Zeugnis abzulegen für das Licht, damit alle durch ihn zum Glauben kommen. Er war nicht selbst das Licht, er sollte nur Zeugnis ablegen für das Licht.

Das wahre Licht, das jeden Menschen erleuchtet, kam in die Welt. Er war in der Welt und die Welt ist durch ihn geworden, aber die Welt erkannte ihn nicht. Er kam in sein Eigentum, aber die Seinen nahmen ihn nicht auf.

Allen aber, die ihn aufnahmen, gab er Macht, Kinder Gottes zu werden, allen, die an seinen Namen glauben, die nicht aus dem Blut, nicht aus dem Willen des Fleisches, nicht aus dem Willen des Mannes, sondern aus Gott geboren sind.

Und das Wort ist Fleisch geworden und hat unter uns gewohnt und wir haben seine Herrlichkeit geschaut, die Herrlichkeit des einzigen Sohnes vom Vater, voll Gnade und Wahrheit.

Johannes legt Zeugnis für ihn ab und ruft: Dieser war es, über den ich gesagt habe: Er, der nach mir kommt, ist mir voraus, weil er vor mir war. Aus seiner Fülle haben wir alle empfangen, Gnade über Gnade.

Denn das Gesetz wurde durch Mose gegeben, die Gnade und die Wahrheit kamen durch Jesus Christus. Niemand hat Gott je gesehen. Der Einzige, der Gott ist und am Herzen des Vaters ruht, er hat Kunde gebracht.

Oder:

KURZFASSUNG

Joh 1,1–5.9–14

Das Wort ist Fleisch geworden und hat unter uns gewohnt

+ **Aus dem heiligen Evangelium nach Johannes.**

Im Anfang war das Wort und das Wort war bei Gott und das Wort war Gott. Dieses war im Anfang bei Gott. Alles ist durch das Wort geworden und ohne es wurde nichts, was geworden ist. In ihm war Leben und das Leben war das Licht der Menschen. Und das Licht leuchtet in der Finsternis und die Finsternis hat es nicht erfasst.

Das wahre Licht, das jeden Menschen erleuchtet, kam in die Welt. Er war in der Welt und die Welt ist durch ihn geworden, aber die Welt erkannte ihn nicht. Er kam in sein Eigentum, aber die Seinen nahmen ihn nicht auf.

Allen aber, die ihn aufnahmen, gab er Macht, Kinder Gottes zu werden, allen, die an seinen Namen glauben, die nicht aus dem Blut, nicht aus dem Willen des Fleisches, nicht aus dem Willen des Mannes, sondern aus Gott geboren sind.

Und das Wort ist Fleisch geworden und hat unter uns gewohnt und wir haben seine Herrlichkeit geschaut, die Herrlichkeit des einzigen Sohnes vom Vater, voll Gnade und Wahrheit.

Glaubensbekenntnis, S. 482 ff.

(*Kniebeuge zu den Worten:* „hat Fleisch angenommen“ bis „Mensch geworden“)

FÜRBITTEN

„Das wahre Licht, das jeden Menschen erleuchtet, kam in die Welt.“
Gott liebt diese Welt, deshalb rufen wir zu ihm und bitten ihn:

- Für die Kirche: dass Gottes Licht auch ihre Dunkelheiten erhelle. V: Licht der Welt. A: Leuchte uns.
- Für alle, die glauben möchten: dass das Licht der Weihnacht ihren Glauben belebe und stärke. V: Licht der Welt. A: Leuchte uns.
- Für die Menschen in Armut und Not: dass sie Hilfe erfahren und ein menschenwürdiges Leben führen können. V: Licht der Welt. A: Leuchte uns.
- Für die Familien: dass dort Versöhnung wächst, wo Trennendes war. V: Licht der Welt. A: Leuchte uns.

- Für unsere Verstorbenen: dass wir mit ihnen verbunden bleiben in Liebe und sie doch freigeben können für ein Sein in Gottes Licht und Leben. V: Licht der Welt. A: Leuchte uns.

Gott, in allem Anfang war dein wirkmächtiges Wort, das die Welt ins Leben rief. Lass uns leben in deinem Licht, heute, am heiligen Weihnachtstag, und alle Tage.

EUCHARISTIEFEIER

GABENGEBET

Gott, unser Vater, in diesen Gaben willst du uns Versöhnung schenken und uns wieder mit dir verbinden. Nimm sie an und gib durch sie unserem heiligen Dienst die höchste Vollendung. Darum bitten wir durch Christus, unseren Herrn.

Präfation, S. 491 f.

KOMMUNIONVERS

Ps 98 (97), 3

Alle Enden der Erde sahen
die rettende Tat unseres Gottes.

SCHLUSSGEBET

Barmherziger Gott, in dieser heiligen Feier hast du uns deinen Sohn geschenkt, der heute als Heiland der Welt geboren wurde. Durch ihn sind wir wiedergeboren zum göttlichen Leben, führe uns auch zur ewigen Herrlichkeit durch ihn, der mit dir lebt und herrscht in alle Ewigkeit.

FEIERLICHER SCHLUSSSEGEN

S. 75

***

KRAFT VON OBEN

Wie ein Blitz
vom Himmel

springt ein Engel
in den Alltag
der Menschen

Funken
springen über

Er lädt sie auf
mit Himmelskraft

taucht sie ein
in Gottes Gegenwart

Heinz Detlef Stäps

HEILIGER STEPHANUS, ERSTER MÄRTYRER
FEST

26. Dezember 2022

Stephan oder Stefan: In meiner bayrischen Familie wurde der Name über Generationen gerne weitergegeben. Da Namenstage selbstverständlich gefeiert wurden, war der 26. Dezember immer der Tag des verehrten Großvaters, und später auch des geliebten Bruders. Als Kind konnte ich nicht verstehen, warum ihr Festtag mit einer solch mörderischen Geschichte verbunden sein musste – und wer sollte das auch verstehen können? Weihnachten noch nicht zu Ende, und schon: erbitterter Streit, unversöhnliche Gegnerschaft. Ein Verfahren mit Anklage und Verhör führt zu einer Hinrichtung, die eher nach Lynchjustiz aussieht. Die weihnachtliche Festfreude muss sich einer blutigen Realität stellen. Schonungslos werden wir konfrontiert: Nicht nur dann, wenn Verständigung und Zusammenleben gelingen, erfüllt sich die Botschaft von Weihnachten. Unversehens ist auch Mut zur Auseinandersetzung gefragt. Stephanus verlässt sich auf die „Gnade und Kraft", die ihn erfüllen. Er wagt den rückhaltlosen Einsatz seines Lebens. Wovon lasse ich mich leiten, wenn's ums Ganze geht? In den nachwachsenden Generationen feiert bei uns meines Wissens niemand mehr Namenstag, wurde auch kein Kind mehr Stefan genannt. Dessen Klugheit, Einsatzbereitschaft und Mut sind trotzdem allen zu wünschen, den Jungen und den Alten.

ERÖFFNUNGSVERS

Das Tor des Himmels öffnete sich für Stephanus.
Er zog als Erster der Blutzeugen ein
und empfing die Krone der Herrlichkeit.

KYRIE-RUFE

Herr Jesus Christus, du hast den Diakon Stephanus
zum Dienst an den Tischen bestellt.
V/A: Herr, erbarme dich.
Du hast Stephanus mit Gnade und Kraft erfüllt.
V/A: Christus, erbarme dich.
Du hast Stephanus den Himmel aufgetan
und dich ihm zur Rechten Gottes gezeigt.
V/A: Herr, erbarme dich.

Ehre sei Gott, S. 479 f.

TAGESGEBET

Allmächtiger Gott, wir ehren am heutigen Fest den ersten Märtyrer deiner Kirche. Gib, dass auch wir unsere Feinde lieben und so das Beispiel des heiligen Stephanus nachahmen, der sterbend für seine Verfolger gebetet hat. Darum bitten wir durch Jesus Christus.

WORTGOTTESDIENST

ZUR 1. LESUNG Da geht nichts mehr, empört halten sie sich bei seinen Worten die Ohren zu. Kommt Ihnen das bekannt vor? Wie gut kennen wir solche hoffnungslos verfahrenen Situationen – in familiären Konflikten, in schwierigen gesellschaftlichen Veränderungsprozessen, im Ringen um notwendige Aufbrüche in der Kirche: Kommunikation gescheitert. Ende, aus. Stephanus hat in der Gemeinde tatkräftig den sozialen „Dienst an den Tischen" übernommen. Aber als der junge Mann die Botschaft engagiert vertritt, auf eine Weise, an der andere Anstoß nehmen, scheiden sich die Geister. Unwiderstehliche Weisheit und geistvolle Rede kamen damals, kommen bis heute nicht immer gut an. Der Autor der Apostelgeschichte weiß um die Schwierigkeiten, denen die Gläubigen auf ihrem neuen Weg ausgesetzt sind. Er weiß aber auch um die unbändige Energie, die die Botschaft freisetzt. Martyrium heißt Zeugnis. Stephanus bezeugt mit seiner ganzen Existenz die Wahrheit, die er erfahren hat. Aus ihr bezieht er bis in den Tod seine Kraft. Macht mir das Mut den eigenen Weg zu gehen, mutig und kraftvoll – die Hoffnung vor Augen, den „Himmel offen" sehen?

ERSTE LESUNG

Apg 6,8–10; 7,54–60°

Ich sehe den Himmel offen

Lesung aus der Apostelgeschichte.

In jenen Tagen tat Stéphanus aber, voll Gnade und Kraft, Wunder und große Zeichen unter dem Volk. Doch einige von der sogenannten Synagoge der Libertíner und Kyrenäer und Alexandríner und Leute aus Kilíkien und der Provinz Asien erhoben sich, um mit Stéphanus zu streiten; aber sie konnten der Weisheit und dem Geist, mit dem er sprach, nicht widerstehen.

Als sie seine Rede hörten, waren sie in ihren Herzen aufs Äußerste über ihn empört und knirschten mit den Zähnen gegen ihn.

Er aber, erfüllt vom Heiligen Geist, blickte zum Himmel empor, sah die Herrlichkeit Gottes und Jesus zur Rechten Gottes stehen und rief: Siehe, ich sehe den Himmel offen und den Menschensohn zur Rechten Gottes stehen.

Da erhoben sie ein lautes Geschrei, hielten sich die Ohren zu, stürmten einmütig auf ihn los, trieben ihn zur Stadt hinaus und steinigten ihn. Die Zeugen legten ihre Kleider zu Füßen eines jungen Mannes nieder, der Saulus hieß. So steinigten sie Stéphanus; er aber betete und rief: Herr Jesus, nimm meinen Geist auf! Dann sank er in die Knie und schrie laut: Herr, rechne ihnen diese Sünde nicht an!

Nach diesen Worten starb er.

ANTWORTPSALM

Ps 31 (30), 3b–4.6 u. 8.16–17 (Kv: vgl. 6a)

Kv Herr, in deine Hand lege ich meinen Geist. – Kv

Sei mir ein schützender Fels, *
ein festes Haus, mich zu retten!
Denn du bist mein Fels und meine Festung; *
um deines Namens willen wirst du mich führen und leiten. – (Kv)

In deine Hand lege ich voll Vertrauen meinen Geist; *
du hast mich erlöst, HERR, du Gott der Treue.
Ich will jubeln und deiner Huld mich freuen; /
denn du hast mein Elend angesehn, *
du kanntest die Ängste meiner Seele. – (Kv)

In deiner Hand steht meine Zeit; *
entreiß mich der Hand meiner Feinde und Verfolger!
Lass dein Angesicht leuchten über deinem Knecht, *
hilf mir in deiner Huld! – Kv

RUF VOR DEM EVANGELIUM

Vers: vgl. Ps 118 (117),26a.27a

Halleluja. Halleluja.
Gesegnet sei, der kommt im Namen des Herrn!
Gott, der Herr, erleuchte uns.
Halleluja.

ZUM EVANGELIUM Macht euch keine Sorgen! Im Ernst? Oft können wir gar nicht anders: In schlaflosen Nächten grübeln wir, machen uns Sorgen bis zur Handlungsunfähigkeit. Die Welt macht eben oft Angst: Abgründe in mir, heillose Konflikte um mich herum, zerstörerische Mächte allenthalben. Die Aufforderung zur Sorglosigkeit will nicht dazu verführen, vor der Verantwortung für das eigene Leben und für die Welt zu fliehen. Jesus dispensiert uns auch nicht davon nachzudenken, bevor wir etwas sagen. Aber er lebt konsequent aus der Zuversicht, dass dort, wo die Grenzen menschlicher Möglichkeiten erreicht sind, nicht alles zu Ende ist. Gottes Geist steht auch für uns ein.

EVANGELIUM Mt 10,17–22

Nicht ihr werdet dann reden, sondern der Geist eures Vaters wird durch euch reden

+ **Aus dem heiligen Evangelium nach Matthäus.**

In jener Zeit sprach Jesus zu seinen Jüngern: Nehmt euch vor den Menschen in Acht! Denn sie werden euch an die Gerichte ausliefern und in ihren Synagogen auspeitschen. Ihr werdet um meinetwillen vor Statthalter und Könige geführt werden, ihnen und den Heiden zum Zeugnis. Wenn sie euch aber ausliefern, macht euch keine Sorgen, wie und was ihr reden sollt; denn es wird euch in jener Stunde eingegeben, was ihr sagen sollt. Nicht ihr werdet dann reden, sondern der Geist eures Vaters wird durch euch reden.

Der Bruder wird den Bruder dem Tod ausliefern und der Vater das Kind und Kinder werden sich gegen die Eltern auflehnen und sie in den Tod schicken.

Und ihr werdet um meines Namens willen von allen gehasst werden; wer aber bis zum Ende standhaft bleibt, der wird gerettet.

FÜRBITTEN

Am Tag des heiligen Diakons und Märtyrers Stephanus rufen wir zu Gott und bitten ihn:

- Für uns alle, die wir Kirche bilden: dass auch wir teilhaben am verzeihenden Geist des heiligen Stephanus. V: Erbarmender Gott. A: Höre unser Rufen.
- Für alle, die wegen ihres Glaubens bedrängt und verfolgt werden: dass Verständnis und Toleranz wachsen, wo Ausgrenzung und Hass herrschen. V: Erbarmender Gott. A: Höre unser Rufen.
- Für alle, die Vertriebenen und Geflüchteten beistehen: dass ihr Tun Frucht bringe und sie nicht selbst ausgegrenzt und bedroht werden. V: Erbarmender Gott. A: Höre unser Rufen.

- Für alle Menschen, die im Raum der Kirche diakonisch handeln: dass durch sie dein Licht und deine Liebe erfahrbar werden. V: Erbarmender Gott. A: Höre unser Rufen.
- Für die Menschen, die uns im Tod vorangegangen sind: Lass sie leben in deinem Licht, vereint mit dem heiligen Diakon Stephanus und allen Heiligen. V: Erbarmender Gott. A: Höre unser Rufen.

Liebe ist kein Lippenbekenntnis. Liebe ist Handeln. Liebe ist Tat. Wir danken dir, guter Gott, für alle Menschen, die wahrhaft diakonisch leben und deinen Geist der Liebe bezeugen, heute und alle Tage.

EUCHARISTIEFEIER

GABENGEBET

Herr, unser Gott, schau gütig auf dein Volk, das mit Freude und Hingabe den Festtag des heiligen Stephanus feiert, und nimm unsere Gaben an. Darum bitten wir durch Christus, unseren Herrn.

Präfation, S. 491 f.

KOMMUNIONVERS

Apg 7,59

Die Menge steinigte den Stephanus.
Er aber betete und rief:
Herr Jesus, nimm meinen Geist auf!

SCHLUSSGEBET

Herr, unser Gott, wir danken dir für die Gnade dieser festlichen Tage. In der Geburt deines Sohnes schenkst du uns das Heil; im Sterben des heiligen Stephanus zeigst du uns das Beispiel eines unerschrockenen Glaubenszeugen. Wir bitten dich: Stärke unsere Bereitschaft, deinen Sohn, unseren Herrn Jesus Christus, standhaft zu bekennen, der mit dir lebt und herrscht in alle Ewigkeit.

FEIERLICHER SCHLUSSSEGEN S. 75

***

BLICK ZUM HIMMEL

Taut, ihr Himmel, von oben,
ihr Wolken, lasst Gerechtigkeit regnen!
Adventliches Rorate noch im Ohr:
Ich, der HERR, erschaffe es.

Glaubst du das, Diakon Stephanus,
im Hagel der Steine?
Gerechtigkeit fällt doch nicht vom Himmel!

Gnade offenbar schon
und Kraft zum Handeln.

Und Mut zum entschiedenen
versöhnenden
alles verändernden
Blick von unten nach oben.

Offen, der Himmel.

Irmtrud Schweigert

FEST DER HEILIGEN FAMILIE

30. Dezember 2022

Respekt, Dankbarkeit, Träume – diesen Dreiklang lassen die Lesungen des Festes der Heiligen Familie erklingen. Gewiss ist die Familie ein entscheidender Übungsraum, in dem diese Harmonie erlernt werden, und der erste Resonanzraum, in dem sie erklingen kann. Und wie schön ist es, wenn sie die Lebensmelodien der Einzelnen begleitet! Heilig heißt in diesem Bild nicht, dass es stets die perfekte Harmonie sein muss, sondern dass der Grundton erhalten bleibt und nicht verloren geht: Gott.

ERÖFFNUNGSVERS

Lk 2,16

Die Hirten eilten hin und fanden Maria und Josef
und das Kind, das in einer Krippe lag.

KYRIE-RUFE

Herr Jesus Christus, du hast dich dem Schutz
und der Fürsorge deiner Eltern anvertraut.
V/A: Herr, erbarme dich.
Du warst deinen Eltern gehorsam.
V/A: Christus, erbarme dich.
Du hast die Familie als Hauskirche
zur Keimzelle deines Volkes gemacht.
V/A: Herr, erbarme dich.

Ehre sei Gott, S. 479 f.

TAGESGEBET

Herr, unser Gott, in der Heiligen Familie hast du uns ein leuchtendes Vorbild geschenkt. Gib unseren Familien die Gnade, dass auch sie in Frömmigkeit und Eintracht leben und einander in der Liebe verbunden bleiben. Führe uns alle zur ewigen Gemeinschaft in deinem Vaterhaus. Darum bitten wir durch Jesus Christus.

WORTGOTTESDIENST

ZUR 1. LESUNG Jesus Sirach geht über das bloße Gebot, Vater und Mutter zu ehren, hinaus. Das ehrende Verhalten gegenüber den Eltern wirkt über die Familie hinaus bis ins Göttliche hinein. „Wer den Vater ehrt, sühnt Sünden" – diese Wirkung, Sünden zu sühnen, hatten bis dahin nur kultische Vollzüge, vor allem das Opfer im Tempel. Da, wo wir Vater und Mutter ehren, wo wir bei den kleinen und großen Konflikten in der Familie ins Reine kommen, da kommen wir auch mit Gott ins Reine. Und da, wo wir uns um ein respektvolles, ja liebevolles Miteinander in der Familie bemühen, da ordnet sich auch unser eigenes Leben. Wenn wir in einer Familie einander aufrichtig Gutes tun, dann richtet das uns selbst auf. „Die dem Vater" – und der Mutter – „erwiesene Liebestat wird dir zur Erbauung dienen", heißt das bei Jesus Sirach.

ERSTE LESUNG

Sir 3,2–6.12–14 (3–7.14–17a)

Wer den Herrn fürchtet, ehrt seine Eltern

Lesung aus dem Buch Jesus Sirach.

Der Herr hat dem Vater Ehre verliehen bei den Kindern und das Recht der Mutter bei den Söhnen bestätigt. Wer den Vater ehrt, sühnt Sünden, und wer seine Mutter ehrt, sammelt Schätze. Wer den Vater ehrt, wird Freude haben an den Kindern und am Tag seines Gebets wird er erhört. Wer den Vater ehrt, wird lange leben, und seiner Mutter verschafft Ruhe, wer auf den Herrn hört.

Kind, nimm dich deines Vaters im Alter an und kränke ihn nicht, solange er lebt! Wenn er an Verstand nachlässt, übe Nachsicht und verachte ihn nicht in deiner ganzen Kraft! Denn die dem Vater erwiesene Liebestat wird nicht vergessen; und statt der Sünden wird sie dir zur Erbauung dienen.

ANTWORTPSALM

Ps 128 (127), 1–2.3.4–5 (Kv: vgl. 1)

Kv Selig die Menschen,
die Gottes Wege gehn. – Kv

Selig jeder, der den HERRN fürchtet, *
der auf seinen Wegen geht!
Was deine Hände erarbeitet haben, wirst du genießen; *
selig bist du – es wird dir gut ergehn. – (Kv)

Deine Frau ist wie ein fruchtbarer Weinstock *
im Innern deines Hauses.
Wie Schösslinge von Ölbäumen sind deine Kinder *
rings um deinen Tisch herum. – (Kv)

Siehe, so wird der Mann gesegnet, *
der den HERRN fürchtet.
Es segne dich der HERR vom Zion her. *
Du sollst schauen das Glück Jerusalems alle Tage deines Lebens. – Kv

ZUR 2. LESUNG Es ist ein freudig erregter Ton, der uns aus dem Brief an die Gemeinde in Kolossä entgegenklingt. Das Herz des Autors scheint durch und durch positiv gestimmt zu sein, sodass sein Mund von euphorischen Worten überfließt. Der Friede Christi triumphiere in euren Herzen! Singt Gott Lieder der Dankbarkeit in euren Herzen! Damit ist der tiefste Kern der frohen und jubelnden Weihnachtslieder beschrieben, die ihre existenzielle Resonanz wiederum in Erbarmen und Güte, in Geduld und Vergebung finden.

ZWEITE LESUNG Kol 3,12–21

Die Liebe ist das Band der Vollkommenheit

Lesung aus dem Brief des Apostels Paulus an die Gemeinde in Kolóssä.

Schwestern und Brüder! Bekleidet euch, als Erwählte Gottes, Heilige und Geliebte, mit innigem Erbarmen, Güte, Demut, Milde, Geduld! Ertragt einander und vergebt einander, wenn einer dem anderen etwas vorzuwerfen hat! Wie der Herr euch vergeben hat, so vergebt auch ihr! Vor allem bekleidet euch mit der Liebe, die das Band der Vollkommenheit ist! Und der Friede Christi triumphiere in euren Herzen. Dazu seid ihr berufen als Glieder des einen Leibes. Seid dankbar!

Das Wort Christi wohne mit seinem ganzen Reichtum bei euch. In aller Weisheit belehrt und ermahnt einander! Singt Gott Psalmen, Hymnen und geistliche Lieder in Dankbarkeit in euren Herzen! Alles, was ihr in Wort oder Werk tut, geschehe im Namen Jesu, des Herrn. Dankt Gott, dem Vater, durch ihn!

Ihr Frauen, ordnet euch den Männern unter, wie es sich im Herrn geziemt! Ihr Männer, liebt die Frauen und seid nicht erbittert gegen sie! Ihr Kinder, gehorcht euren Eltern in allem, denn das ist dem Herrn wohlgefällig! Ihr Väter, schüchtert eure Kinder nicht ein, damit sie nicht mutlos werden!

RUF VOR DEM EVANGELIUM Vers: Kol 3,15a.16a

Halleluja. Halleluja.
Der Friede Christi triumphiere in euren Herzen.
Das Wort Christi wohne mit seinem ganzen Reichtum bei euch.
Halleluja.

ZUM EVANGELIUM Josef ist offenkundig ein Träumer. Mit traumwandlerischer Sicherheit und Entschlossenheit bringt er Jesus durch die Gefahren, die das Leben des hilflosen Säuglings bedrohen. In der Sprache der Bibel stehen Träume für Begegnungen von Menschen mit Gott. Und auch heute können Träume solche Begegnungsräume sein – die unkontrollierbaren der Nacht ebenso wie die zukunftsweisenden des Tags. Träume bewegen Menschen aller Zeiten wie Josef aufzustehen und der Gefahr eines ungelebten Lebens zu entfliehen.

EVANGELIUM Mt 2,13–15.19–23

Nimm das Kind und seine Mutter und flieh nach Ägypten!

+ Aus dem heiligen Evangelium nach Matthäus.

Als die Sterndeuter wieder gegangen waren, siehe, da erschien dem Josef im Traum ein Engel des Herrn und sagte: Steh auf, nimm das Kind und seine Mutter und flieh nach Ägypten; dort bleibe, bis ich dir etwas anderes auftrage; denn Herodes wird das Kind suchen, um es zu töten.

Da stand Josef auf und floh in der Nacht mit dem Kind und dessen Mutter nach Ägypten. Dort blieb er bis zum Tod des Herodes. Denn es sollte sich erfüllen, was der Herr durch den Propheten gesagt hat: Aus Ägypten habe ich meinen Sohn gerufen.

Als Herodes gestorben war, siehe, da erschien dem Josef in Ägypten ein Engel des Herrn im Traum und sagte: Steh auf, nimm das Kind und seine Mutter und zieh in das Land Israel; denn die Leute, die dem Kind nach dem Leben getrachtet haben, sind tot.

Da stand er auf und zog mit dem Kind und dessen Mutter in das Land Israel.

Als er aber hörte, dass in Judäa Archeláus anstelle seines Vaters Herodes regierte, fürchtete er sich, dorthin zu gehen. Und weil er im Traum einen Befehl erhalten hatte, zog er in das Gebiet von Galiläa und ließ sich in einer Stadt namens Nazaret nieder.

Denn es sollte sich erfüllen, was durch die Propheten gesagt worden ist: Er wird Nazoräer genannt werden.

Glaubensbekenntnis, S. 482 ff.

FÜRBITTEN

Am Fest der Heiligen Familie bitten wir Gott um seine Nähe für die Familien dieser Erde:

- Wir bitten für die Eltern, dass sie ihren Kindern den zum Leben notwendigen Grundbestand an Vertrauen und Geborgenheit geben können. V: Gott, du unsere Hoffnung. A: Wir bitten dich, erhöre uns.
- Wir bitten für die Großeltern, die den Enkelkindern Halt, Nähe und Orientierung bieten und ihnen Liebe schenken. V: Gott, du unsere Hoffnung. A: Wir bitten dich, erhöre uns.
- Wir bitten für die Familien, in denen ein Kind oder ein Elternteil schwer erkrankt ist. V: Gott, du unsere Hoffnung. A: Wir bitten dich, erhöre uns.
- Wir bitten für Familien auf der Flucht und für die Angehörigen, die sie zurücklassen mussten. V: Gott, du unsere Hoffnung. A: Wir bitten dich, erhöre uns.
- Wir bitten für unsere verstorbenen Eltern, Geschwister, Verwandten und Freunde, dass sie Gemeinschaft erfahren und Heimat bei dir. V: Gott, du unsere Hoffnung. A: Wir bitten dich, erhöre uns.

Gott des Lebens, wir bitten dich: Schenke deinen Segen allen, die mit Freundlichkeit und Zuneigung füreinander da sind, heute und allezeit.

EUCHARISTIEFEIER

GABENGEBET

Herr, unser Gott, am Fest der Heiligen Familie bringen wir das Opfer der Versöhnung dar. Höre auf die Fürsprache der jungfräulichen Gottesmutter und des heiligen Josef. Erhalte unsere Familien in deiner Gnade und in deinem Frieden. Darum bitten wir durch Christus, unseren Herrn.

Ehre sei Gott, S. 479 f.

TAGESGEBET

Barmherziger Gott, durch die Geburt deines Sohnes aus der Jungfrau Maria hast du der Menschheit das ewige Heil geschenkt. Lass uns (auch im neuen Jahr) immer und überall die Fürbitte der gnadenvollen Mutter erfahren, die uns den Urheber des Lebens geboren hat, Jesus Christus, deinen Sohn, unseren Herrn und Gott, der in der Einheit des Heiligen Geistes mit dir lebt und herrscht in alle Ewigkeit.

WORTGOTTESDIENST

ZUR 1. LESUNG Das Angesicht, der Name: Durch schillernde Bilder scheint Gott in diesem uralten Segensspruch in menschliches Sprechen hinein. Von Gottes Angesicht heißt es an anderer biblischer Stelle, dass niemand es sehen und am Leben bleiben kann (Ex 33,23). Zugleich ist das Gesicht unersetzlicher Ausdruck der Zuwendung; durch das Tragen von Masken haben wir den Verlust während der Pandemie neu und schmerzlich erfahren. Der von Gott gleichzeitig verborgene und geoffenbarte Name JHWH – „Ich bin, der ich bin" – gibt mehr Rätsel auf, als dass er Gott benennen könnte. Zugleich ist der Name Ausdruck der segnenden Gegenwart. Die Lesung eröffnet das Jahr, indem sie an die Unverfügbarkeit Gottes, aber vor allem doch an seine Zuwendung erinnert.

ERSTE LESUNG Num 6,22–27

So sollen sie meinen Namen auf die Israeliten legen und ich werde sie segnen

Lesung aus dem Buch Númeri.

Der Herr sprach zu Mose: Sag zu Aaron und seinen Söhnen: So sollt ihr die Israeliten segnen; sprecht zu ihnen:
Der Herr segne dich und behüte dich. Der Herr lasse sein Angesicht über dich leuchten und sei dir gnädig. Der Herr wende sein Angesicht dir zu und schenke dir Frieden.
So sollen sie meinen Namen auf die Israeliten legen und ich werde sie segnen.

ANTWORTPSALM

Ps 67 (66),2–3.5–6.7–8 (Kv: 2a)

Kv Gott sei uns gnädig und segne uns. – Kv

Gott sei uns gnädig und segne uns. *
Er lasse sein Angesicht über uns leuchten,
damit man auf Erden deinen Weg erkenne, *
deine Rettung unter allen Völkern. – (Kv)

Die Nationen sollen sich freuen und jubeln, /
denn du richtest die Völker nach Recht *
und leitest die Nationen auf Erden.
Die Völker sollen dir danken, o Gott, *
danken sollen dir die Völker alle. – (Kv)

Die Erde gab ihren Ertrag. *
Gott, unser Gott, er segne uns!
Es segne uns Gott! *
Fürchten sollen ihn alle Enden der Erde. – Kv

ZUR 2. LESUNG In seiner Weihnachtstheologie ändert Paulus an zwei Stellen seine Redeweise und bezieht sich selbst in das Geschilderte ein. Einmal spricht er von der Sohnschaft, die wir durch die Menschwerdung des Gottessohnes erlangt haben. Dann erwähnt er den Geist, der in unsere Herzen gesandt ist und in dem wir Gott Vater nennen. In beidem gründet die wahre und weihnachtliche Freiheit der Glaubenden. Durch ihre Teilhabe an Gott sind sie befreit von der engen und Angst machenden Sorge um sich selbst und dazu befreit, mit Gott mitzulieben. Sie – Paulus würde sagen: wir.

ZWEITE LESUNG Gal 4,4–7

Gott sandte seinen Sohn, geboren von einer Frau, damit wir die Sohnschaft erlangen

Lesung aus dem Brief des Apostels Paulus an die Gemeinden in Galátien.

Schwestern und Brüder! Als die Zeit erfüllt war, sandte Gott seinen Sohn, geboren von einer Frau und dem Gesetz unterstellt, damit er die freikaufe, die unter dem Gesetz stehen, und damit wir die Sohnschaft erlangen.

Weil ihr aber Söhne seid, sandte Gott den Geist seines Sohnes in unsere Herzen, den Geist, der ruft: Abba, Vater.

Daher bist du nicht mehr Sklave, sondern Sohn; bist du aber Sohn, dann auch Erbe, Erbe durch Gott.

RUF VOR DEM EVANGELIUM Vers: vgl. Hebr 1,1–2

Halleluja. Halleluja.
Einst hat Gott zu den Vätern gesprochen durch die Propheten;
heute aber hat er zu uns gesprochen durch den Sohn.
Halleluja.

ZUM EVANGELIUM Die Hirten erzählten, was ihnen zuvor über das neugeborene Kind gesagt worden sei. Maria bewahrte diese Worte, heißt es dann, und dachte in ihrem Herzen darüber nach. Wie lange dachte sie nach und „erwog" die Worte? Lukas gibt darauf keine Antwort. Vielleicht ein Jahr? Dann wären Lukas' Worte über die

Innerlichkeit Marias eine Einladung, es Maria gleichzutun und im kommenden Jahr das Wunder der Weihnacht im Herzen zu bewahren, die Erzählung von der Geburt dessen, der Jesus heißt: „JHWH hilft".

EVANGELIUM

Lk 2,16–21

Sie fanden Maria und Josef und das Kind.
Als acht Tage vorüber waren, gab man dem Kind den Namen Jesus

+ Aus dem heiligen Evangelium nach Lukas.

In jener Zeit eilten die Hirten nach Betlehem und fanden Maria und Josef und das Kind, das in der Krippe lag. Als sie es sahen, erzählten sie von dem Wort, das ihnen über dieses Kind gesagt worden war. Und alle, die es hörten, staunten über das, was ihnen von den Hirten erzählt wurde.

Maria aber bewahrte alle diese Worte und erwog sie in ihrem Herzen.

Die Hirten kehrten zurück, rühmten Gott und priesen ihn für alles, was sie gehört und gesehen hatten, so wie es ihnen gesagt worden war.

Als acht Tage vorüber waren und das Kind beschnitten werden sollte, gab man ihm den Namen Jesus, den der Engel genannt hatte, bevor das Kind im Mutterleib empfangen war.

Glaubensbekenntnis, S. 482 ff.

FÜRBITTEN

Weil Maria Gott vertraut hat, ist uns allen im Kind in der Krippe Hoffnung geschenkt. An diesem ersten Tag des Jahres kommen wir mit unseren Hoffnungen, Sorgen und Nöten zum barmherzigen Gott:

- Nicht alles ist uns gelungen, nicht alles war gut im vergangenen Jahr. Bitten wir um Gottes Geist der Liebe. V/A: Höre und erhöre uns.

- Helles und Schönes, Gelingendes und Gutes haben wir in diesem zurückliegenden, nicht leichten Jahr erfahren dürfen. Bitten wir um den Geist der Dankbarkeit. V/A: Höre und erhöre uns.

- Viele Menschen leiden tagaus, tagein unter Bedrohungen, Kälte, Armut und Not. Bitten wir um den Geist des Friedens und des Erbarmens. V/A: Höre und erhöre uns.

- Menschen in unserer Nähe haben Verluste erfahren, über anderen schwebt eine bedrohliche Krankheits-Diagnose. Bitten wir Gott um seinen Geist des Trostes. V/A: Höre und erhöre uns.

Guter Gott, du gehst mit uns durch das Jahr. Darauf vertrauen wir mit Maria, der Gottesmutter, die auf Gottes Wort vertraute. Lass uns erfahren, dass dieses Jahr ein Jahr des Heils wird in Christus Jesus, unserem Bruder und Herrn.

EUCHARISTIEFEIER

GABENGEBET

Barmherziger Gott, von dir kommt alles Gute und du führst es zum Ziel. Wir danken dir für den Anfang des Heiles, das du uns in der Geburt deines Sohnes aus der Jungfrau Maria eröffnet hast. Höre auf ihre Fürsprache und führe uns (in diesem Jahr) näher zu dir. Darum bitten wir durch Christus, unseren Herrn.

PRÄFATION

In Wahrheit ist es würdig und recht, dir, Herr, heiliger Vater, immer und überall zu danken, weil du Großes getan hast an der seligen Jungfrau Maria. Vom Heiligen Geist überschattet, hat sie deinen eingeborenen Sohn empfangen und im Glanz unversehrter Jungfräulichkeit der Welt das ewige Licht geboren, unseren Herrn Jesus Christus. Durch ihn loben die Engel deine Herrlichkeit, beten dich an die

Mächte, erbeben die Gewalten. Die Himmel und die himmlischen Kräfte und die seligen Serafim feiern dich jubelnd im Chore. Mit ihrem Lobgesang lass auch unsere Stimmen sich vereinen und voll Ehrfurcht rufen: Heilig …

KOMMUNIONVERS

Hebr 13,8

Jesus Christus ist derselbe
gestern und heute und in Ewigkeit.

SCHLUSSGEBET

Herr, unser Gott, am Fest der seligen Jungfrau Maria, die wir als Mutter deines Sohnes und Mutter der Kirche bekennen, haben wir voll Freude das heilige Sakrament empfangen. Lass es uns eine Hilfe sein, die uns zum ewigen Leben führt. Darum bitten wir durch Christus, unseren Herrn.

FEIERLICHER SCHLUSSSEGEN

Gott, unser Vater, der Quell und Ursprung alles Guten, gewähre euch seinen Segen und erhalte euch im neuen Jahr unversehrt an Leib und Seele. – A: Amen.
Er bewahre euch im rechten Glauben, in unerschütterlicher Hoffnung und in der Geduld unbeirrbarer Liebe. – A: Amen.
Eure Tage ordne er in seinem Frieden, eure Bitten erhöre er heute und immerdar; am Ende eurer Jahre schenke er euch das ewige Leben. – A: Amen.
Das gewähre euch der dreieinige Gott, der Vater und der Sohn † und der Heilige Geist. – A: Amen.

***

WORT DAS TRÄGT

Maria
bewahrt die Worte
und erwägt sie
in ihrem Herzen.

Bewahre du
DAS WORT
und es trägt dich
in deinem Herzen.

Stefan Voges

ERSCHEINUNG DES HERRN – HOCHFEST

6. Januar 2023

Die Sterndeuter im Evangelium haben keine Namen. Erst der Volksmund hat den „Heiligen Drei Königen" die Namen Caspar, Melchior und Balthasar gegeben. Aber die Namensgebung ist womöglich mehr als bloße Folklore. Äußert sich nicht darin, dass die Namenlosen eine Identität bekommen, der Wunsch, sie als Identifikationsfiguren zu gewinnen? Schließlich geht diesen Suchenden ein Licht auf. Schließlich lassen sie sich durch dieses Licht in Bewegung setzen. Schließlich bleiben sie offen für das Neue und Fremde in ihrem Leben. In dem Stern, durch den Stern finden sie etwas, das sie in ihrem Leben unbedingt angeht. Gute Gründe, selbst Sterndeuterin oder Sterndeuter sein zu wollen und die Erzählung mit unseren eigenen Namen zu füllen.

ERÖFFNUNGSVERS

Vgl. Mal 3, 1; 1 Chr 19, 12

Seht, gekommen ist der Herrscher, der Herr.
In seiner Hand ist die Macht und das Reich.

KYRIE-RUFE

Herr Jesus Christus, du bist strahlend
aufgegangen mit deinem Licht und hast
das Dunkel der Herzen vertrieben.
V/A: Herr, erbarme dich.
Du bist das Licht der Völker und
Herrlichkeit für dein Volk Israel.
V/A: Christus, erbarme dich.
Du bist der wahre Morgenstern,
der in Ewigkeit nicht untergeht.
V/A: Herr, erbarme dich.

Ehre sei Gott, S. 479 f.

TAGESGEBET

Allherrschender Gott, durch den Stern, dem die Weisen gefolgt sind, hast du am heutigen Tag den Heidenvölkern deinen Sohn geoffenbart. Auch wir haben dich schon im Glauben erkannt. Führe uns vom Glauben zur unverhüllten Anschauung deiner Herrlichkeit. Darum bitten wir durch Jesus Christus.

WORTGOTTESDIENST

ZUR 1. LESUNG Viele Lichter leuchten in der Weihnachtszeit. Mitunter zu viele. Überall hängen, ranken und winden sich Lichterketten. Aber was verändern diese Lichter, außer dass sie die Stromnetze belasten und ein bisschen Atmosphäre verbreiten? Wie anders das Licht, von dem beim Propheten Jesaja die Rede ist. Dieses Licht geht auf über Zion und sorgt dafür, dass Zion selbst licht, ja ein Licht und zum Anziehungspunkt für die Völker wird. Das ist ein Licht, das etwas verändert, weil es Orientierung bietet. Es leuchtet bis heute überall da, wo Menschen es hinter den Lichterketten wahrnehmen, sich zu ihm auf den Weg machen und selbst zu Lichtern werden.

ERSTE LESUNG Jes 60, 1–6

Die Herrlichkeit des Herrn geht strahlend auf über dir

Lesung aus dem Buch Jesája.

Steh auf, werde licht, Jerusalem, denn es kommt dein Licht und die Herrlichkeit des HERRN geht strahlend auf über dir.
Denn siehe, Finsternis bedeckt die Erde und Dunkel die Völker, doch über dir geht strahlend der HERR auf, seine Herrlichkeit erscheint

über dir. Nationen wandern zu deinem Licht und Könige zu deinem strahlenden Glanz.

Erhebe deine Augen ringsum und sieh: Sie alle versammeln sich, kommen zu dir. Deine Söhne kommen von fern, deine Töchter werden auf der Hüfte sicher getragen. Da wirst du schauen und strahlen, dein Herz wird erbeben und sich weiten.

Denn die Fülle des Meeres wendet sich dir zu, der Reichtum der Nationen kommt zu dir. Eine Menge von Kamelen bedeckt dich, Hengste aus Mídian und Efa. Aus Saba kommen sie alle, Gold und Weihrauch bringen sie und verkünden die Ruhmestaten des HERRN.

ANTWORTPSALM

Ps 72 (71), 1–2.7–8.10–11.12–13 (Kv: 11)

Kv Alle Könige werfen sich vor ihm nieder,
es dienen ihm alle Völker. – Kv

Verleih dein Richteramt, o Gott, dem König, *
dem Königssohn gib dein gerechtes Walten.
Er regiere dein Volk in Gerechtigkeit *
und deine Elenden durch rechtes Urteil. – (Kv)

In seinen Tagen sprosse der Gerechte *
und Fülle des Friedens, bis der Mond nicht mehr da ist.
Er herrsche von Meer zu Meer, *
vom Strom bis an die Enden der Erde. – (Kv)

Die Könige von Tarschisch und von den Inseln bringen Gaben, *
mit Tribut nahen die Könige von Scheba und Saba.
Alle Könige werfen sich vor ihm nieder, *
es dienen ihm alle Völker. – (Kv)

Ja, er befreie den Armen, der um Hilfe schreit, *
den Elenden und den, der keinen Helfer hat.
Er habe Mitleid mit dem Geringen und Armen, *
er rette das Leben der Armen. – Kv

ZUR 2. LESUNG Viele Tendenzen zur Spaltung bedrohen den Zusammenhalt gegenwärtiger Gesellschaften. Immer wieder – und immer dringlicher? – stellt sich die Frage, was unsere Gesellschaft zusammenhält. Auch der Epheserbrief rechnet offensichtlich mit einer Spaltung, wenn er daran erinnert, dass die Heiden in der Gemeinde zu demselben Leib gehören und an derselben Verheißung teilhaben wie die Gemeindemitglieder, die wie Jesus aus dem Judentum kommen und in ihm verwurzelt sind. Er verrät auch, was sie zusammenhält: das Evangelium. Hat die frohe Botschaft vom Kind in der Krippe auch heute die Kraft, die Verschiedenen zusammenzuhalten?

ZWEITE LESUNG

Eph 3,2–3a.5–6

Jetzt ist offenbart worden: Auch die Heiden haben an der Verheißung in Christus Jesus teil

Lesung aus dem Brief des Apostels Paulus an die Gemeinde in Éphesus.

Schwestern und Brüder! Ihr habt gehört, welches Amt die Gnade Gottes mir für euch verliehen hat. Durch eine Offenbarung wurde mir das Geheimnis kundgetan. Den Menschen früherer Generationen wurde es nicht kundgetan, jetzt aber ist es seinen heiligen Aposteln und Propheten durch den Geist offenbart worden: dass nämlich die Heiden Miterben sind, zu demselben Leib gehören und mit teilhaben an der Verheißung in Christus Jesus durch das Evangelium.

RUF VOR DEM EVANGELIUM

Vers: vgl. Mt 2,2

Halleluja. Halleluja.
Wir haben seinen Stern gesehen
und sind gekommen, dem Herrn zu huldigen.
Halleluja.

ZUM EVANGELIUM Josef fehlt. Gerade noch hat er, so erzählt es Matthäus, dem Sohn seiner Frau den Namen Jesus gegeben. Und kurz darauf bringt er das Kind und seine Mutter in Sicherheit. Aber als die Sterndeuter kommen, ist Josef nicht da. Die „Magier" sehen nur das Kind und seine Mutter – Josef fehlt. Für den Evangelisten spielt er an dieser Stelle offensichtlich keine Rolle. Und doch ist er im Hintergrund da, hält die Familie und die Geschichte zusammen. So erinnert diese Geschichte an die vielen, die im Hintergrund wirken und allzu oft unsichtbar bleiben und vergessen werden. Der Stern führt uns auch zu den Vergessenen.

EVANGELIUM Mt 2,1–12

Wir haben seinen Stern aufgehen sehen und sind gekommen, um ihm zu huldigen

+ **Aus dem heiligen Evangelium nach Matthäus.**

Als Jesus zur Zeit des Königs Herodes in Betlehem in Judäa geboren worden war, siehe, da kamen Sterndeuter aus dem Osten nach Jerusalem und fragten: Wo ist der neugeborene König der Juden? Wir haben seinen Stern aufgehen sehen und sind gekommen, um ihm zu huldigen.

Als König Herodes das hörte, erschrak er und mit ihm ganz Jerusalem. Er ließ alle Hohepriester und Schriftgelehrten des Volkes zusammenkommen und erkundigte sich bei ihnen, wo der Christus geboren werden solle.

Sie antworteten ihm: in Betlehem in Judäa; denn so steht es geschrieben bei dem Propheten:

Du, Betlehem im Gebiet von Juda, bist keineswegs die unbedeutendste unter den führenden Städten von Juda; denn aus dir wird ein Fürst hervorgehen, der Hirt meines Volkes Israel.

Danach rief Herodes die Sterndeuter heimlich zu sich und ließ sich von ihnen genau sagen, wann der Stern erschienen war. Dann schickte er sie nach Betlehem und sagte: Geht und forscht sorgfältig nach dem Kind; und wenn ihr es gefunden habt, berichtet mir, damit auch ich hingehe und ihm huldige!

Nach diesen Worten des Königs machten sie sich auf den Weg.

Und siehe, der Stern, den sie hatten aufgehen sehen, zog vor ihnen her bis zu dem Ort, wo das Kind war; dort blieb er stehen. Als sie den Stern sahen, wurden sie von sehr großer Freude erfüllt. Sie gingen in das Haus und sahen das Kind und Maria, seine Mutter; da fielen sie nieder und huldigten ihm. Dann holten sie ihre Schätze hervor und brachten ihm Gold, Weihrauch und Myrrhe als Gaben dar.

Weil ihnen aber im Traum geboten wurde, nicht zu Herodes zurückzukehren, zogen sie auf einem anderen Weg heim in ihr Land.

Glaubensbekenntnis, S. 482 ff.

FÜRBITTEN

„Als sie den Stern sahen, wurden sie von sehr großer Freude erfüllt." Folgen auch wir dem Stern der Hoffnung und tragen unsere Bitten vor Gott:

- Lass deine Kirche ein einladender Ort der Freude und der Hoffnung sein. V: Gott, guter Vater. A: Höre unser Rufen.
- Bestärke alle, die sich für Frieden und Versöhnung einsetzen – im Privaten wie im Politischen. V: Gott, guter Vater. A: Höre unser Rufen.
- Segne die Kinder und Jugendlichen, die in diesen Tagen den Stern der Hoffnung und der Liebe durch die Straßen tragen. V: Gott, guter Vater. A: Höre unser Rufen.
- Wecke uns alle, damit wir Unrecht und Leid, Mangel an Lebenschancen für Kinder weltweit nicht länger übersehen, sondern solidarisch Hilfe leisten. V: Gott, guter Vater. A: Höre unser Rufen.
- Lass unsere lieben Verstorbenen dein Licht sehen und die Freude der Gemeinschaft mit dir erfahren. V: Gott, guter Vater. A: Höre unser Rufen.

Gott des Lebens und der Hoffnung, hilf uns, deinem Stern der Menschenliebe zu folgen, an diesem Festtag und an allen Tagen, die uns geschenkt sind.

EUCHARISTIEFEIER

GABENGEBET

Allmächtiger Gott, nimm die Gaben deiner Kirche an. Sie bringt nicht mehr Gold, Weihrauch und Myrrhe dar, sondern er, den diese Gaben bezeichnen, wird für uns geopfert und uns zur Speise gegeben, unser Herr Jesus Christus, der mit dir lebt und herrscht in alle Ewigkeit.

PRÄFATION

In Wahrheit ist es würdig und recht, dir, Herr, heiliger Vater, allmächtiger, ewiger Gott, immer und überall zu danken. Denn heute enthüllst du das Geheimnis unseres Heiles, heute offenbarst du das Licht der Völker, deinen Sohn Jesus Christus. Er ist als sterblicher Mensch auf Erden erschienen und hat uns neu geschaffen im Glanz seines göttlichen Lebens. Darum singen wir mit den Engeln und Erzengeln, den Thronen und Mächten und mit all den Scharen des himmlischen Heeres den Hochgesang von deiner göttlichen Herrlichkeit: Heilig …

KOMMUNIONVERS

Vgl. Mt 2,2

Wir haben seinen Stern aufgehen sehen
und sind gekommen,
dem Herrn mit Geschenken zu huldigen.

SCHLUSSGEBET

Wir danken dir, allmächtiger Gott, für die heiligen Gaben und bitten dich: Erhelle unsere Wege mit dem Licht deiner Gnade, damit wir in Glauben und Liebe erfassen, was du uns im Geheimnis der Eucharistie geschenkt hast. Darum bitten wir durch Christus, unseren Herrn.

FEIERLICHER SCHLUSSSEGEN

Gott, unser Vater, hat uns aus der Finsternis in sein wunderbares Licht gerufen; er segne euch und stärke euch im Glauben, in der Hoffnung und in der Liebe. – A: Amen.
Und Christus, der heute der Welt erschienen ist als Licht in der Finsternis, leuchte auf in euren Herzen und mache euer Leben zum Licht für eure Brüder. – A: Amen.
Die Weisen sind dem Stern gefolgt und haben Christus gefunden; Gott führe auch euch auf dem Weg der irdischen Pilgerschaft zur Anschauung seiner Herrlichkeit. – A: Amen.
Das gewähre euch der dreieinige Gott, der Vater und der Sohn † und der Heilige Geist. – A: Amen.

***

STERNDEUTUNG

Du musst nicht viel wissen,
um die Sterne zu deuten.
Du musst nur wissen,
welcher dein Stern ist.

Stefan Voges

Zeit im Jahreskreis

TAUFE DES HERRN – FEST

8. Januar 2023

Einerseits stellt das Fest der Taufe des Herrn Jesus in den Mittelpunkt. Nach einer unbekannten oder von den Evangelisten verschwiegenen Jugend markiert die Taufe den Beginn des öffentlichen Wirkens des Jesus von Nazaret. Das Fest lenkt die Aufmerksamkeit ganz auf seine Person. Andererseits machen die Lesungen deutlich, dass es Jesus nicht um seine Person geht, sondern um seine Sache. Es geht ihm um die größere Gerechtigkeit Gottes. Er tritt an den Rand, damit die Mitte frei ist für seine Botschaft, die Botschaft von der befreienden Menschenfreundlichkeit Gottes.

ERÖFFNUNGSVERS

Vgl. Mt 3,16–17

Als Jesus getauft war, öffnete sich der Himmel,
und er sah den Geist Gottes wie eine Taube
auf sich herabkommen.
Und die Stimme des Vaters aus dem Himmel sprach:
Das ist mein geliebter Sohn, an dem ich Gefallen habe.

KYRIE-RUFE

Herr Jesus Christus, du hast bei deiner Taufe
den Geist Gottes auf dich herabkommen sehen.
V/A: Herr, erbarme dich.

Du hast Gottes Gefallen gefunden.
V/A: Christus, erbarme dich.
Du bist Gottes geliebter Sohn.
V/A: Herr, erbarme dich.

Ehre sei Gott, S. 479 f.

TAGESGEBET

Allmächtiger, ewiger Gott, bei der Taufe im Jordan kam der Heilige Geist auf unseren Herrn Jesus Christus herab und du hast ihn als deinen geliebten Sohn geoffenbart. Gib, dass auch wir, die aus dem Wasser und dem Heiligen Geist wiedergeboren sind, in deinem Wohlgefallen stehen und als deine Kinder aus der Fülle dieses Geistes leben. Darum bitten wir durch Jesus Christus.

WORTGOTTESDIENST

ZUR 1. LESUNG Er schreit nicht und lärmt nicht. Im Zeitalter der sogenannten sozialen Netzwerke könnte man übersetzen: Er postet nicht und twittert nicht. Das heißt aber auch, dass der Gottesknecht, der hier vorgestellt wird, in der Öffentlichkeit so gut wie gar nicht vorkommt. Dieser Knecht ist ein Mensch der leisen Töne. Er vertraut ganz auf seine Botschaft und ihre Wahrheit, die nicht verstummt. Und er setzt auf die leise, wenig öffentlichkeitswirksame, aber sehr soziale Befreiung der Einzelnen aus dem Dunkel ihrer Einsamkeit.

ERSTE LESUNG

Jes 42,5a.1–4.6–7

Siehe, das ist mein Knecht, an ihm finde ich Gefallen

Lesung aus dem Buch Jesája.

So spricht Gott, der Herr: Siehe, das ist mein Knecht, den ich stütze; das ist mein Erwählter, an ihm finde ich Gefallen. Ich habe meinen Geist auf ihn gelegt, er bringt den Nationen das Recht. Er schreit nicht und lärmt nicht und lässt seine Stimme nicht auf der Gasse erschallen. Das geknickte Rohr zerbricht er nicht und den glimmenden Docht löscht er nicht aus; ja, er bringt wirklich das Recht. Er verglimmt nicht und wird nicht geknickt, bis er auf der Erde das Recht begründet hat. Auf seine Weisung warten die Inseln.

Ich, der Herr, habe dich aus Gerechtigkeit gerufen, ich fasse dich an der Hand. Ich schaffe und mache dich zum Bund mit dem Volk, zum Licht der Nationen, um blinde Augen zu öffnen, Gefangene aus dem Kerker zu holen und die im Dunkel sitzen, aus der Haft.

ANTWORTPSALM

Ps 29 (28), 1–2.3ac–4.3b u. 9b–10 (Kv: vgl. 11b)

Kv Der Herr schenkt seinem Volk den Frieden. – Kv

Bringt dar dem Herrn, ihr Himmlischen, *
bringt dar dem Herrn Ehre und Macht!
Bringt dar dem Herrn die Ehre seines Namens, *
werft euch nieder vor dem Herrn in heiliger Majestät! – (Kv)

Die Stimme des Herrn über den Wassern: *
der Herr über gewaltigen Wassern.
Die Stimme des Herrn voller Kraft, *
die Stimme des Herrn voll Majestät. – (Kv)

Der Gott der Ehre hat gedonnert. *
In seinem Palast ruft alles: Ehre!
Der Herr thronte über der Flut, *
der Herr thronte als König in Ewigkeit. – Kv

ZUR 2. LESUNG Die Umherziehenden, das sind nicht gerade die Angesehenen in der Gesellschaft, das sind eher die, von denen man sich fernhält. Ein fester Wohnsitz, das ist doch wohl das Mindeste. Von Jesus sagt Petrus ausdrücklich, dass dieser umherzog. Gewiss, damals gab es viele Wanderprediger, solche umherziehenden Gestalten waren nicht so außergewöhnlich wie heute. Aber vermutlich würde Jesus auch heute umherziehen und würde so das Verstörende, das seine Botschaft in einer arrivierten Bürgerlichkeit hat, auch leben. Angetrieben von der Kraft, die ihm – und auch uns – in der Taufe geschenkt wurde.

ZWEITE LESUNG

Apg 10,34–38

Gott hat Jesus gesalbt mit dem Heiligen Geist

Lesung aus der Apostelgeschichte.

In jenen Tagen begann Petrus zu reden und sagte: Wahrhaftig, jetzt begreife ich, dass Gott nicht auf die Person sieht, sondern dass ihm in jedem Volk willkommen ist, wer ihn fürchtet und tut, was recht ist.

Er hat das Wort den Israeliten gesandt, indem er den Frieden verkündete durch Jesus Christus: Dieser ist der Herr aller.

Ihr wisst, was im ganzen Land der Juden geschehen ist, angefangen in Galiläa, nach der Taufe, die Johannes verkündet hat: wie Gott Jesus von Nazaret gesalbt hat mit dem Heiligen Geist und mit Kraft, wie dieser umherzog, Gutes tat und alle heilte, die in der Gewalt des Teufels waren; denn Gott war mit ihm.

RUF VOR DEM EVANGELIUM

Vers: vgl. Mt 3,16.17; Mk 9,7

Halleluja. Halleluja.
Der Himmel tat sich auf und eine Stimme sprach:
Das ist mein geliebter Sohn; auf ihn sollt ihr hören.
Halleluja.

ZUM EVANGELIUM Als Jesus kommt, um sich von ihm taufen zu lassen, weiß Johannes offenbar sofort, wer da vor ihm steht: der, der mit Heiligem Geist und Feuer taufen wird. Und Johannes möchte das Verhältnis richtigstellen und fragt, ob nicht er von Jesus getauft werden müsse. Aber Jesus hält an seinem Vorhaben fest und setzt so gleich zu Beginn einen Akzent seiner Verkündigung. Er ordnet sich unter, weniger der Person des Täufers als vielmehr der Sache, für die er gemeinsam mit Johannes eintritt, der Sache der Gerechtigkeit. Und für diese Gerechtigkeit braucht es die Umkehr und die Umkehrung der Verhältnisse.

EVANGELIUM

Mt 3,13–17

Als Jesus getauft war, sah er den Geist Gottes wie eine Taube auf sich herabkommen

+ **Aus dem heiligen Evangelium nach Matthäus.**

In jener Zeit kam Jesus von Galiläa an den Jordan zu Johannes, um sich von ihm taufen zu lassen. Johannes aber wollte es nicht zulassen und sagte zu ihm: Ich müsste von dir getauft werden und du kommst zu mir?

Jesus antwortete ihm: Lass es nur zu! Denn so können wir die Gerechtigkeit ganz erfüllen. Da gab Johannes nach.

Als Jesus getauft war, stieg er sogleich aus dem Wasser herauf. Und siehe, da öffnete sich der Himmel und er sah den Geist Gottes wie eine Taube auf sich herabkommen. Und siehe, eine Stimme aus dem Himmel sprach: Dieser ist mein geliebter Sohn, an dem ich Wohlgefallen gefunden habe.

Glaubensbekenntnis, S. 482 ff.

FÜRBITTEN

In der Taufe sind wir unwiderruflich zu Söhnen und Töchtern, zu Kindern Gottes geworden. Wir bitten Gott, den Vater aller, um seinen Beistand:

- In der einen Taufe sind alle Christinnen und Christen miteinander verbunden. Wir beten für die noch immer zertrennte Christenheit um den Willen zu echtem Aufbruch und zu wirklicher Versöhnung. V: Gott, unser Heil. A: Wir bitten dich, erhöre uns.
- Für viele Menschen hat die Kirche in erschreckendem Maß an Vertrauen und Glaubwürdigkeit verloren. Wir bitten für die in der Verkündigung Tätigen um deinen Geist der Hoffnung und der Erneuerung. V: Gott, unser Heil. A: Wir bitten dich, erhöre uns.
- Am Jahresanfang stehen oft gute Vorsätze, der Wille, es besser zu machen. Wir bitten dich für alle Menschen guten Willens, die liebevoller und gelassener sein wollen in diesem neuen Jahr. V: Gott, unser Heil. A: Wir bitten dich, erhöre uns.
- Auch in diesem Jahr empfangen Kinder in unserer Gemeinde die heilige Taufe. Wir bitten für sie, für ihre Eltern und Geschwister, für alle, die sie begleiten und stärken, um deinen Segen. V: Gott, unser Heil. A: Wir bitten dich, erhöre uns.

Gott unseres Lebens, du hast uns als deine Kinder angenommen. Das ist zugleich Gabe und Aufgabe. Hilf uns, gerecht und gut zu leben, heute und alle Tage, die uns geschenkt sind.

EUCHARISTIEFEIER

GABENGEBET

Gott, unser Vater, wir feiern den Tag, an dem du Jesus als deinen geliebten Sohn geoffenbart hast. Nimm unsere Gaben an und mache sie zum Opfer Christi, der die Sünden der ganzen Welt abgewaschen hat. Er, der mit dir lebt und herrscht in alle Ewigkeit.

PRÄFATION

In Wahrheit ist es würdig und recht, dir, allmächtiger Vater, zu danken und deine Größe zu preisen. Denn bei der Taufe im Jordan offenbarst du das Geheimnis deines Sohnes durch wunderbare Zeichen: Die Stimme vom Himmel verkündet ihn als deinen geliebten Sohn, der auf Erden erschienen ist, als dein ewiges Wort, das unter uns Menschen wohnt. Der Geist schwebt über ihm in Gestalt einer Taube und bezeugt ihn als deinen Knecht, den du gesalbt hast, den Armen die Botschaft der Freude zu bringen. Darum singen wir mit den Engeln und Erzengeln, den Thronen und Mächten und mit all den Scharen des himmlischen Heeres den Hochgesang von deiner göttlichen Herrlichkeit: Heilig …

KOMMUNIONVERS

Joh 1,30.34

Dieser ist es, über den Johannes gesagt hat:
Ich habe es gesehen und lege Zeugnis ab:
Dieser ist der Sohn Gottes.

SCHLUSSGEBET

Gütiger Gott, du hast uns mit deinem Wort und dem Brot des Lebens genährt. Gib, dass wir gläubig auf deinen Sohn hören, damit wir deine Kinder heißen und es in Wahrheit sind. Darum bitten wir durch Christus, unseren Herrn.

***

GOTTESKNECHT

Leise Töne
gibt er von sich,
der Gottesknecht.

Laute Worte
wünschte man sich
vom Gottesknecht.

Laut oder leise –
nicht verstummen darf
der Gottesknecht.

Stefan Voges

2. SONNTAG IM JAHRESKREIS

15. Januar 2023

Die Bibel kennt viele Titel, die Jesus verliehen, und viele Deutungen, die auf ihn übertragen werden, vom Gottesknecht über das Lamm Gottes bis zum Sohn Gottes. Auf der einen Seite sind diese Namen hilfreiche Versuche, sich dem unergründlichen Geheimnis des Mensch gewordenen Gottes zu nähern. Auf der anderen Seite können sie den Zugang zum nahbaren Menschen Jesus verstellen. Christinnen und Christen stehen bis heute in der Spannung zwischen dem Geheimnis Gottes und ihrer Existenz auf Erden. Durch Jesus Christus sind sie hineingenommen in das Geheimnis des Heiligen. Zugleich sind sie durch ihn herausgerufen zur Heiligkeit im gemeinsamen Erdenhaus.

ERÖFFNUNGSVERS

Ps 66 (65), 4

Alle Welt bete dich an, o Gott, und singe dein Lob,
sie lobsinge deinem Namen, du Allerhöchster.

KYRIE-RUFE

Herr Jesus Christus, Sohn Gottes,
du bist das Licht der Völker.
V/A: Herr, erbarme dich.
Du nimmst hinweg die Sünde der Welt.
V/A: Christus, erbarme dich.
Du bringst das Heil bis an das Ende der Erde.
V/A: Herr, erbarme dich.

Ehre sei Gott, S. 479 f.

TAGESGEBET

Allmächtiger Gott, du gebietest über Himmel und Erde, du hast Macht über die Herzen der Menschen. Darum kommen wir voll Vertrauen zu dir; stärke alle, die sich um die Gerechtigkeit mühen, und schenke unserer Zeit deinen Frieden. Darum bitten wir durch Jesus Christus.

WORTGOTTESDIENST

ZUR 1. LESUNG Der Auftrag des Gottesknechts ist allumfassend: Israel aus dem Exil heim- und zu seinem Gott zurückführen. Und dann nicht weniger als das „Licht der Nationen" sein, um die alleinige Herrschaft von JHWH zu begründen. Überzogene und weltfremde theologische Ansprüche? Auch die Übertragung dieses Aufgabenkatalogs auf Christus löst das Problem der uneingelösten Erwartungen nicht: In der Geschichte der Menschheit verdunkeln so viele Schatten das verheißene und ersehnte Licht der Völker. Doch ein Satz mitten im zweiten Lied vom Gottesknecht, den wir heute hören, leuchtet: „Mein Gott war meine Stärke." Diese Erfahrung kann bis heute Zweifel vertreiben und das Vertrauen wachsen lassen – in der Mission des Gottesknechts wie im eigenen Dasein: dass sie trotz allem lichtvoll sind.

ERSTE LESUNG

Jes 49,3.5–6

Ich mache dich zum Licht der Nationen

Lesung aus dem Buch Jesája.

Der HERR sagte zu mir: Du bist mein Knecht, Israel, an dem ich meine Herrlichkeit zeigen will.

Jetzt aber hat der HERR gesprochen, der mich schon im Mutterleib zu seinem Knecht geformt hat, damit ich Jakob zu ihm heimführe und Israel bei ihm versammelt werde. So wurde ich in den Augen des HERRN geehrt und mein Gott war meine Stärke.

Und er sagte: Es ist zu wenig, dass du mein Knecht bist, nur um die Stämme Jakobs wieder aufzurichten und die Verschonten Israels heimzuführen. Ich mache dich zum Licht der Nationen; damit mein Heil bis an das Ende der Erde reicht.

ANTWORTPSALM

Ps 40 (39), 2 u. 4ab.7–8.9–10 (Kv: vgl. 8a.9a)

Kv Mein Gott, ich komme;
deinen Willen zu tun, ist mein Gefallen. – Kv

Ich hoffte, ja ich hoffte auf den HERRN. *
Da neigte er sich mir zu und hörte mein Schreien.
Er gab mir ein neues Lied in den Mund, *
einen Lobgesang auf unseren Gott. – (Kv)

An Schlacht- und Speiseopfern hattest du kein Gefallen, /
doch Ohren hast du mir gegraben, *
Brand- und Sündopfer hast du nicht gefordert.
Da habe ich gesagt: Siehe, ich komme. *
In der Buchrolle steht es über mich geschrieben. – (Kv)

Deinen Willen zu tun, mein Gott, war mein Gefallen *
und deine Weisung ist in meinem Innern.
Gerechtigkeit habe ich in großer Versammlung verkündet, *
meine Lippen verschließe ich nicht; HERR, du weißt es. – Kv

ZUR 2. LESUNG Wie erstarrt „Kirche" doch ist! Erstarrt zum steinernen Gebäude oder, schlimmer noch, zur unbeweglichen Institution, zum selbstgenügsamen System, zum Reformobjekt. Wie lebendig denkt dagegen Paulus Kirche! Geheiligte in Christus Jesus – da klingt doch die lebendige und verändernde Beziehung an, aus der Kirche überhaupt entsteht. Berufene Heilige – da ist etwas vom Zutrauen und vom persönlichen Lebensanspruch zu spüren, durch die Kirche lebendig wird und Leben ausstrahlt.

ZWEITE LESUNG

1 Kor 1,1–3

Gnade sei mit euch und Friede von Gott, unserem Vater, und dem Herrn Jesus Christus!

Lesung aus dem ersten Brief des Apostels Paulus an die Gemeinde in Korínth.

Paulus, durch Gottes Willen berufener Apostel Christi Jesu, und der Bruder Sósthenes an die Kirche Gottes, die in Korínth ist – die Geheiligten in Christus Jesus, die berufenen Heiligen –, mit allen, die den Namen unseres Herrn Jesus Christus überall anrufen, bei ihnen und bei uns.

Gnade sei mit euch und Friede von Gott, unserem Vater, und dem Herrn Jesus Christus!

RUF VOR DEM EVANGELIUM

Vers: Joh 1,14a.12a

Halleluja. Halleluja.
Das Wort ist Fleisch geworden und hat unter uns gewohnt.
Allen, die ihn aufnahmen,
gab er Macht, Kinder Gottes zu werden.
Halleluja.

ZUM EVANGELIUM In seinem ersten Zeugnis über Jesus verwendet der Täufer Johannes eine ganze Reihe von Bezeichnungen und Beschreibungen. Längst nicht alle sind beim ersten Hören verständlich, sie verlangen nach Erklärung und Deutung. Aber allen Worten voraus liegen die Erfahrungen, liegt der in den Glauben geweitete sinnliche Zugang zur Welt und zu Gott. Denn zuerst hört Johannes das Wort Gottes, dann sieht er den Geist herabkommen. Erst daraufhin bezeugt er den Sohn Gottes. Für alle, die es hören, gilt die Einladung, wie Johannes die Sinne für Gott zu öffnen.

EVANGELIUM

Joh 1,29–34

Seht, das Lamm Gottes, das die Sünde der Welt hinwegnimmt

+ Aus dem heiligen Evangelium nach Johannes.

In jener Zeit sah Johannes der Täufer Jesus auf sich zukommen und sagte: Seht, das Lamm Gottes, das die Sünde der Welt hinwegnimmt! Er ist es, von dem ich gesagt habe: Nach mir kommt ein Mann, der mir voraus ist, weil er vor mir war. Auch ich kannte ihn nicht; aber ich bin gekommen und taufe mit Wasser, damit er Israel offenbart wird.

Und Johannes bezeugte: Ich sah, dass der Geist vom Himmel herabkam wie eine Taube und auf ihm blieb. Auch ich kannte ihn nicht; aber er, der mich gesandt hat, mit Wasser zu taufen, er hat mir gesagt: Auf wen du den Geist herabkommen und auf ihm bleiben siehst, der ist es, der mit dem Heiligen Geist tauft.

Und ich habe es gesehen und bezeugt: Dieser ist der Sohn Gottes.

Glaubensbekenntnis, S. 482 ff.

FÜRBITTEN

Auf Jesus verweist Johannes, auf Jesus, unseren Bruder, dürfen auch wir hoffen. Wir rufen zu ihm und bitten ihn:

- Für alle, die Lebenszeit, Energie, Hoffnung und Kraft einbringen in den Prozess der Erneuerung der Kirche. V: Christus, höre uns. A: Christus, erhöre uns.
- Für alle, die sich im Alltag in der Schule, in Ausbildung und Beruf, in der Familie und im Freundeskreis an die Seite der Kleinen, Übersehenen, Missachteten stellen. V: Christus, höre uns. A: Christus, erhöre uns.
- Für alle, denen die Bewahrung unserer Welt – Gottes guter Schöpfung – ein Anliegen ist, für das sie Gewohnheiten ändern und Vertrautes aufgeben. V: Christus, höre uns. A: Christus, erhöre uns.

- Für die Schwerkranken und Sterbenden, dass sie darauf vertrauen können, nicht ins Bodenlose zu fallen. V: Christus, höre uns. A: Christus, erhöre uns.

Jesus Christus, auf dich kam der Geist Gottes herab. Hilf auch uns, aus diesem Geist zu leben in der Hoffnung, dass du den Weg mit uns gehst, heute und allezeit und in Ewigkeit.

EUCHARISTIEFEIER

GABENGEBET

Herr, gib, dass wir das Geheimnis des Altares ehrfürchtig feiern; denn sooft wir die Gedächtnisfeier dieses Opfers begehen, vollzieht sich an uns das Werk der Erlösung. Durch Christus, unseren Herrn.

Präfation, S. 494 ff.

KOMMUNIONVERS

1 Joh 4,16

Wir haben die Liebe erkannt und an die Liebe geglaubt,
die Gott zu uns hat.

SCHLUSSGEBET

Barmherziger Gott, du hast uns alle mit dem einen Brot des Himmels gestärkt. Erfülle uns mit dem Geist deiner Liebe, damit wir ein Herz und eine Seele werden. Darum bitten wir durch Christus, unseren Herrn.

***

Für eine Wort-Gottes-Feier:

ERÖFFNUNGSGEBET ZUR WAHL

Gott, unser Vater, du hast uns in deine Kirche berufen. Als deine Töchter und Söhne sind wir hier versammelt. Wir bitten dich: Sende uns deinen Geist, und mach uns zu einem Licht der Völker, damit dein Heil durch uns verkündet wird bis an die Grenzen der Erde, und alle Menschen deinen Sohn erkennen, Jesus Christus, unseren Herrn, der mit dir und dem Heiligen Geist lebt von Ewigkeit zu Ewigkeit.

***

KORINTH KOMMENTIERT

Geheiligt –
Wie bitte? Aber gut,
klingt nicht schlecht.

In Jesus Christus –
Immerhin, schon alles erledigt,
da muss ich selbst nichts tun.

Berufen –
Also doch! Hab doch geahnt,
dass es einen Haken gibt.

Zur Heiligkeit –
Drunter geht's wohl nicht!
Aber gut – mit Gottes Hilfe.

Stefan Voges

3. SONNTAG IM JAHRESKREIS

22. Januar 2023

Das Himmelreich ist nahe. Was sagt dieser Satz heute? Wer versteht schon diesen Satz, selbst wenn die Erläuterung folgt, das Himmelreich sei gleichbedeutend mit Reich Gottes? Und müsste nicht die nächste Frage lauten: Wer lässt sich auf diesen Satz ein? Das Himmelreich ist nahe. Damit begründet Jesus seinen Aufruf zur Umkehr. Es ist also ein zentraler Satz der jesuanischen Verkündigung. Er sollte weder zu leicht gelesen noch zu leicht gehört werden und vor allem nicht zerredet. Das Himmelreich ist nahe. Was dieser Satz sagt? Er wirkt.

ERÖFFNUNGSVERS

Ps 96 (95), 1.6

Singet dem Herrn ein neues Lied,
singt dem Herrn, alle Lande!
Hoheit und Pracht sind vor seinem Angesicht,
Macht und Glanz in seinem Heiligtum!

KYRIE-RUFE

Herr Jesus Christus, du hast das Licht gebracht,
die Verheißung erfüllt.
V/A: Herr, erbarme dich.
Du hast das Himmelreich
nahe herbeigeführt.
V/A: Christus, erbarme dich.
Du rufst zur Umkehr; du rufst
in deine Nachfolge.
V/A: Herr, erbarme dich.

Ehre sei Gott, S. 479 f.

TAGESGEBET

Allmächtiger, ewiger Gott, lenke unser Tun nach deinem Willen und gib, dass wir im Namen deines geliebten Sohnes reich werden an guten Werken. Darum bitten wir durch ihn, Jesus Christus.

WORTGOTTESDIENST

ZUR 1. LESUNG Zuletzt waren die Verse aus dem prophetischen Buch Jesaja in der Heiligen Nacht zu hören. Heute klingen die Worte anders als noch vor wenigen Wochen mit Lichterglanz und Tannenbaum. Das liegt auch am ersten Vers, der an Weihnachten nicht gelesen wird. Darin tauchen geografische Bezeichnungen auf: Sebulon, Naftali, der Jordan, die wir auch im heutigen Evangelium hören. Dem Evangelisten Matthäus werden diese Angaben dazu dienen, das Wirken Jesu als Erfüllung der messianischen Verheißung zu deuten. Die Verse erinnern indes auch daran, dass Weihnachten nicht bloß eine himmlische Geschichte ist. Die Botschaft will im Lebensraum der Menschen konkret werden. Wirklich und befreiend auch in unserer Zeit.

ERSTE LESUNG

Jes 8,23b–9,3

In Galiläa, dem Gebiet der Heiden, sah das Volk ein helles Licht

Lesung aus dem Buch Jesája.

Wie der Herr in früherer Zeit das Land Sébulon und das Land Náftali verachtet hat, so hat er später den Weg am Meer zu Ehren gebracht, das Land jenseits des Jordan, das Gebiet der Nationen.

Das Volk, das in der Finsternis ging, sah ein helles Licht; über denen, die im Land des Todesschattens wohnten, strahlte ein Licht auf. Du mehrtest die Nation, schenktest ihr große Freude. Man freute sich vor deinem Angesicht, wie man sich freut bei der Ernte, wie man jubelt, wenn Beute verteilt wird.
Denn sein drückendes Joch und den Stab auf seiner Schulter, den Stock seines Antreibers zerbrachst du wie am Tag von Mídian.

ANTWORTPSALM

Ps 27 (26), 1.4.13–14 (Kv: 1a)

Kv Der Herr ist mein Licht und mein Heil. – Kv

Der Herr ist mein Licht und mein Heil: *
Vor wem sollte ich mich fürchten?
Der Herr ist die Zuflucht meines Lebens: *
Vor wem sollte mir bangen? – (Kv)

Eines habe ich vom Herrn erfragt, dieses erbitte ich: *
im Haus des Herrn zu wohnen alle Tage meines Lebens;
die Freundlichkeit des Herrn zu schauen *
und nachzusinnen in seinem Tempel. – (Kv)

Ich bin gewiss, zu schauen *
die Güte des Herrn im Land der Lebenden.
Hoffe auf den Herrn, /
sei stark und fest sei dein Herz! *
Und hoffe auf den Herrn! – Kv

ZUR 2. LESUNG Erschreckend aktuell klingen die Worte des Paulus. Spaltungen in der Gemeinde – gibt's auch heute. Gewandte und kluge Worte, die die christliche Botschaft um ihre Kraft bringen – gibt's auch heute. Um diesen Gefahren zu wehren, setzt Paulus nicht auf pastorale Prozesse und Programme, sondern allein auf Christus. Im Namen Jesu Christi spricht er seine Ermahnungen aus, um die Kraft des Kreuzes Christi geht es ihm. Dieses Vertrauen auf Christus schreibt der Apostel nicht nur der Gemeinde in Korinth, sondern den Gemeinden aller Zeiten ins Stammbuch.

ZWEITE LESUNG 1 Kor 1,10–13.17

Seid alle einmütig und duldet keine Spaltungen

Lesung aus dem ersten Brief des Apostels Paulus an die Gemeinde in Korínth.

Ich ermahne euch, Schwestern und Brüder, im Namen unseres Herrn Jesus Christus: Seid alle einmütig und duldet keine Spaltungen unter euch; seid vielmehr eines Sinnes und einer Meinung!

Es wurde mir nämlich, meine Brüder und Schwestern, von den Leuten der Chloë berichtet, dass es Streitigkeiten unter euch gibt. Ich meine damit, dass jeder von euch etwas anderes sagt: Ich halte zu Paulus – ich zu Apóllos – ich zu Kephas – ich zu Christus.

Ist denn Christus zerteilt? Wurde etwa Paulus für euch gekreuzigt? Oder seid ihr auf den Namen des Paulus getauft worden?

Christus hat mich nicht gesandt zu taufen, sondern das Evangelium zu verkünden, aber nicht mit gewandten und klugen Worten, damit das Kreuz Christi nicht um seine Kraft gebracht wird.

RUF VOR DEM EVANGELIUM Vers: Mt 4,23b

Halleluja. Halleluja.
Jesus verkündete das Evangelium vom Reich
und heilte im Volk alle Krankheiten und Leiden.
Halleluja.

ZUM EVANGELIUM Matthäus umreißt das Auftreten und den Anspruch Jesu in wenigen Versen: Jesus ist ein Licht für das Galiläa der nicht jüdischen Heiden und lehrt zugleich in jüdischen Gebetshäusern. Er macht eine klare Ansage mit einer gewaltigen Begründung und beglaubigt diese mit allumfassenden Heilungen. Mitten in diesem Aufriss erzählt Matthäus die Berufung von zwei mal zwei Jüngern, die sofort und sogleich alles stehen und liegen lassen. So sehr der starke Auftritt eines Einzelnen bis heute jede Einzelne und jeden Einzelnen anspricht und herausrufen will – die persönliche Beziehung zu Jesus ist unersetzlich –, so sehr wird klar: Jesus wirkt in Gemeinschaft. Was heißt das für die Herausgerufenen von heute?

EVANGELIUM Mt 4,12–23

Jesus verließ Nazaret, um in Kafarnaum zu wohnen, im Gebiet von Sebulon und Naftali; denn es sollte sich erfüllen, was durch Jesaja gesagt worden ist

+ Aus dem heiligen Evangelium nach Matthäus.

Als Jesus hörte, dass Johannes ausgeliefert worden war, kehrte er nach Galiläa zurück. Er verließ Nazaret, um in Kafárnaum zu wohnen, das am See liegt, im Gebiet von Sébulon und Náftali. Denn es sollte sich erfüllen, was durch den Propheten Jesája gesagt worden ist:

Das Land Sébulon und das Land Náftali, die Straße am Meer, das Gebiet jenseits des Jordan, das heidnische Galiläa: Das Volk, das im Dunkel saß, hat ein helles Licht gesehen; denen, die im Schattenreich des Todes wohnten, ist ein Licht erschienen.

Von da an begann Jesus zu verkünden: Kehrt um! Denn das Himmelreich ist nahe.

Als Jesus am See von Galiläa entlangging, sah er zwei Brüder, Simon, genannt Petrus, und seinen Bruder Andreas; sie warfen gerade ihr Netz in den See, denn sie waren Fischer. Da sagte er zu ihnen: Kommt her, mir nach! Ich werde euch zu Menschenfischern machen. Sofort ließen sie ihre Netze liegen und folgten ihm nach.

Als er weiterging, sah er zwei andere Brüder, Jakobus, den Sohn des Zebedäus, und seinen Bruder Johannes; sie waren mit ihrem Vater Zebedäus im Boot und richteten ihre Netze her. Er rief sie und sogleich verließen sie das Boot und ihren Vater und folgten Jesus nach.

Er zog in ganz Galiläa umher, lehrte in den Synagogen, verkündete das Evangelium vom Reich und heilte im Volk alle Krankheiten und Leiden.

Oder:

KURZFASSUNG

Mt 4,12–17

Jesus verließ Nazaret, um in Kafarnaum zu wohnen, im Gebiet von Sebulon und Naftali; denn es sollte sich erfüllen, was durch Jesaja gesagt worden ist

+ **Aus dem heiligen Evangelium nach Matthäus.**

Als Jesus hörte, dass Johannes ausgeliefert worden war, kehrte er nach Galiläa zurück. Er verließ Nazaret, um in Kafárnaum zu wohnen, das am See liegt, im Gebiet von Sébulon und Náftali. Denn es sollte sich erfüllen, was durch den Propheten Jesája gesagt worden ist:

Das Land Sébulon und das Land Náftali, die Straße am Meer, das Gebiet jenseits des Jordan, das heidnische Galiläa: Das Volk, das im Dunkel saß, hat ein helles Licht gesehen; denen, die im Schattenreich des Todes wohnten, ist ein Licht erschienen.

Von da an begann Jesus zu verkünden: Kehrt um! Denn das Himmelreich ist nahe.

Glaubensbekenntnis, S. 482 ff.

FÜRBITTEN

Jesus Christus, du rufst uns und willst, dass wir dir nachfolgen. Voll Vertrauen auf deine Nähe bringen wir die Nöte und Sorgen unserer Zeit vor dich:

- Wir bitten für die Menschen in deiner Nachfolge, die bedroht und verfolgt werden. V: Jesus, du unser Bruder und Erlöser. A: Höre unser Rufen.

- Wir bitten um die Einheit der Christenheit im Glauben, in der Hoffnung und in der Liebe. V: Jesus, du unser Bruder und Erlöser. A: Höre unser Rufen.
- Wir beten für alle, die sich für Meinungsfreiheit und für die Menschenrechte einsetzen. V: Jesus, du unser Bruder und Erlöser. A: Höre unser Rufen.
- Wir beten für alle, die ihre prophetische Stimme im Raum der Kirche erheben. V: Jesus, du unser Bruder und Erlöser. A: Höre unser Rufen.
- Wir beten für die Menschen, die arbeiten bis zur Erschöpfung und doch nicht genug zum Leben haben. V: Jesus, du unser Bruder und Erlöser. A: Höre unser Rufen.

Jesus Christus, du warst den Menschen nahe und hast sie geheilt. Hilf auch uns auf, wenn wir schwach und müde werden, und lass uns leben in deiner Nachfolge, heute und alle Tage unseres Seins.

EUCHARISTIEFEIER

GABENGEBET

Herr, nimm unsere Gaben an und heilige sie, damit sie zum Sakrament der Erlösung werden, das uns Heil und Segen bringt. Darum bitten wir durch Christus, unseren Herrn.

Präfation, S. 494 ff.

KOMMUNIONVERS

Joh 8,12

Ich bin das Licht der Welt – so spricht der Herr.
Wer mir nachfolgt, wird nicht in der Finsternis gehen.
Er wird das Licht des Lebens haben.

SCHLUSSGEBET

Allmächtiger Gott, in deinem Mahl schenkst du uns göttliches Leben. Gib, dass wir dieses Sakrament immer neu als dein großes Geschenk empfangen und aus seiner Kraft leben. Darum bitten wir durch Christus, unseren Herrn.

***

Für eine Wort-Gottes-Feier:

ERÖFFNUNGSGEBET ZUR WAHL

Gott, unser Licht, du machst unsere Finsternis hell. Entzünde in uns das Feuer deines Geistes, damit wir deine Botschaft weitersagen und einmütig Christus verkünden. Darum bitten wir durch ihn, Jesus Christus, deinen Sohn, der mit dir und dem Heiligen Geist lebt von Ewigkeit zu Ewigkeit.

***

HIMMELREICH

Würde dich gerne fragen
was es auf sich hat
mit dem Himmelreich

Und würde gerne wissen
ob es tatsächlich nur ein Trost ist
das Himmelreich

Und würde gern erfahren
wo ich es finde
das Himmelreich

Werde dich fragen
wenn ich wieder bete
um das Himmelreich

Und werde dann verstehen
wie es anfängt
das Himmelreich

Stefan Voges

4. SONNTAG IM JAHRESKREIS

29. Januar 2023

Wir leben, so heißt es, in einer Wissensgesellschaft. Aber reicht Wissen allein, um leben zu können? Braucht es dafür nicht mehr? Nur angewandtes Wissen wird auch nicht genügen. Gefragt ist Lebenswissen wie beispielsweise gedeutete Erfahrungen oder die Gabe der Unterscheidung, gefragt ist die Weisheit des Herzens. Wie das Wissen will auch die Weisheit genährt sein, durch geduldiges Suchen, durch Demut und Großzügigkeit. Und sie will geleitet sein, durch einen Überschuss an Visionen.

ERÖFFNUNGSVERS

Ps 106 (105),47

Hilf uns, Herr, unser Gott,
führe uns aus den Völkern zusammen!
Wir wollen deinen heiligen Namen preisen,
uns rühmen, weil wir dich loben dürfen.

KYRIE-RUFE

Herr Jesus Christus, du bist unsere Weisheit.
V/A: Herr, erbarme dich.
Du bist unsere Gerechtigkeit.
V/A: Christus, erbarme dich.
Du bist unsere Heiligung und Erlösung.
V/A: Herr, erbarme dich.

Ehre sei Gott, S. 479 f.

TAGESGEBET

Herr, unser Gott, du hast uns erschaffen, damit wir dich preisen. Gib, dass wir dich mit ungeteiltem Herzen anbeten und die Menschen lieben, wie du sie liebst. Darum bitten wir durch Jesus Christus.

WORTGOTTESDIENST

ZUR 1. LESUNG Die Suche, zu der der Prophet Zefanja aufruft, lässt sich nicht mit der Anfrage in einer Suchmaschine lösen, sie zielt nicht auf schnell verfügbares Wissen, keine noch so große Datenbank wird ihr weiterhelfen. Die von Zefanja geforderte Suche ist eine existenzielle, ihr geht es um gelebte Weisheit. Eine Weisheit, die keine Hasskommentare kennt und keine computergesteuerten Spekulationsgeschäfte, aber stattdessen ein Passwort, mit dem sie verlässlich auf Dankbarkeit und Demut zugreifen kann – den Namen des HERRN.

ERSTE LESUNG Zef 2,3; 3,12–13

Ich lasse in deiner Mitte übrig ein demütiges und armes Volk

Lesung aus dem Buch Zefánja.

Sucht den HERRN, all ihr Gedemütigten im Land, die ihr nach dem Recht des HERRN lebt! Sucht Gerechtigkeit, sucht Demut! Vielleicht bleibt ihr geborgen am Tag des Zorns des HERRN.

Und ich lasse in deiner Mitte übrig ein demütiges und armes Volk. Sie werden Zuflucht suchen beim Namen des HERRN als der Rest von Israel. Sie werden kein Unrecht mehr tun und nicht mehr lügen, in ihrem Mund findet man keine trügerische Rede mehr. Ja, sie gehen friedlich auf die Weide und niemand schreckt sie auf, wenn sie ruhen.

ANTWORTPSALM

Ps 146 (145),5 u. 7.8–9a.9b–10 (Kv: Mt 5,3)

Kv Selig, die arm sind vor Gott;
denn ihnen gehört das Himmelreich. – Kv

(*Oder:* Halleluja.)

Selig, wer den Gott Jakobs als Hilfe hat, *
wer seine Hoffnung auf den HERRN, seinen Gott, setzt.
Recht schafft er den Unterdrückten, /
Brot gibt er den Hungernden, *
der HERR befreit die Gefangenen. – (Kv)

Der HERR öffnet die Augen der Blinden, *
der HERR richtet auf die Gebeugten,
der HERR liebt die Gerechten. *
Der HERR beschützt die Fremden. – (Kv)

Er hilft auf den Waisen und Witwen, *
doch den Weg der Frevler krümmt er.
Der HERR ist König auf ewig, *
dein Gott, Zion, durch alle Geschlechter. – Kv

ZUR 2. LESUNG So sympathisch die Umkehrung der Verhältnisse bei Paulus klingen mag, sie hat auch problematische Aspekte. Denn wer zählt sich schon gern zu den Törichten, zu den Schwachen und Niedrigen! Vermutlich ist die säkulare Werteskala doch so dominant, dass wir eher auf etwas göttliche Erwählung verzichten als auf den sozialen Status. Die Antwort darauf könnte das Beispiel der Gemeinde in Korinth sein. Dort haben die Vornehmen und Reichen wohl ihre Mittel und Möglichkeiten der Gemeinde zur Verfügung gestellt. Heute könnte die Orientierung am Gemeinwohl schon ausreichen, um eine Verkehrung der Verhältnisse zu bewirken.

ZWEITE LESUNG

1 Kor 1,26–31

Das Niedrige in der Welt und das Verachtete hat Gott erwählt

Lesung aus dem ersten Brief des Apostels Paulus an die Gemeinde in Korínth.

Seht auf eure Berufung, Schwestern und Brüder! Da sind nicht viele Weise im irdischen Sinn, nicht viele Mächtige, nicht viele Vornehme, sondern das Törichte in der Welt hat Gott erwählt, um die Weisen zuschanden zu machen, und das Schwache in der Welt hat Gott erwählt, um das Starke zuschanden zu machen.

Und das Niedrige in der Welt und das Verachtete hat Gott erwählt: das, was nichts ist, um das, was etwas ist, zu vernichten, damit kein Mensch sich rühmen kann vor Gott.

Von ihm her seid ihr in Christus Jesus, den Gott für uns zur Weisheit gemacht hat, zur Gerechtigkeit, Heiligung und Erlösung.

Wer sich also rühmen will, der rühme sich des Herrn; so heißt es schon in der Schrift.

RUF VOR DEM EVANGELIUM

Vers: Mt 5,12a

Halleluja. Halleluja.
Freut euch und jubelt:
Denn euer Lohn wird groß sein im Himmel.
Halleluja.

ZUM EVANGELIUM Sind die Seligpreisungen, im wahrsten Sinne des Wortes, zu viel des Guten? Sie versprechen so viel Gutes, dass es unrealistisch klingt, formulieren so viel Wirkliches, dass es in Summe unmöglich erscheint. Wenn sie so offensichtlich an der Realität scheitern, warum faszinieren diese Worte bis heute? Vielleicht ist es gerade das Unrealistische, das sie zeitlos anziehend macht, vielleicht brauchen wir gerade den Blick auf das vermeintlich Unerreichbare. Das Gute in den Seligpreisungen ist zu viel, ja, es ist ein satter

Überschuss an Vision – uns gesagt, damit wir ihn investieren in unsere Hoffnung und in unsere Gestaltungsmacht.

EVANGELIUM

Mt 5,1–12a

Selig, die arm sind vor Gott

+ **Aus dem heiligen Evangelium nach Matthäus.**

In jener Zeit, als Jesus die vielen Menschen sah, die ihm folgten, stieg er auf den Berg. Er setzte sich und seine Jünger traten zu ihm.

Und er öffnete seinen Mund, er lehrte sie und sprach: Selig, die arm sind vor Gott; denn ihnen gehört das Himmelreich. Selig die Trauernden; denn sie werden getröstet werden. Selig die Sanftmütigen; denn sie werden das Land erben. Selig, die hungern und dürsten nach der Gerechtigkeit; denn sie werden gesättigt werden. Selig die Barmherzigen; denn sie werden Erbarmen finden. Selig, die rein sind im Herzen; denn sie werden Gott schauen. Selig, die Frieden stiften; denn sie werden Kinder Gottes genannt werden.

Selig, die verfolgt werden um der Gerechtigkeit willen; denn ihnen gehört das Himmelreich. Selig seid ihr, wenn man euch schmäht und verfolgt und alles Böse über euch redet um meinetwillen. Freut euch und jubelt: Denn euer Lohn wird groß sein im Himmel.

Glaubensbekenntnis, S. 482 ff.

FÜRBITTEN

Jesus preist die selig, die übergangen, belächelt, an den Rand gedrängt werden. Rufen wir vertrauensvoll zu ihm, der unser Bruder ist:

- Wir bitten für die, die Gerechtigkeit schmerzlich entbehren, weil sie Willkür und Zwang ausgesetzt sind und in großen Ängsten leben müssen. V: Jesus, Lehrer und Erlöser. A: Wir bitten dich, erhöre uns.

- Wir bitten für die Menschen, die Mangel leiden, die ihren Körper nicht nähren und nicht pflegen können und sorgenvoll an den nächsten Tag denken. V: Jesus, Lehrer und Erlöser. A: Wir bitten dich, erhöre uns.

- Wir beten für alle, die Hass und Hetze in den sozialen Medien ausgesetzt sind; besonders bitten wir für die vielen Frauen und Mädchen, die mit verbaler und oft auch mit physischer Gewalt zum Schweigen gebracht werden sollen. V: Jesus, Lehrer und Erlöser. A: Wir bitten dich, erhöre uns.

- Wir beten für die, die ausgleichend wirken und Frieden stiften: in den sozialen Netzwerken, in ihren Familien, in der Schule, in der Ausbildung, im Beruf und im Freundeskreis. V: Jesus, Lehrer und Erlöser. A: Wir bitten dich, erhöre uns.

- Wir beten für die Trauernden, die Verlassenen und für all diejenigen, deren Lebenspläne und Lebenshoffnungen durchkreuzt wurden. V: Jesus, Lehrer und Erlöser. A: Wir bitten dich, erhöre uns.

Jesus, du lehrst uns und du rufst uns. Hilf uns, Abwertung und Ungerechtigkeit nicht einfach hinzunehmen, sondern aufzustehen, wenn es nötig ist. Dazu bitten wir um deinen Segen, heute und allezeit.

EUCHARISTIEFEIER

GABENGEBET

Herr, unser Gott, wir legen die Gaben als Zeichen unserer Hingabe auf deinen Altar. Nimm sie entgegen und mach sie zum Sakrament unserer Erlösung. Darum bitten wir durch Christus, unseren Herrn.

Präfation, S. 494 ff.

KOMMUNIONVERS

Mt 5,3.5

Selig, die vor Gott arm sind;
denn ihnen gehört das Himmelreich.
Selig, die keine Gewalt anwenden;
denn sie werden das Land erben.

SCHLUSSGEBET

Barmherziger Gott, das Sakrament der Erlösung, das wir empfangen haben, nähre uns auf dem Weg zu dir und schenke dem wahren Glauben beständiges Wachstum. Darum bitten wir durch Christus, unseren Herrn.

***

Für eine Wort-Gottes-Feier:

ERÖFFNUNGSGEBET ZUR WAHL

Barmherziger Gott, du unsere Zuflucht. Du nimmst uns an in unserer Armut. Schenk uns durch diese Feier die Kraft, Trauernde zu trösten, Hungernde zu sättigen und Frieden zu stiften in dieser Welt. Darum bitten wir im Heiligen Geist durch Jesus Christus, deinen Sohn, unsern Herrn, der mit dir lebt in Ewigkeit.

***

DER SPIEGEL DER WEISHEIT

Die Weisheit schauet sich in ihrem Spiegel an:
Wer ists? Sie selber und wer Weisheit werden kann.

Angelus Silesius

DARSTELLUNG DES HERRN – FEST

2. Februar 2023

Selbstdarstellerinnen und Selbstdarsteller sind in der Regel nicht sonderlich beliebt. Zu oft drängen sie sich in den Vordergrund. Sie präsentieren sich im hellen Scheinwerferlicht und verschweigen ihre Schattenseiten. Glaubwürdiger klingt es – Unvoreingenommenheit vorausgesetzt –, wenn andere eine Person vorstellen. In diesem Sinne stellen die Lesungen des Festtages Jesus glaubwürdig vor – auch wenn man die neutestamentlichen Autoren nicht als gänzlich unvoreingenommen bezeichnen wird. Im Tempel in Jerusalem stellen die Eltern ihr Kind Jesus dem Herrn vor. Im Tempel der Heiligen Schrift stellt der Herr uns seinen Sohn vor. Glaubwürdig.

Kerzenweihe und Prozession

(An vielen Orten versammelt sich die Gemeinde mit dem Priester vor der Kirche oder in einem Nebenraum. Alle tragen Kerzen, die der Priester segnet. Nach der Weihe zieht man singend mit brennenden Kerzen in feierlicher Prozession in die Kirche ein. Die Messe beginnt dann mit dem Eröffnungsvers. An anderen Orten versammeln sich die Gläubigen in der Kirche. Auch sie bringen Kerzen, die gesegnet werden. Die Prozession und auch die brennenden Kerzen, mit denen wir die Messfeier dieses Tages beginnen, sind Zeichen für unseren Weg zu Gott, jenen Weg, auf dem sein Licht leuchtet.)

(Der Priester segnet die Kerzen.)

Lasset uns beten. Gott, du Quell und Ursprung allen Lichtes, du hast am heutigen Tag dem greisen Simeon Christus geoffenbart als das Licht zur Erleuchtung der Heiden. Segne † die Kerzen, die wir in unseren Händen tragen und zu deinem Lob entzünden. Führe uns auf dem Weg des Glaubens und der Liebe zu jenem Licht, das nie erlöschen wird. Darum bitten wir durch Christus, unseren Herrn.

(Der Priester fordert zur Prozession auf:)

Lasst uns ziehen in Frieden,
Christus, dem Herrn, entgegen!

(Während der Prozession wird der Lobgesang des Simeon gesungen oder ein anderes passendes Lied.)

DER LOBGESANG DES SIMEON

Lk 2,29–32

℟ Ein Licht, das die Heiden erleuchtet,
und Herrlichkeit für dein Volk Israel. – ℟

Nun lässt du, Herr, deinen Knecht, *
wie du gesagt hast, in Frieden scheiden. – (℟)

Meine Augen haben das Heil gesehen, *
das du vor allen Völkern bereitet hast. – ℟

MESSFEIER

ERÖFFNUNGSVERS

Vgl. Ps 48 (47), 10–11

Wir haben dein Heil empfangen, o Gott,
inmitten deines Tempels.
Wie dein Name, Gott, so reicht dein Ruhm
bis an die Enden der Erde;
deine rechte Hand ist voll von Gerechtigkeit.

KYRIE-RUFE

Herr Jesus Christus, du Herr, den wir suchen,
du kommst zu deinem Tempel.
V/A: Herr, erbarme dich.
Du Herrlichkeit für dein Volk Israel,
du kommst in dein Eigentum, aber
die Deinen nehmen dich nicht auf.
V/A: Christus, erbarme dich.
Du Licht, das die Heiden erleuchtet,
du bist ein Zeichen,
dem widersprochen wird.
V/A: Herr, erbarme dich.

Ehre sei Gott, S. 479 f.

TAGESGEBET

Allmächtiger, ewiger Gott, dein eingeborener Sohn hat unsere menschliche Natur angenommen und wurde am heutigen Tag im Tempel dargestellt. Läutere unser Leben und Denken, damit wir mit reinem Herzen vor dein Antlitz treten. Darum bitten wir durch Jesus Christus.

WORTGOTTESDIENST

ZUR 1. LESUNG Ein spannungsvoller Text: Da wird einer gesucht und herbeigewünscht, obwohl gar nicht klar ist, wer es aushält, wenn er wirklich kommt. Denn, und das ist ein starker Vergleich, er ist wie das Feuer des Schmelzers und wie die Lauge der Walker. Die Begegnung mit ihm erfasst einen Menschen ganz und gar, sie formt und durchtränkt, sie entschlackt und reinigt. Wünschen wir eine solche Begegnung wirklich herbei?

ERSTE LESUNG Mal 3,1–4

Dann kommt zu seinem Tempel der Herr, den ihr sucht

Lesung aus dem Buch Maleáchi.

So spricht Gott, der HERR: Seht, ich sende meinen Boten; er soll den Weg für mich bahnen. Dann kommt plötzlich zu seinem Tempel der Herr, den ihr sucht, und der Bote des Bundes, den ihr herbeiwünscht. Seht, er kommt!, spricht der HERR der Heerscharen.

Doch wer erträgt den Tag, an dem er kommt? Wer kann bestehen, wenn er erscheint? Denn er ist wie das Feuer des Schmelzers und wie die Lauge der Walker. Er setzt sich, um das Silber zu schmelzen und zu reinigen: Er reinigt die Söhne Levis, er läutert sie wie Gold und Silber. Dann werden sie dem HERRN die richtigen Opfer darbringen. Und dem HERRN wird das Opfer Judas und Jerusalems angenehm sein wie in den Tagen der Vorzeit, wie in längst vergangenen Jahren.

ANTWORTPSALM Ps 24 (23),7–8.9–10 (Kv: vgl. 10b)

Kv Der HERR der Heere,
er ist der König der Herrlichkeit. – Kv

Ihr Tore, hebt eure Häupter, /
hebt euch, ihr uralten Pforten, *
denn es kommt der König der Herrlichkeit!
Wer ist dieser König der Herrlichkeit? *
Der HERR, stark und gewaltig, der HERR, im Kampf gewaltig. – (Kv)

Ihr Tore, hebt eure Häupter, /
hebt euch, ihr uralten Pforten, *
denn es kommt der König der Herrlichkeit!
Wer ist er, dieser König der Herrlichkeit? *
Der HERR der Heerscharen: Er ist der König der Herrlichkeit. – Kv

ZUR 2. LESUNG Der Sohn Gottes ist der Bruder der Menschen geworden, wirklich den Menschen gleich. Er schämt sich nicht, die Menschen seine Brüder – und Schwestern – zu nennen, und war in allem seinen Schwestern und Brüdern gleich, sogar in der Versuchung. Bei aller Abstraktion stellen diese Verse einen nahbaren und zugänglichen Christus vor Augen, und sie werben für ein großes Vertrauen in diesen Bruder auf Augenhöhe. Zugleich sind sie ein Plädoyer für eine geschwisterliche Gemeinschaft, in der die Anrede „Schwestern und Brüder" keineswegs nichtssagend frömmelnd daherkommt, sondern im Wissen um den einen Ursprung und aus der Erfahrung des brüderlichen Christus gesprochen wird und die Lebenshaltung prägt.

ZWEITE LESUNG Hebr 2,11–12.13c–18°

Er musste in allem seinen Brüdern gleich sein

Lesung aus dem Hebräerbrief.

Er, der heiligt, und sie, die geheiligt werden, stammen alle aus Einem; darum schämt er sich nicht, sie Brüder zu nennen und zu sagen: Ich will deinen Namen meinen Brüdern verkünden, inmitten der Gemeinde dich preisen; und ferner: Siehe, ich und die Kinder, die Gott mir geschenkt hat.

Da nun die Kinder von Fleisch und Blut sind, hat auch er in gleicher Weise daran Anteil genommen, um durch den Tod den zu entmachten, der die Gewalt über den Tod hat, nämlich den Teufel, und um die zu befreien, die durch die Furcht vor dem Tod ihr Leben lang der Knechtschaft verfallen waren. Denn er nimmt sich keineswegs der Engel an, sondern der Nachkommen Abrahams nimmt er sich an.

Darum musste er in allem seinen Brüdern gleich sein, um ein barmherziger und treuer Hohepriester vor Gott zu sein und die Sünden des Volkes zu sühnen. Denn da er gelitten hat und selbst in Versuchung geführt wurde, kann er denen helfen, die in Versuchung geführt werden.

RUF VOR DEM EVANGELIUM

Vers: vgl. Lk 2,32

Halleluja. Halleluja.
Ein Licht, das die Heiden erleuchtet,
und Herrlichkeit für das Volk Israel.
Halleluja.

ZUM EVANGELIUM Eigentlich sind es die Eltern Jesu, die ihr Kind dem Herrn vorstellen – „darstellen". Doch dann ist es doch umgekehrt der Herr, der den Eltern durch Simeon und Hanna ihr Kind vorstellt. Das Zeugnis des Simeon ist umfassend. Als Heil bezeichnet er das Kind, als Licht für die Heiden und Herrlichkeit für Israel. Als jemanden, der zu Fall bringt und aufrichtet. Als Zeichen, dem widersprochen wird. So stellt Gott seinen Sohn vor – auch uns, hier und heute. Und wenn wir an das Prophetische in uns glauben: Welches Wort über Jesus spricht der Geist in uns?

EVANGELIUM

Lk 2,22–40

Meine Augen haben das Heil gesehen

+ **Aus dem heiligen Evangelium nach Lukas.**

Als sich für die Eltern Jesu die Tage der vom Gesetz des Mose vorgeschriebenen Reinigung erfüllt hatten, brachten sie das Kind nach Jerusalem hinauf, um es dem Herrn darzustellen, wie im Gesetz des Herrn geschrieben ist: Jede männliche Erstgeburt soll dem Herrn heilig genannt werden. Auch wollten sie ihr Opfer darbringen, wie es das Gesetz des Herrn vorschreibt: ein Paar Turteltauben oder zwei junge Tauben.

Und siehe, in Jerusalem lebte ein Mann namens Símeon. Dieser Mann war gerecht und fromm und wartete auf den Trost Israels und der Heilige Geist ruhte auf ihm. Vom Heiligen Geist war ihm offenbart worden, er werde den Tod nicht schauen, ehe er den Christus des Herrn gesehen habe.

Er wurde vom Geist in den Tempel geführt; und als die Eltern das Kind Jesus hereinbrachten, um mit ihm zu tun, was nach dem Gesetz üblich war, nahm Símeon das Kind in seine Arme und pries Gott mit den Worten:

Nun lässt du, Herr, deinen Knecht, wie du gesagt hast, in Frieden scheiden. Denn meine Augen haben das Heil gesehen, das du vor allen Völkern bereitet hast, ein Licht, das die Heiden erleuchtet, und Herrlichkeit für dein Volk Israel.

Sein Vater und seine Mutter staunten über die Worte, die über Jesus gesagt wurden. Und Símeon segnete sie und sagte zu Maria, der Mutter Jesu: Siehe, dieser ist dazu bestimmt, dass in Israel viele zu Fall kommen und aufgerichtet werden, und er wird ein Zeichen sein, dem widersprochen wird, – und deine Seele wird ein Schwert durchdringen. So sollen die Gedanken vieler Herzen offenbar werden.

Damals lebte auch Hanna, eine Prophetin, eine Tochter Pénuëls, aus dem Stamm Ascher. Sie war schon hochbetagt. Als junges Mädchen hatte sie geheiratet und sieben Jahre mit ihrem Mann gelebt; nun war sie eine Witwe von vierundachtzig Jahren. Sie hielt sich ständig im Tempel auf und diente Gott Tag und Nacht mit Fasten und Beten.

Zu derselben Stunde trat sie hinzu, pries Gott und sprach über das Kind zu allen, die auf die Erlösung Jerusalems warteten.

Als seine Eltern alles getan hatten, was das Gesetz des Herrn vorschreibt, kehrten sie nach Galiläa in ihre Stadt Nazaret zurück. Das Kind wuchs heran und wurde stark, erfüllt mit Weisheit, und Gottes Gnade ruhte auf ihm.

Oder:

KURZFASSUNG Lk 2,22–32

Meine Augen haben das Heil gesehen

+ Aus dem heiligen Evangelium nach Lukas.

Als sich für die Eltern Jesu die Tage der vom Gesetz des Mose vorgeschriebenen Reinigung erfüllt hatten, brachten sie das Kind nach Jerusalem hinauf, um es dem Herrn darzustellen, wie im Gesetz des Herrn geschrieben ist: Jede männliche Erstgeburt soll dem Herrn heilig genannt werden. Auch wollten sie ihr Opfer darbringen, wie es das Gesetz des Herrn vorschreibt: ein Paar Turteltauben oder zwei junge Tauben.

Und siehe, in Jerusalem lebte ein Mann namens Símeon. Dieser Mann war gerecht und fromm und wartete auf den Trost Israels und der Heilige Geist ruhte auf ihm. Vom Heiligen Geist war ihm offenbart worden, er werde den Tod nicht schauen, ehe er den Christus des Herrn gesehen habe.

Er wurde vom Geist in den Tempel geführt; und als die Eltern das Kind Jesus hereinbrachten, um mit ihm zu tun, was nach dem Gesetz üblich war, nahm Símeon das Kind in seine Arme und pries Gott mit den Worten:

Nun lässt du, Herr, deinen Knecht, wie du gesagt hast, in Frieden scheiden. Denn meine Augen haben das Heil gesehen, das du vor allen Völkern bereitet hast, ein Licht, das die Heiden erleuchtet, und Herrlichkeit für dein Volk Israel.

FÜRBITTEN

„Zu derselben Stunde trat sie hinzu, pries Gott und sprach über das Kind zu allen, die auf die Erlösung Jerusalems warteten.“ Teilen wir die Hoffnung der Prophetin Hanna, die nach dem Lukas-Evangelium als erster Mensch öffentlich Jesus als den Erlöser verkündet, und bitten wir Gott um sein Erbarmen:

- Über allen, die heute neue Wege suchen, die erlösende Botschaft der Hoffnung zu den Menschen zu bringen. V: Gott, du Grund unserer Hoffnung. A: Höre unser Rufen.

- Über allen, die als Ordenschristen und Ordenschristinnen alt geworden sind – oft zusammen mit ihrer ganzen Gemeinschaft. V: Gott, du Grund unserer Hoffnung. A: Höre unser Rufen.

- Über allen Paaren, Familien, Gemeinschaften, die einander beistehen und einander Hoffnung geben. V: Gott, du Grund unserer Hoffnung. A: Höre unser Rufen.

- Über allen, die ausgeschlossen sind vom Licht der Hoffnung, und über allen, die hungern und frieren. V: Gott, du Grund unserer Hoffnung. A: Höre unser Rufen.
- Über allen, die uns vorangegangen sind, dass sie leben dürfen in deinem Licht. V: Gott, du Grund unserer Hoffnung. A: Höre unser Rufen.

Das Licht der Hoffnung, das Simeon und Hanna aufschien, leuchte auch uns, heute und alle Tage bis ans Ende unseres Seins.

EUCHARISTIEFEIER

GABENGEBET

Allmächtiger Gott, nach deinem Ratschluss hat dein eigener Sohn sich als makelloses Lamm für das Leben der Welt geopfert. Nimm die Gabe an, die deine Kirche in festlicher Freude darbringt. Darum bitten wir durch Christus, unseren Herrn.

PRÄFATION

In Wahrheit ist es würdig und recht, dir, Herr, heiliger Vater, allmächtiger, ewiger Gott, immer und überall zu danken. Denn heute hat die jungfräuliche Mutter deinen ewigen Sohn zum Tempel getragen; Simeon, vom Geist erleuchtet, preist ihn als Ruhm deines Volkes Israel, als Licht zur Erleuchtung der Heiden. Darum gehen auch wir dem Erlöser freudig entgegen und singen mit den Engeln und Heiligen das Lob deiner Herrlichkeit: Heilig …

KOMMUNIONVERS

Lk 2,30–31

Meine Augen haben das Heil gesehen,
das du vor allen Völkern bereitet hast.

SCHLUSSGEBET

Barmherziger Gott, stärke unsere Hoffnung durch das Sakrament, das wir empfangen haben, und vollende in uns das Werk deiner Gnade. Du hast die Erwartung Simeons erfüllt und ihn Christus schauen lassen. Erfülle auch unser Verlangen: Lass uns Christus entgegengehen und in ihm das ewige Leben finden, der mit dir lebt und herrscht in alle Ewigkeit.

FEIERLICHER SCHLUSSSEGEN

Der Herr segne euch und behüte euch; der Herr lasse sein Angesicht über euch leuchten und sei euch gnädig; er wende euch sein Antlitz zu und schenke euch seinen Frieden! A: Amen.
Das gewähre euch der dreieinige Gott, der Vater und der Sohn † und der Heilige Geist. A: Amen.

***

FÜR DIE ANDEREN

Er ist
kein Selbstdarsteller

Er überlässt es anderen
ihn vorzustellen

Dann wird er selbst
Darsteller

und hinterlässt
seine Vorstellung für die Anderen

Stefan Voges

5. SONNTAG IM JAHRESKREIS

5. Februar 2023

Good practice. So werden neudeutsch Beispiele genannt, die sich zum Nachmachen und Nachahmen empfehlen. Warum das Rad neu erfinden, warum nicht einfach etwas aufgreifen, das anderswo schon erfolgreich war? Häufig geht es bei „good practice" um innovative Ideen und neue Formate. Aber kann nicht gerade auch Altbewährtes eine gute Praxis sein? Wichtiger ist wohl, dass es „good practice" heißt und nicht „good plans". In diesem Sinne spricht auch Jesus nicht von guten Plänen, sondern von guten Taten. Good practice, nachahmenswert.

ERÖFFNUNGSVERS

Ps 95 (94),6–7

Kommt, lasst uns niederfallen,
uns verneigen vor dem Herrn, unserem Schöpfer!
Denn er ist unser Gott.

KYRIE-RUFE

Herr Jesus Christus, du bist das Licht der Völker.
V/A: Herr, erbarme dich.
Du traust uns zu, Salz der Erde zu sein.
V/A: Christus, erbarme dich.
Du traust uns zu, Licht der Welt zu sein.
V/A: Herr, erbarme dich.

Ehre sei Gott, S. 479 f.

TAGESGEBET

Gott, unser Vater, wir sind dein Eigentum und setzen unsere Hoffnung allein auf deine Gnade. Bleibe uns nahe in jeder Not und Gefahr und schütze uns. Darum bitten wir durch Jesus Christus.

WORTGOTTESDIENST

ZUR 1. LESUNG Was im Zuschnitt der heutigen Lesung leider nicht deutlich wird: Jesaja erläutert hier, wie ein Fasten aussieht, das dem HERRN gefällt. Dabei geht es nicht in erster Linie um Verzicht und Selbstbescheidung, sondern darum, aufmerksam zu sein für die Nöte der anderen, und diese zu lindern. Dieses Tun hilft nicht nur den anderen, sondern auch mir selbst. Meine Heilung wird schnell gedeihen, heißt es. Vielleicht sogar dann, wenn ich gar nicht wusste, dass ich verwundet bin.

ERSTE LESUNG

Jes 58,7–10

Wenn du den Gebeugten satt machst, dann geht im Dunkel dein Licht auf

Lesung aus dem Buch Jesája.

So spricht der Herr: Brich dem Hungrigen dein Brot, nimm obdachlose Arme ins Haus auf, wenn du einen Nackten siehst, bekleide ihn und entziehe dich nicht deiner Verwandtschaft. Dann wird dein Licht hervorbrechen wie das Morgenrot und deine Heilung wird schnell gedeihen. Deine Gerechtigkeit geht dir voran, die Herrlichkeit des HERRN folgt dir nach. Wenn du dann rufst, wird der HERR dir Antwort geben, und wenn du um Hilfe schreist, wird er sagen: Hier bin ich.

Wenn du Unterjochung aus deiner Mitte entfernst, auf keinen mit dem Finger zeigst und niemandem übel nachredest, den Hungrigen stärkst und den Gebeugten satt machst, dann geht im Dunkel dein Licht auf und deine Finsternis wird hell wie der Mittag.

ANTWORTPSALM

Ps 112 (111),4–5.6–7.8–9 (Kv: vgl. 4a)

Kv Im Finstern erstrahlt der Gerechte als Licht. – Kv

(*Oder:* Halleluja.)

Im Finstern erstrahlt er als Licht den Redlichen: *
Gnädig und barmherzig ist der Gerechte.
Glücklich ein Mann, der gnädig ist und leiht ohne Zinsen, *
der nach dem Recht das Seine ordnet. – (Kv)

Niemals gerät er ins Wanken; *
ewig denkt man an den Gerechten.
Er fürchtet sich nicht vor böser Kunde, *
sein Herz ist fest, auf den HERRN vertraut er. – (Kv)

Sein Herz ist getrost, er fürchtet sich nicht, *
er wird herabschauen auf seine Bedränger.
Reichlich gibt er den Armen, /
seine Gerechtigkeit hat Bestand für immer, *
seine Macht steht hoch in Ehren. – Kv

ZUR 2. LESUNG Im Rückblick spitzt Paulus seine Verkündigung zu: Nicht von diesem oder jenem wollte er reden, nur von Jesus Christus. Und von dem wollte er nicht so oder so reden, sondern von ihm als dem Gekreuzigten. Eine heilsame Erinnerung und eine pointierte Anfrage an die Verkündigung. Dabei ist es Paulus darum zu tun, Gottes Geheimnis und Gottes Kraft zu verkünden. Beide offenbaren sich im Gekreuzigten, im Hinabsteigen Gottes in die Finsternis des Leids, im Mitgehen Gottes in der Verlassenheit. Der Gekreuzigte steht für das

Geheimnis und die Gewissheit, dass für Gott einsam nie ganz verlassen meint.

ZWEITE LESUNG 1 Kor 2,1–5

Ich habe euch das Geheimnis Gottes verkündet: Jesus Christus, den Gekreuzigten

Lesung aus dem ersten Brief des Apostels Paulus an die Gemeinde in Korínth.

Ich kam nicht zu euch, Schwestern und Brüder, um glänzende Reden oder gelehrte Weisheit vorzutragen, sondern um euch das Geheimnis Gottes zu verkünden. Denn ich hatte mich entschlossen, bei euch nichts zu wissen außer Jesus Christus, und zwar als den Gekreuzigten. Zudem kam ich in Schwäche und in Furcht, zitternd und bebend zu euch.

Meine Botschaft und Verkündigung war nicht Überredung durch gewandte und kluge Worte, sondern war mit dem Erweis von Geist und Kraft verbunden, damit sich euer Glaube nicht auf Menschenweisheit stützte, sondern auf die Kraft Gottes.

RUF VOR DEM EVANGELIUM Vers: vgl. Joh 8,12

Halleluja. Halleluja.
(So spricht der Herr:)
Ich bin das Licht der Welt.
Wer mir nachfolgt, hat das Licht des Lebens.
Halleluja.

ZUM EVANGELIUM In bildlicher Sprache machen die bekannten Worte über das „Salz der Erde" und das „Licht der Welt", letztlich ganz nüchtern, eine wichtige Aussage. Jesus weist seinen Jüngerinnen und Jüngern darin einen konkreten Ort zu: die Erde, das gemeinsame Haus aller Menschen, und die verwirrende und verwirrte Welt. Dort ist ihr Wirkungsraum, dort sind sie gefragt, für Geschmack am Leben zu sorgen und Orientierung zu geben. Über diese irdische Aufgabe kommt dann auch der Himmel ins Spiel. Durch ihr geschmack- und lichtvolles Sein und Handeln bricht er schon auf Erden an. Und die das erd- und menschenverbundene Wirken sehen und erleben, preisen den Vater im Himmel.

EVANGELIUM Mt 5,13–16

Euer Licht soll vor den Menschen leuchten

+ Aus dem heiligen Evangelium nach Matthäus.

In jener Zeit sprach Jesus zu seinen Jüngern: Ihr seid das Salz der Erde. Wenn das Salz seinen Geschmack verliert, womit kann man es wieder salzig machen? Es taugt zu nichts mehr, außer weggeworfen und von den Leuten zertreten zu werden.

Ihr seid das Licht der Welt. Eine Stadt, die auf einem Berg liegt, kann nicht verborgen bleiben. Man zündet auch nicht eine Leuchte an und stellt sie unter den Scheffel, sondern auf den Leuchter; dann leuchtet sie allen im Haus.

So soll euer Licht vor den Menschen leuchten, damit sie eure guten Taten sehen und euren Vater im Himmel preisen.

Glaubensbekenntnis, S. 482 ff.

FÜRBITTEN

Salz der Erde, Licht der Welt: Wir bitten Gott um seinen Geist der Liebe, des Trostes, der Stärkung:

- Für alle Getauften: Lass sie verantwortungsvoll leben aus deinem Geist der Liebe. V: Erbarmender Gott. A: Wir bitten dich, erhöre uns.

- Für die ganze Kirche: Lass sie auch heute Wege finden, Salz der Erde und Licht der Welt zu sein. V: Erbarmender Gott. A: Wir bitten dich, erhöre uns.

- Für die Menschen ohne Heimat und Obdach: Lass sie, die oft verzweifelt, frierend und hungrig einschlafen müssen, Hoffnung erfahren durch hilfsbereite Menschen. V: Erbarmender Gott. A: Wir bitten dich, erhöre uns.

- Für die Kranken und Sterbenden: Lass sie dein helles, tröstliches Licht sehen, das sie durch alle Ängste und Dunkelheiten hindurchführt zu dir. V: Erbarmender Gott. A: Wir bitten dich, erhöre uns.

Erbarmender Gott, dein Geist der Liebe, der Hoffnung und des Trostes leite uns durch unser Leben, heute und allezeit.

EUCHARISTIEFEIER

GABENGEBET

Herr, unser Gott, du hast Brot und Wein geschaffen, um uns Menschen in diesem vergänglichen Leben Nahrung und Freude zu schenken. Mache diese Gaben zum Sakrament, das uns ewiges Leben bringt. Darum bitten wir durch Christus, unseren Herrn.

Präfation, S. 494 ff.

KOMMUNIONVERS

Mt 5,4.6

Selig, die trauern; denn sie werden getröstet werden.
Selig, die hungern und dürsten nach der Gerechtigkeit;
denn sie werden satt werden.

SCHLUSSGEBET

Barmherziger Gott, du hast uns teilhaben lassen an dem einen Brot und dem einen Kelch. Lass uns eins werden in Christus und Diener der Freude sein für die Welt. Darum bitten wir durch Christus, unseren Herrn.

***

Für eine Wort-Gottes-Feier:

ERÖFFNUNGSGEBET ZUR WAHL

Gott, Vater im Himmel, du bist uns nahe in unserem Leben, deine Liebe umfängt uns. In dieser Feier schenke uns das Feuer deines Geistes, damit unser Licht vor den Menschen leuchtet und sie dich preisen durch deinen Sohn Jesus Christus, der mit dir und dem Heiligen Geist lebt in Ewigkeit.

***

LICHT UND FEUER

Das Licht gibt allem Kraft: Gott selber lebt im Lichte!
Doch wär er nicht das Feur, so würd es bald zunichte.

Angelus Silesius

6. SONNTAG IM JAHRESKREIS

12. Februar 2023

Manchmal wird eine merkwürdige Unterscheidung gemacht: Christliche Werte – ja! Christlich – nein! Die christlichen Werte werden gerne angenommen, geteilt und sogar verteidigt. Abgesehen davon scheint das Christliche dagegen verdächtig zu sein – weil es religiös vereinnahmt, kirchlich belastet oder persönlich zu anspruchsvoll ist? Was ist auf diese Unterscheidung zu entgegnen? Dass christlich ohne Christus nicht zu haben ist? Oder dass die christlichen Werte ohne Christus ihres entschiedensten und radikalsten Verteidigers beraubt sind?

ERÖFFNUNGSVERS

Ps 31 (30),3–4

Sei mir ein schützender Fels,
eine feste Burg, die mich rettet.
Denn du bist mein Fels und meine Burg;
um deines Namens willen wirst du mich führen
und leiten.

KYRIE-RUFE

Herr Jesus Christus, du lehrst
wie einer, der Vollmacht hat.
V/A: Herr, erbarme dich.
Du bringst Gesetz und Propheten zur Erfüllung.
V/A: Christus, erbarme dich.
Du forderst die größere Gerechtigkeit.
V/A: Herr, erbarme dich.

Ehre sei Gott, S. 479 f.

TAGESGEBET

Gott, du liebst deine Geschöpfe, und es ist deine Freude, bei den Menschen zu wohnen. Gib uns ein neues und reines Herz, das bereit ist, dich aufzunehmen. Darum bitten wir durch Jesus Christus.

WORTGOTTESDIENST

ZUR 1. LESUNG Die Willensfreiheit – in der Gegenwart umstritten – ist für Jesus Sirach ein Faktum. Er verteidigt sie nicht gegen kritische Erkenntnisse der Hirnforschung, sondern gegen die Idee einer göttlichen Vorherbestimmung, die dem Menschen Freiheit und Verantwortung nimmt. Jesus Sirach votiert für ein freies und verantwortungsvolles Leben. Aber seine Überlegungen stoßen auch an Grenzen. Nicht immer sind Feuer und Wasser klar zu unterscheiden, lassen sich Tod und Leben scharf voneinander trennen. Im Leben stoßen wir nicht nur auf Schwarz oder Weiß. Es gibt auch Grau. Die Graubereiche des Lebens sind die Bewährungszonen des menschlichen Willens.

ERSTE LESUNG

Sir 15,15–20 (16–21)

Keinem befahl er, gottlos zu sein

Lesung aus dem Buch Jesus Sirach.

Gott gab den Menschen seine Gebote und Vorschriften. Wenn du willst, wirst du die Gebote bewahren und die Treue, um wohlgefällig zu handeln. Er hat dir Feuer und Wasser vorgelegt, was immer du erstrebst, danach wirst du deine Hand ausstrecken. Vor den Menschen liegen Leben und Tod, was immer ihm gefällt, wird ihm gegeben. Denn groß ist die Weisheit des Herrn, stark an Kraft ist er und sieht alles. Seine Augen sind auf denen, die ihn fürchten, und er kennt jede Tat des Menschen. Keinem befahl er, gottlos zu sein, und er erlaubte keinem zu sündigen.

ANTWORTPSALM

Ps 119 (118),1–2.4–5.17–18.33–34 (Kv: vgl. 1)

Kv Selig die Menschen,
die gehen nach der Weisung des HERRN. – Kv

Selig, deren Weg ohne Tadel ist, *
die gehen nach der Weisung des HERRN.
Selig, die seine Zeugnisse bewahren, *
ihn suchen mit ganzem Herzen. – (Kv)

Du hast deine Befehle gegeben, *
damit man sie genau beachtet.
Wären doch meine Schritte fest darauf gerichtet, *
deine Gesetze zu beachten. – (Kv)

Handle an deinem Knecht, so werde ich leben. *
Ich will dein Wort beachten.
Öffne mir die Augen, dass ich schaue *
die Wunder deiner Weisung! – (Kv)

Weise mir, HERR, den Weg deiner Gesetze! *
Ich will ihn bewahren bis ans Ende.
Gib mir Einsicht, damit ich deine Weisung bewahre, *
ich will sie beachten mit ganzem Herzen! – Kv

ZUR 2. LESUNG Vor allem gegen die Machthaber wendet Paulus sich mit seinem Wort von der verborgenen Weisheit Gottes. Gegen die, die ihrer eigenen Weisheit, die weltlichen Kriterien folgen und ihre Maßstäbe mit Macht durchsetzen. Dagegen setzt Paulus die Weisheit, die sich machtlos und ohnmächtig am Kreuz offenbart. Eine Weisheit, die Gott denen enthüllt, die sich seinem Geist öffnen, dem Geist des Gekreuzigten, der Geistkraft der Gewaltfreiheit und der Liebe.

ZWEITE LESUNG 1 Kor 2,6–10

Wir verkündigen die Weisheit, die Gott vorausbestimmt hat zu unserer Verherrlichung

Lesung aus dem ersten Brief des Apostels Paulus an die Gemeinde in Korínth.

Schwestern und Brüder! Wir verkünden Weisheit unter den Vollkommenen, aber nicht Weisheit dieser Welt oder der Machthaber dieser Welt, die einst entmachtet werden.

Vielmehr verkünden wir das Geheimnis der verborgenen Weisheit Gottes, die Gott vor allen Zeiten vorausbestimmt hat zu unserer Verherrlichung. Keiner der Machthaber dieser Welt hat sie erkannt; denn hätten sie die Weisheit Gottes erkannt, so hätten sie den Herrn der Herrlichkeit nicht gekreuzigt.

Nein, wir verkünden, wie es in der Schrift steht, was kein Auge gesehen und kein Ohr gehört hat, was in keines Menschen Herz gedrungen ist, was Gott denen bereitet hat, die ihn lieben.

Uns aber hat es Gott enthüllt durch den Geist. Der Geist ergründet nämlich alles, auch die Tiefen Gottes.

RUF VOR DEM EVANGELIUM Vers: vgl. Mt 11,25

Halleluja. Halleluja.
Sei gepriesen, Vater, Herr des Himmels und der Erde;
du hast die Geheimnisse des Reiches den Unmündigen offenbart.
Halleluja.

ZUM EVANGELIUM Verbote verbieten – beispielsweise eine verwerfliche oder strafbare Handlung. Dazu sind Verbote da. Aber indem sie etwas verbieten, schützen sie etwas anderes, etwas Wertvolles. Mitunter erübrigen sich negative Verbote, wenn dieser Wert, wenn das, was zu schützen ist, positiv herausgestellt wird. Dies ist eine probate Methode, um die drastischen Worte Jesu verständiger hören zu können. Dann treten aus diesen Worten Werte hervor wie der Wert eines versöhnten und friedlichen Zusammenlebens. Der Wert von gelingenden und glücklichen Beziehungen. Der Wert aufrichtiger und ehrlicher Kommunikation. Diese kostbaren Werte machen die harten Worte Jesu verständlich.

EVANGELIUM Mt 5,17–37

Zu den Alten ist gesagt worden – ich aber sage euch

+ **Aus dem heiligen Evangelium nach Matthäus.**

In jener Zeit sprach Jesus zu seinen Jüngern: Denkt nicht, ich sei gekommen, um das Gesetz und die Propheten aufzuheben! Ich bin nicht gekommen, um aufzuheben, sondern um zu erfüllen. Amen, ich sage euch: Bis Himmel und Erde vergehen, wird kein Jota und kein Häkchen des Gesetzes vergehen, bevor nicht alles geschehen ist.

Wer auch nur eines von den kleinsten Geboten aufhebt und die Menschen entsprechend lehrt, der wird im Himmelreich der Kleinste sein. Wer sie aber hält und halten lehrt, der wird groß sein im Himmelreich.

Darum sage ich euch: Wenn eure Gerechtigkeit nicht weit größer ist als die der Schriftgelehrten und der Pharisäer, werdet ihr nicht in das Himmelreich kommen.

Ihr habt gehört, dass zu den Alten gesagt worden ist: Du sollst nicht töten; wer aber jemanden tötet, soll dem Gericht verfallen sein. Ich aber sage euch: Jeder, der seinem Bruder auch nur zürnt, soll dem Gericht verfallen sein; und wer zu seinem Bruder sagt: Du Dummkopf!, soll dem Spruch des Hohen Rates verfallen sein; wer aber zu ihm sagt: Du Narr!, soll dem Feuer der Hölle verfallen sein.

Wenn du deine Opfergabe zum Altar bringst und dir dabei einfällt, dass dein Bruder etwas gegen dich hat, so lass deine Gabe dort vor dem Altar liegen; geh und versöhne dich zuerst mit deinem Bruder, dann komm und opfere deine Gabe!

Schließ ohne Zögern Frieden mit deinem Gegner, solange du mit ihm noch auf dem Weg zum Gericht bist! Sonst wird dich dein Gegner vor den Richter bringen und der Richter wird dich dem Gerichtsdiener übergeben und du wirst ins Gefängnis geworfen. Amen, ich sage dir: Du kommst von dort nicht heraus, bis du den letzten Pfennig bezahlt hast.

Ihr habt gehört, dass gesagt worden ist: Du sollst nicht die Ehe brechen. Ich aber sage euch: Jeder, der eine Frau ansieht, um sie zu begehren, hat in seinem Herzen schon Ehebruch mit ihr begangen.

Wenn dich dein rechtes Auge zum Bösen verführt, dann reiß es aus und wirf es weg! Denn es ist besser für dich, dass eines deiner Glieder verloren geht, als dass dein ganzer Leib in die Hölle geworfen wird. Und wenn dich deine rechte Hand zum Bösen verführt, dann hau sie ab und wirf sie weg! Denn es ist besser für dich, dass eines deiner Glieder verloren geht, als dass dein ganzer Leib in die Hölle kommt.

Ferner ist gesagt worden: Wer seine Frau aus der Ehe entlässt, muss ihr eine Scheidungsurkunde geben. Ich aber sage euch: Wer seine Frau entlässt, obwohl kein Fall von Unzucht vorliegt, liefert sie dem Ehebruch aus; und wer eine Frau heiratet, die aus der Ehe entlassen worden ist, begeht Ehebruch.

Ihr habt gehört, dass zu den Alten gesagt worden ist: Du sollst keinen Meineid schwören, und: Du sollst halten, was du dem Herrn geschworen hast. Ich aber sage euch: Schwört überhaupt nicht, weder beim Himmel, denn er ist Gottes Thron, noch bei der Erde, denn sie ist der Schemel seiner Füße, noch bei Jerusalem, denn es ist die Stadt des großen Königs! Auch bei deinem Haupt sollst du nicht schwören; denn du kannst kein einziges Haar weiß oder schwarz machen.

Eure Rede sei: Ja ja, nein nein; was darüber hinausgeht, stammt vom Bösen.

Oder:

KURZFASSUNG Mt 5,20–22a.27–28.33–34a.37

Zu den Alten ist gesagt worden – ich aber sage euch

+ Aus dem heiligen Evangelium nach Matthäus.

In jener Zeit sprach Jesus zu seinen Jüngern: Ich sage euch: Wenn eure Gerechtigkeit nicht weit größer ist als die der Schriftgelehrten und der Pharisäer, werdet ihr nicht in das Himmelreich kommen.

Ihr habt gehört, dass zu den Alten gesagt worden ist: Du sollst nicht töten; wer aber jemanden tötet, soll dem Gericht verfallen sein. Ich aber sage euch: Jeder, der seinem Bruder auch nur zürnt, soll dem Gericht verfallen sein.

Ihr habt gehört, dass gesagt worden ist: Du sollst nicht die Ehe brechen. Ich aber sage euch: Jeder, der eine Frau ansieht, um sie zu begehren, hat in seinem Herzen schon Ehebruch mit ihr begangen.

Ihr habt gehört, dass zu den Alten gesagt worden ist: Du sollst keinen Meineid schwören, und: Du sollst halten, was du dem Herrn geschworen hast. Ich aber sage euch: Schwört überhaupt nicht.

Eure Rede sei: Ja ja, nein nein; was darüber hinausgeht, stammt vom Bösen.

Glaubensbekenntnis, S. 482 ff.

FÜRBITTEN

„Wenn eure Gerechtigkeit nicht weit größer ist als die der Schriftgelehrten und Pharisäer, werdet ihr nicht in das Himmelreich kommen.“ Ja, Jesus fordert uns – er mutet uns etwas zu; aber Jesus traut uns auch etwas zu. Die Nöte und Sorgen unserer Zeit tragen wir voll Zuversicht vor ihn:

- Machtmissbrauch und der Verlust an kirchlicher Glaubwürdigkeit erschweren die Weitergabe der frohen Botschaft. Stärke alle, die zur Erneuerung der Kirche beitragen. V: Christus, höre uns. A: Christus, erhöre uns.

- Viele Menschen im Dienst der Verkündigung fühlen sich ausgelaugt und entmutigt. Stärke und belebe sie, damit sie zuversichtlich dein Wort unter die Menschen tragen können. V: Christus, höre uns. A: Christus, erhöre uns.

- Wer sich für die Menschenrechte, für Gleichheit und Gerechtigkeit engagiert, wird vielerorts abgewertet, ausgegrenzt, bedroht. Schütze und behüte alle, die sich auf diese Weise für andere einsetzen. V: Christus, höre uns. A: Christus, erhöre uns.
- Ehen und Familien sind oft großen Belastungen ausgesetzt; emotionale Leere und Entfremdung sind bittere Realität. Schenke den Betroffenen den Willen und die Kraft, einander neu zu sehen und mit guter Gesinnung aufeinander zuzugehen. V: Christus, höre uns. A: Christus, erhöre uns.

Jesus Christus, bewahre uns in den Belastungen des Alltags und hilf uns, aus deiner Liebe zu leben, die größer ist als alle vermeintliche Gerechtigkeit. Dazu segne du uns heute und alle Tage unseres Lebens.

EUCHARISTIEFEIER

GABENGEBET

Barmherziger Gott, das heilige Opfer reinige uns von Sünden und mache uns zu neuen Menschen. Es helfe uns, nach deinem Willen zu leben, damit wir den verheißenen Lohn erlangen. Darum bitten wir durch Christus, unseren Herrn.

Präfation, S. 494 ff.

KOMMUNIONVERS Joh 3,16

Gott hat die Welt so geliebt,
dass er seinen einzigen Sohn hingab,
damit jeder, der an ihn glaubt, nicht zugrunde geht,
sondern das ewige Leben hat.

SCHLUSSGEBET

Gott, du Spender alles Guten, du hast uns das Brot des Himmels geschenkt. Erhalte in uns das Verlangen nach dieser Speise, die unser wahres Leben ist. Darum bitten wir durch Christus, unseren Herrn.

***

Für eine Wort-Gottes-Feier:

ERÖFFNUNGSGEBET ZUR WAHL

Gott, du Fülle der Weisheit, du siehst auf unser Tun. Du hast deinen Sohn gesandt, damit er uns das Gesetz der Liebe bringt. Gib uns den Mut, entschlossen den Weg deiner Weisungen zu gehen, und schenke uns deine Gerechtigkeit in Jesus Christus, deinem Sohn, der mit dir und dem Heiligen Geist lebt in Ewigkeit.

***

WERTSTEIGERUNG

Was tust du mit allem,
was wertvoll dir ist?

Schließt du es ein,
damit es sicher bewahrt ist?

Oder schenkst du es frei,
damit es allen wertvoll ist?

Stefan Voges

7. SONNTAG IM JAHRESKREIS

19. Februar 2023

Die Gewissenserforschung ist aus der Mode gekommen. Zu sehr erinnert sie wohl an die moralische Verengung und Verzweckung des Glaubens. Vielleicht muss sie auch nicht direkt als Gewissenserforschung wiederbelebt werden. Vielleicht genügt es vorerst, eine Gefühlserforschung zu empfehlen. Auch auf die Gefahr hin, dass das sehr nach der bis zum Überdruss angeratenen Achtsamkeit klingt. Eine richtig verstandene Gefühlserforschung ist letztlich die Grundlage für viele biblische Gebote. Nur wer sich über seine Gefühle im Klaren ist, kann Hass, Rache und Gewalt überwinden.

ERÖFFNUNGSVERS

Ps 13 (12),6

Herr, ich baue auf deine Huld,
mein Herz soll über deine Hilfe frohlocken.
Singen will ich dem Herrn, weil er mir Gutes getan hat.

KYRIE-RUFE

Herr Jesus Christus, du gebietest, Gott und
den Nächsten zu lieben – daran hängt das
ganze Gesetz und die Propheten.
V/A: Herr, erbarme dich.
Du gebietest, unsere Feinde zu lieben
und für die zu beten, die uns verfolgen.
V/A: Christus, erbarme dich.
Du berufst alle in der Kirche zur Heiligkeit,
wie auch der himmlische Vater heilig ist.
V/A: Herr, erbarme dich.

Ehre sei Gott, S. 479 f.

TAGESGEBET

Barmherziger Gott, du hast durch deinen Sohn zu uns gesprochen. Lass uns immer wieder über dein Wort nachsinnen, damit wir reden und tun, was dir gefällt. Darum bitten wir durch Jesus Christus.

WORTGOTTESDIENST

ZUR 1. LESUNG Weil Gott heilig ist, soll sein Volk heilig sein. So weit, so klar. Gott ist der schlechthin Heilige. Die Menschen aber müssen ihre Heiligkeit im Leben erweisen. Der Anspruch an sie: gleichsam zu Orten zu werden, an denen Heil erfahrbar ist und von denen Heil ausgeht. Menschen bereiten ihr Herz zu einem solchen Ort, wenn sie Hassgefühle und Rachegelüste überwinden. Ein Weg dorthin ist das Verweilen bei Gott, dem Ort des Heils schlechthin.

ERSTE LESUNG Lev 19,1–2.17–18

Du sollst deinen Nächsten lieben wie dich selbst

Lesung aus dem Buch Levítikus.

Der Herr sprach zu Mose: Rede zur ganzen Gemeinde der Israeliten und sag zu ihnen: Seid heilig, denn ich, der Herr, euer Gott, bin heilig.

Du sollst in deinem Herzen keinen Hass gegen deinen Bruder tragen. Weise deinen Mitbürger zurecht, so wirst du seinetwegen keine Sünde auf dich laden.

An den Kindern deines Volkes sollst du dich nicht rächen und ihnen nichts nachtragen. Du sollst deinen Nächsten lieben wie dich selbst. Ich bin der Herr.

ANTWORTPSALM

Ps 103 (102),1–2.3–4.9–10.12–13 (Kv: vgl. 8)

Kv Gnädig und barmherzig ist der Herr,
voll Langmut und reich an Huld. – Kv

Preise den Herrn, meine Seele, *
und alles in mir seinen heiligen Namen!
Preise den Herrn, meine Seele, *
und vergiss nicht, was er dir Gutes getan hat! – (Kv)

Der dir all deine Schuld vergibt *
und all deine Gebrechen heilt,
der dein Leben vor dem Untergang rettet *
und dich mit Huld und Erbarmen krönt. – (Kv)

Er wird nicht immer rechten *
und nicht ewig trägt er nach.
Er handelt an uns nicht nach unsern Sünden *
und vergilt uns nicht nach unsrer Schuld. – (Kv)

So weit der Aufgang entfernt ist vom Untergang, *
so weit entfernt er von uns unsere Frevel.
Wie ein Vater sich seiner Kinder erbarmt, *
so erbarmt sich der Herr über alle, die ihn fürchten. – Kv

ZUR 2. LESUNG Zwischen all den klugen Sätzen paulinischer Theologie steht einer, der beinahe zu lebenspraktisch klingt: Keiner täusche sich selbst. Das gilt nicht nur für die Einschätzung bezüglich eigener weltlicher und göttlicher Weisheit. Das gilt grundsätzlich: Mach dir nichts vor! Sei ehrlich zu dir selbst! Und ist nicht ein so ehrlicher Blick auf sich selbst der Anfang einer Weisheit, die auch vor Gott besteht?

ZWEITE LESUNG 1 Kor 3,16–23

Alles gehört euch; ihr aber gehört Christus und Christus gehört Gott

Lesung aus dem ersten Brief des Apostels Paulus an die Gemeinde in Korínth.

Schwestern und Brüder! Wisst ihr nicht, dass ihr Gottes Tempel seid und der Geist Gottes in euch wohnt? Wer den Tempel Gottes zerstört, den wird Gott zerstören. Denn Gottes Tempel ist heilig und der seid ihr.

Keiner täusche sich selbst. Wenn einer unter euch meint, er sei weise in dieser Welt, dann werde er töricht, um weise zu werden. Denn die Weisheit dieser Welt ist Torheit vor Gott. In der Schrift steht nämlich: Er fängt die Weisen in ihrer eigenen List. Und an einer anderen Stelle: Der Herr kennt die Gedanken der Weisen; er weiß, sie sind nichtig.

Daher soll sich niemand eines Menschen rühmen. Denn alles gehört euch; Paulus, Apóllos, Kephas, Welt, Leben, Tod, Gegenwart und Zukunft: Alles gehört euch; ihr aber gehört Christus und Christus gehört Gott.

RUF VOR DEM EVANGELIUM Vers: 1 Joh 2,5a

Halleluja. Halleluja.
Wer sich an Christi Wort hält,
in dem ist die Gottesliebe wahrhaft vollendet.
Halleluja.

ZUM EVANGELIUM **Gewaltfreiheit meint nicht bloßes Erdulden, meint nicht reine Passivität. Zur Gewaltfreiheit gehört wesentlich ein aktives Moment. Sie meint das Freiwerden von Gedanken der Vergeltung und das freie, aktive Aussteigen aus der Spirale der Gewalt. In diesem Sinne sind die Worte Jesu zu verstehen: Seid frei, macht euch nicht zu Sklaven der Gewalt! Durchbrecht den Kreislauf der Gewalt –**

in Worten wie in Taten! Vertraut auf die verändernde Kraft der Gewaltfreiheit! Das Überraschungsmoment ist auf eurer Seite.

EVANGELIUM

Mt 5,38–48

ch aber sage euch: Liebt eure Feinde!

+ Aus dem heiligen Evangelium nach Matthäus.

In jener Zeit sprach Jesus zu seinen Jüngern: Ihr habt gehört, dass gesagt worden ist: Auge für Auge und Zahn für Zahn. Ich aber sage euch: Leistet dem, der euch etwas Böses antut, keinen Widerstand, sondern wenn dich einer auf die rechte Wange schlägt, dann halt ihm auch die andere hin!

Und wenn dich einer vor Gericht bringen will, um dir das Hemd wegzunehmen, dann lass ihm auch den Mantel!

Und wenn dich einer zwingen will, eine Meile mit ihm zu gehen, dann geh zwei mit ihm!

Wer dich bittet, dem gib, und wer von dir borgen will, den weise nicht ab!

Ihr habt gehört, dass gesagt worden ist: Du sollst deinen Nächsten lieben und deinen Feind hassen. Ich aber sage euch: Liebt eure Feinde und betet für die, die euch verfolgen, damit ihr Kinder eures Vaters im Himmel werdet; denn er lässt seine Sonne aufgehen über Bösen und Guten und er lässt regnen über Gerechte und Ungerechte.

Wenn ihr nämlich nur die liebt, die euch lieben, welchen Lohn könnt ihr dafür erwarten? Tun das nicht auch die Zöllner?

Und wenn ihr nur eure Brüder grüßt, was tut ihr damit Besonderes? Tun das nicht auch die Heiden?

Seid also vollkommen, wie euer himmlischer Vater vollkommen ist!

Glaubensbekenntnis, S. 482 ff.

FÜRBITTEN

Nur die zu achten, die zur eigenen Gruppe gehören, das steht in hartem Widerspruch zu Jesu Botschaft. Wir rufen zu Gott, dem Vater aller:

- Wir bitten für die Kirche, dass sie nicht trennt und spaltet, sondern zusammenführt und eint. V: Treuer und liebender Gott. A: Höre unser Rufen.
- Wir bitten für alle, die Einfluss haben in Politik und Gesellschaft, dass ihnen das Wohl aller ein Anliegen ist. V: Treuer und liebender Gott. A: Höre unser Rufen.
- Wir bitten für alle Menschen, die über ihren eigenen kleinen Kreis hinausschauen und wirklich dort helfen, wo es nottut. V: Treuer und liebender Gott. A: Höre unser Rufen.
- Wir bitten für die jungen Menschen, die in diesem Jahr ihre Schulzeit beenden und zu einem Freiwilligendienst aufbrechen. V: Treuer und liebender Gott. A: Höre unser Rufen.
- Wir bitten für unsere verstorbenen Eltern, Geschwister, Verwandten und Freunde, deren Liebe uns durchs Leben begleitet hat. V: Treuer und liebender Gott. A: Höre unser Rufen.

Gott, du kennt unsere Herzen, unsere Enge und unseren Egoismus, aber auch unsere Weite und unsere Versuche, zu lieben. Sei bei uns und stärke uns durch deinen Geist der Weite und der Liebe, heute und allezeit.

EUCHARISTIEFEIER

GABENGEBET

Allmächtiger Gott, in der Feier der göttlichen Geheimnisse erfüllen wir den Dienst, der uns aufgetragen ist. Gib, dass wir deine Größe würdig loben und preisen und aus diesem Opfer Heil empfangen. Darum bitten wir durch Christus, unseren Herrn.

Präfation, S. 494 ff.

KOMMUNIONVERS

Joh 11,27

Ja, Herr, ich glaube, dass du der Messias bist,
der Sohn Gottes, der in die Welt kommen soll.

SCHLUSSGEBET

Getreuer Gott, du hast uns das heilige Sakrament als Unterpfand der kommenden Herrlichkeit gegeben. Schenke uns einst das Heil in seiner ganzen Fülle. Darum bitten wir durch Christus, unseren Herrn.

***

Für eine Wort-Gottes-Feier:

ERÖFFNUNGSGEBET ZUR WAHL

Gott, himmlischer Vater, in deinem Sohn ist uns deine Liebe erschienen. Seine Hingabe ist für uns Leben und Heil. In seinem Geist stärke unsere Liebe zu dir und zueinander. Darum bitten wir durch ihn, Jesus Christus, unseren Herrn, der mit dir und dem Heiligen Geist lebt von Ewigkeit zu Ewigkeit.

***

GEWALTFREIHEIT

Gewaltfreiheit ist ein aktives Prinzip der höchsten Ordnung. Sie ist Seelenkraft oder die Kraft der Gottheit in uns. Der Mensch in seiner Unvollkommenheit kann das Wesen Gottes nicht erfassen – er könnte Seinen überirdischen Glanz nicht ertragen –, doch ein winziger Bruchteil davon wirkt Wunder, wenn Er in uns tätig wird. Die Sonne am Himmel erfüllt das ganze Universum mit ihrer Leben spendenden Wärme. Wenn man ihr jedoch zu nahe käme, würde man zu Asche verbrannt. So ist es auch mit der Gottheit. Wir werden Gott in dem Ausmaß ähnlich, wie wir die Gewaltfreiheit verwirklichen, aber wir werden niemals Gott selbst.

Mahatma Gandhi

Die Fastenzeit – Österliche Bußzeit

ASCHERMITTWOCH

22. Februar 2023

Wie oft ist mir das schon begegnet: Tatsachen, die ich kannte, noch einmal ins Wort gebracht, ausdrücklich mit Worten beschrieben – plötzlich führen sie zu neuer Erkenntnis, zu Durchblick, zu Verständnis, gar zu neuem Handeln. „Staub bist du und zum Staub kehrst du zurück" (Gen 3,19): Dieses Bibelwort (das leider im Textausschnitt aus dem Buch Genesis für den 1. Fastensonntag nicht mehr enthalten ist) deutet und erschließt den Asche-Ritus. Mir auf den Kopf (!) zugesagt, kann ich von meiner Hinfälligkeit hören, von meiner Sterblichkeit. Da stehe ich mit meinem winzigen Dasein als Staubkorn in der Fülle der Schöpfung. 40 Tage lang – eine endliche, überschaubare Zeit – kann ich in der österlichen Bußzeit einüben, damit umzugehen. Schließlich gilt auch für all mein Tun, wie wirksam es auch immer ausfallen mag: Staub bist du, zum Staub kehrst du zurück. Am Ende der Bußzeit aber steht die Verheißung von Ostern, die Verheißung des Lebens bei Gott: Ewigkeit.

ERÖFFNUNG UND WORTGOTTESDIENST

ERÖFFNUNGSVERS Weish 11,24–25.27

Du erbarmst dich aller, o Herr,
und hast Nachsicht mit den Sünden der Menschen,

damit sie sich bekehren;
denn du bist der Herr, unser Gott.

(Das Allgemeine Schuldbekenntnis entfällt. Es wird ersetzt durch die Austeilung der Asche nach der Homilie.)

KYRIE-RUFE

Herr Jesus Christus, du rufst uns,
von ganzem Herzen umzukehren
und an das Evangelium zu glauben.
V/A: Herr, erbarme dich.
Du erinnerst uns an die Vergänglichkeit
unserer Existenz und die Kürze der Zeit.
V/A: Christus, erbarme dich.
Du bewahrst uns vor dem Versinken
im Nichts und tröstest uns mit der
Verheißung des ewigen Lebens.
V/A: Herr, erbarme dich.

TAGESGEBET

Getreuer Gott, im Vertrauen auf dich beginnen wir die vierzig Tage der Umkehr und Buße. Gib uns die Kraft zu christlicher Zucht, damit wir dem Bösen absagen und mit Entschiedenheit das Gute tun. Darum bitten wir durch Jesus Christus.

ZUR 1. LESUNG

Ich erlebe es bei Trauergesprächen vor Bestattungen: Ein Teil der Trauer ist Trauer um das eigene Leben. Um falsches, zerstörtes, elendes Leben, um zerbrochenes, ungelebtes, allzu fragmentarisches Leben. Zerreißt eure Herzen, ruft der Prophet. Trauert um verfehltes Leben. Weil Gott selbst ein unrechtes, verfehltes, falsch gelaufenes, falsch gelebtes Leben betrauert und zur Umkehr ruft. Das gilt nun nicht nur für Einzelne. Sondern auch gemeinschaftlich für unsere Gesellschaft. Und ganz besonders für die Kirche. Generationen und Milieus übergreifend ergreift uns der Ruf zur Trauer angesichts großer Fehlentscheidungen und Fehlentwicklungen, die sich gegen das menschliche Miteinander, die sich gegen das Leben richten.

ERSTE LESUNG

Joël 2,12–18

Zerreißt eure Herzen, nicht eure Kleider

Lesung aus dem Buch Joël.

Spruch des HERRN: Kehrt um zu mir von ganzem Herzen mit Fasten, Weinen und Klagen! Zerreißt eure Herzen, nicht eure Kleider, und kehrt um zum HERRN, eurem Gott! Denn er ist gnädig und barmherzig, langmütig und reich an Huld und es reut ihn das Unheil. Wer weiß, vielleicht kehrt er um und es reut ihn und er lässt Segen zurück, sodass ihr Speise- und Trankopfer darbringen könnt für den HERRN, euren Gott.

Auf dem Zion stoßt in das Horn, ordnet ein heiliges Fasten an, ruft einen Gottesdienst aus! Versammelt das Volk, heiligt die Gemeinde! Versammelt die Alten, holt die Kinder zusammen, auch die Säuglinge! Der Bräutigam verlasse seine Kammer und die Braut ihr Gemach.

Zwischen Vorhalle und Altar sollen die Priester klagen, die Diener des HERRN sollen sprechen: Hab Mitleid, HERR, mit deinem Volk und überlass dein Erbe nicht der Schande, damit die Völker nicht über uns spotten! Warum soll man bei den Völkern sagen: Wo ist denn ihr Gott?

Da erwachte im HERRN die Leidenschaft für sein Land und er hatte Erbarmen mit seinem Volk.

ANTWORTPSALM

Ps 51 (50),3–4.5–6b.12–13.14 u. 17 (Kv: vgl. 3)

Kv Erbarme dich unser, o Herr,
denn wir haben gesündigt. – Kv

Gott, sei mir gnädig nach deiner Huld, *
tilge meine Frevel nach deinem reichen Erbarmen!
Wasch meine Schuld von mir ab *
und mach mich rein von meiner Sünde! – (Kv)

Denn ich erkenne meine bösen Taten, *
meine Sünde steht mir immer vor Augen.
Gegen dich allein habe ich gesündigt, *
ich habe getan, was böse ist in deinen Augen. – (Kv)

Erschaffe mir, Gott, ein reines Herz *
und einen festen Geist erneuere in meinem Innern!
Verwirf mich nicht vor deinem Angesicht, *
deinen heiligen Geist nimm nicht von mir! – (Kv)

Gib mir wieder die Freude deines Heiles, *
rüste mich aus mit dem Geist der Großmut!
Herr, öffne meine Lippen, *
damit mein Mund dein Lob verkünde! – Kv

ZUR 2. LESUNG Paulus zitiert aus dem großen Buch der Seelsorge an Israel, aus dem 2. Teil der Jesajarolle, wo wir lesen: „Zur Zeit der Gnade habe ich dich erhört, am Tag des Heils habe ich dir geholfen." (Jes 49,8) Paulus zeigt: Wo Gott spricht, gehören Beauftragung und Zusage der Hilfe, Stärkung und Berufung untrennbar zusammen. Paulus legt der Korinther Gemeinde ans Herz: Was für den Gottesknecht und Gottessohn Christus gilt, gilt auch von den Seinen. „Wir sind Gesandte." Zu einer Zeit der Gnade.

ZWEITE LESUNG

2 Kor 5,20–6,2

Lasst euch mit Gott versöhnen! Jetzt ist sie da, die Zeit der Gnade

Lesung aus dem zweiten Brief des Apostels Paulus an die Gemeinde in Korínth.

Schwestern und Brüder! Wir sind also Gesandte an Christi statt und Gott ist es, der durch uns mahnt. Wir bitten an Christi statt: Lasst euch mit Gott versöhnen! Er hat den, der keine Sünde kannte, für uns zur Sünde gemacht, damit wir in ihm Gerechtigkeit Gottes würden.

Als Mitarbeiter Gottes ermahnen wir euch, dass ihr seine Gnade nicht vergebens empfangt. Denn es heißt: Zur Zeit der Gnade habe ich dich erhört, am Tag der Rettung habe ich dir geholfen.

Siehe, jetzt ist sie da, die Zeit der Gnade; siehe, jetzt ist er da, der Tag der Rettung.

RUF VOR DEM EVANGELIUM

Vers: vgl. Ps 95 (94), 7d.8a

Herr Jesus, dir sei Ruhm und Ehre! – Kv
Wenn ihr heute seine Stimme hört,
verhärtet nicht euer Herz!
Herr Jesus, dir sei Ruhm und Ehre!

ZUM EVANGELIUM „Ein Übriges tun …" – so lautete einmal das Motto des Evangelischen Studienwerks Villigst, das viele Studentinnen und Studenten durch seine Stipendien im Studium unterstützte oder ihnen das Studium gar erst ermöglichte. Ein Übriges zu tun – das war die Erwartung an Studierende: nicht nur Schule und Studium gut abzuschließen, sondern eine Schippe draufzulegen. An Interessen, am Umgang mit den Studieninhalten, an Verknüpfung mit den Nöten der Zeit, an Relevanz jenseits reiner Erfolge. Ein Übriges zu tun – das erwartet der Evangelist Matthäus von seiner Gemeinde. Wenn fasten, dann fröhlich. Wenn spenden, dann auch, wenn's keine Anerkennung gibt. Wenn beten, dann auch, wenn niemand es anerkennt, wenn niemand einstimmt. Matthäus glaubt gleichwohl an Wirkung.

EVANGELIUM Mt 6,1–6.16–18

Dein Vater, der das Verborgene sieht, wird es dir vergelten

+ Aus dem heiligen Evangelium nach Matthäus.

In jener Zeit sprach Jesus zu seinen Jüngern: Hütet euch, eure Gerechtigkeit vor den Menschen zu tun, um von ihnen gesehen zu werden; sonst habt ihr keinen Lohn von eurem Vater im Himmel zu erwarten.

Wenn du Almosen gibst, posaune es nicht vor dir her, wie es die Heuchler in den Synagogen und auf den Gassen tun, um von den Leuten gelobt zu werden! Amen, ich sage euch: Sie haben ihren Lohn bereits erhalten. Wenn du Almosen gibst, soll deine linke Hand nicht wissen, was deine rechte tut, damit dein Almosen im Verborgenen bleibt; und dein Vater, der auch das Verborgene sieht, wird es dir vergelten.

Wenn ihr betet, macht es nicht wie die Heuchler! Sie stellen sich beim Gebet gern in die Synagogen und an die Straßenecken, damit sie von den Leuten gesehen werden. Amen, ich sage euch: Sie haben ihren Lohn bereits erhalten.

Du aber, wenn du betest, geh in deine Kammer, schließ die Tür zu; dann bete zu deinem Vater, der im Verborgenen ist! Dein Vater, der auch das Verborgene sieht, wird es dir vergelten.

Wenn ihr fastet, macht kein finsteres Gesicht wie die Heuchler! Sie geben sich ein trübseliges Aussehen, damit die Leute merken, dass sie fasten. Amen, ich sage euch: Sie haben ihren Lohn bereits erhalten.

Du aber, wenn du fastest, salbe dein Haupt und wasche dein Gesicht, damit die Leute nicht merken, dass du fastest, sondern nur dein Vater, der im Verborgenen ist; und dein Vater, der das Verborgene sieht, wird es dir vergelten.

SEGNUNG UND AUSTEILUNG DER ASCHE

(Nach der Homilie lädt der Priester zum Gebet ein:)

Liebe Brüder und Schwestern, wir wollen Gott, unseren Vater, bitten, dass er diese Asche segne, die wir als Zeichen der Buße empfangen.

(Nach einer kurzen Gebetsstille betet der Priester:)

Barmherziger Gott, du bist den Demütigen nahe und lässt dich durch Buße versöhnen. Neige dein Ohr unseren Bitten und segne † alle, die gekommen sind, um das Aschenkreuz zu empfangen. Hilf uns, die vierzig Tage der Buße in rechter Gesinnung zu begehen, damit wir das heilige Osterfest mit geläutertem Herzen feiern. Darum bitten wir durch Christus, unseren Herrn.

Oder:

Gott, du willst nicht den Tod des Sünders, du willst, dass er sich bekehrt und lebt. Erhöre gnädig unsere Bitten: Segne † diese Asche, mit der wir uns bezeichnen lassen, weil wir wissen, dass wir Staub sind und zum Staub zurückkehren. Hilf uns, die vierzig Tage der Buße in rechter Gesinnung zu begehen. Verzeih uns unsere Sünden, erneuere uns nach dem Bild deines Sohnes und schenke uns durch seine Auferstehung das unvergängliche Leben. Darum bitten wir durch ihn, Christus, unseren Herrn.

(Danach legt der Priester allen, die vor ihn hintreten, die Asche auf und spricht zu jedem Einzelnen:)

Bekehrt euch und glaubt an das Evangelium. Mk 1, 15

Oder: Vgl. Gen 3, 19

Bedenke, Mensch, dass du Staub bist
und wieder zum Staub zurückkehren wirst.

(Während der Austeilung der Asche wird gesungen.)

ANTIPHON

Joël 2,13

Lasst uns umkehren zum Herrn, unserem Gott,
denn er ist gnädig und barmherzig und langmütig.
Groß ist seine Güte,
und es reut ihn, dass er Unheil verhängt hat.

Oder: Joël 2,17; Est 4,17

Zwischen Vorhalle und Altar sollen die Priester klagen,
die Diener des Herrn sollen sprechen:
Hab Mitleid, Herr, mit deinem Volk,
lass den Mund derer, die dich loben, nicht verstummen.

Oder: Ps 51 (50),3

Tilge, Herr, meine Frevel
nach deinem reichen Erbarmen.

RESPONSORIUM

Vgl. Bar 3,2; Ps 79 (78),9

Wir wollen Buße tun für das, was wir gefehlt haben, und uns bessern, damit wir nicht, plötzlich vom Tod überrascht, nach einer Gnadenfrist suchen, die uns niemand geben kann.
℟ Höre, Herr, und hab Erbarmen,
denn wir haben gesündigt vor dir.

V: Hilf uns, du Gott unseres Heils!
Um der Ehre deines Namens willen reiß uns heraus! – ℟

FÜRBITTEN

Guter Gott, du rufst uns zu Neubeginn und Versöhnung. Wir rufen zu dir und bitten dich:

- Für die zertrennte Christenheit um unumkehrbare Schritte zur Einheit im Glauben, in der Liebe und in der Hoffnung. V: Gott, du unsere Hoffnung. A: Wir bitten dich, erhöre uns.

- Für alle Bischöfe, Kleriker, Laien, die ihre Lebenszeit einsetzen, um sich auf dem Synodalen Weg zu engagieren, bitten wir um die Kraft, das gemeinsam Erfahrene und Erarbeitete im Dienst der Frohen Botschaft umzusetzen. V: Gott, du unsere Hoffnung. A: Wir bitten dich, erhöre uns.

- Für uns selbst bitten wir um die Offenheit für dein Wort und um die Stärke, fragwürdig Gewordenes und Falsches in unserem Leben zu ändern. V: Gott, du unsere Hoffnung. A: Wir bitten dich, erhöre uns.

- Für die Völker und Ethnien, die in Spannungen und Unfrieden leben, bitten wir um die Bereitschaft zu Annäherung und wirklicher Aussöhnung. V: Gott, du unsere Hoffnung. A: Wir bitten dich, erhöre uns.

- Für alle, die krank, geschwächt und zugleich unversöhnt mit ihrem Leben sind, bitten wir um dein Licht der Hoffnung und des Friedens. V: Gott, du unsere Hoffnung. A: Wir bitten dich, erhöre uns.

Die heiligen 40 Tage der Fastenzeit eröffnen uns einen Raum der Veränderung, einen Raum des Aufbruchs zum Leben. Dafür danken wir Gott, dem Freund des Lebens, heute und alle Tage.

EUCHARISTIEFEIER

GABENGEBET

Herr, unser Gott, zu Beginn der heiligen vierzig Tage bringen wir dieses Opfer dar und bitten dich: Hilf uns, umzukehren und Taten der Buße und der Liebe zu vollbringen, damit wir unseren bösen Neigungen nicht nachgeben. Reinige uns von Sünden und mache uns fähig, das Gedächtnis des Leidens unseres Herrn Jesus Christus mit ganzer Hingabe zu begehen, der mit dir lebt und herrscht in alle Ewigkeit.

Präfation, S. 492 f.

KOMMUNIONVERS

Ps 1,2–3

Wer über die Weisung des Herrn nachsinnt
bei Tag und Nacht,
bringt seine Frucht zur rechten Zeit.

SCHLUSSGEBET

Barmherziger Gott, stärke uns durch dieses heilige Mahl, damit wir fasten können, wie es dir gefällt, und durch die Feier dieser Tage Heilung finden. Darum bitten wir durch Christus, unseren Herrn.

***

WIDERSTAND

Heute vor 80 Jahren wurden Hans und Sophie Scholl hingerichtet.
Ihr Freundeskreis und sie
zeigten Widerstand gegen Unmenschlichkeit,
Gedankenlosigkeit, Uniformität der Gedanken,
gegen Unmoral.
Welche Wirkung sie hatten, müssen wir je und je erweisen.

Kira Busch-Wagner

1. FASTENSONNTAG

26. Februar 2023

Bei den evangelischen Glaubensgeschwistern trägt der 1. Fastensonntag den Namen „Invokavit" – nach der alten Antiphon, die sich auf die Gotteszusage im 91. Psalm, Vers 15, bezieht: „Ruft er (gemeint ist: wer auch immer betet) zu mir, gebe ich ihm Antwort." Der Psalmvers will vermitteln, dass Gottes Versprechen und Zusage all unseren Bemühungen vorausgeht. Gott bindet sich durch sein Versprechen. Es gilt, noch ehe Klage oder Frage, Dank oder Bitte ausgesprochen sind. Gott hat sich für den Menschen entschieden. Mit solcher Gewissheit können wir durch die Bußzeit auf Ostern zugehen.

ERÖFFNUNGSVERS

Ps 91 (90), 15–16

Wenn er mich anruft, dann will ich ihn erhören.
Ich bin bei ihm in der Not,
befreie ihn und bringe ihn zu Ehren.
Ich sättige ihn mit langem Leben
und lasse ihn mein Heil schauen.

KYRIE-RUFE

Herr Jesus Christus, du hast wie wir
als Mensch gelebt, in allem uns gleich
außer der Sünde.
V/A: Herr, erbarme dich.
Du bist vom Teufel in der Wüste
in Versuchung geführt worden.
V/A: Christus, erbarme dich.

Du gibst uns Kraft, in der Versuchung
standzuhalten – und wo einer fällt,
hilfst du ihm auf.
V/A: Herr, erbarme dich.

TAGESGEBET

Allmächtiger Gott, du schenkst uns die heiligen vierzig Tage als eine Zeit der Umkehr und der Buße. Gib uns durch ihre Feier die Gnade, dass wir in der Erkenntnis Jesu Christi voranschreiten und die Kraft seiner Erlösungstat durch ein Leben aus dem Glauben sichtbar machen. Darum bitten wir durch ihn, der in der Einheit des Heiligen Geistes mit dir lebt und herrscht in alle Ewigkeit.

WORTGOTTESDIENST

ZUR 1. LESUNG „Das will ich gar nicht wissen", sagte mir kürzlich mit Emphase ein Lokalpolitiker, als ich ihn fragte, wie er die Entwicklung des Pflegenotstands denn sehe – im Blick auf seine eigenen Jahrgänge, die sogenannten Babyboomer. „Das will ich gar nicht wissen"? Er wollte vermitteln, dass er von großen Schwierigkeiten ausgehe, das verstand ich. Trotzdem fand ich seine Wortwahl irritierend. Wie begrenzt sein Handlungsspielraum auf kommunaler Ebene auch sein mag – er, der Politiker, will nicht wissen? In der Schrift ist die Suche nach Erkenntnis ganz früh ein Thema. Und zugleich wird eine „Dialektik der Aufklärung" deutlich: Mehr Erkenntnis führt nicht automatisch zu mehr Moral, zu besserem Leben. Die naiven Menschen in der Erzählung aus dem Buch Genesis sind den Halbwahrheiten der Schlange und ihrer vermeintlichen Fürsorge erst einmal ausgeliefert. Immerhin ist sie schlauer als alle Tiere des Feldes. Das hätte eine Warnung sein können. Man sollte niemals scheinbar Unterlegene unterschätzen. Wie ein unangenehmer, hartnäckiger Versicherungsvertreter verwickelt die Schlange ins Gespräch. Alle Früchte verboten?

Keineswegs – das kann die Frau noch abbiegen. Nicht sterben? Wie beim Kleingedruckten eines Versicherungsvertrags kommt es auf den Zeitpunkt an. Nein, nicht gleich. Später schon. So genau hat die Schlange das nicht gesagt. Und „Sein wie Gott"? Auch vor Gottes Augen sind die Menschen nackt, erkannt, aber eben auch verstanden. Und nie beschämt. Die Menschen müssen mit Erkenntnis und deren Folgen erst einmal klarkommen. Mit Scham. Mit dem Wissen um Verschiedenheit, Trennung, Unterschiedenheit. Sie müssen die Realität anerkennen. Den Schmerz bei Geburten, den Schmerz in der Liebe, die Mühe bei der Arbeit. Die Angst vor Schlangen wird jetzt erklärlich. Gott selbst hat – dem Menschen zu Nutz und Hilfe – Feindschaft gesetzt zwischen den Menschen und dem oberschlauen Tier. Nirgendwo ist von Sünde die Rede. Gegen die könnte der Mensch sich wenden mit all seiner Erkenntnis und seinem Wissen, könnte sich distanzieren. Auch wenn er das allzu oft nicht tut – seit Kain bis heute.

ERSTE LESUNG Gen 2,7–9; 3,1–7

Erschaffung und Sünde der Stammeltern

Lesung aus dem Buch Génesis.

Gott, der Herr, formte den Menschen, Staub vom Erdboden, und blies in seine Nase den Lebensatem. So wurde der Mensch zu einem lebendigen Wesen.

Dann pflanzte Gott, der Herr, in Eden, im Osten, einen Garten und setzte dorthin den Menschen, den er geformt hatte. Gott, der Herr, ließ aus dem Erdboden allerlei Bäume wachsen, begehrenswert anzusehen und köstlich zu essen, in der Mitte des Gartens aber den Baum des Lebens und den Baum der Erkenntnis von Gut und Böse.

Die Schlange war schlauer als alle Tiere des Feldes, die Gott, der Herr, gemacht hatte. Sie sagte zu der Frau: Hat Gott wirklich gesagt: Ihr dürft von keinem Baum des Gartens essen? Die Frau entgegnete der Schlange: Von den Früchten der Bäume im Garten dürfen wir essen; nur von den Früchten des Baumes, der in der

Mitte des Gartens steht, hat Gott gesagt: Davon dürft ihr nicht essen und daran dürft ihr nicht rühren, sonst werdet ihr sterben.
Darauf sagte die Schlange zur Frau: Nein, ihr werdet nicht sterben. Gott weiß vielmehr: Sobald ihr davon esst, gehen euch die Augen auf; ihr werdet wie Gott und erkennt Gut und Böse.
Da sah die Frau, dass es köstlich wäre, von dem Baum zu essen, dass der Baum eine Augenweide war und begehrenswert war, um klug zu werden. Sie nahm von seinen Früchten und aß; sie gab auch ihrem Mann, der bei ihr war, und auch er aß.
Da gingen beiden die Augen auf und sie erkannten, dass sie nackt waren. Sie hefteten Feigenblätter zusammen und machten sich einen Schurz.

ANTWORTPSALM

Ps 51 (50),3–4.5–6b.12–13.14 u. 17 (Kv: vgl. 3)

Kv Erbarme dich unser, o Herr,
denn wir haben gesündigt. – Kv
Gott, sei mir gnädig nach deiner Huld, *
tilge meine Frevel nach deinem reichen Erbarmen!
Wasch meine Schuld von mir ab *
und mach mich rein von meiner Sünde! – (Kv)

Denn ich erkenne meine bösen Taten, *
meine Sünde steht mir immer vor Augen.
Gegen dich allein habe ich gesündigt, *
ich habe getan, was böse ist in deinen Augen. – (Kv)

Erschaffe mir, Gott, ein reines Herz *
und einen festen Geist erneuere in meinem Innern!
Verwirf mich nicht vor deinem Angesicht, *
deinen heiligen Geist nimm nicht von mir! – (Kv)

Gib mir wieder die Freude deines Heiles, *
rüste mich aus mit dem Geist der Großmut!
Herr, öffne meine Lippen, *
damit mein Mund dein Lob verkünde! – Kv

ZUR 2. LESUNG Die Gestalt einer Lesung ist aus guten Gründen ihrer liturgischen Funktion geschuldet: Sie soll gut hörbar, soll beim Hören verstehbar sein, soll logisch aufeinander folgende Sätze enthalten. Was aber, wenn ein Paulus beim Briefschreiben eben doch mal über die eigenen Gedanken stolpert? Was, wenn ein Text im Gottesdienst runder, logischer, klarer daherkommt, als er tatsächlich geschrieben wurde? Wer in die deutsche Einheitsübersetzung schaut, entdeckt sofort: Das verknüpfende „Deshalb:", mit dem in der deutschen Übertragung Paulus' Satzanfang wiedergegeben wird, fehlt in der heutigen Perikope für den Gottesdienst. Der Apostel bezieht sich auf Früheres. Zuvor ging es um Versöhnung, die Gott gestiftet hat. Dass wir Gerettete sind. Vermutlich viel zu kleine Gefäße für die überströmende Liebe Gottes. Das ist das eigentliche Thema. „Deshalb" muss Paulus ein weiteres Mal über Sünde und Tod nachdenken. Und nach dem ersten Vers setzt die Einheitsübersetzung einen Gedankenstrich – Paulus kann gar nicht schnell genug schreiben, muss noch einmal nachsetzen, um seine Gedanken einzuholen, eine Extraschleife drehen. Er räumt ein: Selbst ohne Gebote, ohne Tora, zieht Sünde Tod nach sich. Weil Sünde und Tod jenseits dessen liegen, was zu Gott gehört. Aber schon ist Paulus wieder bei dem Thema, das ihn wirklich interessiert. Nicht bei der Sünde, wie in mancher verqueren Bußpraxis, die – Gott sei's geklagt – das Bild christlichen Glaubens prägte. Paulus geht es um die Gnade Gottes. Weil sie Leben in Fülle ermöglicht. Befreites, unbelastetes Leben. Das dann in Dankbarkeit, aus Freude, in der Nachfolge Christi die guten Gebote Gottes für sich entdeckt. Versöhnung, Gnade, Gerechtsprechung – das ist die Hauptlinie, die Paulus zeichnet. Die Fragen nach Sünde, nach Tod, nach Tatsünde und sündhafter Struktur sind sinnvolle, wichtige, nachdenkenswerte Unterschleifen dazu. Aber nicht die Hauptsache. Die Hauptsache bleibt Gottes gutes Wirken. Was sonst.

ZWEITE LESUNG Röm 5,12–19

Wo die Sünde mächtig wurde, da ist die Gnade übergroß geworden (Röm 5,20b)

Lesung aus dem Brief des Apostels Paulus an die Gemeinde in Rom.

Schwestern und Brüder! Durch einen einzigen Menschen kam die Sünde in die Welt und durch die Sünde der Tod und auf diese Weise gelangte der Tod zu allen Menschen, weil alle sündigten.

Sünde war nämlich schon vor dem Gesetz in der Welt, aber Sünde wird nicht angerechnet, wo es kein Gesetz gibt; dennoch herrschte der Tod von Adam bis Mose auch über die, welche nicht durch Übertreten eines Gebots gesündigt hatten wie Adam, der ein Urbild des Kommenden ist.

Doch anders als mit der Übertretung verhält es sich mit der Gnade; sind durch die Übertretung des einen die vielen dem Tod anheimgefallen, so ist erst recht die Gnade Gottes und die Gabe, die durch die Gnadentat des einen Menschen Jesus Christus bewirkt worden ist, den vielen reichlich zuteilgeworden. Und anders als mit dem, was durch den einen Sünder verursacht wurde, verhält es sich mit dieser Gabe: Denn das Gericht führt wegen eines Einzigen zur Verurteilung, die Gnade führt aus vielen Übertretungen zur Gerechtsprechung.

Denn ist durch die Übertretung des einen der Tod zur Herrschaft gekommen, durch diesen einen, so werden erst recht diejenigen, denen die Gnade und die Gabe der Gerechtigkeit reichlich zuteilwurde, im Leben herrschen durch den einen, Jesus Christus.

Wie es also durch die Übertretung eines Einzigen für alle Menschen zur Verurteilung kam, so kommt es auch durch die gerechte Tat eines Einzigen für alle Menschen zur Gerechtsprechung, die Leben schenkt. Denn wie durch den Ungehorsam des einen Menschen die vielen zu Sündern gemacht worden sind, so werden auch durch den Gehorsam des einen die vielen zu Gerechten gemacht werden.

Oder:

KURZFASSUNG Röm 5,12.17–19

Wo die Sünde mächtig wurde, da ist die Gnade übergroß geworden (Röm 5,20b)

Lesung aus dem Brief des Apostels Paulus an die Gemeinde in Rom.

Schwestern und Brüder! Durch einen einzigen Menschen kam die Sünde in die Welt und durch die Sünde der Tod und auf diese Weise gelangte der Tod zu allen Menschen, weil alle sündigten.

Denn ist durch die Übertretung des einen der Tod zur Herrschaft gekommen, durch diesen einen, so werden erst recht diejenigen, denen die Gnade und die Gabe der Gerechtigkeit reichlich zuteilwurde, im Leben herrschen durch den einen, Jesus Christus.

Wie es also durch die Übertretung eines Einzigen für alle Menschen zur Verurteilung kam, so kommt es auch durch die gerechte Tat eines Einzigen für alle Menschen zur Gerechtsprechung, die Leben schenkt. Denn wie durch den Ungehorsam des einen Menschen die vielen zu Sündern gemacht worden sind, so werden auch durch den Gehorsam des einen die vielen zu Gerechten gemacht werden.

RUF VOR DEM EVANGELIUM

Vers: vgl. Mt 4, 4b

Herr Jesus, dir sei Ruhm und Ehre! – Kv
Nicht nur vom Brot lebt der Mensch,
sondern von jedem Wort aus Gottes Mund.
Herr Jesus, dir sei Ruhm und Ehre!

ZUM EVANGELIUM Wer Leitungsaufgaben übernommen hat, wird versuchen, auch in schwierigen Situationen handlungsfähig zu bleiben und Zugang zu den eigenen Ressourcen zu behalten. Dazu können Fragen helfen wie: Welcher Person gestatte ich, so viel Macht über mich zu haben, dass meine Gedanken sich ihr widmen? Wem gestatte ich, so viel Macht über mich zu haben, dass ich Lebenszeit und Kräfte einsetze – zum Beispiel, indem ich mich über diese Person in Grund und Boden ärgere? In der sogenannten Versuchungsgeschichte entscheidet sich Jesus dreimal gegen eine Inanspruchnahme, die er nicht will. Der Teufel tritt gleich in drei Gestalten auf: als Versucher;

als Diabolos, also Durcheinanderwerfer; und schließlich spricht Jesus ihn an als Satan, Ankläger. Und bekennt sich damit zugleich zur Gnade Gottes. Der Teufel offeriert Auskommen, Sicherheit, Macht. Doch Jesus entscheidet sich. Er gestattet es nicht, dass Auskommen, Sicherheit, Macht über ihn entscheiden, Vorherrschaft gewinnen. Bei Jesus geraten Gottes Vorhaben nicht durcheinander.

EVANGELIUM Mt 4,1–11

Jesus fastete vierzig Tage und wurde in Versuchung geführt

+ Aus dem heiligen Evangelium nach Matthäus.

In jener Zeit wurde Jesus vom Geist in die Wüste geführt; dort sollte er vom Teufel versucht werden. Als er vierzig Tage und vierzig Nächte gefastet hatte, hungerte ihn.

Da trat der Versucher an ihn heran und sagte: Wenn du Gottes Sohn bist, so befiehl, dass aus diesen Steinen Brot wird.

Er aber antwortete: In der Schrift heißt es: Der Mensch lebt nicht vom Brot allein, sondern von jedem Wort, das aus Gottes Mund kommt.

Darauf nahm ihn der Teufel mit sich in die Heilige Stadt, stellte ihn oben auf den Tempel und sagte zu ihm: Wenn du Gottes Sohn bist, so stürz dich hinab; denn es heißt in der Schrift:

Seinen Engeln befiehlt er um deinetwillen, und: Sie werden dich auf ihren Händen tragen, damit dein Fuß nicht an einen Stein stößt.

Jesus antwortete ihm: In der Schrift heißt es auch: Du sollst den Herrn, deinen Gott, nicht auf die Probe stellen.

Wieder nahm ihn der Teufel mit sich und führte ihn auf einen sehr hohen Berg; er zeigte ihm alle Reiche der Welt mit ihrer Pracht und sagte zu ihm: Das alles will ich dir geben, wenn du dich vor mir niederwirfst und mich anbetest.

Da sagte Jesus zu ihm: Weg mit dir, Satan! Denn in der Schrift steht: Den Herrn, deinen Gott, sollst du anbeten und ihm allein dienen.

Darauf ließ der Teufel von ihm ab und siehe, es kamen Engel und dienten ihm.

Glaubensbekenntnis, S. 482 ff.

FÜRBITTEN

Jesus Christus, du hast den Versuchungen der Macht widerstanden. Dir vertrauen wir und zu dir rufen wir:

- Hilf deiner Kirche, den Versuchungen der Macht zu widerstehen und sich bewusst an die Seite der Übersehenen zu stellen. V: Jesus, du unsere Hoffnung. A: Wir bitten dich, erhöre uns.
- Hilf allen Getauften, die österliche Bußzeit als Chance zu erfahren und unser Leben, unseren Alltag, unsere Beziehungen zueinander zu erneuern. V: Jesus, du unsere Hoffnung. A: Wir bitten dich, erhöre uns.
- Hilf uns, Neid und Konkurrenzdenken zu überwinden und in der Arbeitswelt, in Schule und Ausbildung wertschätzend und kollegial miteinander umzugehen. V: Jesus, du unsere Hoffnung. A: Wir bitten dich, erhöre uns.
- Hilf allen, die mit langem Atem kranke oder hochbetagte Angehörige pflegen, und lass sie Stärkung, Anerkennung – und Entlastung erfahren. V: Jesus, du unsere Hoffnung. A: Wir bitten dich, erhöre uns.
- Hilf den Ordensleuten und allen Menschen, die sich der Ausgegrenzten, der Rechtlosen und Übersehenen annehmen. V: Jesus, du unsere Hoffnung. A: Wir bitten dich, erhöre uns.

Die 40 Tage der Fastenzeit können uns Wege der Erneuerung weisen. Jesus, du unser Bruder und unsere Hoffnung: Sieh nicht auf unser Versagen, sondern auf unseren ernsthaften Willen zum Guten, und schenke deinen Segen zu unserem Aufbruch auf Ostern hin.

EUCHARISTIEFEIER

GABENGEBET

Herr, unser Gott, wir bringen Brot und Wein für das heilige Opfer, das wir zum Beginn dieser Fastenzeit feiern. Nimm mit diesen Gaben uns selbst an und vereine unsere Hingabe mit dem Opfer deines Sohnes, der mit dir lebt und herrscht in alle Ewigkeit.

PRÄFATION

In Wahrheit ist es würdig und recht, dir, Herr, heiliger Vater, allmächtiger, ewiger Gott, immer und überall zu danken durch unseren Herrn Jesus Christus. Denn er hat in der Wüste vierzig Tage gefastet und durch sein Beispiel diese Zeit der Buße geheiligt. Er macht die teuflische List des Versuchers zunichte und lässt uns die Bosheit des Feindes durchschauen. Er gibt uns die Kraft, den alten Sauerteig zu entfernen, damit wir Ostern halten mit lauterem Herzen und zum ewigen Ostern gelangen. Darum preisen wir dich mit den Kerubim und Serafim und singen mit allen Chören der Engel das Lob deiner Herrlichkeit: Heilig …

KOMMUNIONVERS

Ps 91 (90), 4

Mit seinen Flügeln schirmt dich der Herr,
unter seinen Schwingen findest du Zuflucht.

SCHLUSSGEBET

Gütiger Gott, du hast uns das Brot des Himmels gegeben, damit Glaube, Hoffnung und Liebe in uns wachsen. Erhalte in uns das Verlangen nach diesem wahren Brot, das der Welt das Leben gibt, und stärke uns mit jedem Wort, das aus deinem Mund hervorgeht. Darum bitten wir durch Christus, unseren Herrn.

FEIERLICHER SCHLUSSSEGEN

Der barmherzige Gott, der seinen Sohn für uns dahingegeben und uns in ihm ein Beispiel der Liebe geschenkt hat, segne euch und mache euch bereit, Gott und den Menschen zu dienen. – A: Amen.

Und Christus, der Herr, der uns durch sein Sterben dem ewigen Tode entrissen hat, stärke euren Glauben und führe euch zur unvergänglichen Herrlichkeit. – A: Amen.
Und allen, die ihm folgen auf dem Weg der Entäußerung, gebe er Anteil an seiner Auferstehung und an seiner Herrlichkeit. – A: Amen.
Das gewähre euch der dreieinige Gott, der Vater und der Sohn † und der Heilige Geist. – A: Amen.

***

VERSUCHUNG

Da trat der Versucher an ihn heran.
führe uns nicht in versuchung
vater unser im himmel

Aus Steinen wirst du Brot machen!
führe uns nicht in versuchung
unser tägliches brot gib uns heute

Dein Engel bin ich, stürz dich herab!
führe uns nicht in versuchung
geheiligt werde dein name

Alle Reiche der Welt mit ihrer Pracht
könnten dir gehören –
wirf dich nieder und bete mich an!
führe uns nicht in versuchung
denn dein ist das Reich
und die kraft
und die herrlichkeit
in ewigkeit

Kira Busch-Wagner / Irmtrud Schweigert

2. FASTENSONNTAG

5. März 2023

Im März 1997 haben die katholischen Bischöfe der Schweiz auf ihrer Frühjahrssitzung unterstrichen: Christlicher Glaube und Antisemitismus sind nicht vereinbar. Die Bischöfe bezogen sich insbesondere auf „Nostra Aetate", die Erklärung des Zweiten Vatikanischen Konzils über die Haltung der Kirche zu den nichtchristlichen Religionen – insbesondere zum Judentum.

ERÖFFNUNGSVERS

Ps 27 (26), 8–9

Mein Herz denkt an dein Wort:
Sucht mein Angesicht!
Dein Angesicht, Herr, will ich suchen.
Verbirg nicht dein Gesicht vor mir.

KYRIE-RUFE

Herr Jesus Christus, du hast den Tod vernichtet.
V/A: Herr, erbarme dich.
Du hast uns das Licht des
unvergänglichen Lebens gebracht.
V/A: Christus, erbarme dich.
Du hast die Herrlichkeit Gottes
unter uns gegenwärtig gemacht.
V/A: Herr, erbarme dich.

TAGESGEBET

Gott, du hast uns geboten, auf deinen geliebten Sohn zu hören. Nähre uns mit deinem Wort und reinige die Augen unseres Geistes, damit wir fähig werden, deine Herrlichkeit zu erkennen. Darum bitten wir durch Jesus Christus.

WORTGOTTESDIENST

ZUR 1. LESUNG Was wäre gewesen, wenn Abraham Gottes Ruf nicht gehört hätte? Die Schrift fragt dergleichen nicht. Sie beschreibt, was Gott sagt – und dass Abraham antwortet mit seinem ganzen Leben. Trotzdem: Was wäre, wenn Gott ruft und wir nicht hören? Das biblische Zeugnis erzählt von Gottes Ruf zum Aufbruch. Vom Vertrauen in sein Wort. Von der Bereitschaft, die Mühen der Ebene auf uns zu nehmen, unbekannten Ausgang zu riskieren. Eine Entscheidung zu treffen. Zugunsten einer Bindung. Aber als Akt der Freiheit.

ERSTE LESUNG Gen 12,1–4a

Der Herr beruft Abraham, den Vater des Gottesvolkes

Lesung aus dem Buch Génesis.

In jenen Tagen sprach der Herr zu Abram: Geh fort aus deinem Land, aus deiner Verwandtschaft und aus deinem Vaterhaus in das Land, das ich dir zeigen werde! Ich werde dich zu einem großen Volk machen, dich segnen und deinen Namen groß machen. Ein Segen sollst du sein. Ich werde segnen, die dich segnen; wer dich verwünscht, den werde ich verfluchen. Durch dich sollen alle Sippen der Erde Segen erlangen.

Da ging Abram, wie der Herr ihm gesagt hatte.

ANTWORTPSALM

Ps 33 (32),4–5.18–19.20 u. 22 (Kv: 22)

Kv Lass deine Huld über uns walten, o HERR! – Kv

Das Wort des HERRN ist redlich, *
all sein Tun ist verlässlich.
Er liebt Gerechtigkeit und Recht, *
erfüllt von der Huld des HERRN ist die Erde. – (Kv)

Siehe, das Auge des HERRN ruht auf denen, die ihn fürchten, *
die seine Huld erwarten,
dass er ihre Seele dem Tod entreiße *
und, wenn sie hungern, sie am Leben erhalte. – (Kv)

Unsre Seele hofft auf den HERRN; *
er ist unsre Hilfe und unser Schild.
Lass deine Huld über uns walten, o HERR, *
wie wir auf dich hofften! – Kv

ZUR 2. LESUNG Wenn wir an den Sternenhimmel blicken, sehen wir das Licht eines Sternes, das vor langer Zeit entstand, aber jetzt gerade erst in unser Blickfeld tritt. Vielleicht stellt Paulus sich Ähnliches vor, wenn er vom Licht des unvergänglichen Lebens schreibt, das uns nun erreicht. Vor ewigen Zeiten geschah Rettung in Jesus Christus. Jetzt aber ist sie sichtbar, offenbar geworden. Manchmal sehen wir noch das Licht eines längst untergegangenen Sterns. So ist bei Paulus der Tod schon vernichtet. Wir wissen davon. Wir werden es noch merken. Auch wenn er einstweilen noch wirkt.

ZWEITE LESUNG

2 Tim 1,8b–10

Mit einem heiligen Ruf hat Gott uns gerufen und uns das Licht des Lebens gebracht

Lesung aus dem zweiten Brief des Apostels Paulus an Timótheus.

Mein Sohn! Leide mit mir für das Evangelium! Gott gibt dazu die Kraft:

Er hat uns gerettet; mit einem heiligen Ruf hat er uns gerufen, nicht aufgrund unserer Taten, sondern aus eigenem Entschluss und aus Gnade, die uns schon vor ewigen Zeiten in Christus Jesus geschenkt wurde; jetzt aber wurde sie durch das Erscheinen unseres Retters Christus Jesus offenbart.

Er hat den Tod vernichtet und uns das Licht des unvergänglichen Lebens gebracht durch das Evangelium.

RUF VOR DEM EVANGELIUM

Vers: vgl. Mt 17,5

Herr Jesus, dir sei Ruhm und Ehre! – Kv
Aus der leuchtenden Wolke rief die Stimme des Vaters:
Das ist mein geliebter Sohn; auf ihn sollt ihr hören.
Herr Jesus, dir sei Ruhm und Ehre!

ZUM EVANGELIUM

Die Verklärungsgeschichte zeigt uns Jesus im Gespräch mit den messianischen Gestalten der Schrift. Mose, von dem in der Tora keine Bestattung überliefert ist. Und Elija, der im feurigen Wagen zu Gott auffährt und dessen Wiederkunft darum erwartet werden darf. Von diesen beiden lernt Jesus. Beide sprechen mit ihm. In ihrem Bund ist er der Dritte. Sie sind eine Gemeinschaft. Jesus im gleichen Licht wie Mose und Elija: Schon am 2. Fastensonntag, zu Beginn der Passionszeit, leuchtet hier Ostern auf. Leben im Licht, in der Gegenwart Gottes. Verklärung. Davon ist Jesus erfüllt – davon erfüllt ist er mit seinen Jüngern, mit Schülerinnen und Schülern, mit uns unterwegs. Noch sind wir nicht zu Hause auf dem Gottesberg. Haben nicht Wohnung genommen. Gehen auf die Kreuzigung zu. Noch sind wir mit Jesus auf dem Weg. Unterwegs spricht er uns Mut zu: Fürchtet euch nicht!

EVANGELIUM

Mt 17,1–9

Er wurde vor ihnen verwandelt; sein Gesicht leuchtete wie die Sonne

+ Aus dem heiligen Evangelium nach Matthäus.

In jener Zeit nahm Jesus Petrus, Jakobus und dessen Bruder Johannes beiseite und führte sie auf einen hohen Berg. Und er wurde vor ihnen verwandelt; sein Gesicht leuchtete wie die Sonne und seine Kleider wurden weiß wie das Licht. Und siehe, es erschienen ihnen Mose und Elíja und redeten mit Jesus.

Und Petrus antwortete und sagte zu Jesus: Herr, es ist gut, dass wir hier sind. Wenn du willst, werde ich hier drei Hütten bauen, eine für dich, eine für Mose und eine für Elíja.

Noch während er redete, siehe, eine leuchtende Wolke überschattete sie und siehe, eine Stimme erscholl aus der Wolke: Dieser ist mein geliebter Sohn, an dem ich Wohlgefallen gefunden habe; auf ihn sollt ihr hören. Als die Jünger das hörten, warfen sie sich mit dem Gesicht zu Boden und fürchteten sich sehr.

Da trat Jesus zu ihnen, fasste sie an und sagte: Steht auf und fürchtet euch nicht! Und als sie aufblickten, sahen sie niemanden außer Jesus allein.

Während sie den Berg hinabstiegen, gebot ihnen Jesus: Erzählt niemandem von dem, was ihr gesehen habt, bis der Menschensohn von den Toten auferweckt ist!

Glaubensbekenntnis, S. 482 ff.

FÜRBITTEN

Gott, du bist uns auf vielfältige Weise nahe. Du rufst uns zu Wandlung und Erneuerung. Mit den Anliegen unserer Gegenwart kommen wir nun zu dir:

- Wir beten für alle, die enttäuscht von der Kirche sind und den Kontakt verloren haben. V: Gott, du Licht unseres Lebens. A: Höre unser Rufen.

- Wir bitten dich für diejenigen, die sich gefangen fühlen in den Mühlen und Mühen ihres Alltags. V: Gott, du Licht unseres Lebens. A: Höre unser Rufen.
- Wir beten für alle, die Geflüchteten helfen, in ihrem neuen Alltag heimisch zu werden. V: Gott, du Licht unseres Lebens. A: Höre unser Rufen.
- Wir beten für diejenigen, die von Krankheiten bedrückt und belastet sind, und für alle, die an ihrer Seite bleiben. V: Gott, du Licht unseres Lebens. A: Höre unser Rufen.
- Wir beten für alle, die traurig und mutlos sind, weil ihre Lebenshoffnungen und Lebenspläne durchkreuzt wurden. V: Gott, du Licht unseres Lebens. A: Höre unser Rufen.

Fern-naher Gott, bei dir ist Verheißung, bei dir ist Licht und Leben. Hilf uns, aus deinem hellen Schein der Hoffnung zu leben. So bitten wir durch Christus, unseren Bruder und erhöhten Herrn.

EUCHARISTIEFEIER

GABENGEBET

Herr, das Opfer, das wir feiern, nehme alle Schuld von uns. Es heilige uns an Leib und Seele, damit wir uns in rechter Weise auf das Osterfest vorbereiten. Darum bitten wir durch Christus, unseren Herrn.

PRÄFATION

In Wahrheit ist es würdig und recht, dir, Vater im Himmel, zu danken durch unseren Herrn Jesus Christus. Denn er hat den Jüngern seinen Tod vorausgesagt und ihnen auf dem heiligen Berg seine Herrlichkeit kundgetan. In seiner Verklärung erkennen wir, was Gesetz und Propheten bezeugen: dass wir durch das Leiden mit Christus zur Auferstehung gelangen. Durch ihn rühmen wir deine Größe und singen mit den Chören der Engel das Lob deiner Herrlichkeit: Heilig …

KOMMUNIONVERS

Mt 17,5

Dies ist mein geliebter Sohn,
an dem ich Gefallen gefunden habe:
Auf ihn sollt ihr hören.

SCHLUSSGEBET

Herr, du hast uns im Sakrament an der Herrlichkeit deines Sohnes Anteil gegeben. Wir danken dir, dass du uns schon auf Erden teilnehmen lässt an dem, was droben ist. Durch Christus, unseren Herrn.

FEIERLICHER SCHLUSSSEGEN

S. 206 f.

***

GEGEN DEN JUDENHASS

Am Montagabend beginnt Purim, das jüdische „Karnevalsfest“. Es erinnert an die Errettung des jüdischen Volkes aus drohender Gefahr, wie sie im Buch Esther geschildert wird.

All die Ausgelassenheiten von Purim können nicht verdecken, dass das Fest einen ernsten Hintergrund hat. Es wird ein triumphaler Sieg über den Antisemitismus gefeiert – wohl wissend, dass historisch viel zu selten dem mörderischen Judenhass Einhalt geboten wurde. Wir aber bekräftigen dabei unsere Zughörigkeit zum Judentum und geben uns einmal im Jahr der Illusion hin, dass mit der Bestrafung einzelner Täter auch der Antisemitismus beseitigt wäre.

Ulrike Offenberg

3. FASTENSONNTAG

12. März 2023

„Mich dürstet", war gemäß dem Johannes-Evangelium eines der letzten Wort Jesu. Aufs Furchtbarste bedürftig, notvoll, ungestillt, bar aller Linderung, so geht Jesus in den Tod. Mit den Worten der Schrift nähern wir uns dieser Bedürftigkeit und Not am 3. Fastensonntag erneut. Am 12. März 2000 sprach der damalige Papst Johannes Paul II. ein Schuldbekenntnis vor Gott, ein feierliches „Mea culpa". Was ist am Sonntag heute, 23 Jahre später, zu bekennen?! Was fehlt jetzt an Offenheit, Bekenntnis, Eingeständnis? Ein Schuldbekenntnis bedeutet, Bedürftigkeit einzugestehen – für mich und für die, in deren Namen ich bete. Zeigt an, zutiefst auf Ent-Schuldigung durch andere angewiesen zu sein. Mit einem ehrlichen Schuldbekenntnis eröffne ich mir einen Raum der Freiheit. Jetzt kann Heilung beginnen. Als Bedürftiger steht Jesus an meiner Seite.

ERÖFFNUNGSVERS

Ez 36,22–26

Wort Gottes, des Herrn:
Ich werde euch beweisen, dass ich heilig bin.
Ich sammle euch aus allen Ländern.
Ich gieße reines Wasser über euch, damit ihr rein werdet,
und gebe euch einen neuen Geist.

KYRIE-RUFE

Herr Jesus Christus, du gibst uns
das Wasser des ewigen Lebens.
V/A: Herr, erbarme dich.

Du führst uns zum Glauben
durch deine eigenen Worte.
V/A: Christus, erbarme dich.
Du bist wirklich der Retter der Welt.
V/A: Herr, erbarme dich.

TAGESGEBET

Gott, unser Vater, du bist der Quell des Erbarmens und der Güte, wir stehen als Sünder vor dir, und unser Gewissen klagt uns an. Sieh auf unsere Not und lass uns Vergebung finden durch Fasten, Gebet und Werke der Liebe. Darum bitten wir durch Jesus Christus.

WORTGOTTESDIENST

ZUR 1. LESUNG Erst kurz zuvor gab es schon einmal Wehgeschrei wegen der Ernährung – wir lesen davon im 16. Kapitel des Buches Exodus. Daraufhin, so heißt es, ließ Gott dem Volk Manna zukommen. Und jetzt sieht sich das Volk aufs Neue in Gefahr und vom Tode bedroht. Es fehlt Wasser. In der – tatsächlichen oder vermeintlichen? – Todesgefahr geht es sofort ums Ganze: „Ist der HERR in unserer Mitte oder nicht?" Ja – was, wenn nicht? Die Verunsicherung lässt aggressiv werden, Mose fühlt sich bedroht durch sein Volk. Er schreit zu Gott. Angstvoll. Wütend. Ratlos. Vielleicht auch enttäuscht, am Ende seiner Kräfte, hilflos, allein. Mose schreit zu Gott, und Israels Gott antwortet. Er ermöglicht dem Volk, seinen Durst zu stillen. Bei Massa und Meriba, zu Deutsch: „Versuchung, Probe" und „Streit". Hat der Ort den Streit heraufbeschworen? Hat er den Namen bekommen in Gedenken an das Elend, an die Probe? Und wer hat da wen erprobt? Meriba. Wir gefährden Gott nicht durch unsere Zweifel. Nicht, indem wir ihn infrage stellen. Wohl eher, indem wir ihm gegenüber verstummen. Zu wem sollte Gott denn dann sprechen?

ERSTE LESUNG Ex 17,3–7

Gib uns Wasser zu trinken! (Ex 17,2)

Lesung aus dem Buch Éxodus.

In jenen Tagen dürstete das Volk nach Wasser und murrte gegen Mose. Sie sagten: Wozu hast du uns überhaupt aus Ägypten heraufgeführt, um mich und meine Söhne und mein Vieh vor Durst sterben zu lassen? Mose schrie zum HERRN: Was soll ich mit diesem Volk anfangen? Es fehlt nur wenig und sie steinigen mich.

Der HERR antwortete Mose: Geh am Volk vorbei und nimm einige von den Ältesten Israels mit; nimm auch den Stab in die Hand, mit dem du auf den Nil geschlagen hast, und geh! Siehe, dort drüben auf dem Felsen am Horeb werde ich vor dir stehen. Dann schlag an den Felsen! Es wird Wasser herauskommen und das Volk kann trinken.

Das tat Mose vor den Augen der Ältesten Israels.

Den Ort nannte er Massa und Meríba, Probe und Streit, weil die Israeliten gehadert und den HERRN auf die Probe gestellt hatten, indem sie sagten: Ist der HERR in unserer Mitte oder nicht?

ANTWORTPSALM Ps 95 (94),1–2.6–7c.7d–9 (Kv: vgl. 7d.8a)

Kv Hört auf die Stimme des Herrn;
verhärtet nicht euer Herz! – Kv

Kommt, lasst uns jubeln dem HERRN, *
jauchzen dem Fels unsres Heiles!
Lasst uns mit Dank seinem Angesicht nahen, *
ihm jauchzen mit Liedern! – (Kv)

Kommt, wir wollen uns niederwerfen, uns vor ihm verneigen, *
lasst uns niederknien vor dem HERRN, unserm Schöpfer!
Denn er ist unser Gott, /
wir sind das Volk seiner Weide, *
die Herde, von seiner Hand geführt. – (Kv)

Würdet ihr doch heute auf seine Stimme hören! /
Verhärtet euer Herz nicht wie in Meríba, *
wie in der Wüste am Tag von Massa!
Dort haben eure Väter mich versucht, *
sie stellten mich auf die Probe
und hatten doch mein Tun gesehen. – Kv

ZUR 2. LESUNG Für viele in der Kirche mag es nicht einfach sein, sich das vorzustellen: ratlos vor der Kreuzigung Jesu zu stehen. Mühsam um Deutung zu ringen. Tastend nach einem Sinn zu suchen. Aber genau das taten die frühen Zeugen und Zeuginnen. Die Evangelien und Briefe des Neuen Testaments zeugen davon. Alle Bilder und Worte, die uns selbstverständlich geworden sind, haben wir von ihnen. Die Bilder: mit dem leidenden Christus am Kreuz, aber auch mit dem über den Tod triumphierenden. Die Worte: „für uns gestorben", „für unsere Sünden", „uns zugute". Alles die Frucht mühsamer Arbeit: Denkarbeit. Glaubensarbeit. Lesearbeit bei der Lektüre biblischer Bücher. Paulus postuliert: Das Kreuz ist Lebenseinsatz Jesu für uns. Ob sich ein solcher Einsatz lohnt, kann mit guten Gründen bezweifelt werden. Normalerweise gilt großer Einsatz auch großen Zielen. Vielleicht auch Menschen. Charismatischen, gerechten, wenigstens guten Menschen. Jesus setzt sein Leben ein für Schwache, für Sünder. Für die Fernsten. Einmal und noch einmal legt das Paulus der römischen Gemeinde ans Herz. Gottes Liebe wird nicht löffelweise zugeteilt, sondern verschwenderisch ausgegossen. Hingegeben, im Überfluss.

ZWEITE LESUNG Röm 5,1–2.5–8

Die Liebe Gottes ist ausgegossen in unsere Herzen durch den Heiligen Geist, der uns gegeben ist

Lesung aus dem Brief des Apostels Paulus an die Gemeinde in Rom.

Schwestern und Brüder! Gerecht gemacht aus Glauben, haben wir Frieden mit Gott durch Jesus Christus, unseren Herrn. Durch ihn haben wir auch im Glauben den Zugang zu der Gnade erhalten, in der wir stehen, und rühmen uns der Hoffnung auf die Herrlichkeit Gottes. Die Hoffnung aber lässt nicht zugrunde gehen; denn die Liebe Gottes ist ausgegossen in unsere Herzen durch den Heiligen Geist, der uns gegeben ist.

Denn Christus ist, als wir noch schwach waren, für die zu dieser Zeit noch Gottlosen gestorben. Dabei wird nur schwerlich jemand für einen Gerechten sterben; vielleicht wird er jedoch für einen guten Menschen sein Leben wagen.

Gott aber erweist seine Liebe zu uns darin, dass Christus für uns gestorben ist, als wir noch Sünder waren.

RUF VOR DEM EVANGELIUM

Herr Jesus, dir sei Ruhm und Ehre! – Kv
Herr, du bist der Retter der Welt.
Gib mir lebendiges Wasser, damit mich nie mehr dürstet.
Herr Jesus, dir sei Ruhm und Ehre!

ZUM EVANGELIUM Da treffen zwei Bedürftige, Durstige, Begehrende, Sehnsüchtige aufeinander. Jesus, der Durst hat, und die Frau, die nach dem lebendigen Wasser verlangt, das in Verbindung steht zum ewigen Leben. Da stoßen zwei aufeinander, die vertraut sind mit dem Beten, auch mit Orten des Gebets, und sich trotzdem fruchtbar irritieren lassen. Vom Geist und der Wahrheit. Für sie gibt es ein fernes Bindeglied, Jahrhunderte zuvor: den Vater Jakob. In der Gegenwart, jetzt kommt mit Jesus Rettung von den Juden. Und in der Zukunft lockt gemeinsame, neue, messianische Zeit. Der Evangelist Johannes schließt eines der „Ich-bin"-Worte Jesu an, als die Frau nach dem Messias fragt: „Ich bin es, der mit dir spricht."

EVANGELIUM

Joh 4,5–42

Das Wasser, das ich gebe, wird zu einer Quelle werden, deren Wasser ins ewige Leben fließt

+ **Aus dem heiligen Evangelium nach Johannes.**

In jener Zeit kam Jesus zu einer Stadt in Samárien, die Sychar hieß und nahe bei dem Grundstück lag, das Jakob seinem Sohn Josef vermacht hatte. Dort befand sich der Jakobsbrunnen. Jesus war müde von der Reise und setzte sich daher an den Brunnen; es war um die sechste Stunde.

Da kam eine Frau aus Samárien, um Wasser zu schöpfen. Jesus sagte zu ihr: Gib mir zu trinken! Seine Jünger waren nämlich in die Stadt gegangen, um etwas zum Essen zu kaufen.

Die Samaríterin sagte zu ihm: Wie kannst du als Jude mich, eine Samaríterin, um etwas zu trinken bitten? Die Juden verkehren nämlich nicht mit den Samarítern.

Jesus antwortete ihr: Wenn du wüsstest, worin die Gabe Gottes besteht und wer es ist, der zu dir sagt: Gib mir zu trinken!, dann hättest du ihn gebeten und er hätte dir lebendiges Wasser gegeben.

Sie sagte zu ihm: Herr, du hast kein Schöpfgefäß und der Brunnen ist tief; woher hast du also das lebendige Wasser? Bist du etwa größer als unser Vater Jakob, der uns den Brunnen gegeben und selbst daraus getrunken hat, wie seine Söhne und seine Herden?

Jesus antwortete ihr: Wer von diesem Wasser trinkt, wird wieder Durst bekommen; wer aber von dem Wasser trinkt, das ich ihm geben werde, wird niemals mehr Durst haben; vielmehr wird das Wasser, das ich ihm gebe, in ihm zu einer Quelle werden, deren Wasser ins ewige Leben fließt.

Da sagte die Frau zu ihm: Herr, gib mir dieses Wasser, damit ich keinen Durst mehr habe und nicht mehr hierherkommen muss, um Wasser zu schöpfen! Er sagte zu ihr: Geh, ruf deinen Mann und komm wieder her! Die Frau antwortete: Ich habe keinen Mann. Jesus sagte zu ihr: Du hast richtig gesagt: Ich habe keinen Mann. Denn fünf Männer hast du gehabt und der, den du jetzt hast, ist nicht dein Mann. Damit hast du die Wahrheit gesagt.

Die Frau sagte zu ihm: Herr, ich sehe, dass du ein Prophet bist. Unsere Väter haben auf diesem Berg Gott angebetet; ihr aber sagt, in Jerusalem sei die Stätte, wo man anbeten muss.

Jesus sprach zu ihr: Glaube mir, Frau, die Stunde kommt, zu der ihr weder auf diesem Berg noch in Jerusalem den Vater anbeten werdet. Ihr betet an, was ihr nicht kennt, wir beten an, was wir kennen; denn das Heil kommt von den Juden. Aber die Stunde kommt und sie ist schon da, zu der die wahren Beter den Vater anbeten werden im Geist und in der Wahrheit; denn so will der Vater angebetet werden. Gott ist Geist und alle, die ihn anbeten, müssen im Geist und in der Wahrheit anbeten.

Die Frau sagte zu ihm: Ich weiß, dass der Messias kommt, der Christus heißt. Wenn er kommt, wird er uns alles verkünden.

Da sagte Jesus zu ihr: Ich bin es, der mit dir spricht.

Inzwischen waren seine Jünger zurückgekommen. Sie wunderten sich, dass er mit einer Frau sprach, doch keiner sagte: Was suchst du? oder: Was redest du mit ihr? Die Frau ließ ihren Wasserkrug stehen, kehrte zurück in die Stadt und sagte zu den Leuten: Kommt her, seht, da ist ein Mensch, der mir alles gesagt hat, was ich getan habe: Ist er vielleicht der Christus? Da gingen sie aus der Stadt heraus und kamen zu ihm.

Währenddessen baten ihn seine Jünger: Rabbi, iss! Er aber sagte zu ihnen: Ich habe eine Speise zu essen, die ihr nicht kennt. Da sagten die Jünger zueinander: Hat ihm jemand etwas zu essen gebracht?

Jesus sprach zu ihnen: Meine Speise ist es, den Willen dessen zu tun, der mich gesandt hat, und sein Werk zu vollenden. Sagt ihr nicht: Noch vier Monate dauert es bis zur Ernte? Sieh, ich sage euch: Erhebt eure Augen und seht, dass die Felder schon weiß sind zur Ernte! Schon empfängt der Schnitter seinen Lohn und sammelt Frucht für das ewige Leben, sodass sich der Sämann und der Schnitter gemeinsam freuen. Denn hier hat das Sprichwort recht: Einer sät und ein anderer erntet. Ich habe euch gesandt zu ernten, wofür ihr euch nicht abgemüht habt; andere haben sich abgemüht und euch ist ihre Mühe zugutegekommen.

Aus jener Stadt kamen viele Samaríter zum Glauben an Jesus auf das Wort der Frau hin, die bezeugt hatte: Er hat mir alles gesagt, was ich getan habe.

Als die Samaríter zu ihm kamen, baten sie ihn, bei ihnen zu bleiben; und er blieb dort zwei Tage. Und noch viel mehr Leute kamen zum Glauben an ihn aufgrund seiner eigenen Worte.

Und zu der Frau sagten sie: Nicht mehr aufgrund deiner Rede glauben wir, denn wir haben selbst gehört und wissen: Er ist wirklich der Retter der Welt.

Oder:

KURZFASSUNG

Joh 4,5–15.19b–26.39a.40–42

Das Wasser, das ich gebe, wird zu einer Quelle werden, deren Wasser ins ewige Leben fließt

+ Aus dem heiligen Evangelium nach Johannes.

In jener Zeit kam Jesus zu einer Stadt in Samárien, die Sychar hieß und nahe bei dem Grundstück lag, das Jakob seinem Sohn Josef vermacht hatte. Dort befand sich der Jakobsbrunnen. Jesus war müde von der Reise und setzte sich daher an den Brunnen; es war um die sechste Stunde.

Da kam eine Frau aus Samárien, um Wasser zu schöpfen. Jesus sagte zu ihr: Gib mir zu trinken! Seine Jünger waren nämlich in die Stadt gegangen, um etwas zum Essen zu kaufen.

Die Samaríterin sagte zu ihm: Wie kannst du als Jude mich, eine Samaríterin, um etwas zu trinken bitten? Die Juden verkehren nämlich nicht mit den Samarítern.

Jesus antwortete ihr: Wenn du wüsstest, worin die Gabe Gottes besteht und wer es ist, der zu dir sagt: Gib mir zu trinken!, dann hättest du ihn gebeten und er hätte dir lebendiges Wasser gegeben.

Sie sagte zu ihm: Herr, du hast kein Schöpfgefäß und der Brunnen ist tief; woher hast du also das lebendige Wasser? Bist du etwa größer als unser Vater Jakob, der uns den Brunnen gegeben und selbst daraus getrunken hat, wie seine Söhne und seine Herden?

Jesus antwortete ihr: Wer von diesem Wasser trinkt, wird wieder Durst bekommen; wer aber von dem Wasser trinkt, das ich ihm geben werde, wird niemals mehr Durst haben; vielmehr wird das

Wasser, das ich ihm gebe, in ihm zu einer Quelle werden, deren Wasser ins ewige Leben fließt.

Da sagte die Frau zu ihm: Herr, gib mir dieses Wasser, damit ich keinen Durst mehr habe und nicht mehr hierherkommen muss, um Wasser zu schöpfen! Herr, ich sehe, dass du ein Prophet bist. Unsere Väter haben auf diesem Berg Gott angebetet; ihr aber sagt, in Jerusalem sei die Stätte, wo man anbeten muss.

Jesus sprach zu ihr: Glaube mir, Frau, die Stunde kommt, zu der ihr weder auf diesem Berg noch in Jerusalem den Vater anbeten werdet. Ihr betet an, was ihr nicht kennt, wir beten an, was wir kennen; denn das Heil kommt von den Juden. Aber die Stunde kommt und sie ist schon da, zu der die wahren Beter den Vater anbeten werden im Geist und in der Wahrheit; denn so will der Vater angebetet werden. Gott ist Geist und alle, die ihn anbeten, müssen im Geist und in der Wahrheit anbeten.

Die Frau sagte zu ihm: Ich weiß, dass der Messias kommt, der Christus heißt. Wenn er kommt, wird er uns alles verkünden.

Da sagte Jesus zu ihr: Ich bin es, der mit dir spricht.

Aus jener Stadt kamen viele Samaríter zum Glauben an Jesus. Als die Samaríter zu ihm kamen, baten sie ihn, bei ihnen zu bleiben; und er blieb dort zwei Tage. Und noch viel mehr Leute kamen zum Glauben an ihn aufgrund seiner eigenen Worte.

Und zu der Frau sagten sie: Nicht mehr aufgrund deiner Rede glauben wir, denn wir haben selbst gehört und wissen: Er ist wirklich der Retter der Welt.

Glaubensbekenntnis, S. 482 ff.

FÜRBITTEN

„Ich bin es, der mit dir spricht." In einem langen Dialog wendet sich Jesus einer Frau zu, einer Frau, die zudem am Rande steht. Einer Frau offenbart er sich als der Messias, und seine Jünger wundern sich darüber. Bitten wir Gott, den Quell des Lebens, um seinen Geist:

- Für alle, die im Dienst der Verkündigung stehen, dass sie die Menschen am Rande nicht übersehen. V: Gott, Quell des Lebens. A: Wir bitten dich, erhöre uns.
- Für alle, die in Freiwilligenorganisationen und in sozialen und karitativen Initiativen Hunger und Durst stillen und zu einem menschenwürdigen Leben verhelfen. V: Gott, Quell des Lebens. A: Wir bitten dich, erhöre uns.
- Für alle, die nach Vergebung dürsten, dass sie ihnen geschenkt werde. V: Gott, Quell des Lebens. A: Wir bitten dich, erhöre uns.
- Für alle, die die Benachteiligung von Frauen und Mädchen weltweit überwinden helfen. V: Gott, Quell des Lebens. A: Wir bitten dich, erhöre uns.
- Für alle, die ihre eigenen Vorurteile überwinden und Herzen und Hände öffnen für die, die ihnen fremd erscheinen. V: Gott, Quell des Lebens. A: Wir bitten dich, erhöre uns.
- Für unsere lieben Verstorbenen und für alle Toten, deren Durst nach Leben und Liebe in diesem Leben nicht gestillt werden konnte. V: Gott, Quell des Lebens. A: Wir bitten dich, erhöre uns.

Erbarmender Gott, im Wasser der Taufe bist du uns zur Quelle des Lebens geworden. Aus diesem Quell, aus diesem Brunnen dürfen wir schöpfen durch Jesus Christus, unseren Lehrer und Bruder.

EUCHARISTIEFEIER

GABENGEBET

Barmherziger Gott, befreie uns durch dieses Opfer von unseren Sünden und schenke uns die Kraft, auch den Brüdern zu vergeben, wenn sie an uns schuldig geworden sind. Darum bitten wir durch Christus, unseren Herrn.

PRÄFATION

In Wahrheit ist es würdig und recht, dir, Herr, heiliger Vater, allmächtiger, ewiger Gott, immer und überall zu danken durch unseren Herrn Jesus Christus. Er hatte der Samariterin schon die Gnade des Glaubens geschenkt, als er sie bat, ihm einen Trunk Wasser zu reichen. Nach ihrem Glauben dürstete ihn mehr als nach dem Wasser, denn er wollte im gläubigen Herzen das Feuer der göttlichen Liebe entzünden. Darum preisen dich deine Erlösten und vereinen sich mit den Chören der Engel zum Hochgesang von deiner göttlichen Herrlichkeit: Heilig …

KOMMUNIONVERS

Joh 4,13–14

Wer von dem Wasser trinkt, das ich ihm geben werde,
wird niemals mehr Durst haben.
Es wird in ihm zur Quelle,
deren Wasser ins ewige Leben sprudelt –
so spricht der Herr.

SCHLUSSGEBET

Herr und Gott, du hast uns mit dem Brot des Himmels gesättigt und uns in dieser Speise ein Unterpfand dessen gegeben, was unseren Augen noch verborgen ist. Lass in unserem Leben sichtbar werden, was wir im Sakrament empfangen haben. Darum bitten wir durch Christus, unseren Herrn.

FEIERLICHER SCHLUSSSEGEN

S. 206 f.

***

LEIDEN ERTRAGEN

Realität ist etwas, das man auf sich nehmen muss, alle Leiden und Schwierigkeiten, die damit einhergehen, muss man auf sich nehmen und tragen, und während des Tragens wächst die Kraft zum Tragen. Die Vorstellung vom Leiden an sich jedoch (…) muss man aufgeben. Und gibt man diese Vorstellungen auf, in denen das Leben wie hinter Gittern gefangen sitzt, dann befreit man das wirkliche Leben und die Kräfte in seinem Inneren, und dann wird man auch die Kraft haben, die wirklichen Leiden des eigenen Lebens und der Menschheit zu ertragen.

Etty Hillesum

(Tagebucheintrag vom 20. Juli 1942. Die niederländische jüdische Intellektuelle, geboren am 15. Januar 1914, wurde am 30. November 1943 in Auschwitz ermordet.)

4. FASTENSONNTAG

19. März 2023

Die Augen haben in der Bibel nicht den besten Leumund. Sie gelten als leicht ablenkbar, schweifen hierhin und dorthin. „*Meine* Augen schauen stets auf den HERRN", beeilt sich der Beter des 25. Psalms zu versichern (Ps 25,15). Ob Augen gut sehen, entscheidet sich im biblischen Zusammenhang auffälligerweise an dem, *was* sie sehen. Wovon sie sich leiten lassen.

ERÖFFNUNGSVERS

Vgl. Jes 66,10–11

Freue dich, Stadt Jerusalem!
Seid fröhlich zusammen mit ihr, alle, die ihr traurig wart.
Freut euch und trinkt euch satt
an der Quelle göttlicher Tröstung.

KYRIE-RUFE

Herr Jesus Christus, du bist
das Licht der Welt.
V/A: Herr, erbarme dich.
Um zu richten, bist du
in diese Welt gekommen.
V/A: Christus, erbarme dich.
Du hast uns die Augen geöffnet.
V/A: Herr, erbarme dich.

TAGESGEBET

Herr, unser Gott, du hast in deinem Sohn die Menschheit auf wunderbare Weise mit dir versöhnt. Gib deinem Volk einen hochherzigen Glauben, damit es mit froher Hingabe dem Osterfest entgegeneilt. Darum bitten wir durch Jesus Christus.

WORTGOTTESDIENST

ZUR 1. LESUNG Geschwisterkonstellationen prägen für das ganze Leben. Älteste zu sein: als erstes Kind in der Familie konfrontiert zu sein mit Herausforderungen oder Verboten, mit neuen Situationen, mit der Erziehungsunsicherheit der Eltern, vor allem früher viel zu schnell mit Verantwortung überladen zu werden. Jüngster zu sein: mal verhätschelt zu werden, mal unterschätzt, mal alle Freiheiten zu haben, mal übersehen zu werden. Das „Sandwichkind" dazwischen: sich ausrichten zu müssen nach oben und nach unten. Im guten Falle umhegt zu sein. Im schlechten nirgendwo hinzupassen, aufgerieben zu werden zwischen den Geschwistern. Nach biblischer Vorstellung kommt den Ältesten formal eine besondere Rolle zu, vor allem den ältesten Söhnen. Und doch verhält Gott sich frei gegenüber den formalen Regeln. Seine Wahl fällt auf Jüngere wie Jakob und Jüngste wie David. Er erwählt den wegen seiner Jugend zögernden Jeremia (vgl. Jer 1,7), den sprachlich beeinträchtigten Mose (vgl. Ex 4,10 ff.) oder den Angeber Josef (Gen 37 ff.). Gottes Wahl und Erwählung ist eine beunruhigende Sache. Der Mensch, den sie trifft, hat daran zu tragen. Das gilt auch für den Gesalbten, den Messias David. Und doch: Hier beginnt die Wurzel Jesse, beginnt der Stamm aus Isai zu blühen. Und genau darauf ist Gottes Blick gerichtet.

ERSTE LESUNG

1 Sam 16,1b.6–7.10–13b

Samuel salbte David zum König über Israel

Lesung aus dem ersten Buch Sámuel.

In jenen Tagen sprach der HERR zu Sámuel: Fülle dein Horn mit Öl und mach dich auf den Weg!
Ich schicke dich zu dem Betlehemíter Ísai; denn ich habe mir einen von seinen Söhnen als König ausersehen.
Als Sámuel den Éliab sah, dachte er: Gewiss steht nun vor dem HERRN sein Gesalbter. Der HERR aber sagte zu Sámuel: Sieh nicht auf sein Aussehen und seine stattliche Gestalt, denn ich habe ihn verworfen; Gott sieht nämlich nicht auf das, worauf der Mensch sieht. Der Mensch sieht, was vor den Augen ist, der HERR aber sieht das Herz.
So ließ Ísai sieben seiner Söhne vor Sámuel treten, aber Sámuel sagte zu Ísai: Diese hat der HERR nicht erwählt. Und er fragte Ísai: Sind das alle jungen Männer? Er antwortete: Der jüngste fehlt noch, aber der hütet gerade die Schafe. Sámuel sagte zu Ísai: Schick jemand hin und lass ihn holen; wir wollen uns nicht zum Mahl hinsetzen, bevor er hergekommen ist. Ísai schickte also jemand hin und ließ ihn kommen. David war rötlich, hatte schöne Augen und eine schöne Gestalt. Da sagte der HERR: Auf, salbe ihn! Denn er ist es.
Sámuel nahm das Horn mit dem Öl und salbte David mitten unter seinen Brüdern. Und der Geist des HERRN war über David von diesem Tag an.

ANTWORTPSALM

Ps 23 (22), 1–3.4.5.6 (Kv: 1)

Kv Der HERR ist mein Hirt,
nichts wird mir fehlen. – Kv

Der HERR ist mein Hirt, nichts wird mir fehlen. /
Er lässt mich lagern auf grünen Auen *
und führt mich zum Ruheplatz am Wasser.
Meine Lebenskraft bringt er zurück. *
Er führt mich auf Pfaden der Gerechtigkeit,
getreu seinem Namen. – (Kv)

Auch wenn ich gehe im finsteren Tal, *
ich fürchte kein Unheil;
denn du bist bei mir, *
dein Stock und dein Stab, sie trösten mich. – (Kv)

Du deckst mir den Tisch *
vor den Augen meiner Feinde.
Du hast mein Haupt mit Öl gesalbt, *
übervoll ist mein Becher. – (Kv)

Ja, Güte und Huld *
werden mir folgen mein Leben lang
und heimkehren werde ich ins Haus des HERRN *
für lange Zeiten. – Kv

ZUR 2. LESUNG Wie hören wohl von Missbrauch Betroffene, wie hören Menschen, die sexualisierte Gewalt im Raum der Kirchen erfahren haben, unmissverständliche Aufforderungen wie die des Epheserbriefs? Deckt sie auf, die Werke der Finsternis! Schon verbal sind solche Heimlichkeiten schändlich! Deckt sie auf! Der Brief an die Epheser – nicht von Paulus selbst, sondern von einem Gemeindeglied auf seinen Spuren verfasst – setzt seine Hoffnung auf eine Auferstehung ins Leben. Steh auf von den Toten. Geh ins Licht. Christus selbst ist dein Licht. Lebe als Kind des Lichts. Wer solches verhindert, macht sich zum Stein vor dem Grab und sollte daran denken: Der Stein wird weggewälzt.

ZWEITE LESUNG Eph 5,8–14

Steh auf von den Toten und Christus wird dein Licht sein

Lesung aus dem Brief des Apostels Paulus an die Gemeinde in Éphesus.

Schwestern und Brüder! Einst wart ihr Finsternis, jetzt aber seid ihr Licht im Herrn. Lebt als Kinder des Lichts!

enn das Licht bringt lauter Güte, Gerechtigkeit und Wahrheit hervor.
Prüft, was dem Herrn gefällt, und habt nichts gemein mit den Werken der Finsternis, die keine Frucht bringen, deckt sie vielmehr auf! Denn von dem, was sie heimlich tun, auch nur zu reden, ist schändlich.
Alles, was aufgedeckt ist, wird vom Licht erleuchtet. Denn alles Erleuchtete ist Licht. Deshalb heißt es: Wach auf, du Schläfer, und steh auf von den Toten und Christus wird dein Licht sein.

RUF VOR DEM EVANGELIUM

Vers: vgl. Joh 8, 12

Herr Jesus, dir sei Ruhm und Ehre! – Kv
(So spricht der Herr:)
Ich bin das Licht der Welt.
Wer mir nachfolgt, hat das Licht des Lebens.
Herr Jesus, dir sei Ruhm und Ehre!

ZUM EVANGELIUM In Bibelkreisen, Firmrunden oder Konfirmandengruppen ist es fast unmöglich, die Einzelnen zu bewegen, die biblischen Abschnitte ohne die eingefügten Überschriften zu lesen. Dabei gehören die Überschriften gar nicht in den biblischen Bestand hinein. Sie sind in unserer Zeit eingefügt zur schnelleren Orientierung. Und führen leider damit oft in die Irre. Heute ist im Evangelium die Rede von einem Menschen. Von einem Mann, einem Sohn. Manche haben ihn als Bettler gesehen. Niemand in der Geschichte aber reduziert den Mann auf seine Blindheit. Warum sollten wir das dann tun mit der Überschrift „Die Heilung des Blindgeborenen"? Als bestünde sein ganzes Wesen in dieser Einschränkung! Viele Geschichten der Evangelien sind auch viel zu komplex, um sie unter eine kurze Überschrift zu zwingen. So geht es im 9. Kapitel des Johannes-Evangeliums um einen Mann, der zwar blind ist, aber in Jesus den Propheten Gottes sieht. Es geht um Menschen, die hören, aber nicht zuhören. Es geht um Wissende und Nicht-Wissende – und vielleicht sind das sogar dieselben. Es geht um die Frage, ob Sünde phänotypisch greifbar, am Erscheinungsbild festzumachen sei. Und um die Irritation, dass sie mit einer gewissen Gestalt von Blindheit tatsächlich verbunden ist. Fragt sich, mit welcher.

EVANGELIUM

Joh 9,1–41

Der Blinde ging fort und wusch sich. Und als er zurückkam, konnte er sehen

+ Aus dem heiligen Evangelium nach Johannes.

In jener Zeit sah Jesus unterwegs einen Mann, der seit seiner Geburt blind war. Da fragten ihn seine Jünger: Rabbi, wer hat gesündigt? Er selbst oder seine Eltern, sodass er blind geboren wurde?

Jesus antwortete: Weder er noch seine Eltern haben gesündigt, sondern die Werke Gottes sollen an ihm offenbar werden. Wir müssen, solange es Tag ist, die Werke dessen vollbringen, der mich gesandt hat; es kommt die Nacht, in der niemand mehr wirken kann.

olange ich in der Welt bin, bin ich das Licht der Welt.

Als er dies gesagt hatte, spuckte er auf die Erde; dann machte er mit dem Speichel einen Teig, strich ihn dem Blinden auf die Augen und sagte zu ihm: Geh und wasch dich in dem Teich Schilóach! Das heißt übersetzt: der Gesandte. Der Mann ging fort und wusch sich. Und als er zurückkam, konnte er sehen.

Die Nachbarn und jene, die ihn früher als Bettler gesehen hatten, sagten: Ist das nicht der Mann, der dasaß und bettelte? Einige sagten: Er ist es. Andere sagten: Nein, er sieht ihm nur ähnlich. Er selbst aber sagte: Ich bin es. Da fragten sie ihn: Wie sind deine Augen geöffnet worden?

Er antwortete: Der Mann, der Jesus heißt, machte einen Teig, bestrich damit meine Augen und sagte zu mir: Geh zum Schilóach und wasch dich! Ich ging hin, wusch mich und konnte sehen. Sie fragten ihn: Wo ist er? Er sagte: Ich weiß es nicht.

Da brachten sie den Mann, der blind gewesen war, zu den Pharisäern. Es war aber Sabbat an dem Tag, als Jesus den Teig gemacht und ihm die Augen geöffnet hatte.

Auch die Pharisäer fragten ihn, wie er sehend geworden sei. Er antwortete ihnen: Er legte mir einen Teig auf die Augen und ich wusch mich und jetzt sehe ich. Einige der Pharisäer sagten: Dieser Mensch ist nicht von Gott, weil er den Sabbat nicht hält. Andere aber sagten: Wie kann ein sündiger Mensch solche Zeichen tun? So entstand eine Spaltung unter ihnen. Da fragten sie den Blinden noch einmal: Was sagst du selbst über ihn? Er hat doch deine Augen geöffnet. Der Mann sagte: Er ist ein Prophet.

Die Juden aber wollten nicht glauben, dass er blind gewesen und sehend geworden war. Daher riefen sie die Eltern des von der Blindheit Geheilten und fragten sie: Ist das euer Sohn, von dem ihr sagt, dass er blind geboren wurde? Wie kommt es, dass er jetzt sieht?

Seine Eltern antworteten: Wir wissen, dass er unser Sohn ist und dass er blind geboren wurde. Wie es kommt, dass er jetzt sieht, das wissen wir nicht. Und wer seine Augen geöffnet hat, das wissen wir auch nicht. Fragt doch ihn selbst, er ist alt genug und kann selbst für sich sprechen!

Das sagten seine Eltern, weil sie sich vor den Juden fürchteten; denn die Juden hatten schon beschlossen, jeden, der ihn als den Christus bekenne, aus der Synagoge auszustoßen. Deswegen sagten seine Eltern: Er ist alt genug, fragt ihn selbst!

Da riefen die Pharisäer den Mann, der blind gewesen war, zum zweiten Mal und sagten zu ihm: Gib Gott die Ehre! Wir wissen, dass dieser Mensch ein Sünder ist. Er antwortete: Ob er ein Sünder ist, weiß ich nicht. Nur das eine weiß ich, dass ich blind war und jetzt sehe.

Sie fragten ihn: Was hat er mit dir gemacht? Wie hat er deine Augen geöffnet?

Er antwortete ihnen: Ich habe es euch bereits gesagt, aber ihr habt nicht gehört. Warum wollt ihr es noch einmal hören? Wollt etwa auch ihr seine Jünger werden?

Da beschimpften sie ihn: Du bist ein Jünger dieses Menschen; wir aber sind Jünger des Mose. Wir wissen, dass zu Mose Gott gesprochen hat; aber von dem da wissen wir nicht, woher er kommt.

Der Mensch antwortete ihnen: Darin liegt ja das Erstaunliche, dass ihr nicht wisst, woher er kommt; dabei hat er doch meine Augen geöffnet. Wir wissen, dass Gott Sünder nicht erhört; wer aber Gott fürchtet und seinen Willen tut, den erhört er. Noch nie hat man gehört, dass jemand die Augen eines Blindgeborenen geöffnet hat. Wenn dieser nicht von Gott wäre, dann hätte er gewiss nichts ausrichten können.

Sie entgegneten ihm: Du bist ganz und gar in Sünden geboren und du willst uns belehren? Und sie stießen ihn hinaus.

Jesus hörte, dass sie ihn hinausgestoßen hatten, und als er ihn traf, sagte er zu ihm: Glaubst du an den Menschensohn?

Da antwortete jener und sagte: Wer ist das, Herr, damit ich an ihn glaube?

Jesus sagte zu ihm: Du hast ihn bereits gesehen; er, der mit dir redet, ist es.

Er aber sagte: Ich glaube, Herr! Und er warf sich vor ihm nieder.

Da sprach Jesus: Um zu richten, bin ich in diese Welt gekommen: damit die nicht Sehenden sehen und die Sehenden blind werden.

Einige Pharisäer, die bei ihm waren, hörten dies. Und sie fragten ihn: Sind etwa auch wir blind?

Jesus sagte zu ihnen: Wenn ihr blind wärt, hättet ihr keine Sünde. Jetzt aber sagt ihr: Wir sehen. Darum bleibt eure Sünde.

Oder:

KURZFASSUNG

Joh 9,1.6–9.13–17.34–38

Der Blinde ging fort und wusch sich. Und als er zurückkam, konnte er sehen

+ Aus dem heiligen Evangelium nach Johannes.

In jener Zeit sah Jesus unterwegs einen Mann, der seit seiner Geburt blind war. Jesus spuckte auf die Erde; dann machte er mit dem Speichel einen Teig, strich ihn dem Blinden auf die Augen und sagte zu ihm: Geh und wasch dich in dem Teich Schilóach! Das heißt übersetzt: der Gesandte. Der Mann ging fort und wusch sich. Und als er zurückkam, konnte er sehen.

Die Nachbarn und jene, die ihn früher als Bettler gesehen hatten, sagten: Ist das nicht der Mann, der dasaß und bettelte? Einige sagten: Er ist es. Andere sagten: Nein, er sieht ihm nur ähnlich. Er selbst aber sagte: Ich bin es.

Da brachten sie den Mann, der blind gewesen war, zu den Pharisäern. Es war aber Sabbat an dem Tag, als Jesus den Teig gemacht und ihm die Augen geöffnet hatte.

Die Pharisäer fragten ihn, wie er sehend geworden sei. Er antwortete ihnen: Er legte mir einen Teig auf die Augen und ich wusch mich und jetzt sehe ich.

Einige der Pharisäer sagten: Dieser Mensch ist nicht von Gott, weil er den Sabbat nicht hält. Andere aber sagten: Wie kann ein sündiger Mensch solche Zeichen tun? So entstand eine Spaltung unter ihnen. Da fragten sie den Blinden noch einmal: Was sagst du selbst über ihn? Er hat doch deine Augen geöffnet. Der Mann sagte: Er ist ein Prophet.

Sie entgegneten ihm: Du bist ganz und gar in Sünden geboren und du willst uns belehren? Und sie stießen ihn hinaus.

Jesus hörte, dass sie ihn hinausgestoßen hatten, und als er ihn traf, sagte er zu ihm: Glaubst du an den Menschensohn?

Da antwortete jener und sagte: Wer ist das, Herr, damit ich an ihn glaube?

Jesus sagte zu ihm: Du hast ihn bereits gesehen; er, der mit dir redet, ist es.

Er aber sagte: Ich glaube, Herr! Und er warf sich vor ihm nieder.

Glaubensbekenntnis, S. 482 ff.

FÜRBITTEN

Nichts bleibt, wie es war, wenn wir mit Gott rechnen: Blinde werden sehend, Augen und Herzen öffnen sich. Vertrauen auch wir auf die verwandelnde Kraft des Geistes und rufen zu Gott:

- Wir bitten für die Kirche um das Vertrauen und den Mut, die verändernde Kraft Gottes auch im eigenen Tun zu bezeugen. V: Gott, Licht und Leben. A: Höre und erhöre uns.

- Wir beten für alle, die sich in dieser Fastenzeit um eine Vertiefung ihres Glaubens und eine Erneuerung ihres Blicks auf ihre Mitmenschen bemühen. V: Gott, Licht und Leben. A: Höre und erhöre uns.

- Wir beten für alle, die von Geburt an blind sind oder im Laufe ihres Lebens den Verlust ihres Augenlichts erleiden mussten. V: Gott, Licht und Leben. A: Höre und erhöre uns.
- Wir beten für alle, die in Armut leben müssen und schwer erkrankt sind. V: Gott, Licht und Leben. A: Höre und erhöre uns.
- Wir beten für alle, die Opfer von Vorurteilen, von Abwertung und Ausgrenzung geworden sind. V: Gott, Licht und Leben. A: Höre und erhöre uns.
- Wir beten für alle, die auf der Suche sind nach Sinn und Erfüllung in ihrem Leben. V: Gott, Licht und Leben. A: Höre und erhöre uns.

Gott, du Licht unseres Lebens, du öffnest uns die Augen unseres Herzens, damit wir erkennen können, wie wir leben sollen. Hilf uns, offen zu werden für eine neue Sicht durch Jesus Christus, unseren Bruder und Heiland.

EUCHARISTIEFEIER

GABENGEBET

Herr, unser Gott, in der Freude auf das Osterfest bringen wir unsere Gaben dar. Hilf uns, gläubig und ehrfürchtig das Opfer zu feiern, das der Welt Heilung schenkt und den Tod überwindet. Darum bitten wir durch Christus, unseren Herrn.

PRÄFATION

In Wahrheit ist es würdig und recht, dir, Herr, heiliger Vater, allmächtiger, ewiger Gott, immer und überall zu danken durch unseren Herrn Jesus Christus. Denn durch seine Menschwerdung hat er das Menschengeschlecht aus der Finsternis zum Licht des Glaubens geführt. Wir sind als Knechte der Sünde geboren, er aber macht uns zu deinen Kindern durch die neue Geburt aus dem Wasser der Taufe. Darum preisen wir jetzt und in Ewigkeit dein Erbarmen und singen mit den Chören der Engel das Lob deiner Herrlichkeit: Heilig …

KOMMUNIONVERS

Vgl. Joh 9, 11

Der Herr salbte meine Augen;
ich ging hin, wusch mich und wurde sehend
und glaube an Gott.

SCHLUSSGEBET

Allmächtiger Gott, dein ewiges Wort ist das wahre Licht, das jeden Menschen erleuchtet. Heile die Blindheit unseres Herzens, damit wir erkennen, was vor dir recht ist, und dich aufrichtig lieben. Darum bitten wir durch Christus, unseren Herrn.

FEIERLICHER SCHLUSSSEGEN

S. 206 f.

***

SPLITTER UND BALKEN

Warum siehst du den Splitter im Auge deines Bruders, aber den Balken in deinem Auge bemerkst du nicht? Oder wie kannst du zu deinem Bruder sagen: Lass mich den Splitter aus deinem Auge herausziehen! – und siehe, in deinem Auge steckt ein Balken! Du Heuchler! Zieh zuerst den Balken aus deinem Auge, dann kannst du zusehen, den Splitter aus dem Auge deines Bruders herauszuziehen!

Matthäus 7, 3–5

HEILIGER JOSEF, BRÄUTIGAM DER GOTTESMUTTER MARIA – HOCHFEST

20. März 2023

Josef und Maria – zeitlich dicht beieinander liegen die beiden Hochfeste, das Fest des Heiligen und das der Verkündigung an Maria am 25. März. Bei allen Unterschieden weisen sie doch manche Parallelen auf. Wie Maria zur Magd, zur Beauftragten und Ausführenden des göttlichen Auftrags wird, so ist auch Josef bereit, die eigenen Lebenspläne immer wieder umzustellen und sich einzustellen auf die Weisung Gottes. Selbstverwirklichung und Fremdverwirklichung bleiben bei ihnen kein Widerspruch.

ERÖFFNUNGSVERS

Vgl. Lk 12,42

Seht, das ist der treue und kluge Hausvater,
dem der Herr seine Familie anvertraut,
damit er für sie sorge.

KYRIE-RUFE

Herr Jesus Christus, du hast den
heiligen Josef mit Tatkraft und Mut begabt.
V/A: Herr, erbarme dich.
Du hast dich der Autorität
des heiligen Josef anvertraut.
V/A: Christus, erbarme dich.
Du hast die Hingabe des
heiligen Josef angenommen.
V/A: Herr, erbarme dich.

Ehre sei Gott, S. 479 f.

TAGESGEBET

Allmächtiger Gott, du hast Jesus, unseren Heiland, und seine Mutter Maria der treuen Sorge des heiligen Josef anvertraut. Höre auf seine Fürsprache und hilf deiner Kirche, die Geheimnisse der Erlösung treu zu verwalten, bis das Werk des Heiles vollendet ist. Darum bitten wir durch Jesus Christus.

WORTGOTTESDIENST

ZUR 1. LESUNG Ja, Salomo hat Gottes Haus gebaut, und Nathan – so berichtet die Schrift – hat vorausblickend davon gesprochen. Zu sehen ist aber auch: Gott hat dem Salomo ein Haus gebaut: eine Familie, eine Tradition, in die hinein Gott sich bindet. Wer auch immer Salomo für seinen Tempelbau rühmt, rühmt damit Gott. Gott will nicht vor allem in der Pracht des Tempels gefeiert werden, sondern dafür, dass er sich bindet an sein Volk Israel. Sich bindet an die Nachkommen Davids. Daran haben die Evangelisten angeknüpft. Sie wollten und konnten nicht anders anknüpfen, als sie von Jesus redeten als dem Spross aus dem Hause und Geschlechte Davids. Wo Kirche solche Bindung Gottes und ihre eigene Bindung ans jüdische Volk bestritten hat oder bestreitet, lädt sie Sünde auf sich. „Wer ein Haus baut, will bleiben“, sagte Salomon Korn 1986 anlässlich der Eröffnung des jüdischen Gemeindezentrums in Frankfurt und würdigte so die Bereitschaft und Bemühungen der Gemeindeglieder, in Frankfurt wohnen und wirken zu wollen. Sein Satz lässt sich auch anwenden auf Gott selbst. Wo Gott das Haus baut, will er bleiben.

ERSTE LESUNG 2 Sam 7,4–5a.12–14a.16

Der Herr wird ihm den Thron seines Vaters David geben (Lk 1,32)

Lesung aus dem zweiten Buch Sámuel.

Das Wort des HERRN erging an Natan: Geh zu meinem Knecht David und sag zu ihm: So spricht der HERR: Wenn deine Tage erfüllt sind und du dich zu deinen Vätern legst, werde ich deinen leiblichen Sohn als deinen Nachfolger einsetzen und seinem Königtum Bestand verleihen. Er wird für meinen Namen ein Haus bauen und ich werde seinem Königsthron ewigen Bestand verleihen. Ich werde für ihn Vater sein und er wird für mich Sohn sein.

Dein Haus und dein Königtum werden vor dir auf ewig bestehen bleiben; dein Thron wird auf ewig Bestand haben.

ANTWORTPSALM Ps 89 (88),2–3.4–5.27 u. 29 (Kv: Lk 1,32b)

Kv Gott, der Herr, wird ihm den Thron seines Vaters David geben. – Kv

Von der Huld des HERRN will ich ewig singen, *
von Geschlecht zu Geschlecht
mit meinem Mund deine Treue verkünden.
Denn ich bekenne: Auf ewig ist Huld gegründet, *
im Himmel deine Treue gefestigt. – (Kv)

„Ich habe einen Bund geschlossen mit meinem Erwählten *
und David, meinem Knecht, geschworen:
Auf ewig gebe ich deinem Haus festen Bestand *
und von Geschlecht zu Geschlecht gründe ich deinen Thron. – (Kv)

Er wird zu mir rufen: Mein Vater bist du, *
mein Gott, der Fels meiner Rettung.
Auf ewig werde ich ihm meine Huld bewahren, *
mein Bund mit ihm ist verlässlich.“ – Kv

ZUR 2. LESUNG Dass mit der Auferweckung Jesu von den Toten nun auch die Nichtjuden Zugang hätten zum Gott Israels, ohne selbst

Juden werden zu müssen – für solche Verkündigung setzt Paulus all seine Kraft ein. Und er forscht in der Schrift und wird fündig: Ausgerechnet Abraham, Vater der Beschneidung, Vater Israels, ist gemäß den Worten der Schrift zugleich Vater vieler Völker. Wurde es. Und war es unter Gottes Verheißung ursprünglich schon. Israel und die Völker, das eine Volk und die Völker der Welt – alle stehen sie universal unter der Gnade Gottes. Da erweist Paulus sich als gründlicher Exeget.

ZWEITE LESUNG Röm 4,13.16–18.22

Gegen alle Hoffnung hat er voll Hoffnung geglaubt

Lesung aus dem Brief des Apostels Paulus an die Gemeinde in Rom.

Schwestern und Brüder! Abraham und seine Nachkommen erhielten nicht aufgrund des Gesetzes die Verheißung, Erben der Welt zu sein, sondern aufgrund der Glaubensgerechtigkeit.

Deshalb gilt: „aus Glauben“, damit auch gilt: „aus Gnade“. Nur so bleibt die Verheißung für die ganze Nachkommenschaft gültig, nicht nur für die, welche aus dem Gesetz, sondern auch für die, welche aus dem Glauben Abrahams leben.

Er ist unser aller Vater, wie geschrieben steht: Ich habe dich zum Vater vieler Völker bestimmt – im Angesicht des Gottes, dem er geglaubt hat, des Gottes, der die Toten lebendig macht und das, was nicht ist, ins Dasein ruft.

Gegen alle Hoffnung hat er voll Hoffnung geglaubt, dass er der Vater vieler Völker werde, nach dem Wort: So zahlreich werden deine Nachkommen sein.

Darum wurde es ihm auch als Gerechtigkeit angerechnet.

RUF VOR DEM EVANGELIUM Vers: vgl. Ps 84 (83),5

Dein ist die Ehre, dein ist die Macht, Christus, Herr und Erlöser. – Kv
Selig, die in deinem Hause wohnen, Herr,

die dich loben allezeit.
Dein ist die Ehre, dein ist die Macht, Christus, Herr und Erlöser.

ZUM EVANGELIUM Josef ist ein Gerechter. Fast geht es unter bei all den Verwicklungen des Textes, bei all den möglichen Missverständnissen. Josef, ein Gerechter, rechtschaffen oder eher noch Recht-schaffend. Ein Gerechter, wie man es später auch von seinem Sohn Jesus sagt (Apg 3,14). Einer, der Gottes Willen tut. Sogar um den Preis möglicher Irritation unter den Menschen. „Der HERR aber sieht das Herz an“ (1 Sam 16,7). Der Herr kennt den Weg seiner Gerechten (vgl. Ps 1,6).

EVANGELIUM

Mt 1,16.18–21.24a

Josef tat, was der Engel des Herrn ihm befohlen hatte

+ **Aus dem heiligen Evangelium nach Matthäus.**

Jakob zeugte den Josef, den Mann Marias; von ihr wurde Jesus geboren, der der Christus genannt wird.

Mit der Geburt Jesu Christi war es so: Maria, seine Mutter, war mit Josef verlobt; noch bevor sie zusammengekommen waren, zeigte sich, dass sie ein Kind erwartete – durch das Wirken des Heiligen Geistes. Josef, ihr Mann, der gerecht war und sie nicht bloßstellen wollte, beschloss, sich in aller Stille von ihr zu trennen.

Während er noch darüber nachdachte, siehe, da erschien ihm ein Engel des Herrn im Traum und sagte: Josef, Sohn Davids, fürchte dich nicht, Maria als deine Frau zu dir zu nehmen; denn das Kind, das sie erwartet, ist vom Heiligen Geist.

Sie wird einen Sohn gebären; ihm sollst du den Namen Jesus geben; denn er wird sein Volk von seinen Sünden erlösen.

Als Josef erwachte, tat er, was der Engel des Herrn ihm befohlen hatte.

Oder:

ZUM EVANGELIUM Eine Coming-of-Age-Geschichte, eine Geschichte über das Erwachsenwerden ist die Geschichte vom 12-jährigen Jesus. In – für heutige Ohren – erstaunlicher Freiheit. Da reicht es den Eltern Maria und Josef anzunehmen, der Sohn sei bei der Heimreise schon irgendwo unter den Verwandten. Stattdessen stellt das Kind Fragen im Tempel! Stellt Fragen bei den Geistesgrößen und Lehrern. Und erntet genau damit Erstaunen und Anerkennung. Als Familienvater muss Josef bei alldem das Seine dazugelegt haben. Zum gegenseitigen Vertrauen, zur traumwandlerischen Sicherheit, dass schon niemand verloren gehe. Und vor allem ist da offensichtlich die Freiheit, Fragen zuzulassen. Auch die Freiheit, sich selbst zuzugestehen, nicht auf alles gleich eine Antwort zu haben. Die Fragen sind erst einmal viel wichtiger. Nicht das schlechteste Erziehungskonzept offenbar, von dem Josef sich leiten ließ.

EVANGELIUM Lk 2,41–51a

Dein Vater und ich haben dich mit Schmerzen gesucht

+ Aus dem heiligen Evangelium nach Lukas.

Die Eltern Jesu gingen jedes Jahr zum Paschafest nach Jerusalem. Als er zwölf Jahre alt geworden war, zogen sie wieder hinauf, wie es dem Festbrauch entsprach.

Nachdem die Festtage zu Ende waren, machten sie sich auf den Heimweg. Der Knabe Jesus aber blieb in Jerusalem, ohne dass seine Eltern es merkten. Sie meinten, er sei in der Pilgergruppe, und reisten eine Tagesstrecke weit; dann suchten sie ihn bei den Verwandten und Bekannten. Als sie ihn nicht fanden, kehrten sie nach Jerusalem zurück und suchten nach ihm.

Da geschah es, nach drei Tagen fanden sie ihn im Tempel; er saß mitten unter den Lehrern, hörte ihnen zu und stellte Fragen. Alle, die ihn hörten, waren erstaunt über sein Verständnis und über seine Antworten.

Als seine Eltern ihn sahen, waren sie voll Staunen und seine Mutter sagte zu ihm: Kind, warum hast du uns das angetan? Siehe, dein Vater und ich haben dich mit Schmerzen gesucht.

Da sagte er zu ihnen: Warum habt ihr mich gesucht? Wusstet ihr nicht, dass ich in dem sein muss, was meinem Vater gehört? Doch sie verstanden das Wort nicht, das er zu ihnen gesagt hatte.

Dann kehrte er mit ihnen nach Nazaret zurück und war ihnen gehorsam.

Glaubensbekenntnis, S. 482 ff.

FÜRBITTEN

Gottes Stimme mehr vertrauen als der Stimme der Tradition und der vermeintlichen Gerechtigkeit. Josef wagt etwas, weil er Gott vertraut. Zu seinem und unserem Gott rufen wir gemeinsam:

- Leite deine Kirche durch dein ewiges und immer neues Wort. V: Gott der Hoffnung. A: Höre unsere Bitten.
- Schenke allen, denen Kinder anvertraut sind, die Kraft und die Gabe der Liebe. V: Gott der Hoffnung. A: Höre unsere Bitten.
- Stärke die Kinder, die keine Verlässlichkeit und keine Liebe kennen. V: Gott der Hoffnung. A: Höre unsere Bitten.
- Sei bei den Menschen, die von ihrer Hände Arbeit nicht leben können. V: Gott der Hoffnung. A: Höre unsere Bitten.
- Segne die Väter, die ihren Kindern zugewandte und liebevolle Wegbegleiter sind. V: Gott der Hoffnung. A: Höre unsere Bitten.

Guter Vater, hilf uns, auf deine Stimme zu hören und aus deinem Wort zu leben, heute und alle Tage, die uns geschenkt sind.

EUCHARISTIEFEIER

GABENGEBET

Herr, unser Gott, der heilige Josef hat deinem ewigen Sohn, den die Jungfrau Maria geboren hat, in Treue gedient. Lass auch uns Christus dienen und dieses Opfer mit reinem Herzen feiern. Darum bitten wir durch Christus, unseren Herrn.

PRÄFATION

In Wahrheit ist es würdig und recht, dir, allmächtiger Vater, zu danken und am Fest des heiligen Josef die Wege deiner Weisheit zu rühmen. Denn ihm, dem Gerechten, hast du die jungfräuliche Gottesmutter anvertraut, ihn, deinen treuen und klugen Knecht, bestellt zum Haupt der Heiligen Familie. An Vaters Statt sollte er deinen eingeborenen Sohn beschützen, der durch die Überschattung des Heiligen Geistes empfangen war, unseren Herrn Jesus Christus. Durch ihn loben die Engel deine Herrlichkeit, beten dich an die Mächte, erbeben die Gewalten. Die Himmel und die himmlischen Kräfte und die seligen Serafim feiern dich jubelnd im Chore. Mit ihrem Lobgesang lass auch unsere Stimmen sich vereinen und voll Ehrfurcht rufen: Heilig …

KOMMUNIONVERS

Mt 25,21

Komm, du guter und getreuer Knecht;
nimm teil am Festmahl deines Herrn.

SCHLUSSGEBET

Herr, unser Gott, du hast uns am Fest des heiligen Josef um deinen Altar versammelt und mit dem Brot des Lebens gestärkt. Schütze deine Familie und erhalte in ihr deine Gaben. Darum bitten wir durch Christus, unseren Herrn.

FEIERLICHER SCHLUSSSEGEN

Der gütige Gott, der die Heiligen zur Vollendung geführt hat, segne euch und bewahre euch vor allem Unheil. A: Amen.
Das Vorbild des heiligen Josef lehre euch und seine Fürsprache helfe euch, Gott und den Menschen zu dienen. A: Amen.
Das gewähre euch der dreieinige Gott, der Vater und der Sohn † und der Heilige Geist. A: Amen.

***

JOSEFS BEGNADETER SOHN

Sie staunten

über die Worte der Gnade,
die aus seinem Mund hervorgingen,
und sagten:

Ist das nicht Josefs Sohn?

Lukas 4,22

VERKÜNDIGUNG DES HERRN – HOCHFEST

25. März 2023

Wenige der biblischen Geschehnisse haben sich in den altkirchlichen Glaubensbekenntnissen unmittelbar niedergeschlagen. Zu diesen wenigen gehört das Evangelium des heutigen Hochfestes – was seine Bedeutung kräftig unterstreicht. Das Wort kommt ins Fleisch, Menschwerdung geschieht aus der Kraft des Geistes, Berufung von Mutterleib an – mitten in der österlichen Bußzeit ein Fest voll größten Jubels über all die Gnade. Wie eng sind doch der Beginn des Lebens Jesu und sein Leiden miteinander verbunden. Wie eng liegen Freude und Leid der Mutter Maria beieinander. „Inkarnation", Fleischwerdung, versucht das eine wie das andere in einem einzigen Wort zu fassen.

ERÖFFNUNGSVERS

Vgl. Hebr 10,5.7

Als Christus in diese Welt eintrat,
sprach er zu seinem Vater:
Siehe, ich komme, um deinen Willen zu erfüllen.

KYRIE-RUFE

Herr Jesus Christus, du bist
Gottes ewiges Wort.
V/A: Herr, erbarme dich.
Auf das Ja Marias hin hast du
Fleisch angenommen.
V/A: Christus, erbarme dich.
Für uns Menschen und zu unserem Heil
bist du Mensch geworden.
V/A: Herr, erbarme dich.

Ehre sei Gott, S. 479 f.

TAGESGEBET

Gott, du bist groß und unbegreiflich. Nach deinem Willen ist dein ewiges Wort im Schoß der Jungfrau Maria Mensch geworden. Gläubig bekennen wir, dass unser Erlöser wahrer Gott und wahrer Mensch ist. Mache uns würdig, Anteil zu erhalten an seinem göttlichen Leben. Darum bitten wir durch ihn, Jesus Christus.

WORTGOTTESDIENST

ZUR 1. LESUNG In einer schwierigen Lage des Volkes sucht Gott das Interesse des Königs. Sucht dessen Frage, Forderung, Aufmerksamkeit. Seinen Wunsch nach Kontakt, nach einem Zeichen. Der König will nicht. Er windet sich. Zögert. Aus Angst? Aus Hochmut? Warum auch immer Ahas das Gespräch nicht aufnimmt – Gottes Wort und Zeichen finden Ahas. Und mit ihm sein ganzes Haus, seine Familie, sein Reich, sein Volk. Der Prophet weist Ahas auf eine junge Frau hin. Sie bekommt ein Kind. Sie – vielleicht die Frau des Propheten – wird selbst zur Prophetin. Sie – vielleicht die Frau des Königs – wird Königin einer Zukunft mit Gott. Was ihr widerfährt, woran sie teilhat, das verbürgt Gottes Wirken in der Geschichte. Ihr Kind verkündet dem König und dem Volk: „Immanuel". Mit uns – Gott selbst! Lebendig. Wahrhaftig.

ERSTE LESUNG Jes 7,10–14

Siehe, die Jungfrau hat ein Kind empfangen, sie gebiert einen Sohn und wird ihm den Namen Immanuel – Gott mit uns – geben

Lesung aus dem Buch Jesája.

In jenen Tagen sprach der HERR zu Ahas – dem König von Juda – und sagte: Erbitte dir ein Zeichen vom HERRN, deinem Gott, tief zur Unterwelt oder hoch nach oben hin!

Ahas antwortete: Ich werde um nichts bitten und den HERRN nicht versuchen.

Da sagte Jesája: Hört doch, Haus Davids! Genügt es euch nicht, Menschen zu ermüden, dass ihr auch noch meinen Gott ermüdet? Darum wird der Herr selbst euch ein Zeichen geben: Siehe, die Jungfrau hat empfangen, sie gebiert einen Sohn und wird ihm den Namen Immánuel – Gott mit uns – geben.

ANTWORTPSALM

Ps 40 (39), 7–8.9–10.11 (Kv: vgl. 8a.9a)

Kv Mein Gott, ich komme;
deinen Willen zu tun, ist mein Gefallen. – Kv

An Schlacht- und Speiseopfern hattest du kein Gefallen, /
doch Ohren hast du mir gegraben, *
Brand- und Sündopfer hast du nicht gefordert.
Da habe ich gesagt: Siehe, ich komme. *
In der Buchrolle steht es über mich geschrieben. – (Kv)

Deinen Willen zu tun, mein Gott, war mein Gefallen *
und deine Weisung ist in meinem Innern.
Gerechtigkeit habe ich in großer Versammlung verkündet, *
meine Lippen verschließe ich nicht; HERR, du weißt es. – (Kv)

Deine Gerechtigkeit habe ich nicht in meinem Herzen verborgen. *
Ich habe gesprochen von deinem Heil und deiner Treue,
nicht verschwiegen deine Huld *
und deine Treue vor großer Versammlung. – Kv

ZUR 2. LESUNG „Wozu lebe ich?" Diese existenzielle Frage gilt vielen als die typische Frage von Pubertierenden. Aber sie stellt sich drängend auch in anderen Lebensabschnitten. In der oft zitierten Krise der Lebensmitte. Oder wenn eine Familie durch Tod, wenn sie durch Trennung auseinanderbricht. Wenn der einst geliebte Beruf durch Krankheit, Unfall oder aus Altersgründen nicht mehr ausgeübt werden kann. Der Lehrer des Traktats, den wir heute „Hebräerbrief" nennen, bezeugt bei Jesus den einen Lebenssinn: Gottes Willen zu tun. In der Tradition der Propheten (vgl. Amos 5,22 ff., Hos 6,5 ff., Jes 1,11 ff.) gibt es auch im Hebräerbrief eine klare Priorisierung. Gottes Willen zu tun, „ist weit mehr als alle Brandopfer und anderen Opfer", bekennt auch ein Schriftgelehrter im Gespräch mit Jesus (vgl. Mk 12,32 ff.).

ZWEITE LESUNG — Hebr 10,4–10

Siehe, ich komme – so steht es über mich in der Schriftrolle –, um deinen Willen, Gott, zu tun

Lesung aus dem Hebräerbrief.

Schwestern und Brüder! Das Blut von Stieren und Böcken kann unmöglich Sünden wegnehmen. Darum spricht er bei seinem Eintritt in die Welt:

Schlacht- und Speiseopfer hast du nicht gefordert, doch einen Leib hast du mir bereitet; an Brand- und Sündopfern hast du kein Gefallen. Da sagte ich: Siehe, ich komme – so steht es über mich in der Schriftrolle –, um deinen Willen, Gott, zu tun.

Zunächst sagt er: Schlacht- und Speiseopfer, Brand- und Sündopfer forderst du nicht, du hast daran kein Gefallen, obgleich sie doch nach dem Gesetz dargebracht werden; dann aber hat er gesagt: Siehe, ich komme, um deinen Willen zu tun. Er hebt das Erste auf, um das Zweite in Kraft zu setzen.

Aufgrund dieses Willens sind wir durch die Hingabe des Leibes Jesu Christi geheiligt – ein für alle Mal.

RUF VOR DEM EVANGELIUM — Vers: Joh 1,14ab

Christus, du ewiges Wort des Vaters, Ehre sei dir! – Kv
Das Wort ist Fleisch geworden und hat unter uns gewohnt

und wir haben seine Herrlichkeit geschaut.
Christus, du ewiges Wort des Vaters, Ehre sei dir!

ZUM EVANGELIUM Wie mögen wohl Menschen mit heidnischem – also griechischem und römischem Hintergrund und Bildungswissen – das Evangelium des Lukas gehört haben? Kein Gott, der, wie sie es kannten, zum Vergnügen oder zum Zweck der Gründung einer neuen Königsfamilie in Gestalt von Stier oder Schwan, Goldregen oder der des Ehemannes eine Frau überlistet. Klar und offen, ausdrücklich und durch das Wort wirkt Gott das neue Leben. Kein Halbgott wächst am Königshof unter Intrigen, aber im Besitz übernatürlicher Kräfte auf. Die junge Frau Maria stellt sich einer Aufgabe. Und die Herrschaft des Kindes wird in Hilfe und Rettung bestehen – wie sein Name schon sagt. Nicht eine Götterfamilie streitet eifersüchtig um Loyalität und Treue. Sondern der eine Gott bleibt in Treue bei seinem Volk. Die Geschichten um die Schwangerschaftsnöte und das Schwangerschaftsglück der großen Mütter Israels – von Sara mit Isaak (vgl. Gen 21 ff.) bis Hanna mit Samuel (vgl. 1 Sam 1 ff.) setzen sich, unabhängig vom Alter, bei Elisabet und Maria fort. Sie bezeugen die Leben spendende schöpferische Kraft Gottes. Gottes Willen zum Leben. Zu einem Leben nach seinem Geist. Hier machen nicht Männer Geschichte. Sondern eine Jungfrau freut sich an Gruß und Gnade, am Boten und seiner Verheißung.

EVANGELIUM Lk 1,26–38

Du hast bei Gott Gnade gefunden, Maria; du wirst schwanger werden und einen Sohn wirst du gebären

+ Aus dem heiligen Evangelium nach Lukas.

In jener Zeit wurde der Engel Gábriel von Gott in eine Stadt in Galiläa namens Nazaret zu einer Jungfrau gesandt. Sie war mit einem Mann namens Josef verlobt, der aus dem Haus David stammte. Der Name der Jungfrau war Maria.

Der Engel trat bei ihr ein und sagte: Sei gegrüßt, du Begnadete, der Herr ist mit dir. Sie erschrak über die Anrede und überlegte, was dieser Gruß zu bedeuten habe.

Da sagte der Engel zu ihr: Fürchte dich nicht, Maria; denn du hast bei Gott Gnade gefunden. Siehe, du wirst schwanger werden und einen Sohn wirst du gebären; dem sollst du den Namen Jesus geben. Er wird groß sein und Sohn des Höchsten genannt werden. Gott, der Herr, wird ihm den Thron seines Vaters David geben. Er wird über das Haus Jakob in Ewigkeit herrschen und seine Herrschaft wird kein Ende haben.

Maria sagte zu dem Engel: Wie soll das geschehen, da ich keinen Mann erkenne?

Der Engel antwortete ihr: Heiliger Geist wird über dich kommen und Kraft des Höchsten wird dich überschatten. Deshalb wird auch das Kind heilig und Sohn Gottes genannt werden.

Siehe, auch Elisabet, deine Verwandte, hat noch in ihrem Alter einen Sohn empfangen; obwohl sie als unfruchtbar gilt, ist sie schon im sechsten Monat. Denn für Gott ist nichts unmöglich.

Da sagte Maria: Siehe, ich bin die Magd des Herrn; mir geschehe, wie du es gesagt hast.

Danach verließ sie der Engel.

Glaubensbekenntnis, S. 482 ff.

(*Kniebeuge bei den Worten:* „hat Fleisch angenommen“ bis „Mensch geworden“)

FÜRBITTEN

Hoffnung für alle Menschen erwächst aus Marias freiem Ja. Die Hoffnungen, Nöte und Sorgen unserer Zeit tragen wir nun hoffnungsvoll vor Gott:

- Wir bitten für das ganze Volk Gottes, für alle, die auf Christi Namen getauft sind: Lass in ihrem Leben dein Wort und deinen Willen lebendig sein. V: Gott, du Heil der Welt. A: Höre unser Rufen.

- Wir bitten für alle Frauen, die ein Kind erwarten: Lass sie Unterstützung und Hilfe erfahren, besonders wenn sie in Armut, Sorge und Not leben müssen. V: Gott, du Heil der Welt. A: Höre unser Rufen.
- Wir bitten für die Kinder dieser Erde: Lass sie ein Umfeld vorfinden, in dem sie Liebe und Bestärkung erleben. V: Gott, du Heil der Welt. A: Höre unser Rufen.
- Wir bitten für alle Menschen, die schwer tragen an der Last einer Entscheidung. Lass sie echten Beistand und Begleitung erfahren. V: Gott, du Heil der Welt. A: Höre unser Rufen.
- Wir bitten für Großeltern und für alle Menschen, die junge Familien stützen. Segne und behüte sie. V: Gott, du Heil der Welt. A: Höre unser Rufen.

Guter Gott, in der Klarheit und im Mut der Maria hast du uns gezeigt, was du in Menschen bewirken kannst, die dir vertrauen. Stärke auch in uns Vertrauen und Liebe, damit wir unseren Weg zuversichtlich gehen können, durch Jesus Christus, unseren Bruder und Herrn.

EUCHARISTIEFEIER

GABENGEBET

Allmächtiger Gott, nimm die Gaben deiner Kirche gütig an. Sie erkennt in der Menschwerdung deines Sohnes ihren eigenen Ursprung; lass uns heute in der Feier dieses Geheimnisses seine Liebe erfahren. Darum bitten wir durch Christus, unseren Herrn.

PRÄFATION

In Wahrheit ist es würdig und recht, dir, Vater im Himmel, zu danken und das Werk deiner Liebe zu rühmen. Denn heute brachte der Engel

Maria die Botschaft, und deine Magd nahm sie auf mit gläubigem Herzen. Durch die Kraft des Heiligen Geistes empfing die Jungfrau dein ewiges Wort, und das Wort wurde Mensch in ihrem Schoß, um unter uns Menschen zu wohnen. So hast du an Israel deine Verheißung erfüllt und den gesandt, den die Völker erwarten, deinen Sohn, unseren Herrn Jesus Christus. Durch ihn preisen wir dein Erbarmen und singen mit den Chören der Engel das Lob deiner Herrlichkeit: Heilig …

KOMMUNIONVERS

Jes 7,14

Seht, die Jungfrau wird empfangen
und einen Sohn gebären.
Sein Name ist: Immanuel – Gott mit uns.

SCHLUSSGEBET

Ewiger Gott, bewahre, was du uns im Sakrament des Glaubens geschenkt hast. Lass uns festhalten am Bekenntnis, dass dein Sohn, den die Jungfrau empfangen hat, wahrer Gott und wahrer Mensch ist, und führe uns in der Kraft seiner Auferstehung zur ewigen Freude. Darum bitten wir durch ihn, Christus, unseren Herrn.

FEIERLICHER SCHLUSSSEGEN

Gott, der allmächtige Vater, segne euch durch den Erlöser der Welt, unseren Herrn Jesus Christus, den Sohn der jungfräulichen Mutter Maria. A: Amen.
Sie hat den Urheber des Lebens geboren; ihre mütterliche Fürsprache erwirke euch Gottes Hilfe. A: Amen.
Euch und allen, die heute das Fest der Verkündigung unseres Herrn begehen, schenke Gott die wahre Freude und den ewigen Lohn. A: Amen.

Das gewähre euch der dreieinige Gott, der Vater und der Sohn † und der Heilige Geist. A: Amen.

***

IN BEI UND AN MIR TRAGEN

Eins aber, hoff ich, wirst du mir,
mein Heiland, nicht versagen:
dass ich dich möge für und für
in, bei und an mir tragen.
So lass mich doch dein Kripplein sein;
komm, komm und lege bei mir ein
dich und all deine Freuden.

Paul Gerhardt

5. FASTENSONNTAG

26. März 2023

Den Vorgeschmack des Todes erfahren wir täglich. Sei es, dass wir eine Todesanzeige lesen, einen Krimi mit einer Leiche ansehen, von existenzieller Not hören. Oder dass eine Ärztin den altersentsprechenden Schwund des Knorpels im Knie als Schmerzursache bestätigt. Doch es gibt auch den Vorgeschmack des Lebens: Hoffnung. Vertrauen. Liebe. Zeugnis. Ostergeschichten. Auferweckungsgeschichten. Schöpfungsgeschichten. Rettung. Glück. Glaube. Immer nur Vorgeschmack. Aber wenn da ein Wegweiser ist Richtung Leben – warum sollte ich mich nicht auf den Weg machen?

ERÖFFNUNGSVERS

Ps 43 (42),1–2

Verschaff mir Recht, o Gott,
und führe meine Sache gegen ein treuloses Volk!
Rette mich vor bösen und tückischen Menschen,
denn du bist mein starker Gott.

KYRIE-RUFE

Herr Jesus Christus, du bist
die Auferstehung und das Leben.
V/A: Herr, erbarme dich.
Du lässt die Menschen nicht im Tod.
V/A: Christus, erbarme dich.
Du gibst jedem, der an dich glaubt,
das ewige Leben.
V/A: Herr, erbarme dich.

TAGESGEBET

Herr, unser Gott, dein Sohn hat sich aus Liebe zur Welt dem Tod überliefert. Lass uns in seiner Liebe bleiben und mit deiner Gnade aus ihr leben. Darum bitten wir durch Jesus Christus.

WORTGOTTESDIENST

ZUR 1. LESUNG Auferstehungshoffnung ist revolutionär. Oder evolutionär? Nicht, dass es sie im Alten Testament nicht schon gäbe. Aber durchgängig findet man sie nicht in der Schrift. Sie entsteht sozusagen über den Enden der Hypotenuse in einem Dreieck. Der eine Eckpunkt ist die Frage nach dem lebendigen Gott; dem Gott, der Leben schafft und bewirkt. Wenn da, wo Gott ist, Leben ist, und Gott Herrscher der Welt, dann gilt doch auch Gottes Leben für die Welt – einschließlich der Toten. Dann muss das doch Wirkung haben auch auf das Reich des Todes. Der andere Eckpunkt ist das bittere, drängende Beharren: Es kann doch nicht das letzte Wort gesprochen sein über die Gerechten, über Gottes geliebte Töchter und Söhne, die durch das ungerechte Leben und die ungerechten Verhältnisse dem Tod preisgegeben wurden. Darum das grandiose Vertrauen des Propheten Ezechiel in den Gott, der zusichert, dass das Volk Israel lebt – „am jisrael chai“. Eine solche Botschaft hat im Jahr 2021 eine Briefmarke tausendfach in die Welt getragen: chai, in hebräischen Lettern. Leben. Es lebt, er lebt, sie lebt. Botschaft der Schrift für die Welt.

ERSTE LESUNG Ez 37, 12b–14

Ich gebe meinen Geist in euch, dann werdet ihr lebendig

Lesung aus dem Buch Ezéchiel.

So spricht GOTT, der Herr: Siehe, ich öffne eure Gräber und hole euch, mein Volk, aus euren Gräbern herauf. Ich bringe euch zum Ackerboden Israels. Und ihr werdet erkennen, dass ich der HERR

bin, wenn ich eure Gräber öffne und euch, mein Volk, aus euren Gräbern heraufhole.
Ich gebe meinen Geist in euch, dann werdet ihr lebendig und ich versetze euch wieder auf euren Ackerboden. Dann werdet ihr erkennen, dass ich der Herr bin.
Ich habe gesprochen und ich führe es aus – Spruch des Herrn.

ANTWORTPSALM

Ps 130 (129), 1 2.3 4.5 6.7 8 (Kv: 7bc)

Kv Beim Herrn ist die Huld,
bei ihm ist Erlösung in Fülle. – Kv

Aus den Tiefen rufe ich, Herr, zu dir: *
Mein Herr, höre doch meine Stimme!
Lass deine Ohren achten *
auf mein Flehen um Gnade. – (Kv)

Würdest du, Herr, die Sünden beachten, *
mein Herr, wer könnte bestehen?
Doch bei dir ist Vergebung, *
damit man in Ehrfurcht dir dient. – (Kv)

Ich hoffe auf den Herrn, es hofft meine Seele, *
ich warte auf sein Wort.
Meine Seele wartet auf meinen Herrn /
mehr als Wächter auf den Morgen, *
ja, mehr als Wächter auf den Morgen. – (Kv)

Israel, warte auf den Herrn, /
denn beim Herrn ist die Huld, *
bei ihm ist Erlösung in Fülle.
Ja, er wird Israel erlösen *
aus all seinen Sünden. – Kv

ZUR 2. LESUNG Bitter beklagt ein Freund, dass die Kirchen trotz der Anfrage durch die Corona-Pandemie so wenig sagten, wenig jedenfalls zum Leben jenseits des Sterbens. Dabei ist doch die Frage nach Tod und Leben im Neuen Testament eine so entscheidende. Viel grundsätzlicher als die oft durchdachte Frage nach Sünde und Rechtfertigung, die doch eher von der Grundsatzfrage abgeleitet ist: Was hat es mit dem Tod im Leben, mit Leben im Tod auf sich? Paulus bezeugt in seinem geradezu testamentarisch zu verstehenden Brief an die römischen Gemeindeglieder: Mit dem Christus habt ihr das Leben.

ZWEITE LESUNG Röm 8,8–11

Der Geist dessen, der Jesus von den Toten auferweckt hat, wohnt in euch

Lesung aus dem Brief des Apostels Paulus an die Gemeinde in Rom.

Schwestern und Brüder! Wer aber vom Fleisch bestimmt ist, kann Gott nicht gefallen. Ihr aber seid nicht vom Fleisch, sondern vom Geist bestimmt, da ja der Geist Gottes in euch wohnt. Wer aber den Geist Christi nicht hat, der gehört nicht zu ihm.

Wenn aber Christus in euch ist, dann ist zwar der Leib tot aufgrund der Sünde, der Geist aber ist Leben aufgrund der Gerechtigkeit.

Wenn aber der Geist dessen in euch wohnt, der Jesus von den Toten auferweckt hat, dann wird er, der Christus von den Toten auferweckt hat, auch eure sterblichen Leiber lebendig machen, durch seinen Geist, der in euch wohnt.

RUF VOR DEM EVANGELIUM Vers: Joh 11,25a.26b

Herr Jesus, dir sei Ruhm und Ehre! – Kv
(So spricht der Herr:)
Ich bin die Auferstehung und das Leben.
Jeder, der an mich glaubt, wird auf ewig nicht sterben.
Herr Jesus, dir sei Ruhm und Ehre!

ZUM EVANGELIUM Hatten wir es so genau wissen wollen? Dass der Leichnam des Lazarus riecht, ja nach Verwesung stinkt! Da können Firmlinge oder Schulkinder, wenn sie sich trauen, schon mal ins Kichern kommen. In unserer aseptischen, desodorierten und desinfizierten Welt eine echte Peinlichkeit. Das liegt auch weit jenseits unserer medizinischen Hirn-Tod-Definitionen. Riechen, Stinken – das ist mehr als der Vorgeschmack des Todes. Das ist Tod im Vollzug, im Wirken, work in progress. Wie die anderen Evangelien reflektiert das Johannes-Evangelium als Ganzes die Auferweckung und das Leben Jesu. Wenn der Christus Jesus der Auferstandene ist, wenn Gott seinen Messias Jesus aus dem Grab gerufen hat, dann müssen die Gräber sich verändert haben, sie müssen zu anderen geworden sein. Zu Gräbern, deren Steine ins Rollen kommen und preisgeben müssen, was sie halten.

EVANGELIUM

Joh 11,1–45

Ich bin die Auferstehung und das Leben; wer an mich glaubt, wird leben

+ Aus dem heiligen Evangelium nach Johannes.

In jener Zeit war ein Mann krank, Lázarus aus Betánien, dem Dorf der Maria und ihrer Schwester Marta. Maria war jene, die den Herrn mit Öl gesalbt und seine Füße mit ihren Haaren abgetrocknet hatte; deren Bruder Lázarus war krank. Daher sandten die Schwestern Jesus die Nachricht: Herr, sieh: Der, den du liebst, er ist krank.

Als Jesus das hörte, sagte er: Diese Krankheit führt nicht zum Tod, sondern dient der Verherrlichung Gottes. Durch sie soll der Sohn Gottes verherrlicht werden. Jesus liebte aber Marta, ihre Schwester und Lázarus. Als er hörte, dass Lázarus krank war, blieb er noch zwei Tage an dem Ort, wo er sich aufhielt.

Danach sagte er zu den Jüngern: Lasst uns wieder nach Judäa gehen. Die Jünger sagten zu ihm: Rabbi, eben noch suchten dich die Juden zu steinigen und du gehst wieder dorthin? Jesus antwortete: Hat der Tag nicht zwölf Stunden? Wenn jemand am Tag umhergeht, stößt er nicht an, weil er das Licht dieser Welt sieht; wenn aber jemand in der Nacht umhergeht, stößt er an, weil das Licht nicht in ihm ist. So sprach er.

Dann sagte er zu ihnen: Lázarus, unser Freund, schläft; aber ich gehe hin, um ihn aufzuwecken. Da sagten die Jünger zu ihm: Herr, wenn er schläft, dann wird er gesund werden. Jesus hatte aber von seinem Tod gesprochen, während sie meinten, er spreche von dem gewöhnlichen Schlaf. Darauf sagte ihnen Jesus unverhüllt: Lázarus ist gestorben. Und ich freue mich für euch, dass ich nicht dort war; denn ich will, dass ihr glaubt. Doch wir wollen zu ihm gehen. Da sagte Thomas, genannt Dídymus – Zwilling –, zu den anderen Jüngern: Lasst uns mit ihm gehen, um mit ihm zu sterben!

Als Jesus ankam, fand er Lázarus schon vier Tage im Grab liegen. Betánien war nahe bei Jerusalem, etwa fünfzehn Stadien entfernt.

Viele Juden waren zu Marta und Maria gekommen, um sie wegen ihres Bruders zu trösten. Als Marta hörte, dass Jesus komme, ging sie ihm entgegen, Maria aber blieb im Haus sitzen.

Marta sagte zu Jesus: Herr, wärst du hier gewesen, dann wäre mein Bruder nicht gestorben. Aber auch jetzt weiß ich: Alles, worum du Gott bittest, wird Gott dir geben. Jesus sagte zu ihr: Dein Bruder wird auferstehen. Marta sagte zu ihm: Ich weiß, dass er auferstehen wird bei der Auferstehung am Jüngsten Tag. Jesus sagte zu ihr: Ich bin die Auferstehung und das Leben. Wer an mich glaubt, wird leben, auch wenn er stirbt, und jeder, der lebt und an mich glaubt, wird auf ewig nicht sterben. Glaubst du das? Marta sagte zu ihm: Ja, Herr, ich glaube, dass du der Christus bist, der Sohn Gottes, der in die Welt kommen soll.

Nach diesen Worten ging sie weg, rief heimlich ihre Schwester Maria und sagte zu ihr: Der Meister ist da und lässt dich rufen. Als Maria das hörte, stand sie sofort auf und ging zu ihm. Denn Jesus war noch nicht in das Dorf gekommen; er war noch dort, wo ihn Marta getroffen hatte.

Die Juden, die bei Maria im Haus waren und sie trösteten, sahen, dass sie plötzlich aufstand und hinausging. Da folgten sie ihr, weil sie meinten, sie gehe zum Grab, um dort zu weinen.

Als Maria dorthin kam, wo Jesus war, und ihn sah, fiel sie ihm zu Füßen und sagte zu ihm: Herr, wärst du hier gewesen, dann wäre mein Bruder nicht gestorben. Als Jesus sah, wie sie weinte und wie auch die Juden weinten, die mit ihr gekommen waren, war er im Innersten erregt und erschüttert. Er sagte: Wo habt ihr ihn bestattet? Sie sagten zu ihm: Herr, komm und sieh! Da weinte Jesus.

Die Juden sagten: Seht, wie lieb er ihn hatte! Einige aber sagten: Wenn er dem Blinden die Augen geöffnet hat, hätte er dann nicht auch verhindern können, dass dieser hier starb?

Da wurde Jesus wiederum innerlich erregt und er ging zum Grab. Es war eine Höhle, die mit einem Stein verschlossen war.

Jesus sagte: Nehmt den Stein weg! Marta, die Schwester des Verstorbenen, sagte zu ihm: Herr, er riecht aber schon, denn es ist bereits der vierte Tag. Jesus sagte zu ihr: Habe ich dir nicht gesagt: Wenn du glaubst, wirst du die Herrlichkeit Gottes sehen? Da nahmen sie den Stein weg. Jesus aber erhob seine Augen und sprach: Vater, ich danke dir, dass du mich erhört hast. Ich wusste, dass du mich immer erhörst; aber wegen der Menge, die um mich herumsteht, habe ich es gesagt, damit sie glauben, dass du mich gesandt hast.

Nachdem er dies gesagt hatte, rief er mit lauter Stimme: Lázarus, komm heraus! Da kam der Verstorbene heraus; seine Füße und Hände waren mit Binden umwickelt und sein Gesicht war mit einem Schweißtuch verhüllt. Jesus sagte zu ihnen: Löst ihm die Binden und lasst ihn weggehen!

Viele der Juden, die zu Maria gekommen waren und gesehen hatten, was Jesus getan hatte, kamen zum Glauben an ihn.

Oder:

KURZFASSUNG

Joh 11,3–7.17.20–27.33b–45

Ich bin die Auferstehung und das Leben; wer an mich glaubt, wird leben

+ **Aus dem heiligen Evangelium nach Johannes.**

In jener Zeit sandten die Schwestern des Lázarus Jesus die Nachricht: Herr, sieh: Der, den du liebst, er ist krank. Als Jesus das hörte, sagte er: Diese Krankheit führt nicht zum Tod, sondern dient der Verherrlichung Gottes. Durch sie soll der Sohn Gottes verherrlicht werden. Jesus liebte aber Marta, ihre Schwester und Lázarus. Als er hörte, dass Lázarus krank war, blieb er noch zwei Tage an dem Ort, wo er sich aufhielt. Danach sagte er zu den Jüngern: Lasst uns wieder nach Judäa gehen.

Als Jesus ankam, fand er Lázarus schon vier Tage im Grab liegen. Als Marta hörte, dass Jesus komme, ging sie ihm entgegen, Maria aber blieb im Haus sitzen.

Marta sagte zu Jesus: Herr, wärst du hier gewesen, dann wäre mein Bruder nicht gestorben. Aber auch jetzt weiß ich: Alles, worum du Gott bittest, wird Gott dir geben. Jesus sagte zu ihr: Dein Bruder wird auferstehen. Marta sagte zu ihm: Ich weiß, dass er auferstehen wird bei der Auferstehung am Jüngsten Tag. Jesus sagte zu ihr: Ich bin die Auferstehung und das Leben. Wer an mich glaubt, wird leben, auch wenn er stirbt, und jeder, der lebt und an mich glaubt, wird auf ewig nicht sterben. Glaubst du das? Marta sagte zu ihm: Ja, Herr, ich glaube, dass du der Christus bist, der Sohn Gottes, der in die Welt kommen soll.

Jesus war im Innersten erregt und erschüttert. Er sagte: Wo habt ihr ihn bestattet? Sie sagten zu ihm: Herr, komm und sieh! Da weinte Jesus.

Die Juden sagten: Seht, wie lieb er ihn hatte! Einige aber sagten: Wenn er dem Blinden die Augen geöffnet hat, hätte er dann nicht auch verhindern können, dass dieser hier starb? Da wurde Jesus wiederum innerlich erregt und er ging zum Grab. Es war eine Höhle, die mit einem Stein verschlossen war.

Jesus sagte: Nehmt den Stein weg! Marta, die Schwester des Verstorbenen, sagte zu ihm: Herr, er riecht aber schon, denn es ist bereits der vierte Tag. Jesus sagte zu ihr: Habe ich dir nicht gesagt: Wenn du glaubst, wirst du die Herrlichkeit Gottes sehen? Da nahmen sie den Stein weg.

Jesus aber erhob seine Augen und sprach: Vater, ich danke dir, dass du mich erhört hast. Ich wusste, dass du mich immer erhörst; aber wegen der Menge, die um mich herumsteht, habe ich es gesagt, damit sie glauben, dass du mich gesandt hast.

Nachdem er dies gesagt hatte, rief er mit lauter Stimme: Lázarus, komm heraus! Da kam der Verstorbene heraus; seine Füße und Hände waren mit Binden umwickelt und sein Gesicht war mit einem Schweißtuch verhüllt. Jesus sagte zu ihnen: Löst ihm die Binden und lasst ihn weggehen!

Viele der Juden, die zu Maria gekommen waren und gesehen hatten, was Jesus getan hatte, kamen zum Glauben an ihn.

Glaubensbekenntnis, S. 482 ff.

FÜRBITTEN

Marta und Maria vertrauen und hoffen beide auf Jesus, den Freund und Lehrer. Wir rufen zu Gott, dem Grund auch unserer Hoffnung, und bitten ihn:

- Für alle Seelsorgerinnen und Seelsorger, die den Menschen heute deine Botschaft der Hoffnung lebendig und kraftvoll zusagen. V: Guter Gott. A: Wir bitten dich, erhöre uns.

- Für alle, die um einen nahen und geliebten Menschen trauern. V: Guter Gott. A: Wir bitten dich, erhöre uns.

- Für alle, die Schwerkranke und Sterbende liebevoll umsorgen und begleiten. V: Guter Gott. A: Wir bitten dich, erhöre uns.

- Für alle, die Traurigkeit und Not in ihrer Umgebung sehen und nicht übersehen. V: Guter Gott. A: Wir bitten dich, erhöre uns.

- Für alle, die sich für den Frieden im Kleinen, Privaten, wie im Großen, Politischen, einsetzen. V: Guter Gott. A: Wir bitten dich, erhöre uns.

Im Evangelium haben wir von Jesu Trauer gehört. Wir bitten Gott um die so wichtige Gabe der Einfühlung und des Mitleids und danken ihm für alle Nähe, Liebe und Sorge, die wir in unserem Leben erfahren durften, durch Christus, unseren Herrn.

EUCHARISTIEFEIER

GABENGEBET

Erhöre uns, allmächtiger Gott. Du hast uns durch dein Wort zum Zeugnis eines christlichen Lebens berufen. Reinige uns durch dieses Opfer und stärke uns zum Kampf gegen das Böse. Darum bitten wir durch Christus, unseren Herrn.

PRÄFATION

In Wahrheit ist es würdig und recht, dir, Herr, heiliger Vater, allmächtiger, ewiger Gott, immer und überall zu danken durch unseren Herrn Jesus Christus. Da er Mensch ist wie wir, weinte er über den Tod seines Freundes, da er Gott ist von Ewigkeit, rief er Lazarus aus dem Grabe. Er hat Erbarmen mit uns Menschen und führt uns zum neuen Leben durch die österlichen Sakramente. Durch ihn preisen wir das Werk deiner Liebe und vereinen uns mit den Chören der Engel zum Hochgesang von deiner göttlichen Herrlichkeit. Heilig …

KOMMUNIONVERS

Joh 11,26

Jeder, der lebt und an mich glaubt,
wird in Ewigkeit nicht sterben – so spricht der Herr.

SCHLUSSGEBET

Allmächtiger Gott, du hast uns das Sakrament der Einheit geschenkt. Lass uns immer lebendige Glieder Christi bleiben, dessen Leib und Blut wir empfangen haben. Darum bitten wir durch ihn, Christus, unseren Herrn.

FEIERLICHER SCHLUSSSEGEN

S. 206 f.

***

SIEG DES LEBENS ÜBER DIE MACHT DES TODES

Sicher ist jedenfalls, dass der Chefarzt am letzten Tag vor dem Beginn der Chemotherapie bei der Visite zu ihm gesagt hat: „Sie kommen morgen in den tiefsten Keller, den ich habe. Und dann holen wir Sie Schritt für Schritt herauf.“ (…) Der Keller ist die Vorahnung des Grabes. Auch der Chefarzt hatte vom Vorraum des Todes gesprochen, als er das Bild des tiefsten Kellers für die bevorstehende Therapie wählte. Er hatte den Kranken nicht erschrecken wollen, sondern hatte ihm einzuprägen versucht, dass der Einfluss der Medizin bis in diese dunklen Tiefen reiche, er auch dort noch in der Obhut der Ärzte sei.

Dieter Wellershoff

(über das Sterben seines leukämiekranken Bruders)

Sein’ Raub der Tod musst geben her,
das Leben siegt und ward ihm Herr,
zerstöret ist nun all sein Macht.
Christ hat das Leben wiederbracht.
Halleluja.

Nikolaus Herman

Heilige Woche – Karwoche

PALMSONNTAG

2. April 2023

Mit gemischten Gefühlen beginnt die Heilige Woche. Draußen, irgendwo außerhalb der Kirche, versammelt sich die Gottesdienstgemeinde und zieht mit Palmzweigen in der Hand in festlicher Prozession zur Kirche. So wird der Einzug Jesu nach Jerusalem feierlich nachempfunden, begleitet von Jubel- und Hosanna-Rufen, frohen Liedern und Musik. Doch wenn die Feiernden in der Kirche angekommen sind, schlägt die Stimmung um. Die gelesenen Texte handeln vom Leiden Jesu und könnten bis hin zur Passion kaum drastischer formuliert sein. Wer die freudige Stimmung des Anfangs aufgenommen hat, muss nun unweigerlich erschrecken. Doch schließlich nehmen wir, gestärkt durch die geistgewirkte Erfahrung der Gegenwart Jesu in Brot und Wein, hoffnungsvoll die Palmzweige mit nach Hause. Palmsonntag ist das Tor in die Heilige Woche – auf Ostern zu!

FEIER DES EINZUGS CHRISTI IN JERUSALEM

1. PROZESSION

(Die Gemeinde versammelt sich vor der Kirche oder in einer Nebenkirche. Alle tragen Zweige in den Händen. Falls keine Prozession stattfindet, beginnt die Feier mit dem Einzug, siehe S. 271.)

ERÖFFNUNGSVERS

Mt 21,9

Hosanna dem Sohne Davids!
Gepriesen, der da kommt im Namen des Herrn,
der König von Israel.
Hosanna in der Höhe!

(Der Priester begrüßt die Gemeinde und lädt sie zur gemeinsamen Feier ein.)

GEBET

Allmächtiger, ewiger Gott, segne † diese (grünen) Zweige, die Zeichen des Lebens und des Sieges, mit denen wir Christus, unserem König, huldigen. Mit Lobgesängen begleiten wir ihn in seine heilige Stadt; gib, dass wir durch ihn zum himmlischen Jerusalem gelangen, der mit dir lebt und herrscht in alle Ewigkeit.

ZUM EVANGELIUM Der Einzug Jesu in Jerusalem steht ganz im Zeichen seines prophetischen Auftretens. Angesichts der Schwierigkeiten und der Ungerechtigkeit, die ihn dort erwarten, weist alles darauf hin: Hier geschieht, was geschehen muss. Jesus beschreibt seinen Jüngern, wie sie den Esel und die Eselin finden werden. Und tatsächlich finden sie beide und bringen sie zu ihm. Matthäus zitiert daraufhin eine Kombination von Verheißungen der Propheten Jesaja und Sacharja (Jes 62,11; Sach 9,9), mit der impliziten Bedeutung, dass sich hier etwas Großes erfüllt, das die Zeiten überdauert und Heil bringt. Und schließlich bezeugen die Leute mit Worten aus einem Psalm (Ps 118,25 f.): Dieser Mensch ist König David ebenbürtig, er ist ein Prophet. Öffentlich und mit Begeisterung bekennen sie sich zu ihm.

EVANGELIUM

Mt 21,1–11

Gesegnet sei er, der kommt im Namen des Herrn

+ Aus dem heiligen Evangelium nach Matthäus.

Als sich Jesus mit seinen Begleitern Jerusalem näherte und nach Bétfage am Ölberg kam, schickte er zwei Jünger aus und sagte zu ihnen: Geht in das Dorf, das vor euch liegt; dort werdet ihr eine Eselin angebunden finden und ein Fohlen bei ihr. Bindet sie los und bringt sie zu mir! Und wenn euch jemand zur Rede stellt, dann sagt: Der Herr braucht sie, er lässt sie aber bald zurückbringen.

Das ist geschehen, damit sich erfüllte, was durch den Propheten gesagt worden ist:

Sagt der Tochter Zion: Siehe, dein König kommt zu dir. Er ist sanftmütig und er reitet auf einer Eselin und auf einem Fohlen, dem Jungen eines Lasttiers.

Die Jünger gingen und taten, wie Jesus ihnen aufgetragen hatte. Sie brachten die Eselin und das Fohlen, legten ihre Kleider auf sie und er setzte sich darauf. Viele Menschen breiteten ihre Kleider auf dem Weg aus, andere schnitten Zweige von den Bäumen und streuten sie auf den Weg.

Die Leute aber, die vor ihm hergingen und die ihm nachfolgten, riefen:

Hosanna dem Sohn Davids! Gesegnet sei er, der kommt im Namen des Herrn. Hosanna in der Höhe!

Als er in Jerusalem einzog, erbebte die ganze Stadt und man fragte: Wer ist dieser? Die Leute sagten: Das ist der Prophet Jesus von Nazaret in Galiläa.

(Der Priester fordert die Gemeinde zur Prozession auf. Während der Prozession singen Schola und Volk.)

HYMNUS

Chor: Ruhm und Preis und Ehre sei dir,
Erlöser und König!
Jubelnd rief einst das Volk sein Hosianna dir zu.
Alle: Ruhm und Preis und Ehre …

Chor: Du bist Israels König,
Davids Geschlechte entsprossen,
der im Namen des Herrn als der Gesegnete kommt.
Alle: Ruhm und Preis und Ehre …

Chor: Dir lobsingen im Himmel der Seligen Chöre;
so auch preist dich der Mensch,
so alle Schöpfung zugleich.
Alle: Ruhm und Preis und Ehre …

Chor: Einst mit Zweigen in Händen
eilte das Volk dir entgegen;
so mit Lied und Gebet ziehen wir heute mit dir.
Alle: Ruhm und Preis und Ehre …

Chor: Dort erklang dir der Jubel,
als du dahingingst zu leiden;
dir, dem König der Welt,
bringen wir hier unser Lob.
Alle: Ruhm und Preis und Ehre …

Chor: Hat ihr Lob dir gefallen,
nimm auch das unsre entgegen,
großer König und Herr, du, dem das Gute gefällt.
Alle: Ruhm und Preis und Ehre …

ANTWORTGESANG ZUM EINZUG IN DIE KIRCHE

Chor: Gepriesen, der kommt im Namen des Herrn!
Alle: Gepriesen …

Chor: Als das Volk hörte,
dass Jesus nach Jerusalem komme,
da zogen sie ihm entgegen.
Sie trugen Palmzweige in den Händen und riefen:
Hosanna, hosanna, hosanna in der Höhe.
Alle: Hosanna …

2. EINFACHER EINZUG

(Wenn keine Prozession oder ein feierlicher Einzug stattfindet, beginnt die Messe mit dem folgenden Eröffnungsvers.)

ERÖFFNUNGSVERS

Ps 24 (23), 9–10

Sechs Tage vor dem Osterfest
kam der Herr in die Stadt Jerusalem.
Da liefen ihm Kinder entgegen
mit Palmzweigen in den Händen und riefen:
Hosanna in der Höhe!
Sei gepriesen, der du kommst als Heiland der Welt.

Ihr Tore, hebt euch nach oben,
hebt euch, ihr uralten Pforten;
denn es kommt der König der Herrlichkeit.

Wer ist der König der Herrlichkeit?
Der Herr der Heerscharen,
er ist der König der Herrlichkeit.

Hosanna in der Höhe!
Sei gepriesen, der du kommst als Heiland der Welt.

MESSE

KYRIE-RUFE

Herr Jesus Christus, du unser König
kommst zu uns.
V/A: Herr, erbarme dich.
Du bist sanftmütig und gütig von Herzen.
V/A: Christus, erbarme dich.

Du bist hochgelobt und gepriesen.
V/A: Herr, erbarme dich.

TAGESGEBET

Allmächtiger, ewiger Gott, deinem Willen gehorsam, hat unser Erlöser Fleisch angenommen, er hat sich selbst erniedrigt und sich unter die Schmach des Kreuzes gebeugt. Hilf uns, dass wir ihm auf dem Weg des Leidens nachfolgen und an seiner Auferstehung Anteil erlangen. Darum bitten wir durch ihn, Jesus Christus.

WORTGOTTESDIENST

ZUR 1. LESUNG *Präsenz* ist vielleicht nicht das erste Wort, das beim Hören dieser Lesung in den Sinn kommt. Es trifft aber ins Zentrum ihrer Botschaft. Denn der Mensch, der hier spricht, zieht sich nicht zurück, sondern ist ganz wach. Er ist präsent, auch wenn ihm viel Unrecht geschieht. Er hofft auf Gott und vertraut auf seine Hilfe. Der Gewalt setzt er sein Gesicht entgegen, das er hart macht wie einen Kiesel. Das ist sein Widerstand. Diese präsente Person ist stark und standhaft. Sie hat einen festen inneren Halt in Gott und weiß, dass sie ihren Wert und ihr Ansehen nicht verlieren kann. Auch nicht angesichts von Unrecht und Gewalt.

ERSTE LESUNG Jes 50,4–7

Mein Gesicht verbarg ich nicht vor Schmähungen, doch ich weiß, dass ich nicht in Schande gerate (Drittes Lied vom Gottesknecht)

Lesung aus dem Buch Jesája.

GOTT, der HERR, gab mir die Zunge von Schülern, damit ich verstehe, die Müden zu stärken durch ein aufmunterndes Wort.

Jeden Morgen weckt er mein Ohr, damit ich höre, wie Schüler hören. GOTT, der HERR, hat mir das Ohr geöffnet.

Ich aber wehrte mich nicht und wich nicht zurück. Ich hielt meinen Rücken denen hin, die mich schlugen, und meine Wange denen, die mir den Bart ausrissen. Mein Gesicht verbarg ich nicht vor Schmähungen und Speichel.

Und GOTT, der HERR, wird mir helfen; darum werde ich nicht in Schande enden. Deshalb mache ich mein Gesicht hart wie einen Kiesel; ich weiß, dass ich nicht in Schande gerate.

ANTWORTPSALM Ps 22 (21),8–9.17–18.19–20.23–24 (Kv: 2a)

Kv Mein Gott, mein Gott,
warum hast du mich verlassen? – Kv

Alle, die mich sehen, verlachen mich, *
verziehen die Lippen, schütteln den Kopf:
„Wälze die Last auf den HERRN! /
Er soll ihn befreien, *
er reiße ihn heraus, wenn er an ihm Gefallen hat!“ – (Kv)

Denn Hunde haben mich umlagert, /
eine Rotte von Bösen hat mich umkreist. *
Sie haben mir Hände und Füße durchbohrt.
Ich kann all meine Knochen zählen; *
sie gaffen und starren mich an. – (Kv)

Sie verteilen unter sich meine Kleider *
und werfen das Los um mein Gewand.
Du aber, HERR, halte dich nicht fern! *
Du, meine Stärke, eile mir zu Hilfe! – (Kv)

Ich will deinen Namen, Herr, meinen Brüdern verkünden, *
inmitten der Versammlung dich loben.
Die ihr den HERRN fürchtet, lobt ihn; /

all ihr Nachkommen Jakobs, rühmt ihn; *
erschauert vor ihm, all ihr Nachkommen Israels! – Kv

ZUR 2. LESUNG Was ist das für ein Gehorsam, den Jesus gelebt hat – bis zum Tod am Kreuz? Es gibt einen mutigen Gehorsam, ebenso wie einen ängstlichen. Es gibt einen frohen Gehorsam, ebenso wie einen gequälten. Und es gibt einen freien Gehorsam, aber ebenso einen, der keine Alternative kennt. Und auch wenn Jesu Gehorsam in seiner Wurzel mutig, froh und frei war, so heißt das nicht, dass er nicht auch Angst und Niedergeschlagenheit und Zwang gekannt hat. Wichtig ist der Grund für seine Entscheidung zum Gehorsam: die Hinwendung Gottes zu uns Menschen. Paulus fordert alle Christen dazu auf, wie Jesus gehorsam zu leben in der Hinwendung zu den Menschen – möglichst frei, möglichst konsequent und vor allem aus Liebe.

ZWEITE LESUNG Phil 2,6–11

Christus Jesus erniedrigte sich; darum hat ihn Gott über alle erhöht

Lesung aus dem Brief des Apostels Paulus an die Gemeinde in Philíppi.

Christus Jesus war Gott gleich, hielt aber nicht daran fest, Gott gleich zu sein, sondern er entäußerte sich und wurde wie ein Sklave und den Menschen gleich. Sein Leben war das eines Menschen; er erniedrigte sich und war gehorsam bis zum Tod, bis zum Tod am Kreuz.

Darum hat ihn Gott über alle erhöht und ihm den Namen verliehen, der größer ist als alle Namen, damit alle im Himmel, auf der Erde und unter der Erde ihr Knie beugen vor dem Namen Jesu und jeder Mund bekennt: „Jesus Christus ist der Herr“ – zur Ehre Gottes, des Vaters.

RUF VOR DER PASSION

Vers: vgl. Phil 2,8b–9

Christus Sieger, Christus König, Christus Herr in Ewigkeit! – Kv
Christus war für uns gehorsam bis zum Tod,
bis zum Tod am Kreuz.
Darum hat ihn Gott über alle erhöht
und ihm den Namen verliehen, der größer ist als alle Namen.
Christus Sieger, Christus König, Christus Herr in Ewigkeit!

ZUR PASSION Mehr als zwölf Legionen Engel würde der Vater ihm zur Verteidigung schicken, wenn er ihn darum bitten würde, sagt Jesus. Doch er zieht den Weg des Leidens und Sterbens vor, und zwar damit sich die Schrift erfüllt, der große Zusammenhang des Bundes Gottes mit dem Volk Israel. Vielleicht können wir uns schwer vorstellen, wie zwölf Legionen Engel kommen und Jesus vor dem Kreuz bewahren. Es ist aber auch nicht leicht vorzustellen, wie ein Mensch aus freien Stücken, allein aus Liebe zu Gott und den Menschen den Weg in den gewaltsamen Tod geht. Doch genau davon erzählt die Passionsgeschichte. Es ist Jesus Christus, der Sohn Gottes, der diesen unerhörten Weg geht und damit die Verhältnisse grundlegend umstürzt. Unmittelbar bei seinem Tod öffnen sich die Gräber, schreibt Matthäus. Der Sohn Gottes geht in den Tod, damit wir das Leben haben.

(Die Passion wird meist mit verteilten Rollen gelesen:
E = Evangelist, † = Worte Jesu, S = Worte sonstiger Personen)

PASSION

Mt 26,14–27,66

Das Leiden unseres Herrn Jesus Christus

Das Leiden unseres Herrn Jesus Christus nach Matthäus.

Die Vereinbarung des Judas mit den Hohepriestern

E Einer der Zwölf namens Judas Iskáriot ging zu den Hohepriestern und sagte: S Was wollt ihr mir geben, wenn ich euch Jesus ausliefere?

E Und sie boten ihm dreißig Silberstücke. Von da an suchte er nach einer Gelegenheit, ihn auszuliefern.

Die Vorbereitung des Paschamahles

E Am ersten Tag des Festes der Ungesäuerten Brote gingen die Jünger zu Jesus und fragten: S Wo sollen wir das Paschamahl für dich vorbereiten? E Er antwortete: † Geht in die Stadt zu dem und dem und sagt zu ihm: Der Meister lässt dir sagen: Meine Zeit ist da; bei dir will ich mit meinen Jüngern das Paschamahl feiern. E Die Jünger taten, wie Jesus ihnen aufgetragen hatte, und bereiteten das Paschamahl vor.

Das Mahl

E Als es Abend wurde, begab er sich mit den zwölf Jüngern zu Tisch. Und während sie aßen, sprach er: † Amen, ich sage euch: Einer von euch wird mich ausliefern. E Da wurden sie sehr traurig und einer nach dem andern fragte ihn: S Bin ich es etwa, Herr? E Er antwortete: † Der die Hand mit mir in die Schüssel eintunkt, wird mich ausliefern. Der Menschensohn muss zwar seinen Weg gehen, wie die Schrift über ihn sagt. Doch weh dem Menschen, durch den der Menschensohn ausgeliefert wird! Für ihn wäre es besser, wenn er nie geboren wäre. E Da fragte Judas, der ihn auslieferte: S Bin ich es etwa, Rabbi? E Jesus antwortete: † Du sagst es.
E Während des Mahls nahm Jesus das Brot und sprach den Lobpreis; dann brach er das Brot, reichte es den Jüngern und sagte: † Nehmt und esst; das ist mein Leib. E Dann nahm er den Kelch, sprach das Dankgebet, gab ihn den Jüngern und sagte: † Trinkt alle daraus; das ist mein Blut des Bundes, das für viele vergossen wird zur Vergebung der Sünden. Ich sage euch: Von jetzt an werde ich nicht mehr von dieser Frucht des Weinstocks trinken, bis zu dem Tag, an dem ich mit euch von Neuem davon trinke im Reich meines Vaters.

Die Ankündigung der Verleugnung

E Nach dem Lobgesang gingen sie zum Ölberg hinaus. Da sagte Jesus zu ihnen: † Ihr alle werdet in dieser Nacht an mir Anstoß nehmen;

denn in der Schrift steht: Ich werde den Hirten erschlagen, dann werden sich die Schafe der Herde zerstreuen. Aber nach meiner Auferstehung werde ich euch nach Galiläa vorausgehen. E Petrus erwiderte ihm: S Und wenn alle an dir Anstoß nehmen – ich werde niemals an dir Anstoß nehmen! E Jesus sagte zu ihm: † Amen, ich sage dir: In dieser Nacht, ehe der Hahn kräht, wirst du mich dreimal verleugnen. E Da sagte Petrus zu ihm: S Und wenn ich mit dir sterben müsste – ich werde dich nie verleugnen. E Das Gleiche sagten auch alle Jünger.

Das Gebet in Getsemani

E Darauf kam Jesus mit ihnen zu einem Grundstück, das man Getsémani nennt, und sagte zu den Jüngern: † Setzt euch hier, während ich dorthin gehe und bete! E Und er nahm Petrus und die beiden Söhne des Zebedäus mit sich. Da ergriff ihn Traurigkeit und Angst und er sagte zu ihnen: † Meine Seele ist zu Tode betrübt. Bleibt hier und wacht mit mir! E Und er ging ein Stück weiter, warf sich auf sein Gesicht und betete: † Mein Vater, wenn es möglich ist, gehe dieser Kelch an mir vorüber. Aber nicht wie ich will, sondern wie du willst. E Und er ging zu den Jüngern zurück und fand sie schlafend. Da sagte er zu Petrus: † Konntet ihr nicht einmal eine Stunde mit mir wachen? Wacht und betet, damit ihr nicht in Versuchung geratet! Der Geist ist willig, aber das Fleisch ist schwach. E Wieder ging er weg, zum zweiten Mal, und betete: † Mein Vater, wenn dieser Kelch an mir nicht vorübergehen kann, ohne dass ich ihn trinke, geschehe dein Wille. E Als er zurückkam, fand er sie wieder schlafend, denn die Augen waren ihnen zugefallen. Und er ließ sie, ging wieder weg und betete zum dritten Mal mit den gleichen Worten. Danach kehrte er zu den Jüngern zurück und sagte zu ihnen: † Schlaft ihr immer noch und ruht euch aus? Siehe, die Stunde ist gekommen und der Menschensohn wird in die Hände von Sündern ausgeliefert. Steht auf, wir wollen gehen! Siehe, der mich ausliefert, ist da.

Die Gefangennahme Jesu

E Noch während er redete, siehe, da kam Judas, einer der Zwölf, mit einer großen Schar von Männern, die mit Schwertern und Knüppeln bewaffnet waren; sie waren von den Hohepriestern und den Ältesten des Volkes geschickt worden. Der ihn auslieferte, hatte mit ihnen ein Zeichen vereinbart und gesagt: S Der, den ich küssen werde, der ist es; nehmt ihn fest! E Sogleich ging er auf Jesus zu und sagte: S Sei gegrüßt, Rabbi! E Und er küsste ihn. Jesus erwiderte ihm: † Freund, dazu bist du gekommen? E Da gingen sie auf Jesus zu, ergriffen ihn und nahmen ihn fest. Und siehe, einer von den Begleitern Jesu streckte die Hand aus, zog sein Schwert, schlug auf den Diener des Hohepriesters ein und hieb ihm ein Ohr ab. Da sagte Jesus zu ihm: † Steck dein Schwert in die Scheide; denn alle, die zum Schwert greifen, werden durch das Schwert umkommen. Oder glaubst du nicht, mein Vater würde mir sogleich mehr als zwölf Legionen Engel schicken, wenn ich ihn darum bitte? Wie würden dann aber die Schriften erfüllt, dass es so geschehen muss? E In jener Stunde sagte Jesus zu den Männern: † Wie gegen einen Räuber seid ihr mit Schwertern und Knüppeln ausgezogen, um mich festzunehmen. Tag für Tag saß ich im Tempel und lehrte und ihr habt mich nicht verhaftet. E Das alles aber ist geschehen, damit die Schriften der Propheten in Erfüllung gehen. Da verließen ihn alle Jünger und flohen.

Das Bekenntnis Jesu vor dem Hohen Rat

E Nach der Verhaftung führte man Jesus zum Hohepriester Kájaphas, bei dem sich die Schriftgelehrten und die Ältesten versammelt hatten. Petrus folgte Jesus von Weitem bis zum Hof des Hohepriesters; er ging in den Hof hinein und setzte sich zu den Dienern, um zu sehen, wie alles ausgehen würde. Die Hohepriester und der ganze Hohe Rat bemühten sich um falsche Zeugenaussagen gegen Jesus, um ihn zum Tod verurteilen zu können. Sie fanden aber nichts, obwohl viele falsche Zeugen auftraten. Zuletzt kamen zwei Männer und behaupteten: S Er hat gesagt: Ich kann den Tempel Gottes niederreißen und in drei Tagen wieder aufbauen. E Da stand der Hohepriester auf und fragte Jesus: S Willst du nichts sagen zu dem, was diese Leute gegen dich vorbringen? E Jesus aber schwieg. Darauf sagte der Hohepriester zu ihm: S Ich beschwöre dich bei dem lebendigen Gott, sag uns: Bist du der Christus, der Sohn Gottes? E Jesus antwortete: † Du hast es gesagt. Doch ich erkläre euch: Von nun an werdet ihr den Menschensohn zur Rechten der Macht sitzen und auf den Wolken des Himmels kommen sehen. E Da zerriss der Hohepriester sein Gewand und rief: S Er hat Gott gelästert! Wozu brauchen wir noch Zeugen? Jetzt habt ihr die Gotteslästerung gehört. Was ist eure Meinung? E Sie antworteten: S Er ist des Todes schuldig. E Dann spuckten sie ihm ins Gesicht und schlugen ihn. Andere ohrfeigten ihn und riefen: S Messias, du bist doch ein Prophet, sag uns: Wer hat dich geschlagen?

Die Verleugnung durch Petrus

E Petrus aber saß draußen im Hof. Da trat eine Magd zu ihm und sagte: S Auch du warst mit diesem Jesus aus Galiläa zusammen. E Doch er leugnete es vor allen und sagte: S Ich weiß nicht, wovon du redest. E Und als er zum Tor hinausgehen wollte, sah ihn eine andere Magd und sagte zu denen, die dort standen: S Der war mit Jesus dem Nazoräer zusammen. E Wieder leugnete er und schwor: S Ich kenne den Menschen nicht. E Wenig später kamen die Leute, die dort standen, und sagten zu Petrus: S Wirklich, auch du gehörst zu ihnen, deine Mundart verrät dich. E Da fing er an zu fluchen und zu schwören: S Ich kenne den Menschen nicht. E Gleich darauf krähte ein Hahn und Petrus erinnerte sich an das Wort, das Jesus gesagt hatte: Ehe der Hahn kräht, wirst du mich dreimal verleugnen. Und er ging hinaus und weinte bitterlich.

Die Übergabe an Pilatus

E Als es Morgen wurde, fassten die Hohepriester und die Ältesten des Volkes gemeinsam den Beschluss, Jesus hinrichten zu lassen. Sie ließen ihn fesseln und abführen und lieferten ihn dem Statthalter Pilatus aus.

Das Ende des Judas

E Als nun Judas, der ihn ausgeliefert hatte, sah, dass Jesus verurteilt war, reute ihn seine Tat. Er brachte den Hohepriestern und den Ältesten die dreißig Silberstücke zurück und sagte: S Ich habe gesündigt, ich habe unschuldiges Blut ausgeliefert. E Sie antworteten: S Was geht das uns an? Das ist deine Sache. E Da warf er die Silberstücke in den Tempel; dann ging er weg und erhängte sich. Die Hohepriester nahmen die Silberstücke und sagten: S Man darf das Geld nicht in den Tempelschatz tun; denn es klebt Blut daran. E Und sie beschlossen, von dem Geld den Töpferacker zu kaufen als Begräbnisplatz für die Fremden. Deshalb heißt dieser Acker bis heute Blutacker. So erfüllte sich, was durch den Propheten Jeremía gesagt worden ist: Sie nahmen die dreißig Silberstücke – das ist der Preis, den er den Israeliten wert war – und kauften für das Geld den Töpferacker, wie mir der Herr befohlen hatte.

Das Verhör vor Pilatus

E Als Jesus vor dem Statthalter stand, fragte ihn dieser: S Bist du der König der Juden? E Jesus antwortete: † Du sagst es. E Als aber die Hohenpriester und die Ältesten ihn anklagten, gab er keine Antwort. Da sagte Pilatus zu ihm: S Hörst du nicht, was sie dir alles vorwerfen? E Er aber antwortete ihm auf keine einzige Frage, sodass der Statthalter sehr verwundert war. Jeweils zum Fest pflegte der Statthalter einen Gefangenen freizulassen, den das Volk verlangte. Damals war gerade ein berüchtigter Mann namens Bárabbas im Gefängnis. Pilatus fragte nun die Menge, die zusammengekommen war: S Was wollt ihr? Wen soll ich freilassen, Bárabbas oder Jesus, den man den Christus nennt? E Er wusste nämlich, dass man Jesus nur aus Neid an ihn ausgeliefert hatte. Während Pilatus auf dem Richterstuhl saß, sandte seine Frau zu ihm und ließ ihm sagen: S Habe du nichts zu schaffen mit jenem Gerechten! Ich habe heute seinetwegen im Traum viel gelitten. E Inzwischen überredeten die Hohepriester und die Ältesten die Menge, die Freilassung des Bárabbas zu fordern, Jesus aber hinrichten zu lassen. Der Statthalter fragte sie: S Wen von beiden soll ich freilassen? E Sie riefen: S Bárabbas! E Pilatus sagte zu ihnen: S Was soll ich dann mit Jesus tun, den man den Christus nennt? E Da antworteten sie alle: S Ans Kreuz mit ihm! E Er erwiderte: S Was für ein Verbrechen hat er denn begangen? E Sie aber schrien noch lauter: S Ans Kreuz mit ihm! E Als Pilatus sah, dass er nichts erreichte, sondern dass der Tumult immer größer wurde, ließ er Wasser bringen, wusch sich vor allen Leuten die Hände und sagte: S Ich bin unschuldig am Blut dieses Menschen. Das ist eure Sache! E Da rief das ganze

Volk: S Sein Blut – über uns und unsere Kinder! E Darauf ließ er Bárabbas frei, Jesus aber ließ er geißeln und lieferte ihn aus zur Kreuzigung.

Die Verspottung Jesu durch die römischen Soldaten

E Da nahmen die Soldaten des Statthalters Jesus, führten ihn in das Prätórium und versammelten die ganze Kohórte um ihn. Sie zogen ihn aus und legten ihm einen purpurroten Mantel um. Dann flochten sie einen Kranz aus Dornen; den setzten sie ihm auf das Haupt und gaben ihm einen Stock in die rechte Hand. Sie fielen vor ihm auf die Knie und verhöhnten ihn, indem sie riefen: S Sei gegrüßt, König der Juden! E Und sie spuckten ihn an, nahmen ihm den Stock wieder weg und schlugen damit auf seinen Kopf. Nachdem sie so ihren Spott mit ihm getrieben hatten, nahmen sie ihm den Mantel ab und zogen ihm seine eigenen Kleider wieder an.

Kreuzweg und Kreuzigung

E Dann führten sie Jesus hinaus, um ihn zu kreuzigen. Auf dem Weg trafen sie einen Mann aus Kyréne namens Simon; ihn zwangen sie, sein Kreuz zu tragen. So kamen sie an den Ort, der Gólgota genannt wird, das heißt Schädelhöhe. Und sie gaben ihm Wein zu trinken, der mit Galle vermischt war; als er aber davon gekostet hatte, wollte er ihn nicht trinken. Nachdem sie ihn gekreuzigt hatten, verteilten sie seine Kleider, indem sie das Los über sie warfen. Dann setzten sie sich nieder und bewachten ihn dort. Über seinem Kopf hatten sie eine Aufschrift angebracht, die seine Schuld angab: Das ist Jesus, der König der Juden. Zusammen mit ihm wurden zwei Räuber gekreuzigt, der eine rechts von ihm, der andere links. Die Leute, die vorbeikamen, verhöhnten ihn, schüttelten den Kopf und riefen: S Du willst den Tempel niederreißen und in drei Tagen wieder aufbauen? Wenn du Gottes Sohn bist, rette dich selbst und steig herab vom Kreuz! E Ebenso verhöhnten ihn auch die Hohepriester, die Schriftgelehrten und die Ältesten und sagten: S Andere hat er gerettet, sich selbst kann er nicht retten. Er ist doch der König von Israel! Er soll jetzt vom Kreuz herabsteigen, dann werden wir an ihn glauben. Er hat auf Gott vertraut, der soll ihn jetzt retten, wenn er an ihm Gefallen hat;

er hat doch gesagt: Ich bin Gottes Sohn. E Ebenso beschimpften ihn die beiden Räuber, die mit ihm zusammen gekreuzigt wurden.

(Hier stehen alle auf.)

Der Tod Jesu

E Von der sechsten Stunde an war Finsternis über dem ganzen Land bis zur neunten Stunde. Um die neunte Stunde schrie Jesus mit lauter Stimme: † Eli, Eli, lema sabachtáni?, E das heißt: † Mein Gott, mein Gott, warum hast du mich verlassen? E Einige von denen, die dabeistanden und es hörten, sagten: S Er ruft nach Elíja. E Sogleich lief einer von ihnen hin, tauchte einen Schwamm in Essig, steckte ihn auf ein Rohr und gab Jesus zu trinken. Die anderen aber sagten: S Lass, wir wollen sehen, ob Elíja kommt und ihm hilft. E Jesus aber schrie noch einmal mit lauter Stimme. Dann hauchte er den Geist aus.

(Hier knien alle zu einer kurzen Gebetsstille nieder.)

E Und siehe, der Vorhang riss im Tempel von oben bis unten entzwei. Die Erde bebte und die Felsen spalteten sich. Die Gräber öffneten sich und die Leiber vieler Heiligen, die entschlafen waren, wurden auferweckt. Nach der Auferstehung Jesu verließen sie ihre Gräber, kamen in die Heilige Stadt und erschienen vielen. Als der Hauptmann und die Männer, die mit ihm zusammen Jesus bewachten, das Erdbeben bemerkten und sahen, was geschah, erschraken sie sehr und sagten: S Wahrhaftig, Gottes Sohn war dieser! E Auch viele Frauen waren dort und sahen von Weitem zu; sie waren Jesus von Galiläa aus nachgefolgt und hatten ihm gedient. Zu ihnen gehörten Maria aus Mágdala, Maria, die Mutter des Jakobus und des Josef, und die Mutter der Söhne des Zebedäus.

Das Begräbnis Jesu

E Gegen Abend kam ein reicher Mann aus Arimathäa namens Josef; auch er war ein Jünger Jesu. Er ging zu Pilatus und bat um den Leichnam Jesu. Da befahl Pilatus, ihm den Leichnam zu überlassen. Josef nahm den Leichnam und hüllte ihn in ein reines Leinentuch. Dann legte er ihn in ein neues Grab, das er für sich selbst in einen Felsen hatte hauen lassen. Er wälzte einen großen Stein vor den Eingang des Grabes und ging weg. Auch Maria aus Mágdala und die andere Maria waren dort; sie saßen dem Grab gegenüber.

Die Bewachung des Grabes

E Am nächsten Tag gingen die Hohepriester und die Pharisäer gemeinsam zu Pilatus; es war der Tag nach dem Rüsttag. Sie sagten: S Herr, es fiel uns ein, dass dieser Betrüger, als er noch lebte, behauptet hat: Ich werde nach drei Tagen auferstehen. Gib also den Befehl, dass das Grab bis zum dritten Tag bewacht wird! Sonst könnten seine Jünger kommen, ihn stehlen und dem Volk sagen: Er ist von den Toten auferstanden. Und dieser letzte Betrug wäre noch schlimmer als alles zuvor. E Pilatus antwortete ihnen: S Ihr sollt eine Wache haben. Geht und sichert das Grab, so gut ihr könnt! E Darauf gingen sie, um das Grab zu sichern. Sie versiegelten den Eingang und ließen die Wache dort.

Oder:

KURZFASSUNG Mt 27,11–54

Das Leiden unseres Herrn Jesus Christus

Das Leiden unseres Herrn Jesus Christus nach Matthäus.

Das Verhör vor Pilatus

E Als Jesus vor dem Statthalter stand, fragte ihn dieser: S Bist du der König der Juden? E Jesus antwortete: † Du sagst es. E Als aber die Hohenpriester und die Ältesten ihn anklagten, gab er keine Antwort. Da sagte Pilatus zu ihm: S Hörst du nicht, was sie dir alles vorwerfen? E Er aber antwortete ihm auf keine einzige Frage, sodass der Statthalter sehr verwundert war.
Jeweils zum Fest pflegte der Statthalter einen Gefangenen freizulassen, den das Volk verlangte. Damals war gerade ein berüchtigter Mann namens Bárabbas im Gefängnis. Pilatus fragte nun die Menge, die zusammengekommen war: S Was wollt ihr? Wen soll ich freilas-

sen, Bárabbas oder Jesus, den man den Christus nennt? E Er wusste nämlich, dass man Jesus nur aus Neid an ihn ausgeliefert hatte. Während Pilatus auf dem Richterstuhl saß, sandte seine Frau zu ihm und ließ ihm sagen: S Habe du nichts zu schaffen mit jenem Gerechten! Ich habe heute seinetwegen im Traum viel gelitten. E Inzwischen überredeten die Hohepriester und die Ältesten die Menge, die Freilassung des Bárabbas zu fordern, Jesus aber hinrichten zu lassen. Der Statthalter fragte sie: S Wen von beiden soll ich freilassen? E Sie riefen: S Bárabbas! E Pilatus sagte zu ihnen: S Was soll ich dann mit Jesus tun, den man den Christus nennt? E Da antworteten sie alle: S Ans Kreuz mit ihm! E Er erwiderte: S Was für ein Verbrechen hat er denn begangen? E Sie aber schrien noch lauter: S Ans Kreuz mit ihm! E Als Pilatus sah, dass er nichts erreichte, sondern dass der Tumult immer größer wurde, ließ er Wasser bringen, wusch sich vor allen Leuten die Hände und sagte: S Ich bin unschuldig am Blut dieses Menschen. Das ist eure Sache! E Da rief das ganze Volk: S Sein Blut – über uns und unsere Kinder! E Darauf ließ er Bárabbas frei, Jesus aber ließ er geißeln und lieferte ihn aus zur Kreuzigung.

Die Verspottung Jesu durch die römischen Soldaten

E Da nahmen die Soldaten des Statthalters Jesus, führten ihn in das Prätórium und versammelten die ganze Kohórte um ihn. Sie zogen ihn aus und legten ihm einen purpurroten Mantel um. Dann flochten sie einen Kranz aus Dornen; den setzten sie ihm auf das Haupt und gaben ihm einen Stock in die rechte Hand. Sie fielen vor ihm auf die Knie und verhöhnten ihn, indem sie riefen: S Sei gegrüßt, König der Juden! E Und sie spuckten ihn an, nahmen ihm den Stock wieder weg und schlugen damit auf seinen Kopf. Nachdem sie so ihren Spott mit ihm getrieben hatten, nahmen sie ihm den Mantel ab und zogen ihm seine eigenen Kleider wieder an.

Kreuzweg und Kreuzigung

E Dann führten sie Jesus hinaus, um ihn zu kreuzigen. Auf dem Weg trafen sie einen Mann aus Kyréne namens Simon; ihn zwangen sie, sein Kreuz zu tragen. So kamen sie an den Ort, der Gólgota genannt wird, das heißt Schädelhöhe. Und sie gaben ihm Wein zu trinken, der mit Galle vermischt war; als er aber davon gekostet hatte, wollte er ihn nicht trinken. Nachdem sie ihn gekreuzigt hatten, verteilten sie seine Kleider, indem sie das Los über sie warfen. Dann setzten sie sich nieder und bewachten ihn dort. Über seinem Kopf hatten sie eine Aufschrift angebracht, die seine Schuld angab: Das ist Jesus, der König der Juden. Zusammen mit ihm wurden zwei Räuber gekreuzigt, der eine rechts von ihm, der andere links. Die Leute, die vorbeikamen, verhöhnten ihn, schüttelten den Kopf und riefen: S Du willst den Tempel niederreißen und in drei Tagen wieder aufbauen? Wenn du Gottes Sohn bist, rette dich selbst und steig herab vom Kreuz! E Ebenso verhöhnten ihn auch die Hohepriester, die Schriftgelehrten und die Ältesten und sagten: S Andere hat er gerettet, sich selbst kann er nicht retten. Er ist doch der König von Israel! Er soll jetzt vom Kreuz herabsteigen, dann werden wir an ihn glauben. Er hat auf Gott vertraut, der soll ihn jetzt retten, wenn er an ihm Gefallen hat; er hat doch gesagt: Ich bin Gottes Sohn. E Ebenso beschimpften ihn die beiden Räuber, die mit ihm zusammen gekreuzigt wurden.

(Hier stehen alle auf.)

Der Tod Jesu

E Von der sechsten Stunde an war Finsternis über dem ganzen Land bis zur neunten Stunde. Um die neunte Stunde schrie Jesus mit lauter Stimme: † Eli, Eli, lema sabachtáni?, E das heißt: † Mein Gott, mein Gott, warum hast du mich verlassen? E Einige von denen, die dabeistanden und es hörten, sagten: S Er ruft nach Elíja. E Sogleich lief einer von ihnen hin, tauchte einen Schwamm in Essig, steckte ihn auf ein Rohr und gab Jesus zu trinken. Die anderen aber sagten: S Lass, wir wollen sehen, ob Elíja kommt und ihm hilft. E Jesus aber schrie noch einmal mit lauter Stimme. Dann hauchte er den Geist aus.

(Hier knien alle zu einer kurzen Gebetsstille nieder.)

E Und siehe, der Vorhang riss im Tempel von oben bis unten entzwei. Die Erde bebte und die Felsen spalteten sich. Die Gräber öffneten sich und die Leiber vieler Heiligen, die entschlafen waren, wurden auferweckt. Nach der Auferstehung Jesu verließen sie ihre Gräber, kamen in die Heilige Stadt und erschienen vielen. Als der Hauptmann und die Männer, die mit ihm zusammen Jesus bewachten, das Erdbeben bemerkten und sahen, was geschah, erschraken sie sehr und sagten: S Wahrhaftig, Gottes Sohn war dieser!

Glaubensbekenntnis, S. 482 ff.

FÜRBITTEN

Zu Jesus, dem Gefeierten und Geschundenen, rufen wir:

- Lehre deine Kirche, sich an die Seite der Missachteten zu stellen. V: Kyrie, eleison. A: Christe, eleison.
- Schütze die Menschen, die wegen ihres Glaubens und ihres Einsatzes für Freiheit und Menschenrechte verfolgt und eingesperrt werden. V: Kyrie, eleison. A: Christe, eleison.
- Sei du bei den vielen Menschen, in deren Ländern Unrecht und Gewalt herrschen. V: Kyrie, eleison. A: Christe, eleison.
- Bestärke alle, die Verantwortung tragen und die in Politik und Gesellschaft den Einfluss haben, zum Wohl aller zu handeln. V: Kyrie, eleison. A: Christe, eleison.
- Erhelle mit deinem Licht der Liebe das Leben derer, die ahnen, dass ihre Lebenszeit nur noch kurz ist. V: Kyrie, eleison. A: Christe, eleison.

Jesus Christus, du gehst uns voran zum Vater. Hilf uns, dir zu folgen und deine Wege zu gehen, heute und alle Tage, die uns geschenkt sind.

EUCHARISTIEFEIER

GABENGEBET

Herr, unser Gott, schenke uns Verzeihung durch das Leiden deines Sohnes. Wir haben sie zwar durch unsere Taten nicht verdient, aber wir vertrauen auf dein Erbarmen. Darum versöhne uns mit dir durch das einzigartige Opfer unseres Herrn Jesus Christus, der mit dir lebt und herrscht in alle Ewigkeit.

PRÄFATION

In Wahrheit ist es würdig und recht, dir, allmächtiger Vater, zu danken und das Werk deiner Liebe zu rühmen durch unseren Herrn Jesus Christus. Er war ohne Sünde und hat für die Sünder gelitten. Er war ohne Schuld und hat sich ungerechtem Urteil unterworfen. Sein Tod hat unsere Vergehen getilgt, seine Auferstehung uns Gnade und Leben erworben. Darum preisen wir jetzt und in Ewigkeit dein Erbarmen und singen mit den Chören der Engel das Lob deiner Herrlichkeit: Heilig …

KOMMUNIONVERS

Mt 26,42

Mein Vater,
wenn dieser Kelch an mir nicht vorübergehen kann
und ich ihn trinken muss, so geschehe dein Wille.

SCHLUSSGEBET

Herr, unser Gott, du hast uns im heiligen Mahl gestärkt. Durch das Sterben deines Sohnes gibst du uns die Kraft, das Leben zu erhoffen, das uns der Glaube verheißt. Gib uns durch seine Auferstehung die

Gnade, das Ziel unserer Pilgerschaft zu erreichen. Darum bitten wir durch ihn, Christus, unseren Herrn.

FEIERLICHER SCHLUSSSEGEN S. 206 f.

***

PALMSONNTAG

ein Ölzweig
schnell vom Baum gerissen
macht noch keinen Frieden

die begeisterte Menge
ist wankelmütig
und hängt ihre Palmen
nach dem Wind

so schnell
lässt man dich fallen
du kommst auf keinen grünen Zweig mehr

jetzt wartet
Totholz auf dich

Andreas Knapp

GRÜNDONNERSTAG – HOHER DONNERSTAG

6. April 2023

Es ist ein einziger großer Gottesdienst, der am Gründonnerstag beginnt, am Karfreitag weitergeht und seinen feierlichen Abschluss findet mit dem Schlusssegen der Osternacht. Dabei lohnt sich ein Blick auf den heutigen Eröffnungsvers, der bereits das ganze österliche Geschehen umfasst. Er bezieht sich auf Überlegungen des Paulus im Galaterbrief (Gal 6,11–16): Wenn sich die christliche Gemeinde ihrer selbst vergewissern möchte, kommt es nicht auf äußere Merkmale wie die Beschneidung an; für heutige Verhältnisse hieße das beispielsweise nicht auf höhere Kirchensteuereinnahmen oder eine größere Zahl von Gemeindemitgliedern. Auf das Kreuz Jesu Christi kommt es an. Denn „in ihm ist uns Heil geworden und Auferstehung und Leben. Durch ihn sind wir erlöst und befreit." Das ist der tragende Grund christlichen Lebens und Inhalt dieser großen dreitägigen Feier, des österlichen Triduums.

MESSE VOM LETZTEN ABENDMAHL

ERÖFFNUNGSVERS

Vgl. Gal 6,14

Wir rühmen uns des Kreuzes unseres Herrn Jesus Christus.
In ihm ist uns Heil geworden und Auferstehung und Leben.
Durch ihn sind wir erlöst und befreit.

KYRIE-RUFE

Herr Jesus Christus, du hast die Deinen geliebt,
die in der Welt waren.
V/A: Herr, erbarme dich.

Du hast sie geliebt bis zur Vollendung.
V/A: Christus, erbarme dich.
Du hast deinen Jüngern die Füße gewaschen.
V/A: Herr, erbarme dich.

Ehre sei Gott, S. 479 f.

(Die Glocken läuten zu unserem Preislied. Danach verstummen sie bis zur Feier der Osternacht.)

TAGESGEBET

Allmächtiger, ewiger Gott, am Abend vor seinem Leiden hat dein geliebter Sohn der Kirche das Opfer des Neuen und Ewigen Bundes anvertraut und das Gastmahl seiner Liebe gestiftet. Gib, dass wir aus diesem Geheimnis die Fülle des Lebens und der Liebe empfangen. Darum bitten wir durch ihn, Jesus Christus.

WORTGOTTESDIENST

ZUR 1. LESUNG Hastiges Essen hat keinen guten Ruf, besonders nicht auf einer Feier oder gar in einem Gottesdienst. Wir feiern die Eucharistie in andächtiger Ruhe, indem wir an die Lebenshingabe Jesu für uns denken und ihn in unser Leben aufnehmen, feierlich und eher still. Warum diese Hast bei der Paschafeier? Weil sie die Offenheit für das Kommende betont, die Bereitschaft aufzustehen. Es geht nicht in erster Linie um das Essen, sondern um den Aufbruch danach, den Auszug Israels aus Ägypten. Ziel ist die Befreiung, die Nachfolge und das verheißene Land. Dies gilt auch für die Eucharistie: Jesus Christus verbindet sich mit uns in Brot und Wein; er kehrt bei uns ein, damit wir aufbrechen: den Willen des Vaters erkennen, entsprechend handeln und im Licht der Auferstehung leben.

ERSTE LESUNG Ex 12,1–8.11–14

Die Feier des Paschamahles

Lesung aus dem Buch Éxodus.

In jenen Tagen sprach der Herr zu Mose und Aaron im Land Ägypten: Dieser Monat soll die Reihe eurer Monate eröffnen, er soll euch als der Erste unter den Monaten des Jahres gelten. Sagt der ganzen Gemeinde Israel:

Am Zehnten dieses Monats soll jeder ein Lamm für seine Familie holen, ein Lamm für jedes Haus. Ist die Hausgemeinschaft für ein Lamm zu klein, so nehme er es zusammen mit dem Nachbarn, der seinem Haus am nächsten wohnt, nach der Anzahl der Personen. Bei der Aufteilung des Lammes müsst ihr berücksichtigen, wie viel der Einzelne essen kann. Nur ein fehlerfreies, männliches, einjähriges Lamm darf es sein, das Junge eines Schafes oder einer Ziege müsst ihr nehmen. Ihr sollt es bis zum vierzehnten Tag dieses Monats aufbewahren. In der Abenddämmerung soll die ganze versammelte Gemeinde Israel es schlachten. Man nehme etwas von dem Blut und bestreiche damit die beiden Türpfosten und den Türsturz an den Häusern, in denen man es essen will. Noch in der gleichen Nacht soll man das Fleisch essen. Über dem Feuer gebraten und zusammen mit ungesäuertem Brot und Bitterkräutern soll man es essen.

So aber sollt ihr es essen: eure Hüften gegürtet, Schuhe an euren Füßen und euren Stab in eurer Hand. Esst es hastig! Es ist ein Pessach für den Herrn – das heißt: der Vorübergang des Herrn.

In dieser Nacht gehe ich durch das Land Ägypten und erschlage im Land Ägypten jede Erstgeburt bei Mensch und Vieh. Über alle Götter Ägyptens halte ich Gericht, ich, der Herr.

Das Blut an den Häusern, in denen ihr wohnt, soll für euch ein Zeichen sein. Wenn ich das Blut sehe, werde ich an euch vorübergehen und das vernichtende Unheil wird euch nicht treffen, wenn ich das Land Ägypten schlage.

Diesen Tag sollt ihr als Gedenktag begehen. Feiert ihn als Fest für den Herrn! Für eure kommenden Generationen wird es eine ewige Satzung sein, das Fest zu feiern!

ANTWORTPSALM

Ps 116 (115), 12–13.15–16.17–18 (Kv: vgl. 1 Kor 10, 16)

Kv Der Kelch des Segens gibt uns Anteil an Christi Blut. – Kv

Wie kann ich dem Herrn vergelten *
all das Gute, das er mir erwiesen?
Den Becher des Heils will ich erheben. *
Ausrufen will ich den Namen des Herrn. – (Kv)

Kostbar ist in den Augen des Herrn *
der Tod seiner Frommen.
Ach Herr, ich bin doch dein Knecht, /
dein Knecht bin ich, der Sohn deiner Magd! *
Gelöst hast du meine Fesseln. – (Kv)

Ich will dir ein Opfer des Dankes bringen, *
ausrufen will ich den Namen des Herrn.
Meine Gelübde will ich dem Herrn erfüllen *
in Gegenwart seines ganzen Volkes. – Kv

ZUR 2. LESUNG Über das gebrochene Brot spricht Jesus: „Das ist mein Leib für euch. Tut dies zu meinem Gedächtnis." Etwas Gebrochenes oder gar Zerbrochenes hat unwiderruflich einen neuen Zustand angenommen. Es ist nicht mehr ganz, nicht mehr heil, nicht mehr makellos. Das Brot ist angebrochen und damit angefangen. Es nährt von nun an die, die es essen. So ist auch Jesus Christus angefangen für uns und in uns, angebrochen und aufgebrochen zu unserem Heil. Unwiderruflich.

ZWEITE LESUNG

1 Kor 11, 23–26

Sooft ihr von diesem Brot esst und aus diesem Kelch trinkt, verkündet ihr den Tod des Herrn, bis er kommt

Lesung aus dem ersten Brief des Apostels Paulus an die Gemeinde in Korínth.

Schwestern und Brüder! Ich habe vom Herrn empfangen, was ich euch dann überliefert habe:

Jesus, der Herr, nahm in der Nacht, in der er ausgeliefert wurde, Brot, sprach das Dankgebet, brach das Brot und sagte: Das ist mein Leib für euch. Tut dies zu meinem Gedächtnis!

Ebenso nahm er nach dem Mahl den Kelch und sagte: Dieser Kelch ist der Neue Bund in meinem Blut. Tut dies, sooft ihr daraus trinkt, zu meinem Gedächtnis!

Denn sooft ihr von diesem Brot esst und aus dem Kelch trinkt, verkündet ihr den Tod des Herrn, bis er kommt.

RUF VOR DEM EVANGELIUM

Vers: Joh 13, 34ac

Herr Jesus, dir sei Ruhm und Ehre! – Kv
(So spricht der Herr:)
Ein neues Gebot gebe ich euch:
Wie ich euch geliebt habe, so sollt auch ihr einander lieben.
Herr Jesus, dir sei Ruhm und Ehre!

Oder:

Dies ist mein Gebot:
Liebet einander, wie ich euch geliebt.

ZUM EVANGELIUM Zuerst ist es Maria, die Schwester der Marta, die Jesus die Füße mit einem kostbaren Nardenöl salbt und sie mit ihrem eigenen Haar trocknet (Joh 12,3). Welch erstaunliche Geste bei einem Essen! Jesus versteht sie als persönliche Zuwendung und Ehrerbietung mit Blick auf seinen bevorstehenden Tod. Vielleicht hat Jesus noch genau diese Szene vor Augen, als er beim letzten Abendmahl beginnt, seinen Jüngern die Füße zu waschen und sie mit einem Leinentuch zu trocknen. Auch hier ist Judas, der Sohn des Simon

Iskariot, sein Gegenspieler. Auch hier ist Jesus klar, dass seine Stunde gekommen ist. Er gibt seinen Jüngern ein Beispiel, das ihm zuvor diese Frau namens Maria gegeben hat.

EVANGELIUM

Joh 13,1–15

Er liebte sie bis zur Vollendung

+ Aus dem heiligen Evangelium nach Johannes.

Es war vor dem Paschafest. Jesus wusste, dass seine Stunde gekommen war, um aus dieser Welt zum Vater hinüberzugehen. Da er die Seinen liebte, die in der Welt waren, liebte er sie bis zur Vollendung.

Es fand ein Mahl statt und der Teufel hatte Judas, dem Sohn des Simon Iskáriot, schon ins Herz gegeben, ihn auszuliefern. Jesus, der wusste, dass ihm der Vater alles in die Hand gegeben hatte und dass er von Gott gekommen war und zu Gott zurückkehrte, stand vom Mahl auf, legte sein Gewand ab und umgürtete sich mit einem Leinentuch. Dann goss er Wasser in eine Schüssel und begann, den Jüngern die Füße zu waschen und mit dem Leinentuch abzutrocknen, mit dem er umgürtet war.

Als er zu Simon Petrus kam, sagte dieser zu ihm: Du, Herr, willst mir die Füße waschen?

Jesus sagte zu ihm: Was ich tue, verstehst du jetzt noch nicht; doch später wirst du es begreifen.

Petrus entgegnete ihm: Niemals sollst du mir die Füße waschen!

Jesus erwiderte ihm: Wenn ich dich nicht wasche, hast du keinen Anteil an mir.

Da sagte Simon Petrus zu ihm: Herr, dann nicht nur meine Füße, sondern auch die Hände und das Haupt.

Jesus sagte zu ihm: Wer vom Bad kommt, ist ganz rein und braucht sich nur noch die Füße zu waschen. Auch ihr seid rein, aber nicht alle. Er wusste nämlich, wer ihn ausliefern würde; darum sagte er: Ihr seid nicht alle rein.

Als er ihnen die Füße gewaschen, sein Gewand wieder angelegt und Platz genommen hatte, sagte er zu ihnen: Begreift ihr, was ich an euch getan habe? Ihr sagt zu mir Meister und Herr und ihr nennt mich mit Recht so; denn ich bin es. Wenn nun ich, der Herr und Meister, euch die Füße gewaschen habe, dann müsst auch ihr einander die Füße waschen. Ich habe euch ein Beispiel gegeben, damit auch ihr so handelt, wie ich an euch gehandelt habe.

FUSSWASCHUNG

(Nach der Homilie kann die Fußwaschung folgen. Sie ist Zeichen dafür, dass wir als Kirche uns an Jesu Weisung binden. Dabei können die folgenden Antiphonen gesungen werden.)

ANTIPHON 1 Joh 13,35

Daran werden alle erkennen, dass ihr meine Jünger seid,
wenn ihr Liebe habt zueinander.
V: Jesus sagte zu seinen Jüngern:
A: Daran werden alle erkennen, dass ihr meine Jünger seid,
wenn ihr Liebe habt zueinander.

ANTIPHON 2 Joh 13,34

Ein neues Gebot gebe ich euch: „Liebt einander!"
Wie ich euch geliebt habe, so sollt auch ihr einander lieben.

ANTIPHON 3 1 Kor 13,13

In euch sollen bleiben Glaube, Hoffnung, Liebe, diese drei:
am größten unter ihnen ist die Liebe.
V: Jetzt bleiben Glaube, Hoffnung, Liebe, diese drei:
am größten unter ihnen ist die Liebe.

A: In euch sollen bleiben Glaube, Hoffnung, Liebe, diese drei:
am größten unter ihnen ist die Liebe.

FÜRBITTEN

Gottes Liebe nährt uns. In der Gabe des heiligen Brotes erfahren wir Stärkung und Heil. Rufen wir zu Gott, dem Barmherzigen, und bitten ihn:

- Für alle Getauften um die Erfahrung echter Geschwisterlichkeit im heiligen Mahl. V/A: Höre und erhöre uns.
- Für den Papst, die Bischöfe, Priester und Diakone um erneuerten Glauben und ein neues Verständnis des Dienstes im Zeichen der Fußwaschung. V/A: Höre und erhöre uns.
- Für alle, die das heilige Brot empfangen, um den Willen und die Kraft, mit denen zu teilen, die in Not sind. V/A: Höre und erhöre uns.
- Für alle, die durch Corona oder andere Erkrankungen geschwächt wurden und belastet sind, um die Erfahrung von Hilfe und Beistand. V/A: Höre und erhöre uns.
- Für alle, deren Lebenslicht in diesen Zeiten des wachsenden Lichts verlöscht, um dein unvergängliches Licht des Lebens. V/A: Höre und erhöre uns.

Gott, du lädst alle Menschen ein, Platz zu nehmen an deinem unendlichen Tisch des Lebens, am Tisch des Heils. Dafür danken wir dir und preisen dich, am heutigen Tag und an allen Tagen, die uns geschenkt sind.

EUCHARISTIEFEIER

OPFERGANG

(Zu Beginn der Eucharistiefeier können die Gläubigen einen Opfergang mit Gaben für die Armen halten. Dazu kann man singen:)

Wo Güte und Liebe, da wohnet Gott. – ℟

1. Christi Liebe hat uns geeint,
lasst uns frohlocken und jubeln in ihm!
Fürchten und lieben wollen wir den lebendigen Gott
und einander lieben aus lauterem Herzen. – (℟)

2. Da wir allesamt eines geworden,
hüten wir uns, getrennt zu werden im Geiste!
Es fliehe der Streit, böser Hader entweiche;
in unserer Mitte wohne der Herr. – (℟)

3. Christus spricht zu den Seinen:
Wo zwei oder drei
in meinem Namen versammelt sind,
da bin ich mitten unter ihnen. – (℟)

4. So lasst uns Gott anhangen aus ganzer Seele
und nichts soll stehen vor seiner Liebe.
Lasst uns in Gott dem Nächsten gut sein wie uns selbst
und Gottes wegen lieben auch den Feind. – (℟)

5. Mit den Heiligen wollen wir schauen
dein Antlitz, Christus, dereinst in der Herrlichkeit.
O, welch unermessliche Freude
durch die grenzenlose Weite der Ewigkeit. Amen. – ℟

GABENGEBET

Herr, gib, dass wir das Geheimnis des Altares ehrfürchtig feiern; denn sooft wir die Gedächtnisfeier dieses Opfers begehen, vollzieht sich an uns das Werk der Erlösung. Durch Christus, unseren Herrn.

PRÄFATION

In Wahrheit ist es würdig und recht, dir, Herr, heiliger Vater, allmächtiger, ewiger Gott, immer und überall zu danken durch unseren Herrn Jesus Christus. Als der wahre und ewige Hohepriester hat er die Feier eines immerwährenden Opfers gestiftet. Er hat sich selbst als Opfergabe dargebracht für das Heil der Welt und uns geboten, dass auch wir diese Gabe darbringen zu seinem Gedächtnis. Er stärkt uns, wenn wir seinen Leib empfangen, den er für uns geopfert hat. Er heiligt uns, wenn wir sein Blut trinken, das er für uns vergossen hat. Darum singen wir mit den Engeln und Erzengeln, den Thronen und Mächten und mit all den Scharen des himmlischen Heeres den Hochgesang von deiner göttlichen Herrlichkeit: Heilig …

KOMMUNIONVERS

1 Kor 11,24.25

Das ist mein Leib, der für euch hingegeben wird.
Dieser Kelch ist der neue Bund in meinem Blut.
Sooft ihr dieses Brot esst und diesen Kelch trinkt,
tut es zum Gedenken an mich – so spricht der Herr.

SCHLUSSGEBET

Allmächtiger Gott, du hast uns heute im Abendmahl deines Sohnes gestärkt. Sättige uns beim himmlischen Gastmahl mit dem ewigen Leben. Darum bitten wir durch ihn, Christus, unseren Herrn.

(Nach dem Schlussgebet wird die heilige Eucharistie in eine Kapelle oder an einen Nebenaltar getragen. Während der Prozession singt die Gemeinde. Nach der Feier wird der Altar abgedeckt, die Kreuze werden aus der Kirche entfernt oder verhüllt. In vielen Gemeinden beten die Gläubigen in dieser Nacht vor der Eucharistie.)

***

WEGGEFÄHRTEN

Ausgetreten sind die Pfade
der Einzelgänger, Anfänger
sind wir im gemeinsamen
Gehen. Wer kennt die Lust
am gefundenen Einklang

der Schritte. Im Schweigen
den gleichzeitigen Blick
zum Vogel, der in der Luft
schwebt, wie zum Falter
im Strauch. Das Glück

geduldigen Wartens und
Staunens, dass einer
des anderen Last trägt.
Wer kostet die Freude? –
Kommt, lasst uns gehen ...!

Lisa F. Oesterheld

KARFREITAG – DIE FEIER VOM LEIDEN UND STERBEN CHRISTI

7. April 2023

Die Karfreitagsliturgie hat keinen eigenen Anfang und auch kein eigenes Ende. Sie führt das an Gründonnerstag begonnene österliche Triduum fort und besteht aus drei Teilen: dem Wortgottesdienst, der Kreuzverehrung und der Kommunionfeier. Die Feier beginnt mit einer eindrücklichen symbolischen Haltung: Der Priester und mancherorts weitere Personen wie Messdienerinnen oder Lektoren liegen ausgestreckt vor dem Altar. Dies ist ein erstes bewegendes Zeichen des Vertrauens und der Hingabe. Dieses Vertrauen, diese Hingabe will auch die Kreuzverehrung zum Ausdruck bringen: Alle Gläubigen nähern sich dem Kreuz – vielleicht mit Dankbarkeit oder in Ehrfurcht, mit Sorgen im Herzen oder im Bewusstsein des eigenen Versagens. Die Offenheit der Karfreitagsliturgie spiegelt die Vielfalt all dieser Empfindungen. Vor dem Kreuz hat alles einen Platz, was nur ein wenig Bereitschaft in sich trägt, sich auf Ostern hin wandeln zu lassen.

GEBET

Gedenke, Herr, der großen Taten, die dein Erbarmen gewirkt hat. Schütze und heilige deine Diener, für die dein Sohn Jesus Christus sein Blut vergossen und das österliche Geheimnis eingesetzt hat, der mit dir lebt und herrscht in alle Ewigkeit.

Oder:

Allmächtiger, ewiger Gott, durch das Leiden deines Sohnes hast du den Tod vernichtet, der vom ersten Menschen auf alle Geschlechter übergegangen ist. Nach dem Gesetz der Natur tragen wir das Abbild des ersten Adam an uns; hilf uns durch deine Gnade, das Bild des neuen Adam in uns auszuprägen und Christus ähnlich zu werden, der mit dir lebt und herrscht in alle Ewigkeit.

WORTGOTTESDIENST

ZUR 1. LESUNG Im Nachhinein stellt man sich so manche Frage: Warum habe ich nicht früher gesehen, dass mein Sohn solche Probleme gehabt hat? Warum habe ich nichts mitbekommen von den Schwierigkeiten einer Freundin? Die Zeit lässt sich nicht zurückdrehen, und das Leid eines Menschen erfasst früher oder später immer auch die Angehörigen, Freunde und Freundinnen. Es will anerkannt und eine Zeit lang getragen werden. Auch Gott selbst leidet mit. Zugleich steht er für eine verheißungsvolle Zukunft ein, wie es in der Aussage über den Gottesknecht heißt: „Nachdem er so vieles ertrug, erblickt er das Licht. Er sättigt sich an Erkenntnis." Der Blick geht nach vorn in Richtung Wahrheit und Licht. Und aus dem Erkennen erwachsen im Resonanzraum Gottes für den vom Leid gezeichneten Menschen Stärke und Heil.

ERSTE LESUNG Jes 52,13–53,12

Er wurde durchbohrt wegen unserer Verbrechen (Viertes Lied vom Gottesknecht)

Lesung aus dem Buch Jesája.

Siehe, mein Knecht wird Erfolg haben, er wird sich erheben und erhaben und sehr hoch sein. Wie sich viele über dich entsetzt haben – so entstellt sah er aus, nicht mehr wie ein Mensch, seine Gestalt war nicht mehr die eines Menschen –, so wird er viele Nationen entsühnen, Könige schließen vor ihm ihren Mund. Denn was man ihnen noch nie erzählt hat, das sehen sie nun; was sie niemals hörten, das erfahren sie jetzt.

Wer hat geglaubt, was wir gehört haben? Der Arm des Herrn – wem wurde er offenbar? Vor seinen Augen wuchs er auf wie ein junger Spross, wie ein Wurzeltrieb aus trockenem Boden. Er hatte keine schöne und edle Gestalt, sodass wir ihn anschauen mochten. Er sah nicht so aus, dass wir Gefallen fanden an ihm. Er wurde verachtet und von den Menschen gemieden, ein Mann voller Schmerzen, mit Krankheit vertraut. Wie einer, vor dem man das Gesicht verhüllt, war er verachtet; wir schätzten ihn nicht.

Aber er hat unsere Krankheit getragen und unsere Schmerzen auf sich geladen. Wir meinten, er sei von Gott geschlagen, von ihm getroffen und gebeugt. Doch er wurde durchbohrt wegen unserer Vergehen, wegen unserer Sünden zermalmt. Zu unserem Heil lag die Züchtigung auf ihm, durch seine Wunden sind wir geheilt.

Wir hatten uns alle verirrt wie Schafe, jeder ging für sich seinen Weg. Doch der Herr ließ auf ihn treffen die Schuld von uns allen. Er wurde bedrängt und misshandelt, aber er tat seinen Mund nicht auf. Wie ein Lamm, das man zum Schlachten führt, und wie ein Schaf vor seinen Scherern verstummt, so tat auch er seinen Mund nicht auf.

Durch Haft und Gericht wurde er dahingerafft, doch wen kümmerte sein Geschick? Er wurde vom Land der Lebenden abgeschnitten und wegen der Vergehen meines Volkes zu Tode getroffen. Bei den Frevlern gab man ihm sein Grab und bei den Reichen seine Ruhestätte, obwohl er kein Unrecht getan hat und kein trügerisches Wort in seinem Mund war.

Doch der Herr hat Gefallen an dem von Krankheit Zermalmten. Wenn du, Gott, sein Leben als Schuldopfer einsetzt, wird er Nachkommen sehen und lange leben. Was dem Herrn gefällt, wird durch seine Hand gelingen. Nachdem er vieles ertrug, erblickt er das Licht. Er sättigt sich an Erkenntnis. Mein Knecht, der gerechte, macht die Vielen gerecht; er lädt ihre Schuld auf sich.

Deshalb gebe ich ihm Anteil unter den Großen und mit Mächtigen teilt er die Beute, weil er sein Leben dem Tod preisgab und sich unter die Abtrünnigen rechnen ließ. Er hob die Sünden der Vielen auf und trat für die Abtrünnigen ein.

ANTWORTPSALM

Ps 31 (30), 2 u. 6.12–13.15–16.17 u. 25 (Kv: Lk 23,46)

Kv Vater, in deine Hände lege ich meinen Geist. – Kv

HERR, bei dir habe ich mich geborgen. /
Lass mich nicht zuschanden werden in Ewigkeit; *
rette mich in deiner Gerechtigkeit!
In deine Hand lege ich voll Vertrauen meinen Geist; *
du hast mich erlöst, HERR, du Gott der Treue. – (Kv)

Vor all meinen Bedrängern wurde ich zum Spott, /
zum Spott sogar für meine Nachbarn.
Meinen Freunden wurde ich zum Schrecken, *
wer mich auf der Straße sieht, der flieht vor mir.
Ich bin dem Gedächtnis entschwunden wie ein Toter, *
bin geworden wie ein zerbrochenes Gefäß. – (Kv)

Ich aber, HERR, ich habe dir vertraut, *
ich habe gesagt: Mein Gott bist du.
In deiner Hand steht meine Zeit; *
entreiß mich der Hand meiner Feinde und Verfolger! – (Kv)

Lass dein Angesicht leuchten über deinem Knecht, *
hilf mir in deiner Huld!
Euer Herz sei stark und unverzagt, *
ihr alle, die ihr den HERRN erwartet. – Kv

ZUR 2. LESUNG In Jesus Christus ist Gott Mensch geworden zum Heil der Menschen. Bekannt sind daher die Bezeichnungen Heiland und Erlöser. Im Hebräerbrief wird er als Hohepriester vorgestellt, der ähnlich den Hohepriestern am Jerusalemer Tempel für sein Volk vor Gott eintritt. Anders als diese bringt er jedoch nicht Opfer in einem irdischen Tempel dar, sondern ist durch sein eigenes Leiden und den Tod hindurch in den himmlischen Tempel eingetreten. Anstelle von Opfern bringt er seinen durch Leiden gelernten Gehorsam vor Gott. Ganz im Sinn von Psalm 40: „An Schlacht- und Speiseopfern hattest du kein Gefallen, doch Ohren hast du mir gegraben." (Ps 40,7) So zur Vollendung bei Gott gelangt, wirkt Christus das ewige Heil für alle, die sich ihrerseits auf ihre Ohren besinnen und ihm nachfolgen.

ZWEITE LESUNG

Hebr 4,14–16; 5,7–9

Christus Jesus erniedrigte sich; darum hat ihn Gott über alle erhöht

Lesung aus dem Hebräerbrief.

Schwestern und Brüder! Da wir nun einen erhabenen Hohepriester haben, der die Himmel durchschritten hat, Jesus, den Sohn Gottes, lasst uns an dem Bekenntnis festhalten. Wir haben ja nicht einen Hohepriester, der nicht mitfühlen könnte mit unseren Schwächen, sondern einen, der in allem wie wir versucht worden ist, aber nicht gesündigt hat. Lasst uns also voll Zuversicht hinzutreten zum Thron der Gnade, damit wir Erbarmen und Gnade finden und so Hilfe erlangen zur rechten Zeit!

Christus hat in den Tagen seines irdischen Lebens mit lautem Schreien und unter Tränen Gebete und Bitten vor den gebracht, der ihn aus dem Tod retten konnte, und er ist erhört worden aufgrund seiner Gottesfurcht. Obwohl er der Sohn war, hat er durch das, was er gelitten hat, den Gehorsam gelernt; zur Vollendung gelangt, ist er für alle, die ihm gehorchen, der Urheber des ewigen Heils geworden.

RUF VOR DER PASSION

Vers: vgl. Phil 2,8b–9

Herr Jesus, dir sei Ruhm und Ehre! – Kv
Christus war für uns gehorsam bis zum Tod,
bis zum Tod am Kreuz.
Darum hat ihn Gott über alle erhöht
und ihm den Namen verliehen, der größer ist als alle Namen.
Herr Jesus, dir sei Ruhm und Ehre!

ZUR PASSION „Der Kelch, den mir der Vater gegeben hat – soll ich ihn nicht trinken?" Jesus geht aufrecht und bewusst seinen Weg, der mit dem Verrat im Garten unausweichlich und schmerzhaft wird. Er steht aufrecht vor dem Hohepriester Hannas und verrät ihm gegenüber seine Jünger nicht. Er steht aufrecht vor Pilatus und bekennt sich zu seinem Königtum, das nicht von dieser Welt ist. Schließlich stirbt er aufrecht am Kreuz mit den Worten: „Es ist vollbracht!" Im Garten wurde er verraten, und im Garten wird er am Ende bestattet. Es ist, als ob nur im Garten auch noch die gegensätzlichsten Wirklichkeiten des Menschen einen gemeinsamen Platz haben können. Denn als Erhöhter will Christus alle, wirklich alle, zu sich ziehen.

(Die Passion wird meist mit verteilten Rollen gelesen:
E = Evangelist, † = Worte Jesu, S = Worte sonstiger Personen)

PASSION

Joh 18,1–19,42

Das Leiden unseres Herrn Jesus Christus

Das Leiden unseres Herrn Jesus Christus nach Johannes.

Die Verhaftung Jesu

E Jesus ging mit seinen Jüngern hinaus, auf die andere Seite des Baches Kidron. Dort war ein Garten; in den ging er mit seinen Jüngern hinein. Auch Judas, der ihn auslieferte, kannte den Ort, weil Jesus dort oft mit seinen Jüngern zusammengekommen war. Judas holte die Soldaten und die Gerichtsdiener der Hohepriester und der Pharisäer und kam dorthin mit Fackeln, Laternen und Waffen. Jesus, der alles wusste, was mit ihm geschehen sollte, ging hinaus und fragte sie: † Wen sucht ihr? E Sie antworteten ihm: S Jesus von Nazaret. E Er sagte zu ihnen: † Ich bin es. E Auch Judas, der ihn auslieferte, stand bei ihnen. Als er zu ihnen sagte: Ich bin es!, wichen sie zurück und stürzten zu Boden. Er fragte sie noch einmal: † Wen sucht ihr? E Sie sagten: S Jesus von Nazaret. E Jesus antwortete: † Ich habe euch gesagt, dass ich es bin. Wenn ihr also mich sucht, dann lasst diese gehen! E So sollte sich das Wort erfüllen, das er gesagt hatte: Ich habe keinen von denen verloren, die du mir gegeben hast. Simon

Petrus, der ein Schwert bei sich hatte, zog es, traf damit den Diener des Hohepriesters und hieb ihm das rechte Ohr ab; der Diener aber hieß Malchus. Da sagte Jesus zu Petrus: † Steck das Schwert in die Scheide! Der Kelch, den mir der Vater gegeben hat – soll ich ihn nicht trinken?

Jesus vor Hannas

E Die Soldaten, der Hauptmann und die Gerichtsdiener der Juden nahmen Jesus fest, fesselten ihn und führten ihn zuerst zu Hannas; er war nämlich der Schwiegervater des Kájaphas, der in jenem Jahr Hohepriester war. Kájaphas aber war es, der den Juden den Rat gegeben hatte: S Es ist besser, dass ein einziger Mensch für das Volk stirbt.

E Simon Petrus und ein anderer Jünger folgten Jesus. Dieser Jünger war mit dem Hohepriester bekannt und ging mit Jesus in den Hof des Hohepriesters. Petrus aber blieb draußen am Tor stehen. Da kam der andere Jünger, der Bekannte des Hohepriesters, heraus; er sprach mit der Pförtnerin und führte Petrus hinein. Da sagte die Pförtnerin zu Petrus: S Bist nicht auch du einer von den Jüngern dieses Menschen? E Er sagte: S Ich bin es nicht. E Die Knechte und die Diener hatten sich ein Kohlenfeuer angezündet und standen dabei, um sich zu wärmen; denn es war kalt. Auch Petrus stand bei ihnen und wärmte sich.

Der Hohepriester befragte Jesus über seine Jünger und über seine Lehre. Jesus antwortete ihm: † Ich habe offen vor aller Welt gesprochen. Ich habe immer in der Synagoge und im Tempel gelehrt, wo alle Juden zusammenkommen. Nichts habe ich im Geheimen gesprochen. Warum fragst du mich? Frag doch die, die gehört haben, was ich zu ihnen gesagt habe; siehe, sie wissen, was ich geredet habe. E Als er dies sagte, schlug einer von den Dienern, der dabeistand, Jesus ins Gesicht und sagte: S Antwortest du so dem Hohepriester? E Jesus entgegnete ihm: † Wenn es nicht recht war, was ich gesagt habe, dann weise es nach; wenn es aber recht war, warum schlägst du mich? E Da schickte ihn Hannas gefesselt zum Hohepriester Kájaphas.

Simon Petrus aber stand da und wärmte sich. Da sagten sie zu ihm: S Bist nicht auch du einer von seinen Jüngern? E Er leugnete und sagte: S Ich bin es nicht. E Einer von den Knechten des Hohepriesters, ein Verwandter dessen, dem Petrus das Ohr abgehauen hatte, sagte: S Habe ich dich nicht im Garten bei ihm gesehen? E Wieder leugnete Petrus und gleich darauf krähte ein Hahn.

Jesus vor Pilatus

E Von Kájaphas brachten sie Jesus zum Prätórium; es war früh am Morgen. Sie selbst gingen nicht in das Gebäude hinein, um nicht unrein zu werden, sondern das Paschalamm essen zu können. Deshalb kam Pilatus zu ihnen heraus und fragte: S Welche Anklage erhebt ihr gegen diesen Menschen? E Sie antworteten ihm: S Wenn er kein Übeltäter wäre, hätten wir ihn dir nicht ausgeliefert. E Pilatus sagte zu ihnen: S Nehmt ihr ihn doch und richtet ihn nach eurem Gesetz! E Die Juden antworteten ihm: S Uns ist es nicht gestattet, jemanden hinzurichten. E So sollte sich das Wort Jesu erfüllen, mit dem er angedeutet hatte, welchen Tod er sterben werde.
Da ging Pilatus wieder in das Prätórium hinein, ließ Jesus rufen und fragte ihn: S Bist du der König der Juden? E Jesus antwortete: † Sagst du das von dir aus oder haben es dir andere über mich gesagt? E Pilatus entgegnete: S Bin ich denn ein Jude? Dein Volk und die Hohepriester haben dich an mich ausgeliefert. Was hast du getan? E Jesus antwortete: † Mein Königtum ist nicht von dieser Welt. Wenn mein Königtum von dieser Welt wäre, würden meine Leute kämpfen, damit ich den Juden nicht ausgeliefert würde. Nun aber ist mein Königtum nicht von hier. E Da sagte Pilatus zu ihm: S Also bist du doch ein König? E Jesus antwortete: † Du sagst es, ich bin ein König. Ich bin dazu geboren und dazu in die Welt gekommen, dass ich für die Wahrheit Zeugnis ablege. Jeder, der aus der Wahrheit ist, hört auf meine Stimme. E Pilatus sagte zu ihm: S Was ist Wahrheit?
E Nachdem er das gesagt hatte, ging er wieder zu den Juden hinaus und sagte zu ihnen: S Ich finde keine Schuld an ihm. Ihr seid aber gewohnt, dass ich euch zum Paschafest einen freilasse. Wollt ihr also, dass ich euch den König der Juden freilasse? E Da schrien sie wieder: S Nicht diesen, sondern Bárabbas! E Bárabbas aber war ein Räuber.

Darauf nahm Pilatus Jesus und ließ ihn geißeln. Die Soldaten flochten einen Kranz aus Dornen; den setzten sie ihm auf das Haupt und legten ihm einen purpurroten Mantel um. Sie traten an ihn heran und sagten: S Sei gegrüßt, König der Juden! E Und sie schlugen ihm ins Gesicht.

Pilatus ging wieder hinaus und sagte zu ihnen: S Seht, ich bringe ihn zu euch heraus; ihr sollt wissen, dass ich keine Schuld an ihm finde. E Jesus kam heraus; er trug die Dornenkrone und den purpurroten Mantel. Pilatus sagte zu ihnen: S Seht, der Mensch! E Als die Hohepriester und die Diener ihn sahen, schrien sie: S Kreuzige ihn, kreuzige ihn! E Pilatus sagte zu ihnen: S Nehmt ihr ihn und kreuzigt ihn! Denn ich finde keine Schuld an ihm. E Die Juden entgegneten ihm: S Wir haben ein Gesetz und nach dem Gesetz muss er sterben, weil er sich zum Sohn Gottes gemacht hat. E Als Pilatus das hörte, fürchtete er sich noch mehr. Er ging wieder in das Prätórium hinein und fragte Jesus: S Woher bist du? E Jesus aber gab ihm keine Antwort. Da sagte Pilatus zu ihm: S Du sprichst nicht mit mir? Weißt du nicht, dass ich Macht habe, dich freizulassen, und Macht, dich zu kreuzigen? E Jesus antwortete ihm: † Du hättest keine Macht über mich, wenn es dir nicht von oben gegeben wäre; darum hat auch der eine größere Sünde, der mich dir ausgeliefert hat. E Daraufhin wollte Pilatus ihn freilassen, aber die Juden schrien: S Wenn du diesen freilässt, bist du kein Freund des Kaisers; jeder, der sich zum König macht, lehnt sich gegen den Kaiser auf.

E Auf diese Worte hin ließ Pilatus Jesus herausführen und er setzte sich auf den Richterstuhl an dem Platz, der Lithóstrotos, auf Hebräisch Gábbata, heißt. Es war Rüsttag des Paschafestes, ungefähr die sechste Stunde. Pilatus sagte zu den Juden: S Seht, euer König! E Sie aber schrien: S Hinweg, hinweg, kreuzige ihn! E Pilatus sagte zu ihnen: S Euren König soll ich kreuzigen? E Die Hohepriester antworteten: S Wir haben keinen König außer dem Kaiser. E Da lieferte er ihnen Jesus aus, damit er gekreuzigt würde.

Kreuzigung, Tod und Begräbnis Jesu

E Sie übernahmen Jesus. Und er selbst trug das Kreuz und ging hinaus zur sogenannten Schädelstätte, die auf Hebräisch Gólgota heißt.

Dort kreuzigten sie ihn und mit ihm zwei andere, auf jeder Seite einen, in der Mitte aber Jesus.
Pilatus ließ auch eine Tafel anfertigen und oben am Kreuz befestigen; die Inschrift lautete: Jesus von Nazaret, der König der Juden. Diese Tafel lasen viele Juden, weil der Platz, wo Jesus gekreuzigt wurde, nahe bei der Stadt lag. Die Inschrift war hebräisch, lateinisch und griechisch abgefasst. Da sagten die Hohepriester der Juden zu Pilatus: S Schreib nicht: Der König der Juden, sondern dass er gesagt hat: Ich bin der König der Juden. E Pilatus antwortete: S Was ich geschrieben habe, habe ich geschrieben.
E Nachdem die Soldaten Jesus gekreuzigt hatten, nahmen sie seine Kleider und machten vier Teile daraus, für jeden Soldaten einen Teil, und dazu das Untergewand. Das Untergewand war aber ohne Naht von oben ganz durchgewoben. Da sagten sie zueinander: S Wir wollen es nicht zerteilen, sondern darum losen, wem es gehören soll. E So sollte sich das Schriftwort erfüllen: Sie verteilten meine Kleider unter sich und warfen das Los um mein Gewand. Dies taten die Soldaten.
Bei dem Kreuz Jesu standen seine Mutter und die Schwester seiner Mutter, Maria, die Frau des Klopas, und Maria von Mágdala. Als Jesus die Mutter sah und bei ihr den Jünger, den er liebte, sagte er zur Mutter: † Frau, siehe, dein Sohn! E Dann sagte er zu dem Jünger: † Siehe, deine Mutter! E Und von jener Stunde an nahm sie der Jünger zu sich.

(Hier stehen alle auf.)

E Danach, da Jesus wusste, dass nun alles vollbracht war, sagte er, damit sich die Schrift erfüllte: † Mich dürstet. E Ein Gefäß voll Essig stand da. Sie steckten einen Schwamm voll Essig auf einen Ysopzweig und hielten ihn an seinen Mund. Als Jesus von dem Essig genommen hatte, sprach er: † Es ist vollbracht! E Und er neigte das Haupt und übergab den Geist.

(Hier knien alle zu einer kurzen Gebetsstille nieder.)

E Weil Rüsttag war und die Körper während des Sabbats nicht am Kreuz bleiben sollten – dieser Sabbat war nämlich ein großer Feiertag –, baten die Juden Pilatus, man möge ihnen die Beine zerschlagen

und sie dann abnehmen. Also kamen die Soldaten und zerschlugen dem ersten die Beine, dann dem andern, der mit ihm gekreuzigt worden war. Als sie aber zu Jesus kamen und sahen, dass er schon tot war, zerschlugen sie ihm die Beine nicht, sondern einer der Soldaten stieß mit der Lanze in seine Seite und sogleich floss Blut und Wasser heraus. Und der es gesehen hat, hat es bezeugt und sein Zeugnis ist wahr. Und er weiß, dass er Wahres sagt, damit auch ihr glaubt. Denn das ist geschehen, damit sich das Schriftwort erfüllte: Man soll an ihm kein Gebein zerbrechen. Und ein anderes Schriftwort sagt: Sie werden auf den blicken, den sie durchbohrt haben.
Josef aus Arimathäa war ein Jünger Jesu, aber aus Furcht vor den Juden nur im Verborgenen. Er bat Pilatus, den Leichnam Jesu abnehmen zu dürfen, und Pilatus erlaubte es. Also kam er und nahm den Leichnam ab.
Es kam auch Nikodémus, der früher einmal Jesus bei Nacht aufgesucht hatte. Er brachte eine Mischung aus Myrrhe und Aloë, etwa hundert Pfund. Sie nahmen den Leichnam Jesu und umwickelten ihn mit Leinenbinden, zusammen mit den wohlriechenden Salben, wie es beim jüdischen Begräbnis Sitte ist.
An dem Ort, wo man ihn gekreuzigt hatte, war ein Garten und in dem Garten war ein neues Grab, in dem noch niemand bestattet worden war. Wegen des Rüsttages der Juden und weil das Grab in der Nähe lag, setzten sie Jesus dort bei.

GROSSE FÜRBITTEN

1. Für die heilige Kirche
Lasst uns beten, Brüder und Schwestern, für die heilige Kirche Gottes, dass unser Gott und Herr ihr Frieden schenke auf der ganzen Erde, sie eine und behüte und uns ein Leben gewähre in Ruhe und Sicherheit zum Lob seines Namens.
(Beuget die Knie. – Erhebet euch.)

Allmächtiger, ewiger Gott, du hast in Christus allen Völkern deine Herrlichkeit geoffenbart. Behüte, was du in deinem Erbarmen geschaffen hast, damit deine Kirche auf der ganzen Erde in festem Glauben verharre. Darum bitten wir durch Christus, unseren Herrn.

2. Für den Papst
Lasst uns auch beten für unsern Papst N.: Der allmächtige Gott, der ihn zum Bischofsamt erwählt hat, erhalte ihn seiner Kirche und gebe ihm Kraft, das heilige Volk Gottes zu leiten.
(Beuget die Knie. – Erhebet euch.)

Allmächtiger, ewiger Gott, du Hirte deines Volkes, in deiner Weisheit ist alles begründet. Höre auf unser Gebet und bewahre in deiner Güte unseren Papst N. Leite durch ihn deine Kirche und gib, dass sie wachse im Glauben und in der Liebe. Darum bitten wir durch Christus, unseren Herrn.

3. Für alle Stände der Kirche
Lasst uns beten für unseren Bischof N., für alle Bischöfe, Priester, Diakone, für alle, die zum Dienst in der Kirche bestellt sind, und für das ganze Volk Gottes.
(Beuget die Knie. – Erhebet euch.)

Allmächtiger, ewiger Gott, dein Geist heiligt den ganzen Leib der Kirche und leitet ihn. Erhöre unser Gebet für alle Stände deines Volkes und gib ihnen die Gnade, dir in Treue zu dienen. Darum bitten wir durch Christus, unseren Herrn.

4. Für die Katechumenen
Lasst uns auch beten für die (unsere) Katechumenen: Unser Herr und Gott öffne ihre Herzen für sein Wort, er schenke ihnen in der Taufe die Vergebung aller Sünden und nehme sie auf in sein Vaterhaus, damit sie das Leben finden in unserem Herrn Jesus Christus.
(Beuget die Knie. – Erhebet euch.)

Allmächtiger, ewiger Gott, du gibst deiner Kirche immer neue Fruchtbarkeit. Schenke allen, die sich auf die Taufe vorbereiten, Wachstum im Glauben und in der Erkenntnis. Führe sie zur Wiedergeburt aus dem Quell der Taufe und nimm sie an als deine Kinder. Darum bitten wir durch Christus, unseren Herrn.

5. Für die Einheit der Christen
Lasst uns beten für alle Brüder und Schwestern, die an Christus glauben, dass unser Herr und Gott sie leite auf dem Weg der Wahrheit und sie zusammenführe in der Einheit der heiligen Kirche.
(Beuget die Knie. – Erhebet euch.)

Allmächtiger Gott, du allein kannst die Spaltung überwinden und die Einheit bewahren. Erbarme dich deiner Christenheit, die geheiligt ist durch die eine Taufe. Einige sie im wahren Glauben und schließe sie zusammen durch das Band der Liebe. Darum bitten wir durch Christus, unseren Herrn.

6. Für die Juden
Lasst uns auch beten für die Juden, zu denen Gott, unser Herr, zuerst gesprochen hat: Er bewahre sie in der Treue zu seinem Bund und in der Liebe zu seinem Namen, damit sie das Ziel erreichen, zu dem sein Ratschluss sie führen will.
(Beuget die Knie. – Erhebet euch.)

Allmächtiger, ewiger Gott, du hast Abraham und seinen Kindern deine Verheißung gegeben. Erhöre das Gebet deiner Kirche für das Volk, das du als Erstes zu deinem Eigentum erwählt hast: Gib, dass es zur Fülle der Erlösung gelangt. Darum bitten wir durch Christus, unseren Herrn.

7. Für alle, die nicht an Christus glauben
Lasst uns beten für alle, die nicht an Christus glauben, dass der Heilige Geist sie erleuchte und sie auf den Weg des Heils führe.
(Beuget die Knie. – Erhebet euch.)

Allmächtiger, ewiger Gott, steh allen bei, die sich nicht zu Christus bekennen, damit sie mit redlichem Herzen vor dir leben und die Wahrheit finden. Uns aber gib, dass wir das Geheimnis deines Lebens immer tiefer erfassen und in der brüderlichen Liebe wachsen, damit wir immer mehr zu glaubhaften Zeugen deiner Güte werden. Darum bitten wir durch Christus, unseren Herrn.

8. Für alle, die nicht an Gott glauben
Lasst uns auch beten für alle, die Gott nicht erkennen, dass sie mit seiner Hilfe ihrem Gewissen folgen und so zum Gott und Vater aller Menschen gelangen.
(Beuget die Knie. – Erhebet euch.)

Allmächtiger, ewiger Gott, du hast den Menschen geschaffen, dass er dich suche und in dir Ruhe finde. Gib dich zu erkennen in den Beweisen deines Erbarmens und in den Taten deiner Gläubigen, damit die Menschen trotz aller Hindernisse dich finden und als den wahren Gott und Vater bekennen. Darum bitten wir durch Christus, unseren Herrn.

9. Für die Regierenden
Lasst uns beten für die Regierenden: Unser Herr und Gott lenke ihren Geist und ihr Herz nach seinem Willen, damit sie den wahren Frieden und die Freiheit suchen zum Heil aller Völker.
(Beuget die Knie. – Erhebet euch.)

Allmächtiger, ewiger Gott, in deiner Hand sind die Herzen der Menschen und das Recht der Völker. Schau gnädig auf jene, die uns regieren, damit auf der ganzen Welt Sicherheit und Frieden herrschen, Wohlfahrt der Völker und Freiheit des Glaubens. Darum bitten wir durch Christus, unseren Herrn.

10. Für alle notleidenden Menschen
Lasst uns Gott, den allmächtigen Vater, bitten für alle, die der Hilfe bedürfen: Er reinige die Welt von allem Irrtum, nehme die Krankheiten hinweg, vertreibe den Hunger, löse ungerechte Fesseln, gebe den Heimatlosen Sicherheit, den Pilgernden und Reisenden eine glückliche Heimkehr, den Kranken die Gesundheit und den Sterbenden das ewige Leben.
(Beuget die Knie. – Erhebet euch.)

Allmächtiger, ewiger Gott, du Trost der Betrübten, du Kraft der Leidenden, höre auf alle, die in ihrer Bedrängnis zu dir rufen, und lass sie in jeder Not deine Barmherzigkeit erfahren. Darum bitten wir durch Christus, unseren Herrn.

KREUZVEREHRUNG

(Nach dem Wortgottesdienst folgt die feierliche Kreuzverehrung. Das Kreuz ist Zeichen der Niederlage, aber auch Zeichen des Sieges, es ist das Zeichen unserer Hoffnung. Im Zeichen des Kreuzes ehren wir Christus und bekennen uns zu ihm und seinem Weg.)

RUF ZUR KREUZERHEBUNG

V: Ecce lignum Crucis,
in quo salus mundi
pependit.
A: Venite, adoremus.

V: Seht das Kreuz, an dem
der Herr gehangen, das
Heil der Welt.
A: Kommt, lasset uns
anbeten.

GESÄNGE ZUR KREUZVEREHRUNG

ANTWORTGESANG

A: Dein Kreuz, o Herr, verehren wir
und deine heilige Auferstehung
preisen und rühmen wir:
Denn siehe, durch das Holz des Kreuzes
kam Freude in alle Welt.

V: Gott sei uns gnädig und segne uns. Vgl. Ps 67 (66),2
Er lasse sein Angesicht über uns leuchten
und erbarme sich unser.

A: Dein Kreuz, o Herr, verehren wir
und deine heilige Auferstehung
preisen und rühmen wir:
Denn siehe, durch das Holz des Kreuzes
kam Freude in alle Welt.

IMPROPERIEN

A: Mein Volk, was habe ich dir getan, womit nur habe ich dich betrübt? Antworte mir.

V: Aus der Knechtschaft Ägyptens habe ich dich herausgeführt. Du aber bereitest das Kreuz deinem Erlöser.

A: Mein Volk …

Hagios, ho Theos,
Sanctus Deus.
Heiliger Gott.

Hagios Ischyros.
Sanctus Fortis.
Heiliger, starker Gott.

Hagios Athanatos, eleison hemas.
Sanctus Immortalis, miserere nobis.
Heiliger, unsterblicher Gott, erbarme dich unser.

V: Vierzig Jahre habe ich dich geleitet durch die Wüste. Ich habe dich mit Manna gespeist und dich hineingeführt in das Land der Verheißung. Du aber bereitest das Kreuz deinem Erlöser.

Hagios, ho Theos,
Sanctus Deus.
Heiliger Gott.

Hagios Ischyros.
Sanctus Fortis.
Heiliger, starker Gott.

Hagios Athanatos, eleison hemas.
Sanctus Immortalis, miserere nobis.
Heiliger, unsterblicher Gott, erbarme dich unser.

V: Was hätte ich dir mehr tun sollen und tat es nicht? Als meinen erlesenen Weinberg pflanzte ich dich, du aber brachtest mir bittere Trauben, du hast mich in meinem Durst mit Essig getränkt und mit der Lanze deinem Erlöser die Seite durchstoßen.

Hagios, ho Theos,
Sanctus Deus.
Heiliger Gott.

Hagios Ischyros.
Sanctus Fortis.
Heiliger, starker Gott.

Hagios Athanatos, eleison hemas.
Sanctus Immortalis, miserere nobis.
Heiliger, unsterblicher Gott, erbarme dich unser.

V: Deinetwegen habe ich Ägypten geschlagen und seine Erstgeburt, du aber hast mich geschlagen und dem Tod überliefert.

A: Mein Volk, was habe ich dir getan, womit nur habe ich dich betrübt? Antworte mir.

V: Ich habe dich aus Ägypten herausgeführt und den Pharao versinken lassen im Roten Meer, du aber hast mich den Hohenpriestern überliefert.

A: Mein Volk …

V: Ich habe vor dir einen Weg durch das Meer gebahnt, du aber hast mit der Lanze meine Seite geöffnet.

A: Mein Volk …

V: In einer Wolkensäule bin ich dir vorangezogen, du aber hast mich vor den Richterstuhl des Pilatus geführt.

A: Mein Volk …

V: Ich habe dich in der Wüste mit Manna gespeist, du aber hast mich ins Gesicht geschlagen und mich gegeißelt.

A: Mein Volk …

V: Ich habe dir Wasser aus dem Felsen zu trinken gegeben und dich gerettet, du aber hast mich getränkt mit Galle und Essig.

A: Mein Volk …

V: Deinetwegen habe ich die Könige Kanaans geschlagen, du aber schlugst mir mit einem Rohr auf mein Haupt.

A: Mein Volk …

V: Ich habe dir ein Königszepter in die Hand gegeben, du aber hast mich gekrönt mit einer Krone von Dornen.

A: Mein Volk …

V: Ich habe dich erhöht und ausgestattet mit großer Kraft, du aber erhöhtest mich am Holz des Kreuzes.

A: Mein Volk …

HYMNUS

Hier kann der Hymnus Pange, lingua, gloriosi proelium certaminis *eingefügt werden.*

KOMMUNION

(Das Allerheiligste wird zum Altar gebracht. Der Priester tritt zum Altar und spricht mit gefalteten Händen:)

Dem Wort unseres Herrn und Erlösers gehorsam und getreu seiner göttlichen Weisung, wagen wir zu sprechen:

(Er breitet die Hände aus und betet mit der Gemeinde:)

Vater unser im Himmel, geheiligt werde dein Name. Dein Reich komme. Dein Wille geschehe, wie im Himmel so auf Erden. Unser tägliches Brot gib uns heute. Und vergib uns unsere Schuld, wie auch wir vergeben unsern Schuldigern. Und führe uns nicht in Versuchung, sondern erlöse uns von dem Bösen.

(Der Priester fährt allein fort mit ausgebreiteten Händen:)

Erlöse uns, Herr, allmächtiger Vater, von allem Bösen und gib Frieden in unseren Tagen. Komm uns zu Hilfe mit deinem Erbarmen und bewahre uns vor Verwirrung und Sünde, damit wir voll Zuversicht das Kommen unseres Erlösers Jesus Christus erwarten.

(Die Gemeinde beschließt das Gebet mit dem Ruf:)

Denn dein ist das Reich und die Kraft
und die Herrlichkeit in Ewigkeit. Amen.

(Der Priester faltet die Hände und spricht leise:)

Herr Jesus Christus, der Empfang deines Leibes bringe mir nicht Gericht und Verdammnis, sondern Segen und Heil.

(Der Priester macht eine Kniebeuge, nimmt eine Hostie, hält sie über der Schale und spricht, zur Gemeinde gewendet, laut:)

Seht das Lamm Gottes,
das hinwegnimmt die Sünde der Welt.

(Zusammen mit der Gemeinde spricht er einmal:)

Herr, ich bin nicht würdig,
dass du eingehst unter mein Dach,
aber sprich nur ein Wort,
so wird meine Seele gesund.

SCHLUSSGEBET

Allmächtiger, ewiger Gott, durch den Tod und die Auferstehung deines Sohnes hast du uns das neue Leben geschenkt. Bewahre in uns, was deine Barmherzigkeit gewirkt hat, und gib uns durch den Empfang dieses Sakramentes die Kraft, dir treu zu dienen. Darum bitten wir durch Christus, unseren Herrn.

SEGENSGEBET ÜBER DAS VOLK

Herr, unser Gott, reicher Segen komme herab auf dein Volk, das den Tod deines Sohnes gefeiert hat und die Auferstehung erwartet. Schenke ihm Verzeihung und Trost, Wachstum im Glauben und die ewige Erlösung. Darum bitten wir durch Christus, unseren Herrn.

***

DE PROFUNDIS

aus den Rissen
bis zum Grund

und im Missen
wachwund

hörst du mich?
hörst du mich?

du unterm Grund
dir

ja dir
singe ich

Lisa F. Oesterheld

Die Osterzeit

HOCHFEST DER AUFERSTEHUNG DES HERRN

OSTERSONNTAG

8./9. April 2023

DIE FEIER DER OSTERNACHT

Ein Feuer brennt in der Nacht. Es erklingt der Ruf „Lumen Christi – Deo gratias“: Christus ist das Licht der Welt – Gott sei Dank! So beginnt die Osternacht. Wenn sich das Licht von Kerze zu Kerze in der ganzen Kirche verbreitet hat, erklingt das Osterlob „Exsultet“, jubelnd besingt es Christus als den Sieger über den Tod. Er ist das Licht, das alles Dunkel überstrahlt. Besungen wird auch und besonders die Nacht, nämlich als selige Nacht, in der Christus erstand – und sogar die Schuld des Menschen, als glückliche Schuld, die in Christus einen großen Erlöser gefunden habe. Man könnte es auch so formulieren: Nach Ostern erscheint alles in einem neuen Licht. Ostern ist der Sieg über den Tod, die Erlösung von Schuld, ein Fest der ungeahnten Möglichkeiten Gottes.

LICHTFEIER

(In der Lichtfeier wird das Osterfeuer gesegnet. An ihm wird die Osterkerze entzündet und in feierlichem Zug in die dunkle Kirche getragen. Wenn es nicht möglich ist, das Osterfeuer anzuzünden, beginnt die Feier mit dem Einzug der Osterkerze.)

BEGRÜSSUNG

Liebe Brüder und Schwestern!
In der Osternacht ist unser Herr Jesus Christus vom Tode auferstanden und zum Leben hinübergegangen. Darum hält die Kirche in der ganzen Welt diese Nacht heilig; sie lädt ihre Söhne und Töchter, wo immer sie wohnen, ein, zu wachen und zu beten. Auch wir sind in (zu Beginn – am Ende) dieser Nacht der Einladung gefolgt. Wir begehen das Gedächtnis des österlichen Heilswerkes Christi, indem wir das Wort Gottes hören und die heiligen Mysterien feiern in der zuversichtlichen Hoffnung, dass wir einst am Sieg Christi über den Tod und an seinem Leben in Gott teilnehmen dürfen.

SEGEN ÜBER DAS FEUER

Lasset uns beten. Allmächtiger, ewiger Gott, du hast durch Christus allen, die an dich glauben, das Licht deiner Herrlichkeit geschenkt. Segne † dieses neue Feuer, das die Nacht erhellt, und entflamme in uns die Sehnsucht nach dir, dem unvergänglichen Licht, damit wir mit reinem Herzen zum ewigen Osterfest gelangen. Darum bitten wir durch Christus, unseren Herrn.

BEREITUNG DER OSTERKERZE

(Nach der Segnung des Feuers wird die Osterkerze herbeigebracht. Der Zelebrant ritzt mit einem Griffel ein Kreuz in die Kerze, darüber

zeichnet er den ersten Buchstaben des griechischen Alphabets, Alpha, darunter den letzten, Omega. Zwischen die Kreuzesarme schreibt er die Jahreszahl. Dabei spricht er:)

Christus, gestern und heute *(senkrechter Balken),*
Anfang und Ende *(Querbalken),*
Alpha *(über dem Kreuz)*
und Omega *(unter dem Kreuz).*

Sein ist die Zeit *(1. Ziffer)*
und die Ewigkeit *(2. Ziffer).*
Sein ist die Macht
und die Herrlichkeit *(3. Ziffer)*
in alle Ewigkeit. Amen *(4. Ziffer).*

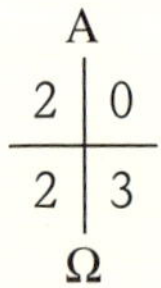

(Der Priester kann in das geritzte Kreuz fünf Weihrauchkörner einfügen. Dabei spricht er:)

Durch seine heiligen Wunden *(1),*
die leuchten in Herrlichkeit *(2),*
behüte uns *(3)*
und bewahre uns *(4),*
Christus, der Herr. Amen *(5).*

1
4 2 5
3

(Danach zündet der Priester die Osterkerze am Feuer an und spricht:)

Christus ist glorreich auferstanden vom Tod.
Sein Licht vertreibe das Dunkel der Herzen.

PROZESSION

(Der Priester oder ein Diakon nimmt die Osterkerze, hebt sie empor und singt:)

Lumen Christi.	Christus, das Licht.
A: Deo gratias.	A: Dank sei Gott.

(Alle ziehen in die Kirche ein. Am Eingang wird der Preisruf wiederholt. Die Mitfeiernden zünden ihre Kerzen an der Osterkerze an. Vor dem Altar wendet sich der Priester dem Volk zu und singt zum

dritten Mal den Preisruf. Nun werden in der Kirche die Lichter angezündet.)

DAS OSTERLOB

Frohlocket, ihr Chöre der Engel, frohlocket, ihr himmlischen Scharen, lasset die Posaune erschallen, preiset den Sieger, den erhabenen König! Lobsinge, du Erde, überstrahlt vom Glanz aus der Höhe! Licht des großen Königs umleuchtet dich. Siehe, geschwunden ist allerorten das Dunkel. Auch du freue dich, Mutter Kirche, umkleidet von Licht und herrlichem Glanze! Töne wider, heilige Halle, töne von des Volkes mächtigem Jubel.

(V: Der Herr sei mit euch.
A: Und mit deinem Geiste.)
V: Erhebet die Herzen.
A: Wir haben sie beim Herrn.
V: Lasset uns danken dem Herrn, unserm Gott.
A: Das ist würdig und recht.

In Wahrheit ist es würdig und recht, den verborgenen Gott, den allmächtigen Vater, mit aller Glut des Herzens zu rühmen und seinen eingeborenen Sohn, unseren Herrn Jesus Christus, mit jubelnder Stimme zu preisen. Er hat für uns beim ewigen Vater Adams Schuld bezahlt und den Schuldbrief ausgelöscht mit seinem Blut, das er aus Liebe vergossen hat. Gekommen ist das heilige Osterfest, an dem das wahre Lamm geschlachtet ward, dessen Blut die Türen der Gläubigen heiligt und das Volk bewahrt vor Tod und Verderben. Dies ist die Nacht, die unsere Väter, die Söhne Israels, aus Ägypten befreit und auf trockenem Pfad durch die Fluten des Roten Meeres geführt hat. Dies ist die Nacht, in der die leuchtende Säule das Dunkel der Sünde vertrieben hat. Dies ist die Nacht, die auf der ganzen Erde alle, die an Christus glauben, scheidet von den Lastern der Welt, dem Elend der Sünde entreißt, ins Reich der Gnade heimführt und einfügt in die heilige Kirche. Dies ist die selige Nacht, in der Christus die Ketten des Todes zerbrach und aus der Tiefe als Sieger emporstieg. O unfassbare Liebe des Vaters: Um den Knecht zu erlösen, gabst du den Sohn da-

hin! O wahrhaft heilbringende Sünde des Adam, du wurdest uns zum Segen, da Christi Tod dich vernichtet hat. O glückliche Schuld, welch großen Erlöser hast du gefunden. Der Glanz dieser heiligen Nacht nimmt den Frevel hinweg, reinigt von Schuld, gibt den Sündern die Unschuld, den Trauernden Freude. O wahrhaft selige Nacht, die Himmel und Erde versöhnt, die Gott und Menschen verbindet! In dieser gesegneten Nacht, heiliger Vater, nimm an das Abendopfer unseres Lobes, nimm diese Kerze entgegen als unsere festliche Gabe! Aus dem köstlichen Wachs der Bienen bereitet, wird sie dir dargebracht von deiner heiligen Kirche durch die Hand ihrer Diener. So bitten wir dich, o Herr: Geweiht zum Ruhm deines Namens, leuchte die Kerze fort, um in dieser Nacht das Dunkel zu vertreiben. Nimm sie an als lieblich duftendes Opfer, vermähle ihr Licht mit den Lichtern am Himmel. Sie leuchte, bis der Morgenstern erscheint, jener wahre Morgenstern, der in Ewigkeit nicht untergeht: dein Sohn, unser Herr Jesus Christus, der von den Toten erstand, der den Menschen erstrahlt im österlichen Licht, der lebt und herrscht in Ewigkeit!
A: Amen.

WORTGOTTESDIENST

ZUR 1. LESUNG Haben Sie die Schöpfungsgeschichte schon einmal von einem Paar abwechselnd vorgelesen bekommen? In dieser heiligen Nacht? Gott genügt sich nicht selbst! Und auch der Mensch ist auf Gemeinschaft angelegt. Es geht um Beziehung, und diese drückt sich in der Schöpfungsgeschichte auch im Schauen aus. Denn am dritten Tag, an dem das Wasser sich sammelt und das Trockene sichtbar wird, beginnt Gott jeweils anzuschauen, was er gemacht hat, bis er schließlich erkennen kann: Es war sehr gut. Nachdem Gott alles geschaffen und geschaut hat, ruht er am siebten Tag. Vielleicht dürfen wir dies als Einladung verstehen, nun unsererseits auf Ihn zu schauen – am siebten Tag, in dieser heiligen Nacht, bis zum erneut Ersten Tag, dem Ostertag.

ERSTE LESUNG

Gen 1,1–2,2

Gott sah alles an, was er gemacht hatte: Es war sehr gut

Lesung aus dem Buch Génesis.

Im Anfang erschuf Gott Himmel und Erde. Die Erde war wüst und wirr und Finsternis lag über der Urflut und Gottes Geist schwebte über dem Wasser. Gott sprach: Es werde Licht. Und es wurde Licht. Gott sah, dass das Licht gut war. Und Gott schied das Licht von der Finsternis. Und Gott nannte das Licht Tag und die Finsternis nannte er Nacht. Es wurde Abend und es wurde Morgen: erster Tag.

Dann sprach Gott: Es werde ein Gewölbe mitten im Wasser und scheide Wasser von Wasser. Gott machte das Gewölbe und schied das Wasser unterhalb des Gewölbes vom Wasser oberhalb des Gewölbes. Und so geschah es. Und Gott nannte das Gewölbe Himmel. Es wurde Abend und es wurde Morgen: zweiter Tag.

Dann sprach Gott: Es sammle sich das Wasser unterhalb des Himmels an einem Ort und das Trockene werde sichtbar. Und so geschah es. Und Gott nannte das Trockene Land und die Ansammlung des Wassers nannte er Meer. Gott sah, dass es gut war. Dann sprach Gott: Die Erde lasse junges Grün sprießen, Gewächs, das Samen bildet, Fruchtbäume, die nach ihrer Art Früchte tragen mit Samen darin auf der Erde. Und so geschah es. Die Erde brachte junges Grün hervor, Gewächs, das Samen nach seiner Art bildet, und Bäume, die Früchte tragen mit Samen darin nach ihrer Art. Gott sah, dass es gut war. Es wurde Abend und es wurde Morgen: dritter Tag.

Dann sprach Gott: Lichter sollen am Himmelsgewölbe sein, um Tag und Nacht zu scheiden. Sie sollen als Zeichen für Festzeiten, für Tage und Jahre dienen. Sie sollen Lichter am Himmelsgewölbe sein, um über die Erde hin zu leuchten. Und so geschah es. Gott machte die beiden großen Lichter, das große zur Herrschaft über den Tag, das kleine zur Herrschaft über die Nacht, und die Sterne. Gott setzte sie an das Himmelsgewölbe, damit sie über die Erde leuchten, über Tag und Nacht herrschen und das Licht von der

Finsternis scheiden. Gott sah, dass es gut war. Es wurde Abend und es wurde Morgen: vierter Tag.

Dann sprach Gott: Das Wasser wimmle von Schwärmen lebendiger Wesen und Vögel sollen über der Erde am Himmelsgewölbe fliegen. Und Gott erschuf die großen Wassertiere und alle Lebewesen, die sich fortbewegen nach ihrer Art, von denen das Wasser wimmelt, und alle gefiederten Vögel nach ihrer Art. Gott sah, dass es gut war. Gott segnete sie und sprach: Seid fruchtbar und mehrt euch! Füllt das Wasser im Meer und die Vögel sollen sich auf Erden vermehren. Es wurde Abend und es wurde Morgen: fünfter Tag.

Dann sprach Gott: Die Erde bringe Lebewesen aller Art hervor, von Vieh, von Kriechtieren und von Wildtieren der Erde nach ihrer Art. Und so geschah es. Gott machte die Wildtiere der Erde nach ihrer Art, das Vieh nach seiner Art und alle Kriechtiere auf dem Erdboden nach ihrer Art. Gott sah, dass es gut war.

Dann sprach Gott: Lasst uns Menschen machen als unser Bild, uns ähnlich! Sie sollen walten über die Fische des Meeres, über die Vögel des Himmels, über das Vieh, über die ganze Erde und über alle Kriechtiere, die auf der Erde kriechen. Gott erschuf den Menschen als sein Bild, als Bild Gottes erschuf er ihn. Männlich und weiblich erschuf er sie. Gott segnete sie und Gott sprach zu ihnen: Seid fruchtbar und mehrt euch, füllt die Erde und unterwerft sie und waltet über die Fische des Meeres, über die Vögel des Himmels und über alle Tiere, die auf der Erde kriechen! Dann sprach Gott: Siehe, ich gebe euch alles Gewächs, das Samen bildet auf der ganzen Erde, und alle Bäume, die Früchte tragen mit Samen darin. Euch sollen sie zur Nahrung dienen. Allen Tieren der Erde, allen Vögeln des Himmels und allem, was auf der Erde kriecht, das Lebensatem in sich hat, gebe ich alles grüne Gewächs zur Nahrung. Und so geschah es. Gott sah alles an, was er gemacht hatte: Und siehe, es war sehr gut. Es wurde Abend und es wurde Morgen: der sechste Tag.

So wurden Himmel und Erde und ihr ganzes Heer vollendet. Am siebten Tag vollendete Gott das Werk, das er gemacht hatte, und er ruhte am siebten Tag, nachdem er sein ganzes Werk gemacht hatte.

Oder:

KURZFASSUNG

Gen 1, 1.26–31a

Gott sah alles an, was er gemacht hatte: Es war sehr gut

Lesung aus dem Buch Génesis.

Im Anfang erschuf Gott Himmel und Erde. Dann sprach Gott: Lasst uns Menschen machen als unser Bild, uns ähnlich! Sie sollen walten über die Fische des Meeres, über die Vögel des Himmels, über das Vieh, über die ganze Erde und über alle Kriechtiere, die auf der Erde kriechen. Gott erschuf den Menschen als sein Bild, als Bild Gottes erschuf er ihn. Männlich und weiblich erschuf er sie.

Gott segnete sie und Gott sprach zu ihnen: Seid fruchtbar und mehrt euch, füllt die Erde und unterwerft sie und waltet über die Fische des Meeres, über die Vögel des Himmels und über alle Tiere, die auf der Erde kriechen! Dann sprach Gott: Siehe, ich gebe euch alles Gewächs, das Samen bildet auf der ganzen Erde, und alle Bäume, die Früchte tragen mit Samen darin. Euch sollen sie zur Nahrung dienen. Allen Tieren der Erde, allen Vögeln des Himmels und allem, was auf der Erde kriecht, das Lebensatem in sich hat, gebe ich alles grüne Gewächs zur Nahrung. Und so geschah es.

Gott sah alles an, was er gemacht hatte: Und siehe, es war sehr gut.

ANTWORTPSALM

Ps 104 (103), 1–2.5–6.10 u. 12.13–14b.24 u. 1ab (Kv: vgl. 30)

Kv Sende aus deinen Geist
und das Angesicht der Erde wird neu. – Kv

Preise den HERRN, meine Seele! /
HERR, mein Gott, überaus groß bist du! *
Du bist mit Hoheit und Pracht bekleidet.
Du hüllst dich in Licht wie in einen Mantel, *
du spannst den Himmel aus gleich einem Zelt. – (Kv)

Du hast die Erde auf Pfeiler gegründet, *
in alle Ewigkeit wird sie nicht wanken.
Einst hat die Urflut sie bedeckt wie ein Kleid, *
die Wasser standen über den Bergen. – (Kv)

Du lässt Quellen sprudeln in Bäche, *
sie eilen zwischen den Bergen dahin.
Darüber wohnen die Vögel des Himmels, *
aus den Zweigen erklingt ihr Gesang. – (Kv)

Du tränkst die Berge aus deinen Kammern, *
von der Frucht deiner Werke wird die Erde satt.
Du lässt Gras wachsen für das Vieh *
und Pflanzen für den Ackerbau des Menschen. – (Kv)

Wie zahlreich sind deine Werke, HERR, /
sie alle hast du mit Weisheit gemacht, *
die Erde ist voll von deinen Geschöpfen.
Preise den HERRN, meine Seele! *
HERR, mein Gott, überaus groß bist du! – Kv

Oder:

ANTWORTPSALM Ps 33 (32),4–5.6–7.12–13.20 u. 22 (Kv: vgl. 5b)

Kv Von deiner Huld, o HERR, ist die Erde erfüllt. – Kv

Das Wort des HERRN ist redlich, *
all sein Tun ist verlässlich.
Er liebt Gerechtigkeit und Recht, *
erfüllt von der Huld des HERRN ist die Erde. – (Kv)

Durch das Wort des HERRN wurden die Himmel geschaffen, *
ihr ganzes Heer durch den Hauch seines Mundes.
Er sammelt das Wasser des Meeres und dämmt es ein, *
legt die Fluten in Kammern. – (Kv)

Selig die Nation, deren Gott der HERR ist, *
das Volk, das er sich zum Erbteil erwählt hat.
Der HERR blickt herab vom Himmel, *
er sieht alle Menschen. – (Kv)

Unsre Seele hofft auf den HERRN; *
er ist unsre Hilfe und unser Schild.
Lass deine Huld über uns walten, o HERR, *
wie wir auf dich hofften! – Kv

GEBET

Allmächtiger Gott, du bist wunderbar in allem, was du tust. Lass deine Erlösten erkennen, dass deine Schöpfung groß ist, doch größer noch das Werk der Erlösung, die du uns in der Fülle der Zeit geschenkt hast durch den Tod des Osterlammes, unseres Herrn Jesus Christus, der mit dir lebt und herrscht in alle Ewigkeit.

ZUR 2. LESUNG Ein Menschenopfer fordert Gott? Oder beansprucht zumindest die Bereitschaft dazu? Eine Zumutung ist das. Niemand sollte in eine solch traumatische Situation kommen, wie sie dem jungen Isaak in dem Abschnitt aus dem Buch Genesis nicht erspart bleibt. Nichts daran ist gutzuheißen oder zu rechtfertigen! Gott will nicht den Tod. Er will und wirkt das Heil – und scheut nicht davor zurück, dazu sich selbst aufs Spiel zu setzen. Kann man das Opferlamm, von dem Abraham zu Isaak spricht, als (Vor-)Bild für Jesus Christus verstehen? Oder den Widder im Gestrüpp? Wichtig ist jedenfalls das offene Ohr des Abraham, das ihn in dieser abgründigen Situation noch den Ausweg erkennen lässt.

ZWEITE LESUNG

Gen 22,1–18

Das Opfer unseres Vaters Abraham (Messbuch: 1. Hochgebet)

Lesung aus dem Buch Génesis.

In jenen Tagen stellte Gott Abraham auf die Probe. Er sprach zu ihm: Abraham! Er sagte: Hier bin ich. Er sprach: Nimm deinen Sohn, deinen einzigen, den du liebst, Ísaak, geh in das Land Moríja und bring ihn dort auf einem der Berge, den ich dir nenne, als Brandopfer dar!

Frühmorgens stand Abraham auf, sattelte seinen Esel, nahm zwei seiner Jungknechte mit sich und seinen Sohn Ísaak, spaltete Holz zum Brandopfer und machte sich auf den Weg zu dem Ort, den ihm Gott genannt hatte. Als Abraham am dritten Tag seine Augen erhob, sah er den Ort von Weitem.

Da sagte Abraham zu seinen Jungknechten: Bleibt mit dem Esel hier! Ich aber und der Knabe, wir wollen dorthin gehen und uns niederwerfen; dann wollen wir zu euch zurückkehren. Abraham nahm das Holz für das Brandopfer und lud es seinem Sohn Ísaak auf. Er selbst nahm das Feuer und das Messer in die Hand. So gingen beide miteinander.

Da sprach Ísaak zu seinem Vater Abraham. Er sagte: Mein Vater! Er antwortete: Hier bin ich, mein Sohn! Dann sagte Ísaak: Hier ist Feuer und Holz. Wo aber ist das Lamm für das Brandopfer? Abraham sagte: Gott wird sich das Lamm für das Brandopfer ausersehen, mein Sohn. Und beide gingen miteinander weiter.

Als sie an den Ort kamen, den ihm Gott genannt hatte, baute Abraham dort den Altar, schichtete das Holz auf, band seinen Sohn Ísaak und legte ihn auf den Altar, oben auf das Holz. Abraham streckte seine Hand aus und nahm das Messer, um seinen Sohn zu schlachten. Da rief ihm der Engel des HERRN vom Himmel her zu und sagte: Abraham, Abraham! Er antwortete: Hier bin ich. Er sprach: Streck deine Hand nicht gegen den Knaben aus und tu ihm nichts zuleide! Denn jetzt weiß ich, dass du Gott fürchtest; du hast mir deinen Sohn, deinen einzigen, nicht vorenthalten. Abraham erhob seine Augen, sah hin und siehe, ein Widder hatte sich hinter ihm mit seinen Hörnern im Gestrüpp verfangen. Abraham ging hin, nahm den Widder und brachte ihn statt seines Sohnes als Brandopfer dar.

Abraham gab jenem Ort den Namen „Der HERR sieht“, wie man noch heute sagt: Auf dem Berg lässt sich der HERR sehen.

Der Engel des HERRN rief Abraham zum zweiten Mal vom Himmel her zu und sprach: Ich habe bei mir geschworen – Spruch des HERRN: Weil du das getan hast und deinen Sohn, deinen einzigen, mir nicht vorenthalten hast, will ich dir Segen schenken in Fülle und deine Nachkommen überaus zahlreich machen wie die Sterne am Himmel und den Sand am Meeresstrand. Deine Nachkommen werden das Tor ihrer Feinde einnehmen. Segnen werden sich mit deinen Nachkommen alle Völker der Erde, weil du auf meine Stimme gehört hast.

Oder:

KURZFASSUNG Gen 22,1–2.9a.10–13.15–18

Das Opfer unseres Vaters Abraham (Messbuch: 1. Hochgebet)

Lesung aus dem Buch Génesis.

In jenen Tagen stellte Gott Abraham auf die Probe. Er sprach zu ihm: Abraham! Er sagte: Hier bin ich. Er sprach: Nimm deinen Sohn, deinen einzigen, den du liebst, Ísaak, geh in das Land Moríja und bring ihn dort auf einem der Berge, den ich dir nenne, als Brandopfer dar!

Als sie an den Ort kamen, den ihm Gott genannt hatte, baute Abraham dort den Altar, schichtete das Holz auf. Abraham streckte seine Hand aus und nahm das Messer, um seinen Sohn zu schlachten. Da rief ihm der Engel des HERRN vom Himmel her zu und sagte: Abraham, Abraham! Er antwortete: Hier bin ich. Er sprach: Streck deine Hand nicht gegen den Knaben aus und tu ihm nichts zuleide! Denn jetzt weiß ich, dass du Gott fürchtest; du hast mir deinen Sohn, deinen einzigen, nicht vorenthalten. Abraham erhob seine Augen, sah hin und siehe, ein Widder hatte sich hinter ihm mit seinen Hörnern im Gestrüpp verfangen. Abraham ging hin, nahm den Widder und brachte ihn statt seines Sohnes als Brandopfer dar.

Der Engel des HERRN rief Abraham zum zweiten Mal vom Himmel her zu und sprach: Ich habe bei mir geschworen – Spruch des

Herrn: Weil du das getan hast und deinen Sohn, deinen einzigen, mir nicht vorenthalten hast, will ich dir Segen schenken in Fülle und deine Nachkommen überaus zahlreich machen wie die Sterne am Himmel und den Sand am Meeresstrand. Deine Nachkommen werden das Tor ihrer Feinde einnehmen. Segnen werden sich mit deinen Nachkommen alle Völker der Erde, weil du auf meine Stimme gehört hast.

ANTWORTPSALM

Ps 16 (15),5 u. 8.9–10.2 u. 11 (Kv: vgl. 1)

Kv Behüte mich, Gott,
denn ich vertraue auf dich. – Kv

Der Herr ist mein Erbteil, er reicht mir den Becher, *
du bist es, der mein Los hält.
Ich habe mir den Herrn beständig vor Augen gestellt, *
weil er zu meiner Rechten ist, wanke ich nicht. – (Kv)

Darum freut sich mein Herz und jubelt meine Ehre, *
auch mein Fleisch wird wohnen in Sicherheit.
Denn du überlässt mein Leben nicht der Totenwelt; *
du lässt deinen Frommen die Grube nicht schauen. – (Kv)

Ich sagte zum Herrn: Mein Herr bist du, *
mein ganzes Glück bist du allein.
Du lässt mich den Weg des Lebens erkennen. /
Freude in Fülle vor deinem Angesicht, *
Wonnen in deiner Rechten für alle Zeit. – Kv

GEBET

Gott, du Vater aller Gläubigen, durch deine Gnade mehrst du auf dem ganzen Erdenrund die Kinder deiner Verheißung. Durch das österliche Sakrament der Taufe erfüllst du den Eid, den du Abraham geschworen hast, und machst ihn zum Vater aller Völker. Gib allen, die du zu deinem Volke berufen hast, die Gnade, diesem Ruf zu folgen. Darum bitten wir durch Christus, unseren Herrn.

ZUR 3. LESUNG Gerade noch hat Mose verkündet: „Bleibt stehen und schaut zu, wie der Herr euch heute rettet" (Ex 14,13), da fordert Gott ihn und das Volk zum Aufbruch auf, hinein in das Meer. Dieses trocknet aus und spaltet sich – wie soll man sich beides zugleich vorstellen? Man spürt der Textfassung die verschiedenen Quellen an, die nicht ganz harmonisch zusammenfließen. Diskrepanzen auf allen Ebenen – und das in dieser heiligen Nacht? Die Geschichten dieser Feier sind komplex und unübersichtlich. Doch darin rettet Gott. Auch so geschieht Erlösung. Am Ende steht: Der Tod ist tot und das Leben lebt. Das ist der Grund unserer Hoffnung für alle Menschen. Letztlich auch für die in der Geschichte getöteten Ägypter.

DRITTE LESUNG Ex 14,15–15,1

Die Israeliten zogen auf trockenem Boden mitten durch das Meer

Lesung aus dem Buch Éxodus

In jenen Tagen, als die Israeliten sahen, dass die Ägypter ihnen nachrückten, erschraken sie sehr und schrien zum Herrn. Da sprach der HERR zu Mose: Was schreist du zu mir? Sag den Israeliten, sie sollen aufbrechen. Und du heb deinen Stab hoch, streck deine Hand über das Meer und spalte es, damit die Israeliten auf trockenem Boden in das Meer hineinziehen können! Ich aber will das Herz der Ägypter verhärten, damit sie hinter ihnen hineinziehen. So will ich am Pharao und an seiner ganzen Streitmacht, an seinen Streitwagen und Reitern meine Herrlichkeit erweisen. Die Ägypter sollen erkennen, dass ich der HERR bin, wenn ich am Pharao, an seinen Streitwagen und Reitern meine Herrlichkeit erweise.

Der Engel Gottes, der den Zug der Israeliten anführte, brach auf und ging nach hinten und die Wolkensäule brach auf und stellte sich hinter sie. Sie kam zwischen das Lager der Ägypter und das Lager der Israeliten. Die Wolke war da und Finsternis und Blitze erhellten die Nacht. So kamen sie die ganze Nacht einander nicht näher. Mose streckte seine Hand über das Meer aus und der HERR trieb die ganze Nacht das Meer durch einen starken Ostwind fort. Er ließ das Meer austrocknen und das Wasser spaltete sich. Die Israeliten zogen auf trockenem Boden ins Meer hinein, während rechts und links von ihnen das Wasser wie eine Mauer stand. Die Ägypter setzten ihnen nach; alle Pferde des Pharao, seine Streitwagen und Reiter zogen hinter ihnen ins Meer hinein.

Um die Zeit der Morgenwache blickte der HERR aus der Feuer- und Wolkensäule auf das Lager der Ägypter und brachte es in Verwirrung. Er hemmte die Räder an ihren Wagen und ließ sie nur schwer vorankommen. Da sagte der Ägypter: Ich muss vor Israel fliehen; denn der HERR kämpft auf ihrer Seite gegen Ägypten.

Darauf sprach der HERR zu Mose: Streck deine Hand über das Meer, damit das Wasser zurückflutet und den Ägypter, seine Wagen und Reiter zudeckt! Mose streckte seine Hand über das Meer und gegen Morgen flutete das Meer an seinen alten Platz zurück, während die Ägypter auf der Flucht ihm entgegenliefen. So trieb der HERR die Ägypter mitten ins Meer. Das Wasser kehrte zurück und bedeckte Wagen und Reiter, die ganze Streitmacht des Pharao, die den Israeliten ins Meer nachgezogen war. Nicht ein Einziger von ihnen blieb übrig. Die Israeliten aber waren auf trockenem Boden mitten durch das Meer gezogen, während rechts und links von ihnen das Wasser wie eine Mauer stand.

So rettete der HERR an jenem Tag Israel aus der Hand der Ägypter. Israel sah die Ägypter tot am Strand liegen. Als Israel sah, dass der HERR mit mächtiger Hand an den Ägyptern gehandelt hatte, fürchtete das Volk den HERRN. Sie glaubten an den HERRN und an Mose, seinen Knecht.

Damals sang Mose mit den Israeliten dem HERRN dieses Lied; sie sagten: Ich singe dem HERRN ein Lied, denn er ist hoch und erhaben. Ross und Reiter warf er ins Meer.

ANTWORTPSALM Ex 15,1b–2b.2c–3.4–5.6 u. 13.17–18 (Kv: vgl. 1bc)

Kv Dem HERRN will ich singen,
machtvoll hat er sich kundgetan. – Kv

Ich singe dem HERRN ein Lied, /
denn er ist hoch und erhaben. *
Ross und Reiter warf er ins Meer.
Meine Stärke und mein Lied ist der HERR, *
er ist mir zur Rettung geworden. – (Kv)

Er ist mein Gott, ihn will ich preisen; *
den Gott meines Vaters will ich rühmen.
Der HERR ist ein Krieger, *
HERR ist sein Name. – (Kv)

Pharaos Wagen und seine Streitmacht warf er ins Meer. *
Seine besten Vorkämpfer versanken im Roten Meer.
Fluten deckten sie zu, *
sie sanken in die Tiefe wie Steine. – (Kv)

Deine Rechte, HERR, ist herrlich an Stärke; *
deine Rechte, HERR, zerschmettert den Feind.
Du lenktest in deiner Güte das Volk, das du erlöst hast, *
du führtest sie machtvoll zu deiner heiligen Wohnung. – (Kv)

Du wirst sie hinbringen und einpflanzen auf den Berg deines Erbes, *
den du, HERR, zu deiner Wohnstätte gemacht hast,
um dich niederzulassen,
zu einem Heiligtum, HERR, von deinen Händen gegründet. *
Der HERR ist König für immer und ewig. – Kv

GEBET

Gott, deine uralten Wunder leuchten noch in unseren Tagen. Was einst dein mächtiger Arm an *einem* Volk getan hat, das tust du jetzt an allen Völkern: Einst hast du Israel aus der Knechtschaft des Pharao befreit und durch die Fluten des Roten Meeres geführt; nun aber führst du alle Völker durch das Wasser der Taufe zur Freiheit. Gib, dass alle Menschen Kinder Abrahams werden und zur Würde des auserwählten Volkes gelangen. Darum bitten wir durch Christus, unseren Herrn.

ZUR 4. LESUNG Gott hat der Welt eine Ordnung eingeschrieben, aber kein Schicksal vorgegeben. Er hat Leben geschenkt und wünscht sich nichts mehr, als dass aus der Lebensgeschichte eine Liebesgeschichte werde. Doch erzwingt er das nicht. Er zeigt sich als lebendiger Gott, der, zumindest für einen Augenblick, aufwallenden Zorn kennt, sich dann aber in ewiger Liebe seiner Schöpfung annimmt. Die Liebe und Treue Gottes bilden den Kern seiner Verheißung – diesseits wie jenseits der Todesgrenze. Ihm können wir unsere Hoffnung anvertrauen.

VIERTE LESUNG

Jes 54,5–14

In ewiger Huld habe ich mich deiner erbarmt, spricht dein Erlöser, der Herr

Lesung aus dem Buch Jesája.

Jerusalem dein Schöpfer ist dein Gemahl, „HERR der Heerscharen“ ist sein Name. Der Heilige Israels ist dein Erlöser, „Gott der ganzen Erde“ wird er genannt.

Ja, der HERR hat dich gerufen als verlassene, bekümmerte Frau. Kann man denn die Frau seiner Jugend verstoßen?, spricht dein Gott. Nur für eine kleine Weile habe ich dich verlassen, doch mit großem Erbarmen werde ich dich sammeln. Einen Augenblick nur verbarg ich vor dir mein Gesicht in aufwallendem Zorn; aber in ewiger Huld habe ich mich deiner erbarmt, spricht dein Erlöser, der HERR.

Wie bei der Flut Noachs soll es für mich sein: So wie ich damals schwor, dass die Flut Noachs die Erde nie mehr überschwemmen wird, so schwöre ich jetzt, dir nie mehr zu zürnen und dich nie mehr zu schelten. Mögen auch die Berge weichen und die Hügel wanken – meine Huld wird nicht von dir weichen und der Bund meines Friedens nicht wanken, spricht der HERR, der Erbarmen hat mit dir.

Ärmste, vom Sturm Gepeitschte, die ohne Trost ist: Siehe, ich selbst lege dir ein Fundament aus Malachít und Grundmauern aus Saphír. Aus Rubínen mache ich deine Zinnen, aus Berýll deine Tore und alle deine Mauern aus kostbaren Steinen. Alle deine Kinder sind Schüler des HERRN und groß ist der Friede deiner Kinder. Du wirst auf Gerechtigkeit gegründet sein. Du bist fern von Bedrängnis, denn du brauchst dich nicht mehr zu fürchten und bist fern von Schrecken; er kommt an dich nicht heran.

ANTWORTPSALM Ps 30 (29),2 u. 4.5–6b.6cd u. 12a u. 13b (Kv: vgl. 2ab)

Kv HERR, du zogst mich herauf aus der Tiefe;
ich will dich rühmen in Ewigkeit. – Kv

Ich will dich erheben, HERR, /
denn du zogst mich herauf *
und ließest nicht zu, dass meine Feinde sich über mich freuen.
HERR, du hast meine Seele heraufsteigen lassen aus der Totenwelt, *
hast mich am Leben erhalten,
sodass ich nicht in die Grube hinabstieg. – (Kv)

Singt und spielt dem HERRN, ihr seine Frommen, *
dankt im Gedenken seiner Heiligkeit!
Denn sein Zorn dauert nur einen Augenblick, *
doch seine Güte ein Leben lang. – (Kv)

Wenn man am Abend auch weint, *
am Morgen herrscht wieder Jubel.
Du hast mein Klagen in Tanzen verwandelt, *
HERR, mein Gott, ich will dir danken in Ewigkeit. – Kv

GEBET

Allmächtiger, ewiger Gott, verherrliche deinen Namen. Gewähre, was du den Vätern um ihres Glaubens willen versprochen hast, und mehre durch die Taufe die Zahl deiner Kinder. Lass deine Kirche erfahren, dass sich erfüllt, was die Heiligen des Alten Bundes gläubig erhofft haben. Darum bitten wir durch Christus, unseren Herrn.

ZUR 5. LESUNG Man könnte meinen, dass Gott sich zurücknimmt. Denn nicht mit hoch erhobenem Arm greift er in das Geschehen ein. Stattdessen spricht er ein Wort – wie schon am Anfang der Schöpfung. Ja, er nimmt sich zurück, doch zugleich investiert er sich ganz und gar: Denn das Wort ist Fleisch geworden und hat unter uns gewohnt (Joh 1,14). Er macht sich ganz klein und dem Menschen gleich, während seine göttliche Verheißung weiter gilt: Das Wort „kehrt nicht leer zu mir zurück". In dieser Nacht feiern wir, dass das Wort Gottes lebt und befreit. Nehmen wir es voll Freude in Empfang.

FÜNFTE LESUNG Jes 55,1–11

Kommt zu mir und ihr werdet aufleben! Ich schließe mit euch einen ewigen Bund

Lesung aus dem Buch Jesája.

So spricht der Herr: Auf, alle Durstigen, kommt zum Wasser! Die ihr kein Geld habt, kommt, kauft Getreide und esst, kommt und kauft ohne Geld und ohne Bezahlung Wein und Milch! Warum bezahlt ihr mit Geld, was euch nicht nährt, und mit dem Lohn eurer Mühen, was euch nicht satt macht? Hört auf mich, dann bekommt ihr das Beste zu essen und könnt euch laben an fetten Speisen! Neigt euer Ohr und kommt zu mir, hört und ihr werdet aufleben! Ich schließe mit euch einen ewigen Bund: Die Erweise der Huld für David sind beständig. Siehe, ich habe ihn zum Zeugen für die Völker gemacht, zum Fürsten und Gebieter der Nationen. Siehe, eine Nation, die du nicht kennst, wirst du rufen und eine Nation, die dich nicht kannte, eilt zu dir, um des HERRN, deines Gottes, des Heiligen Israels willen, weil er dich herrlich gemacht hat.

Sucht den HERRN, er lässt sich finden, ruft ihn an, er ist nah! Der Frevler soll seinen Weg verlassen, der Übeltäter seine Pläne. Er kehre um zum HERRN, damit er Erbarmen hat mit ihm, und zu unserem Gott; denn er ist groß im Verzeihen. Meine Gedanken sind nicht eure Gedanken und eure Wege sind nicht meine Wege – Spruch des HERRN. So hoch der Himmel über der Erde ist, so hoch erhaben sind meine Wege über eure Wege und meine Gedanken über eure Gedanken.

Denn wie der Regen und der Schnee vom Himmel fällt und nicht dorthin zurückkehrt, ohne die Erde zu tränken und sie zum Keimen und Sprossen zu bringen, dass sie dem Sämann Samen gibt und Brot zum Essen, so ist es auch mit dem Wort, das meinen Mund verlässt: Es kehrt nicht leer zu mir zurück, ohne zu bewirken, was ich will, und das zu erreichen, wozu ich es ausgesandt habe.

ANTWORTPSALM

Jes 12,2.3 u. 4bcd.5–6 (Kv: 3)

Kv Ihr werdet Wasser freudig schöpfen
aus den Quellen des Heils. – Kv

Siehe, Gott ist mein Heil; *
ich vertraue und erschrecke nicht.
Denn meine Stärke und mein Lied ist Gott, der HERR. *
Er wurde mir zum Heil. – (Kv)

Ihr werdet Wasser freudig schöpfen *
aus den Quellen des Heiles.
Dankt dem HERRN! Ruft seinen Namen an! /
Macht unter den Völkern seine Taten bekannt, *
verkündet: Sein Name ist erhaben! – (Kv)

Singet dem HERRN, denn Überragendes hat er vollbracht; *
bekannt gemacht sei dies auf der ganzen Erde.
Jauchzt und jubelt, ihr Bewohner Zions; *
denn groß ist in eurer Mitte der Heilige Israels. – Kv

GEBET

Allmächtiger, ewiger Gott, du einzige Hoffnung der Welt, durch die Propheten hast du die Heilsereignisse angekündigt, die sich in unseren Tagen erfüllen. Erwecke du selbst in uns das Verlangen, dir immer treuer zu dienen; denn niemand macht Fortschritte im Guten, wenn ihn nicht deine Gnade führt. Darum bitten wir durch Christus, unseren Herrn.

ZUR 6. LESUNG Ein Leben im Licht des Neuanfangs: Das Volk Israel musste dies immer wieder einüben, neu beginnen und sich an den Geboten Gottes orientieren. Täglich beten jüdische Menschen bis heute im Schma Jisrael – Höre, Israel (Dtn 6,4) – ihr Glaubensbekenntnis, auf das der Anfang dieser Lesung Bezug nimmt. Es richtet die Betenden auf Gott aus, den „Quell der Weisheit". Die Erkenntnis ist der Weg zu Gott: „Alle, die an ihr festhalten, finden das Leben." Ist es nicht ähnlich mit dem Leben im Licht der Auferstehung? Wie erkennen Christen und Christinnen den Auferstandenen heute? In dieser Nacht erinnern wir uns und feiern das Osterfest – und ab morgen gilt es, immer tiefer zu erkennen, was dies für unser Leben bedeutet.

SECHSTE LESUNG Bar 3,9–15.32–4,4

Geh deinen Weg im Licht der Weisheit Gottes

Lesung aus dem Buch Baruch.

Höre, Israel, die Gebote des Lebens; merkt auf, um Einsicht zu erlangen! Warum, Israel, warum lebst du im Gebiet der Feinde, wirst alt in einem fremden Land, bist unrein geworden, den Toten gleich, wurdest gezählt zu denen, die in die Unterwelt hinabsteigen? Du hast den Quell der Weisheit verlassen. Wärest du auf Gottes Weg gegangen, du wohntest in Frieden für immer. Nun lerne, wo die Einsicht ist, wo Kraft und wo Klugheit, dann erkennst du zugleich, wo langes Leben und Lebensglück, wo Licht für die Augen und Frieden zu finden sind!

Wer hat je ihren Ort gefunden? Wer ist zu ihren Schatzkammern vorgedrungen? Doch der Allwissende kennt sie; er hat sie in seiner Einsicht entdeckt. Er hat ja die Erde für immer gegründet, er hat sie mit vierfüßigen Tieren bevölkert. Er entsendet das Licht und es eilt dahin; er ruft es zurück und zitternd gehorcht es ihm. Froh leuchten die Sterne auf ihren Posten. Ruft er sie, so antworten sie: Hier sind wir. Sie leuchten mit Freude für ihren Schöpfer.

Das ist unser Gott; kein anderer gilt neben ihm. Er hat den Weg der Erkenntnis ganz erkundet und hat sie Jakob, seinem Diener, verliehen, Israel, seinem Liebling. Dann erschien sie auf der Erde und lebte mit den Menschen.

Sie ist das Buch der Gebote Gottes, das Gesetz, das ewig besteht. Alle, die an ihr festhalten, finden das Leben; doch alle, die sie verlassen, verfallen dem Tod. Kehr um, Jakob, ergreif sie! Geh in ihrem Glanz den Weg zum Licht! Überlass deinen Ruhm keinem andern und deinen Vorzug keinem fremden Volk! Glücklich sind wir, das Volk Israel; denn wir wissen, was Gott gefällt.

ANTWORTPSALM

Ps 19 (18), 8.9.10.11–12 (Kv: Joh 6, 68c)

Kv Herr, du hast Worte des ewigen Lebens. – Kv

Die Weisung des HERRN ist vollkommen, *
sie erquickt den Menschen.
Das Zeugnis des HERRN ist verlässlich, *
den Unwissenden macht es weise. – (Kv)

Die Befehle des HERRN sind gerade, *
sie erfüllen das Herz mit Freude.

Das Gebot des Herrn ist rein, *
es erleuchtet die Augen. – (Kv)

Die Furcht des Herrn ist lauter, *
sie besteht für immer.
Die Urteile des Herrn sind wahrhaftig, *
gerecht sind sie alle. – (Kv)

Sie sind kostbarer als Gold, als Feingold in Menge. *
Sie sind süßer als Honig, als Honig aus Waben.
Auch dein Knecht lässt sich von ihnen warnen; *
reichen Lohn hat, wer sie beachtet. – Kv

GEBET

Gott, unser Vater, du mehrst die Zahl deiner Kinder und rufst aus allen Völkern Menschen in deine Kirche. Beschütze gütig die Täuflinge, damit sie den Quell der Weisheit niemals verlassen und auf deinen Wegen gehen. Darum bitten wir durch Christus, unseren Herrn.

ZUR 7. LESUNG Ezechiel verkündet dem Volk: Jetzt reicht's! Jetzt geht es nicht mehr um euch! „Nicht euretwegen handle ich, Haus Israel, sondern um meines heiligen Namens willen." Gott scheint am Ende zu sein mit seiner Geduld, mit seinem Hebräisch oder auch mit seinem (Kirchen-)Latein. Ein ungewohnter Gedanke ... Gott besinnt sich auf sich selbst, auf seine Art, seine sehr österliche Art: „Ich gebe euch ein neues Herz und einen neuen Geist gebe ich in euer Inneres. Ich beseitige das Herz von Stein aus eurem Fleisch und gebe euch ein Herz von Fleisch." Es ist gar nicht so schlecht, sich von Gott zurechtrücken und etwas mehr an den Rand stellen zu lassen. Jedenfalls dann nicht, wenn er dadurch mehr zum Leben spendenden Zentrum wird.

SIEBTE LESUNG

Ez 36,16–17a.18–28

Ich gieße reines Wasser über euch aus und gebe euch ein neues Herz

Lesung aus dem Buch Ezéchiel.

Das Wort des HERRN erging an mich: Menschensohn, als die vom Haus Israel in ihrem Land wohnten, machten sie es durch ihre Wege und ihre Taten unrein. Da goss ich meinen Zorn über sie aus, weil sie Blut vergossen im Land und es mit ihren Götzen befleckten. Ich zerstreute sie unter die Nationen; in die Länder wurden sie vertrieben. Nach ihren Wegen und nach ihren Taten habe ich sie gerichtet. Als sie aber zu den Nationen kamen, entweihten sie überall, wohin sie kamen, meinen heiligen Namen; denn man sagte von ihnen: Das ist das Volk des HERRN und doch mussten sie sein Land verlassen. Da tat mir mein heiliger Name leid, den das Haus Israel bei den Nationen entweihte, wohin es auch kam.

Darum sag zum Haus Israel: So spricht GOTT, der Herr: Nicht euretwegen handle ich, Haus Israel, sondern um meines heiligen Namens willen, den ihr bei den Nationen entweiht habt, wohin ihr auch gekommen seid. Meinen großen, bei den Nationen entweihten Namen, den ihr mitten unter ihnen entweiht habt, werde ich wieder heiligen. Und die Nationen – Spruch GOTTES, des Herrn – werden erkennen, dass ich der HERR bin, wenn ich mich an euch vor ihren Augen als heilig erweise. Ich nehme euch heraus aus den Nationen, ich sammle euch aus allen Ländern und ich bringe euch zu eurem Ackerboden. Ich gieße reines Wasser über euch aus, dann werdet ihr rein. Ich reinige euch von aller Unreinheit und von allen euren Götzen.

Ich gebe euch ein neues Herz und einen neuen Geist gebe ich in euer Inneres. Ich beseitige das Herz von Stein aus eurem Fleisch und gebe euch ein Herz von Fleisch. Ich gebe meinen Geist in euer Inneres und bewirke, dass ihr meinen Gesetzen folgt und auf meine Rechtsentscheide achtet und sie erfüllt. Dann werdet ihr in dem Land wohnen, das ich euren Vätern gegeben habe. Ihr werdet mir Volk sein und ich, ich werde euch Gott sein.

ANTWORTPSALM Ps 42 (41), 3.5bcd; 43 (42), 3–4 (Kv: vgl. 42 [41], 2)

Kv Wie der Hirsch verlangt nach frischem Wasser,
so verlangt meine Seele, Gott, nach dir. – Kv

Meine Seele dürstet nach Gott, *
nach dem lebendigen Gott.
Wann darf ich kommen *
und erscheinen vor Gottes Angesicht? – (Kv)

Ich will in einer Schar einherziehn. *
Ich will in ihr zum Hause Gottes schreiten,
im Schall von Jubel und Dank *
in festlich wogender Menge. – (Kv)

Sende dein Licht und deine Wahrheit; sie sollen mich leiten; *
sie sollen mich bringen zu deinem heiligen Berg
und zu deinen Wohnungen.
So will ich kommen zu Gottes Altar, /
zum Gott meiner Freude und meines Jubels. *
Ich will dir danken zur Leier, Gott, du mein Gott. – Kv

[Falls eine Taufe gespendet wird:
Jes 12, 2.3 u. 4bcd.5–6 (Kv: 3) (wie nach der fünften Lesung, s. S. 339 f.)]

Oder:

ANTWORTPSALM Ps 51 (50), 12–13.14–15.18–19 (Kv: vgl. 12a)

Kv Ein reines Herz erschaffe mir, o Gott! – Kv

Erschaffe mir, Gott, ein reines Herz *
und einen festen Geist erneuere in meinem Innern!
Verwirf mich nicht vor deinem Angesicht, *
deinen heiligen Geist nimm nicht von mir! – (Kv)

Gib mir wieder die Freude deines Heiles, *
rüste mich aus mit dem Geist der Großmut!
Ich will die Frevler deine Wege lehren *
und die Sünder kehren um zu dir. – (Kv)

Schlachtopfer willst du nicht, ich würde sie geben, *
an Brandopfern hast du kein Gefallen.
Schlachtopfer für Gott ist ein zerbrochener Geist, *
ein zerbrochenes und zerschlagenes Herz
wirst du, Gott, nicht verschmähen. – Kv

GEBET

Gott, du unwandelbare Kraft, du ewiges Licht, schau gütig auf deine Kirche und wirke durch sie das Heil der Menschen. So erfahre die Welt, was du von Ewigkeit her bestimmt hast: Was alt ist, wird neu, was dunkel ist, wird licht, was tot war, steht auf zum Leben, und alles wird wieder heil in dem, der der Ursprung von allem ist, in unserem Herrn Jesus Christus, der mit dir lebt und herrscht in alle Ewigkeit.

Oder (wenn eine Taufe folgt):

Sei uns nahe, allmächtiger Gott, und wirke in den Sakramenten, die uns deine Liebe schenkt: Sende den Geist aus, der uns zu deinen Kindern macht, den Geist, durch den dir aus dem Wasser der Taufe ein neues Volk geboren wird. Was wir unter heiligen Zeichen vollziehen, das vollende du mit deiner Kraft. Darum bitten wir durch Christus, unseren Herrn.

Ehre sei Gott, S. 479 f.

(Es läuten die Glocken.)

TAGESGEBET

Lasset uns beten. Gott, du hast diese Nacht hell gemacht durch den Glanz der Auferstehung unseres Herrn. Erwecke in deiner Kirche den Geist der Kindschaft, den du uns durch die Taufe geschenkt hast, damit wir neu werden an Leib und Seele und dir mit aufrichtigem Herzen dienen. Darum bitten wir durch Jesus Christus.

ZUR EPISTEL Was meint Paulus damit, dass wir durch die Taufe „in der Wirklichkeit des neuen Lebens wandeln“? Bestimmt darf einiges von uns abfallen: Zwang, Überheblichkeit, Lüge, Narzissmus, Taubheit, Abhängigkeit und vieles andere, das man als Konsequenz oder Ausdruck von Sünde verstehen kann. Das, was von Gott trennt, hat letztendlich keine Macht mehr. Wir dürfen uns trauen, Abschied davon zu nehmen, Gewohntes hinter uns zu lassen und offen zu sein für Neues. Mitten in dieser Welt beginnt mit der Taufe ein neues Leben, das von der Gemeinschaft mit Gott geprägt ist. Der Tod hat nicht das letzte Wort, sondern das Leben!

EPISTEL

Röm 6,3–11

Sind wir mit Christus gestorben, so glauben wir, dass wir auch mit ihm leben werden

Lesung aus dem Brief des Apostels Paulus an die Gemeinde in Rom.

Schwestern und Brüder! Wir, die wir auf Christus Jesus getauft wurden, sind auf seinen Tod getauft worden. Wir wurden ja mit ihm begraben durch die Taufe auf den Tod, damit auch wir, so wie Christus durch die Herrlichkeit des Vaters von den Toten auferweckt wurde, in der Wirklichkeit des neuen Lebens wandeln.

Wenn wir nämlich mit der Gestalt seines Todes verbunden wurden, dann werden wir es auch mit der seiner Auferstehung sein. Wir wissen doch: Unser alter Mensch wurde mitgekreuzigt, damit der von der Sünde beherrschte Leib vernichtet werde, sodass wir nicht mehr Sklaven der Sünde sind. Denn wer gestorben ist, der ist frei geworden von der Sünde.

Sind wir nun mit Christus gestorben, so glauben wir, dass wir auch mit ihm leben werden. Wir wissen, dass Christus, von den Toten auferweckt, nicht mehr stirbt; der Tod hat keine Macht mehr über ihn. Denn durch sein Sterben ist er ein für alle Mal gestorben für die Sünde, sein Leben aber lebt er für Gott. So begreift auch ihr euch als Menschen, die für die Sünde tot sind, aber für Gott leben in Christus Jesus.

ANTWORTPSALM

Ps 118 (117),1–2.16–17.22–23

Kv Halleluja, Halleluja, Halleluja. – Kv

Danket dem HERRN, denn er ist gut, *
denn seine Huld währt ewig!
So soll Israel sagen: *
Denn seine Huld währt ewig. – (Kv)

Die Rechte des HERRN, sie erhöht, *
die Rechte des HERRN, Taten der Macht vollbringt sie.
Ich werde nicht sterben, sondern leben, *
um die Taten des HERRN zu verkünden. – (Kv)

Ein Stein, den die Bauleute verwarfen, *
er ist zum Eckstein geworden.
Vom HERRN her ist dies gewirkt, *
ein Wunder in unseren Augen. – Kv

ZUM EVANGELIUM Auf manchen Osterbildern sind sie zu sehen – die Wächter am Grab, die wie tot am Boden liegen. Ihr Auftrag war es, das Grab Jesu zu sichern, doch gegen die Auferstehung konnten sie nichts ausrichten. Sie erinnern an die toten Ägypter beim Durchzug durch das Rote Meer. Nur Matthäus erzählt von ihnen, wie auch nur er vom Erdbeben spricht, das sich beim Erscheinen des Engels vor den Frauen ereignet. So sucht er nach Ausdruck für das Umstürzende der Auferstehung. Auferstehung und Tod sind eng verknüpft. Der Tod ist Voraussetzung und zugleich Begleiterscheinung der Auferstehung. Begleiterscheinung in dem Sinne, dass Besitzstandswahrung, Fixierung auf Sicherheit und alles, was dem Leben sonst entgegensteht, zu einem Ende kommen. All das stürzt um, weil das Leben lebt.

EVANGELIUM Mt 28,1–10

Ihr sucht Jesus, den Gekreuzigten. Er ist auferstanden, wie er gesagt hat

+ **Aus dem heiligen Evangelium nach Matthäus.**

Nach dem Sabbat, beim Anbruch des ersten Tages der Woche, kamen Maria aus Mágdala und die andere Maria, um nach dem Grab zu sehen.

Und siehe, es geschah ein gewaltiges Erdbeben; denn ein Engel des Herrn kam vom Himmel herab, trat an das Grab, wälzte den Stein weg und setzte sich darauf. Sein Aussehen war wie ein Blitz und sein Gewand weiß wie Schnee. Aus Furcht vor ihm erbebten die Wächter und waren wie tot.

Der Engel aber sagte zu den Frauen: Fürchtet euch nicht! Ich weiß, ihr sucht Jesus, den Gekreuzigten. Er ist nicht hier; denn er ist auferstanden, wie er gesagt hat. Kommt her und seht euch den Ort an, wo er lag! Dann geht schnell zu seinen Jüngern und sagt ihnen: Er ist von den Toten auferstanden und siehe, er geht euch voraus nach Galiläa, dort werdet ihr ihn sehen. Siehe, ich habe es euch gesagt.

Sogleich verließen sie das Grab voll Furcht und großer Freude und sie eilten zu seinen Jüngern, um ihnen die Botschaft zu verkünden.

Und siehe, Jesus kam ihnen entgegen und sagte: Seid gegrüßt! Sie gingen auf ihn zu, warfen sich vor ihm nieder und umfassten seine Füße. Da sagte Jesus zu ihnen: Fürchtet euch nicht! Geht und sagt meinen Brüdern, sie sollen nach Galiläa gehen und dort werden sie mich sehen.

TAUFFEIER

(Die Tauffeier besteht, je nach den Umständen, aus drei Teilen: Segnung des Taufwassers, Spendung der Taufe, Erneuerung des Taufversprechens. Die Täuflinge kommen mit Eltern und Paten zum Taufbrunnen und werden der Gemeinde vorgestellt.)

LITANEI

(Die Namen der Kirchen- und Ortspatrone oder der Namenspatrone der Täuflinge können in die Litanei eingefügt werden.)

V/A: Kyrie, eleison. *Oder:* Herr, erbarme dich.
V/A: Christe, eleison. Christus, erbarme dich.
V/A: Kyrie, eleison. Herr, erbarme dich.

V: Heilige Maria, Mutter Gottes — A: Bitte für uns.
Heiliger Michael
Ihr heiligen Engel Gottes — A: Bittet für uns.
Heiliger Johannes der Täufer — A: Bitte für uns.
Heiliger Josef
Heilige Apostel Petrus und Paulus — A: Bittet für uns.
Heiliger Andreas — A: Bitte für uns.
Heiliger Johannes
Heilige Maria Magdalena
Heiliger Stephanus
Heiliger Ignatius von Antiochien
Heiliger Laurentius
Heilige Perpetua und Felizitas — A: Bittet für uns.
Heilige Agnes — A: Bitte für uns.
Heiliger Gregor
Heiliger Augustinus
Heiliger Athanasius
Heiliger Basilius
Heiliger Martin
Heiliger Benedikt
Heiliger Franziskus

Heiliger Dominikus
Heiliger Franz Xaver
Heiliger Pfarrer von Ars
Heilige Katharina von Siena
Heilige Theresia von Jesus
Alle Heiligen Gottes — A: Bittet für uns.
Jesus, sei uns gnädig — A: Herr, befreie uns.
Von allem Bösen
Von aller Sünde
Von der ewigen Verdammnis
Durch deine Menschwerdung
und dein heiliges Leben
Durch dein Sterben und dein Auferstehn
Durch die Sendung des Heiligen Geistes
Wir armen Sünder — A: Wir bitten dich, erhöre uns.

(Wenn Täuflinge anwesend sind:)

V: Schenke diesen Erwählten im Wasser der Taufe
das neue Leben.

(Wenn keine Täuflinge anwesend sind:)

V: Heilige in deiner Gnade dieses Wasser für die Taufe
deiner Kinder.
V: Jesus, Sohn des lebendigen Gottes.
V: Christus, höre uns. — A: Christus, erhöre uns.

TAUFWASSERWEIHE

(Der Priester segnet das Taufwasser und singt oder spricht mit gefalteten Händen:)

Allmächtiger, ewiger Gott, deine unsichtbare Macht bewirkt das Heil der Menschen durch sichtbare Zeichen. Auf vielfältige Weise hast du das Wasser dazu erwählt, dass es hinweise auf das Geheimnis der Taufe: Schon im Anfang der Schöpfung schwebte dein Geist über dem Wasser und schenkte ihm die Kraft, zu retten und zu heiligen.

Selbst die Sintflut war ein Zeichen der Taufe, denn das Wasser brachte der Sünde den Untergang und heiligem Leben einen neuen Anfang. Als die Kinder Abrahams, aus Pharaos Knechtschaft befreit, trockenen Fußes das Rote Meer durchschritten, da waren sie ein Bild deiner Gläubigen, die durch das Wasser der Taufe aus der Knechtschaft des Bösen befreit sind.
Allmächtiger, ewiger Gott, dein geliebter Sohn wurde von Johannes im Jordan getauft und von dir gesalbt mit Heiligem Geiste. Als er am Kreuz hing, flossen aus seiner Seite Blut und Wasser. Nach seiner Auferstehung befahl er den Jüngern: „Geht hin und lehret alle Völker und taufet sie im Namen des Vaters und des Sohnes und des Heiligen Geistes."
Allmächtiger, ewiger Gott, schau gnädig auf deine Kirche und öffne ihr den Brunnen der Taufe. Dieses Wasser empfange die Gnade deines eingeborenen Sohnes vom Heiligen Geiste, damit der Mensch, der auf dein Bild hin geschaffen ist, durch das Sakrament der Taufe gereinigt wird von der alten Schuld und aus Wasser und Heiligem Geiste aufersteht zum neuen Leben deiner Kinder.

(Bei den folgenden Worten senkt der Priester die Osterkerze – einmal oder dreimal – in das Wasser:)

Durch deinen geliebten Sohn steige herab in dieses Wasser die Kraft des Heiligen Geistes, damit alle, die durch die Taufe mit Christus begraben sind in seinen Tod, durch die Taufe mit Christus auferstehen zum ewigen Leben. Darum bitten wir durch Jesus Christus, deinen Sohn, unseren Herrn und Gott, der in der Einheit des Heiligen Geistes mit dir lebt und herrscht in Ewigkeit. – A: Amen.

(Die Kerze wird aus dem Wasser genommen. Dabei singt man:)

Preist, ihr Quellen, den Herrn, Dan 3,77
lobt und erhebt ihn in Ewigkeit.

TAUFSPENDUNG

(Die einzelnen Täuflinge versprechen Christus die Treue. Sie werden nach ihrem Glauben befragt und getauft. Erwachsene Täuflinge

empfangen sofort nach der Taufe die Firmung, wenn ein Bischof oder ein Priester mit Firmvollmacht anwesend ist.)

(SEGNUNG DES WASSERS)

(Wenn keine Taufe stattfindet und auch kein Taufwasser gesegnet wird, so segnet der Priester das Wasser mit dem folgenden Gebet:)

Liebe Brüder und Schwestern!
Wir bitten den Herrn, dass er dieses Wasser segne, mit dem wir nun besprengt werden. Das geweihte Wasser soll uns an die Taufe erinnern; Gott aber erneuere in uns seine Gnade, damit wir dem Geist treu bleiben, den wir empfangen haben.

(Nach einer kurzen Gebetsstille spricht der Priester mit gefalteten Händen:)

Herr, unser Gott, sei deinem Volk nahe, das wachend und betend diese Osternacht feiert. Du hast uns wunderbar erschaffen und noch wunderbarer wiederhergestellt. Wir gedenken deiner großen Taten und bitten dich:

† Segne dieses Wasser, das uns an deine Sorge für uns Menschen erinnert. Im Anfang hast du das Wasser erschaffen, damit es der Erde Fruchtbarkeit bringt und uns Menschen zum frischen Trunk und zum reinigenden Bad wird. Du hast das Wasser in Dienst genommen für das Werk deines Erbarmens: Im Roten Meer hast du dein Volk durch das Wasser aus der Knechtschaft Ägyptens befreit, in der Wüste mit Wasser aus dem Felsen seinen Durst gestillt. Die Propheten sahen im Bild des lebendigen Wassers den Neuen Bund, den du mit uns Menschen schließen wolltest.

Durch das Wasser, das Christus im Jordan geheiligt hat, reinigst du im Bad der Taufe den sündigen Menschen und schenkst ihm das neue Leben deiner Kinder. Darum sei dieses Wasser eine Erinnerung an unsere Taufe, es vereinige uns in österlicher Freude mit unseren Brüdern und Schwestern, die in dieser heiligen Nacht getauft werden, und mit allen, die aus dem Wasser und dem Heiligen Geist wiedergeboren sind zum ewigen Leben. Darum bitten wir durch Christus, unseren Herrn. A: Amen.

ERNEUERUNG DES TAUFVERSPRECHENS

(Nach der Spendung der Taufe oder nach der Segnung des Wassers erneuern alle, mit brennenden Kerzen in den Händen, ihr Taufversprechen. Der Priester führt dazu mit etwa folgenden Worten ein:)

Liebe Brüder und Schwestern!
Wir alle sind einst durch das österliche Geheimnis der Taufe mit Christus begraben worden, damit wir mit ihm auferstehen zu einem neuen Leben. Nach den vierzig Tagen der Fastenzeit, in denen wir uns auf Ostern vorbereitet haben, wollen wir darum das Taufversprechen erneuern, mit dem wir einst dem Satan abgeschworen und Gott versprochen haben, ihm, unserem Herrn, in der heiligen katholischen Kirche zu dienen.

Deshalb frage ich euch:

P: Widersagt ihr dem Bösen, um in der Freiheit der Kinder Gottes leben zu können?

A: Ich widersage.

P: Widersagt ihr den Verlockungen des Bösen, damit es nicht Macht über euch gewinnt?

A: Ich widersage.

P: Widersagt ihr dem Satan, dem Urheber des Bösen?

A: Ich widersage.

P: Glaubt ihr an Gott, den Vater, den Allmächtigen, den Schöpfer des Himmels und der Erde?

A: Ich glaube.

P: Glaubt ihr an Jesus Christus, seinen eingeborenen Sohn, unseren Herrn, der geboren ist von der Jungfrau Maria, der gelitten hat und begraben wurde, von den Toten auferstand und zur Rechten des Vaters sitzt?

A: Ich glaube.

P: Glaubt ihr an den Heiligen Geist, die heilige katholische Kirche, die Gemeinschaft der Heiligen, die Vergebung der Sünden, die Auferstehung der Toten und das ewige Leben?

A: Ich glaube.

P: Der allmächtige Gott, der Vater unseres Herrn Jesus Christus, hat uns aus dem Wasser und dem Heiligen Geist neues Leben geschenkt und uns alle Sünden vergeben. Er bewahre uns durch seine Gnade in Christus Jesus, unserem Herrn, zum ewigen Leben.

A: Amen.

(Der Priester besprengt die Gemeinde mit gesegnetem Wasser; alle singen die Antiphon oder ein Taufied.)

ANTIPHON

Vgl. Ez 47,1–2.9

Ich sah ein Wasser ausgehen vom Tempel,
von dessen rechter Seite.
Halleluja, halleluja.
Und alle, zu denen das Wasser kam, wurden gerettet,
und sie werden rufen:
Halleluja, halleluja.

FÜRBITTEN

Diese Nacht ist erhellt vom Schein der Hoffnung. Bitten wir Gott um sein Erbarmen:

- Wir bitten für die Kirche um die Kraft der Hoffnung, damit alle, die dein Wort verkünden, die Botschaft der Auferstehung kraftvoll und klar weitergeben können. V: Gott des Lebens. A: Höre unser Rufen.

- Für die Christinnen und Christen weltweit, dass sie als liebevolle und zugewandte, als österlich-befreite Menschen leben können. V: Gott des Lebens. A: Höre unser Rufen.

- Für alle Menschen, die in dieser Nacht Unrecht und Gewalt erleiden, dass sie Beistand erfahren und du sie mit deiner Liebe umfängst. V: Gott des Lebens. A: Höre unser Rufen.

- Für die Kinder und Erwachsenen, die in dieser Nacht getauft werden, dass sie geborgen und gestärkt aufwachsen dürfen. V: Gott des Lebens. A: Höre unser Rufen.

- Für diejenigen, die um einen geliebten Menschen trauern, dass sie Raum für ihre Trauer und Raum für die Hoffnung finden. V: Gott des Lebens. A: Höre unser Rufen.

Gott des Lebens, dir danken wir für die Erlösung in Jesus, deinem Sohn. Dich loben wir mit ihm, in der Einheit des Heiligen Geistes in österlicher Freude, heute und alle Tage bis in Ewigkeit.

EUCHARISTIEFEIER

GABENGEBET

Herr, unser Gott, nimm die Gebete und Gaben deines Volkes an und gib, dass diese österliche Feier, die im Opfer des wahren Osterlammes ihren Ursprung hat, uns zum ewigen Heil führt. Darum bitten wir durch Christus, unseren Herrn.

Präfation, S. 493 f.

KOMMUNIONVERS 1 Kor 5,7–8

Unser Osterlamm ist geopfert, Christus, der Herr.
Halleluja!
Wir sind befreit von Sünde und Schuld.
So lasst uns Festmahl halten in Freude.
Halleluja!

SCHLUSSGEBET

Herr, unser Gott, du hast uns durch die österlichen Sakramente gestärkt. Schenke uns den Geist deiner Liebe, damit deine Gemeinde ein Herz und eine Seele wird. Darum bitten wir durch Christus, unseren Herrn.

FEIERLICHER SCHLUSSSEGEN

In dieser Nacht, die erhellt ist durch die Auferstehung unseres Herrn Jesus Christus, segne euch der gütige Gott und bewahre euch vor der Finsternis der Sünde. – A: Amen.
In Christus haben wir Anteil am ewigen Leben; in ihm führe euch Gott zur unvergänglichen Herrlichkeit. – A: Amen.
Unser Erlöser hat uns durch die Tage seines Leidens zur österlichen Freude geführt; er geleite euch alle Tage des Lebens bis zu jener Osterfreude, die niemals endet. – A: Amen.
Das gewähre euch der dreieinige Gott, der Vater und der Sohn † und der Heilige Geist. – A: Amen.

***

SONNENBLUMENGLEICH

Sich konsequent
dem Licht zuwenden
selber leuchten

Zeugin

der Verwandlung sein
aus einem Samen
wird ein Wunder

Lisa F. Oesterheld

AM TAG

9. April 2023

Den Ostersonntag prägt das Staunen. Das leere Grab, das neue Leben, die Begegnung mit dem auferstandenen Christus – das übersteigt alles, was gut zu erklären ist. Im Modus des Staunens fordert Ostern den Glauben heraus: Weckt Gott Tote wieder auf? Gibt es ein Leben nach dem Tod? Ist der Auferstandene wirklich in unserer Mitte? Der Schritt vom Staunen zum Glauben ist nicht allzu groß. Wenn zum Staunen das Vertrauen in die Schöpferkraft Gottes hinzukommt und die Erfahrung, persönlich angesprochen zu sein, dann regt sich österlicher Glaube.

ERÖFFNUNGSVERS

Vgl. Ps 139 (138), 18.5–6

Ich bin erstanden und bin immer bei dir. Halleluja.
Du hast deine Hand auf mich gelegt. Halleluja.
Wie wunderbar ist für mich dieses Wissen. Halleluja.

Oder: Vgl. Lk 24, 34; Offb 1, 6

Der Herr ist auferstanden,
er ist wahrhaft auferstanden. Halleluja.
Sein ist die Macht und die Herrlichkeit in Ewigkeit.
Halleluja.

KYRIE-RUFE

Herr Jesus Christus, du bist glorreich
auferstanden von den Toten.
V/A: Herr, erbarme dich.

Du hast den Tod bezwungen
und das Leben neu geschaffen.
V/A: Christus, erbarme dich.
Du bist uns vorausgegangen in die
österliche Herrlichkeit Gottes.
V/A: Herr, erbarme dich.

Ehre sei Gott, S. 479 f.

TAGESGEBET

Allmächtiger, ewiger Gott, am heutigen Tag hast du durch deinen Sohn den Tod besiegt und uns den Zugang zum ewigen Leben erschlossen. Darum begehen wir in Freude das Fest seiner Auferstehung. Schaffe uns neu durch deinen Geist, damit auch wir auferstehen und im Licht des Lebens wandeln. Darum bitten wir durch Jesus Christus.

WORTGOTTESDIENST

ZUR 1. LESUNG Das Staunen ist der Predigt des Petrus anzumerken: Den heidnischen Hauptmann Kornelius soll er taufen. Er hatte als Jude bereits akzeptiert, mit Heiden zusammen zu essen. War das nicht schon ein großer Schritt? Nun aber scheinen die Zeichen Gottes deutlich in Richtung Taufe zu weisen. Was kann, was soll er tun? Er rekapituliert das Leben Jesu und erkennt seine Salbung durch den Heiligen Geist. Er erinnert die Erfahrung des Auferstandenen, der am See von Tiberias mit seinen Jüngern aß und trank. Und er erkennt dessen universale Sendung als Richter der Lebenden und der Toten. So lässt sich Petrus staunend auf das entgrenzende Wirken des Auferstandenen ein.

ERSTE LESUNG

Apg 10,34a.37–43

Wir haben mit ihm nach seiner Auferstehung gegessen und getrunken

Lesung aus der Apostelgeschichte.

In jenen Tagen begann Petrus zu reden und sagte: Ihr wisst, was im ganzen Land der Juden geschehen ist, angefangen in Galiläa, nach der Taufe, die Johannes verkündet hat: wie Gott Jesus von Nazaret gesalbt hat mit dem Heiligen Geist und mit Kraft, wie dieser umherzog, Gutes tat und alle heilte, die in der Gewalt des Teufels waren; denn Gott war mit ihm. Und wir sind Zeugen für alles, was er im Land der Juden und in Jerusalem getan hat.

Ihn haben sie an den Pfahl gehängt und getötet. Gott aber hat ihn am dritten Tag auferweckt und hat ihn erscheinen lassen, zwar nicht dem ganzen Volk, wohl aber den von Gott vorherbestimmten Zeugen: uns, die wir mit ihm nach seiner Auferstehung von den Toten gegessen und getrunken haben.

Und er hat uns geboten, dem Volk zu verkünden und zu bezeugen: Dieser ist der von Gott eingesetzte Richter der Lebenden und der Toten.

Von ihm bezeugen alle Propheten, dass jeder, der an ihn glaubt, durch seinen Namen die Vergebung der Sünden empfängt.

ANTWORTPSALM

Ps 118 (117),1–2.16–17.22–23 (Kv: vgl. 24)

℟ Das ist der Tag, den der Herr gemacht;
lasst uns jubeln und seiner uns freuen. – ℟

Oder:

Kv Halleluja. – Kv

Danket dem Herrn, denn er ist gut, *
denn seine Huld währt ewig!
So soll Israel sagen: *
Denn seine Huld währt ewig. – (Kv)

Die Rechte des Herrn, sie erhöht, *
die Rechte des Herrn, Taten der Macht vollbringt sie.
Ich werde nicht sterben, sondern leben, *
um die Taten des Herrn zu verkünden. – (Kv)

Ein Stein, den die Bauleute verwarfen, *
er ist zum Eckstein geworden.
Vom Herrn her ist dies gewirkt, *
ein Wunder in unseren Augen. – Kv

ZUR 2. LESUNG Sich aufrichten, sich nach oben hin ausrichten, das ist österliche Orientierung. Denn die Hoffnung und die Kraft für das eigene Leben kommen von Christus. Christsein heißt aus der Auferstehung leben, denn „euer Leben ist mit Christus verborgen in Gott". Das bedeutet: Ihr seid durch die Gemeinschaft mit Christus fest verankert in Gott. Diese Verbundenheit ist so zuverlässig, dass sie ganz unaufdringlich und auf verborgene Weise von der Ewigkeit bis in die alltäglichsten Momente des Lebens ausgreifen kann. Und von dort darf der Blick wieder nach oben wandern – für eine kurze stärkende Vergewisserung, dass Christus lebt und ich in ihm.

ZWEITE LESUNG Kol 3, 1–4

Strebt nach dem, was oben ist, wo Christus zur Rechten Gottes sitzt

Lesung aus dem Brief des Apostels Paulus an die Gemeinde in Kolóssä.

Schwestern und Brüder! Seid ihr nun mit Christus auferweckt, so strebt nach dem, was oben ist, wo Christus zur Rechten Gottes sitzt! Richtet euren Sinn auf das, was oben ist, nicht auf das Irdische! Denn ihr seid gestorben und euer Leben ist mit Christus verborgen in Gott. Wenn Christus, unser Leben, offenbar wird, dann werdet auch ihr mit ihm offenbar werden in Herrlichkeit.

Oder:

ZUR 2. LESUNG Paulus wendet die Ostererfahrung hier ins Lebenspraktische: Er nennt Aufrichtigkeit und Wahrheit als Kennzeichen des neuen Lebens in Christus. Sich-Abwenden von Bosheit und Schlechtigkeit ist in gewisser Weise wie Sterben. Denn der Weg zur Aufrichtigkeit kann schmerzhaft sein, wenn bisher Uneingestandenes offenbar wird und Umkehr notwendig ist. Ich muss alte Gewohnheiten unter Umständen vollständig hinter mir lassen. Doch es winkt eine Verheißung: Aufrichtig leben zu können, das bedeutet eine große Freiheit und geradezu österliches Glück!

ZWEITE LESUNG 1 Kor 5, 6b–8

Schafft den alten Sauerteig weg, damit ihr neuer Teig seid

Lesung aus dem ersten Brief des Apostels Paulus an die Gemeinde in Korínth.

Schwestern und Brüder! Wisst ihr nicht, dass ein wenig Sauerteig den ganzen Teig durchsäuert? Schafft den alten Sauerteig weg, damit ihr neuer Teig seid! Ihr seid ja schon ungesäuertes Brot; denn als unser Paschalamm ist Christus geopfert worden. Lasst uns also das Fest nicht mit dem alten Sauerteig feiern, nicht mit dem Sauerteig der Bosheit und Schlechtigkeit, sondern mit den ungesäuerten Broten der Aufrichtigkeit und Wahrheit!

SEQUENZ

(Wenn die musikalische Gestaltung es nahelegt, kann die Sequenz nach dem Hallellujavers gesungen werden, wobei sie dann mit „Amen. Halleluja“ abgeschlossen wird.)

Singt das Lob dem Osterlamme,
bringt es ihm dar, ihr Christen.

Das Lamm erlöst' die Schafe:
Christus, der ohne Schuld war,
versöhnte die Sünder mit dem Vater.

Tod und Leben, die kämpften
unbegreiflichen Zweikampf;
des Lebens Fürst, der starb, herrscht nun lebend.

Maria Magdalena,
sag uns, was du gesehen.

Sah Engel in dem Grabe,
die Binden und das Linnen.

Das Grab des Herrn sah ich offen
und Christus von Gottes Glanz umflossen.

Er lebt, der Herr, meine Hoffnung,
er geht euch voran nach Galiläa.

Lasst uns glauben, was Maria den Jüngern verkündet.
Sie sah den Herren, den Auferstandnen.

Ja, der Herr ist auferstanden, ist wahrhaft erstanden.
Du Sieger, König, Herr, hab Erbarmen! (Amen. Halleluja.)

RUF VOR DEM EVANGELIUM

Vers: vgl. 1 Kor 5,7b–8a

Halleluja. Halleluja.
Unser Paschalamm ist geopfert: Christus.
So lasst uns das Festmahl feiern im Herrn.
Halleluja.

ZUM EVANGELIUM Drei Menschen treffen sich am leeren Grab: Maria von Magdala, Petrus und der andere Jünger, den Jesus liebte. Sie könnten unterschiedlicher kaum sein. Maria von Magdala ist die Aktivste von ihnen, Petrus schaut genau hin und der andere Jünger ist der Schnellste, nicht nur am Grab, sondern vor allem im Glauben. Am Anfang steht noch die Vermutung, dass der Leichnam Jesu geraubt worden ist. Doch die Erzählung führt in die Begegnung Marias mit dem Auferstandenen, der sagt: „Halte mich nicht fest." Zeugin der Auferstehung sein heißt auch, Differenz aushalten zu können. Ebenso bilden die beiden Jünger in dieser Hinsicht ein spannendes Paar. Sie werden dem Auferstandenen später am See von Tiberias begegnen und Petrus wird hören: „Wenn ich will, dass er bleibt, bis ich komme, was geht das dich an? Du folge mir nach!" (Joh 21,22) Dem Auferstandenen nachfolgen bedeutet, sich auf einen persönlichen Weg einzulassen. Dieser Weg kann durchaus in die Begegnung mit anderen führen, deren Anderssein irritiert. Ostern hat etwas mit Differenz und Irritation zu tun – und mit Hoffnung!

EVANGELIUM

Joh 20,1–9

Er sah und glaubte

+ Aus dem heiligen Evangelium nach Johannes.

Am ersten Tag der Woche kam Maria von Mágdala frühmorgens, als es noch dunkel war, zum Grab und sah, dass der Stein vom Grab weggenommen war. Da lief sie schnell zu Simon Petrus und dem anderen Jünger, den Jesus liebte, und sagte zu ihnen: Sie haben den Herrn aus dem Grab weggenommen und wir wissen nicht, wohin sie ihn gelegt haben.

Da gingen Petrus und der andere Jünger hinaus und kamen zum Grab; sie liefen beide zusammen, aber weil der andere Jünger schneller war als Petrus, kam er als Erster ans Grab. Er beugte sich vor und sah die Leinenbinden liegen, ging jedoch nicht hinein.

Da kam auch Simon Petrus, der ihm gefolgt war, und ging in das Grab hinein. Er sah die Leinenbinden liegen und das Schweißtuch, das auf dem Haupt Jesu gelegen hatte; es lag aber nicht bei den Leinenbinden, sondern zusammengebunden daneben an einer besonderen Stelle.

Da ging auch der andere Jünger, der als Erster an das Grab gekommen war, hinein; er sah und glaubte. Denn sie hatten noch nicht die Schrift verstanden, dass er von den Toten auferstehen müsse.

Oder:

LANGFASSUNG

Joh 20, 1 – 18°

Er sah und glaubte. –
Ich gehe hinauf zu meinem Vater und zu eurem Vater

+ Aus dem heiligen Evangelium nach Johannes.

Am ersten Tag der Woche kam Maria von Mágdala frühmorgens, als es noch dunkel war, zum Grab und sah, dass der Stein vom Grab weggenommen war. Da lief sie schnell zu Simon Petrus und dem anderen Jünger, den Jesus liebte, und sagte zu ihnen: Sie haben den Herrn aus dem Grab weggenommen und wir wissen nicht, wohin sie ihn gelegt haben.

Da gingen Petrus und der andere Jünger hinaus und kamen zum Grab; sie liefen beide zusammen, aber weil der andere Jünger schneller war als Petrus, kam er als Erster ans Grab. Er beugte sich vor und sah die Leinenbinden liegen, ging jedoch nicht hinein.

Da kam auch Simon Petrus, der ihm gefolgt war, und ging in das Grab hinein. Er sah die Leinenbinden liegen und das Schweißtuch, das auf dem Haupt Jesu gelegen hatte; es lag aber nicht bei den Leinenbinden, sondern zusammengebunden daneben an einer besonderen Stelle.

Da ging auch der andere Jünger, der als Erster an das Grab gekommen war, hinein; er sah und glaubte. Denn sie hatten noch nicht die Schrift verstanden, dass er von den Toten auferstehen müsse. Dann kehrten die Jünger wieder nach Hause zurück.

Maria aber stand draußen vor dem Grab und weinte. Während sie weinte, beugte sie sich in die Grabkammer hinein. Da sah sie zwei Engel in weißen Gewändern sitzen, den einen dort, wo der Kopf, den anderen dort, wo die Füße des Leichnams Jesu gelegen hatten. Diese sagten zu ihr: Frau, warum weinst du? Sie antwortete ihnen: Sie haben meinen Herrn weggenommen und ich weiß nicht, wohin sie ihn gelegt haben.

Als sie das gesagt hatte, wandte sie sich um und sah Jesus dastehen, wusste aber nicht, dass es Jesus war. Jesus sagte zu ihr: Frau, warum weinst du? Wen suchst du? Sie meinte, es sei der Gärtner, und sagte zu ihm: Herr, wenn du ihn weggebracht hast, sag mir, wohin du ihn gelegt hast! Dann will ich ihn holen.

Jesus sagte zu ihr: Maria! Da wandte sie sich um und sagte auf Hebräisch zu ihm: Rabbúni!, das heißt: Meister. Jesus sagte zu ihr: Halte mich nicht fest; denn ich bin noch nicht zum Vater hinaufgegangen. Geh aber zu meinen Brüdern und sag ihnen: Ich gehe hinauf zu meinem Vater und eurem Vater, zu meinem Gott und eurem Gott.

Maria von Mágdala kam zu den Jüngern und verkündete ihnen: Ich habe den Herrn gesehen. Und sie berichtete, was er ihr gesagt hatte.

(Anstelle dieses Evangeliums kann auch das Evangelium aus der Osternacht – S. 347 f. – gewählt werden; wenn die Messe am Abend stattfindet, steht das Evangelium von Ostermontag – S. 373 ff. – zur Wahl, mit dem dazugehörigen Ruf vor dem Evangelium.)

Glaubensbekenntnis, S. 482 ff.

FÜRBITTEN

Maria von Magdala ist die erste Zeugin der Osterbotschaft. Sie verkündete den Jüngern die frohe Botschaft. Voll Dankbarkeit und Freude wenden wir uns heute mit den Nöten und Hoffnungen unserer Zeit an Gott, den Grund ihrer und unserer Hoffnung:

- Wir bitten für die gesamte Christenheit, dass sie, vereint in der Freude des Ostertags, mutige Schritte zur Einheit aller Getauften wage. A: Gott, du Quell des Lebens. A: Wir bitten dich, erhöre uns.

- Wir bitten besonders für die jungen Kirchen um deinen Segen und um den Mut, an der Seite der Armen zu stehen und Unrecht und Ungerechtigkeit beim Namen zu nennen. A: Gott, du Quell des Lebens. A: Wir bitten dich, erhöre uns.
- Wir beten für die Kranken um Zuversicht und Hoffnung – und um das tiefe Vertrauen, dass sie nicht ins Bodenlose fallen. A: Gott, du Quell des Lebens. A: Wir bitten dich, erhöre uns.
- Wir beten für alle, die die Last innerer Dunkelheit, der Depression, tragen müssen. A: Gott, du Quell des Lebens. A: Wir bitten dich, erhöre uns.
- Wir bitten dich für die verfolgten christlichen Kirchen und für alle Menschen, die sich für Versöhnung und Verständigung einsetzen. A: Gott, du Quell des Lebens. A: Wir bitten dich, erhöre uns.

Gott, du schenkst Hoffnung, Licht und Leben. Hilf uns, aus deiner Hoffnung zu leben, heute, am heiligen Ostertag, und an allen Tagen unseres Lebens.

EUCHARISTIEFEIER

GABENGEBET

Herr, unser Gott, nimm die Gaben an, die wir in österlicher Freude darbringen für das Opfer, durch das deine Kirche auf wunderbare Weise wiedergeboren und gestärkt wird. Darum bitten wir durch Christus, unseren Herrn.

Präfation, S. 493 f.

KOMMUNIONVERS

1 Kor 6,7–8

Unser Osterlamm ist geopfert, Christus, der Herr.
Halleluja.
Wir sind befreit von Sünde und Schuld.
So lasst uns Festmahl halten in Freude. Halleluja.

SCHLUSSGEBET

Allmächtiger Gott, du hast deiner Kirche durch die österlichen Geheimnisse neues Leben geschenkt. Bewahre und beschütze uns in deiner Liebe und führe uns zur Herrlichkeit der Auferstehung. Darum bitten wir durch Christus, unseren Herrn.

FEIERLICHER SCHLUSSSEGEN

An diesem Tag, der geheiligt ist durch die Auferstehung unseres Herrn Jesus Christus, segne euch der gütige Gott und bewahre euch vor der Finsternis der Sünde. – A: Amen.
In Christus haben wir Anteil am ewigen Leben; in ihm führe euch Gott zur unvergänglichen Herrlichkeit. – A: Amen.
Unser Erlöser hat uns durch die Tage seines Leidens zur österlichen Freude geführt; er geleite euch alle Tage des Lebens bis zu jener Osterfreude, die niemals endet. – A: Amen.
Das gewähre euch der dreieinige Gott, der Vater und der Sohn † und der Heilige Geist. – A: Amen.

***

LEBEN UND TOD

grammatik des lebens

der tod
des todes
dem tod
den tod

Österliche Deklination

Der Tod
des Todes!
Dem Tod
den Tod!

Stefan Jürgens

OSTERMONTAG

10. April 2023

„Die Zeit ist mehr wert als der Raum" – das ist eine durch und durch österliche Botschaft, die Papst Franziskus in seinem Apostolischen Schreiben „Evangelii gaudium" formuliert. Er führt das weiter aus: „Der Zeit Vorrang zu geben bedeutet sich damit zu befassen, *Prozesse in Gang zu setzen anstatt Räume zu besitzen.*" (EG 223) Jesus Christus hat durch sein Leiden, seinen Tod, seine Auferstehung und sein Sich-Zeigen einen Prozess in Gang gebracht. Nicht Golgota oder das leere Grab dienen der Orientierung, sondern die Begegnung mit dem Auferstandenen auf dem Weg. Setzt man auf Begegnung, so können aus Krankenzimmern und Gefängniszellen helle Räume werden. Ostern feiern wir daher zuallererst in der Zeit: nach dem Ostersonntag weiter am Ostermontag, in der Oktav bis zum Weißen Sonntag und schließlich 50 Tage lang bis Pfingsten.

ERÖFFNUNGSVERS

Der Herr ist vom Tod auferstanden, wie er gesagt hat.
Freut euch und frohlockt, denn er herrscht in Ewigkeit.
Halleluja.

KYRIE-RUFE

Herr Jesus Christus, du bist mit uns
auf dem Weg.
V/A: Herr, erbarme dich.
Du eröffnest uns den Sinn der Schrift
und brichst das Brot für uns.
V/A: Christus, erbarme dich.

Du bleibst bei uns,
wenn der Abend kommt.
V/A: Herr, erbarme dich.

Ehre sei Gott, S. 479 f.

TAGESGEBET

Gott, du Herr allen Lebens, durch die Taufe schenkst du deiner Kirche Jahr für Jahr neue Söhne und Töchter. Gib, dass alle Christen in ihrem Leben dem Sakrament treu bleiben, das sie im Glauben empfangen haben. Darum bitten wir durch Jesus Christus.

WORTGOTTESDIENST

ZUR 1. LESUNG Petrus scheut die Konfrontation nicht und wagt eine kollektive Schuldzuweisung. Er spricht seine Zuhörerinnen und Zuhörer als diejenigen an, die den Sohn Gottes mithilfe der Besatzungsmacht der Römer, aus jüdischer Perspektive als „Gesetzlose" angesehen, getötet haben. Kontrastreich stellt er die Schuld der Menschen („ihr Juden und *alle* Bewohner von Jerusalem") und das Handeln Gottes gegenüber. Gottes Treue und sein verlässliches Wirken durch die Jahrhunderte bezeugt Petrus in einer Auslegung von Psalm 16. Es habe sich erfüllt, was David besungen hat: Du lässt deinen Frommen die Verwesung nicht schauen. Durch die Kontrastierung zu Beginn der Predigt wird deutlich, was im Exsultet der Osternacht als „glückliche Schuld" besungen wird: So sehr Menschen auch schuldig werden und sich Gott entgegenstellen, die Schuld ist erlöst. Sie hat einen großen Erlöser gefunden. Auch das ist Ostern!

ERSTE LESUNG Apg 2,14.22b–33

Gott hat Jesus auferweckt, dafür sind wir alle Zeugen

Lesung aus der Apostelgeschichte.

Am Pfingsttag trat Petrus auf, zusammen mit den Elf; er erhob seine Stimme und begann zu reden: Ihr Juden und alle Bewohner von Jerusalem! Dies sollt ihr wissen, achtet auf meine Worte!

Jesus, den Nazoräer, einen Mann, den Gott vor euch beglaubigt hat durch Machttaten, Wunder und Zeichen, die er durch ihn in eurer Mitte getan hat, wie ihr selbst wisst – ihn, der nach Gottes beschlossenem Willen und Vorauswissen hingegeben wurde, habt ihr durch die Hand von Gesetzlosen ans Kreuz geschlagen und umgebracht.

Gott aber hat ihn von den Wehen des Todes befreit und auferweckt; denn es war unmöglich, dass er vom Tod festgehalten wurde. David nämlich sagt über ihn:

Ich hatte den Herrn beständig vor Augen. Denn er steht mir zur Rechten, dass ich nicht wanke. Darum freute sich mein Herz und frohlockte meine Zunge und auch mein Leib wird in Hoffnung wohnen; denn du gibst meine Seele nicht der Unterwelt preis, noch lässt du deinen Frommen die Verwesung schauen. Du hast mir die Wege zum Leben gezeigt, du wirst mich erfüllen mit Freude vor deinem Angesicht.

Brüder, ich darf freimütig zu euch über den Patriarchen David reden: Er starb und wurde begraben und sein Grabmal ist bei uns erhalten bis auf den heutigen Tag. Da er ein Prophet war und wusste, dass Gott ihm einen Eid geschworen hatte, einer von seinen Nachkommen werde auf seinem Thron sitzen, sagte er vorausschauend über die Auferstehung des Christus: Er gab ihn nicht der Unterwelt preis und sein Leib schaute die Verwesung nicht. Diesen Jesus hat Gott auferweckt, dafür sind wir alle Zeugen. Zur Rechten Gottes erhöht, hat er vom Vater den verheißenen Heiligen Geist empfangen und ihn ausgegossen, wie ihr seht und hört.

ANTWORTPSALM

Ps 89 (88), 2–3.4–5 (Kv: 2a)

Kv Von der Huld des Herrn will ich ewig singen. – Kv

Oder:

Kv Halleluja. – Kv

Von der Huld des HERRN will ich ewig singen, *
von Geschlecht zu Geschlecht mit meinem Mund
deine Treue verkünden.
Denn ich bekenne: Auf ewig ist Huld gegründet, *
im Himmel deine Treue gefestigt. – (Kv)

„Ich habe einen Bund geschlossen mit meinem Erwählten *
und David, meinem Knecht, geschworen:
Auf ewig gebe ich deinem Haus festen Bestand *
und von Geschlecht zu Geschlecht gründe ich deinen Thron." – Kv

ZUR 2. LESUNG Die Gemeinde in Korinth, so die Überzeugung des Paulus, braucht eine eindringliche Erinnerung an die wesentlichen Glaubensinhalte: Christus ist gestorben, begraben und am dritten Tag auferstanden. Und dies ist geschehen gemäß der Schrift. Darum geht's, und das gilt es zu bewahren. Wie ist es heute? Der Glaube an die Auferstehung ist nicht selbstverständlich. Man muss schon aktiv daran festhalten und sich diesen Glauben an den Auferstandenen immer wieder aneignen. Welche Zeugen und Zeuginnen kennen wir? Gibt es Glaubenserfahrungen, die die Auferstehung plausibel machen? Wer steht heute auf, um daran zu erinnern?

ZWEITE LESUNG 1 Kor 15,1–8.11

Das Evangelium, das ich euch verkündet habe, ist der Grund, auf dem ihr steht

Lesung aus dem ersten Brief des Apostels Paulus an die Gemeinde in Korínth.

Ich erinnere euch, Schwestern und Brüder, an das Evangelium, das ich euch verkündet habe. Ihr habt es angenommen; es ist der Grund, auf dem ihr steht. Durch dieses Evangelium werdet ihr gerettet werden, wenn ihr festhaltet an dem Wort, das ich euch verkündet habe, es sei denn, ihr hättet den Glauben unüberlegt angenommen.

Denn vor allem habe ich euch überliefert, was auch ich empfangen habe:

Christus ist für unsere Sünden gestorben, gemäß der Schrift, und ist begraben worden. Er ist am dritten Tag auferweckt worden, gemäß der Schrift, und erschien dem Kephas, dann den Zwölf.

Danach erschien er mehr als fünfhundert Brüdern zugleich; die meisten von ihnen sind noch am Leben, einige sind entschlafen. Danach erschien er dem Jakobus, dann allen Aposteln. Zuletzt erschien er auch mir, gleichsam der Missgeburt.

Ob nun ich verkünde oder die anderen: Das ist unsere Botschaft und das ist der Glaube, den ihr angenommen habt.

RUF VOR DEM EVANGELIUM

Vers: vgl. Lk 24,32

Halleluja. Halleluja.
Brannte nicht unser Herz,
als der Herr unterwegs mit uns redete
und uns den Sinn der Schriften eröffnete?
Halleluja.

ZUM EVANGELIUM Die Emmausjünger drängen den Fremden, bei ihnen zu bleiben. Sie schätzen die Weisheit dessen, dem sie auf dem Weg begegnen. Ist es nicht erstaunlich, dass sie sich in ihrer Trauer nicht verschließen? Dass sie eine Beziehung knüpfen zu einem Menschen, der zunächst unkundig und fremd erscheint? Ähnlich wie den Emmausjüngern geht es Lydia, der Purpurhändlerin (Apg 16), die Paulus in Philippi trifft. Auch sie drängt Paulus, bei ihr zu bleiben. Das Drängen und das Bleiben verbindet beide Geschichten, ebenso die zuvorkommende Gnade Gottes, die den Jüngern die Augen und Lydia das Herz öffnet. Emmaus ist jederzeit – insbesondere, wenn Menschen wie die beiden Jünger und wie Lydia offen sind, in gesunde Beziehungen treten und Christus im Anderen erkennen können. Emmaus ist auch heute noch.

EVANGELIUM

Lk 24,13–35°

Sie erkannten ihn, als er das Brot brach

+ Aus dem heiligen Evangelium nach Lukas.

Am ersten Tag der Woche waren zwei von den Jüngern Jesu auf dem Weg in ein Dorf namens Emmaus, das sechzig Stadien von Jerusalem entfernt ist. Sie sprachen miteinander über all das, was sich ereignet hatte. Und es geschah: Während sie redeten und ihre Gedanken austauschten, kam Jesus selbst hinzu und ging mit ihnen. Doch ihre Augen waren gehalten, sodass sie ihn nicht erkannten. Er fragte sie: Was sind das für Dinge, über die ihr auf eurem Weg miteinander redet?

Da blieben sie traurig stehen und der eine von ihnen – er hieß Kléopas – antwortete ihm: Bist du so fremd in Jerusalem, dass du als Einziger nicht weißt, was in diesen Tagen dort geschehen ist? Er fragte sie: Was denn?

Sie antworteten ihm: Das mit Jesus aus Nazaret. Er war ein Prophet, mächtig in Tat und Wort vor Gott und dem ganzen Volk. Doch unsere Hohepriester und Führer haben ihn zum Tod verurteilen und ans Kreuz schlagen lassen. Wir aber hatten gehofft, dass er der sei, der Israel erlösen werde. Und dazu ist heute schon der dritte Tag, seitdem das alles geschehen ist.

Doch auch einige Frauen aus unserem Kreis haben uns in große Aufregung versetzt. Sie waren in der Frühe beim Grab, fanden aber seinen Leichnam nicht. Als sie zurückkamen, erzählten sie, es seien ihnen Engel erschienen und hätten gesagt, er lebe. Einige von uns gingen dann zum Grab und fanden alles so, wie die Frauen gesagt hatten; ihn selbst aber sahen sie nicht.

Da sagte er zu ihnen: Ihr Unverständigen, deren Herz zu träge ist, um alles zu glauben, was die Propheten gesagt haben. Musste nicht der Christus das erleiden und so in seine Herrlichkeit gelangen? Und er legte ihnen dar, ausgehend von Mose und allen Propheten, was in der gesamten Schrift über ihn geschrieben steht.

So erreichten sie das Dorf, zu dem sie unterwegs waren. Jesus tat, als wolle er weitergehen, aber sie drängten ihn und sagten: Bleibe bei uns; denn es wird Abend, der Tag hat sich schon geneigt! Da ging er mit hinein, um bei ihnen zu bleiben. Und es geschah: Als er mit ihnen bei Tisch war, nahm er das Brot, sprach den Lobpreis, brach es und gab es ihnen. Da wurden ihre Augen aufgetan und sie erkannten ihn; und er entschwand ihren Blicken. Und sie sagten zueinander: Brannte nicht unser Herz in uns, als er unterwegs mit uns redete und uns den Sinn der Schriften eröffnete?

Noch in derselben Stunde brachen sie auf und kehrten nach Jerusalem zurück und sie fanden die Elf und die mit ihnen versammelt waren. Diese sagten: Der Herr ist wirklich auferstanden und ist dem Simon erschienen. Da erzählten auch sie, was sie unterwegs erlebt und wie sie ihn erkannt hatten, als er das Brot brach.

Oder:

ZUM EVANGELIUM Und noch einmal die Wächter. Sie hatten schon im Evangelium der Osternacht ihren Auftritt – an ihnen und dem Erdbeben ließ sich das Umstürzende der Auferstehung ablesen. Nun beteiligen sie sich an betrügerischen Machenschaften. Gegen Bestechungsgelder streuen sie das Gerücht, dass die Jünger den Leichnam Jesu gestohlen hätten. Sie selber seien zuvor eingeschlafen … Auf was für eine falsche Selbsterniedrigung sie sich einlassen! Ganz anders die Frauen: Sie erniedrigen sich auf ihre Weise, als sie dem Auferstandenen begegnen, vor ihm niederfallen und seine Füße umfassen. Doch sie bleiben darin aufrichtig, setzen ihre Würde nicht aufs Spiel. Sie können frei Zeugnis geben von dem, der ihnen einen Auftrag gegeben hat. Gerüchte sind ihre Sache nicht.

EVANGELIUM Mt 28,8–15

Sagt meinen Brüdern, sie sollen nach Galiläa gehen und dort werden sie mich sehen

+ **Aus dem heiligen Evangelium nach Matthäus.**

Nachdem die Frauen die Botschaft des Engels vernommen hatten, verließen sie sogleich das Grab voll Furcht und großer Freude und sie eilten zu den Jüngern, um ihnen die Botschaft zu verkünden.

Und siehe, Jesus kam ihnen entgegen und sagte: Seid gegrüßt! Sie gingen auf ihn zu, warfen sich vor ihm nieder und umfassten seine Füße. Da sagte Jesus zu ihnen: Fürchtet euch nicht! Geht und sagt meinen Brüdern, sie sollen nach Galiläa gehen und dort werden sie mich sehen.

Noch während die Frauen unterwegs waren, siehe, da kamen einige von den Wächtern in die Stadt und berichteten den Hohenpriestern alles, was geschehen war. Diese fassten gemeinsam mit den Ältesten den Beschluss, die Soldaten zu bestechen. Sie gaben ihnen viel Geld und sagten: Erzählt den Leuten: Seine Jünger sind bei Nacht gekommen und haben ihn gestohlen, während wir schliefen. Falls der Statthalter davon hört, werden wir ihn beschwichtigen und dafür sorgen, dass ihr nichts zu befürchten habt. Die Soldaten nahmen das Geld und machten alles so, wie man es ihnen gesagt hatte. Und dieses Gerücht verbreitete sich bei den Juden bis heute.

FÜRBITTEN

Jesus Christus, du hast deine Freunde auf ihrem Weg begleitet und ihnen die Augen geöffnet. Wir rufen zu dir und bitten dich:

- Für alle, die gemeinsam auf dem Weg sind, um Glaube, Liebe und Hoffnung zu erneuern. V: Jesus Christus, du unsere Mitte. A: Höre unser Rufen.

- Für alle, die trauern, bitten wir um die Hoffnung, die der Ostertag schenkt. V: Jesus Christus, du unsere Mitte. A: Höre unser Rufen.

- Für alle, die sich für den Frieden einsetzen, bitten wir um die Kraft des Heiligen Geistes. V: Jesus Christus, du unsere Mitte. A: Höre unser Rufen.

- Für alle, deren Lebenspläne und Lebenshoffnungen durchkreuzt wurden, bitten wir um deinen Geist des Trostes. V: Jesus Christus, du unsere Mitte. A: Höre unser Rufen.

- Für alle, die nach Sinn und Mitte ihres Lebens suchen, bitten wir um deine Wegweisung und dein Geleit. V: Jesus Christus, du unsere Mitte. A: Höre unser Rufen.

Jesus Christus, du unser Freund und Bruder, schenke uns ein brennendes Herz, das das Gute sucht, heute und alle Tage unseres Lebens.

EUCHARISTIEFEIER

GABENGEBET

Gott, du hast deinem Volk durch das Bekenntnis des Glaubens und den Empfang der Taufe neues Leben geschenkt. Nimm die Gaben (der Neugetauften und aller) deiner Gläubigen gnädig an und lass uns in dir Seligkeit und ewiges Leben finden. Darum bitten wir durch Christus, unseren Herrn.

Präfation, S. 493 f.

KOMMUNIONVERS

Vgl. Röm 6,9

Christus ist vom Tod erstanden; er stirbt nicht mehr.
Gebrochen ist die Macht des Todes. Halleluja.

SCHLUSSGEBET

Allmächtiger Gott, du hast uns durch die österlichen Geheimnisse auf den Weg des Lebens geführt. Lass deine Gnade in uns mächtig werden, damit wir uns deiner Gaben würdig erweisen und unseren Weg zu dir vollenden. Darum bitten wir durch Christus, unseren Herrn.

FEIERLICHER SCHLUSSSEGEN S. 367

***

EINLADEND

an der Eingangstür
zur Buchhandlung
fand mich der Gottesname
ICH BIN DA!

ein Türöffner
auf einem Pappschildchen
Engel sind
erfinderisch

Lisa F. Oesterheld

2. SONNTAG DER OSTERZEIT
SONNTAG DER GÖTTLICHEN BARMHERZIGKEIT
WEISSER SONNTAG

16. April 2023

Mit Ostern beginnt der Glaube, jedenfalls wird er hier auf eine harte Probe gestellt. Nur sehr wenige hatten das Privileg, Jesus zu sehen; alle anderen müssen und dürfen ihnen glauben. Natürlich erschließt sich mir der Glaube durch viele Zeichen und Zusammenhänge. Und dennoch ist er so grundstürzend, dass er mich oft eher zweifeln lässt und überfordert. Woher kommt in all dieser Unsicherheit meine Gewissheit, dass es einen gibt, der es gut mit mir meint, der die Menschheit liebt, der die Welt erschaffen hat? Ich weiß, dass er da ist – und doch muss ich mich täglich in die Haltung einüben, an seiner Nicht-Sichtbarkeit nicht zu verzweifeln.

ERÖFFNUNGSVERS

Vgl. 5 Esra 2,36–37 (apokr.)

Freut euch und dankt Gott, der euch zu sich gerufen hat.
Ihr seid Kinder Gottes und Erben seiner Herrlichkeit.
Halleluja.

KYRIE-RUFE

Herr Jesus Christus, du hast Gottes
Barmherzigkeit in deiner Person verkörpert.
V/A: Herr, erbarme dich.

Du hast uns durch deine Auferstehung
die Tür zum ewigen Leben geöffnet.
V/A: Christus, erbarme dich.
Du hast der Kirche im österlichen Mahl
deine Gegenwart geschenkt.
V/A: Herr, erbarme dich.

Ehre sei Gott, S. 479 f.

TAGESGEBET

Barmherziger Gott, durch die jährliche Osterfeier erneuerst du den Glauben deines Volkes. Lass uns immer tiefer erkennen, wie heilig das Bad der Taufe ist, das uns gereinigt hat, wie mächtig dein Geist, aus dem wir wiedergeboren sind, und wie kostbar das Blut, durch das wir erkauft sind. Darum bitten wir durch Jesus Christus.

WORTGOTTESDIENST

ZUR 1. LESUNG In der Lesung finden wir ein Idealbild der Einmütigkeit, einen Idealzustand des Zusammenhaltens und gemeinschaftlichen Lebens – so wünscht der Autor der Apostelgeschichte sich Gemeinde. Alle haben alles gemeinsam, man isst und trinkt, keiner hungert, man ist im Gebet vereint. Wie anders zeigt sich unsere Gesellschaft: Wir haben Angst um unseren Reichtum und errichten Mauern und Zäune. Die Supermärkte sind voll, niemand müsste hungern, und doch zerstreiten wir uns leidenschaftlich über kleinste Details. Wohlstand ist kein Selbstzweck, damit wir uns in unserer Nische einrichten können. Könnte die Ausrichtung auf Gott die Sehnsucht nach den Anderen lehren und stillen?

ERSTE LESUNG
Apg 2,42–47

Alle, die glauben, waren an demselben Ort und hatten alles gemeinsam

Lesung aus der Apostelgeschichte.

Die Gläubigen hielten an der Lehre der Apostel fest und an der Gemeinschaft, am Brechen des Brotes und an den Gebeten.

Alle wurden von Furcht ergriffen; und durch die Apostel geschahen viele Wunder und Zeichen. Und alle, die glaubten, waren an demselben Ort und hatten alles gemeinsam. Sie verkauften Hab und Gut und teilten davon allen zu, jedem so viel, wie er nötig hatte.

Tag für Tag verharrten sie einmütig im Tempel, brachen in ihren Häusern das Brot und hielten miteinander Mahl in Freude und Lauterkeit des Herzens. Sie lobten Gott und fanden Gunst beim ganzen Volk. Und der Herr fügte täglich ihrer Gemeinschaft die hinzu, die gerettet werden sollten.

ANTWORTPSALM
Ps 118 (117),2 u. 4.14–15.22–23.24 u. 28 (Kv: 1)

Kv Danket dem Herrn, denn er ist gut,
denn seine Huld währt ewig. – Kv

Oder:

Kv Halleluja. – Kv

So soll Israel sagen: *
Denn seine Huld währt ewig.
So sollen sagen, die den Herrn fürchten: *
Denn seine Huld währt ewig. – (Kv)

Meine Stärke und mein Lied ist der Herr; *
er ist für mich zur Rettung geworden.
Schall von Jubel und Rettung in den Zelten der Gerechten: *
„Die Rechte des Herrn, Taten der Macht vollbringt sie!“ – (Kv)

Ein Stein, den die Bauleute verwarfen, *
er ist zum Eckstein geworden.
Vom HERRN her ist dies gewirkt, *
ein Wunder in unseren Augen. – (Kv)

Dies ist der Tag, den der HERR gemacht hat; *
wir wollen jubeln und uns über ihn freuen.
Mein Gott bist du, dir will ich danken. *
Mein Gott bist du, dich will ich erheben. – Kv

ZUR 2. LESUNG In der Epistel lesen wir heute von Rettung. Die Sehnsucht nach Rettung ist tief in der Menschheit verankert, hat aber offensichtlich ihr Vorzeichen geändert. Während der Apostel die Rettung von Gott erhoffte, wollen heute wir selbst die Welt retten, indem wir sie technisch bearbeiten und verändern. Rettung, wie ich sie mir erhoffe, erfolgt aber nicht durch Geo-Engeneering, sondern kommt auf den Menschen zu und ist so unverhofft wie die Auferweckung Jesu aus den Toten. Glaube ist dabei nicht naiv, sondern erträgt die Läuterung im Feuer. Gleichzeitig ist Glaube Geschenk von dem, den wir nicht sehen.

ZWEITE LESUNG 1 Petr 1,3–9

Lebendige Hoffnung durch die Auferstehung Jesu Christi

Lesung aus dem ersten Brief des Apostels Petrus.

Gepriesen sei der Gott und Vater unseres Herrn Jesus Christus: Er hat uns in seinem großen Erbarmen neu gezeugt zu einer lebendigen Hoffnung durch die Auferstehung Jesu Christi von den Toten, zu einem unzerstörbaren, makellosen und unvergänglichen Erbe, das im Himmel für euch aufbewahrt ist.

Gottes Kraft behütet euch durch den Glauben, damit ihr die Rettung erlangt, die am Ende der Zeit offenbart werden soll. Deshalb seid ihr voll Freude, wenn es für kurze Zeit jetzt sein muss, dass ihr durch mancherlei Prüfungen betrübt werdet. Dadurch soll sich eure Standfestigkeit im Glauben, die kostbarer ist als Gold, das im Feuer geprüft wurde und doch vergänglich ist, herausstellen – zu Lob, Herrlichkeit und Ehre bei der Offenbarung Jesu Christi.

Ihn habt ihr nicht gesehen und dennoch liebt ihr ihn; ihr seht ihn auch jetzt nicht; aber ihr glaubt an ihn und jubelt in unaussprechlicher und von Herrlichkeit erfüllter Freude, da ihr das Ziel eures Glaubens empfangen werdet: eure Rettung.

RUF VOR DEM EVANGELIUM

Vers: Joh 20,29

Halleluja. Halleluja.
(So spricht der Herr:)
Weil du mich gesehen hast, Thomas, glaubst du.
Selig sind, die nicht sehen und doch glauben.
Halleluja.

ZUM EVANGELIUM Jesus zeigt ihnen seine Hände und seine Seite. Erkennen die Jünger ihn nicht an seinem Gesicht, an seiner Stimme? Haben sie Angst vor einem Gespenst? Glaube hat offenbar mit der Differenz von Sehen und Nicht-Sehen zu tun, mit Berühren und Für-wahr-Halten. Kann ich alles glauben, einfach weil ich es will? Nein, das wohl nicht, denn der Glaube braucht Hintergrund, er braucht Geschichte, etwas Greifbares – deshalb der Hinweis auf die Male der Nägel in den Händen. Glaube greift auf Handgreifliches zurück, lässt sich aber nicht darauf reduzieren.

EVANGELIUM

Joh 20,19–31

Acht Tage darauf kam Jesus bei verschlossenen Türen und trat in ihre Mitte

+ Aus dem heiligen Evangelium nach Johannes.

Am Abend dieses ersten Tages der Woche, als die Jünger aus Furcht vor den Juden bei verschlossenen Türen beisammen waren, kam Jesus, trat in ihre Mitte und sagte zu ihnen: Friede sei mit euch! Nach diesen Worten zeigte er ihnen seine Hände und seine Seite. Da freuten sich die Jünger, als sie den Herrn sahen.

Jesus sagte noch einmal zu ihnen: Friede sei mit euch! Wie mich der Vater gesandt hat, so sende ich euch. Nachdem er das gesagt hatte, hauchte er sie an und sagte zu ihnen: Empfangt den Heiligen Geist! Denen ihr die Sünden erlasst, denen sind sie erlassen; denen ihr sie behaltet, sind sie behalten.

Thomas, der Dídymus – Zwilling – genannt wurde, einer der Zwölf, war nicht bei ihnen, als Jesus kam. Die anderen Jünger sagten zu ihm: Wir haben den Herrn gesehen.

Er entgegnete ihnen: Wenn ich nicht das Mal der Nägel an seinen Händen sehe und wenn ich meinen Finger nicht in das Mal der Nägel und meine Hand nicht in seine Seite lege, glaube ich nicht.

Acht Tage darauf waren seine Jünger wieder drinnen versammelt und Thomas war dabei.

Da kam Jesus bei verschlossenen Türen, trat in ihre Mitte und sagte: Friede sei mit euch!

Dann sagte er zu Thomas: Streck deinen Finger hierher aus und sieh meine Hände! Streck deine Hand aus und leg sie in meine Seite und sei nicht ungläubig, sondern gläubig!

Thomas antwortete und sagte zu ihm: Mein Herr und mein Gott! Jesus sagte zu ihm: Weil du mich gesehen hast, glaubst du. Selig sind, die nicht sehen und doch glauben.

Noch viele andere Zeichen hat Jesus vor den Augen seiner Jünger getan, die in diesem Buch nicht aufgeschrieben sind. Diese aber sind aufgeschrieben, damit ihr glaubt, dass Jesus der Christus ist, der Sohn Gottes, und damit ihr durch den Glauben Leben habt in seinem Namen.

Glaubensbekenntnis, S. 482 ff.

FÜRBITTEN

Im heutigen Evangelium hören wir von Thomas, unserem Zwilling im Zweifel und im Vertrauen. Wenden wir uns vertrauend hin zu Jesus Christus, den der barmherzige Gott aus dem Tod ins Leben geführt hat, und bitten ihn:

- Um seinen Frieden für die Kirche, dass sie ihn nach innen leben und nach außen ausstrahlen kann. V/A: Kyrie, eleison.
- Um seine Liebe für alle Kinder, die heute zum ersten Mal die heilige Kommunion empfangen, und für ihre Familien. V/A: Kyrie, eleison.
- Um verlässliche und liebevolle Menschen für die vielen Kinder weltweit, die wenig Sicherheit, Geborgenheit und Liebe erfahren. V/A: Kyrie, eleison.
- Um Herz und Hand für alle, die auf deinen Namen getauft sind, dass sie deine gute Gegenwart bezeugen. V/A: Kyrie, eleison.
- Um treue und einfühlsame Begleiterinnen und Begleiter für Schwerkranke und Sterbende. V/A: Kyrie, eleison.

Der Gott des Erbarmens und des Trostes hat Jesus Christus aus der Dunkelheit ins Licht gerufen. Dafür danken wir und preisen Gott im Heiligen Geist durch Jesus Christus, unseren Bruder und Heiland.

EUCHARISTIEFEIER

GABENGEBET

Gott, du hast deinem Volk durch das Bekenntnis des Glaubens und den Empfang der Taufe neues Leben geschenkt. Nimm die Gaben (der Neugetauften und aller) deiner Gläubigen gnädig an und lass uns in dir Seligkeit und ewiges Leben finden. Darum bitten wir durch Christus, unseren Herrn.

Präfation, S. 493 f.

KOMMUNIONVERS

Joh 20,29

Selig, die nicht sehen und doch glauben.
Halleluja.

SCHLUSSGEBET

Allmächtiger Gott, im heiligen Sakrament haben wir den Leib und das Blut deines Sohnes empfangen. Lass diese österliche Gabe in uns weiterwirken und fruchtbar sein. Darum bitten wir durch Christus, unseren Herrn.

FEIERLICHER SCHLUSSSEGEN

Der allmächtige Gott hat uns durch die Auferstehung seines Sohnes aus Sünde und Tod befreit; er segne euch und schenke euch seine Freude. – A: Amen.
Und Christus, mit dem wir auferstanden sind durch den Glauben, bewahre in euch die Gabe der Erlösung. – A: Amen.
Gott hat uns in der Taufe angenommen als Kinder seiner Gnade; er schenke euch das verheißene Erbe. – A: Amen.
Das gewähre euch der dreieinige Gott, der Vater und der Sohn † und der Heilige Geist. – A: Amen.

***

ZWILLING IM ZWEIFEL

Er war nicht dabei:

Verängstigte Menschen,
verschlossene Türen
– und plötzlich freie Sicht?

Geschundene Hände,
durchstochene Seite –
und plötzlich Frieden und Freude?

Wer's glaubt.

Lass sie reden, Thomas.
Aber hör hin.
Trau dich zu zweifeln.
Aber sei zur Stelle.
Lass dir nichts vormachen.
Aber streck deine Hand aus.

Zweifel im Gepäck.
Glaube zum Greifen nah.

Nimm mich mit hinter verschlossene Türen,
Bruder Thomas,
im Zweifel mein Zwilling.

Irmtrud Schweigert

3. SONNTAG DER OSTERZEIT

23. April 2023

Wie nähert man sich einem Glauben, der für den Augenschein so widersinnig ist? Tote werden begraben, sie sind nicht mehr. Aber dennoch: Wir tragen sie im Herzen. Doch Auferweckung scheint noch mehr zu sein – nicht allein unsere Erinnerung an einen Toten, die durch die Geste eines Anderen geweckt wird. Auferweckung hat mit Gottes Zusagen an uns alle zu tun, dass wir nicht wie Sternenstaub vergehen. Wir tragen mit gutem Grund die Hoffnung in uns, dass Sinn und Liebe mehr und Anderes sind als all das, was vergeht.

ERÖFFNUNGSVERS

Ps 66 (65), 1–2

Jauchzt vor Gott, alle Menschen der Erde!
Spielt zum Ruhm seines Namens!
Verherrlicht ihn mit Lobpreis! Halleluja.

KYRIE-RUFE

Herr Jesus Christus, von den Toten auferstanden
hast du dich deinen Jüngern offenbart.
V/A: Herr, erbarme dich.
Du bist mit uns alle Tage
bis zum Ende der Welt.
V/A: Christus, erbarme dich.
Du hast uns zum Glauben an Gott geführt,
sodass wir auf ihn hoffen können.
V/A: Herr, erbarme dich.

Ehre sei Gott, S. 479 f.

TAGESGEBET

Allmächtiger Gott, lass die österliche Freude in uns fortdauern, denn du hast deiner Kirche neue Lebenskraft geschenkt und die Würde unserer Gotteskindschaft in neuem Glanz erstrahlen lassen. Gib, dass wir den Tag der Auferstehung voll Zuversicht erwarten als einen Tag des Jubels und des Dankes. Darum bitten wir durch Jesus Christus.

WORTGOTTESDIENST

ZUR 1. LESUNG Petrus predigt. Er will seine Landsleute überzeugen und zum Glauben bewegen: dass Gott Jesus wirklich von den Toten erweckt hat. Dabei nimmt er kein Blatt vor den Mund, sondern hält den Zuhörerinnen und Zuhörern ihre Verantwortung für die Verurteilung Jesu vor. Aber das heilsgeschichtliche Drama, in dem sie ihre Rolle spielen, nimmt einen guten Ausgang. Denn schon in ihren heiligen Schriften können die Israeliten lesen, dass der Fromme die Verwesung nicht schauen wird. Dieses Wort sieht Petrus an Jesus erfüllt, und deshalb glaubt er: Er lebt.

ERSTE LESUNG

Apg 2, 14.22b–33

Es war unmöglich, dass er vom Tod festgehalten wurde

Lesung aus der Apostelgeschichte.

Am Pfingsttag trat Petrus auf, zusammen mit den Elf; er erhob seine Stimme und begann zu reden: Ihr Juden und alle Bewohner von Jerusalem! Dies sollt ihr wissen, achtet auf meine Worte!

Jesus, den Nazoräer, einen Mann, den Gott vor euch beglaubigt hat durch Machttaten, Wunder und Zeichen, die er durch ihn in eurer Mitte getan hat, wie ihr selbst wisst – ihn, der nach Gottes beschlossenem Willen und Vorauswissen hingegeben wurde, habt ihr durch die Hand von Gesetzlosen ans Kreuz geschlagen und umgebracht.

Gott aber hat ihn von den Wehen des Todes befreit und auferweckt; denn es war unmöglich, dass er vom Tod festgehalten wurde. David nämlich sagt über ihn:

Ich hatte den Herrn beständig vor Augen. Denn er steht mir zur Rechten, dass ich nicht wanke. Darum freute sich mein Herz und frohlockte meine Zunge und auch mein Leib wird in Hoffnung wohnen; denn du gibst meine Seele nicht der Unterwelt preis, noch lässt du deinen Frommen die Verwesung schauen. Du hast mir die Wege zum Leben gezeigt, du wirst mich erfüllen mit Freude vor deinem Angesicht.

Brüder, ich darf freimütig zu euch über den Patriarchen David reden: Er starb und wurde begraben und sein Grabmal ist bei uns erhalten bis auf den heutigen Tag.

Da er ein Prophet war und wusste, dass Gott ihm einen Eid geschworen hatte, einer von seinen Nachkommen werde auf seinem Thron sitzen, sagte er vorausschauend über die Auferstehung des Christus: Er gab ihn nicht der Unterwelt preis und sein Leib schaute die Verwesung nicht. Diesen Jesus hat Gott auferweckt, dafür sind wir alle Zeugen. Zur Rechten Gottes erhöht, hat er vom Vater den verheißenen Heiligen Geist empfangen und ihn ausgegossen, wie ihr seht und hört.

ANTWORTPSALM

Ps 16 (15), 1–2 u. 5.7–8.9–10 (Kv: 11a)

Kv Du lässt mich, Herr, den Weg des Lebens erkennen. – Kv

Oder:

Kv Halleluja. – Kv

Behüte mich, Gott, denn bei dir habe ich mich geborgen! /
Ich sagte zum Herrn: Mein Herr bist du, *
mein ganzes Glück bist du allein.
Der Herr ist mein Erbteil, er reicht mir den Becher, *
du bist es, der mein Los hält. – (Kv)

Ich preise den Herrn, der mir Rat gibt, *
auch in Nächten hat mich mein Innerstes gemahnt.
Ich habe mir den Herrn beständig vor Augen gestellt, *
weil er zu meiner Rechten ist, wanke ich nicht. – (Kv)

Darum freut sich mein Herz und jubelt meine Ehre, *
auch mein Fleisch wird wohnen in Sicherheit.
Denn du überlässt mein Leben nicht der Totenwelt; *
du lässt deinen Frommen die Grube nicht schauen. – Kv

ZUR 2. LESUNG Wenn Gott sich der Menschen erbarmt, dann zählen keine menschlichen Entschuldigungen mehr. Wenn wir die weitreichenden Folgen unseres Tuns bedenken, handeln wir oft nicht so, wie es uns das Herz eingibt, sondern wie es unserer sozialen Rolle entspricht. Durch Tod und Auferweckung sind wir genau aus diesen Zusammenhängen herausgerissen, sodass Gott auf jeden Einzelnen, jede Einzelne von uns schaut: So bist du – so handelst du. Dieser unmittelbare und je individuelle Gottesbezug, ganz ohne die Einordnung in das soziale Gefüge, ist eine grundlegende Erkenntnis des christlichen Glaubens. Er könnte neu seine Attraktivität begründen.

ZWEITE LESUNG

1 Petr 1,17–21

Ihr wurdet losgekauft mit dem kostbaren Blut Christi, des Lammes ohne Fehl und Makel

Lesung aus dem ersten Brief des Apostels Petrus.

Schwestern und Brüder! Wenn ihr den als Vater anruft, der jeden ohne Ansehen der Person nach seinem Tun beurteilt, dann führt auch, solange ihr in der Fremde seid, ein Leben in Gottesfurcht!

Ihr wisst, dass ihr aus eurer nichtigen, von den Vätern ererbten Lebensweise nicht um einen vergänglichen Preis losgekauft wurdet, nicht um Silber oder Gold, sondern mit dem kostbaren Blut Christi, des Lammes ohne Fehl und Makel. Er war schon vor Grundlegung der Welt dazu ausersehen und euretwegen ist er am Ende der Zeiten erschienen.

Durch ihn seid ihr zum Glauben an Gott gekommen, der ihn von den Toten auferweckt und ihm die Herrlichkeit gegeben hat, sodass ihr an Gott glauben und auf ihn hoffen könnt.

RUF VOR DEM EVANGELIUM

Vers: vgl. Lk 24,32

Halleluja. Halleluja.
Herr Jesus, erschließ uns die Schrift!
Lass unser Herz entbrennen, wenn du zu uns redest.
Halleluja.

ZUM EVANGELIUM Es ist nicht selbstverständlich, miteinander bei Tisch zu sitzen, Mahl zu halten. Wie schmerzlich haben viele von uns das vermisst in den Einschränkungen der jüngsten, krisenhaften Vergangenheit. Die Erzählung von der Begegnung der beiden Emmausjünger mit Jesus, die wir heute hören, gipfelt im gemeinschaftlichen Essen und im überwältigenden Wiedererkennen beim Brotbrechen. Zwei Jünger Jesu drohen nach seiner Hinrichtung am Scheitern ihrer Lebenshoffnungen zu verzweifeln. Jesus begleitet sie, zunächst unerkannt, auf ihrer Flucht. Im Gespräch führt er sie zu der Einsicht, dass es in der Krise neue Perspektiven gibt. Alle, die das hören und lesen, sollen wie diese Verzagten zuhören und aufhorchen. Im Gespräch miteinander, in der Auseinandersetzung mit biblischen Worten, in der Frage nach ihrer Bedeutsamkeit für das eigene Leben findet ermutigende Begegnung statt. Im gemeinsamen Mahlhalten und Feiern begegnen wir Gott und einander. Das galt damals, das gilt heute.

EVANGELIUM

Lk 24,13–35

Sie erkannten ihn, als er das Brot brach

+ Aus dem heiligen Evangelium nach Lukas.

Am ersten Tag der Woche waren zwei von den Jüngern Jesu auf dem Weg in ein Dorf namens Emmaus, das sechzig Stadien von Jerusalem entfernt ist. Sie sprachen miteinander über all das, was sich ereignet hatte. Und es geschah: Während sie redeten und ihre Gedanken austauschten, kam Jesus selbst hinzu und ging mit ihnen. Doch ihre Augen waren gehalten, sodass sie ihn nicht erkannten. Er fragte sie: Was sind das für Dinge, über die ihr auf eurem Weg miteinander redet?

Da blieben sie traurig stehen und der eine von ihnen – er hieß Kléopas – antwortete ihm: Bist du so fremd in Jerusalem, dass du als Einziger nicht weißt, was in diesen Tagen dort geschehen ist? Er fragte sie: Was denn?

Sie antworteten ihm: Das mit Jesus aus Nazaret. Er war ein Prophet, mächtig in Tat und Wort vor Gott und dem ganzen Volk. Doch unsere Hohepriester und Führer haben ihn zum Tod verurteilen und ans Kreuz schlagen lassen. Wir aber hatten gehofft, dass er der sei, der Israel erlösen werde. Und dazu ist heute schon der dritte Tag, seitdem das alles geschehen ist.

Doch auch einige Frauen aus unserem Kreis haben uns in große Aufregung versetzt. Sie waren in der Frühe beim Grab, fanden aber seinen Leichnam nicht. Als sie zurückkamen, erzählten sie, es seien ihnen Engel erschienen und hätten gesagt, er lebe. Einige von uns gingen dann zum Grab und fanden alles so, wie die Frauen gesagt hatten; ihn selbst aber sahen sie nicht.

Da sagte er zu ihnen: Ihr Unverständigen, deren Herz zu träge ist, um alles zu glauben, was die Propheten gesagt haben. Musste nicht der Christus das erleiden und so in seine Herrlichkeit gelangen? Und er legte ihnen dar, ausgehend von Mose und allen Propheten, was in der gesamten Schrift über ihn geschrieben steht.

So erreichten sie das Dorf, zu dem sie unterwegs waren. Jesus tat, als wolle er weitergehen, aber sie drängten ihn und sagten: Bleibe bei uns; denn es wird Abend, der Tag hat sich schon geneigt! Da ging er mit hinein, um bei ihnen zu bleiben. Und es geschah: Als er mit ihnen bei Tisch war, nahm er das Brot, sprach den Lobpreis, brach es und gab es ihnen. Da wurden ihre Augen aufgetan und sie erkannten ihn; und er entschwand ihren Blicken. Und sie sagten zueinander: Brannte nicht unser Herz in uns, als er unterwegs mit uns redete und uns den Sinn der Schriften eröffnete?

Noch in derselben Stunde brachen sie auf und kehrten nach Jerusalem zurück und sie fanden die Elf und die mit ihnen versammelt waren. Diese sagten: Der Herr ist wirklich auferstanden und ist dem Simon erschienen.

Oder (wo der Ostermontag als Feiertag begangen wird und das Emmausevangelium bereits an diesem Tag gelesen wurde):

RUF VOR DEM EVANGELIUM

Halleluja. Halleluja.
Christus ist auferstanden.
Er, der Schöpfer des Alls, hat sich aller Menschen erbarmt.
Halleluja.

ZUM EVANGELIUM Eine beispielhafte Erzählung. Jesus offenbart sich den Jüngern beim Fischfang. Eigentlich sind sie ausgebildete Fischer, aber diesmal haben sie kein Glück; sie fangen nichts. Jesus wendet die Pleite ab, er weiß ergiebige Fischgründe. Warum aber erkennen die Jünger Jesus nicht „richtig"? Weil er für sie tot ist? Würde ich jemanden erkennen, den ich für tot halte? Die Jünger scheinen eher zu spüren, zu erfahren, „dass es der Herr sei" – als dass sie seine Gestalt oder Stimme identifizieren können. Darf auch ich den Herrn spüren?

EVANGELIUM

Joh 21,1–14°

Jesus trat heran, nahm das Brot und gab es ihnen, ebenso den Fisch

+ Aus dem heiligen Evangelium nach Johannes.

In jener Zeit offenbarte sich Jesus den Jüngern noch einmal, am See von Tibérias, und er offenbarte sich in folgender Weise.

Simon Petrus, Thomas, genannt Dídymus – Zwilling –, Natánaël aus Kana in Galiläa, die Söhne des Zebedäus und zwei andere von seinen Jüngern waren zusammen. Simon Petrus sagte zu ihnen: Ich gehe fischen. Sie sagten zu ihm: Wir kommen auch mit. Sie gingen hinaus und stiegen in das Boot. Aber in dieser Nacht fingen sie nichts.

Als es schon Morgen wurde, stand Jesus am Ufer. Doch die Jünger wussten nicht, dass es Jesus war.

Jesus sagte zu ihnen: Meine Kinder, habt ihr keinen Fisch zu essen? Sie antworteten ihm: Nein. Er aber sagte zu ihnen: Werft das Netz auf der rechten Seite des Bootes aus und ihr werdet etwas finden. Sie warfen das Netz aus und konnten es nicht wieder einholen, so voller Fische war es.

Da sagte der Jünger, den Jesus liebte, zu Petrus: Es ist der Herr! Als Simon Petrus hörte, dass es der Herr sei, gürtete er sich das Obergewand um, weil er nackt war, und sprang in den See.

Dann kamen die anderen Jünger mit dem Boot – sie waren nämlich nicht weit vom Land entfernt, nur etwa zweihundert Ellen – und zogen das Netz mit den Fischen hinter sich her.

Als sie an Land gingen, sahen sie am Boden ein Kohlenfeuer und darauf Fisch und Brot liegen. Jesus sagte zu ihnen: Bringt von den Fischen, die ihr gerade gefangen habt! Da stieg Simon Petrus ans Ufer und zog das Netz an Land. Es war mit hundertdreiundfünfzig großen Fischen gefüllt, und obwohl es so viele waren, zerriss das Netz nicht.

Jesus sagte zu ihnen: Kommt her und esst! Keiner von den Jüngern wagte ihn zu befragen: Wer bist du? Denn sie wussten, dass es der Herr war. Jesus trat heran, nahm das Brot und gab es ihnen, ebenso den Fisch.

Dies war schon das dritte Mal, dass Jesus sich den Jüngern offenbarte, seit er von den Toten auferstanden war.

Glaubensbekenntnis, S. 482 ff.

FÜRBITTEN

Jesus fordert im heutigen Evangelium die in ihren Beruf als Fischer zurückgekehrten Jünger zum Umdenken, zum Neudenken auf: Gegen alle Tradition und Erwartung sollen sie das Netz auf der anderen Seite auswerfen! Jesus ermutigt sie, Neues zu wagen. Wir bitten den Gott des Lebens um die Kraft der Erneuerung aus seinem Geist:

- Für alle Bischöfe, Priester und Laien, die gemeinsam auf dem Synodalen Weg sind und sich in der erneuernden Kraft des Geistes für eine glaubwürdige Kirche einsetzen. V: Gott, du unsere Hoffnung. A: Wir bitten dich, erhöre uns.
- Für alle, die die Leitworte der römischen Synode „Gemeinschaft, Teilhabe und Sendung" ernst nehmen und eine geschwisterliche Kirche im Geist Jesu Christi suchen. V: Gott, du unsere Hoffnung. A: Wir bitten dich, erhöre uns.
- Für alle Menschen, die eine Berufung zur Nachfolge in sich tragen, um die Möglichkeit, diese auch zu leben. V: Gott, du unsere Hoffnung. A: Wir bitten dich, erhöre uns.
- Für alle, die mutlos und kraftlos geworden sind in ihrem Beruf, in ihrer Familie, in ihrer Gemeinschaft, um einen neuen Blick, um Zuversicht und neuen Mut. V: Gott, du unsere Hoffnung. A: Wir bitten dich, erhöre uns.
- Für alle unsere Verwandten und Freunde, die uns im Tod vorangegangen sind, um dein Licht der Hoffnung und des wunderbar gewandelten Seins bei dir. V: Gott, du unsere Hoffnung. A: Wir bitten dich, erhöre uns.

Bei dir, Gott, ist Fülle und Heil. Hilf uns, darauf zu vertrauen und Neues zu wagen durch Christus Jesus, unseren Bruder und Herrn.

EUCHARISTIEFEIER

GABENGEBET

Allmächtiger Gott, nimm die Gaben an, die deine Kirche dir in österlicher Freude darbringt. Du hast ihr Grund gegeben zu solchem Jubel, erhalte ihr die Freude bis zur Vollendung. Darum bitten wir durch Christus, unseren Herrn.

Präfation, S. 493 f.

KOMMUNIONVERS

Vgl. Lk 24,35

Die Jünger erkannten den Herrn Jesus,
als er das Brot brach. Halleluja.

SCHLUSSGEBET

Ewiger Gott, du hast uns durch die Ostergeheimnisse erneuert. Wende dich uns voll Güte zu und bleibe bei uns mit deiner Huld, bis wir mit verklärtem Leib zum unvergänglichen Leben auferstehen. Darum bitten wir durch Christus, unseren Herrn.

FEIERLICHER SCHLUSSSEGEN

S. 386

***

FRAG RUHIG

Sie wussten nicht, dass er es war.
Ich weiß auch nicht.

Was sagst du da?
Es ist der Herr?

Keiner fragte.
Frag ruhig: Wer bist du?
Komm her und iss.

Irmtrud Schweigert

4. SONNTAG DER OSTERZEIT

30. April 2023

Die Texte des heutigen Sonntags sind ganz auf Jesus konzentriert. An ihm entscheidet sich das Heil, durch ihn kommt die Rettung. Das ist einfacher gesagt und bereitwilliger geglaubt, als dass es wirklich mit Leben gefüllt wird. Kann ich wirklich mein Leben auf einen Menschen und seine Botschaft setzen, der vor so langer Zeit gelebt hat? Der nichts wusste von meinen Problemen in meiner Zeit und meiner Gesellschaft? Kann ein Fremder meine Rettung sein? Das ist das christliche Wagnis. Es scheint verrückt, aber ich setze darauf – wäre es doch vermessen, auf mich selbst zu setzen und allein mein Heil zu suchen.

ERÖFFNUNGSVERS

Ps 33 (32),5–6

Die Erde ist voll von der Huld des Herrn.
Durch das Werk des Herrn wurden die Himmel geschaffen.
Halleluja.

KYRIE-RUFE

Herr Jesus Christus, du bist der gute Hirt.
V/A: Herr, erbarme dich.
Du rufst die Deinen einzeln beim Namen
und sie hören auf deine Stimme.
V/A: Christus, erbarme dich.
Du bist gekommen, damit sie das Leben haben
und es in Fülle haben.
V/A: Herr, erbarme dich.

Ehre sei Gott, S. 479 f.

TAGESGEBET

Allmächtiger, ewiger Gott, dein Sohn ist der Kirche siegreich vorausgegangen als der Gute Hirt. Geleite auch die Herde, für die er sein Leben dahingab, aus aller Not zur ewigen Freude. Darum bitten wir durch ihn, Jesus Christus.

WORTGOTTESDIENST

ZUR 1. LESUNG Kann ich mich auf den Namen dessen taufen lassen, den ich gerade noch abgelehnt und verurteilt habe? Kann er mir meine Sünden vergeben? All dies klingt widersinnig und scheint nur bei Gott möglich zu sein. Gehört das wieder zum heilsgeschichtlichen Drama? Ist es menschliche Konstante, wenn ich erst im Nachhinein erkenne, was ich wirklich gemacht habe? Und verstehe, dass es nicht nur nicht gut, sondern vollkommen falsch war und gegen meine eigentliche Intention geschehen ist? Diese Erkenntnis kommt oft zu spät. Dann ist es gut, dass ich aus Gottes Verheißung nicht herausfallen kann. Auch nicht durch mein eigenes Tun.

ERSTE LESUNG

Apg 2, 14a.36–41

Gott hat ihn zum Herrn und Christus gemacht

Lesung aus der Apostelgeschichte.

Am Pfingsttag trat Petrus auf, zusammen mit den Elf; er erhob seine Stimme und begann zu reden:

Mit Gewissheit erkenne das ganze Haus Israel: Gott hat ihn zum Herrn und Christus gemacht, diesen Jesus, den ihr gekreuzigt habt.

Als sie das hörten, traf es sie mitten ins Herz und sie sagten zu Petrus und den übrigen Aposteln: Was sollen wir tun, Brüder? Petrus antwortete ihnen: Kehrt um und jeder von euch lasse sich auf den Namen Jesu Christi taufen zur Vergebung eurer Sünden; dann

werdet ihr die Gabe des Heiligen Geistes empfangen. Denn euch und euren Kindern gilt die Verheißung und all denen in der Ferne, die der Herr, unser Gott, herbeirufen wird.
Mit noch vielen anderen Worten beschwor und ermahnte er sie: Lasst euch retten aus diesem verdorbenen Geschlecht! Die nun, die sein Wort annahmen, ließen sich taufen. An diesem Tag wurden ihrer Gemeinschaft etwa dreitausend Menschen hinzugefügt.

ANTWORTPSALM

Ps 23 (22), 1–3.4.5.6 (Kv: 1)

Kv Der Herr ist mein Hirt,
nichts wird mir fehlen. – Kv

Oder:

Kv Halleluja. – Kv

Der Herr ist mein Hirt, nichts wird mir fehlen. /
Er lässt mich lagern auf grünen Auen *
und führt mich zum Ruheplatz am Wasser.
Meine Lebenskraft bringt er zurück. *
Er führt mich auf Pfaden der Gerechtigkeit,
getreu seinem Namen. – (Kv)

Auch wenn ich gehe im finsteren Tal, *
ich fürchte kein Unheil;
denn du bist bei mir, *
dein Stock und dein Stab, sie trösten mich. – (Kv)

Du deckst mir den Tisch *
vor den Augen meiner Feinde.
Du hast mein Haupt mit Öl gesalbt, *
übervoll ist mein Becher. – (Kv)

Ja, Güte und Huld *
werden mir folgen mein Leben lang

und heimkehren werde ich ins Haus des Herrn *
für lange Zeiten. – Kv

ZUR 2. LESUNG Jesus ist beides: Vorbild und Rettung. Vorbild ist er, wenn es um das Leiden geht. Dabei ist es in den Augen Gottes keine Gnade, wenn jemand leidet – sondern wenn ein Mensch für einen anderen Leid auf sich nimmt. Leiden für sich genommen hat keinen Sinn. Hier geht es vielmehr um das schwere Thema des stellvertretenden Leidens. Immer wieder kann es zu Situationen kommen, in denen Menschen für andere Leid auf sich nehmen. Der Petrusbrief predigt nicht die Geringachtung des eigenen Lebens oder gar Todesverachtung. Was zählt, ist vielmehr die Wertschätzung des Anderen – und diese Wertschätzung heilt.

ZWEITE LESUNG 1 Petr 2,20b–25

Ihr habt euch hingewandt zum Hirten und Hüter eurer Seelen

Lesung aus dem ersten Brief des Apostels Petrus.

Geliebte, wenn ihr recht handelt und trotzdem Leiden erduldet, das ist eine Gnade in den Augen Gottes. Dazu seid ihr berufen worden; denn auch Christus hat für euch gelitten und euch ein Beispiel gegeben, damit ihr seinen Spuren folgt.

Er hat keine Sünde begangen und in seinem Mund war keine Falschheit. Als er geschmäht wurde, schmähte er nicht; als er litt, drohte er nicht, sondern überließ seine Sache dem gerechten Richter.

Er hat unsere Sünden mit seinem eigenen Leib auf das Holz des Kreuzes getragen, damit wir tot sind für die Sünden und leben für die Gerechtigkeit. Durch seine Wunden seid ihr geheilt. Denn ihr hattet euch verirrt wie Schafe, jetzt aber habt ihr euch hingewandt zum Hirten und Hüter eurer Seelen.

RUF VOR DEM EVANGELIUM

Vers: Joh 10, 14

Halleluja. Halleluja.
(So spricht der Herr:)
Ich bin der gute Hirt;
ich kenne die Meinen und die Meinen kennen mich.
Halleluja.

ZUM EVANGELIUM Das heutige Gleichnis ist von einem seltsamen Bruch gekennzeichnet. Zuerst geht es um den guten Hirten, dem die Schafe folgen. Das ist verständlich. Aber dann sagt Jesus nicht, dass er der gute Hirte ist. Er ist die Tür! Für Diebe und Räuber verschlossen – und offen, wenn der gute Hirte kommt. Wer durch die Tür eintritt, wird für die Schafe eine Weide finden. Zugang zu den Schafen erhalten wir durch Jesus. Wer ist es, der durch ihn eintritt, eintreten wird, damit die Schafe das Leben in Fülle haben? Wer ist der, der kommt? Wir werden ihn einzig daran erkennen, dass er durch Jesus kommt.

EVANGELIUM

Joh 10, 1–10

Ich bin die Tür zu den Schafen

+ Aus dem heiligen Evangelium nach Johannes.

In jener Zeit sprach Jesus: Amen, amen, ich sage euch: Wer in den Schafstall nicht durch die Tür hineingeht, sondern anderswo einsteigt, der ist ein Dieb und ein Räuber. Wer aber durch die Tür hineingeht, ist der Hirt der Schafe.

Ihm öffnet der Türhüter und die Schafe hören auf seine Stimme; er ruft die Schafe, die ihm gehören, einzeln beim Namen und führt sie hinaus. Wenn er alle seine Schafe hinausgetrieben hat, geht er ihnen voraus und die Schafe folgen ihm; denn sie kennen seine Stimme.

Einem Fremden aber werden sie nicht folgen, sondern sie werden vor ihm fliehen, weil sie die Stimme der Fremden nicht kennen.

Dieses Gleichnis erzählte ihnen Jesus; aber sie verstanden nicht den Sinn dessen, was er ihnen gesagt hatte.

Weiter sagte Jesus zu ihnen: Amen, amen, ich sage euch: Ich bin die Tür zu den Schafen. Alle, die vor mir kamen, sind Diebe und Räuber; aber die Schafe haben nicht auf sie gehört. Ich bin die Tür; wer durch mich hineingeht, wird gerettet werden; er wird ein- und ausgehen und Weide finden.

Der Dieb kommt nur, um zu stehlen, zu schlachten und zu vernichten; ich bin gekommen, damit sie das Leben haben und es in Fülle haben.

Glaubensbekenntnis, S. 482 ff.

FÜRBITTEN

„Der HERR ist mein Hirt, nichts wird mir fehlen“, heißt es im 23. Psalm. Rufen wir zu Jesus, dem guten Hirten:

- Wir bitten um den Heiligen Geist, den Geist der Liebe und des Trostes, für alle, die im Raum der Kirche seelsorgerlich tätig sind. V: Jesus, guter Hirte. A: Zeig uns den Weg.

- Wir bitten für Kinder und Jugendliche, die noch nicht wissen, auf welche Stimmen sie hören sollen, um Menschen, denen sie vertrauen können. V: Jesus, guter Hirte. A: Zeig uns den Weg.

- Wir beten für alle Menschen weltweit, die ihre Heimat verlassen mussten, die nun herumirren oder in Lagern leben und nur den Mangel kennen. V: Jesus, guter Hirte. A: Zeig uns den Weg.

- Wir beten für alle, die die Menschen am Rande nicht übersehen, für alle, die andere stützen und ihnen Türen öffnen. V: Jesus, guter Hirte. A: Zeig uns den Weg.

- Wir beten für die Kranken und Sterbenden, die ungeborgen und einsam sind. V: Jesus, guter Hirte. A: Zeig uns den Weg.

Leben in Fülle ist uns zugesagt durch Gott, der Wohl und Heil der Menschen will. Wir danken für Jesus Christus, der die Tür zum Leben ist, heute und allezeit und in Ewigkeit.

EUCHARISTIEFEIER

GABENGEBET

Herr, unser Gott, gib, dass wir dir allzeit danken durch die Feier der österlichen Geheimnisse. In ihnen führst du das Werk der Erlösung fort, mache sie für uns zur Quelle der unvergänglichen Freude. Darum bitten wir durch Christus, unseren Herrn.

Präfation, S. 493 f.

KOMMUNIONVERS

Auferstanden ist der Gute Hirt.
Er gab sein Leben für die Schafe.
Er ist für seine Herde gestorben. Halleluja.

SCHLUSSGEBET

Gott, du Hirt deines Volkes, sieh voll Huld auf deine Herde, die durch das kostbare Blut deines Sohnes erkauft ist; bleibe bei ihr und führe sie auf die Weide des ewigen Lebens. Darum bitten wir durch ihn, Christus, unseren Herrn.

FEIERLICHER SCHLUSSSEGEN

S. 386

***

MITTEN INS HERZ

Was sollen wir tun?
Uns retten lassen?

Nichts leichter als das.
Nichts schwerer als das!

Die Gabe, die Kraft
des Geistes soll mich treffen,

mitten ins Herz.

Irmtrud Schweigert

5. SONNTAG DER OSTERZEIT

7. Mai 2023

Auch die Schriftlesungen des heutigen Sonntags meditieren, was Auferweckung meinen mag. Und versuchen geistlich zu durchdringen, was sich daraus ergibt. Die Urgemeinde wächst und muss sich über die Regeln des Zusammenlebens verständigen. Die Epistel aus dem Petrusbrief deutet die heiligen Schriften Israels auf Jesus und das Volk Gottes hin. Und der Johannes-Evangelist fragt nach dem Weg zum Vater. Christliches Leben erscheint als ständig neue Herausforderung im Einüben.

ERÖFFNUNGSVERS

Ps 98 (97), 1–2

Singt dem Herrn ein neues Lied,
denn er hat wunderbare Taten vollbracht
und sein gerechtes Wirken enthüllt
vor den Augen der Völker. Halleluja.

KYRIE-RUFE

Herr Jesus Christus, du bist zum Vater gegangen,
um uns eine Wohnung vorzubereiten.
V/A: Herr, erbarme dich.
Du bist im Vater und der Vater ist in dir.
V/A: Christus, erbarme dich.
Du bist der Weg; nur durch dich kommen wir zum Vater.
V/A: Herr, erbarme dich.

Ehre sei Gott, S. 479 f.

TAGESGEBET

Gott, unser Vater, du hast uns durch deinen Sohn erlöst und als deine geliebten Kinder angenommen. Sieh voll Güte auf alle, die an Christus glauben, und schenke ihnen die wahre Freiheit und das ewige Erbe. Darum bitten wir durch Jesus Christus.

WORTGOTTESDIENST

ZUR 1. LESUNG Die Apostelgeschichte entwirft nicht nur das Idealbild einer Gemeinde, sondern berichtet auch von den in der Realität aufbrechenden inneren Konflikten. Der Glaube an die Auferweckung Jesu breitet sich aus. Zu der Gemeinde stoßen andere Bevölkerungsschichten hinzu – Proselyten oder hellenistische Juden nehmen den Glauben an. Für diese gelten die strengen Speisevorschriften oft nicht, sodass es nur konsequent ist, wenn sich Auseinandersetzungen gerade bei der Versorgung mit Speisen ergeben. Das Problem wird schließlich sehr pragmatisch gelöst: nicht durch eine prinzipielle Diskussion, wer welche Speisegebote einhalten muss, sondern durch eine Unterscheidung der Dienste. Die Apostel beten und predigen, die Versorgung übernehmen nun andere. Schön wäre es, wenn wir daraus lernen wollten – und auch heute pragmatischer wären in der Frage, wer welches Amt übernehmen soll.

ERSTE LESUNG Apg 6,1–7

Sie wählten sieben Männer von gutem Ruf und voll Geist und Weisheit

Lesung aus der Apostelgeschichte.

In diesen Tagen, als die Zahl der Jünger zunahm, begehrten die Hellenísten gegen die Hebräer auf, weil ihre Witwen bei der täglichen Versorgung übersehen wurden.

Da riefen die Zwölf die ganze Schar der Jünger zusammen und erklärten:

Es ist nicht recht, dass wir das Wort Gottes vernachlässigen und uns dem Dienst an den Tischen widmen. Brüder, wählt aus eurer Mitte sieben Männer von gutem Ruf und voll Geist und Weisheit; ihnen werden wir diese Aufgabe übertragen. Wir aber wollen beim Gebet und beim Dienst am Wort bleiben.

Der Vorschlag fand den Beifall der ganzen Gemeinde und sie wählten Stéphanus, einen Mann, erfüllt vom Glauben und vom Heiligen Geist, ferner Philíppus und Próchorus, Nikánor und Timon, Parménas und Nikolaus, einen Proselýten aus Antióchia.

Sie ließen sie vor die Apostel hintreten und diese legten ihnen unter Gebet die Hände auf.

Und das Wort Gottes breitete sich aus und die Zahl der Jünger in Jerusalem wurde immer größer; auch eine große Anzahl von den Priestern nahm gehorsam den Glauben an.

ANTWORTPSALM

Ps 33 (32),1–2.4–5.18–19 (Kv: 22)

Kv Lass deine Huld über uns walten, o HERR! – Kv

Oder:

Kv Halleluja. – Kv

Jubelt im HERRN, ihr Gerechten, *
den Redlichen ziemt der Lobgesang.
Preist den HERRN auf der Leier, *
auf der zehnsaitigen Harfe spielt ihm! – (Kv)

Das Wort des HERRN ist redlich, *
all sein Tun ist verlässlich.
Er liebt Gerechtigkeit und Recht, *
erfüllt von der Huld des HERRN ist die Erde. – (Kv)

Siehe, das Auge des HERRN ruht auf denen, die ihn fürchten, *
die seine Huld erwarten,

dass er ihre Seele dem Tod entreiße *
und, wenn sie hungern, sie am Leben erhalte. – Kv

ZUR 2. LESUNG Der Briefschreiber macht den Stein als Symbol zum Thema seiner Predigt. Dazu zieht er Deutungen aus ihm vorliegenden heiligen Schriften heran. Es wird in der Praxis nicht unüblich gewesen sein, dass Bauleute einen Stein für unbrauchbar erkannten und verwarfen. Gott aber hat mit dem scheinbar verworfenen, dem vordergründig nutzlosen Stein etwas anderes vor. Aus dieser Grundidee entwickelt sich die Vorstellung vom lebendigen Stein. Der Autor des Petrusbriefs zentriert diese aber nicht ausschließlich auf Jesus Christus, sondern weitet sie von ihm auf alle Gläubigen aus. Der Glaube an den Sohn lässt uns teilhaben an seiner Kindschaft.

ZWEITE LESUNG 1 Petr 2,4–9

Ihr seid ein auserwähltes Geschlecht, eine königliche Priesterschaft

Lesung aus dem ersten Brief des Apostels Petrus.

Schwestern und Brüder! Kommt zum Herrn, dem lebendigen Stein, der von den Menschen verworfen, aber von Gott auserwählt und geehrt worden ist!

Lasst euch als lebendige Steine zu einem geistigen Haus aufbauen, zu einer heiligen Priesterschaft, um durch Jesus Christus geistige Opfer darzubringen, die Gott gefallen! Denn es heißt in der Schrift:

Siehe, ich lege in Zion einen auserwählten Stein, einen Eckstein, den ich in Ehren halte; wer an ihn glaubt, der geht nicht zugrunde.

Euch, die ihr glaubt, gilt diese Ehre. Für jene aber, die nicht glauben, ist dieser Stein, den die Bauleute verworfen haben, zum Eckstein geworden, zum Stein, an den man anstößt, und zum Felsen, an dem man zu Fall kommt. Sie stoßen sich an ihm, weil sie dem Wort nicht gehorchen; doch dazu sind sie bestimmt.

Ihr aber seid ein auserwähltes Geschlecht, eine königliche Priesterschaft, ein heiliger Stamm, ein Volk, das sein besonderes Eigentum wurde, damit ihr die großen Taten dessen verkündet, der euch aus der Finsternis in sein wunderbares Licht gerufen hat.

RUF VOR DEM EVANGELIUM

Vers: Joh 14,6

Halleluja. Halleluja.
(So spricht der Herr:)
Ich bin der Weg und die Wahrheit und das Leben;
niemand kommt zum Vater außer durch mich.
Halleluja.

ZUM EVANGELIUM Wieder eine dieser faszinierenden und dennoch fast nicht nachvollziehbaren johanneischen Reden. Die Jünger und Jüngerinnen wollen Jesus zu den Wohnungen beim Vater folgen, sind aber orientierungslos und kennen den Weg nicht. Sie können nicht loslaufen. „Ich bin der Weg", sagt Jesus. Er gibt seiner Jüngerschaft Orientierung, zeigt ihnen, wie sie zum Vater kommen. Jesus ist der Weg, aber nicht das Ziel. Denn er ist nicht der Vater, bei aller Durchsichtigkeit auf diesen hin. Ohne Jesus mit Gott zu verwechseln, können wir Gott durch ihn erkennen.

EVANGELIUM

Joh 14,1–12

Ich bin der Weg und die Wahrheit und das Leben

+ Aus dem heiligen Evangelium nach Johannes.

In jener Zeit sprach Jesus zu seinen Jüngern: Euer Herz lasse sich nicht verwirren. Glaubt an Gott und glaubt an mich! Im Haus meines Vaters gibt es viele Wohnungen. Wenn es nicht so wäre, hätte ich euch dann gesagt: Ich gehe, um einen Platz für euch vorzubereiten? Wenn ich gegangen bin und einen Platz für euch vorbereitet habe, komme ich wieder und werde euch zu mir holen, damit auch ihr dort seid, wo ich bin. Und wohin ich gehe – den Weg dorthin kennt ihr.

Thomas sagte zu ihm: Herr, wir wissen nicht, wohin du gehst. Wie können wir dann den Weg kennen?

Jesus sagte zu ihm: Ich bin der Weg und die Wahrheit und das Leben; niemand kommt zum Vater außer durch mich. Wenn ihr mich erkannt habt, werdet ihr auch meinen Vater erkennen. Schon jetzt kennt ihr ihn und habt ihn gesehen.

Philíppus sagte zu ihm: Herr, zeig uns den Vater; das genügt uns.

Jesus sagte zu ihm: Schon so lange bin ich bei euch und du hast mich nicht erkannt, Philíppus? Wer mich gesehen hat, hat den Vater gesehen. Wie kannst du sagen: Zeig uns den Vater? Glaubst du nicht, dass ich im Vater bin und dass der Vater in mir ist? Die Worte, die ich zu euch sage, habe ich nicht aus mir selbst. Der Vater, der in mir bleibt, vollbringt seine Werke. Glaubt mir doch, dass ich im Vater bin und dass der Vater in mir ist; wenn nicht, dann glaubt aufgrund eben dieser Werke!

Amen, amen, ich sage euch: Wer an mich glaubt, wird die Werke, die ich vollbringe, auch vollbringen und er wird noch größere als diese vollbringen, denn ich gehe zum Vater.

Glaubensbekenntnis, S. 482 ff.

FÜRBITTEN

„Im Haus meines Vaters gibt es viele Wohnungen", das verheißt Jesus denen, die sich von seinem Geist erfüllen lassen. Rufen wir voll Hoffnung auf die lebendige Gegenwart Gottes zu ihm, dem Grund unserer Hoffnung:

- Wir bitten für die Kirche, dass ihre Türen weit offen stehen für alle, die suchen und hoffen. V: Gott, bei dir ist Heimat, Licht und Leben. A: Höre unser Rufen.

- Wir bitten für die Menschen ohne Obdach, ohne Heimat, ohne Schutz. V: Gott, bei dir ist Heimat, Licht und Leben. A: Höre unser Rufen.

- Wir bitten für alle, die in ausbeuterischen Arbeitsverhältnissen entwürdigende, schwere und gefährliche Arbeit verrichten müssen. V: Gott, bei dir ist Heimat, Licht und Leben. A: Höre unser Rufen.
- Wir beten für alle, die durch den Klimawandel ihre Existenzgrundlage zu verlieren drohen. V: Gott, bei dir ist Heimat, Licht und Leben. A: Höre unser Rufen.
- Wir beten für alle, die durch Spenden und tätige Hilfe dazu beitragen, Leid zu lindern und Ungerechtigkeit zu verhindern. V: Gott, bei dir ist Heimat, Licht und Leben. A: Höre unser Rufen.

Guter Gott, wir danken dir, weil du in jedem Menschen ein wertvolles Glied deiner großen Gemeinschaft siehst und uns alle zu deiner heiligen Priesterschaft berufst. Dir sei Lob und Preis in Ewigkeit.

EUCHARISTIEFEIER

GABENGEBET

Erhabener Gott, durch die Feier des heiligen Opfers gewährst du uns Anteil an deiner göttlichen Natur. Gib, dass wir dich nicht nur als den einen wahren Gott erkennen, sondern unser ganzes Leben nach dir ausrichten. Darum bitten wir durch Christus, unseren Herrn.

Präfation, S. 493 f.

KOMMUNIONVERS Joh 15,1.5

So spricht der Herr:
Ich bin der wahre Weinstock, ihr seid die Rebzweige.
Wer in mir bleibt und in wem ich bleibe,
der bringt reiche Frucht. Halleluja.

SCHLUSSGEBET

Barmherziger Gott, höre unser Gebet. Du hast uns im Sakrament das Brot des Himmels gegeben, damit wir an Leib und Seele gesunden. Gib, dass wir die Gewohnheiten des alten Menschen ablegen und als neue Menschen leben. Darum bitten wir durch Christus, unseren Herrn.

FEIERLICHER SCHLUSSSEGEN S. 386

***

WEG WAHRHEIT LEBEN

Und wieder Thomas,
mein Zwilling, der Zweifler:
Wir wissen nicht, wohin du gehst.
Nach Hause – immer nach Hause?
Wir kennen den Heimweg nicht.
Welcher Weg führt zum Vater?

Der Menschensohn lenkt den Blick auf sich:
Ich bin es.
Bin Weg.
Bin Wahrheit.
Bin Leben.

Bin da.
Bin weg.
Bleibe Leben.

Nicht verwirren lassen, Herz!

Irmtrud Schweigert

6. SONNTAG DER OSTERZEIT

14. Mai 2023

Wie können wir leben? Was trägt unser Leben? Woher kommt immer wieder neu die Motivation, die wir brauchen, um den Alltag zu bewältigen und die Feste zu genießen? Wohnt in uns eine Kraft, die da ist und geweckt werden kann – auch wenn sie manchmal zu schlafen scheint? Diese Kraft gibt uns zuweilen eine neue Richtung, lenkt unseren Blick auf etwas, das uns bisher verborgen war. Manchmal staune ich selbst: Ich lebe aus etwas, das ich nicht sehen, das ich nicht greifen kann. Aber es drängt durch mich, durch uns ins Leben und wird Tat.

ERÖFFNUNGSVERS

Vgl. Jes 48,20

Verkündet es jauchzend, damit man es hört!
Ruft es hinaus bis ans Ende der Erde!
Ruft: Der Herr hat sein Volk befreit. Halleluja.

KYRIE-RUFE

Herr Jesus Christus, du lässt uns nicht
als Waisen zurück, du kommst zu uns.
V/A: Herr, erbarme dich.
Du bist in deinem Vater und du bist in uns.
V/A: Christus, erbarme dich.
Du lebst, und auch wir werden leben.
V/A: Herr, erbarme dich.

Ehre sei Gott, S. 479 f.

TAGESGEBET

Allmächtiger Gott, lass uns die österliche Zeit in herzlicher Freude begehen und die Auferstehung unseres Herrn preisen, damit das Ostergeheimnis, das wir in diesen fünfzig Tagen feiern, unser ganzes Leben prägt und verwandelt. Darum bitten wir durch Jesus Christus.

WORTGOTTESDIENST

ZUR 1. LESUNG Wie kommen neue Mitglieder in die Gemeinde? Die Initiation scheint in mehreren Stufen vonstattenzugehen. Zuerst hören Menschen die Frohe Botschaft, das Evangelium. Sie sehen Zeichen, die ergehen, denn das Wort ist machtvoll. Der Autor des Briefs ist davon überzeugt: Wenn Menschen sich von der Predigt ansprechen lassen und neu zum Glauben finden, ist das ein Werk des Heiligen Geists. Die Apostel kommen und legen ihnen unter Gebet die Hände auf und bitten ihrerseits den Heiligen Geist auf sie herab. Auch die Taufe auf den Namen Jesu ist von der Kraft des Geistes umfangen. Gebet und Handauflegung erfolgen in der geisterfüllten Hoffnung auf die guten Gaben des Geistes.

ERSTE LESUNG Apg 8,5–8.14–17

Petrus und Johannes legten ihnen die Hände auf und sie empfingen den Heiligen Geist

Lesung aus der Apostelgeschichte.

In jenen Tagen kam Philíppus in die Hauptstadt Samáriens hinab und verkündete dort Christus. Und die Menge achtete einmütig auf die Worte des Philíppus; sie hörten zu und sahen die Zeichen, die er tat. Denn aus vielen Besessenen fuhren unter lautem Geschrei die unreinen Geister aus; auch viele Lahme und Verkrüppelte wurden geheilt. So herrschte große Freude in jener Stadt.

Als die Apostel in Jerusalem hörten, dass Samárien das Wort Gottes angenommen hatte, schickten sie Petrus und Johannes dorthin. Diese zogen hinab und beteten für sie, dass sie den Heiligen Geist empfingen. Denn er war noch auf keinen von ihnen herabgekommen; sie waren nur getauft auf den Namen Jesu, des Herrn. Dann legten sie ihnen die Hände auf und sie empfingen den Heiligen Geist.

ANTWORTPSALM

Ps 66 (65), 1–3.4–5.6–7.16 u. 20 (Kv: 1)

Kv Jauchzet Gott zu, alle Länder der Erde. – Kv

Oder:

Kv Halleluja. – Kv

Jauchzt Gott zu, alle Länder der Erde! /
Spielt zur Ehre seines Namens! *
Verherrlicht ihn mit Lobpreis!
Sagt zu Gott: „Wie Ehrfurcht gebietend sind deine Taten; *
vor deiner gewaltigen Macht müssen die Feinde sich beugen.“ – (Kv)

Alle Welt bete dich an und singe dein Lob, *
sie lobsinge deinem Namen!
Kommt und seht die Taten Gottes! *
Ehrfurcht gebietend ist sein Tun an den Menschen: – (Kv)

Er verwandelte das Meer in trockenes Land, /
sie schreiten zu Fuß durch den Strom; *
dort wollen wir uns über ihn freuen.
In seiner Kraft ist er Herrscher auf ewig; /
seine Augen prüfen die Völker. *
Die Aufsässigen können sich gegen ihn nicht erheben. – (Kv)

Alle, die ihr Gott fürchtet, kommt und hört; *
ich will euch erzählen, was er mir Gutes getan hat.
Gepriesen sei Gott; /

denn er hat mein Bittgebet nicht unterbunden *
und mir seine Huld nicht entzogen. – Kv

ZUR 2. LESUNG Der Briefschreiber mahnt zur Zurückhaltung im Auftreten anderen gegenüber. Wer rechtschaffen lebt, riskiert, ihren Zorn auf sich zu ziehen. Sie könnten neidisch werden und ein schlechtes Gewissen haben, vielleicht im Innersten wissen: So ist es richtig, so sollte das Leben sein. Bescheidenheit gehört leider nicht zu den herausragenden Schlüsselqualifikationen unserer Zeit und unserer Gesellschaft. Wir sind eher versucht, alles ins Außen zu kehren, sichtbar zu sein, ein Bild von uns für die Öffentlichkeit zu entwerfen. Ist Bescheidenheit schlicht eine Tugend von gestern? Oder steckt in ihr Potenzial, das meine Sehnsucht locken könnte?

ZWEITE LESUNG

1 Petr 3,15–18

Dem Fleisch nach wurde er getötet, aber dem Geist nach lebendig gemacht

Lesung aus dem ersten Brief des Apostels Petrus.

Schwestern und Brüder! Heiligt in eurem Herzen Christus, den Herrn! Seid stets bereit, jedem Rede und Antwort zu stehen, der von euch Rechenschaft fordert über die Hoffnung, die euch erfüllt; antwortet aber bescheiden und ehrfürchtig, denn ihr habt ein reines Gewissen, damit jene, die euren rechtschaffenen Lebenswandel in Christus in schlechten Ruf bringen, wegen ihrer Verleumdungen beschämt werden. Denn es ist besser, für gute Taten zu leiden, wenn es Gottes Wille ist, als für böse.

Denn auch Christus ist der Sünden wegen ein einziges Mal gestorben, ein Gerechter für Ungerechte, damit er euch zu Gott hinführe, nachdem er dem Fleisch nach zwar getötet, aber dem Geist nach lebendig gemacht wurde.

RUF VOR DEM EVANGELIUM

Vers: vgl. Joh 14,23

Halleluja. Halleluja.
(So spricht der Herr:)
Wer mich liebt, hält mein Wort.
Mein Vater wird ihn lieben und wir werden bei ihm Wohnung nehmen.
Halleluja.

ZUM EVANGELIUM Liebe, Gebote, inwendig sein – hohe johanneische Theologie. Oder besser: johanneische Spiritualität? Jedenfalls drängt die Liebe danach, im Bannkreis Jesu zu bleiben und Gebote zu halten. Bedingungslos blind scheint die Liebe zu Jesus nicht gemeint zu sein, denn sie kennt die Anfeindung. Deshalb gibt es den Gegensatz zwischen den Gläubigen und der Welt. Die Gläubigen sind für den Augenschein einsam und verlassen. Nur sie selber wissen, dass sie in Jesus sind und dieser im Vater, sodass sie innerlich zu diesem gehören. Das mag zu abstrakt klingen. Doch wir hoffen: Wer so aus dem Glauben zu leben, wer in den Geboten zu bleiben fähig ist, bleibt in der Liebe.

EVANGELIUM

Joh 14,15–21

Ich werde den Vater bitten und er wird euch einen anderen Beistand geben

+ **Aus dem heiligen Evangelium nach Johannes.**

In jener Zeit sprach Jesus zu seinen Jüngern: Wenn ihr mich liebt, werdet ihr meine Gebote halten. Und ich werde den Vater bitten und er wird euch einen anderen Beistand geben, der für immer bei euch bleiben soll, den Geist der Wahrheit, den die Welt nicht empfangen kann, weil sie ihn nicht sieht und nicht kennt. Ihr aber kennt ihn, weil er bei euch bleibt und in euch sein wird.

Ich werde euch nicht als Waisen zurücklassen, ich komme zu euch. Nur noch kurze Zeit und die Welt sieht mich nicht mehr; ihr aber seht mich, weil ich lebe und auch ihr leben werdet. An jenem Tag werdet ihr erkennen: Ich bin in meinem Vater, ihr seid in mir und ich bin in euch.

Wer meine Gebote hat und sie hält, der ist es, der mich liebt; wer mich aber liebt, wird von meinem Vater geliebt werden und auch ich werde ihn lieben und mich ihm offenbaren.

Glaubensbekenntnis, S. 482 ff.

FÜRBITTEN

Jesus Christus lässt uns nicht als Waisen zurück. Allen ist der Beistand des Gottesgeistes zugesagt. Darum rufen wir voll Vertrauen zum barmherzigen Gott und bitten ihn:

- Für die Kirche: dass sie den vielen Menschen in Not zur Mutter werde, sie stütze und ihnen beistehe, wenn die Mühen zu groß und die Lasten zu schwer werden. V: Erbarmender Gott. A: Höre unser Rufen.

- Für die auf Christi Namen Getauften: dass sie zur vollen Einheit finden in Glaube, Hoffnung und Liebe. V: Erbarmender Gott. A: Höre unser Rufen.

- Für die Kinder, die als Waisen aufwachsen: dass sie Verlässlichkeit und Geborgenheit erfahren. V: Erbarmender Gott. A: Höre unser Rufen.

- Für alle, die sich als Gescheiterte erfahren: dass ihre Zuversicht wachse und sie Bestärkung und Beistand finden. V: Erbarmender Gott. A: Höre unser Rufen.

- Für alle, die sich in ihrer letzten Lebenszeit verlassen fühlen: dass dein Geist der Barmherzigkeit und des Trostes sie umfange. V: Erbarmender Gott. A: Höre unser Rufen.

Erbarmender Gott, ohne deinen Heiligen Geist sind wir kraftlos und mutlos. Stärke du uns und segne unser Tun, heute und alle Tage, die uns geschenkt sind.

EUCHARISTIEFEIER

GABENGEBET

Herr und Gott, lass unser Gebet zu dir aufsteigen und nimm unsere Gaben an. Reinige uns durch deine Gnade, damit wir fähig werden, das Sakrament deiner großen Liebe zu empfangen. Darum bitten wir durch Christus, unseren Herrn.

Präfation, S. 493 f.

KOMMUNIONVERS

Joh 14,15–16

So spricht der Herr:
Wenn ihr mich liebt, werdet ihr meine Gebote halten.
Ich werde den Vater bitten
und er wird euch einen anderen Beistand geben,
damit er immer bei euch bleibe. Halleluja.

SCHLUSSGEBET

Allmächtiger Gott, du hast uns durch die Auferstehung Christi neu geschaffen für das ewige Leben. Erfülle uns mit der Kraft dieser heilbringenden Speise, damit das österliche Geheimnis in uns reiche Frucht bringe. Darum bitten wir durch Christus, unseren Herrn.

FEIERLICHER SCHLUSSSEGEN

S. 386

***

HOFFNUNG DIE ERFÜLLT

Seid stets bereit
jedem Rede und Antwort zu stehen,
der von euch Rechenschaft fordert über
die Hoffnung, die euch erfüllt.

Von Hoffnung erfüllt, allen Ernstes?

Keine Angst vor der eigenen Courage?
Keine Angst vor den Abgründen?
Keine Angst vor dem Tod?

Bescheiden, ehrfürchtig,
unverzagt, aufrichtig,
mutig und unerschrocken
antworten und reden.

Was trägt?
Hoffnung auf
die Fülle des Lebens.

Irmtrud Schweigert

CHRISTI HIMMELFAHRT – HOCHFEST

18. Mai 2023

Der Glaube der Jünger speist sich aus einer jahrhundertealten Tradition und wird doch durch ein einzelnes Ereignis befeuert. Dieses Urereignis des christlichen Glaubens ist die Auferweckung Jesu aus den Toten. Mit ihr beginnt die Endzeit lediglich, ist aber noch lange nicht in ihrer Fülle lebbar und wahrzunehmen. Seitdem beginnt sie. Physisch ist der Auferstandene nicht anwesend, aber dennoch ist sie von der Ausrichtung auf ihn gekennzeichnet. Leibhaft bleibt er bei uns, das ist unsere Hoffnung, daran halten wir uns fest – in all diesen verwirrenden Zeiten.

ERÖFFNUNGSVERS

Apg 1,11

Ihr Männer von Galiläa,
was steht ihr da und schaut zum Himmel?
Der Herr wird wiederkommen,
wie er jetzt aufgefahren ist. Halleluja.

KYRIE-RUFE

Herr Jesus Christus, du bist aufgefahren
in den Himmel.
V/A: Herr, erbarme dich.
Du bist hoch erhoben über jegliche Hoheit
und Gewalt, Macht und Herrschaft.
V/A: Christus, erbarme dich.
Du überragst alles als Haupt,
alles ist dir zu Füßen gelegt.
V/A: Herr, erbarme dich.

Ehre sei Gott, S. 479 f.

TAGESGEBET

Allmächtiger, ewiger Gott, erfülle uns mit Freude und Dankbarkeit, denn in der Himmelfahrt deines Sohnes hast du den Menschen erhöht. Schenke uns das feste Vertrauen, dass auch wir zu der Herrlichkeit gerufen sind, in die Christus uns vorausgegangen ist, der in der Einheit des Heiligen Geistes mit dir lebt und herrscht in alle Ewigkeit.

WORTGOTTESDIENST

ZUR 1. LESUNG In dieser Lesung hören wir einen dichten Text, mit dem wir ein neues Buch und ein neues Kapitel in der Geschichte aufschlagen. Jesus ist tot, der Herr lebt. Und damit geht es weiter. Natürlich fragen sich seine Jünger, wie es weitergehen soll. Aber er sagt es ihnen nicht. Dieses Wissen steht ihnen nicht zu. Sie wissen nur: Er ist der Herr, und er wird wiederkommen. Bis dahin sollen sie nicht ihren Verlust betrauern, sondern mutig ihr Leben leben – gestärkt mit der Gabe des Heiligen Geistes.

ERSTE LESUNG Apg 1,1–11

Dieser Jesus, der in den Himmel aufgenommen wurde, wird ebenso wiederkommen, wie ihr ihn habt zum Himmel hingehen sehen

Lesung aus der Apostelgeschichte.

Im ersten Buch, lieber Theóphilus, habe ich über alles berichtet, was Jesus von Anfang an getan und gelehrt hat, bis zu dem Tag, an dem er in den Himmel aufgenommen wurde. Vorher hat er den Aposteln, die er sich durch den Heiligen Geist erwählt hatte, Weisung gegeben. Ihnen hat er nach seinem Leiden durch viele

Beweise gezeigt, dass er lebt; vierzig Tage hindurch ist er ihnen erschienen und hat vom Reich Gottes gesprochen.

Beim gemeinsamen Mahl gebot er ihnen: Geht nicht weg von Jerusalem, sondern wartet auf die Verheißung des Vaters, die ihr von mir vernommen habt! Denn Johannes hat mit Wasser getauft, ihr aber werdet schon in wenigen Tagen mit dem Heiligen Geist getauft werden.

Als sie nun beisammen waren, fragten sie ihn: Herr, stellst du in dieser Zeit das Reich für Israel wieder her? Er sagte zu ihnen: Euch steht es nicht zu, Zeiten und Fristen zu erfahren, die der Vater in seiner Macht festgesetzt hat. Aber ihr werdet Kraft empfangen, wenn der Heilige Geist auf euch herabkommen wird; und ihr werdet meine Zeugen sein in Jerusalem und in ganz Judäa und Samárien und bis an die Grenzen der Erde.

Als er das gesagt hatte, wurde er vor ihren Augen emporgehoben und eine Wolke nahm ihn auf und entzog ihn ihren Blicken.

Während sie unverwandt ihm nach zum Himmel emporschauten, siehe, da standen zwei Männer in weißen Gewändern bei ihnen und sagten: Ihr Männer von Galiläa, was steht ihr da und schaut zum Himmel empor? Dieser Jesus, der von euch fort in den Himmel aufgenommen wurde, wird ebenso wiederkommen, wie ihr ihn habt zum Himmel hingehen sehen.

ANTWORTPSALM

Ps 47 (46), 2–3.6–7.8–9 (Kv: vgl. 6)

Kv Gott steigt empor unter Jubel,
der Herr beim Schall der Posaunen. – Kv

Oder:

Kv Halleluja. – Kv

Ihr Völker alle, klatscht in die Hände; *
jauchzt Gott zu mit lautem Jubel!
Denn Furcht gebietend ist der Herr, der Höchste, *
ein großer König über die ganze Erde. – (Kv)

Gott stieg empor unter Jubel, *
der HERR beim Schall der Hörner.
Singt unserm Gott, ja singt ihm! *
Singt unserm König, singt ihm! – (Kv)

Denn König der ganzen Erde ist Gott. *
Singt ihm ein Weisheitslied!
Gott wurde König über die Völker, *
Gott hat sich auf seinen heiligen Thron gesetzt. – Kv

ZUR 2. LESUNG Gott ist ein Ereignis in sich. Aber durch Jesus Christus sind wir in das innergöttliche Leben mit hineingenommen. Er lebte als Mensch wie wir, er hat uns den Weg zum Vater gewiesen und unsere Hoffnung auf ein Leben in Gott erweckt. All dies wird durch die Kraft ermöglicht, die wir „Heiliger Geist" nennen. Was passiert, wenn Menschen nicht von der Geistkraft erfüllt und in dieses Leben mit Gott hineingerissen werden? Wer ist dafür verantwortlich? Kann Gott es manchen, vielen oder gar den meisten Menschen auferlegen, nicht dazuzugehören? Oder gibt es einfach unterschiedliche Arten der Zugehörigkeit, bis alle ihn erkennen?

ZWEITE LESUNG Eph 1,17–23

Gott hat Christus auf den Platz zu seiner Rechten erhoben

Lesung aus dem Brief des Apostels Paulus an die Gemeinde in Éphesus.

Schwestern und Brüder! Der Gott Jesu Christi, unseres Herrn, der Vater der Herrlichkeit, gebe euch den Geist der Weisheit und Offenbarung, damit ihr ihn erkennt. Er erleuchte die Augen eures Herzens, damit ihr versteht, zu welcher Hoffnung ihr durch ihn berufen seid, welchen Reichtum die Herrlichkeit seines Erbes den Heiligen schenkt und wie überragend groß seine Macht sich an uns, den Gläubigen, erweist durch das Wirken seiner Kraft und Stärke.

Er ließ sie wirksam werden in Christus, den er von den Toten auferweckt und im Himmel auf den Platz zu seiner Rechten erhoben hat, hoch über jegliche Hoheit und Gewalt, Macht und Herrschaft und über jeden Namen, der nicht nur in dieser Weltzeit, sondern auch in der künftigen genannt wird.

Alles hat er ihm zu Füßen gelegt und ihn, der als Haupt alles überragt, über die Kirche gesetzt. Sie ist sein Leib, die Fülle dessen, der das All in allem erfüllt.

RUF VOR DEM EVANGELIUM

Vers: Mt 28,19a.20b

Halleluja. Halleluja.
(So spricht der Herr:)
Geht und macht alle Völker zu meinen Jüngern.
Ich bin mit euch alle Tage bis zum Ende der Welt.
Halleluja.

ZUM EVANGELIUM „Einige aber hatten Zweifel" – zum Glück, möchte man sagen. Wie auch nicht? Sie sehen Jesus und zweifeln trotzdem. Oder vielleicht auch deswegen. Mit einem toten Toten könnten sie wahrscheinlich umgehen. Aber mit einem lebenden Toten? Das ist schwer. Und weil es dermaßen unglaublich ist, ist nicht gerade von Kleinmut oder Bescheidenheit gekennzeichnet, was dann kommt. Ich habe alle Vollmacht, macht alle Völker zu meinen Jüngern. Mehr als „alle" geht nicht. Wenn es nicht Größenwahn ist, dann ist das die Gewissheit dessen, der aus der Unterwelt zum Vater hinübergegangen ist. Hoffentlich fällt ein wenig von seiner Gewissheit auf mich.

EVANGELIUM

Mt 28,16–20

Mir ist alle Vollmacht gegeben im Himmel und auf der Erde

+ Aus dem heiligen Evangelium nach Matthäus.

In jener Zeit gingen die elf Jünger nach Galiläa auf den Berg, den Jesus ihnen genannt hatte. Und als sie Jesus sahen, fielen sie vor ihm nieder, einige aber hatten Zweifel.

Da trat Jesus auf sie zu und sagte zu ihnen: Mir ist alle Vollmacht gegeben im Himmel und auf der Erde.

Darum geht und macht alle Völker zu meinen Jüngern; tauft sie auf den Namen des Vaters und des Sohnes und des Heiligen Geistes und lehrt sie, alles zu befolgen, was ich euch geboten habe. Und siehe, ich bin mit euch alle Tage bis zum Ende der Welt.

Glaubensbekenntnis, S. 482 ff.

FÜRBITTEN

Jesus Christus ist erhöht und doch uns Menschen nahe. Rufen wir zu seinem und zu unserem Gott und bitten ihn:

- Für alle, die von der Kirche enttäuscht sind und sich von ihr verlassen fühlen. V: Gott, du unsere Hoffnung. A: Wir bitten dich, erhöre uns.
- Für alle, die ein Leitungsamt in der Kirche haben und sich öffnen für das Wehen des Geistes. V: Gott, du unsere Hoffnung. A: Wir bitten dich, erhöre uns.
- Für alle, die im Dienst der Verkündigung den Menschen nahe sind und ihnen Gottes Nähe zeigen. V: Gott, du unsere Hoffnung. A: Wir bitten dich, erhöre uns.
- Für alle, die ausgebeutet und ausgenutzt werden und doch nicht genug zum Leben haben. V: Gott, du unsere Hoffnung. A: Wir bitten dich, erhöre uns.
- Für alle, die in Kriegs- und Krisengebieten leben, und für alle, die ihnen Hilfe zukommen lassen. V: Gott, du unsere Hoffnung. A: Wir bitten dich, erhöre uns.

Am Fest Christi Himmelfahrt danken wir für Jesus Christus, der unser Bruder und Heiland ist, und hoffen auf den Beistand des Heiligen Geistes, heute und allezeit.

EUCHARISTIEFEIER

GABENGEBET

Allmächtiger Gott, am Fest der Himmelfahrt deines Sohnes bringen wir dieses Opfer dar. Gib uns durch diese heilige Feier die Gnade, dass wir uns über das Irdische erheben und suchen, was droben ist. Darum bitten wir durch Christus, unseren Herrn.

PRÄFATION

In Wahrheit ist es würdig und recht, dir, allmächtiger Vater, zu danken durch unseren Herrn Jesus Christus, den König der Herrlichkeit. Denn er ist heute als Sieger über Sünde und Tod aufgefahren in den Himmel. Die Engel schauen den Mittler zwischen Gott und den Menschen, den Richter der Welt, den Herrn der ganzen Schöpfung. Er kehrt zu dir heim, nicht um uns Menschen zu verlassen, er gibt den Gliedern seines Leibes die Hoffnung, ihm dorthin zu folgen, wohin er als Erster vorausging. Darum jubelt heute der ganze Erdkreis in österlicher Freude, darum preisen dich die himmlischen Mächte und die Chöre der Engel und singen das Lob deiner Herrlichkeit: Heilig …

KOMMUNIONVERS Mt 28,20

Ich bin bei euch alle Tage
bis zum Ende der Welt. Halleluja.

SCHLUSSGEBET

Allmächtiger, ewiger Gott, du hast uns, die wir noch auf Erden leben, deine göttlichen Geheimnisse anvertraut. Lenke unser Sinnen und Verlangen zum Himmel, wo Christus als Erster der Menschen bei dir ist, der mit dir lebt und herrscht in alle Ewigkeit.

FEIERLICHER SCHLUSSSEGEN

Der allherrschende Gott, der heute Christus zu seiner Rechten erhöht und uns den Zugang zum Leben erschlossen hat, gewähre euch die Fülle seines Segens. – A: Amen.
Vor den Augen seiner Jünger wurde Christus zum Himmel erhoben; er sei euch ein gnädiger Richter, wenn er wiederkommt. – A: Amen.
Er thront in der Herrlichkeit des Vaters und bleibt dennoch inmitten seiner Kirche; er schenke euch den Trost seiner Gegenwart. – A: Amen.
Das gewähre euch der dreieinige Gott, der Vater und der Sohn † und der Heilige Geist. – A: Amen.

***

RICHTIGSTELLUNG

gerichtet durch Pontius Pilatus
zugerichtet von Soldaten
hingerichtet zwischen zwei Verbrechern
aufgerichtet aus dem Grab
ausgerichtet auf das Rechtsein aller
eingerichtet ganz im Gottesraum
hergerichtet für das große Fest

Andreas Knapp

7. SONNTAG DER OSTERZEIT

21. Mai 2023

Liturgisch gesehen endet mit dem heutigen Sonntag die Osterzeit – auch wenn österliche Menschen aus der Überzeugung leben, dass sie nie endet. Aber wir feiern nicht das ganze Jahr hindurch dieses eine Fest. Ja, jede Sonntagsliturgie vergegenwärtigt uns Tod und Auferstehung Jesu Christi. Im Laufe des Jahres betrachten wir aber auch das Leben des irdischen Jesus und die Anfänge der Kirche. Der Alltag fordert sein Recht, hat seine Berechtigung. Doch welche Freude: Ostern ist immer.

ERÖFFNUNGSVERS

Ps 27 (26),7–9

Vernimm, o Herr, mein lautes Rufen;
sei mir gnädig und erhöre mich!
Mein Herz denkt an dein Wort:
„Sucht mein Angesicht!"
Dein Angesicht, Herr, will ich suchen.
Verbirg nicht dein Gesicht vor mir! Halleluja.

KYRIE-RUFE

Herr Jesus Christus, Gottes Sohn,
du bist beim Vater verherrlicht.
V/A: Herr, erbarme dich.
Du hast Macht über alle Menschen.
V/A: Christus, erbarme dich.
Du schenkst allen, die dir gegeben sind,
ewiges Leben.
V/A: Herr, erbarme dich.

Ehre sei Gott, S. 479 f.

TAGESGEBET

Allmächtiger Gott, wir bekennen, dass unser Erlöser bei dir in deiner Herrlichkeit ist. Erhöre unser Rufen und lass uns erfahren, dass er alle Tage bis zum Ende der Welt bei uns bleibt, wie er uns verheißen hat. Er, der in der Einheit des Heiligen Geistes mit dir lebt und herrscht in alle Ewigkeit.

WORTGOTTESDIENST

ZUR 1. LESUNG Das Erlebte schweißt die Jüngerinnen und Jünger und die Familie zusammen. Die Brüder Jesu sind schnell in Vergessenheit geraten, sie haben offenbar in der Geschichte der jungen Kirche keine besondere Rolle gespielt. Diese kam den Aposteln zu, die hier noch einmal namentlich erwähnt werden. Wie ist wohl der Alltag dieser Gemeinschaft? Sie beten und reden über das, was passiert ist. Sie fragen sich und einander, was sie tun sollen. Und sie sorgen wie andere auch für ihren Lebensunterhalt. Irgendwann, so stelle ich mir vor, kommen sie dann zu dem Punkt, an dem sie ihren Glauben nicht mehr für sich behalten können. Pfingsten.

ERSTE LESUNG

Apg 1,12–14

Sie alle verharrten einmütig im Gebet

Lesung aus der Apostelgeschichte.

Als Jesus in den Himmel aufgenommen worden war, kehrten die Apostel von dem Berg, der Ölberg genannt wird und nur einen Sabbatweg von Jerusalem entfernt ist, nach Jerusalem zurück.
Als sie in die Stadt kamen, gingen sie in das Obergemach hinauf, wo sie nun ständig blieben: Petrus und Johannes, Jakobus und An-

dreas, Philíppus und Thomas, Bartholomäus und Matthäus, Jakobus, der Sohn des Alphäus, und Simon, der Zelót, sowie Judas, der Sohn des Jakobus.
Sie alle verharrten dort einmütig im Gebet, zusammen mit den Frauen und Maria, der Mutter Jesu, und seinen Brüdern.

ANTWORTPSALM

Ps 27 (26), 1.4.7–8 (Kv: vgl. 13)

Kv Ich schaue Gottes Güte im Land der Lebenden. – Kv

Oder:

Kv Halleluja. – Kv

Der HERR ist mein Licht und mein Heil: *
Vor wem sollte ich mich fürchten?
Der HERR ist die Zuflucht meines Lebens: *
Vor wem sollte mir bangen? – (Kv)

Eines habe ich vom HERRN erfragt, dieses erbitte ich: *
im Haus des HERRN zu wohnen alle Tage meines Lebens;
die Freundlichkeit des HERRN zu schauen *
und nachzusinnen in seinem Tempel. – (Kv)

Höre, HERR, meine Stimme, wenn ich rufe; *
sei mir gnädig und gib mir Antwort!
Mein Herz denkt an dich: „Suchet mein Angesicht!" *
Dein Angesicht, HERR, will ich suchen. – Kv

ZUR 2. LESUNG Die frühe Kirche, die Christgläubigen erfahren Widerstand. Sie leben weiterhin in Israel, das schwer unter der römischen Besatzung leidet. Im Volk herrscht Unruhe, bald bricht Krieg aus. In der Folge wird sogar der Tempel, wird das religiöse Zentrum des Judentums zerstört. Der heutigen Lesung können wir entnehmen, dass es zu Streitereien und Auseinandersetzungen kommt; alle müssen ihren Weg finden. Die Anhänger des Neuen Wegs ermutigen sich gegenseitig, in ihrem Glauben zu verharren und sich nicht beirren zu lassen – das stärkt ihre Gemeinschaft. Wie viele vom Glauben abgefallen sind, wissen wir nicht. Die Standhaften sind unsere Gewährsleute, sie haben durchgehalten. Wäre mir das gelungen?

ZWEITE LESUNG 1 Petr 4,13–16

Freut euch, dass ihr Anteil an den Leiden Christi habt

Lesung aus dem ersten Brief des Apostels Petrus.

Schwestern und Brüder! Freut euch, dass ihr Anteil an den Leiden Christi habt; denn so könnt ihr auch bei der Offenbarung seiner Herrlichkeit voll Freude jubeln.

Wenn ihr wegen des Namens Christi beschimpft werdet, seid ihr seligzupreisen; denn der Geist der Herrlichkeit, der Geist Gottes, ruht auf euch.

Wenn einer von euch leiden muss, soll es nicht deswegen sein, weil er ein Mörder oder ein Dieb ist, weil er Böses tut oder sich in fremde Angelegenheiten einmischt.

Wenn er aber leidet, weil er Christ ist, dann soll er sich nicht schämen, sondern Gott darin verherrlichen.

RUF VOR DEM EVANGELIUM Vers: vgl. Joh 14,18

Halleluja. Halleluja.
(So spricht der Herr:)
Ich lasse euch nicht als Waisen zurück.
Ich komme zu euch. Dann wird euer Herz sich freuen.
Halleluja.

ZUM EVANGELIUM Die Leseordnung gibt uns heute den Anfang des sogenannten hohepriesterlichen Gebetes aus dem Johannes-

Evangelium zu lesen, das die Verherrlichung des Sohnes meditiert. Sein Auftrag war es, den Vater auf Erden zu verherrlichen. In der Konsequenz erhofft er sich nun, vom Vater verherrlicht zu werden. Diese Herrlichkeit will er nicht für sich – er will sie auf seine Freunde ausdehnen. Herrlichkeit für alle, die der Vater ihm gegeben hat. Diese bleiben in der Welt; ihre Herrlichkeit gründet darin, dass sie Jesus als den erkennen, der er ist: der vom Vater Gesandte.

EVANGELIUM

Joh 17,1–11a

Vater, verherrliche deinen Sohn!

+ Aus dem heiligen Evangelium nach Johannes.

In jener Zeit erhob Jesus seine Augen zum Himmel und sagte: Vater, die Stunde ist gekommen. Verherrliche deinen Sohn, damit der Sohn dich verherrlicht! Denn du hast ihm Macht über alle Menschen gegeben, damit er allen, die du ihm gegeben hast, ewiges Leben schenkt. Das aber ist das ewige Leben: dass sie dich, den einzigen wahren Gott, erkennen und den du gesandt hast, Jesus Christus.

Ich habe dich auf der Erde verherrlicht und das Werk zu Ende geführt, das du mir aufgetragen hast. Jetzt verherrliche du mich, Vater, bei dir mit der Herrlichkeit, die ich bei dir hatte, bevor die Welt war!

Ich habe deinen Namen den Menschen offenbart, die du mir aus der Welt gegeben hast. Sie gehörten dir und du hast sie mir gegeben und sie haben dein Wort bewahrt.

Sie haben jetzt erkannt, dass alles, was du mir gegeben hast, von dir ist. Denn die Worte, die du mir gabst, habe ich ihnen gegeben und sie haben sie angenommen. Sie haben wahrhaftig erkannt, dass ich von dir ausgegangen bin, und sie sind zu dem Glauben gekommen, dass du mich gesandt hast.

Für sie bitte ich; nicht für die Welt bitte ich, sondern für alle, die du mir gegeben hast; denn sie gehören dir. Alles, was mein ist, ist dein, und was dein ist, ist mein; in ihnen bin ich verherrlicht.

Ich bin nicht mehr in der Welt, aber sie sind in der Welt und ich komme zu dir.

Glaubensbekenntnis, S. 482 ff.

FÜRBITTEN

Jesus Christus ist der gute Hirte. Zu ihm kommen wir mit den Sorgen und Nöten unserer Zeit:

- Wir bitten für die Kirche, dass sie glaubwürdig lebt, was sie verkündet. V: Jesus, guter Hirte. A: Höre unser Rufen.
- Wir bitten für alle, die im Raum der Kirche fürsorglich handeln und Verantwortung übernehmen. V: Jesus, guter Hirte. A: Höre unser Rufen.
- Wir bitten für die Menschen weltweit, die keinen sicheren Raum, kein Zuhause, keinen Schutz haben. V: Jesus, guter Hirte. A: Höre unser Rufen.
- Wir bitten dich für die Geschwächten und Kranken in Not und Einsamkeit. V: Jesus, guter Hirte. A: Höre unser Rufen.
- Wir bitten für die Sterbenden und für alle, die ihnen trostreich beistehen. V: Jesus, guter Hirte. A: Höre unser Rufen.

Jesus Christus, du unser Hirte und unsere Hoffnung. Weise uns den Weg, wenn wir mutlos sind, und sei bei uns alle Tage unseres Lebens bis in Ewigkeit.

EUCHARISTIEFEIER

GABENGEBET

Herr und Gott, nimm die Gebete und Opfergaben deiner Gläubigen an. Lass uns diese heilige Feier mit ganzer Hingabe begehen, damit wir einst das Leben in der Herrlichkeit des Himmels erlangen. Darum bitten wir durch Christus, unseren Herrn.

PRÄFATION

In Wahrheit ist es würdig und recht, dir, allmächtiger Vater, zu danken durch unseren Herrn Jesus Christus, den König der Herrlichkeit. Denn er ist als Sieger über Sünde und Tod aufgefahren in den Himmel. Die Engel schauen den Mittler zwischen Gott und den Menschen, den Richter der Welt, den Herrn der ganzen Schöpfung. Er kehrt zu dir heim, nicht um uns Menschen zu verlassen, er gibt den Gliedern seines Leibes die Hoffnung, ihm dorthin zu folgen, wohin er als Erster vorausging. Darum preisen wir dich in österlicher Freude und singen mit den Chören der Engel das Lob deiner Herrlichkeit: Heilig …

KOMMUNIONVERS

Vgl. Joh 17,22

Ich bitte dich, Vater, lass sie eins sein,
wie wir eins sind. Halleluja.

SCHLUSSGEBET

Erhöre uns, Gott, unser Heil, und schenke uns die feste Zuversicht, dass durch die Feier der heiligen Geheimnisse die ganze Kirche jene Vollendung erlangen wird, die Christus, ihr Haupt, in deiner Herrlichkeit schon besitzt, der mit dir lebt und herrscht in alle Ewigkeit.

FEIERLICHER SCHLUSSSEGEN

S. 386

***

VON GOTT AUS GESEHEN

ist unser suchen nach gott
vielleicht die weise wie er uns auf der spur bleibt
und unser hunger nach ihm das mittel
mit dem er unser leben nährt

ist unser irrendes pilgern
das zelt in dem gott zu gast ist
und unser warten auf ihn
sein geduldiges anklopfen

ist unsere sehnsucht nach gott
die flamme seiner gegenwart
und unser zweifel der raum
in dem gott an uns glaubt

Andreas Knapp

PFINGSTEN – HOCHFEST

AM VORABEND

27. Mai 2023

Mit dem Pfingstereignis wird das österliche Geheimnis vollendet, wie es in einem der Tagesgebete des Vorabends zu Pfingsten heißt. Im Geist wird alles zusammengeführt, was bislang verstreut war; Menschen aus unterschiedlichen Nationen und Sprachen werden vereint im Bekenntnis zu Jesus Christus. Der Geist überwindet Grenzen; er bringt das Unsagbare auf den Punkt, wo es für alle verständlich wird. Selbst scheinbar versiegte Quellen beginnen zu sprudeln, weil ich im Geist erkenne, worum es an Ostern eigentlich geht: Jesus ist für *mich* gestorben und auferstanden, er hat mir *meine* Schuld vergeben und *mir* ein neues Leben eröffnet

ERÖFFNUNGSVERS

Röm 5,5

Die Liebe Gottes ist ausgegossen in unsere Herzen
durch den Heiligen Geist, der uns gegeben ist.
Halleluja.

KYRIE-RUFE

Herr Jesus Christus, du sendest deinen Geist aus
und erneuerst das Angesicht der Erde.
V/A: Herr, erbarme dich.
Du sendest deinen Geist aus,
berufst Seher und Propheten.
V/A: Christus, erbarme dich.

Du sendest deinen Geist aus,
und was tot war, wird lebendig.
V/A: Herr, erbarme dich.

Ehre sei Gott, S. 479 f.

TAGESGEBET

Gott, unser Herr, du hast das österliche Geheimnis im Geschehen des Pfingsttages vollendet und Menschen aus allen Völkern das Heil geoffenbart. Vereine im Heiligen Geist die Menschen aller Sprachen und Nationen zum Bekenntnis deines Namens. Darum bitten wir durch Jesus Christus.

WORTGOTTESDIENST

ZUR 1. LESUNG Die Urgeschichte vom Turmbau zu Babel wurde schon in der Antike als Beispiel für die Gefahr des menschlichen Hochmuts verstanden. Tatsächlich gab es in Babylon einen treppenartigen Monumentalbau, dessen Errichtung die Erzählung vielleicht deuten wollte. Man kann darin auch die Kritik an der gemeinsamen Verkehrssprache im Perserreich entdecken. Sprache ist Macht; wo nicht kommuniziert werden kann, entstehen Misstrauen und Unmut. Heute wird der Text meist als Anschluss an die Völkertafel in Gen 10 verstanden, mit der die Vielfalt der Völker erklärt wird. Diese will der Mensch auflösen, Gott aber lässt dies nicht zu. Gleich welche Deutung am plausibelsten erscheint – im Licht des heutigen Festes wird klar: Der Mensch allein vermag es nicht, Unterschiede zuzulassen und dennoch eine Sprache zu sprechen. Nur der Geist kann uns einen und gleichzeitig bunt und vielfältig sein lassen.

ERSTE LESUNG

Gen 11,1–9

Man gab der Stadt den Namen Babel; denn dort hat der Herr die Sprache der ganzen Erde verwirrt

Lesung aus dem Buch Génesis.

Die ganze Erde hatte eine Sprache und ein und dieselben Worte. Als sie ostwärts aufbrachen, fanden sie eine Ebene im Land Schinar und siedelten sich dort an.

Sie sagten zueinander: Auf, formen wir Lehmziegel und brennen wir sie zu Backsteinen. So dienten ihnen gebrannte Ziegel als Steine und Erdpech als Mörtel. Dann sagten sie: Auf, bauen wir uns eine Stadt und einen Turm mit einer Spitze bis in den Himmel! So wollen wir uns einen Namen machen, damit wir uns nicht über die ganze Erde zerstreuen.

Da stieg der HERR herab, um sich Stadt und Turm anzusehen, die die Menschenkinder bauten. Und der HERR sprach: Siehe, ein Volk sind sie und eine Sprache haben sie alle. Und das ist erst der Anfang ihres Tuns. Jetzt wird ihnen nichts mehr unerreichbar sein, wenn sie es sich zu tun vornehmen. Auf, steigen wir hinab und verwirren wir dort ihre Sprache, sodass keiner mehr die Sprache des anderen versteht.

Der HERR zerstreute sie von dort aus über die ganze Erde und sie hörten auf, an der Stadt zu bauen. Darum gab man der Stadt den Namen Babel, Wirrsal, denn dort hat der HERR die Sprache der ganzen Erde verwirrt und von dort aus hat er die Menschen über die ganze Erde zerstreut.

Oder:

ZUR 1. LESUNG Mit dem Abschnitt aus dem Exodusbuch beginnt die lange „Sinaiperikope", die bis ins vierte Buch Mose reicht (Num 10,11). Am heiligen Berg kommt es nicht nur zum Bundesschluss, sondern auch zu Aufstand und Missmut (Ex 32,1–34,35). Kern ist die Schilderung einer Theophanie, einer Erscheinung Gottes – buchstäblich mit Pauken und Trompeten. Die Bewegung erfolgt dabei von zwei Seiten: Mose steigt den Berg hinauf und Gott steigt zu ihm herab. Ist das nicht ein Bild für den Weg des Glaubens? Wenn ich mich aufmache, wenn ich Gott ernst nehme, dann kommt er mir auch entgegen. Diese Begegnung verändert mich persönlich. Hörnerschall, Rauch, Blitz und Donner verschwinden irgendwann; das Volk beugt sich schließlich sogar vor dem Goldenen Kalb, das es selbst geschaffen hat. Aber wo ich dem Ruf Gottes folge, da schenkt mir der Geist die lebendige Nähe Gottes, die mich grundlegend erneuert.

ERSTE LESUNG Ex 19,3–8a.16–20

Vor den Augen des ganzen Volkes stieg der Herr auf den Berg Sinai herab

Lesung aus dem Buch Éxodus.

In jenen Tagen stieg Mose zu Gott hinauf. Da rief ihm der Herr vom Berg her zu: Das sollst du dem Haus Jakob sagen und den Israeliten verkünden: Ihr habt gesehen, was ich den Ägyptern angetan habe, wie ich euch auf Adlerflügeln getragen und zu mir gebracht habe. Jetzt aber, wenn ihr auf meine Stimme hört und meinen Bund haltet, werdet ihr unter allen Völkern mein besonderes Eigentum sein. Mir gehört die ganze Erde, ihr aber sollt mir als ein Königreich von Priestern und als ein heiliges Volk gehören. Das sind die Worte, die du den Israeliten mitteilen sollst.

Mose ging und rief die Ältesten des Volkes zusammen. Er legte ihnen alles vor, was der Herr ihm aufgetragen hatte. Das ganze Volk antwortete einstimmig und erklärte: Alles, was der Herr gesagt hat, wollen wir tun.

Am dritten Tag, im Morgengrauen, begann es zu donnern und zu blitzen. Schwere Wolken lagen über dem Berg und gewaltiger Hörnerschall erklang. Das ganze Volk im Lager begann zu zittern. Mose führte das Volk aus dem Lager hinaus Gott entgegen. Unten am Berg blieben sie stehen.

Der ganze Sínai war in Rauch gehüllt, denn der Herr war im Feuer auf ihn herabgestiegen. Der Rauch stieg vom Berg auf wie Rauch aus einem Schmelzofen. Der ganze Berg bebte gewaltig und der Hörnerschall wurde immer lauter. Mose redete und Gott antwortete ihm mit verstehbarer Stimme. Der HERR war auf den Sínai, auf den Gipfel des Berges, herabgestiegen. Er hatte Mose zu sich auf den Gipfel des Berges gerufen und Mose war hinaufgestiegen.

Oder:

ZUR 1. LESUNG In der Vision des Propheten Ezechiel von der Wiederbelebung der Totengebeine fasst er seine Grundbotschaft erneut in ein Bild. So wie die Toten lebendig werden, wird auch das Volk Israel wieder zu neuem Leben erwachen und im Land wieder zusammengeführt werden. Ezechiel wirkte in der Zeit, als ein Teil des Volkes nach der Zerstörung Jerusalems ins babylonische Exil verschleppt wurde. Doch für Ezechiel keimte dennoch Hoffnung auf, weil er Gottes Zusagen vertraute. Der prophetische Text eröffnet eine wichtige Perspektive auf das Pfingstfest: So wie die Toten zu neuem Leben erwachen, holt der lebendige Geist selbst die Totgeglaubten ans Licht. Auch in einer ausweglosen Situation verglimmt der Docht der Hoffnung nicht, weil das Feuer von der Glut des Geistes immer wieder entfacht wird.

ERSTE LESUNG Ez 37,1–14

Ihr ausgetrockneten Gebeine, ich selbst bringe Geist in euch, dann werdet ihr lebendig

Lesung aus dem Buch Ezéchiel.

In jenen Tagen legte sich die Hand des HERRN auf mich und er brachte mich im Geist des HERRN hinaus und versetzte mich mitten in die Ebene. Sie war voll von Gebeinen.

Er führte mich ringsum an ihnen vorüber und siehe, es waren sehr viele über die Ebene hin; und siehe, sie waren ganz ausgetrocknet.

Er fragte mich: Menschensohn, können diese Gebeine wieder lebendig werden? Ich antwortete: GOTT und Herr, du weißt es.

Da sagte er zu mir: Sprich als Prophet über diese Gebeine und sag zu ihnen: Ihr ausgetrockneten Gebeine, hört das Wort des HERRN! So spricht GOTT, der Herr, zu diesen Gebeinen: Siehe, ich selbst bringe Geist in euch, dann werdet ihr lebendig. Ich gebe euch Sehnen, umgebe euch mit Fleisch und überziehe euch mit Haut; ich gebe Geist in euch, sodass ihr lebendig werdet. Dann werdet ihr erkennen, dass ich der HERR bin.

Da sprach ich als Prophet, wie mir befohlen war; und noch während ich prophetisch redete, war da ein Geräusch: Und siehe, ein Beben: Die Gebeine rückten zusammen, Bein an Bein. Und als ich hinsah, siehe, da waren Sehnen auf ihnen, Fleisch umgab sie und Haut überzog sie von oben. Aber es war kein Geist in ihnen.

Da sagte er zu mir: Rede als Prophet zum Geist, rede prophetisch, Menschensohn, sag zum Geist: So spricht GOTT, der Herr: Geist, komm herbei von den vier Winden! Hauch diese Erschlagenen an, damit sie lebendig werden!

Da sprach ich als Prophet, wie er mir befohlen hatte, und es kam der Geist in sie. Sie wurden lebendig und sie stellten sich auf ihre Füße – ein großes, gewaltiges Heer.

Er sagte zu mir: Menschensohn, diese Gebeine sind das ganze Haus Israel. Siehe, sie sagen: Ausgetrocknet sind unsere Gebeine, unsere Hoffnung ist untergegangen, wir sind abgeschnitten. Deshalb tritt als Prophet auf und sag zu ihnen: So spricht GOTT, der Herr: Siehe, ich öffne eure Gräber und hole euch, mein Volk, aus euren Gräbern herauf. Ich bringe euch zum Ackerboden Israels. Und ihr werdet erkennen, dass ich der HERR bin, wenn ich eure Gräber öffne und euch, mein Volk, aus euren Gräbern heraufhole. Ich gebe meinen Geist in euch, dann werdet ihr lebendig und ich versetze euch wieder auf euren Ackerboden. Dann werdet ihr erkennen, dass ich der HERR bin.

Ich habe gesprochen und ich führe es aus – Spruch des HERRN.

Oder:

ZUR 1. LESUNG Die Weissagung des Propheten Joël aus dem 4. Jahrhundert vor Christus prägt bis heute die Vorstellungen über die letzten Tage dieser Welt. Am Ende wird Gott den Geist über „alles

Fleisch" ausgießen, dabei macht der Geist keinerlei Unterschiede. Alt und jung, reich und arm, Knecht oder Herrin, in und mit allen wird Gott wunderbare Zeichen wirken. Und bei allen Schrecken, die der Prophet in seinem Buch auch vor Augen führt – der Schritt zum Heil ist klein, fast unmerklich. Wer den Namen des Herrn anruft, der wird errettet. Das Wirken des Geistes können wir fast nicht spüren; doch so klein auch die Schritte sein mögen, die wir im Glauben machen, der Geist bringt uns zur Quelle, die niemals versiegt.

ERSTE LESUNG Joël 3,1–5

Ich werde meinen Geist ausgießen über meine Knechte und Mägde

Lesung aus dem Buch Joël.

So spricht Gott, der Herr: Es wird Folgendes geschehen: Ich werde meinen Geist ausgießen über alles Fleisch. Eure Söhne und Töchter werden Propheten sein, eure Alten werden Träume haben und eure jungen Männer haben Visionen. Auch über Knechte und Mägde werde ich meinen Geist ausgießen in jenen Tagen.

Ich werde wunderbare Zeichen wirken am Himmel und auf der Erde: Blut und Feuer und Rauchsäulen. Die Sonne wird sich in Finsternis verwandeln und der Mond in Blut, ehe der Tag des HERRN kommt, der große und schreckliche Tag.

Und es wird geschehen: Jeder, der den Namen des HERRN anruft, wird gerettet. Denn auf dem Berg Zion und in Jerusalem gibt es Rettung, wie der HERR gesagt hat, und wen der HERR ruft, der wird entrinnen.

ANTWORTPSALM Ps 104 (103),1–2.24–25.27–28.29–30 (Kv: vgl. 30)

Kv Sende aus deinen Geist
und das Angesicht der Erde wird neu. – Kv

Oder:

Kv Halleluja. – Kv

Preise den HERRN, meine Seele! /
HERR, mein Gott, überaus groß bist du! *
Du bist mit Hoheit und Pracht bekleidet.
Du hüllst dich in Licht wie in einen Mantel, *
du spannst den Himmel aus gleich einem Zelt. – (Kv)

Wie zahlreich sind deine Werke, HERR, /
sie alle hast du mit Weisheit gemacht, *
die Erde ist voll von deinen Geschöpfen.
Da ist das Meer, so groß und weit, *
darin ein Gewimmel, nicht zu zählen: kleine und große Tiere. – (Kv)

Auf dich warten sie alle, *
dass du ihnen ihre Speise gibst zur rechten Zeit.
Gibst du ihnen, dann sammeln sie ein, *
öffnest du deine Hand, werden sie gesättigt mit Gutem. – (Kv)

Verbirgst du dein Angesicht, sind sie verstört, /
nimmst du ihnen den Atem, so schwinden sie hin *
und kehren zurück zum Staub.
Du sendest deinen Geist aus: Sie werden erschaffen *
und du erneuerst das Angesicht der Erde. – Kv

ZUR 2. LESUNG Wie können wir auf etwas hoffen, das wir nicht sehen? Diese Frage quälte offenbar schon die Menschen in den frühen Gemeinden, selbst die Augenzeugen der Geschehnisse um Jesus. So einfach ist es eben nicht, und Zeichen und Wunder sind mitnichten eine Garantie für ein lebendiges Glaubensleben. Vielmehr ist es die Erfahrung des Geistes, der in uns wirkt und uns gegen allen Augenschein hoffen lässt. Wenn wir ohne seine Hilfe mit Gott reden wollten, stammeln wir selbst für uns unverständliche Worte. Doch für die, die sich vom Geist leiten lassen, ist selbst ein kaum hörbares Wort ein Gebet tiefen Vertrauens. Auch wenn es nur bei einem Seufzer bleibt: Gott drängt uns nicht dazu, große Reden zu schwingen. Ein Herz, das auf ihn hofft, erreicht unendlich viel mehr.

ZWEITE LESUNG

Röm 8,22–27

Der Geist selber tritt für uns ein mit unaussprechlichen Seufzern

Lesung aus dem Brief des Apostels Paulus an die Gemeinde in Rom.

Schwestern und Brüder! Wir wissen, dass die gesamte Schöpfung bis zum heutigen Tag seufzt und in Geburtswehen liegt. Aber nicht nur das, sondern auch wir, obwohl wir als Erstlingsgabe den Geist haben, auch wir seufzen in unserem Herzen und warten darauf, dass wir mit der Erlösung unseres Leibes als Söhne offenbar werden.

Denn auf Hoffnung hin sind wir gerettet. Hoffnung aber, die man schon erfüllt sieht, ist keine Hoffnung. Denn wie kann man auf etwas hoffen, das man sieht? Hoffen wir aber auf das, was wir nicht sehen, dann harren wir aus in Geduld.

So nimmt sich auch der Geist unserer Schwachheit an. Denn wir wissen nicht, was wir in rechter Weise beten sollen; der Geist selber tritt jedoch für uns ein mit unaussprechlichen Seufzern. Der die Herzen erforscht, weiß, was die Absicht des Geistes ist. Denn er tritt so, wie Gott es will, für die Heiligen ein.

RUF VOR DEM EVANGELIUM

(*Zum Vers* Komm, Heiliger Geist … *knien alle.*)

Halleluja. Halleluja.
Komm, Heiliger Geist,
erfülle die Herzen deiner Gläubigen
und entzünde in ihnen das Feuer deiner Liebe!
Halleluja.

ZUM EVANGELIUM Was Jesus damals am Ende des Laubhüttenfestes ausrief, war revolutionär. An jedem Tag wurde der Ritus der Wasserspende vollzogen: In einem goldenen Kelch wurde aus dem

Teich Schiloach Wasser geholt und zum Tempel getragen, wo es ein Priester auf dem Altar als Opfer darbrachte. Damit erinnerte man an den wasserspendenden Felsen in der Wüste (Ex 17,6) und an den Geist, der am Ende der Tage ausgegossen werden wird (Joël 3,18). Jesus ruft nun laut in die Menge, dass er diese Quelle des Lebens ist. Wer an ihn glaubt, wird selbst zu einer lebendigen Quelle überströmenden Wassers werden. Damit macht Johannes deutlich, dass in Jesus Gott selbst erschienen ist. Und er zeichnet die Passion vor, in der ihm genau dieser Anspruch zum Vorwurf gemacht werden wird (Joh 18,33–38).

EVANGELIUM Joh 7,37–39

Ströme von lebendigem Wasser werden fließen

+ **Aus dem heiligen Evangelium nach Johannes.**

Am letzten Tag des Festes, dem großen Tag, stellte sich Jesus hin und rief:
Wer Durst hat, komme zu mir und es trinke, wer an mich glaubt! Wie die Schrift sagt: Aus seinem Inneren werden Ströme von lebendigem Wasser fließen.
Damit meinte er den Geist, den alle empfangen sollten, die an ihn glauben; denn der Geist war noch nicht gegeben, weil Jesus noch nicht verherrlicht war.

Glaubensbekenntnis, S. 482 ff.

FÜRBITTEN

„Wer Durst hat, komme zu mir.“ Diese Verheißung Jesu ist auch uns zugesagt. So kommen wir zu ihm und bitten voller Hoffnung um den Heiligen Geist:

- Um den Geist der Erkenntnis für alle, die sich um die Erneuerung der Kirche bemühen. V/A: Komm, Schöpfer Geist!

- Um den Geist der Geschwisterlichkeit für alle Getauften in der zertrennten Christenheit. V/A: Komm, Schöpfer Geist!
- Um den Geist helfender Liebe gegenüber allen, die in Not sind. V/A: Komm, Schöpfer Geist!
- Um den Geist der Wärme für alle, die in erkalteten Beziehungen, Familien, Gemeinschaften leben. V/A: Komm, Schöpfer Geist!
- Um den Geist des Trostes für alle, die einen geliebten Menschen verloren haben. V/A: Komm, Schöpfer Geist!

Belebende Geistkraft, Geist Gottes: Komm in unsere Mitte und löse, was verhärtet ist. Darum bitten wir durch Christus Jesus, unseren Herrn und Bruder.

EUCHARISTIEFEIER

GABENGEBET

Herr, unser Gott, dein Geist segne diese Gaben und erfülle durch sie die Kirche mit der Kraft deiner Liebe, damit die ganze Welt erkennt, dass du sie zum Heil gerufen hast. Darum bitten wir durch Christus, unseren Herrn.

Präfation, S. 457 f.

KOMMUNIONVERS Joh 7,37

Am letzten Tag des Festes, dem großen Tag,
stand Jesus da und rief:
Wer Durst hat, komme zu mir und trinke. Halleluja.

SCHLUSSGEBET

Herr, unser Gott, du hast uns im heiligen Mahl gesättigt. Erfülle uns durch dieses Sakrament mit der Glut des Heiligen Geistes, den du am Pfingstfest den Aposteln gesandt hast. Darum bitten wir durch Christus, unseren Herrn.

FEIERLICHER SCHLUSSSEGEN S. 458

***

GEISTESGABEN

Tröster der Betrübten,
Siegel der Geliebten,
Geist voll Rat und Tat,
starker Gottesfinger,
Friedensüberbringer,
Licht auf unserm Pfad:
gib uns Kraft und Lebenssaft,
lass uns deine teuren Gaben
zur Genüge laben.

Benjamin Schmolck

AM TAG

28. Mai 2023

Pfingsten wird gerne auch das „Geburtsfest" der Kirche genannt. Es ist vor allem – das klingt auch im Tagesgebet an – ein Fest der Liebe Gottes zu den Menschen. Diese Liebe bringt die Kirche hervor, und diese Liebe wirkt bis heute. Pfingsten ist kein ekstatisches Ereignis, bei dem Menschen zuckend zu Boden geworfen werden. Vielmehr treibt es die Menschen hinaus, bewegt sie aus der Dunkelheit der Trauer dazu, von den großen Taten Gottes zu reden. Hörbar, verstehbar, glaubhaft.

ERÖFFNUNGSVERS

Vgl. Weish 1,7

Der Geist des Herrn erfüllt den Erdkreis.
In ihm hat alles Bestand.
Nichts bleibt verborgen vor ihm. Halleluja.

KYRIE-RUFE

Herr Jesus Christus, du gibst uns den
Heiligen Geist, der jedes Herz erhellt.
V/A: Herr, erbarme dich.
Du gibst uns den Heiligen Geist,
der alles mit Leben erfüllt.
V/A: Christus, erbarme dich.
Du gibst uns den Heiligen Geist,
der uns in deinen Frieden führt.
V/A: Herr, erbarme dich.

Ehre sei Gott, S. 479 f.

TAGESGEBET

Allmächtiger, ewiger Gott, durch das Geheimnis des heutigen Tages heiligst du deine Kirche in allen Völkern und Nationen. Erfülle die ganze Welt mit den Gaben des Heiligen Geistes, und was deine Liebe am Anfang der Kirche gewirkt hat, das wirke sie auch heute in den Herzen aller, die an dich glauben. Darum bitten wir durch Jesus Christus.

WORTGOTTESDIENST

ZUR 1. LESUNG So wie bei Jesus durch seine Taufe die Vorbereitungszeit endete und er das Reich Gottes verkündete (Lk 3,21 f.), so werden mit der Ausgießung des Heiligen Geistes auch die Jünger und Jüngerinnen Jesu in die Welt gesandt, um die frohe Botschaft an alles Volk auszurichten. Das Getöse und das Brausen des Geistes zieht zwar die Menge an, aber erst als sie in verständlichen Worten reden, geraten die Leute ins Staunen. Die Liste der selbst für damalige Ohren außergewöhnlichen Völker macht deutlich, dass diejenigen, die Zeugnis geben, sogar von entlegenen und unbekannten Völkern verstanden werden. Das Vertrauen auf das Wirken des Geistes ist es, das die Kirche lebendig macht.

ERSTE LESUNG Apg 2,1–11

Alle wurden mit dem Heiligen Geist erfüllt und begannen zu reden

Lesung aus der Apostelgeschichte.

Als der Tag des Pfingstfestes gekommen war, waren alle zusammen am selben Ort. Da kam plötzlich vom Himmel her ein Brausen, wie wenn ein heftiger Sturm daherfährt, und erfüllte das ganze Haus, in dem sie saßen.

Und es erschienen ihnen Zungen wie von Feuer, die sich verteilten; auf jeden von ihnen ließ sich eine nieder. Und alle wurden vom

Heiligen Geist erfüllt und begannen, in anderen Sprachen zu reden, wie es der Geist ihnen eingab.

In Jerusalem aber wohnten Juden, fromme Männer aus allen Völkern unter dem Himmel. Als sich das Getöse erhob, strömte die Menge zusammen und war ganz bestürzt; denn jeder hörte sie in seiner Sprache reden. Sie waren fassungslos vor Staunen und sagten:

Seht! Sind das nicht alles Galiläer, die hier reden? Wieso kann sie jeder von uns in seiner Muttersprache hören:

Parther, Meder und Elamíter, Bewohner von Mesopotámien, Judäa und Kappadókien, von Pontus und der Provinz Asien, von Phrýgien und Pamphýlien, von Ägypten und dem Gebiet Líbyens nach Kyréne hin, auch die Römer, die sich hier aufhalten, Juden und Proselýten, Kreter und Áraber – wir hören sie in unseren Sprachen Gottes große Taten verkünden.

ANTWORTPSALM Ps 104 (103), 1–2.24–25.29–30.31 u. 34 (Kv: vgl. 30)

Kv Sende aus deinen Geist
und das Angesicht der Erde wird neu. – Kv

Oder:

Kv Halleluja. – Kv

Preise den HERRN, meine Seele! /
HERR, mein Gott, überaus groß bist du! *
Du bist mit Hoheit und Pracht bekleidet.
Du hüllst dich in Licht wie in einen Mantel, *
du spannst den Himmel aus gleich einem Zelt. – (Kv)

Wie zahlreich sind deine Werke, HERR, /
sie alle hast du mit Weisheit gemacht, *
die Erde ist voll von deinen Geschöpfen.
Da ist das Meer, so groß und weit, *
darin ein Gewimmel, nicht zu zählen: kleine und große Tiere. – (Kv)

Verbirgst du dein Angesicht, sind sie verstört, /
nimmst du ihnen den Atem, so schwinden sie hin *
und kehren zurück zum Staub.
Du sendest deinen Geist aus: Sie werden erschaffen *
und du erneuerst das Angesicht der Erde. – (Kv)

Die Herrlichkeit des HERRN währe ewig, *
der HERR freue sich seiner Werke.
Möge ihm mein Dichten gefallen. *
Ich will mich freuen am HERRN. – Kv

ZUR 2. LESUNG In der Kraft des einen Geistes fügt sich alles zusammen, was scheinbar zusammenhangslos nebeneinander existiert. Paulus will damit gegeneinander streitende Gruppen in der Korinthischen Gemeinde auf das gemeinsame Fundament hinweisen. Mit dem Bild des Leibes wird klar, dass die verschiedenen Strömungen, Konfessionen und Organisationen der Kirche nicht unabhängig existieren, sondern nur lebendig sind als Teile eines gemeinsamen Ganzen. Wo sich ein Glied abtrennt, stirbt es ab. In der Taufe werden wir in diesen Leib aufgenommen. Unsere Gaben können wir in dieser Vielfalt erst richtig zum Blühen bringen. Einförmigkeit gehört nicht zum Sprachgebrauch des Geistes, das Verurteilen und Beurteilen anderer ebenso wenig. Das „Körpergefühl" des Christentums? Einheit in Vielfalt.

ZWEITE LESUNG 1 Kor 12,3b–7.12–13

Durch den einen Geist wurden wir in der Taufe alle in einen einzigen Leib aufgenommen

Lesung aus dem ersten Brief des Apostels Paulus an die Gemeinde in Korínth.

Schwestern und Brüder! Keiner kann sagen: Jesus ist der Herr!, wenn er nicht aus dem Heiligen Geist redet.
Es gibt verschiedene Gnadengaben, aber nur den einen Geist. Es gibt verschiedene Dienste, aber nur den einen Herrn. Es gibt verschie-

dene Kräfte, die wirken, aber nur den einen Gott: Er bewirkt alles in allen. Jedem aber wird die Offenbarung des Geistes geschenkt, damit sie anderen nützt.

Denn wie der Leib einer ist, doch viele Glieder hat, alle Glieder des Leibes aber, obgleich es viele sind, einen einzigen Leib bilden: So ist es auch mit Christus. Durch den einen Geist wurden wir in der Taufe alle in einen einzigen Leib aufgenommen, Juden und Griechen, Sklaven und Freie; und alle wurden wir mit dem einen Geist getränkt.

SEQUENZ

(Wenn die musikalische Gestaltung es nahelegt, kann die Sequenz nach dem Hallellujavers gesungen werden, wobei sie dann mit „Amen. Halleluja" abgeschlossen wird.)

Komm herab, o Heil'ger Geist,
der die finstre Nacht zerreißt,
strahle Licht in diese Welt.

Komm, der alle Armen liebt,
komm, der gute Gaben gibt,
komm, der jedes Herz erhellt.

Höchster Tröster in der Zeit,
Gast, der Herz und Sinn erfreut,
köstlich Labsal in der Not,

in der Unrast schenkst du Ruh,
hauchst in Hitze Kühlung zu,
spendest Trost in Leid und Tod.

Komm, o du glückselig Licht,
fülle Herz und Angesicht,
dring bis auf der Seele Grund.

Ohne dein lebendig Wehn
kann im Menschen nichts bestehn,
kann nichts heil sein noch gesund.

Was befleckt ist, wasche rein,
Dürrem gieße Leben ein,
heile du, wo Krankheit quält.

Wärme du, was kalt und hart,
löse, was in sich erstarrt,
lenke, was den Weg verfehlt.

Gib dem Volk, das dir vertraut,
das auf deine Hilfe baut,
deine Gaben zum Geleit.

Lass es in der Zeit bestehn,
deines Heils Vollendung sehn
und der Freuden Ewigkeit.
(Amen. Halleluja.)

RUF VOR DEM EVANGELIUM

(*Zum Vers* Komm, Heiliger Geist … *knien alle.*)

Halleluja. Halleluja.
Komm, Heiliger Geist,
erfülle die Herzen deiner Gläubigen
und entzünde in ihnen das Feuer deiner Liebe!
Halleluja.

ZUM EVANGELIUM Jesus macht sein Versprechen in den Abschiedsreden des Johannes-Evangeliums wahr, dass er kommen und die Seinen nicht allein lassen wird (vgl. Joh 14,18). Damals hat er ihnen auch den Beistand versprochen, den Tröster, der sie an alles erinnern wird, was er gesagt hat. Doch diese Geistkraft hilft ihnen nicht nur in ihrer Erinnerung, sondern befähigt sie und schenkt ihnen Vollmacht. Sie nimmt sie auch in die Verantwortung. Zu ihren Aufgaben gehört es, den von Jesus versprochenen Frieden zu halten und zu verbreiten. Wenn Jesus ihnen seine Wunden zeigt, erinnert er sie daran, dass sein Leiden und seine Hingabe Quellen des Heils sind.

EVANGELIUM

Joh 20,19–23

Wie mich der Vater gesandt hat, so sende ich euch: Empfangt den Heiligen Geist!

+ Aus dem heiligen Evangelium nach Johannes.

Am Abend des ersten Tages der Woche, als die Jünger aus Furcht vor den Juden bei verschlossenen Türen beisammen waren, kam Jesus, trat in ihre Mitte und sagte zu ihnen: Friede sei mit euch!

Nach diesen Worten zeigte er ihnen seine Hände und seine Seite. Da freuten sich die Jünger, als sie den Herrn sahen.

Jesus sagte noch einmal zu ihnen: Friede sei mit euch! Wie mich der Vater gesandt hat, so sende ich euch.

Nachdem er das gesagt hatte, hauchte er sie an und sagte zu ihnen: Empfangt den Heiligen Geist! Denen ihr die Sünden erlasst, denen sind sie erlassen; denen ihr sie behaltet, sind sie behalten.

Glaubensbekenntnis, S. 482 ff.

FÜRBITTEN

Bitten wir um den Geist Gottes für die Welt und unsere Kirche:

- Komm, Heiliger Geist, zu deiner Kirche und schenke ihr Kraft und Mut für echte Erneuerung. V/A: Höre unser Rufen.
- Komm, Heiliger Geist, zu allen, die auf der Suche sind, und zeige ihnen den Weg zur Mitte. V/A: Höre unser Rufen.

- Komm, Heiliger Geist, zu allen, die ausgegrenzt und übergangen werden, und schenke ihnen Selbstachtung und Stärke. V/A: Höre unser Rufen.
- Komm, Heiliger Geist, zu den Menschen in Obdachlosigkeit, Armut, in Lagern und auf der Flucht und lass sie Hilfe erfahren. V/A: Höre unser Rufen.
- Komm, Heiliger Geist, zu allen, die um ihres Glaubens und ihrer guten Überzeugungen willen verfolgt werden, und stehe ihnen bei. V/A: Höre unser Rufen.

Dreifaltiger Gott, dein Beistand allein kann unser Handeln erneuern. Komm, Schöpfer Geist, so bitten wir am heutigen Pfingsttag und an allen Tagen unseres Seins.

EUCHARISTIEFEIER

GABENGEBET

Allmächtiger Gott, erfülle die Verheißung deines Sohnes: Sende uns deinen Geist, damit er uns in die volle Wahrheit einführt und uns das Geheimnis dieses Opfers immer mehr erschließt. Darum bitten wir durch Christus, unseren Herrn.

PRÄFATION

In Wahrheit ist es würdig und recht, dir, Herr, heiliger Vater, immer und überall zu danken und diesen Tag in festlicher Freude zu feiern. Denn heute hast du das österliche Heilswerk vollendet, heute hast du den Heiligen Geist gesandt über alle, die du mit Christus auferweckt und zu deinen Kindern berufen hast. Am Pfingsttag erfüllst du deine Kirche mit Leben: Dein Geist schenkt allen Völkern die Erkenntnis des lebendigen Gottes und vereint die vielen Sprachen im Bekenntnis des einen Glaubens. Darum preisen dich alle Völker auf dem Erdenrund in österlicher Freude. Darum rühmen dich die himmlischen Kräfte und die Mächte der Engel und singen das Lob deiner Herrlichkeit: Heilig …

KOMMUNIONVERS

Vgl. Apg 2,4.11

Alle wurden mit dem Heiligen Geist erfüllt
und verkündeten Gottes große Taten. Halleluja.

SCHLUSSGEBET

Herr, unser Gott, du hast deine Kirche mit himmlischen Gaben beschenkt. Erhalte ihr deine Gnade, damit die Kraft aus der Höhe, der Heilige Geist, in ihr weiterwirkt und die geistliche Speise sie nährt bis zur Vollendung. Darum bitten wir durch Christus, unseren Herrn.

FEIERLICHER SCHLUSSSEGEN

Der gütige Gott hat am heutigen Tag die Jünger durch die Eingießung des Heiligen Geistes erleuchtet; er segne euch und schenke euch den Reichtum seiner Gaben. – A: Amen.
Jenes Feuer, das in vielen Zungen auf die Jünger herabkam, reinige eure Herzen und entzünde in euch die göttliche Liebe. – A: Amen.
Der Heilige Geist, der die vielen Sprachen im Bekenntnis des Glaubens geeint hat, festige euch in der Wahrheit und führe euch vom Glauben zum Schauen. – A: Amen.
Das gewähre euch der dreieinige Gott, der Vater und der Sohn † und der Heilige Geist. – A: Amen.

***

PFINGSTLICHES ZEUGNIS

Du Heilger Geist, bereite
ein Pfingstfest nah und fern;
mit deiner Kraft begleite
das Zeugnis von dem Herrn.
O öffne du die Herzen
der Welt und uns den Mund,
dass wir in Freud und Schmerzen
das Heil ihr machen kund.

Philipp Spitta

PFINGSTMONTAG

29. Mai 2023

Seinen Ursprung hat der Pfingstmontag in der ehemals acht Tage dauernden Festoktav der großen Feste. Die Deutsche Bischofskonferenz zählt ihn zu den gebotenen Feiertagen, auch wenn er weltweit nicht mehr als Feiertag begangen wird. Seit einigen Jahren hat sich der Pfingstmontag im deutschsprachigen Raum als „Tag der Ökumene" etabliert. In einigen Landeskirchen und Diözesen wurden ökumenische Rahmenvereinbarungen eingeführt, in denen der Pfingstmontag als „Tag der Ökumene" festgelegt wird. So versichern sich die Kirchen ihrer gemeinsamen Wurzeln und feiern das Fest als „Fest der Einheit". Die Lesungen des Tages, insbesondere die zweite Lesung aus dem Epheserbrief, weisen darauf hin, was im Gabengebet ausgesprochen wird: Die Kirche ist als gesamter Leib Christi mit unterschiedlichen Gliedern ein einziges Werk des Heiligen Geistes.

ERÖFFNUNGSVERS

Offb 1,5–6

Christus liebt uns
und hat uns durch sein Blut befreit von unseren Sünden;
er hat uns die Würde von Königen gegeben
und uns zu Priestern gemacht
für den Dienst vor seinem Gott und Vater. Halleluja.

KYRIE-RUFE

Herr Jesus Christus, du willst,
dass alle eins sein sollen.
V/A: Herr, erbarme dich.

Du heilst die Verwundungen und verbindest,
was gespalten und getrennt ist.
V/A: Christus, erbarme dich.
Du, der eine Herr, versammelst dein Volk
in der einen Kirche.
V/A: Herr, erbarme dich.

Ehre sei Gott, S. 479 f.

TAGESGEBET

Gott und Vater unseres Herrn Jesus Christus, im Neuen Bund berufst du aus allen Völkern dein Volk und führst es zusammen im Heiligen Geist. Gib, dass deine Kirche ihrer Sendung treu bleibt, dass sie ein Sauerteig ist für die Menschheit, die du in Christus erneuern und zu deiner Familie umgestalten willst. Darum bitten wir durch ihn, der in der Einheit des Heiligen Geistes mit dir lebt und herrscht in alle Ewigkeit.

WORTGOTTESDIENST

ZUR 1. LESUNG Im 10. Kapitel der Apostelgeschichte beobachten wir eine wesentliche Wende in der Verkündigung der ersten Gemeinden. Der römische Hauptmann Kornelius, der gottesfürchtig ist und Sympathien für das Judentum hegt, aber kein Jude ist, hat eine Vision: Er wird vom Engel des Herrn gebeten, Petrus zu sich holen zu lassen (Apg 10,1–8). Petrus erfährt ebenfalls in einer Vision auf rätselhafte Weise, dass Gottes Heil allen Menschen gilt (Apg 10,11–23). Bei der sich anschließenden Begegnung mit Kornelius betont Petrus in der Predigt, von der wir heute hören, dass Gott das Heil nicht an den gesellschaftlichen Stand oder die Herkunft eines Menschen knüpft. Alle Menschen, die Jesus Christus als Herrn anerkennen, werden gerettet. Und indem er dies sagt, wiederholt sich das Pfingstwunder (vgl. Apg 2,1–13): Der Heilige Geist macht keinen Unterschied und lässt sich auch auf den nichtjüdischen Menschen nieder. Wo die Kraft es Geistes wirkt, darf ein Mensch keine Schranken setzen.

ERSTE LESUNG Apg 10,34–35.42–48a

Ihm ist in jedem Volk willkommen, wer ihn fürchtet und tut, was recht ist

Lesung aus der Apostelgeschichte.

In jenen Tagen begann Petrus zu reden und sagte: Wahrhaftig, jetzt begreife ich, dass Gott nicht auf die Person sieht, sondern dass ihm in jedem Volk willkommen ist, wer ihn fürchtet und tut, was recht ist. Er hat uns geboten, dem Volk zu verkünden und zu bezeugen: Dieser ist der von Gott eingesetzte Richter der Lebenden und der Toten. Von ihm bezeugen alle Propheten, dass jeder, der an ihn glaubt, durch seinen Namen die Vergebung der Sünden empfängt.

Noch während Petrus dies sagte, kam der Heilige Geist auf alle herab, die das Wort hörten. Die gläubig gewordenen Juden, die mit Petrus gekommen waren, konnten es nicht fassen, dass auch auf die Heiden die Gabe des Heiligen Geistes ausgegossen wurde. Denn sie hörten sie in Zungen reden und Gott preisen. Petrus aber sagte: Kann jemand denen das Wasser zur Taufe verweigern, die ebenso wie wir den Heiligen Geist empfangen haben? Und er ordnete an, sie im Namen Jesu Christi zu taufen.

Oder:

ZUR 1. LESUNG Die prophetische Lesung führt uns vor Augen, was geschieht, wenn Menschen in Ignoranz und Anmaßung die falschen Entscheidungen getroffen haben – aus dieser Perspektive betrachtet Ezechiel die Geschichte seines Volkes mit seinem Gott. Die politische Katastrophe der Zerstörung Jerusalems, die Verschleppung und Zerstreuung der Bevölkerung sieht er als Folge der Entfernung aus dem Bund mit JHWH. In diese düstere Situation hinein leuchtet die Vision eines Neuen Bundes, den der HERR seinem Volk anbietet. „Ich beseitige das Herz von Stein aus eurem Fleisch und gebe euch ein Herz von Fleisch. Ich gebe meinen Geist in euer Inneres und bewirke, dass ihr meinen Gesetzen folgt." Der Prophet ist davon überzeugt, dass Gott Israel wieder neu vor die Wahl stellt, sich für ihn und ein Leben nach seiner Wegweisung zu entscheiden. Am Pfingstfest vernehmen wir die tröstliche Botschaft, die auch in der Osternacht das Herz erhellt: In der Geschichte Gottes mit uns Menschen ist niemals alles zu Ende. Wir haben neu die Wahl. Welche Befreiung, wenn durch das Wirken von Gottes Geistkraft das Herz von Stein aus seiner Erstarrung zu neuem Leben erwacht.

ERSTE LESUNG Ez 36,16–17a.18–28

Ich gieße reines Wasser über euch aus und gebe euch ein neues Herz

Lesung aus dem Buch Ezéchiel.

Das Wort des HERRN erging an mich: Menschensohn, als die vom Haus Israel in ihrem Land wohnten, machten sie es durch ihre Wege und ihre Taten unrein. Da goss ich meinen Zorn über sie aus, weil sie Blut vergossen im Land und es mit ihren Götzen befleckten. Ich zerstreute sie unter die Nationen; in die Länder wurden sie vertrieben. Nach ihren Wegen und nach ihren Taten habe ich sie gerichtet. Als sie aber zu den Nationen kamen, entweihten sie überall, wohin sie kamen, meinen heiligen Namen; denn man sagte von ihnen: Das ist das Volk des HERRN und doch mussten sie sein Land verlassen. Da tat mir mein heiliger Name leid, den das Haus Israel bei den Nationen entweihte, wohin es auch kam.

Darum sag zum Haus Israel: So spricht GOTT, der Herr: Nicht euretwegen handle ich, Haus Israel, sondern um meines heiligen Namens willen, den ihr bei den Nationen entweiht habt, wohin ihr auch gekommen seid. Meinen großen, bei den Nationen entweihten Namen, den ihr mitten unter ihnen entweiht habt, werde ich wieder heiligen. Und die Nationen – Spruch GOTTES, des Herrn –

werden erkennen, dass ich der HERR bin, wenn ich mich an euch vor ihren Augen als heilig erweise. Ich nehme euch heraus aus den Nationen, ich sammle euch aus allen Ländern und ich bringe euch zu eurem Ackerboden. Ich gieße reines Wasser über euch aus, dann werdet ihr rein. Ich reinige euch von aller Unreinheit und von allen euren Götzen.

Ich gebe euch ein neues Herz und einen neuen Geist gebe ich in euer Inneres. Ich beseitige das Herz von Stein aus eurem Fleisch und gebe euch ein Herz von Fleisch. Ich gebe meinen Geist in euer Inneres und bewirke, dass ihr meinen Gesetzen folgt und auf meine Rechtsentscheide achtet und sie erfüllt. Dann werdet ihr in dem Land wohnen, das ich euren Vätern gegeben habe. Ihr werdet mir Volk sein und ich, ich werde euch Gott sein.

ANTWORTPSALM

Ps 117 (116), 1–2 (Kv: Apg 1,8)

Kv Ihr werdet meine Zeugen sein
bis an die Grenzen der Erde. – Kv

Oder:

Kv Halleluja. – Kv

Lobt den HERRN, alle Völker, *
rühmt ihn, alle Nationen!
Denn mächtig waltet über uns seine Huld, *
die Treue des HERRN währt in Ewigkeit. – Kv

ZUR 2. LESUNG Der Abschnitt aus dem Epheserbrief ist zu einer Art Magna Charta der ökumenischen Bewegung geworden. Eindringlich appelliert der Autor, demütig, friedfertig und geduldig die Einheit zu wahren und sich selbst bei Gegensätzen in Liebe zu ertragen. Dies rührt nicht aus einer Harmoniesucht, sondern ist Ausdruck der einen Grundlage des Glaubens und der Berufung der Kirche. Dreifache Aussagen zur Kirche selbst – Leib, Geist, Hoffnung – sowie zu dem einen

Taufbekenntnis – Herr, Glaube, Taufe – werden zusammenfassend nebeneinandergestellt. Sie münden in dem Bekenntnis zu dem einen Gott, der in allen alles wirkt. Für die Gemeinde in Ephesus, einer brodelnden Stadt, die sich mit zahlreichen Religionen und Lebensauffassungen konfrontiert sieht, ist dies ebenso Maßstab wie für die Kirche heute.

ZWEITE LESUNG

Eph 4, 1b–6

Ein Leib und ein Geist, ein Herr, ein Glaube und eine Taufe

Lesung aus dem Brief des Apostels Paulus an die Gemeinde in Éphesus.

Schwestern und Brüder! Führt ein Leben, das des Rufes würdig ist, der an euch erging. Seid demütig, friedfertig und geduldig, ertragt einander in Liebe und bemüht euch, die Einheit des Geistes zu wahren durch das Band des Friedens! *Ein* Leib und *ein* Geist, wie ihr auch berufen seid zu *einer* Hoffnung in eurer Berufung: *ein* Herr, *ein* Glaube, *eine* Taufe, *ein* Gott und Vater aller, der über allem und durch alles und in allem ist.

SEQUENZ

(Wenn die musikalische Gestaltung es nahelegt, kann die Sequenz nach dem Hallellujavers gesungen werden, wobei sie dann mit „Amen. Halleluja" abgeschlossen wird.)

Komm herab, o Heil'ger Geist,
der die finstre Nacht zerreißt,
strahle Licht in diese Welt.

Komm, der alle Armen liebt,
komm, der gute Gaben gibt,
komm, der jedes Herz erhellt.

Höchster Tröster in der Zeit,
Gast, der Herz und Sinn erfreut,
köstlich Labsal in der Not,

in der Unrast schenkst du Ruh,
hauchst in Hitze Kühlung zu,
spendest Trost in Leid und Tod.

Komm, o du glückselig Licht,
fülle Herz und Angesicht,
dring bis auf der Seele Grund.

Ohne dein lebendig Wehn
kann im Menschen nichts bestehn,
kann nichts heil sein noch gesund.

Was befleckt ist, wasche rein,
Dürrem gieße Leben ein,
heile du, wo Krankheit quält.

Wärme du, was kalt und hart,
löse, was in sich erstarrt,
lenke, was den Weg verfehlt.

Gib dem Volk, das dir vertraut,
das auf deine Hilfe baut,
deine Gaben zum Geleit.

Lass es in der Zeit bestehn,
deines Heils Vollendung sehn
und der Freuden Ewigkeit.
(Amen. Halleluja.)

RUF VOR DEM EVANGELIUM

(*Zum Vers* Komm, Heiliger Geist … *knien alle.*)

Halleluja. Halleluja.
Komm, Heiliger Geist,
erfülle die Herzen deiner Gläubigen
und entzünde in ihnen das Feuer deiner Liebe!
Halleluja.

ZUM EVANGELIUM Damit das Werk der Kirche „fruchtbar" sein kann, wie es im Schlussgebet heißt, drängt der Heilige Geist zum öffentlichen Zeugnis. Der Geist, der „Tröster", wird die Jünger aus der Trauer führen und ihnen den Sinn des Leidens aufzeigen. Sie sollen Zeugnis ablegen von dem Heil, das in Jesus Christus geschehen ist. Dass der Geist dann in alle Wahrheit führen wird, meint nicht, dass sich neue Offenbarungen ereignen werden. Maßstab der Verkündigung bleibt immer die in Jesus und der Heiligen Schrift offenbarte Wahrheit, die bei Johannes vor allem Gottes Treue zu seinen Verheißungen bedeutet. Der Heilige Geist schenkt den Glaubenden die feste Zuversicht, dass Gott zu dem steht, was er in Jesus Christus getan und verheißen hat. Mit dieser Zusage können und sollen wir uns hinauswagen und von dem reden, was unser Herz erfüllt.

EVANGELIUM

Joh 15,26–16,3.12–15

Der Geist wird Zeugnis für mich ablegen. Und auch ihr legt Zeugnis ab

+ Aus dem heiligen Evangelium nach Johannes.

In jener Zeit sprach Jesus zu seinen Jüngern: Wenn der Beistand kommt, den ich euch vom Vater aus senden werde, der Geist der Wahrheit, der vom Vater ausgeht, dann wird er Zeugnis für mich ablegen. Und auch ihr legt Zeugnis ab, weil ihr von Anfang an bei mir seid.

Das habe ich euch gesagt, damit ihr keinen Anstoß nehmt. Sie werden euch aus der Synagoge ausstoßen, ja es kommt die Stunde, in der jeder, der euch tötet, meint, Gott einen heiligen Dienst zu leisten. Das werden sie tun, weil sie weder den Vater noch mich erkannt haben.

Noch vieles habe ich euch zu sagen, aber ihr könnt es jetzt nicht tragen. Wenn aber jener kommt, der Geist der Wahrheit, wird er euch in der ganzen Wahrheit leiten. Denn er wird nicht aus sich selbst heraus reden, sondern er wird reden, was er hört, und euch verkünden, was kommen wird. Er wird mich verherrlichen; denn er wird von dem, was mein ist, nehmen und es euch verkünden. Alles, was der Vater hat, ist mein; darum habe ich gesagt: Er nimmt von dem, was mein ist, und wird es euch verkünden.

FÜRBITTEN

Mit Maria, der Mutter der Kirche, bitten wir um den Beistand des Heiligen Geistes:

- Für alle Menschen, denen die Einheit der Christenheit tiefes Anliegen ist. V: Gott des Lebens. A: Sende aus deinen Geist.
- Für alle Getauften, die ihr Leben mehr und mehr an Gottes lebendigem Wort ausrichten. V: Gott des Lebens. A: Sende aus deinen Geist.
- Für alle, die in der Rechtsprechung dem Geist der Wahrheit und der Gerechtigkeit verpflichtet sind. V: Gott des Lebens. A: Sende aus deinen Geist.
- Für alle, deren Leben von Angst bestimmt ist. V: Gott des Lebens. A: Sende aus deinen Geist.
- Für alle, die den Tod vor Augen haben. V: Gott des Lebens. A: Sende aus deinen Geist.

Geist Gottes, stärke uns, damit wir gerecht und gut leben können, sei uns nahe, damit wir geben können, heute und alle Tage bis ans Ende unserer Lebenszeit.

EUCHARISTIEFEIER

GABENGEBET

Gott, unser Vater, nimm unsere Gaben an, in denen das Opfer deines Sohnes gegenwärtig wird. Aus seiner Seitenwunde ist die Kirche hervorgegangen als Werk des Heiligen Geistes. Lass sie ihren Ursprung nie vergessen, sondern daraus in dieser Feier Heil und Leben schöpfen. Darum bitten wir durch Christus, unseren Herrn.

Präfation, S. 457 f.

KOMMUNIONVERS

Joh 16,13

Wenn der Geist der Wahrheit kommt,
wird er euch in die volle Wahrheit einführen. Halleluja.

SCHLUSSGEBET

Herr, du hast uns gestärkt durch das Sakrament deines Sohnes. Mache das Werk deiner Kirche fruchtbar und enthülle durch sie den Armen das Geheimnis unserer Erlösung; denn die Armen hast du vor allen dazu berufen, Anteil zu haben an deinem Reich. Darum bitten wir durch Christus, unseren Herrn.

Oder:

Gütiger Gott, bewahre dem Volk der Erlösten deine Liebe und Treue. Das Leiden deines Sohnes hat uns gerettet, sein Geist, der von dir ausgeht, führe uns den rechten Weg. Darum bitten wir durch Christus, unseren Herrn.

***

KRAFT UND MUT DEN BOTEN

Schaue die Zertrennung an,
der sonst niemand wehren kann;
sammle, großer Menschenhirt,
alles, was sich hat verirrt.
Erbarm dich, Herr.

Gib den Boten Kraft und Mut,
Glauben, Hoffnung, Liebesglut,
und lass reiche Frucht aufgehn,
wo sie unter Tränen sä'n.
Erbarm dich, Herr.

Christian David / Christian Gottlob Barth

Die Feier der Gemeindemesse

Deinen Tod, o Herr, verkünden wir,
und deine Auferstehung preisen wir,
bis du kommst in Herrlichkeit.

Inhaltsübersicht der Feier der Gemeindemesse

P = Priester	A = Alle	L = Lektor/in
G = Gemeinde	D = Diakon	

ERÖFFNUNG

EINZUG – GESANG ZUR ERÖFFNUNG

(Die Gemeinde versammelt sich. Darauf tritt der Priester an den Altar. Er wird begleitet von denen, die bei der Messfeier einen besonderen Dienst an Altar oder Ambo versehen. Während des Einzugs wird der Gesang zur Eröffnung gesungen.)

VEREHRUNG DES ALTARES

(Der Priester verehrt gemeinsam mit seiner Begleitung den Altar und küsst ihn. Nach der Verehrung des Altares gehen der Priester und seine Begleitung zu ihren Sitzen. Alle stehen und machen das Kreuzzeichen. Der Priester spricht:)

P: † Im Namen des Vaters und des Sohnes und des Heiligen Geistes. Amen.

P: † In nómine Patris, et Fílii, et Spíritus Sancti. Amen.

BEGRÜSSUNG DER GEMEINDE

P: Der Herr sei mit euch.
G: Und mit deinem Geiste.

P: Dóminus vobíscum.
G: Et cum spíritu tuo.

Oder:

Die Gnade unseres Herrn Jesus Christus,
die Liebe Gottes des Vaters
und die Gemeinschaft des Heiligen Geistes
sei mit euch.

Oder:

Gnade und Friede von Gott, unserem Vater,
und dem Herrn Jesus Christus
sei mit euch.

Oder:

Gnade und Friede von dem,
der ist und der war und der kommen wird,
sei mit euch.

Oder:

Gnade und Friede
in der heiligen Versammlung der Kirche Gottes
sei mit euch.

Oder:

Der Herr der Herrlichkeit
und Spender jeder Gnade
sei mit euch.

Oder:

Die Gnade des Herrn Jesus,
der für uns Mensch geworden ist
(gelitten hat, gestorben ist ...),
sei mit euch.

Oder:

Die Gnade unseres Herrn Jesus Christus
sei mit euch.

(Der Priester, der Diakon oder ein anderer dazu Beauftragter kann eine knappe Einführung in die Feier geben.)

ALLGEMEINES SCHULDBEKENNTNIS

(Es folgt das Allgemeine Schuldbekenntnis mit Einladung und Stille.)

FORM A

EINLADUNG

Brüder und Schwestern,
damit wir die heiligen Geheimnisse
in rechter Weise feiern können,
wollen wir bekennen, dass wir gesündigt haben.

Oder:

Bevor wir das Gedächtnis des Herrn begehen,
wollen wir uns besinnen und bekennen,
dass wir sündige Menschen sind.

(Oder eine andere, frei formulierte Einladung.)

SCHULDBEKENNTNIS

P: Wir sprechen das Schuldbekenntnis:
A: Ich bekenne Gott, dem Allmächtigen,
und allen Brüdern und Schwestern,
dass ich Gutes unterlassen
und Böses getan habe
– ich habe gesündigt
in Gedanken, Worten und Werken –

(alle schlagen an die Brust)

durch meine Schuld, durch meine Schuld,
durch meine große Schuld.
Darum bitte ich die selige Jungfrau Maria,
alle Engel und Heiligen

und euch, Brüder und Schwestern,
für mich zu beten bei Gott, unserem Herrn.

VERGEBUNGSBITTE

P: Der allmächtige Gott erbarme sich unser.
Er lasse uns die Sünden nach
und führe uns zum ewigen Leben.
A: Amen.

FORM B

EINLADUNG

Brüder und Schwestern,
bevor wir das Wort Gottes hören
und das Opfer Christi feiern,
wollen wir uns bereiten
und Gott um Vergebung unserer Sünden bitten.

Oder:

Damit wir das Gedächtnis des Herrn recht begehen,
prüfen wir uns selbst
und bekennen unsere Schuld
vor Gott und der Kirche.

(Oder eine andere, frei formulierte Einladung.)

SCHULDBEKENNTNIS

P: Erbarme dich, Herr, unser Gott,
erbarme dich.
A: Denn wir haben vor dir gesündigt.
P: Erweise, Herr, uns deine Huld.
A: Und schenke uns dein Heil.

VERGEBUNGSBITTE

P: Nachlass, Vergebung und Verzeihung
unserer Sünden gewähre uns
der allmächtige und barmherzige Herr.
A: Amen.

FORM C

KYRIE-LITANEI

EINLADUNG

Zu Beginn dieser Messfeier wollen wir uns besinnen und das Erbarmen des Herrn auf uns herabrufen.

(Oder eine andere, frei formulierte Einladung.)

ANRUFUNGEN

V: Herr Jesus Christus,
du bist vom Vater gesandt, zu heilen,
was verwundet ist:
V: Kyrie, eléison.
A: Kyrie, eléison.

Oder:

V: Herr, erbarme dich (unser).
A: Herr, erbarme dich (unser).

V: Du bist gekommen, die Sünder zu berufen:
V: Christe, eléison.
A: Christe, eléison.

Oder:

V: Christus, erbarme dich (unser).
A: Christus, erbarme dich (unser).

V: Du bist zum Vater heimgekehrt,
um für uns einzutreten:
V: Kyrie, eléison.
A: Kyrie, eléison.

Oder:

V: Herr, erbarme dich (unser).
A: Herr, erbarme dich (unser).

(Diese mit dem Kyrie verbundenen Anrufungen können frei formuliert werden.)

VERGEBUNGSBITTE

P: Der Herr erbarme sich unser.
Er nehme von uns Sünde und Schuld,
damit wir mit reinem Herzen
diese Feier begehen.
A: Amen.

KYRIE

(Es folgen die Kyrie-Rufe – falls sie nicht schon vorausgegangen sind.)

V: Herr, erbarme dich (unser).
A: Herr, erbarme dich (unser).
V: Christus, erbarme dich (unser).
A: Christus, erbarme dich (unser).
V: Herr, erbarme dich (unser).
A: Herr, erbarme dich (unser).

V: Kyrie, eléison.
A: Kyrie, eléison.
V: Christe, eléison.
A: Christe, eléison.
V: Kyrie, eléison.
A: Kyrie, eléison.

(An den Sonntagen außerhalb der Advents- und Fastenzeit, an Hochfesten, Festen und bei anderen festlichen Gottesdiensten folgt das Gloria.)

EHRE SEI GOTT IN DER HÖHE

A: Ehre sei Gott in der Höhe
und Friede auf Erden
den Menschen seiner Gnade.
Wir loben dich,
wir preisen dich,
wir beten dich an,
wir rühmen dich
und danken dir,
denn groß ist deine Herrlichkeit:
Herr und Gott, König des Himmels,
Gott und Vater, Herrscher über das All,
Herr, eingeborener Sohn, Jesus Christus.
Herr und Gott, Lamm Gottes, Sohn des Vaters,
du nimmst hinweg die Sünde der Welt:
erbarme dich unser;
du nimmst hinweg die Sünde der Welt:
nimm an unser Gebet;
du sitzest zur Rechten des Vaters:
erbarme dich unser.
Denn du allein bist der Heilige,
du allein der Herr,
du allein der Höchste:
Jesus Christus,
mit dem Heiligen Geist,
zur Ehre Gottes des Vaters.
Amen.

Oder:

GLORIA

A: Glória in excélsis Deo
et in terra pax
homínibus bonae voluntátis.
Laudámus te,

benedícimus te,
adorámus te,
glorificámus te,
grátias ágimus tibi
propter magnam glóriam tuam,
Dómine Deus, Rex caeléstis,
Deus Pater omnipotens.
Dómine Fili unigénite, Iesu Christe,
Dómine Deus, Agnus Dei, Fílius Patris,
qui tollis peccáta mundi,
miserére nobis;
qui tollis peccáta mundi,
súscipe deprecatiónem nostram.
Qui sedes ad déxteram Patris,
miserére nobis.
Quóniam tu solus Sanctus,
tu solus Dóminus,
tu solus Altíssimus,
Iesu Christe,
cum Sancto Spíritu:
in glória Dei Patris.
Amen.

TAGESGEBET

(Der Priester lädt zum Gebet ein. Er singt oder spricht:)

P: Lasset uns beten.

(Nach einer kurzen Stille, in der sich alle zum Gebet sammeln, breitet der Priester die Hände aus und singt oder spricht das Tagesgebet. Die Gemeinde beschließt das Gebet mit dem Ruf:)

G: Amen.

WORTGOTTESDIENST

ERSTE LESUNG UND ZWISCHENGESANG

(Der Lektor geht zum Ambo und trägt die erste Lesung vor. Alle hören sitzend zu. Wo nach der Lesung ein Zuruf der Gemeinde üblich ist, fügt der Lektor folgenden Ruf an:)

L: Wort des lebendigen Gottes.	L: Verbum Dómini.
G: Dank sei Gott.	G: Deo grátias.

(Dann trägt der Kantor (Psalmist) als ersten Zwischengesang den Antwortpsalm vor. Die Gemeinde übernimmt den Kehrvers.)

ZWEITE LESUNG UND ZWISCHENGESANG

(Folgt eine zweite Lesung, so wird auch sie durch einen Lektor vom Ambo aus vorgetragen. Sie wird in der gleichen Weise abgeschlossen wie die erste Lesung. Auf die zweite Lesung folgt als Zwischengesang das Halleluja bzw. der an dessen Stelle vorgesehene andere Gesang.)

EVANGELIUM

(Der Diakon oder der Priester geht zum Ambo: Ministranten – mit Kerzen und Weihrauch – begleiten ihn.)

D/P: Der Herr sei mit euch.	D/P: Dóminus vobíscum.
G: Und mit deinem Geiste.	G: Et cum spíritu tuo.
D/P: † Aus dem heiligen Evangelium nach N.	D/P: Inítium *oder* Sequéntia sancti Evangélii secúndum N.

(Dabei bezeichnet er das Buch und sich selbst auf Stirn, Mund und Brust mit dem Kreuzzeichen.)

G: Ehre sei dir, o Herr.	G: Glória tibi, Dómine.

(Wo nach dem Evangelium ein Zuruf der Gemeinde üblich ist, fügt der Diakon/Priester an:)

D/P: Evangelium unseres Herrn Jesus Christus.
G: Lob sei dir, Christus.

D/P: Verbum Dómini.
G: Laus tibi, Christe.

(Danach küsst der Diakon/Priester das Buch und spricht leise:)

D/P: Herr, durch dein Evangelium nimm hinweg unsere Sünden.

HOMILIE

(Die Homilie ist ein Teil der Liturgie. Sie ist an allen Sonntagen und gebotenen Feiertagen vorgeschrieben, sonst empfohlen. An Sonntagen, an Hochfesten und bei anderen festlichen Gottesdiensten folgt das Credo.)

DAS GROSSE GLAUBENSBEKENNTNIS

(Das Apostolische Glaubensbekenntnis siehe S. 485 f.)

(P: Wir sprechen das Große Glaubensbekenntnis.)

A: Wir glauben an den einen Gott,
den Vater, den Allmächtigen,
der alles geschaffen hat, Himmel und Erde,
die sichtbare und die unsichtbare Welt.
Und an den einen Herrn Jesus Christus,
Gottes eingeborenen Sohn,
aus dem Vater geboren vor aller Zeit:
Gott von Gott, Licht vom Licht,
wahrer Gott vom wahren Gott,
gezeugt, nicht geschaffen,
eines Wesens mit dem Vater;
durch ihn ist alles geschaffen.
Für uns Menschen und zu unserem Heil
ist er vom Himmel gekommen,

(Zu den folgenden Worten bis zu „Mensch geworden“ verbeugen sich alle – an Weihnachten und am Hochfest der Verkündigung des Herrn kniet man nieder.)

hat Fleisch angenommen
durch den Heiligen Geist
von der Jungfrau Maria
und ist Mensch geworden.
Er wurde für uns gekreuzigt
unter Pontius Pilatus,
hat gelitten und ist begraben worden,
ist am dritten Tage auferstanden
nach der Schrift
und aufgefahren in den Himmel.
Er sitzt zur Rechten des Vaters
und wird wiederkommen in Herrlichkeit,
zu richten die Lebenden und die Toten;
seiner Herrschaft wird kein Ende sein.
Wir glauben an den Heiligen Geist,
der Herr ist und lebendig macht,
der aus dem Vater und dem Sohn hervorgeht,
der mit dem Vater und dem Sohn
angebetet und verherrlicht wird,
der gesprochen hat durch die Propheten,
und die eine, heilige, katholische
und apostolische Kirche.
Wir bekennen die eine Taufe
zur Vergebung der Sünden.
Wir erwarten die Auferstehung der Toten
und das Leben der kommenden Welt. Amen.

Oder:

CREDO

A: Credo in unum Deum,
Patrem omnipoténtem,

factórem caeli et terrae,
visibílium ómnium et invisibílium.
Et in unum Dóminum Iesum Christum,
Fílium Dei unigénitum,
et ex Patre natum ante ómnia sáecula.
Deum de Deo, lumen de lúmine,
Deum verum de Deo vero,
génitum, non factum,
consubstantiálem Patri:
per quem ómnia facta sunt.
Qui propter nos hómines et propter nostram salútem
descéndit de caelis.

(Zu den folgenden Worten bis zu „factus est" verbeugen sich alle – an Weihnachten und am Hochfest der Verkündigung des Herrn kniet man nieder.)

Et incarnátus est
de Spíritu Sancto
ex María Vírgine,
et homo factus est.
Crucifíxus étiam pro nobis
sub Póntio Piláto;
passus et sepúltus est,
et resurréxit tértia die,
secúndum Scriptúras,
et ascéndit in caelum,
sedet ad déxteram Patris.
Et íterum ventúrus est cum glória,
iudicáre vivos et mórtuos,
cuius regni non erit finis.
Et in Spíritum Sanctum,
Dóminum et vivificántem:
qui ex Patre Filióque procédit.
Qui cum Patre et Fílio
simul adorátur et conglorificátur:
qui locútus est per prophétas.

Et unam, sanctam, cathólicam
et apostólicam Ecclésiam.
Confíteor unum baptísma
in remissiónem peccatórum.
Et expécto resurrectiónem mortuórum,
et vitam ventúri sáeculi. Amen.

Oder:

DAS APOSTOLISCHE GLAUBENSBEKENNTNIS

(P: Wir sprechen das Apostolische Glaubensbekenntnis.)

A: Ich glaube an Gott,
den Vater, den Allmächtigen,
den Schöpfer des Himmels und der Erde,
und an Jesus Christus,
seinen eingeborenen Sohn, unsern Herrn,

(Zu den folgenden Worten bis zu „Jungfrau Maria" verbeugen sich alle – an Weihnachten und am Hochfest der Verkündigung des Herrn kniet man nieder.)

empfangen durch den Heiligen Geist,
geboren von der Jungfrau Maria,
gelitten unter Pontius Pilatus,
gekreuzigt, gestorben und begraben,
hinabgestiegen in das Reich des Todes,
am dritten Tage auferstanden von den Toten,
aufgefahren in den Himmel;
er sitzt zur Rechten Gottes,
des allmächtigen Vaters;
von dort wird er kommen,
zu richten die Lebenden und die Toten.
Ich glaube an den Heiligen Geist,
die heilige katholische Kirche,
Gemeinschaft der Heiligen,
Vergebung der Sünden,

Auferstehung der Toten
und das ewige Leben. Amen.

FÜRBITTEN (ALLGEMEINES GEBET)

(Es folgen die Fürbitten.)

EUCHARISTIEFEIER

GABENBEREITUNG

GESANG ZUR GABENBEREITUNG

(Das Herbeibringen und die Bereitung der Gaben können von einem geeigneten Gesang oder von Orgelspiel begleitet werden oder auch in der Stille geschehen.)

HERBEIBRINGEN DER GABEN

(Es empfiehlt sich, dass die Gläubigen ihre Teilnahme durch eine Gabe bekunden. Sie können durch Vertreter Brot und Wein für die Eucharistie oder selber andere Gaben herbeibringen, die für die Bedürfnisse der Kirche und der Armen bestimmt sind.)

ZURÜSTUNG DES ALTARES

(Die Ministranten/Akolythen bringen den Kelch mit Korporale und Kelchtüchlein und das Messbuch zum Altar.)

BEGLEITGEBETE ZUR GABENBEREITUNG

(Der Priester nimmt die Schale mit dem Brot, hält sie über den Altar und spricht leise:)

Gepriesen bist du, Herr, unser Gott, Schöpfer der Welt. Du schenkst uns das Brot, die Frucht der Erde und der menschlichen Arbeit. Wir bringen dieses Brot vor dein Angesicht, damit es uns das Brot des Lebens werde. (Gepriesen bist du in Ewigkeit, Herr, unser Gott.)

(Er stellt die Schale auf das Korporale.)

(Der Priester/Diakon gießt Wein und ein wenig Wasser in den Kelch und spricht leise:)

Wie das Wasser sich mit dem Wein verbindet zum heiligen Zeichen, so lasse uns dieser Kelch teilhaben an der Gottheit Christi, der unsere Menschennatur angenommen hat.

(Der Priester nimmt den Kelch, hält ihn über den Altar und spricht leise:)

Gepriesen bist du, Herr, unser Gott, Schöpfer der Welt. Du schenkst uns den Wein, die Frucht des Weinstocks und der menschlichen Arbeit. Wir bringen diesen Kelch vor dein Angesicht, damit er uns der Kelch des Heiles werde. (Gepriesen bist du in Ewigkeit, Herr, unser Gott.)

(Er stellt den Kelch auf das Korporale.)

(Der Priester verneigt sich und spricht leise:)

Herr, wir kommen zu dir mit reumütigem Herzen und mit demütigem Sinn. Nimm uns an und gib, dass unser Opfer dir gefalle.

HÄNDEWASCHUNG

(Zur Händewaschung an der Seite des Altares spricht der Priester leise:)

Herr, wasche ab meine Schuld,
von meinen Sünden mach mich rein.

EINLADUNG ZUM GABENGEBET

(Der Priester steht, der Gemeinde zugewandt, in der Mitte des Altares und spricht:)

FORM A

P: Lasset uns beten
zu Gott, dem allmächtigen Vater,
dass er die Gaben der Kirche annehme
zu seinem Lob und zum Heil der ganzen Welt.

Oder:

FORM B

P: Lasset uns beten.

(Oder eine andere geeignete Gebetseinladung.)

(Alle verharren eine kurze Zeit in stillem Gebet.)

Oder:

FORM C

P: Betet, Brüder und Schwestern,
dass mein und euer Opfer
Gott, dem allmächtigen Vater, gefalle.

A: Der Herr nehme das Opfer an
aus deinen Händen
zum Lob und Ruhm seines Namens,
zum Segen für uns
und seine ganze heilige Kirche.

GABENGEBET

(Der Priester breitet die Hände aus und trägt das Gabengebet vor. Die Gemeinde beschließt das Gebet mit dem Ruf:)

G: Amen.

DAS EUCHARISTISCHE HOCHGEBET

(Der Priester beginnt das Eucharistische Hochgebet. Er breitet die Hände aus und singt oder spricht:)

P: Der Herr sei mit euch.	P: Dóminus vobíscum.
G: Und mit deinem Geiste.	G: Et cum spíritu tuo.
P: Erhebet die Herzen.	P: Sursum corda.
G: Wir haben sie beim Herrn.	G: Habémus ad Dóminum.
P: Lasset uns danken dem Herrn, unserm Gott.	P: Grátias agámus Dómino Deo nostro.
G: Das ist würdig und recht.	G: Dignum et iustum est.

(Der Priester singt oder spricht die Präfation.)

PRÄFATIONEN

FÜR DIE ADVENTSZEIT

(27. November – 24. Dezember 2022)

I.

In Wahrheit ist es würdig und recht, dir, allmächtiger Vater, zu danken durch unseren Herrn Jesus Christus. Denn in seinem ersten Kommen hat er sich entäußert und ist Mensch geworden. So hat er die alte Verheißung erfüllt und den Weg des Heiles erschlossen. Wenn er wiederkommt im Glanz seiner Herrlichkeit, werden wir sichtbar empfangen, was wir jetzt mit wachem Herzen gläubig erwarten. Darum preisen wir dich mit allen Engeln und Heiligen und singen vereint mit ihnen das Lob deiner Herrlichkeit: Heilig …

II.

In Wahrheit ist es würdig und recht, dir, Herr, heiliger Vater, allmächtiger, ewiger Gott, immer und überall zu danken durch unseren Herrn Jesus Christus. Von ihm redet die Botschaft aller Propheten, die jungfräuliche Mutter trug ihn voll Liebe in ihrem Schoß, seine Ankunft verkündete Johannes der Täufer und zeigte auf ihn, der unerkannt mitten unter den Menschen war. Er schenkt uns in diesen Tagen die Freude, uns für das Fest seiner Geburt zu bereiten, damit wir ihn wachend und betend erwarten und bei seinem Kommen mit Liedern des Lobes empfangen. Darum singen wir mit den Engeln und Erzengeln, den Thronen und Mächten und mit all den Scharen des himmlischen Heeres den Hochgesang von deiner göttlichen Herrlichkeit: Heilig …

III.

Wir danken dir, Vater im Himmel, und rühmen dich durch unseren Herrn Jesus Christus. Ihn hast du der verlorenen Menschheit als Erlöser verheißen. Seine Wahrheit leuchtet den Suchenden, seine Kraft stärkt die Schwachen, seine Heiligkeit bringt den Sündern Vergebung. Denn er ist der Heiland der Welt, den du gesandt hast, weil du getreu bist. Darum preisen wir dich mit den Kerubim und Serafim und singen mit allen Chören der Engel das Lob deiner Herrlichkeit: Heilig …

IV.

In Wahrheit ist es würdig und recht, dir, Herr, heiliger Vater, allmächtiger, ewiger Gott, immer und überall zu danken und dein Erbarmen zu preisen. Denn was durch Adams Sünde verloren ging, bringt uns Christus zurück, unser Retter und Heiland. Was du durch sein erstes Kommen begonnen hast, wirst du bei seiner Wiederkunft an uns vollenden. Darum dienen dir alle Geschöpfe, ehren dich die Erlösten, rühmt dich die Schar deiner Heiligen. Auch wir preisen dich mit den Chören der Engel und singen vereint mit ihnen das Lob deiner Herrlichkeit: Heilig …

V.

(Diese Präfation wird vor allem an den Tagen vom 17. bis 24. Dezember gewählt.)

In Wahrheit ist es würdig und recht, dir, Vater im Himmel, zu danken und dein Erbarmen zu preisen. Denn schon leuchtet auf der Tag der Erlösung und nahe ist die Zeit unseres Heiles, da der Retter kommt, unser Herr Jesus Christus. Durch ihn rühmen wir das Werk deiner Liebe und vereinen uns mit den Chören der Engel zum Hochgesang von deiner göttlichen Herrlichkeit: Heilig …

Hochfest der ohne Erbsünde empfangenen Jungfrau und Gottesmutter Maria (8. Dezember 2022) – siehe S. 39.

FÜR DIE WEIHNACHTSZEIT

(24. Dezember 2022 – 5. Januar 2023)

I.
In Wahrheit ist es würdig und recht, dir, Herr, heiliger Vater, allmächtiger, ewiger Gott, immer und überall zu danken. Denn Fleisch geworden ist das Wort, und in diesem Geheimnis erstrahlt dem Auge unseres Geistes das neue Licht deiner Herrlichkeit. In der sichtbaren Gestalt des Erlösers lässt du uns den unsichtbaren Gott erkennen, um in uns die Liebe zu entflammen zu dem, was kein Auge geschaut hat. Darum singen wir mit den Engeln und Erzengeln, den Thronen und Mächten und mit all den Scharen des himmlischen Heeres den Hochgesang von deiner göttlichen Herrlichkeit: Heilig …

II.
In Wahrheit ist es würdig und recht, dir, Vater im Himmel, zu danken durch unseren Herrn Jesus Christus. Denn groß ist das Geheimnis seiner Geburt: er, der unsichtbare Gott, ist (heute) sichtbar als Mensch erschienen. Vor aller Zeit aus dir geboren, hat er sich den Gesetzen der Zeit unterworfen. In ihm ist alles neu geschaffen. Er heilt die Wunden der ganzen Schöpfung, richtet auf, was darniederliegt, und ruft den verlorenen Menschen ins Reich deines Friedens. Darum rühmen dich Himmel und Erde, Engel und Menschen und singen das Lob deiner Herrlichkeit: Heilig …

III.
In Wahrheit ist es würdig und recht, dir, allmächtiger Vater, zu danken und dein Erbarmen zu rühmen durch unseren Herrn Jesus Christus. Durch ihn schaffst du den Menschen neu und schenkst ihm ewige Ehre. Denn einen wunderbaren Tausch hast du vollzogen: dein göttliches Wort wurde ein sterblicher Mensch und wir

sterbliche Menschen empfangen in Christus dein göttliches Leben. Darum preisen wir dich mit allen Chören der Engel und singen vereint mit ihnen das Lob deiner Herrlichkeit: Heilig …

Fest der Heiligen Familie (30. Dezember 2022) – siehe S. 491 f.
Hochfest der Gottesmutter Maria (1. Januar 2023) – siehe S. 111 f.
Erscheinung des Herrn (6. Januar 2023) – siehe S. 120.
Taufe des Herrn (8. Januar 2023) – siehe S. 128.
Für die Sonntage im Jahreskreis – siehe S. 494 ff.
Darstellung des Herrn (2. Februar 2023) – siehe S. 161.
Aschermittwoch (22. Februar 2023) – siehe unten.
1. Fastensonntag (26. Februar 2023) – siehe S. 206.
2. Fastensonntag (5. März 2023) – siehe S. 213.
3. Fastensonntag (12. März 2023) – siehe S. 225.
4. Fastensonntag (19. März 2023) – siehe S. 236 f.
Heiliger Josef (20. März 2023) – siehe S. 245.
Verkündigung des Herrn (25. März 2023) – siehe S. 253 f.
5. Fastensonntag (26. März 2023) – siehe S. 265.

FÜR DIE FASTENZEIT

I.

In Wahrheit ist es würdig und recht, dir, Vater im Himmel, zu danken und dein Erbarmen zu preisen. Denn jedes Jahr schenkst du deinen Gläubigen die Gnade, das Osterfest in der Freude des Heiligen Geistes zu erwarten. Du mahnst uns in dieser Zeit der Buße zum Gebet und zu Werken der Liebe, du rufst uns zur Feier der Geheimnisse, die in uns die Gnade der Kindschaft erneuern. So führst du uns mit geläutertem Herzen zur österlichen Freude und zur Fülle des Lebens durch unseren Herrn Jesus Christus. Durch ihn rühmen wir deine Größe und vereinen uns mit den Chören der Engel zum Hochgesang von deiner göttlichen Herrlichkeit: Heilig …

II.

Wir danken dir, Vater im Himmel, und rühmen deinen heiligen Namen. Denn jetzt ist die Zeit der Gnade, jetzt sind die Tage des Heiles. Du hilfst uns, das Böse zu überwinden, du schenkst uns von Neuem die Reinheit des Herzens. Du gibst deinen Kindern die Kraft, in dieser vergänglichen Welt das unvergängliche Heil zu wirken durch unseren Herrn Jesus Christus. Durch ihn preisen wir dich in deiner Kirche und vereinen uns mit den Engeln und Heiligen zum Hochgesang von deiner göttlichen Herrlichkeit: Heilig …

Palmsonntag (2. April 2023) – siehe S. 287.
Gründonnerstag (6. April 2023) – siehe S. 298.

FÜR DIE OSTERZEIT

I.

(**Osternacht:** 8./9. April 2023; **Ostersonntag:** 9. April 2023; **Ostermontag:** 10. April 2023; **2. Sonntag der Osterzeit:** 16. April 2023)

In Wahrheit ist es würdig und recht, dir, Vater, immer und überall zu danken, diese Nacht (diesen Tag, diese Tage) aber aufs Höchste zu feiern, da unser Osterlamm geopfert ist, Jesus Christus. Denn er ist das wahre Lamm, das die Sünde der Welt hinwegnimmt. Durch seinen Tod hat er unseren Tod vernichtet und durch seine Auferstehung das Leben neu geschaffen. Darum jubelt in dieser Nacht (heute) der ganze Erdkreis in österlicher Freude, darum preisen dich die himmlischen Mächte und die Chöre der Engel und singen das Lob deiner Herrlichkeit: Heilig …

II.

(**3.–7. Sonntag der Osterzeit:** 23. April – 21. Mai 2023)

Wir danken dir, Vater im Himmel, und rühmen dich durch unseren Herrn Jesus Christus. Durch ihn erstehen die Kinder des Lichtes zum ewigen Leben, durch ihn wird den Gläubigen das Tor des himmlischen Reiches geöffnet. Denn unser Tod ist durch seinen Tod überwunden, in seiner Auferstehung ist das Leben für alle erstanden. Durch ihn preisen wir dich in österlicher Freude und singen mit den Chören der Engel das Lob deiner Herrlichkeit: Heilig …

III.
In Wahrheit ist es würdig und recht, dir, Vater, in diesen Tagen freudig zu danken, da unser Osterlamm geopfert ist, Jesus Christus. Er bringt sich dir allzeit für uns dar und steht vor dir als unser Anwalt. Denn einmal geopfert, stirbt er nicht wieder, sondern lebt auf ewig als das Lamm, das geschlachtet ist. Durch ihn preisen wir dich in österlicher Freude und singen mit den Chören der Engel das Lob deiner Herrlichkeit: Heilig …

IV.
In Wahrheit ist es würdig und recht, dir, Vater, in diesen Tagen freudig zu danken, da unser Osterlamm geopfert ist, Jesus Christus. Das Alte ist vergangen, die gefallene Welt erlöst, das Leben in Christus erneuert. Darum preisen wir dich in österlicher Freude und singen mit den Chören der Engel das Lob deiner Herrlichkeit: Heilig …

V.
In Wahrheit ist es würdig und recht, dir, Vater, in diesen Tagen freudig zu danken, da unser Osterlamm geopfert ist, Jesus Christus. Als er seinen Leib am Kreuz dahingab, hat er die Opfer der Vorzeit vollendet. Er hat sich dir dargebracht zu unserem Heil, er selbst ist der Priester, der Altar und das Opferlamm. Durch ihn preisen wir dich in österlicher Freude und singen mit den Chören der Engel das Lob deiner Herrlichkeit: Heilig …

FÜR DIE SONNTAGE IM JAHRESKREIS

(15. Januar – 19. Februar 2023)
(11. Juni – 19. November 2023)

I.
In Wahrheit ist es würdig und recht, dir, Herr, heiliger Vater, allmächtiger, ewiger Gott, immer und überall zu danken durch unseren Herrn Jesus Christus. Denn er hat Großes an uns getan: durch seinen Tod und seine Auferstehung hat er uns von der Sünde und von der Knechtschaft des Todes befreit und zur Herrlichkeit des neuen Lebens berufen. In ihm sind wir ein auserwähltes Ge-

schlecht, dein heiliges Volk, dein königliches Priestertum. So verkünden wir die Werke deiner Macht, denn du hast uns aus der Finsternis in dein wunderbares Licht gerufen. Darum singen wir mit den Engeln und Erzengeln, den Thronen und Mächten und mit all den Scharen des himmlischen Heeres den Hochgesang von deiner göttlichen Herrlichkeit: Heilig …

II.
In Wahrheit ist es würdig und recht, dir, allmächtiger Vater, zu danken und das Werk deiner Gnade zu rühmen durch unseren Herrn Jesus Christus. Denn aus Erbarmen mit uns sündigen Menschen ist er Mensch geworden aus Maria, der Jungfrau. Durch sein Leiden am Kreuz hat er uns vom ewigen Tod befreit und durch seine Auferstehung uns das unvergängliche Leben erworben. Darum preisen dich deine Erlösten und singen mit den Chören der Engel das Lob deiner Herrlichkeit: Heilig …

III.
In Wahrheit ist es würdig und recht, dir, Herr, heiliger Vater, allmächtiger, ewiger Gott, immer und überall zu danken. Denn wir erkennen deine Herrlichkeit in dem, was du an uns getan hast: Du bist uns mit der Macht deiner Gottheit zu Hilfe gekommen und hast uns durch deinen menschgewordenen Sohn Rettung und Heil gebracht aus unserer menschlichen Sterblichkeit. So kam uns aus unserer Vergänglichkeit das unvergängliche Leben durch unseren Herrn Jesus Christus. Durch ihn preisen wir jetzt und in Ewigkeit dein Erbarmen und singen mit den Chören der Engel das Lob deiner Herrlichkeit: Heilig …

IV.
Wir danken dir, Vater im Himmel, und rühmen dich durch unseren Herrn Jesus Christus. Denn durch seine Geburt hat er den Menschen erneuert, durch sein Leiden unsere Sünden getilgt, in seiner Auferstehung den Weg zum Leben erschlossen und in seiner Auffahrt zu dir das Tor des Himmels geöffnet. Durch ihn rühmen dich deine Erlösten und singen mit den Chören der Engel das Lob deiner Herrlichkeit: Heilig …

V.
In Wahrheit ist es würdig und recht, dir, allmächtiger Vater, zu danken und dich mit der ganzen Schöpfung zu loben. Denn du hast die Welt mit all ihren Kräften ins Dasein gerufen und sie dem Wechsel der Zeiten unterworfen. Den Menschen aber hast du auf dein Bild hin geschaffen und ihm das Werk deiner Allmacht übergeben. Du hast ihn bestimmt, über die Erde zu herrschen, dir, seinem Herrn und Schöpfer, zu dienen und das Lob deiner großen Taten zu verkünden durch unseren Herrn Jesus Christus. Darum singen wir mit den Engeln und Erzengeln, den Thronen und Mächten und mit all den Scharen des himmlischen Heeres den Hochgesang von deiner göttlichen Herrlichkeit: Heilig …

VI.
In Wahrheit ist es würdig und recht, dir, Vater im Himmel, zu danken und dich mit der ganzen Schöpfung zu loben. Denn in dir leben wir, in dir bewegen wir uns und sind wir. Jeden Tag erfahren wir aufs Neue das Wirken deiner Güte. Schon in diesem Leben besitzen wir den Heiligen Geist, das Unterpfand ewiger Herrlichkeit. Durch ihn hast du Jesus auferweckt von den Toten und uns die sichere Hoffnung gegeben, dass sich an uns das österliche Geheimnis vollendet. Darum preisen wir dich mit allen Chören der Engel und singen vereint mit ihnen das Lob deiner Herrlichkeit: Heilig …

VII.
In Wahrheit ist es würdig und recht, dir, Vater im Himmel, zu danken und deine Gnade zu rühmen. So sehr hast du die Welt geliebt, dass du deinen Sohn als Erlöser gesandt hast. Er ist uns Menschen gleich geworden in allem, außer der Sünde, damit du in uns lieben kannst, was du in deinem eigenen Sohne geliebt hast. Durch den Ungehorsam der Sünde haben wir deinen Bund gebrochen, durch den Gehorsam deines Sohnes hast du ihn erneuert. Darum preisen wir das Werk deiner Liebe und vereinen uns mit den Chören der Engel zum Hochgesang von deiner göttlichen Herrlichkeit: Heilig …

VIII.

In Wahrheit ist es würdig und recht, dir, allmächtiger Vater, zu danken und dein Erbarmen zu rühmen. Die Sünde hatte die Menschen von dir getrennt, du aber hast sie zu dir zurückgeführt durch das Blut deines Sohnes und die Kraft deines Geistes. Wie du eins bist mit dem Sohn und dem Heiligen Geist, so ist deine Kirche geeint nach dem Bild des dreieinigen Gottes. Sie ist dein heiliges Volk, der Leib Christi und der Tempel des Heiligen Geistes zum Lob deiner Weisheit und Liebe. Darum preisen wir dich in deiner Kirche und vereinen uns mit den Engeln und Heiligen zum Hochgesang von deiner göttlichen Herrlichkeit: Heilig …

Christi Himmelfahrt (18. Mai 2023) – siehe S. 428.
7. Sonntag der Osterzeit (21. Mai 2023) – siehe S. 436.
Pfingsten (28. Mai 2023) – siehe S. 457 f.
Pfingstmontag (29. Mai 2023) – siehe S. 457 f.
Dreifaltigkeitssonntag (4. Juni 2023) – siehe S. 594 f.
Hochfest des Leibes und Blutes Christi – Fronleichnam (8. Juni 2023) – siehe S. 609.
Herz-Jesu-Fest (16. Juni 2023) – siehe S. 625.
Geburt Johannes' des Täufers (24. Juni 2023) – siehe S. 642.
Hochfest der Apostel Petrus und Paulus (29. Juni 2023) – siehe S. 658 f.
Verklärung des Herrn (6. August 2023) – siehe S. 718.
Mariä Aufnahme in den Himmel (15. August 2023) – siehe S. 737.
Allerheiligen (1. November 2023) – siehe S. 838.
Allerseelen (2. November 2023) – siehe S. 847.
Christkönigssonntag (26. November 2023) – siehe S. 881.

(Zum Schluss der Präfation faltet der Priester die Hände. Gemeinsam mit der Gemeinde singt er das Sanctus.)

A: Heilig, heilig, heilig
Gott, Herr aller Mächte
und Gewalten.
Erfüllt sind Himmel

A: Sanctus, Sanctus,
Sanctus Dóminus Deus
Sábaoth.
Pleni sunt caeli

und Erde	et terra
von deiner Herrlichkeit.	glória tua.
Hosanna in der Höhe.	Hosánna in excélsis.
Hochgelobt sei,	Benedíctus
der da kommt	qui venit
im Namen des Herrn.	in nómine Dómini.
Hosanna in der Höhe.	Hosánna in excélsis.

ANFÄNGE DER HOCHGEBETE

Dich, gütiger Vater, bitten wir – siehe unten.

Ja, du bist heilig, großer Gott,
du bist der Quell aller Heiligkeit – siehe S. 509.

Ja, du bist heilig, großer Gott,
und alle deine Werke verkünden dein Lob – siehe S. 516.

Wir preisen dich, heiliger Vater – siehe S. 525.

ERSTES HOCHGEBET

(Der Priester breitet die Hände aus und spricht:)

P: Dich, gütiger Vater, bitten wir
durch deinen Sohn,
unseren Herrn Jesus Christus:
Nimm diese heiligen,
makellosen Opfergaben an
und † segne sie.
Wir bringen sie dar
vor allem für deine heilige katholische Kirche
in Gemeinschaft mit deinem Diener,
unserem Papst N.,
mit unserem Bischof N.
und mit allen, die Sorge tragen
für den rechten,

katholischen und apostolischen Glauben.
Schenke deiner Kirche Frieden und Einheit,
behüte und leite sie auf der ganzen Erde.

GEDÄCHTNIS DER LEBENDEN

Gedenke deiner Diener
und Dienerinnen N. N.
(für die wir heute besonders beten)
und aller, die hier versammelt sind.

Herr, du kennst ihren Glauben
und ihre Hingabe;
für sie bringen wir dieses Opfer des Lobes dar,
und sie selber weihen es dir
für sich und für alle, die ihnen verbunden sind,
für ihre Erlösung
und für ihre Hoffnung
auf das unverlierbare Heil.
Vor dich,
den ewigen, lebendigen und wahren Gott,
bringen sie ihre Gebete und Gaben.

GEDÄCHTNIS DER HEILIGEN

(Mit dem Gedächtnis der Heiligen wird an bestimmten Tagen die Erwähnung des Festgeheimnisses verbunden:)

In Gemeinschaft mit der ganzen Kirche
gedenken wir deiner Heiligen.
Wir ehren vor allem Maria,
die glorreiche, allzeit jungfräuliche Mutter
unseres Herrn und Gottes Jesus Christus. ► S. 503

An Sonntagen:

In Gemeinschaft mit der ganzen Kirche
feiern wir den ersten Tag der Woche als den Tag,

an dem Christus von den Toten erstanden ist,
und gedenken deiner Heiligen:
Wir ehren vor allem Maria,
die glorreiche, allzeit jungfräuliche Mutter
unseres Herrn und Gottes Jesus Christus. ► S. 503

An Mariä Empfängnis:

In Gemeinschaft mit der ganzen Kirche
feiern wir den Tag,
an dem Maria ohne Erbschuld empfangen wurde,
da sie auserwählt war,
die Mutter des Erlösers zu werden.
Wir ehren vor allen Heiligen sie,
die glorreiche, allzeit jungfräuliche Mutter
unseres Herrn und Gottes Jesus Christus. ► S. 503

Von Weihnachten bis Neujahr:

In Gemeinschaft mit der ganzen Kirche
feiern wir (die hochheilige Nacht) den hochheiligen Tag,
(in der) an dem Maria in unversehrter Jungfräulichkeit
der Welt den Erlöser geboren hat.
Wir ehren vor allen Heiligen sie,
die glorreiche, allzeit jungfräuliche Mutter
unseres Herrn und Gottes Jesus Christus. ► S. 503

An Erscheinung des Herrn:

In Gemeinschaft mit der ganzen Kirche
feiern wir den hochheiligen Tag,
an dem dein eingeborener Sohn,
dir gleich in ewiger Herrlichkeit,
als wahrer Mensch
leibhaftig und sichtbar erschienen ist.
Wir gedenken deiner Heiligen
und ehren vor allem Maria,
die glorreiche, allzeit jungfräuliche Mutter
unseres Herrn und Gottes Jesus Christus. ► S. 503

An Lichtmess:

In Gemeinschaft mit der ganzen Kirche
feiern wir den Tag,
an dem dein eingeborener Sohn
im Tempel dargestellt wurde.
Wir gedenken deiner Heiligen
und ehren vor allem Maria,
die glorreiche, allzeit jungfräuliche Mutter
unseres Herrn und Gottes Jesus Christus. ► S. 503

An Verkündigung des Herrn:

In Gemeinschaft mit der ganzen Kirche
feiern wir den Tag,
an dem Maria deinen ewigen Sohn
durch den Heiligen Geist empfangen hat.
Wir ehren vor allen Heiligen sie,
die glorreiche, allzeit jungfräuliche Mutter
unseres Herrn und Gottes
Jesus Christus. ► S. 503

Am Gründonnerstag:

In Gemeinschaft mit der ganzen Kirche
feiern wir den hochheiligen Tag,
an dem unser Herr Jesus Christus
sich für uns hingegeben hat.
Wir gedenken deiner Heiligen
und ehren vor allem Maria,
die glorreiche, allzeit jungfräuliche Mutter
unseres Herrn und Gottes
Jesus Christus. ► S. 503

Von der Osternacht bis zum Weißen Sonntag:

In Gemeinschaft mit der ganzen Kirche
feiern wir
das Hochfest der Auferstehung

unseres Herrn Jesus Christus.
Wir gedenken deiner Heiligen
und ehren vor allem Maria,
die glorreiche, allzeit jungfräuliche Mutter
unseres Herrn und Gottes Jesus Christus. ► S. 503

An Christi Himmelfahrt:

In Gemeinschaft mit der ganzen Kirche
feiern wir den Tag,
an dem unser Herr Jesus Christus,
dein eingeborener Sohn,
unsere schwache,
mit seiner Gottheit vereinte Menschennatur
zu deiner Rechten erhoben hat.
Wir gedenken deiner Heiligen
und ehren vor allem Maria,
die glorreiche, allzeit jungfräuliche Mutter
unseres Herrn und Gottes Jesus Christus. ► S. 503

Am Pfingsttag:

In Gemeinschaft mit der ganzen Kirche
feiern wir das hohe Pfingstfest,
an dem der Heilige Geist
in Feuerzungen auf die Jünger herabkam.
Wir gedenken deiner Heiligen
und ehren vor allem Maria,
die glorreiche, allzeit jungfräuliche Mutter
unseres Herrn und Gottes Jesus Christus. ► S. 503

An Johannes' Geburt:

In Gemeinschaft mit der ganzen Kirche
feiern wir den Tag,
an dem Johannes geboren wurde,
der Christus voranging, um ihm den Weg zu bereiten,
dem Erlöser der Welt.

Wir gedenken deiner Heiligen
und ehren vor allem Maria,
die glorreiche, allzeit jungfräuliche Mutter
unseres Herrn und Gottes Jesus Christus. ▶ unten

An Mariä Himmelfahrt:

In Gemeinschaft mit der ganzen Kirche
feiern wir den Tag,
an dem die jungfräuliche Gottesmutter
in den Himmel aufgenommen wurde.
Wir ehren vor allen Heiligen sie,
die glorreiche, allzeit jungfräuliche Mutter
unseres Herrn und Gottes Jesus Christus. ▶ unten

An Allerheiligen:

In Gemeinschaft mit der ganzen Kirche
feiern wir den Tag,
der dem Gedächtnis aller Heiligen geweiht ist,
die im Leben Christus nachfolgten
und im Sterben
von ihm die Krone der Herrlichkeit empfingen.
Wir ehren vor allen Heiligen Maria,
die glorreiche, allzeit jungfräuliche Mutter
unseres Herrn und Gottes Jesus Christus.

Wir ehren ihren Bräutigam, den heiligen Josef;
deine heiligen Apostel und Märtyrer:
Petrus und Paulus, Andreas
(Jakobus, Johannes, Thomas, Jakobus,
Philippus, Bartholomäus, Matthäus,
Simon und Thaddäus,
Linus, Kletus, Klemens, Xystus, Kornelius,
Cyprianus, Laurentius, Chrysogonus,
Johannes und Paulus, Kosmas und Damianus)
und alle deine Heiligen;
blicke auf ihr heiliges Leben und Sterben

und gewähre uns auf ihre Fürsprache
in allem deine Hilfe und deinen Schutz.

(Das folgende Gebet hat an bestimmten Tagen und bei verschiedenen Feiern eine besondere Form:)

Nimm gnädig an, o Gott,
diese Gaben deiner Diener
und deiner ganzen Gemeinde;
ordne unsere Tage in deinem Frieden,
rette uns vor dem ewigen Verderben
und nimm uns auf in die Schar
deiner Erwählten. ► S. 505

Am Gründonnerstag:

Nimm gnädig an, o Gott,
diese Gaben deiner Diener
und deiner ganzen Gemeinde.
Wir bringen sie dar am Tag,
an dem unser Herr Jesus Christus
seinen Jüngern aufgetragen hat,
die Geheimnisse seines Leibes und Blutes zu feiern.
Ordne unsere Tage in deinem Frieden,
rette uns vor dem ewigen Verderben
und nimm uns auf in die Schar deiner Erwählten. ► S. 505

Von der Osternacht bis zum Weißen Sonntag:

Nimm gnädig an, o Gott, diese Gaben deiner Diener
und deiner ganzen Gemeinde.
Wir bringen sie dar auch für jene,
die an diesem Osterfest
aus dem Wasser und dem Heiligen Geist
zum neuen Leben geboren wurden,
denen du alle Sünden vergeben hast.
Ordne unsere Tage in deinem Frieden,
rette uns vor dem ewigen Verderben
und nimm uns auf in die Schar deiner Erwählten. ► S. 505

Schenke, o Gott, diesen Gaben Segen in Fülle
und nimm sie zu eigen an.
Mache sie uns zum wahren Opfer im Geiste,
das dir wohlgefällt:
zum Leib und Blut deines geliebten Sohnes,
unseres Herrn Jesus Christus.

Am Abend vor seinem Leiden
nahm er das Brot
in seine heiligen und ehrwürdigen Hände,
erhob die Augen zum Himmel,
zu dir, seinem Vater, dem allmächtigen Gott,
sagte dir Lob und Dank,
brach das Brot,
reichte es seinen Jüngern und sprach:

NEHMET UND ESSET ALLE DAVON:
DAS IST MEIN LEIB,
DER FÜR EUCH HINGEGEBEN WIRD.

Ebenso nahm er nach dem Mahl
diesen erhabenen Kelch
in seine heiligen und ehrwürdigen Hände,
sagte dir Lob und Dank,
reichte den Kelch seinen Jüngern und sprach:

NEHMET UND TRINKET ALLE DARAUS:
DAS IST DER KELCH
DES NEUEN UND EWIGEN BUNDES,
MEIN BLUT,
DAS FÜR EUCH
UND FÜR ALLE VERGOSSEN WIRD
ZUR VERGEBUNG DER SÜNDEN.
TUT DIES ZU MEINEM GEDÄCHTNIS.

Geheimnis des Glaubens:

G: Deinen Tod, o Herr,
verkünden wir
und deine Auferstehung
preisen wir,
bis du kommst in
Herrlichkeit.

G: Mortem tuam
annuntiámus,
Dómine,
et tuam resurrec-
tiónem confitémur,
donec vénias.

P: Darum, gütiger Vater,
feiern wir, deine Diener
und dein heiliges Volk,
das Gedächtnis deines Sohnes,
unseres Herrn Jesus Christus.
Wir verkünden sein heilbringendes Leiden,
seine Auferstehung von den Toten
und seine glorreiche Himmelfahrt.
So bringen wir aus den Gaben,
die du uns geschenkt hast,
dir, dem erhabenen Gott,
die reine, heilige und makellose Opfergabe dar:
das Brot des Lebens
und den Kelch des ewigen Heiles.

Blicke versöhnt und gütig darauf nieder
und nimm sie an
wie einst die Gaben
deines gerechten Dieners Abel,
wie das Opfer unseres Vaters Abraham,
wie die heilige Gabe, das reine Opfer
deines Hohenpriesters Melchisedek.

Wir bitten dich,
allmächtiger Gott:
Dein heiliger Engel trage diese Opfergabe
auf deinen himmlischen Altar
vor deine göttliche Herrlichkeit;
und wenn wir durch unsere Teilnahme am Altar

den heiligen Leib und das Blut
deines Sohnes empfangen,
erfülle uns mit aller Gnade
und allem Segen des Himmels.

GEDÄCHTNIS DER VERSTORBENEN

Gedenke auch deiner Diener,
und Dienerinnen (N. und N.),
die uns vorangegangen sind,
bezeichnet mit dem Siegel des Glaubens,
und die nun ruhen in Frieden.

Wir bitten dich:
Führe sie und alle,
die in Christus entschlafen sind,
in das Land der Verheißung,
des Lichtes und des Friedens.

Auch uns, deinen sündigen Dienern,
die auf deine reiche Barmherzigkeit hoffen,
gib Anteil und Gemeinschaft
mit deinen heiligen Aposteln und Märtyrern:
Johannes, Stephanus, Matthias, Barnabas
(Ignatius, Alexander, Marzellinus, Petrus,
Felizitas, Perpetua, Agatha, Luzia,
Agnes, Cäcilia, Anastasia)
und mit allen deinen Heiligen;
wäge nicht unser Verdienst,
sondern schenke gnädig Verzeihung
und gib uns mit ihnen das Erbe des Himmels.
Darum bitten wir dich
durch unseren Herrn Jesus Christus.
Denn durch ihn erschaffst du immerfort
all diese guten Gaben,
gibst ihnen Leben und Weihe
und spendest sie uns.

DURCH IHN UND MIT IHM UND IN IHM IST DIR, GOTT, ALLMÄCHTIGER VATER, IN DER EINHEIT DES HEILIGEN GEISTES ALLE HERRLICHKEIT UND EHRE JETZT UND IN EWIGKEIT.

G: Amen.

(Fortsetzung: Gebet des Herrn – siehe S. 543 f.)

ZWEITES HOCHGEBET

P: Der Herr sei mit euch.	P: Dóminus vobíscum.
G: Und mit deinem Geiste.	G: Et cum spíritu tuo.
P: Erhebet die Herzen.	P: Sursum corda.
G: Wir haben sie beim Herrn.	G: Habémus ad Dóminum.
P: Lasset uns danken dem Herrn, unserm Gott.	P: Grátias agámus Dómino Deo nostro.
G: Das ist würdig und recht.	G: Dignum et iustum est.

P: In Wahrheit ist es würdig und recht,
dir, Herr, heiliger Vater,
immer und überall zu danken
durch deinen geliebten Sohn Jesus Christus.
Er ist dein Wort,
durch ihn hast du alles erschaffen.
Ihn hast du gesandt
als unseren Erlöser und Heiland.
Er ist Mensch geworden durch den Heiligen Geist,
geboren von der Jungfrau Maria.
Um deinen Ratschluss zu erfüllen
und dir ein heiliges Volk zu erwerben,
hat er sterbend die Arme ausgebreitet
am Holze des Kreuzes.
Er hat die Macht des Todes gebrochen
und die Auferstehung kundgetan.

Darum preisen wir dich
mit allen Engeln und Heiligen
und singen vereint mit ihnen
das Lob deiner Herrlichkeit:

A: Heilig, heilig, heilig
Gott, Herr aller Mächte
und Gewalten.
Erfüllt sind Himmel
und Erde
von deiner Herrlichkeit.
Hosanna in der Höhe.
Hochgelobt sei,
der da kommt
im Namen des Herrn.
Hosanna in der Höhe.

A: Sanctus, Sanctus,
Sanctus Dóminus Deus
Sábaoth.
Pleni sunt caeli
et terra
glória tua.
Hosánna in excélsis.
Benedíctus
qui venit
in nómine Dómini.
Hosánna in excélsis.

P: Ja, du bist heilig, großer Gott,
du bist der Quell aller Heiligkeit. ► S. 513

(In diesem Gebet kann an bestimmten Tagen das Festgeheimnis erwähnt werden.)

An Sonntagen:

Darum kommen wir vor dein Angesicht
und feiern in Gemeinschaft mit der ganzen Kirche
den ersten Tag der Woche als den Tag,
an dem Christus von den Toten erstanden ist.
Durch ihn, den du zu deiner Rechten erhöht hast,
bitten wir dich: ► S. 513

An Mariä Empfängnis:

Darum kommen wir vor dein Angesicht
und feiern in Gemeinschaft
mit der ganzen Kirche den Tag,
an dem Maria ohne Erbschuld empfangen wurde,

da sie auserwählt war,
die Mutter des Erlösers zu werden.
Durch ihn, der unsere Sünden hinwegnimmt,
bitten wir dich: ► S. 513

Von Weihnachten bis Neujahr:

Darum kommen wir vor dein Angesicht
und feiern in Gemeinschaft mit der ganzen Kirche
(die hochheilige Nacht) den hochheiligen Tag,
(in der) an dem Maria in unversehrter Jungfräulichkeit
der Welt den Erlöser geboren hat.
Durch ihn, unseren Retter und Herrn,
bitten wir dich: ► S. 513

An Erscheinung des Herrn:

Darum kommen wir vor dein Angesicht
und feiern in Gemeinschaft mit der ganzen Kirche
den hochheiligen Tag,
an dem dein eingeborener Sohn,
dir gleich in ewiger Herrlichkeit,
als wahrer Mensch
leibhaft und sichtbar erschienen ist.
Durch ihn, unseren Erlöser und Heiland,
bitten wir dich: ► S. 513

An Lichtmess:

Darum kommen wir vor dein Angesicht
und feiern in Gemeinschaft
mit der ganzen Kirche den Tag,
an dem dein eingeborener Sohn
im Tempel dargestellt wurde.
Durch ihn, das Licht von deinem Licht,
bitten wir dich: ► S. 513

An Verkündigung des Herrn:

Darum kommen wir vor dein Angesicht
und feiern in Gemeinschaft
mit der ganzen Kirche den Tag,
an dem Maria deinen ewigen Sohn
durch den Heiligen Geist empfangen hat.
Durch ihn, der zu unserem Heil Mensch geworden ist,
bitten wir dich: ▶ S. 513

Am Gründonnerstag:

Darum kommen wir vor dein Angesicht
und feiern in Gemeinschaft mit der ganzen Kirche
den hochheiligen Tag,
an dem unser Herr Jesus Christus
sich für uns hingegeben hat.
Durch ihn, unseren Erlöser und Heiland,
den du verherrlicht hast, bitten wir dich: ▶ S. 513

Von der Osternacht bis zum Weißen Sonntag:

Darum kommen wir vor dein Angesicht
und feiern in Gemeinschaft
mit der ganzen Kirche
das Hochfest
der Auferstehung unseres Herrn Jesus Christus.
Durch ihn, der zu deiner Rechten erhöht ist,
bitten wir dich: ▶ S. 513

An Christi Himmelfahrt:

Darum kommen wir vor dein Angesicht
und feiern in Gemeinschaft
mit der ganzen Kirche den Tag,
an dem unser Herr Jesus Christus,
dein eingeborener Sohn,
unsere schwache,
mit seiner Gottheit vereinte Menschennatur

zu deiner Rechten erhoben hat.
Durch ihn bitten wir dich: ► S. 513

Am Pfingsttag:

Darum kommen wir vor dein Angesicht
und feiern in Gemeinschaft mit der ganzen Kirche
das hohe Pfingstfest,
an dem der Heilige Geist
in Feuerzungen auf die Jünger herabkam.
Und wir bitten dich: ► S. 513

An Johannes' Geburt:

Darum kommen wir vor dein Angesicht
und feiern in Gemeinschaft
mit der ganzen Kirche den Tag,
an dem Johannes geboren wurde,
der Christus voranging, um ihm den Weg zu bereiten,
dem Erlöser der Welt.
Durch ihn, der nach Johannes kam
und doch vor ihm war,
bitten wir dich: ► S. 513

An Mariä Himmelfahrt:

Darum kommen wir vor dein Angesicht
und feiern in Gemeinschaft
mit der ganzen Kirche den Tag,
an dem die jungfräuliche Gottesmutter
in den Himmel aufgenommen wurde
von unserem Herrn Jesus Christus.
Durch ihn,
den Urheber und Vollender unseres Glaubens,
bitten wir dich: ► S. 513

An Allerheiligen:

Darum kommen wir vor dein Angesicht
und feiern in Gemeinschaft
mit der ganzen Kirche den Tag,
der dem Gedächtnis aller Heiligen geweiht ist,
die im Leben Christus nachfolgten
und im Sterben
von ihm die Krone der Herrlichkeit empfingen.
Durch ihn,
den Urheber und Vollender unseres Glaubens,
bitten wir dich:

Darum bitten wir dich:

Sende deinen Geist auf diese Gaben herab
und heilige sie,
damit sie uns werden Leib † und Blut
deines Sohnes, unseres Herrn Jesus Christus.

Denn am Abend,
an dem er ausgeliefert wurde
und sich aus freiem Willen
dem Leiden unterwarf,
nahm er das Brot und sagte Dank,
brach es,
reichte es seinen Jüngern und sprach:

NEHMET UND ESSET ALLE DAVON:
DAS IST MEIN LEIB,
DER FÜR EUCH HINGEGEBEN WIRD.

Ebenso nahm er nach dem Mahl den Kelch,
dankte wiederum,
reichte ihn seinen Jüngern und sprach:

NEHMET UND TRINKET ALLE DARAUS:
DAS IST DER KELCH
DES NEUEN UND EWIGEN BUNDES,

MEIN BLUT,
DAS FÜR EUCH
UND FÜR ALLE VERGOSSEN WIRD
ZUR VERGEBUNG DER SÜNDEN.
TUT DIES ZU MEINEM GEDÄCHTNIS.

Geheimnis des Glaubens:

G: Deinen Tod, o Herr,
verkünden wir
und deine Auferstehung
preisen wir,
bis du kommst in
Herrlichkeit.

G: Mortem tuam
annuntiámus,
Dómine,
et tuam resurrec-
tiónem confitémur,
donec vénias.

P: Darum, gütiger Vater,
feiern wir das Gedächtnis
des Todes und der Auferstehung deines Sohnes
und bringen dir so das Brot des Lebens
und den Kelch des Heiles dar.
Wir danken dir, dass du uns berufen hast,
vor dir zu stehen und dir zu dienen.
Wir bitten dich:
Schenke uns Anteil an Christi Leib und Blut
und lass uns eins werden
durch den Heiligen Geist.

Gedenke deiner Kirche auf der ganzen Erde
und vollende dein Volk in der Liebe,
vereint mit unserem Papst N.,
unserem Bischof N. und allen Bischöfen,
unseren Priestern und Diakonen
und mit allen,
die zum Dienst in der Kirche bestellt sind. ► S. 515

(An bestimmten Tagen und bei verschiedenen Anlässen kann hier eine besondere Bitte angefügt werden.)

Von der Osternacht bis zum Weißen Sonntag:

Gedenke auch jener, die an diesem Osterfest
aus dem Wasser und dem Heiligen Geist
zum neuen Leben geboren wurden,
denen du alle Sünden vergeben hast. ► unten

(In einer Messe für Verstorbene kann der Priester hier einfügen:)

Erbarme dich
unseres Bruders N. (unserer Schwester N.),
den (die) du aus dieser Welt zu dir gerufen hast.
Durch die Taufe gehört er (sie) Christus an,
ihm ist er (sie) gleichgeworden im Tod:
lass ihn (sie) mit Christus zum Leben auferstehen.

Gedenke (aller) unserer Brüder und Schwestern,
die entschlafen sind in der Hoffnung,
dass sie auferstehen.
Nimm sie
und alle, die in deiner Gnade
aus dieser Welt geschieden sind,
in dein Reich auf,
wo sie dich schauen
von Angesicht zu Angesicht.

Vater, erbarme dich über uns alle,
damit uns das ewige Leben zuteil wird
in der Gemeinschaft mit der seligen
Jungfrau und Gottesmutter Maria,
mit deinen Aposteln
und mit allen,
die bei dir Gnade gefunden haben
von Anbeginn der Welt,
dass wir dich loben und preisen
durch deinen Sohn Jesus Christus.

DURCH IHN UND MIT IHM UND IN IHM IST DIR, GOTT, ALLMÄCHTIGER VATER, IN DER EINHEIT DES HEILIGEN GEISTES ALLE HERRLICHKEIT UND EHRE JETZT UND IN EWIGKEIT.

G: Amen.

(Fortsetzung: Gebet des Herrn – siehe S. 543 f.)

DRITTES HOCHGEBET

(Der Priester breitet die Hände aus und spricht:)

P: Ja, du bist heilig, großer Gott,
und alle deine Werke verkünden dein Lob.
Denn durch deinen Sohn,
unseren Herrn Jesus Christus,
und in der Kraft des Heiligen Geistes
erfüllst du die ganze Schöpfung
mit Leben und Gnade.
Bis ans Ende der Zeiten
versammelst du dir ein Volk,
damit deinem Namen
das reine Opfer dargebracht werde
vom Aufgang der Sonne bis zum Untergang. ► S. 520

(Hier kann an bestimmten Tagen das Festgeheimnis erwähnt werden.)

An Sonntagen:

Darum kommen wir vor dein Angesicht
und feiern in Gemeinschaft mit der ganzen Kirche
den ersten Tag der Woche als den Tag,
an dem Christus von den Toten erstanden ist.
Durch ihn, den du zu deiner Rechten erhöht hast,
bitten wir dich, allmächtiger Gott: ► S. 520

An Mariä Empfängnis:

Darum kommen wir vor dein Angesicht
und feiern in Gemeinschaft
mit der ganzen Kirche den Tag,
an dem Maria ohne Erbschuld empfangen wurde,
da sie auserwählt war,
die Mutter des Erlösers zu werden.
Durch ihn, der unsere Sünden hinwegnimmt,
bitten wir dich, allmächtiger Gott: ► S. 520

Von Weihnachten bis Neujahr:

Darum kommen wir vor dein Angesicht
und feiern in Gemeinschaft mit der ganzen Kirche
(die hochheilige Nacht) den hochheiligen Tag,
(in der) an dem Maria
in unversehrter Jungfräulichkeit
der Welt den Erlöser geboren hat.
Durch ihn, unseren Retter und Herrn,
bitten wir dich, allmächtiger Gott: ► S. 520

An Erscheinung des Herrn:

Darum kommen wir vor dein Angesicht
und feiern in Gemeinschaft mit der ganzen Kirche
den hochheiligen Tag,
an dem dein eingeborener Sohn,
dir gleich in ewiger Herrlichkeit,
als wahrer Mensch
leibhaft und sichtbar erschienen ist.
Durch ihn, unseren Erlöser und Heiland,
bitten wir dich, allmächtiger Gott: ► S. 520

An Lichtmess:

Darum kommen wir vor dein Angesicht
und feiern in Gemeinschaft
mit der ganzen Kirche den Tag,

an dem dein eingeborener Sohn
im Tempel dargestellt wurde.
Durch ihn, das Licht von deinem Licht,
bitten wir dich, allmächtiger Gott: ► S. 520

An Verkündigung des Herrn:

Darum kommen wir vor dein Angesicht
und feiern in Gemeinschaft
mit der ganzen Kirche den Tag,
an dem Maria deinen ewigen Sohn
durch den Heiligen Geist empfangen hat.
Durch ihn, der zu unserem Heil
Mensch geworden ist,
bitten wir dich, allmächtiger Gott: ► S. 520

Am Gründonnerstag:

Darum kommen wir vor dein Angesicht
und feiern in Gemeinschaft
mit der ganzen Kirche
den Tag, an dem unser Herr Jesus Christus
sich für uns hingegeben hat.
Durch ihn, unseren Erlöser und Heiland,
den du verherrlicht hast,
bitten wir dich, allmächtiger Gott: ► S. 520

Von der Osternacht bis zum Weißen Sonntag:

Darum kommen wir vor dein Angesicht
und feiern in Gemeinschaft
mit der ganzen Kirche
das Hochfest
der Auferstehung unseres Herrn Jesus Christus.
Durch ihn, der zu deiner Rechten erhöht ist,
bitten wir dich, allmächtiger Gott: ► S. 520

An Christi Himmelfahrt:

Darum kommen wir vor dein Angesicht
und feiern in Gemeinschaft
mit der ganzen Kirche den Tag,
an dem unser Herr Jesus Christus,
dein eingeborener Sohn,
unsere schwache,
mit seiner Gottheit vereinte Menschennatur
zu deiner Rechten erhoben hat.
Durch ihn bitten wir dich,
allmächtiger Gott: ► S. 520

Am Pfingsttag:

Darum kommen wir vor dein Angesicht
und feiern in Gemeinschaft mit der ganzen Kirche
das hohe Pfingstfest,
an dem der Heilige Geist
in Feuerzungen auf die Jünger herabkam.
Und wir bitten dich, allmächtiger Gott: ► S. 520

An Johannes' Geburt:

Darum kommen wir vor dein Angesicht
und feiern in Gemeinschaft
mit der ganzen Kirche den Tag,
an dem Johannes geboren wurde,
der Christus voranging,
um ihm den Weg zu bereiten,
dem Erlöser der Welt.
Durch ihn,
der nach Johannes kam und doch vor ihm war,
bitten wir dich, allmächtiger Gott: ► S. 520

An Mariä Himmelfahrt:

Darum kommen wir vor dein Angesicht
und feiern in Gemeinschaft

mit der ganzen Kirche den Tag,
an dem die jungfräuliche Gottesmutter
in den Himmel aufgenommen wurde
von unserem Herrn Jesus Christus.
Durch ihn,
den Urheber und Vollender unseres Glaubens,
bitten wir dich, allmächtiger Gott: ► unten

An Allerheiligen:

Darum kommen wir vor dein Angesicht
und feiern in Gemeinschaft
mit der ganzen Kirche den Tag,
der dem Gedächtnis aller Heiligen geweiht ist,
die im Leben Christus nachfolgten
und im Sterben
von ihm die Krone der Herrlichkeit empfingen.
Durch ihn,
den Urheber und Vollender unseres Glaubens,
bitten wir dich, allmächtiger Gott:

Darum bitten wir dich,
allmächtiger Gott:

Heilige unsere Gaben durch deinen Geist,
damit sie uns werden Leib † und Blut
deines Sohnes, unseres Herrn Jesus Christus,
der uns aufgetragen hat,
dieses Geheimnis zu feiern.

Denn in der Nacht, da er verraten wurde,
nahm er das Brot und sagte Dank,
brach es,
reichte es seinen Jüngern und sprach:

NEHMET UND ESSET ALLE DAVON:
DAS IST MEIN LEIB,
DER FÜR EUCH HINGEGEBEN WIRD.

Ebenso nahm er nach dem Mahl den Kelch,
dankte wiederum,
reichte ihn seinen Jüngern und sprach:

NEHMET UND TRINKET ALLE DARAUS:
DAS IST DER KELCH
DES NEUEN UND EWIGEN BUNDES,
MEIN BLUT,
DAS FÜR EUCH
UND FÜR ALLE VERGOSSEN WIRD
ZUR VERGEBUNG DER SÜNDEN.
TUT DIES ZU MEINEM GEDÄCHTNIS.

Geheimnis des Glaubens:

G: Deinen Tod, o Herr,
verkünden wir
und deine Auferstehung
preisen wir,
bis du kommst in
Herrlichkeit.

G: Mortem tuam
annuntiámus,
Dómine,
et tuam resurrec-
tiónem confitémur,
donec vénias.

P: Darum, gütiger Vater,
feiern wir das Gedächtnis deines Sohnes.
Wir verkünden sein heilbringendes Leiden,
seine glorreiche Auferstehung
und Himmelfahrt
und erwarten seine Wiederkunft.
So bringen wir dir mit Lob und Dank
dieses heilige und lebendige Opfer dar.
Schau gütig auf die Gabe deiner Kirche.
Denn sie stellt dir
das Lamm vor Augen,
das geopfert wurde
und uns nach deinem Willen
mit dir versöhnt hat.
Stärke uns durch den Leib und das Blut
deines Sohnes

und erfülle uns mit seinem Heiligen Geist,
damit wir *ein* Leib und *ein* Geist werden
in Christus.

Er mache uns auf immer
zu einer Gabe, die dir wohlgefällt,
damit wir das verheißene Erbe erlangen
mit deinen Auserwählten,
mit der seligen Jungfrau
und Gottesmutter Maria,
mit deinen Aposteln und Märtyrern
(mit dem – der – heiligen N.:

Tagesheiliger oder Patron)

und mit allen Heiligen,
auf deren Fürsprache wir vertrauen.

Barmherziger Gott, wir bitten dich:
Dieses Opfer unserer Versöhnung
bringe der ganzen Welt Frieden und Heil.
Beschütze deine Kirche
auf ihrem Weg durch die Zeit
und stärke sie im Glauben und in der Liebe:
deinen Diener, unseren Papst N.,
unseren Bischof N.
und die Gemeinschaft der Bischöfe,
unsere Priester und Diakone,
alle, die zum Dienst in der Kirche bestellt sind,
und das ganze Volk deiner Erlösten. ► S. 523

(An bestimmten Tagen und bei verschiedenen Anlässen kann hier eine besondere Bitte eingefügt werden.)

Von der Osternacht bis zum Weißen Sonntag:

Gedenke auch jener, die an diesem Osterfest
aus dem Wasser und dem Heiligen Geist

zum neuen Leben geboren wurden,
denen du alle Sünden vergeben hast.

Erhöre, gütiger Vater,
die Gebete der hier versammelten Gemeinde
und führe zu dir
auch alle deine Söhne und Töchter,
die noch fern sind von dir.

(In einer Messe für Verstorbene kann der Priester hier einfügen:)

Erbarme dich unseres Bruders N.
(unserer Schwester N.),
den (die) du aus dieser Welt zu dir gerufen hast.
Durch die Taufe gehört er (sie) Christus an,
ihm ist er (sie) gleichgeworden im Tod:
gib ihm (ihr) auch Anteil an der Auferstehung,
wenn Christus die Toten auferweckt
und unseren irdischen Leib
seinem verklärten Leib ähnlich macht.

Erbarme dich (aller) unserer
verstorbenen Brüder und Schwestern
und aller, die in deiner Gnade
aus dieser Welt geschieden sind.
Nimm sie auf in deine Herrlichkeit.
Und mit ihnen lass auch uns,
wie du verheißen hast,
zu Tische sitzen in deinem Reich.

(In einer Messe für Verstorbene:)

Dann wirst du alle Tränen trocknen.
Wir werden dich, unseren Gott,
schauen, wie du bist,
dir ähnlich sein auf ewig
und dein Lob singen ohne Ende.

Darum bitten wir dich
durch unseren Herrn Jesus Christus.
Denn durch ihn
schenkst du der Welt alle guten Gaben.

DURCH IHN UND MIT IHM UND IN IHM IST DIR, GOTT, ALLMÄCHTIGER VATER, IN DER EINHEIT DES HEILIGEN GEISTES ALLE HERRLICHKEIT UND EHRE JETZT UND IN EWIGKEIT.

G: Amen.

(Fortsetzung: Gebet des Herrn – siehe S. 543 f.)

VIERTES HOCHGEBET

P: Der Herr sei mit euch.	P: Dóminus vobíscum.
G: Und mit deinem Geiste.	G: Et cum spíritu tuo.
P: Erhebet die Herzen.	P: Sursum corda.
G: Wir haben sie beim Herrn.	G: Habémus ad Dóminum.
P: Lasset uns danken dem Herrn, unserm Gott.	P: Grátias agámus Dómino Deo nostro.
G: Das ist würdig und recht.	G: Dignum et iustum est.

P: In Wahrheit ist es würdig,
dir zu danken, heiliger Vater.
Es ist recht, dich zu preisen.
Denn du allein bist der lebendige und wahre Gott.
Du bist vor den Zeiten und lebst in Ewigkeit.
Du wohnst in unzugänglichem Lichte.
Alles hast du erschaffen,
denn du bist die Liebe
und der Ursprung des Lebens.
Du erfüllst deine Geschöpfe mit Segen
und erfreust sie alle
mit dem Glanz deines Lichtes.
Vor dir stehen die Scharen der Engel

und schauen dein Angesicht.
Sie dienen dir Tag und Nacht,
nie endet ihr Lobgesang.
Mit ihnen preisen auch wir deinen Namen,
durch unseren Mund rühmen dich alle Geschöpfe
und künden voll Freude
das Lob deiner Herrlichkeit:

A: Heilig, heilig, heilig Gott, Herr aller Mächte und Gewalten. Erfüllt sind Himmel und Erde von deiner Herrlichkeit. Hosanna in der Höhe. Hochgelobt sei, der da kommt im Namen des Herrn. Hosanna in der Höhe.	A: Sanctus, Sanctus, Sanctus Dóminus Deus Sábaoth. Pleni sunt caeli et terra glória tua. Hosánna in excélsis. Benedíctus qui venit in nómine Dómini. Hosánna in excélsis.

P: Wir preisen dich, heiliger Vater,
denn groß bist du
und alle deine Werke
künden deine Weisheit und Liebe.

Den Menschen hast du
nach deinem Bild geschaffen
und ihm die Sorge für die ganze Welt anvertraut.
Über alle Geschöpfe sollte er herrschen
und allein dir, seinem Schöpfer, dienen.

Als er im Ungehorsam deine Freundschaft verlor
und der Macht des Todes verfiel,
hast du ihn dennoch nicht verlassen,
sondern voll Erbarmen allen geholfen,
dich zu suchen und zu finden.

Immer wieder hast du den Menschen
deinen Bund angeboten
und sie durch die Propheten gelehrt,
das Heil zu erwarten.

So sehr hast du die Welt geliebt,
heiliger Vater,
dass du deinen eingeborenen Sohn
als Retter gesandt hast,
nachdem die Fülle der Zeiten gekommen war.

Er ist Mensch geworden
durch den Heiligen Geist,
geboren von der Jungfrau Maria.
Er hat wie wir als Mensch gelebt,
in allem uns gleich außer der Sünde.

Den Armen verkündete er
die Botschaft vom Heil,
den Gefangenen Freiheit,
den Trauernden Freude.

Um deinen Ratschluss zu erfüllen,
hat er sich dem Tod überliefert,
durch seine Auferstehung
den Tod bezwungen
und das Leben neu geschaffen.

Damit wir nicht mehr uns selber leben,
sondern ihm,
der für uns gestorben und auferstanden ist,
hat er von dir, Vater,
als erste Gabe für alle, die glauben,
den Heiligen Geist gesandt,
der das Werk deines Sohnes
auf Erden weiterführt
und alle Heiligung vollendet.

So bitten wir dich, Vater:
der Geist heilige diese Gaben,
damit sie uns werden Leib † und Blut
unseres Herrn Jesus Christus,
der uns die Feier dieses Geheimnisses

aufgetragen hat
als Zeichen des ewigen Bundes.

Da er die Seinen liebte,
die in der Welt waren,
liebte er sie bis zur Vollendung.
Und als die Stunde kam,
da er von dir verherrlicht werden sollte,
nahm er beim Mahl das Brot
und sagte Dank,
brach das Brot,
reichte es seinen Jüngern und sprach:

NEHMET UND ESSET ALLE DAVON:
DAS IST MEIN LEIB,
DER FÜR EUCH HINGEGEBEN WIRD.

Ebenso nahm er den Kelch mit Wein,
dankte wiederum,
reichte den Kelch seinen Jüngern
und sprach:

NEHMET UND TRINKET ALLE DARAUS:
DAS IST DER KELCH
DES NEUEN UND EWIGEN BUNDES,
MEIN BLUT,
DAS FÜR EUCH
UND FÜR ALLE VERGOSSEN WIRD
ZUR VERGEBUNG DER SÜNDEN.
TUT DIES ZU MEINEM GEDÄCHTNIS.

Geheimnis des Glaubens:

G: Deinen Tod, o Herr,
verkünden wir
und deine Auferstehung
preisen wir,
bis du kommst in
Herrlichkeit.

G: Mortem tuam
annuntiámus,
Dómine,
et tuam resurrec-
tiónem confitémur,
donec vénias.

P: Darum, gütiger Vater,
feiern wir das Gedächtnis unserer Erlösung.
Wir verkünden den Tod deines Sohnes
und sein Hinabsteigen zu den Vätern,
bekennen seine Auferstehung
und Himmelfahrt
und erwarten sein Kommen in Herrlichkeit.
So bringen wir dir seinen Leib und sein Blut dar,
das Opfer, das dir wohlgefällt
und der ganzen Welt Heil bringt.

Sieh her auf die Opfergabe,
die du selber deiner Kirche bereitet hast,
und gib, dass alle, die Anteil erhalten
an dem *einen* Brot und dem *einen* Kelch,
ein Leib werden im Heiligen Geist,
eine lebendige Opfergabe in Christus
zum Lob deiner Herrlichkeit.

Herr, gedenke aller, für deren Heil
wir das Opfer darbringen.
Wir bitten dich für unseren Papst N.,
unseren Bischof N.
und die Gemeinschaft der Bischöfe,
für unsere Priester und Diakone
und für alle,
die zum Dienst in der Kirche bestellt sind,
für alle, die ihre Gaben spenden,
für die hier versammelte Gemeinde,
für dein ganzes Volk
und für alle Menschen,
die mit lauterem Herzen dich suchen.

Wir empfehlen dir auch jene,
die im Frieden Christi heimgegangen sind,
und alle Verstorbenen,
um deren Glauben niemand weiß als du.

Gütiger Vater,
gedenke, dass wir deine Kinder sind,
und schenke uns allen das Erbe des Himmels
in Gemeinschaft mit der seligen Jungfrau
und Gottesmutter Maria,
mit deinen Aposteln und mit allen Heiligen.
Und wenn die ganze Schöpfung
von der Verderbnis der Sünde
und des Todes befreit ist,
lass uns zusammen mit ihr dich verherrlichen
in deinem Reich
durch unseren Herrn Jesus Christus.
Denn durch ihn
schenkst du der Welt alle guten Gaben.

DURCH IHN UND MIT IHM UND IN IHM IST DIR, GOTT, ALLMÄCHTIGER VATER, IN DER EINHEIT DES HEILIGEN GEISTES ALLE HERRLICHKEIT UND EHRE JETZT UND IN EWIGKEIT.

G: Amen.

(Fortsetzung: Gebet des Herrn – siehe S. 543 f.)

VOTIVHOCHGEBET „VERSÖHNUNG“

Der Bund des Friedens

PRÄFATION

P: Der Herr sei mit euch.
G: Und mit deinem Geiste.
P: Erhebet die Herzen.
G: Wir haben sie beim Herrn.
P: Lasset uns danken dem Herrn, unserm Gott.
G: Das ist würdig und recht.

P: Wir danken dir, Gott, allmächtiger Vater,
und preisen dich
für dein Wirken in dieser Welt
durch unseren Herrn Jesus Christus:
Denn inmitten einer Menschheit,
die gespalten und zerrissen ist,
erfahren wir,
dass du Bereitschaft zur Versöhnung schenkst.
Dein Geist bewegt die Herzen,
wenn Feinde wieder miteinander sprechen,
Gegner sich die Hände reichen
und Völker einen Weg zueinander suchen.
Dein Werk ist es,
wenn der Wille zum Frieden den Streit beendet,
Verzeihung den Hass überwindet
und Rache der Vergebung weicht.

Darum können wir nicht aufhören,
dir zu danken und dich zu preisen.
Wir stimmen ein
in den Lobgesang der Chöre des Himmels,
die ohne Ende rufen:

A: Heilig, heilig, heilig
Gott, Herr aller Mächte und Gewalten.
Erfüllt sind Himmel und Erde
von deiner Herrlichkeit.
Hosanna in der Höhe.
Hochgelobt sei,
der da kommt im Namen des Herrn.
Hosanna in der Höhe.

P: Herr aller Mächte und Gewalten,
gepriesen bist du
in deinem Sohn Jesus Christus,
der in deinem Namen gekommen ist.
Er ist dein rettendes Wort für uns Menschen.

Er ist die Hand,
die du den Sündern entgegenstreckst.
Er ist der Weg,
auf dem dein Friede zu uns kommt.

Gott, unser Vater,
als wir Menschen
uns von dir abgewandt hatten,
hast du uns durch deinen Sohn zurückgeholt.
Du hast ihn in den Tod gegeben,
damit wir zu dir und zueinander finden.

Darum feiern wir die Versöhnung,
die Christus uns erwirkt hat,
und bitten dich:

Heilige diese Gaben durch deinen Geist,
da wir nun den Auftrag
deines † Sohnes erfüllen.

Denn bevor er sein Leben hingab,
um uns zu befreien,
nahm er beim Mahl das Brot in seine Hände,
dankte dir, brach es,
reichte es seinen Jüngern und sprach:

NEHMET UND ESSET ALLE DAVON:
DAS IST MEIN LEIB,
DER FÜR EUCH HINGEGEBEN WIRD.

Ebenso nahm er an jenem Abend
den Kelch in seine Hände,
pries dein Erbarmen,
reichte den Kelch seinen Jüngern und sprach:

NEHMET UND TRINKET ALLE DARAUS:
DAS IST DER KELCH
DES NEUEN UND EWIGEN BUNDES,
MEIN BLUT, DAS FÜR EUCH

UND FÜR ALLE VERGOSSEN WIRD
ZUR VERGEBUNG DER SÜNDEN.
TUT DIES ZU MEINEM GEDÄCHTNIS.

Geheimnis des Glaubens:

G: Deinen Tod, o Herr, verkünden wir
und deine Auferstehung preisen wir,
bis du kommst in Herrlichkeit.

P: Herr, unser Gott.
Dein Sohn hat uns dieses Vermächtnis
seiner Liebe anvertraut.
In der Gedächtnisfeier
seines Todes und seiner Auferstehung
bringen wir dar,
was du uns gegeben hast:
das Opfer der Versöhnung.
Wir bitten dich,
nimm auch uns an in deinem Sohn
und schenke uns in diesem Mahl den Geist,
den er verheißen hat,
den Geist der Einheit,
der wegnimmt, was trennt,
und der uns zusammenhält in der Gemeinschaft
mit unserem Papst N.,
unserem Bischof N.,
mit allen Bischöfen
und mit deinem ganzen Volk.

Mach deine Kirche zum Zeichen der Einheit
unter den Menschen
und zum Werkzeug deines Friedens.

Wie du uns hier am Tisch deines Sohnes
versammelt hast,
in Gemeinschaft mit der seligen Jungfrau
und Gottesmutter Maria

und allen Heiligen,
so sammle die Menschen
aller Rassen und Sprachen,
aller Schichten und Gruppen
zum Gastmahl der ewigen Versöhnung
in der neuen Welt
deines immerwährenden Friedens
durch unseren Herrn Jesus Christus.

DURCH IHN UND MIT IHM UND IN IHM
IST DIR, GOTT, ALLMÄCHTIGER VATER,
IN DER EINHEIT DES HEILIGEN GEISTES
ALLE HERRLICHKEIT UND EHRE
JETZT UND IN EWIGKEIT.

G: Amen.

(Fortsetzung: Gebet des Herrn – siehe S. 543 f.)

HOCHGEBET FÜR MESSEN FÜR BESONDERE ANLIEGEN

PRÄFATION I

Die Kirche auf dem Weg zur Einheit

P: Der Herr sei mit euch.
G: Und mit deinem Geiste.
P: Erhebet die Herzen.
G: Wir haben sie beim Herrn.
P: Lasset uns danken dem Herrn, unserm Gott.
G: Das ist würdig und recht.

P: Wir danken dir, gütiger Vater,
und preisen dich,
denn durch die Frohe Botschaft deines Sohnes
hast du Menschen
aus allen Völkern und Sprachen

vereint in der Gemeinschaft der Kirche.
Durch sie,
die aus der Kraft deines Geistes lebt,
führst du alle Menschen zur Einheit.
So bezeugt die Kirche deine Liebe
und schenkt allen
die Hoffnung auf ewige Vollendung.
Sie wird zum Zeichen deiner Treue,
die du uns für immer versprochen hast
in unserem Herrn Jesus Christus.

Darum rühmen dich Himmel und Erde
und mit der ganzen Kirche
singen wir das Lob deiner Herrlichkeit:

A: Heilig, heilig, heilig
Gott, Herr aller Mächte und Gewalten.
Erfüllt sind Himmel und Erde
von deiner Herrlichkeit.
Hosanna in der Höhe.
Hochgelobt sei,
der da kommt im Namen des Herrn.
Hosanna in der Höhe. ► S. 537

PRÄFATION II

Gott führt die Kirche

P: Der Herr sei mit euch.
G: Und mit deinem Geiste.
P: Erhebet die Herzen.
G: Wir haben sie beim Herrn.
P: Lasset uns danken dem Herrn, unserm Gott.
G: Das ist würdig und recht.

P: Wir danken dir, Gott, unser Vater,
und preisen dich,
denn du hast uns ins Leben gerufen.

Du lässt uns niemals allein auf unserm Weg
und bist immer da für uns.
Einst hast du Israel, dein Volk,
mit starker Hand
durch die weglose Wüste geleitet.
Heute führst du deine pilgernde Kirche
in der Kraft des Heiligen Geistes.
Du bahnst ihr den Weg durch diese Zeit
in die ewige Freude deines Reiches
durch unseren Herrn Jesus Christus.

Darum singen wir mit allen Engeln und Heiligen
das Lob deiner Herrlichkeit:

A: Heilig, heilig, heilig
Gott, Herr aller Mächte und Gewalten.
Erfüllt sind Himmel und Erde
von deiner Herrlichkeit.
Hosanna in der Höhe.
Hochgelobt sei,
der da kommt im Namen des Herrn.
Hosanna in der Höhe. ► S. 537

PRÄFATION III

Jesus, unser Weg

P: Der Herr sei mit euch.
G: Und mit deinem Geiste.
P: Erhebet die Herzen.
G: Wir haben sie beim Herrn.
P: Lasset uns danken dem Herrn, unserm Gott.
G: Das ist würdig und recht.

P: Wir danken dir, Vater,
Herr des Himmels und der Erde,
und preisen dich
durch unseren Herrn Jesus Christus.

Durch ihn, dein Wort,
hast du die Welt geschaffen
und lenkst sie in deiner Weisheit.
Ihn, deinen menschgewordenen Sohn,
hast du uns zum Mittler gegeben.
Er hat deine Botschaft verkündet
und uns gerufen, ihm zu folgen.
Er hat uns erlöst durch sein Kreuz
und mit deinem Geiste besiegelt.
Er ist der Weg, der uns zu dir führt,
er ist die Wahrheit, die uns frei macht;
er ist das Leben
und erfüllt uns mit Freude.
Durch ihn
führst du deine Söhne und Töchter
zusammen zu einer einzigen Familie.
Darum rühmen wir jetzt und in Ewigkeit
dein Erbarmen
und singen mit den Chören der Engel
das Lob deiner Herrlichkeit:

A: Heilig, heilig, heilig
Gott, Herr aller Mächte und Gewalten.
Erfüllt sind Himmel und Erde
von deiner Herrlichkeit.
Hosanna in der Höhe.
Hochgelobt sei,
der da kommt im Namen des Herrn.
Hosanna in der Höhe. ► S. 537

PRÄFATION IV

Jesus, der Bruder aller

P: Der Herr sei mit euch.
G: Und mit deinem Geiste.
P: Erhebet die Herzen.

G: Wir haben sie beim Herrn.
P: Lasset uns danken dem Herrn, unserm Gott.
G: Das ist würdig und recht.

P: Wir danken dir,
treuer Gott und barmherziger Vater,
für deinen Sohn Jesus Christus,
unseren Herrn und Erlöser.
Er hatte ein Herz
für die Armen und die Kranken,
die Ausgestoßenen und die Sünder.
Den Bedrängten und den Verzweifelten
war er ein Bruder.
Sein Leben und seine Botschaft lehren uns,
dass du für deine Kinder sorgst
wie ein guter Vater
und eine liebende Mutter.

Darum rühmen wir deine Güte und Treue
und singen mit allen Engeln und Heiligen
das Lob deiner Herrlichkeit:

A: Heilig, heilig, heilig
Gott, Herr aller Mächte und Gewalten.
Erfüllt sind Himmel und Erde
von deiner Herrlichkeit.
Hosanna in der Höhe.
Hochgelobt sei,
der da kommt im Namen des Herrn.
Hosanna in der Höhe.

P: Ja, du bist heilig, großer Gott.
Du liebst die Menschen
und bist ihnen nahe.
Gepriesen sei dein Sohn,
der immer mit uns auf dem Weg ist
und uns um sich versammelt

zum Mahl der Liebe.
Wie den Jüngern (von Emmaus)
deutet er uns die Schrift
und bricht das Brot für uns.

So bitten wir dich, gütiger Vater:
Sende deinen Heiligen Geist
über die Gaben von Brot und Wein.
Er heilige sie,
damit sie uns werden Leib † und Blut
unseres Herrn Jesus Christus.

Am Abend vor seinem Leiden
nahm er beim Mahl das Brot
und sagte dir Dank,
brach das Brot,
reichte es seinen Jüngern
und sprach:

NEHMET UND ESSET ALLE DAVON:
DAS IST MEIN LEIB,
DER FÜR EUCH HINGEGEBEN WIRD.

Ebenso nahm er nach dem Mahl den Kelch,
dankte wiederum,
reichte ihn seinen Jüngern
und sprach:

NEHMET UND TRINKET ALLE DARAUS:
DAS IST DER KELCH
DES NEUEN UND EWIGEN BUNDES,
MEIN BLUT, DAS FÜR EUCH
UND FÜR ALLE VERGOSSEN WIRD
ZUR VERGEBUNG DER SÜNDEN.
TUT DIES ZU MEINEM GEDÄCHTNIS.

Geheimnis des Glaubens:

G: Deinen Tod, o Herr, verkünden wir
und deine Auferstehung preisen wir,
bis du kommst in Herrlichkeit.

P: Darum, gütiger Vater,
feiern wir das Gedächtnis deines Sohnes,
der uns erlöst hat.
Durch sein Leiden
und seinen Tod am Kreuz
hast du ihn zur Herrlichkeit
der Auferstehung geführt
und ihn erhöht zu deiner Rechten.
Wir verkünden dieses Werk deiner Liebe,
bis er wiederkommt,
und bringen dir das Brot des Lebens
und den Kelch des Segens dar.

Wir feiern das Opfer Christi,
das er uns anvertraut hat.
Er hat sich für uns hingegeben
und schenkt uns Anteil
an seinem Leib und Blut.
Wir bitten dich:
Schau gütig auf die Gabe deiner Kirche
und gib, dass wir im Geist deiner Liebe
für immer verbunden bleiben
mit ihm und untereinander.

INTERZESSION I
(wenn Präfation I gewählt wurde)

Barmherziger Gott,
erleuchte deine Kirche
(in unserem Land

und auf der ganzen Erde)
und erneuere sie durch das Evangelium.
Festige das Band der Einheit
zwischen den Gläubigen und ihren Hirten,
in der Gemeinschaft mit unserem Papst N.,
unserem Bischof N.
und allen Bischöfen.
Mache dein Volk
in unserer zerrissenen Welt
zum Werkzeug der Einheit
und des Friedens. ► S. 542

INTERZESSION II
(wenn Präfation II gewählt wurde)

Barmherziger Gott,
durch die Teilnahme an diesem Mahl
stärke uns in der Einheit.
Lass uns
in Gemeinschaft mit unserem Papst N.
und unserem Bischof N.,
mit allen Bischöfen, Priestern und Diakonen
und mit deinem ganzen Volk
in Vertrauen und Hoffnung
deine Wege gehen
und für alle
eine Quelle der Freude
und Zuversicht sein. ► S. 542

INTERZESSION III
(wenn Präfation III gewählt wurde)

Barmherziger Gott,
schenke uns

durch die Teilnahme an dieser Feier
den Geist, der uns mit Leben erfüllt.
Erneuere uns
nach dem Bild deines Sohnes.
Stärke unsere Einheit
mit deinem ganzen Volk,
mit unserem Papst N.
und unserem Bischof N.,
mit allen Bischöfen, Priestern und Diakonen
und mit allen Männern und Frauen,
die zu einem Dienst in der Kirche bestellt sind.
Lass die Gläubigen
die Zeichen der Zeit verstehen
und sich mit ganzer Kraft
für das Evangelium einsetzen.
Mache uns offen für das,
was die Menschen bewegt,
dass wir ihre Trauer und Angst,
ihre Freude und Hoffnung teilen
und als treue Zeugen der Frohen Botschaft
mit ihnen dir entgegengehen. ► S. 542

INTERZESSION IV
(wenn Präfation IV gewählt wurde)

Barmherziger Gott,
vollende deine Kirche im Glauben
und in der Liebe:
unseren Papst N. und unseren Bischof N.,
alle Bischöfe, Priester und Diakone
und das ganze Volk,
das du dir erworben hast.
Öffne unsere Augen für jede Not.
Gib uns das rechte Wort,
wenn Menschen Trost und Rat suchen.

Hilf uns zur rechten Tat,
wo Menschen uns brauchen.
Lass uns denken und handeln
nach dem Wort und Beispiel Christi.
Mache deine Kirche
zu einem Ort der Wahrheit
und der Freiheit,
des Friedens und der Gerechtigkeit,
damit die Menschen
neue Hoffnung schöpfen.

Vater, erbarme dich
unserer Brüder und Schwestern (N. und N.),
die im Frieden Christi heimgegangen sind,
und aller Verstorbenen,
deren Glauben du allein kennst.

Lass sie dein Angesicht schauen
und schenke ihnen das Leben in Fülle.
Wenn unser eigener Weg zu Ende geht,
nimm auch uns für immer bei dir auf,
und lass uns
zusammen mit der seligen Jungfrau
und Gottesmutter Maria,
mit den Aposteln und den Märtyrern
(mit dem/der heiligen N.,
mit den heiligen N. und N.)
und mit allen Heiligen
dich loben und preisen
durch unseren Herrn Jesus Christus.

DURCH IHN UND MIT IHM UND IN IHM IST DIR, GOTT, ALLMÄCHTIGER VATER, IN DER EINHEIT DES HEILIGEN GEISTES ALLE HERRLICHKEIT UND EHRE JETZT UND IN EWIGKEIT.

G: Amen.

KOMMUNION

GEBET DES HERRN

(Der Priester lädt zum Gebet des Herrn ein:)

P: Dem Wort unseres Herrn und Erlösers gehorsam und getreu seiner göttlichen Weisung wagen wir zu sprechen:	P: Praecéptis salutáribus móniti, et divína institutióne formáti, audémus dícere:

Oder:

P: Lasset uns beten, wie der Herr uns zu beten gelehrt hat:

Oder:

P: Wir heißen Kinder Gottes und sind es. Darum beten wir voll Vertrauen:

Oder:

P: Wir haben den Geist empfangen, der uns zu Kindern Gottes macht. Darum wagen wir zu sprechen:

(Priester und Gemeinde singen oder sprechen gemeinsam:)

A: Vater unser	A: Pater noster,
im Himmel,	qui es in caelis:
geheiligt werde dein	sanctificétur nomen
Name.	tuum;
Dein Reich komme.	advéniat regnum tuum;
Dein Wille geschehe, wie	fiat volúntas tua,
im Himmel so auf Erden.	sicut in caelo, et in terra.
Unser tägliches Brot	Panem nostrum cotidiá-
gib uns heute.	num da nobis hódie;
Und vergib uns	et dimítte nobis
unsere Schuld,	débita nostra,

wie auch wir vergeben
unsern Schuldigern.
Und führe uns nicht in
Versuchung,
sondern erlöse uns
von dem Bösen.

sicut et nos dimíttimus
debitóribus nostris;
et ne nos indúcas in
tentatiónem;
sed líbera nos
a malo.

(Der Priester singt oder spricht:)

P: Erlöse uns, Herr, allmächtiger Vater, von allem Bösen und gib Frieden in unseren Tagen. Komm uns zu Hilfe mit deinem Erbarmen und bewahre uns vor Verwirrung und Sünde, damit wir voll Zuversicht das Kommen unseres Erlösers Jesus Christus erwarten.

(Die Gemeinde beschließt das Gebet mit dem Ruf:)

G: Denn dein ist das Reich
und die Kraft
und die Herrlichkeit
in Ewigkeit. Amen.

G: Quia tuum est regnum,
et potéstas,
et glória
in sáecula. Amen.

FRIEDENSGEBET

(Der Priester lädt nun mit folgenden oder ähnlichen Worten zum Friedensgebet ein:)

P: Der Herr hat zu seinen Aposteln gesagt:
Frieden hinterlasse ich euch,
meinen Frieden gebe ich euch.
Deshalb bitten wir: ► S. 545

In der Weihnachtszeit:

Als Christus geboren wurde,
verkündeten Engel den Frieden auf Erden.
Deshalb bitten wir:
Herr Jesus Christus, starker Gott, Friedensfürst,
► S. 545

In der Fastenzeit:

Christus ist unser Friede und unsere Versöhnung.
Deshalb bitten wir:
Herr Jesus Christus, ▶ unten

In der Osterzeit:

Am Ostertag trat Jesus in die Mitte seiner Jünger
und sprach den Friedensgruß.
Deshalb bitten wir:
Herr Jesus Christus,
du Sieger über Sünde und Tod, ▶ unten

Am Pfingsttag:

Unser Herr Jesus Christus
hat den Heiligen Geist gesandt,
damit er die Kirche aus allen Völkern
in Einheit und Liebe zusammenfüge.
Deshalb bitten wir:

Herr Jesus Christus,
schau nicht auf unsere Sünden,
sondern auf den Glauben deiner Kirche
und schenke ihr nach deinem Willen
Einheit und Frieden.

(Der Gemeinde zugewandt, breitet der Priester die Hände aus und singt oder spricht:)

P: Der Friede des Herrn
sei allezeit mit euch.
G: Und mit deinem Geiste.

P: Pax Dómini sit
semper vobíscum.
G: Et cum spíritu tuo.

(Der Diakon oder der Priester kann dazu auffordern, in einer den örtlichen Gewohnheiten entsprechenden Weise einander die Bereitschaft zu Frieden und Versöhnung zu bekunden, etwa:)

D/P: Gebt einander ein Zeichen
des Friedens und der Versöhnung.

BRECHUNG DES BROTES

(Der Priester bricht die Hostie über der Schale. Ein kleines Fragment der Hostie senkt er in den Kelch. Dabei spricht er leise:)

P: Das Sakrament des Leibes und Blutes Christi
schenke uns ewiges Leben.

(Inzwischen wird der Gesang zur Brechung – Agnus Dei – gesungen bzw. gesprochen:)

AGNUS DEI

A: Lamm Gottes,
du nimmst hinweg
die Sünde der Welt:
erbarme dich unser.

Lamm Gottes,
du nimmst hinweg
die Sünde der Welt:
erbarme dich unser.

Lamm Gottes,
du nimmst hinweg
die Sünde der Welt:
gib uns deinen Frieden.

A: Agnus Dei,
qui tollis
peccáta mundi:
miserére nobis.

Agnus Dei,
qui tollis
peccáta mundi:
miserére nobis.

Agnus Dei,
qui tollis
peccáta mundi:
dona nobis pacem.

(Falls die Brechung länger andauert, kann der Ruf öfter wiederholt werden. Der letzte Ruf schließt: „Gib uns deinen Frieden“ bzw. „Dona nobis pacem“.)

STILLES GEBET VOR DER KOMMUNION

(Der Priester faltet die Hände und spricht leise:)

P: Herr Jesus Christus, Sohn des lebendigen Gottes, dem Willen des Vaters gehorsam, hast du im Heiligen Geist durch deinen Tod der Welt das Leben geschenkt. Erlöse mich durch deinen Leib und dein Blut von allen Sünden und allem Bösen. Hilf mir, dass ich deine Gebote treu erfülle, und lass nicht zu, dass ich jemals von dir getrennt werde.

Oder:

P: Herr Jesus Christus, der Empfang deines Leibes und Blutes bringe mir nicht Gericht und Verdammnis, sondern Segen und Heil.

EINLADUNG ZUR KOMMUNION

(Der Priester macht eine Kniebeuge, nimmt ein Stück der Hostie, hält es über der Schale und spricht, zur Gemeinde gewandt, laut:)

P: Seht das Lamm Gottes,
das hinwegnimmt die Sünde der Welt.

(Gemeinsam mit der Gemeinde spricht er ein Mal:)

A: Herr, ich bin nicht würdig,
dass du eingehst unter mein Dach,
aber sprich nur ein Wort,
so wird meine Seele gesund.

(Der Priester kann hinzufügen:)

P: Selig, die zum Hochzeitsmahl des Lammes
geladen sind.

Oder:

P: Kostet und seht, wie gut der Herr ist.

Oder:

P: Wer von diesem Brot isst, wird in Ewigkeit leben.

(Oder einen anderen Kommunionvers aus dem Messbuch, vor allem den der Tagesmesse.)

KOMMUNIONSPENDUNG

(Zum Altar gewandt, spricht der Priester leise:)

P: Der Leib Christi schenke mir das ewige Leben.

(Dann nimmt er den Kelch und spricht leise:)

P: Das Blut Christi schenke mir das ewige Leben.

(Nachdem er Leib und Blut Christi empfangen hat, teilt er die Kommunion aus. Er zeigt jedem Kommunikanten die Hostie, indem er sie ein wenig emporhebt, und spricht:)

P: Der Leib Christi.

(Der Kommunikant antwortet:) Amen.

(In gleicher Weise teilen auch Diakon, Akolyth und Kommunionhelfer die Kommunion aus. Wird die Kommunion unter beiden Gestalten gereicht, so geschieht das in einer der dafür vorgesehenen Weisen.)

(Beim Reichen des Kelches spricht der Kommunionspender:)

Das Blut Christi.

(Der Kommunikant antwortet:) Amen.

GESANG ZUR KOMMUNION

(Während der Priester den Leib des Herrn empfängt, wird der Gesang zur Kommunion angestimmt.)

PURIFIKATION DER GEFÄSSE

(Nach der Kommunionausteilung reinigt der Priester, Diakon oder Akolyth die Hostienschale über dem Kelch und dann auch den Kelch. Unterdessen betet er still:)

P/D: Was wir mit dem Munde empfangen haben, Herr, das lass uns mit reinem Herzen aufnehmen, und diese zeitliche Speise werde uns zur Arznei der Unsterblichkeit.

(Der Priester, Diakon oder Akolyth kann die Gefäße auch nach der Messe reinigen.)

BESINNUNG UND DANKHYMNUS

(Nach der Kommunionausteilung kann der Priester an seinen Sitz zurückkehren. Auch kann man einige Zeit in stillem Gebet verweilen. Es empfiehlt sich, einen Dankpsalm oder ein Loblied zu singen.)

SCHLUSSGEBET

(Der Priester steht am Altar oder am Sitz. Er singt oder spricht:)

P: Lasset uns beten.

(Falls schon vorher Zeit zum stillen Gebet gegeben war, folgt sofort das Gebet. Der Priester breitet die Hände aus und singt oder spricht das Schlussgebet. Die Gemeinde beschließt das Gebet mit dem Ruf:)

G: Amen.

ENTLASSUNG

VERLAUTBARUNGEN

(Wenn noch kurze Verlautbarungen für die Gemeinde zu machen sind, werden sie hier eingefügt.)

SEGEN UND ENTLASSUNG

(Es folgt die Entlassung. Der Priester, zur Gemeinde gewandt, breitet die Hände aus und singt oder spricht:)

P: Der Herr sei mit euch.
G: Und mit deinem Geiste.

P: Dóminus vobíscum.
G: Et cum spíritu tuo.

(Der Priester segnet die Gemeinde, indem er singt oder spricht:)

P: Es segne euch der allmächtige Gott, der Vater und der Sohn † und der Heilige Geist.
G: Amen.

P: Benedícat vos omnípotens Deus, Pater, et Fílius, † et Spíritus Sanctus.
G: Amen.

(An bestimmten Tagen und zu bestimmten Anlässen kann der Priester statt des einfachen Segens eine feierliche Segensformel bzw. ein Gebet über die Gläubigen sprechen.)

(Der Diakon – oder der Priester selbst – singt oder spricht, zur Gemeinde gewandt, mit gefalteten Händen:)

P: Gehet hin in Frieden.
G: Dank sei Gott, dem Herrn.

P: Ite, missa est.
G: Deo grátias.

(In der Osterwoche bis zum Weißen Sonntag:)

P: Gehet hin in Frieden. Halleluja, halleluja.
G: Dank sei Gott, dem Herrn. Halleluja, halleluja.

(Wenn der Entlassungsruf gesungen wird, kann das doppelte „Halleluja" in der ganzen Osterzeit hinzugefügt werden.)

(Wie zu Beginn des Gottesdienstes küsst der Priester den Altar. Gemeinsam mit allen, die bei der Messfeier einen besonderen Dienst versehen haben, macht er die vorgesehene Ehrenbezeigung und kehrt zur Sakristei zurück.
Folgt unmittelbar auf die Messfeier eine andere liturgische Feier, endet die Messfeier mit dem Schlussgebet ohne den Schlusssegen und die Entlassung.)

Die Wort-Gottes-Feier an Sonn- und Festtagen

Brannte nicht unser Herz in uns, als er unterwegs mit uns redete und uns den Sinn der Schriften eröffnete?

Lk 24, 32

Aufbau der Wort-Gottes-Feier

L = Leiter/in	V = Vorbeter/in	A = Alle
D = Diakon	K = Kantor/in	GL = Gotteslob

ERÖFFNUNG

EINZUG – GESANG ZUR ERÖFFNUNG

(Vor Beginn des Einzugs kann zur Einstimmung Orgel- oder andere Instrumentalmusik gespielt werden. Beim Einzug kann von einem Lektor/einer Lektorin das Mess-Lektionar bzw. Evangeliar mitgetragen werden. Falls das Taufgedächtnis gefeiert wird, können Ministranten/Ministrantinnen auch ein Gefäß mit Wasser mittragen. Während des Einzugs wird der Gesang zur Eröffnung gesungen.)

KREUZZEICHEN – LITURGISCHER GRUSS – EINFÜHRUNG

(Am Sitz wendet sich der Leiter/die Leiterin zur Gemeinde und spricht:)

L: Im Namen des Vaters und des Sohnes
und des Heiligen Geistes. Amen.

(Alle machen das Kreuzzeichen.)

D: Gnade und Friede von Gott, unserem Vater,
und dem Herrn Jesus Christus sei mit euch.

A: Und mit deinem Geiste.

(Oder ein anderer im Messbuch vorgesehener Text.)

L: Der auferstandene Herr Jesus Christus
ist bei uns heute
und alle Tage bis in Ewigkeit.

A: Amen.

Oder:

L: Jesus Christus ist in unserer Mitte
und schenkt uns seinen Frieden.
A: Amen.

Oder:

L: Der Name des Herrn sei gepriesen.
A: Von nun an bis in Ewigkeit.

Oder:

L: Unsere Hilfe ist im Namen des Herrn.
A: Der Himmel und Erde erschaffen hat.

(Oder ein anderes geeignetes Eröffnungswort.)

[Der Leiter/die Leiterin oder jemand anderes führt nun mit folgenden oder ähnlichen Worten in die sonn-(fest-)tägliche Feier ein:]

L: Am ersten Tag der Woche, dem Sonntag, versammeln sich Christen, um Gott für Tod und Auferstehung Jesu Christi zu preisen. Auch wenn wir an diesem Sonntag nicht Eucharistie feiern können, gedenken wir beim Hören des Wortes Gottes der großen Taten, die Gott an uns Menschen getan hat und heute noch an uns tut. Ihm danken wir für die Hoffnung, die er uns im Tod und in der Auferstehung seines Sohnes geschenkt hat.

Oder:

L: Nach einer Woche, die wir unterschiedlich erlebt haben, lädt Christus uns ein, zu ihm zu kommen. Ihm halten wir unser Leben hin mit allem, was es gerade ausmacht: was uns erfreut, aber auch unsere Sorgen und unsere Schuld. Danken wir ihm für das, was gelungen ist, bitten wir ihn um Kraft für das, was uns aufgegeben ist.

Oder:

L: Gottes heilende und befreiende Liebe ist uns in den Worten und Taten Jesu Christi sichtbar geworden. Wir haben uns versammelt, um sein befreiendes Wort zu hören und seine heilsame Nähe zu erfahren.

Oder:

L: Die Heilige Schrift ist für Christen kein totes Wort. Wir glauben, dass der Herr in seinem Wort in der Gemeinde fortlebt und seine Kirche aufbaut. Christus selbst spricht zu uns und erklärt uns die Schrift, um uns Freiheit und Erlösung zu schenken. Ihm huldigen wir.

Oder:

L: Ganz verschiedene Menschen haben sich zu unserem Gottesdienst versammelt: Frauen und Männer, Alte und Junge, Menschen mit unterschiedlichen Ansichten, Meinungen und Lebenserfahrungen. Uns alle verbindet: Gott hat uns als seine Gemeinde hier zusammengerufen. Er beschenkt uns mit seinem Wort. Er stärkt uns im Glauben und in der Gemeinschaft. Er gibt uns von seinem Geist. Er ermutigt uns zum Christsein im Alltag.

Oder:

L: Es kann unterschiedliche Gründe dafür geben, dass wir jetzt hier sind. Doch gemeinsam ist unsere Zuversicht: Wir werden in dieser Feier beschenkt. Wir dürfen sehen und erfahren, dass wir als Glaubende nicht allein sind. Es wird uns Gottes Wort verkündet, wir hören, was Gott durch Christus getan hat und bis heute unter uns tut. Christus grüßen wir jetzt mit dem Ruf, mit dem ihn seit 2000 Jahren Christen begrüßen:

CHRISTUSRUFE (KYRIE-LITANEI)

(Nun können sich Anrufungen an Christus anschließen, die in der Regel gesungen werden.)

V: Herr Jesus Christus, du bist das lebendige Wort Gottes.
K: Herr, erbarme dich. *oder:* Kyrie, eleison.
A: Herr, erbarme dich. *oder:* Kyrie, eleison.

V: Dein Wort ist das Licht auf unseren Wegen.
K: Christus, erbarme dich. *oder:* Christe, eleison.
A: Christus, erbarme dich. *oder:* Christe, eleison.

V: Du hast Worte des ewigen Lebens.
K: Herr, erbarme dich. *oder:* Kyrie, eleison.
A: Herr, erbarme dich. *oder:* Kyrie, eleison.

Oder:

Kyrie-Litanei (GL 163, 1)

Oder:

(Es können auch andere Kyrie-Rufe, etwa aus dem Gotteslob, oder die in diesem Messbuch für die einzelnen Tage formulierten Kyrie-Rufe verwendet werden.)

ERÖFFNUNGSGEBET

(Der Leiter/die Leiterin lädt zum Gebet ein.)

L: Lasset uns beten.

(Nach einer kurzen Stille trägt der Leiter/die Leiterin das Eröffnungsgebet vor.
Es wird das Tagesgebet vom betreffenden Sonntag/Festtag genommen. Für die Sonntage im Jahreskreis wird eine weitere, auf das Evangelium des Tages bezogene Oration zur Wahl angeboten. Siehe jeweils „Eröffnungsgebet zur Wahl".)

VERKÜNDIGUNG DES WORTES GOTTES

ERSTE LESUNG

(An Sonn- und Festtagen sind vor dem Evangelium zwei Lesungen vorgesehen.
Die Gemeinde kann durch kurze Hinweise in die Lesungen eingeführt werden.

Der Lektor/die Lektorin holt gegebenenfalls das Mess-Lektionar, geht zum Ambo und trägt die erste Lesung vor.
Nach der Lesung soll eine kurze Stille gehalten werden.)

PSALM (GESANG)

(Der Kantor/die Kantorin trägt den vorgesehenen Antwortpsalm oder einen anderen passenden Psalm vom Ambo aus vor. Die Gemeinde antwortet mit der Antiphon/dem Kehrvers.)

ZWEITE LESUNG

(Es folgt die zweite Lesung.
Falls eine Evangelienprozession vorgesehen ist, wird das Mess-Lektionar nach der Lesung zum Kredenztisch gebracht.)

RUF VOR DEM EVANGELIUM

(Wer das Evangelium verkündet, holt das Evangeliar vom Ambo bzw. dem Platz, wo es sich befindet, und geht zusammen mit den Ministranten/Ministrantinnen, die brennende Kerzen und gegebenenfalls Weihrauch tragen, in Prozession zum Ambo. Die Gemeinde erhebt sich.
Während der Prozession wird das Halleluja oder der in der Fastenzeit vorgesehene Christusruf gesungen.)

EVANGELIUM

(Am Ambo trägt der Diakon, ein Lektor/eine Lektorin oder der Leiter/die Leiterin das Evangelium vor.)

(D: Der Herr sei mit euch.
A: Und mit deinem Geiste.)
D/L: Aus dem heiligen Evangelium nach N.
A: Ehre sei dir, o Herr.

(Wird Weihrauch verwendet, so wird nun das Buch beräuchert; dann wird das Evangelium verkündet.

Wo nach dem Evangelium ein Zuruf der Gemeinde üblich ist, wird angefügt:)

D/L: Evangelium unseres Herrn Jesus Christus.
A: Lob sei dir, Christus.

(Als Zuruf nach dem Evangelium kann auch das Halleluja bzw. in der Fastenzeit der Christusruf wiederholt und in feierlicher Mehrstimmigkeit abgeschlossen werden.)

AUSLEGUNG UND DEUTUNG

(Es folgen die Auslegung und Deutung der Schriftlesungen.)

STILLE

ANTWORT DER GEMEINDE

Aus den folgenden Elementen wird eine sinnvolle Auswahl getroffen:
- Glaubensbekenntnis
- Predigtlied
- Taufgedächtnis
- Schuldbekenntnis und Vergebungsbitte
- Segnungen, die zum Sonn-(Fest-)tag gehören

A) GLAUBENSBEKENNTNIS

(Das Apostolische oder das Große Glaubensbekenntnis wird von dem Leiter/der Leiterin zusammen mit der ganzen Gemeinde gesprochen oder gesungen.)

L: Wir sprechen das Apostolische (*oder:* Große) Glaubensbekenntnis.
A: Ich glaube an Gott … (GL 3,4/S. 485 f.)

Oder:

A: Wir glauben an den einen Gott … (GL 586,2 / S. 482 f.)

► FRIEDENSZEICHEN

B) PREDIGTLIED

(Schriftlesung, Auslegung und Deutung können im Predigtlied nachklingen und vertieft werden.)

► FRIEDENSZEICHEN

C) TAUFGEDÄCHTNIS (FORM A)

(Der Leiter/die Leiterin geht zum Taufbrunnen oder es wird ein geeignetes Gefäß mit Wasser gebracht.
Der Leiter/die Leiterin lädt mit folgenden oder ähnlichen Worten zum Taufgedächtnis ein:)

L: Das Wasser erinnert uns daran: Wir alle sind in der Taufe von Gott erwählt, sein heiliges Volk zu sein, wir alle haben teil am Priestertum seines Sohnes und sind berufen, seine großen Taten zu verkünden.

Lasset uns beten.
Gott, du Quelle des Lebens.
Du schenkst uns dein Heil in sichtbaren Zeichen.
So sei uns dieses Wasser
ein Zeichen für das neue Leben,
das du in der Taufe in uns gewirkt hast.
Erneuere in uns die Gaben deines Geistes.
Darum bitten wir durch Christus, unseren Herrn.

A: Amen.

(Nach dem Gebet wird das Wasser ausgeteilt. Zur Austeilung des Wassers kann die Gemeinde singen. Die Austeilung kann auf verschiedene Weise geschehen:
– Das Wasser wird über die Gläubigen ausgesprengt.

- *Das Wasser wird den Gläubigen gereicht; die Gläubigen bekreuzigen sich.*
- *In einer Prozession gehen die Mitfeiernden zum Taufort, nehmen vom Wasser im Taufbrunnen und bekreuzigen sich damit. Der Leiter/die Leiterin kann auch den Einzelnen mit dem Wasser ein Kreuz auf die Stirn zeichnen.)*

▶ FRIEDENSZEICHEN

D) SCHULDBEKENNTNIS UND VERGEBUNGSBITTE

(Der Leiter/die Leiterin lädt die Gemeinde mit folgenden oder ähnlichen Worten zum Schuldbekenntnis ein. In der Einleitung kann auch ein Wort aus dem Evangelium aufgegriffen werden.)

L: Schwestern und Brüder,
das Wort Gottes hat unser Gewissen erleuchtet.
Es ist wirksam,
es vermag die Gedanken des Herzens zu richten.
Alles liegt offen vor den Augen Gottes.
Besinnen wir uns auf unser Versagen
und bekennen wir unsere Schuld.

(Nach einer kurzen Stille sprechen alle gemeinsam das Schuldbekenntnis:)

A: Ich bekenne Gott, dem Allmächtigen,
und allen Brüdern und Schwestern,
dass ich Gutes unterlassen
und Böses getan habe
– ich habe gesündigt
in Gedanken, Worten und Werken –

(alle schlagen an die Brust)

durch meine Schuld, durch meine Schuld,
durch meine große Schuld.

Darum bitte ich die selige Jungfrau Maria,
alle Engel und Heiligen
und euch, Brüder und Schwestern,
für mich zu beten bei Gott, unserem Herrn.

Oder:

L: Wir haben Gottes Wort gehört.
Es ist für uns Rettung und Heil.
Vor Gott und unseren Schwestern und Brüdern
wollen wir bekennen, dass wir gesündigt haben.

(Stille)

A: Ich bekenne …

Oder:

L: Das Wort Gottes hat unser Gewissen erleuchtet;
es lädt uns ein, umzukehren zum Herrn.
Es drängt uns, ihm zu bekennen:

(Stille)

A: Ich bekenne …

Oder:

L: Gott hat uns im Wort der Schrift
seinen Willen kundgetan.
Vor diesem Wort prüfen wir uns
und bitten den Herrn um Vergebung unserer Schuld.

(Stille)

A: Ich bekenne …

Oder:

L: Jesus Christus ist nicht gekommen, um zu richten,
sondern zu suchen, was verloren ist,
und zu befreien, was in Schuld und Angst gefangen liegt,
um uns zu retten, wenn unser Herz uns anklagt.
So wollen wir vertrauensvoll vor Gott
und voreinander bekennen,
dass wir gesündigt haben.

Oder:

L: Schwestern und Brüder,
das Wort Gottes hat uns gestärkt und ermutigt.
Es lässt uns aber auch unser Versagen
und unsere Schuld erkennen.
Im Vertrauen auf die Güte des Herrn rufen wir:

L: Erbarme dich, Herr, unser Gott, erbarme dich.
A: Denn wir haben vor dir gesündigt.
L: Erweise uns, Herr, deine Huld.
A: Und schenke uns dein Heil.

Oder: Psalm 130 (GL 639,4)

L: Der allmächtige Gott erbarme sich unser.
Er lasse uns die Sünden nach
und führe uns zum ewigen Leben.
A: Amen.

► FRIEDENSZEICHEN

E) SEGNUNGEN, DIE ZUM SONN-(FEST-)TAG GEHÖREN

(Anrufungen und Segensgebet werden aus der jeweiligen Ordnung des Benediktionale für die katholischen Bistümer des deutschen Sprachgebietes übernommen. Gegebenenfalls können auch Weihwasser und Weihrauch verwendet werden. Bei der Segnung von Personen kann diesen ein Kreuz auf die Stirn gezeichnet werden.)

FRIEDENSZEICHEN

(Der Leiter/die Leiterin lädt zum Friedensgruß mit folgenden oder ähnlichen Worten ein:)

L: Jesus Christus ist unser Friede und unsere Versöhnung.
Friede mit ihm ist die Quelle des Friedens
unter uns Menschen.
Geben wir einander ein Zeichen dieses Friedens.

Oder:

L: Der auferstandene Herr hat uns
seinen Frieden zugesprochen.
Deshalb gilt auch für uns die Aufforderung:
In euren Herzen herrsche der Friede Christi,
dazu seid ihr berufen als Glieder eines Leibes.
Geben wir einander ein Zeichen dieses Friedens.

(Es kann ein Friedenslied gesungen werden.)

KOLLEKTE (SAMMLUNG DER GABEN)

(Auf die Verwendung der Kollekte kann mit folgenden oder ähnlichen Worten hingewiesen werden:)

L: Die Verbundenheit, die wir im Friedensgruß bekundet haben, geht über unsere Gemeinde hinaus. Dies wird auch in unserer Kollekte sichtbar, die heute bestimmt ist für …

(Zur Kollekte wird ein Lied gesungen oder Instrumentalmusik gespielt.)

LOBPREIS UND BITTE

SONN-(FEST-)TÄGLICHER LOBPREIS

(Am Sitz lädt der Leiter/die Leiterin zum Lobpreis ein. Die Gemeinde erhebt sich.)

L: Schwestern und Brüder,
Gott hat zu uns gesprochen in den heiligen Schriften.
Wir haben sein Wort gehört.
Im Sonntäglichen Lobpreis (*oder:* Festtäglichen Lobpreis)
geben wir ihm Antwort.
Wir vereinen uns mit allen auf der Erde,
die heute den Tag des Herrn feiern, und beten:

Oder:

L: Lasst uns einstimmen in den Sonntäglichen Lobpreis (*oder:* Festtäglichen Lobpreis).

Oder:

L: Kommt, lasst uns den Herrn loben und preisen.

(Stille)

A. LOBPREIS UND DANK FÜR DAS GESCHENK DES SONNTAGS

„Das ist der Tag, den der Herr gemacht"

T: nach Lk 2,14 M: Heino Schubert

Oder:

T u. M: Franz Forsthuber

Oder:

Das ist der Tag, den der Herr gemacht (GL 66,1 / 335)
Jubelt dem Herrn alle Lande (GL 643,3)
Auf, lasst uns jubeln dem Herrn (GL 141)

L: Gepriesen bist du, Schöpfer der Welt:
Am Sonntag gedenken wir deiner Güte,
mit der du Himmel und Erde erschaffen hast.
Du bist die Quelle und der Ursprung allen Lebens.
Du hast am siebten Tag geruht von deinem Werk;
du lädst auch uns nach den Tagen der Arbeit ein,
an deiner schöpferischen Ruhe teilzuhaben.
Du willst, dass wir das Leben feiern,
das du uns immerfort schenkst.
Du lässt uns ausruhen von Mühe und Hast
und aufatmen im Blick auf deine Treue
zu uns und allen Geschöpfen.

K/A: Ehre Gott in der Höhe (siehe S. 564)

Oder:

K/A: Dir sei Preis und Dank und Ehre! (siehe S. 564)

L: Gepriesen bist du, Gott, für den Tag,
an dem du Christus, deinen Sohn, aus dem Tod erweckt
und zur Sonne des Heils gemacht hast.
Am Sonntag sammelst du deine Gemeinde um ihn
und stellst sie in das Licht seiner Liebe.
Am Sonntag erneuerst du den Bund der Treue,
den du mit uns geschlossen hast
in Christi Tod und Auferstehung.
Christus, dein Sohn, tritt in unsere Mitte:
Er bringt uns deine Versöhnung und deinen Frieden.
Er schenkt uns immer neu seinen Heiligen Geist,
der uns das Herz aufschließt
für das Geheimnis deiner Liebe
und uns den Mund auftut zum Lob deiner großen Taten,
die du für uns und alle Welt vollbracht hast.

K/A: Ehre Gott in der Höhe (siehe S. 564)

Oder:

K/A: Dir sei Preis und Dank und Ehre! (siehe S. 564)

L: Gepriesen bist du, Vater, für den Tag,
an dem wir die lebendige Hoffnung feiern,
zu der du die Welt berufen hast
durch die Auferweckung deines Sohnes.
Sie ist uns Unterpfand der kommenden Vollendung,
die wir mit der ganzen Schöpfung
(voll Sehnsucht) erwarten.
Dein Sohn hat Sünde, Leid und Tod besiegt.
Er lässt uns in dieser Feier
den Geschmack der Hoffnung verkosten:
dass deine Liebe stärker ist als alle Mächte des Todes
und deine Herrschaft des Erbarmens sich durchsetzt
in dieser Welt voll Unrecht und Gewalt.

K/A: Ehre Gott in der Höhe (siehe S. 564)

Oder:

K/A: Dir sei Preis und Dank und Ehre! (siehe S. 564)

L: Gepriesen bist du, Freund unseres Lebens,
für das Geschenk des (dieses) Sonntags.
Wir heißen ihn an diesem Morgen (Abend)
dankbar willkommen.
Befreie uns aus aller Enge und Hast,
und lass uns aufatmen in deiner Liebe.
Wir preisen dich mit deinem Sohn im Heiligen Geist
und stimmen freudig ein
in das Lied der himmlischen Chöre,
die das Lob deiner Herrlichkeit singen:

▸ HYMNUS

[Weitere Texte für den sonn-(fest-)täglichen Lobpreis (Form B–G) siehe S. 574 ff.]

HYMNUS

[An den Festtagen und an den Sonntagen außerhalb der Advents- und Fastenzeit schließt der Hymnus „Ehre sei Gott in der Höhe" (Gloria-Hymnus) den Lobpreis ab. In der Advents- und Fastenzeit

schließt der Lobpreis mit einem anderen Hymnus, beispielsweise: „Dir gebührt unser Lob".]

FÜRBITTEN (ALLGEMEINES GEBET)

(Nach dem Hymnus folgen die Fürbitten. Es sollte in der Regel gebetet werden für die Anliegen der Weltkirche und der Ortsgemeinde, die Regierenden, die Notleidenden, alle Menschen und das Heil der ganzen Welt, ausdrücklich auch für den Papst und den Diözesanbischof. Es ist sinnvoll, regelmäßig darum zu beten, dass die Gemeinde wieder gemeinsam die Eucharistie feiern kann. Der Leiter/die Leiterin spricht die Einleitung. Die einzelnen Anliegen werden von verschiedenen Gemeindegliedern vorgetragen. Dabei sollte eine ausreichende Zeit der Stille gegeben werden, damit auch für eigene Anliegen gebetet werden kann. Die Antwort der Gemeinde kann gesungen werden. Der Leiter/die Leiterin lädt nach der letzten Bitte sogleich zum Vaterunser ein.)

VATERUNSER

(Der Leiter/die Leiterin lädt zum gemeinsamen Gebet des Vaterunsers ein:)

L: Wir heißen Kinder Gottes und sind es.
Darum beten wir voll Vertrauen:

Oder:

L: Lasst uns beten,
wie der Herr uns zu beten gelehrt hat:

Oder:

L: Wir haben den Geist empfangen,
der uns zu Kindern Gottes macht.
Darum wagen wir zu sprechen:

A: Vater unser im Himmel,
geheiligt werde dein Name.
Dein Reich komme.

Dein Wille geschehe,
wie im Himmel so auf Erden.
Unser tägliches Brot gib uns heute.
Und vergib uns unsere Schuld,
wie auch wir vergeben unsern Schuldigern.
Und führe uns nicht in Versuchung,
sondern erlöse uns von dem Bösen.
Denn dein ist das Reich und die Kraft
und die Herrlichkeit in Ewigkeit.
Amen.

LOBLIED/DANKLIED

(An dieser Stelle kann ein Loblied, ein Danklied oder ein der Kirchenjahreszeit entsprechendes Lied gesungen werden.)

ABSCHLUSS

MITTEILUNGEN

(An dieser Stelle kann auf Gottesdienste und Veranstaltungen der Gemeinde an den kommenden Tagen hingewiesen oder anderes bekannt gemacht werden.)

SEGENSBITTE

(Leitet ein Diakon die Feier, so erteilt er am Sitz den Segen in der für ihn vorgesehenen Weise. Leitet ein Beauftragter Laie die Feier, so kann die Segensbitte in folgender oder ähnlicher Weise erfolgen:)

L: Der Herr segne uns und behüte uns.
Der Herr lasse sein Angesicht über uns leuchten
und sei uns gnädig.
Der Herr wende uns sein Angesicht zu
und schenke uns seinen Frieden.

A: Amen.

Oder:

L: Der Vater schenke uns seine Liebe.
A: Amen.
L: Der Sohn erfülle uns mit seinem Leben.
A: Amen.
L: Der Heilige Geist stärke uns mit seiner Kraft.
A: Amen.

(Die Segensbitte schließt mit den Worten:)

L: Und der Segen des allmächtigen Gottes,
des Vaters und des Sohnes und des Heiligen Geistes
komme auf uns herab und bleibe bei uns allezeit.

(Währenddessen machen alle das Kreuzzeichen.)

A: Amen.

ENTLASSUNG

D: Gehet hin in Frieden.
A: Dank sei Gott, dem Herrn.

L: Singet Lob und Preis.
A: Dank sei Gott, dem Herrn.

(ABENDLIED/MORGENLIED/MARIENLIED)

(Zum Abschluss kann gegebenenfalls ein Abend- oder Morgenlied oder ein Marienlied gesungen werden.)

AUSZUG

(Der Auszug findet in derselben Ordnung statt wie der Einzug. Er kann mit Orgel- oder anderer Instrumentalmusik begleitet werden.)

AUSTEILUNG UND EMPFANG DER KOMMUNION

(Die Wort-Gottes-Feier folgt bis einschließlich der Fürbitten der oben aufgeführten Ordnung. Die Fürbitten werden jedoch in diesem Fall vom Leiter/von der Leiterin durch ein Lobgebet abgeschlossen. Die Austeilung der Kommunion schließt sich nach dem folgenden Modell an.)

HINWEIS AUF DIE EUCHARISTISCHE GEMEINSCHAFT

(Der Leiter/die Leiterin verweist am Sitz mit folgenden oder ähnlichen Worten auf die eucharistische Tischgemeinschaft:)

L: Wir haben die Gegenwart
unseres Herrn Jesus Christus erfahren
in der Verkündigung seines Wortes.
Das eucharistische Brot, das uns jetzt geschenkt wird,*
verbindet uns mit der Eucharistiefeier,
die wir am vergangenen Sonntag
(in der vergangenen Woche, im vergangenen Monat,
am Fest …)
hier zuletzt gefeiert haben.

(Oder:
*verbindet uns mit der Eucharistiefeier,
die heute in unserer Nachbargemeinde gefeiert wurde.)

Die bleibende Gegenwart des Herrn im eucharistischen Brot ist uns kostbares Gut, das den Glauben nährt, die Hoffnung stärkt und die Gemeinschaft mit unserem Herrn Jesus Christus festigt.

BEREITUNG DES ALTARES – ÜBERTRAGUNG DES ALLERHEILIGSTEN

(Ein Ministrant/eine Ministrantin breitet das Korporale auf dem Altar aus.
Die Gemeinde kniet.

Während der Übertragung wird ein Christus- oder ein Sakramentslied gesungen.)

STILLE ANBETUNG

(Nach der Übertragung lädt der Leiter/die Leiterin zur stillen Anbetung ein und kniet zusammen mit den anderen liturgischen Diensten vor dem Altar nieder.)

VATERUNSER

(Die Gemeinde erhebt sich. Der Leiter/die Leiterin lädt zum Gebet des Herrn ein.)

L: Lasst uns beten,
wie der Herr uns zu beten gelehrt hat:

(Alle singen oder sprechen gemeinsam:)

A: Vater unser im Himmel,
geheiligt werde dein Name.
Dein Reich komme.
Dein Wille geschehe,
wie im Himmel so auf Erden.
Unser tägliches Brot gib uns heute.
Und vergib uns unsere Schuld,
wie auch wir vergeben unsern Schuldigern.
Und führe uns nicht in Versuchung,
sondern erlöse uns von dem Bösen.
Denn dein ist das Reich und die Kraft
und die Herrlichkeit in Ewigkeit.
Amen.

EINLADUNG ZUR KOMMUNION – KOMMUNION

(Der Leiter/die Leiterin macht vor dem Altar eine Kniebeuge, nimmt eine Hostie, hält sie über der Hostienschale und spricht der Gemeinde zugewandt:)

L: Seht das Lamm Gottes,
das hinwegnimmt die Sünde der Welt.
A: Herr, ich bin nicht würdig,
dass du eingehst unter mein Dach,
aber sprich nur ein Wort,
so wird meine Seele gesund.

(Dann teilt der Leiter/die Leiterin die Kommunion an die anderen Kommunionhelfer/Kommunionhelferinnen aus und empfängt selbst die Kommunion. Anschließend wird die Kommunion in der gewohnten Weise an die Gemeinde ausgeteilt.)

(Leiter/in oder Kommunionhelfer/in:)

Der Leib Christi.

(Kommunizierende/r:)

Amen.

(Während der Kommunionausteilung kann Orgel- oder andere Instrumentalmusik gespielt werden. Es kann auch ein geeigneter Wechselgesang gewählt oder Stille gehalten werden.
Die Schale/n mit den nach der Kommunionausteilung verbliebenen Hostien wird/werden in den Tabernakel zurückgestellt. Die leeren Gefäße werden zur Kredenz gebracht und – nach dem Gottesdienst – gereinigt.)

STILLE – DANKLIED

(Nach einer angemessenen Zeit der Stille kann ein geeignetes Danklied gesungen werden.)

SCHLUSSGEBET

(Der Leiter/die Leiterin spricht am Sitz das folgende oder ein anderes Schlussgebet (siehe S. 586 ff).

L: Lasset uns beten.

(Nach einer kurzen Stille trägt der Leiter/die Leiterin das Schlussgebet vor.)

L: Barmherziger Gott,
du hast uns gestärkt durch das lebendige Brot,
das vom Himmel kommt.
Deine Liebe,
die wir in der heiligen Speise empfangen haben,
mache uns bereit,
dir in unseren Schwestern und Brüdern zu dienen.
Darum bitten wir durch Christus, unseren Herrn.

A: Amen.

(Die Feier wird in der Weise abgeschlossen, wie es auf S. 568 f. vorgesehen ist.)

Auswahlelemente

AUSWAHLELEMENTE

SONNTÄGLICHER LOBPREIS

B. LOBPREIS DES DREIEINIGEN GOTTES

„Preist den dreieinigen Gott, den Vater, den Sohn
und den Heiligen Geist“

(Die folgende Akklamation wird beim ersten Mal vorgesungen und dann von allen wiederholt.)

K/A: Dir sei Preis und Dank und Ehre! (siehe S. 564)

L: Gepriesen bist du, Herr, unser Gott,
für das Leben, das du geschaffen hast.
Die ganze Welt hältst du in der Hand,
und wir dürfen dich unseren Vater nennen.

A: Dir sei Preis und Dank und Ehre! (siehe S. 564)

L: Wir danken dir für deinen Sohn Jesus Christus,
unseren Herrn und Bruder.
Durch ihn wurde deine Güte
in menschlicher Gestalt sichtbar.
In seinem Tod und seiner Auferstehung
hast du uns erlöst
und bleibende Hoffnung geschenkt.
Er ist das Wort, das uns den Weg weist,
er ist die Wahrheit, die uns frei macht.

A: Dir sei Preis und Dank und Ehre! (siehe S. 564)

L: Wir preisen dich für den Heiligen Geist,
der uns zusammenführt und als Kirche eint.
Aus seiner Fülle haben wir empfangen,
aus seiner Kraft dürfen wir leben.

A: Dir sei Preis und Dank und Ehre! (siehe S. 564)

L: Wir danken dir für alle,
die den Weg mit uns gemeinsam gehen

und ihr Leben mit uns teilen.
Für alle, die bei uns bleiben in Stunden der Freude,
aber auch in Stunden der Not und der Angst.

A: Dir sei Preis und Dank und Ehre! (siehe S. 564)

L: Wir preisen dich, Herr, unser Gott,
durch ihn, Jesus Christus, deinen Sohn,
im Heiligen Geist
und stimmen ein in den Lobgesang
der himmlischen Chöre:

▶ HYMNUS

C. LOBPREIS UND DANK FÜR SCHÖPFUNG UND NEUSCHÖPFUNG

„Gott ruft sein Volk zusammen"

(Die folgende Akklamation wird beim ersten Mal vorgesungen und dann von allen wiederholt. Anstelle der gesungenen Akklamation kann der folgende Ruf auch jeweils gesprochen werden.)

(Kantor/in oder Leiter/in:)

K: Wir loben dich, wir preisen dich, wir beten dich an. (nach GL 131)
A: Wir loben dich, wir preisen dich, wir beten dich an.

L: Gepriesen bist du, Herr, unser Gott,
für die Gabe des ersten Tages der Woche.
Dies ist der Tag,
an dem du das Werk der Schöpfung begonnen hast,
indem du Licht und Finsternis trenntest.
Dies ist der Tag,
an dem du durch die Auferweckung deines Sohnes
mitten in der alten Schöpfung
die neue Schöpfung schon begonnen hast.
Dies ist der Tag
der Ruhe und Unterbrechung,
den du uns allen am Berg Sinai
durch dein Sabbatgebot geschenkt hast.

Denn du hast uns deinem geliebten Volk Israel
im Neuen Bunde zugesellt.
So halten auch wir einen Tag der Woche für dich frei.
Wie dein Volk Israel
sehnen wir uns nach der Erfüllung deiner Verheißungen.
Wir vereinen uns mit allen, die deinen Namen kennen,
und rufen:

K/A: Wir loben dich, wir preisen dich,
wir beten dich an.

L: Als die Zeit ihre Fülle erreicht hatte,
hast du uns Jesus, den Christus, geschenkt,
dein ewiges, nun sichtbares und Leben schaffendes Wort.
Seiner vor allem gedenken wir am Sonntag.
Es ist der Tag,
an dem er den Geist
auf die im Saal Versammelten sandte
und so deine Kirche schuf.
Als deine Gemeinde (von ...)
sind wir versammelt
(in der Ortskirche/im Bistum von ...),
um auf deinen Sohn zu hören
und ihm im Glauben zu folgen.

(An dieser Stelle kann entsprechend der Zeit im Kirchenjahr einer der folgenden Einschübe eingefügt werden:)

Sonntage im Jahreskreis:

Sein Wort ist Frohe Botschaft.
Seine Taten zeugen von Barmherzigkeit
und Gerechtigkeit.
Sein Leiden und Tod machen Solidarität
und Wahrheit offenbar.
Seine Auferstehung kündet von einer Liebe,
die kein Hass zerstören kann.

► S. 578

Oder:

Er hat Großes an uns getan:
Durch seinen Tod und seine Auferstehung
hat er uns von der Sünde
und von der Knechtschaft des Todes befreit
und neues Leben geschenkt.
In ihm sind wir ein auserwähltes Geschlecht,
dein heiliges Volk, dein königliches Priestertum.

► S. 578

Oder:

Er hat den Armen eine gute Nachricht gebracht,
den Gefangenen die Entlassung verkündet,
Blinden das Augenlicht geschenkt,
Tauben die Ohren geöffnet,
Aussätzige rein gemacht
und Tote zum Leben gerufen.

► S. 578

Sonntage im Advent:

Ihn hast du der Menschheit als Erlöser verheißen.
Seine Wahrheit leuchtet den Suchenden,
seine Kraft stärkt die Schwachen,
seine Barmherzigkeit bringt den Sündern Vergebung.
Er ist der Heiland der Welt,
den du gesandt hast in Treue zu deinem Wort.

► S. 578

Sonntage in der Weihnachtszeit:

Er ist Mensch geworden
und hat der Welt Rettung und Licht gebracht.
Er heilt die Wunden der Schöpfung,
richtet auf, was gebeugt ist und darniederliegt,
er ruft die Menschen ins Reich deines Friedens.

► S. 578

Sonntage in der Österlichen Bußzeit:

Er hat Erbarmen mit uns Menschen.
Sein Wort ruft uns zu Umkehr und Buße.
Seine Botschaft schenkt uns Hoffnung und Vergebung.
Seine Taten eröffnen Heil und Leben.

▶ unten

Sonntage in der Osterzeit:

Er hat den Tod besiegt und
durch seine Auferstehung das Leben neu geschaffen.
Er schenkt uns Hoffnung,
die dem Leben Licht
und im Sterben Halt schenkt.

K/A: Wir loben dich, wir preisen dich,
wir beten dich an.

L: Als die Gemeinde Jesu Christi,
die er aus der Zerstreuung und Vereinzelung sammelt,
folgen wir ihm auf seinem Weg durch die Zeit.
In ihm geschwisterlich verbunden,
teilen wir die Sorgen und Nöte,
die Hoffnungen und Freuden aller Menschen guten Willens.
Sie stehen vor uns an diesem Tag,
und im Geist Christi beten wir.
Wir bitten dich, Gott, um den Heiligen Geist,
den Tröster und Befreier,
den Atem und Wind.
Als deine heilige Versammlung rufen wir:

K: Sende aus deinen Geist,
und das Antlitz der Erde wird neu. (GL 645, 3)
A: Sende aus deinen Geist,
und das Antlitz der Erde wird neu.

L: Wir feiern (diesen ...) Sonntag.
Du hast uns heute zusammengerufen,

dass wir dein Wort hören
und dir das Lob singen konnten.
(Das Brot zu brechen, ist uns nicht gegeben,
doch deine Nähe ist uns zugesagt.)
Herr, es ist die Kirche,
die Jesus als dein Volk aus allen Völkern gesammelt hat.
Als seine Kirche halten wir Ausschau
nach seinem endgültigen Kommen.
Mit allen, die den Weg auf dein Reich hin gehen,
geben wir dir, Gott, die Ehre.

▶ HYMNUS

D. LOBPREIS UND DANK FÜR JESUS CHRISTUS

„Jesus Christus ist der Herr zur Ehre Gottes des Vaters"

(Die folgende Akklamation wird beim ersten Mal vorgesungen und dann von allen wiederholt. Anstelle der gesungenen Akklamation kann der folgende Ruf auch jeweils gesprochen werden.)

(Kantor/in oder Leiter/in:)

M: Walter Röder / Rechte: Christophorus, Freiburg

L: Menschenfreundlicher Gott,
Vater unseres Herrn Jesus Christus,
so sehr hast du die Welt geliebt,
dass du uns deinen einzigen Sohn gabst,
damit jeder, der an ihn glaubt,

nicht zugrunde geht,
sondern das ewige Leben hat.

A: Jesus Christus ist der Herr zur Ehre Gottes des Vaters.

L: Wir preisen dich, Vater,
für die Menschwerdung deines Sohnes,
für seine Geburt aus der Jungfrau Maria,
für sein Leben in unserer Mitte.

A: Jesus Christus ist der Herr zur Ehre Gottes des Vaters.

L: Wir preisen dich, Vater,
für Jesu Leben in Nazaret,
für die Offenbarung deines Sohnes am Jordan,
für seinen Sieg über den Versucher in der Wüste.

A: Jesus Christus ist der Herr zur Ehre Gottes des Vaters.

L: Wir preisen dich, Vater,
für jedes Wort aus dem Munde Jesu,
für sein heilendes Wirken,
für die Zeichen seiner Herrlichkeit.

A: Jesus Christus ist der Herr zur Ehre Gottes des Vaters.

L: Wir preisen dich, Vater,
für das Abendmahl deines Sohnes,
für sein Leiden und Sterben,
für seine Grabesruhe
und seine Auferstehung.

A: Jesus Christus ist der Herr zur Ehre Gottes des Vaters.

L: Wir preisen dich, Vater,
für alle Macht,
die du Christus gegeben hast,
im Himmel und auf Erden,
für seine Auffahrt zu dir,
für die Sendung des Heiligen Geistes.

A: Jesus Christus ist der Herr zur Ehre Gottes des Vaters.

L: Wir preisen dich, Vater,
dass dein Sohn uns nicht allein lässt;
dass er gegenwärtig ist,
wo zwei oder drei
in seinem Namen versammelt sind;
dass er alle Tage bei uns ist
bis zum Ende der Welt.

A: Jesus Christus ist der Herr zur Ehre Gottes des Vaters.

L: Wir preisen dich, Vater,
Herr des Himmels und der Erde,
in Dankbarkeit, in Ehrfurcht und in Liebe
durch deinen Sohn im Heiligen Geist
und stimmen ein in das Loblied der himmlischen Chöre:

▶ HYMNUS

E. LOBPREIS UND DANK FÜR GOTTES WIRKEN

„Durch ihn und auf ihn hin ist alles geschaffen"

(Die folgende Akklamation wird beim ersten Mal vorgesungen und dann von allen wiederholt. Anstelle der gesungenen Akklamation kann der folgende Ruf auch jeweils gesprochen werden.)

(Kantor/in oder Leiter/in:)

K: Lobet den Herrn, preist seine Huld und Treue. (GL 401)
A: Lobet den Herrn, preist seine Huld und Treue.

L: Gepriesen bist du, Herr, unser Gott.
Alles, was du geschaffen hast, ist gut.

A: Lobet den Herrn, preist seine Huld und Treue.

L: Die Welt kündet deine Weisheit und Größe.
Der Mensch kann dich erkennen und dir dienen.

A: Lobet den Herrn, preist seine Huld und Treue.

L: Du lässt uns in der Sorge um die Welt nicht allein.
In Jesus Christus ist uns deine Liebe erschienen.

A: Lobet den Herrn, preist seine Huld und Treue.

L: Auf ihn hin ist alles geschaffen;
er schenkt uns die Fülle des Lebens.

A: Lobet den Herrn, preist seine Huld und Treue.

L: Er heilt die Wunden der Schöpfung
und gibt uns unzerstörbare Hoffnung.

A: Lobet den Herrn, preist seine Huld und Treue.

L: Er ist der Anfang einer neuen Schöpfung;
durch ihn willst du die Welt vollenden.

A: Lobet den Herrn, preist seine Huld und Treue.

L: Gepriesen bist du, Herr, unser Gott,
durch ihn, Jesus Christus, deinen Sohn.
Im Heiligen Geist versammelt, stimmen wir ein
in den Lobgesang der himmlischen Chöre:

► HYMNUS

F. LOBPREIS UND DANK FÜR GOTTES WORT

„Dein Wort, o Herr, geleitet uns"

(Die folgende Akklamation wird beim ersten Mal vorgesungen und dann von allen wiederholt. Anstelle der gesungenen Akklamation kann der folgende Ruf auch jeweils gesprochen werden.)

(Kantor/in oder Leiter/in:)

K: Dein Wort ist Licht und Wahrheit;
es leuchtet mir auf all meinen Wegen. (GL 630,4)
A: Dein Wort ist Licht und Wahrheit;
es leuchtet mir auf all meinen Wegen.

L: Gott, unser Vater,
wir leben nicht vom Brot allein,
sondern von jedem Wort
aus deinem Munde.
Denn durch dein Wort

hast du die Welt erschaffen;
durch dein Wort hast du alles ins Leben gerufen.

A: Dein Wort ist Licht und Wahrheit;
es leuchtet mir auf all meinen Wegen.

L: Auf dein Wort hast du den Bund
mit Israel gegründet.
Du hast Mose
das Wort deiner Treue anvertraut
als Halt und Weisung für dein Volk,
als Kraft und Stärke für dein Erbe.

A: Dein Wort ist Licht und Wahrheit;
es leuchtet mir auf all meinen Wegen.

L: Du hast die Propheten berufen
als Künder deiner Liebe.
Durch dein Wort mahnten sie das Volk
zu Umkehr und Buße,
sagten an dein Gericht,
spendeten Trost in Not und Bedrängnis.

A: Dein Wort ist Licht und Wahrheit;
es leuchtet mir auf all meinen Wegen.

L: Dein Wort hat Israels Sänger bewegt
und sie erfüllt mit dem Geist des Gebetes.
Deine Weisheit haben sie bekundet,
uns gelehrt, deinen Namen zu preisen.

A: Dein Wort ist Licht und Wahrheit;
es leuchtet mir auf all meinen Wegen.

L: In der Fülle der Zeiten
hast du deinen Sohn gesandt:
das ewige Wort am Herzen des Vaters.
Gnade und Wahrheit kamen durch ihn.
Geist und Leben sind seine Worte.

A: Dein Wort ist Licht und Wahrheit;
es leuchtet mir auf all meinen Wegen.

L: Um das Werk deines Sohnes zu vollenden,
hast du den Heiligen Geist ausgegossen,
damit er uns alles lehre
und uns stärke
zum Zeugnis des Glaubens.

A: Dein Wort ist Licht und Wahrheit;
es leuchtet mir auf all meinen Wegen.

L: Wir preisen dich für dein Wort
und danken dir für dein Wirken.
Ja, dir gebührt unser Lob,
dir unser rühmendes Lied:

► HYMNUS

G. LOBPREIS UND DANK FÜR DEN SONNTAG

„Dankt unserm Gott, lobsinget ihm"

L: Schwestern und Brüder,
wir sind im Namen Jesu versammelt.
Er ist in unserer Mitte.
Er ist unser Mittler bei Gott.
Deshalb beten wir:

(Stille)

L: Allmächtiger Gott,
den Sabbat hast du geheiligt
als Tag des Lobes und Dankes
für das Werk deiner Schöpfung.
Der Mensch soll ausruhen von der Arbeit,
dein Wort hören und deinen Namen preisen.
Dankbar erheben wir unsere Stimme:

T: Liturgie/M: Erhard Quack

(In der österlichen Bußzeit:)
Danket dem Herrn, denn er ist gütig,
denn seine Huld währt ewig. (GL 558,1)

L: Den Sonntag hast du uns geschenkt,
damit wir uns freuen
und deines geliebten Sohnes gedenken.
Er kam in die Welt als dein Wort.
Er lebte mit den Menschen.
Sie überlieferten ihn dem Tod.
Du aber hast ihn gerettet.
Darum feiern wir diesen Tag
und gedenken seiner Auferstehung:

K/A: Dank sei Gott, Halleluja.

L: In Christus hast du alle Menschen berufen,
dein auserwähltes Volk zu werden.
Von dir geliebt, schreitet es durch die Zeit,
zur ewigen Vollendung hin,
um dich für immer zu schauen und zu loben:

K/A: Dank sei Gott, Halleluja.

L: Ja, dieser Tag ist ein Geschenk deiner Liebe.
Darum loben und preisen wir dich,
beten wir dich an und danken dir
durch Jesus Christus im Heiligen Geist
und vereinen uns mit den Chören des Himmels
zu deinem Lobgesang:

► HYMNUS

SCHLUSSGEBETE

(Wenn die Wort-Gottes-Feier mit einer Kommunionfeier verbunden wird, kann das Schlussgebet aus den folgenden Texten gewählt werden.)

SCHLUSSGEBET 1

Gott, unser himmlischer Vater,
du schenkst Vergebung und Frieden.
Bleib bei uns auf dem Weg.
Lass uns Sorge tragen für alle, die uns brauchen,
und wo Unrecht deinem Reich entgegensteht,
lass uns Verzeihung üben
durch Jesus Christus, unseren Herrn.

SCHLUSSGEBET 2

Gott,
du bist reich an Liebe und Güte.
Wie eine Mutter für ihre Kinder sorgt,
so bist du uns zugetan.
Begleite uns in dieser Woche,
dass wir deinen Namen
in Wort und Tat verherrlichen
durch Jesus Christus, unseren Herrn.

SCHLUSSGEBET 3

Gott, Spender aller Gaben!
Du hast uns bewirtet
mit deinem Wort und dem Brot des Lebens.
Gib uns ein wachsames Herz,
damit wir dich erkennen in allem,
was uns im Alltag begegnet.
Darum bitten wir
durch Jesus Christus, unseren Herrn.

SCHLUSSGEBET 4

Gott, Urgrund unseres Seins!
Wir danken dir für Jesus, deinen Sohn,
unseren Herrn und Bruder.
Er sei unsere Stärke,
wenn wir dich, den Verborgenen, suchen.
Er sei unsere Kraft,
wenn wir auf seinen Spuren durchs Leben gehen.
Darum bitten wir durch ihn,
Jesus Christus, unseren Herrn.

SCHLUSSGEBET 5

Herr, unser Gott,
du hast uns als deine Gemeinde versammelt.
Wir bitten dich:
Ruf uns zusammen mit den Menschen aller Völker
und Nationen in das Reich deines Sohnes,
der mit dir lebt und herrscht in Ewigkeit.

SCHLUSSGEBET 6

Allmächtiger Gott und Vater,
du hast deinen gekreuzigten Sohn auferweckt
und ihm, dem Lebendigen,
die Macht des Leben spendenden Geistes gegeben.
Nimm dich deiner Kirche an, o Herr,
und erneuere ihre Jugend.
Lass sie aufleben durch deinen Heiligen Geist
durch Jesus Christus, unseren Herrn.

SCHLUSSGEBET 7

Gott, unser Vater,
dein Sohn hat uns von dir Kunde gebracht.
Er hat uns erkennen lassen, wie du bist:

groß in deiner Huld für deine Geschöpfe,
gewaltig in deiner Hoheit,
wehrlos in deiner Liebe.
Wir sagen dir Dank durch ihn,
der sich uns im Wort und im Brot des Lebens
geschenkt hat,
Jesus Christus, unseren Herrn.

SCHLUSSGEBET 8

Herr, unser Gott,
du hast gewollt,
dass sich das Bild deines Sohnes auspräge
im Wesen der Getauften,
die du zu deinem Tisch geladen hast.
Ermutige uns, dem Evangelium zu folgen
und deinem Heiligen Geist Raum zu geben,
durch Jesus Christus, unseren Herrn.

SCHLUSSGEBET 9

Allmächtiger Gott,
in dieser Feier
hast du uns an deinem göttlichen Leben Anteil geschenkt.
Lass uns niemals von dir getrennt werden,
sondern bewahre uns in deiner Liebe
durch Jesus Christus, unseren Herrn.

Zeit im Jahreskreis

DREIFALTIGKEITSSONNTAG – HOCHFEST

4. Juni 2023

Die Trinität ist – so der Theologe Walter Kasper über die Dreifaltigkeit – das Geheimnis des christlichen Glaubens schlechthin. Gott kann ich nicht begreifen; er ist immer größer als das, was wir uns vorstellen können. Und doch nähert sich die Heilige Schrift diesem Geheimnis so, dass sie davon erzählt, was, oder besser: wer die göttlichen Personen für mich sind. Gott, der Vater, hat mich erschaffen, Jesus Christus ist für mich gestorben und auferstanden, der Heilige Geist stärkt mich und schenkt mir die Kraft zum Glauben. Dabei zeigt sich Gott in den unterschiedlichen Weisen jeweils ganz. So verweisen die Texte des heutigen Dreifaltigkeitssonntags auch mehr auf das Wirken Gottes, auf seine Gnade, Liebe und Barmherzigkeit, und verlieren sich nicht in Spekulationen. Die würden mir am Ende auch nicht helfen. Aber dass da einer ist, der mich nicht nur gewollt, sondern auch erlöst hat und mich tröstet, das schenkt mir neuen Lebensmut.

ERÖFFNUNGSVERS

Gepriesen sei der dreieinige Gott:
der Vater und sein eingeborener Sohn
und der Heilige Geist;
denn er hat uns sein Erbarmen geschenkt.

KYRIE-RUFE

Herr Jesus Christus, du bist eins mit
dem Vater und dem Heiligen Geist.
V/A: Herr, erbarme dich.
Du nimmst uns hinein in die
dreieinige göttliche Liebe.
V/A: Christus, erbarme dich.
Du berufst uns, Mitliebende Gottes zu sein.
V/A: Herr, erbarme dich.

Ehre sei Gott, S. 479 f.

TAGESGEBET

Herr, himmlischer Vater, du hast dein Wort und deinen Geist in die Welt gesandt, um das Geheimnis des göttlichen Lebens zu offenbaren. Gib, dass wir im wahren Glauben die Größe der göttlichen Dreifaltigkeit bekennen und die Einheit der drei Personen in ihrem machtvollen Wirken verehren. Darum bitten wir durch Jesus Christus.

WORTGOTTESDIENST

ZUR 1. LESUNG Die Offenbarung, die Mose am Sinai empfängt, ist in doppelter Hinsicht ein Akt der Gnade. Mose hat aus Zorn über das Volk Israel die ersten Gesetzestafeln zerbrochen (Ex 32,15–29). Dass das Volk Israel um das Goldene Kalb tanzte, während Mose aus den Händen Gottes das Gesetz empfing, war zu viel. Doch Gott vergibt, er bittet Mose, nochmals Tafeln zu machen, auf die er das Gesetz schreiben kann. Hier setzt der Abschnitt ein. Mose besteigt den Berg und erfährt zunächst von Gott, dass er ein barmherziger und gnädiger Gott ist. Er belehrt Mose nicht mit dogmatischen Aussagen, sondern schenkt ihm Mut und Zutrauen. Es ist also nicht nur das einmalige Vergeben einer Schuld, das Mose erfährt, sondern er darf einen Blick tun in das vergebende Herz Gottes.

ERSTE LESUNG

Ex 34,4b.5–6.8–9

Der Herr ist der Herr, ein barmherziger und gnädiger Gott

Lesung aus dem Buch Éxodus.

In jenen Tagen stand Mose früh am Morgen auf und ging auf den Sínai hinauf, wie es ihm der Herr aufgetragen hatte. Der Herr aber stieg in der Wolke herab und stellte sich dort neben ihn hin. Er rief den Namen des Herrn aus. Der Herr ging vor seinem Angesicht vorüber und rief: Der Herr ist der Herr, ein barmherziger und gnädiger Gott, langmütig und reich an Huld und Treue:

Sofort verneigte sich Mose bis zur Erde und warf sich zu Boden. Er sagte: Wenn ich Gnade in deinen Augen gefunden habe, mein Herr, dann ziehe doch, mein Herr, in unserer Mitte! Weil es ein hartnäckiges Volk ist, musst du uns unsere Schuld und Sünde vergeben und uns dein Eigentum sein lassen!

ANTWORTPSALM

Dan 3,52.53.54.55.56 (Kv: vgl. 52)

Gepriesen bist du, Herr, du Gott unserer Väter. *
Kv Gerühmt und verherrlicht in Ewigkeit.

Gepriesen bist du im Tempel deiner heiligen Herrlichkeit. *
Kv Gerühmt und verherrlicht in Ewigkeit.

Gepriesen bist du, der in die Tiefen schaut und auf Kérubim thront. *
Kv Gerühmt und verherrlicht in Ewigkeit.

Gepriesen bist du auf dem Thron deiner Herrschaft. *
Kv Gerühmt und verherrlicht in Ewigkeit.

Gepriesen bist du am Gewölbe des Himmels. *
Kv Gerühmt und verherrlicht in Ewigkeit.

ZUR 2. LESUNG Die letzten Worte des zweiten Korintherbriefes sind zu einer festen liturgischen Formel in unseren Gottesdiensten geworden. Der vertraute Segenswunsch ist dreigliedrig und lehnt sich darin an den aaronitischen Segen (Num 6,24) an, der sich ebenfalls in drei Schritten an Gott wendet. Ähnlich wie in der ersten Lesung steht auch in diesem Zuspruch die Gnade im Vordergrund. Sie zeigt sich in Jesus Christus und erweist so die Liebe, die uns zu Gott und zueinander führt. Wie ein Pluszeichen vor der Klammer stehen die Liebe und der Friede Gottes über allem. Sie stehen auch über und hinter allen Forderungen, die Paulus in dem Brief nach Korinth ausgesprochen hat.

ZWEITE LESUNG 2 Kor 13,11–13

Die Gnade des Herrn Jesus Christus und die Liebe Gottes und die Gemeinschaft des Heiligen Geistes sei mit euch allen!

Lesung aus dem zweiten Brief des Apostels Paulus an die Gemeinde in Korínth.

Schwestern und Brüder, freut euch, kehrt zur Ordnung zurück, lasst euch ermahnen, seid eines Sinnes, haltet Frieden! Dann wird der Gott der Liebe und des Friedens mit euch sein.

Grüßt einander mit dem heiligen Kuss! Es grüßen euch alle Heiligen.

Die Gnade des Herrn Jesus Christus und die Liebe Gottes und die Gemeinschaft des Heiligen Geistes sei mit euch allen!

RUF VOR DEM EVANGELIUM Vers: vgl. Offb 1,8

Halleluja. Halleluja.
Ehre sei dem Vater und dem Sohn und dem Heiligen Geist.
Ehre sei dem einen Gott,
der war und der ist und der kommen wird.
Halleluja.

ZUM EVANGELIUM „Gott hat die Welt so sehr geliebt, dass er seinen einzigen Sohn hingab, damit jeder, der an ihn glaubt, nicht verloren geht, sondern ewiges Leben hat." Dieser Vers aus dem Johannes-Evangelium wird gerne als „Evangelium im Evangelium" bezeichnet. In ihm wird die Botschaft von der Erlösung durch Jesus Christus kurz und knapp zusammengefasst. Seine Liebe zeigt sich genau so und nicht anders. Wer an Jesus Christus glaubt, der hat ewiges Leben. Es braucht keine Glaubensprüfung, keine Unterschrift unter ein Dokument mit Dogmen und auch keinen Nachweis guter Werke. Das Vertrauen in Jesus Christus reicht aus. Wir bekennen uns zu ihm, er steht zu uns. Seine Liebe gilt allen, die sich von ihm lieben lassen und loslassen, was sie bedrängt.

EVANGELIUM

Joh 3,16–18

Gott hat seinen Sohn gesandt, damit die Welt durch ihn gerettet wird

+ Aus dem heiligen Evangelium nach Johannes.

Gott hat die Welt so sehr geliebt, dass er seinen einzigen Sohn hingab, damit jeder, der an ihn glaubt, nicht verloren geht, sondern ewiges Leben hat.

Denn Gott hat seinen Sohn nicht in die Welt gesandt, damit er die Welt richtet, sondern damit die Welt durch ihn gerettet wird.

Wer an ihn glaubt, wird nicht gerichtet; wer nicht glaubt, ist schon gerichtet, weil er nicht an den Namen des einzigen Sohnes Gottes geglaubt hat.

Glaubensbekenntnis, S. 482 ff.

FÜRBITTEN

Es ist das Geheimnis der dreifaltigen Liebe, dass sie nicht bei sich bleiben kann. Sie will sich verschenken. So rufen wir voll Hoffnung zum dreieinen Gott:

- Lass in deiner Kirche Vielfalt in Einheit wachsen. V/A: Höre und erhöre uns.
- Weise deiner Kirche den Weg zur Erneuerung durch dein ewiges Wort. V/A: Höre und erhöre uns.
- Schenke Frieden und Versöhnung, wo Hass und Streit sind. V/A: Höre und erhöre uns.
- Erneuere die Liebe in den Familien, Ehen, Gemeinschaften. V/A: Höre und erhöre uns.
- Tröste die Menschen, die schuldig geworden sind und zutiefst bereuen. V/A: Höre und erhöre uns.

Im Geheimnis der Dreifaltigkeit erahnen wir die Liebe des Vaters, der seinen Sohn gesandt hat, um uns nahe zu sein im Heiligen Geist. Der heiligen Dreifaltigkeit sei Lob und Dank, heute und allezeit.

EUCHARISTIEFEIER

GABENGEBET

Gott, unser Vater, wir rufen deinen Namen an über Brot und Wein. Heilige diese Gaben und nimm mit ihnen auch uns an, damit wir dir auf ewig gehören. Darum bitten wir durch Christus, unseren Herrn.

PRÄFATION

In Wahrheit ist es würdig und recht, dir, Herr, heiliger Vater, allmächtiger, ewiger Gott, immer und überall zu danken. Mit deinem eingeborenen Sohn und dem Heiligen Geist bist du der eine Gott und der eine Herr, nicht in der Einzigkeit einer Person, sondern in den drei Personen des einen göttlichen Wesens. Was wir auf deine Offenbarung hin von deiner Herrlichkeit glauben, das bekennen wir ohne Unterschied von deinem Sohn, das bekennen wir vom Heiligen Geiste. So beten wir an im Lobpreis des wahren und ewigen Gottes die Sonderheit in den Personen, die Einheit im Wesen und die gleiche Fülle in der Herrlichkeit. Dich loben die Engel und Erzengel, die Kerubim und Serafim. Wie aus einem Mund preisen sie dich Tag um Tag und singen auf ewig das Lob deiner Herrlichkeit: Heilig …

KOMMUNIONVERS

Gal 4,6

Weil ihr Söhne seid,
sandte Gott den Geist seines Sohnes in eure Herzen,
den Geist, der ruft: Abba, Vater.

SCHLUSSGEBET

Herr, unser Gott, wir haben den Leib und das Blut deines Sohnes empfangen. Erhalte uns durch dieses Sakrament im wahren Glauben und im Bekenntnis des einen Gottes in drei Personen. Darum bitten wir durch Christus, unseren Herrn.

FEIERLICHER SCHLUSSSEGEN

Gott, unser Vater, segne euch mit allem Segen des Himmels, damit ihr rein und heilig lebt vor seinem Angesicht. – A: Amen.
Er lehre euch durch das Wort der Wahrheit; er bilde euer Herz nach dem Evangelium Christi und gebe euch Anteil an seiner Herrlichkeit. – A: Amen.
Er schenke euch jene brüderliche Liebe, an der die Welt die Jünger Christi erkennen soll. – A: Amen.
Das gewähre euch der dreieinige Gott, der Vater und der Sohn † und der Heilige Geist. – A: Amen.

***

NICHT BEI SICH BLEIBEN

Geheimnis der Dreifaltigkeit,
Geheimnis der Liebe,
Geheimnis der Weisheit:
sie bleiben nicht bei sich!

Gottes Freude an seiner Schöpfung
kann nicht bei sich bleiben,
sie will hinaus in die Welt:
sie will zur Welt kommen!

Unsere Hoffnung für die Welt
ist Gottes Geist,
Gottes Liebe,
Gottes Weisheit, die sich ins Spiel bringt …

Dorothee Sandherr-Klemp

HOCHFEST DES LEIBES UND BLUTES CHRISTI

FRONLEICHNAM

8. Juni 2023

Fronleichnam ist ein Fest des öffentlichen Zeugnisses. Die Gegenwart Jesu Christi in der Eucharistie bleibt nicht nur im Kreis seiner Jüngerinnen und Jünger, sondern will öffentlich bezeugt sein. Eucharistie soll hineinwirken in unseren gemeinsamen Alltag. Was Jesus bei der Einsetzung des Abendmahls sprach, soll auch seine Gemeinde bewegen: „Für euch, für alle gebe ich mich hin." So wie sich Jesus zum Geschenk für mich machte, soll ich mich zum Geschenk für andere machen. Wie das Volk Israel an seine Errettung aus der Wüste denken soll, sollen auch wir uns erinnern, dass Eucharistie nicht nur ein Geschehen zwischen Gott und mir, sondern Stärkung auf dem Weg in die Welt ist.

ERÖFFNUNGSVERS

Vgl. Ps 81 (80), 17

Er hat uns mit bestem Weizen genährt
und mit Honig aus dem Felsen gesättigt.

KYRIE-RUFE

Herr Jesus Christus, du bist mit uns
alle Tage bis zum Ende der Welt.
V/A: Herr, erbarme dich.

Du lässt dich erfahren in den
Zeichen von Brot und Wein.
V/A: Christus, erbarme dich.
Du bist in uns und wir sind in dir.
V/A: Herr, erbarme dich.

Ehre sei Gott, S. 479 f.

TAGESGEBET

Herr Jesus Christus, im wunderbaren Sakrament des Altares hast du uns das Gedächtnis deines Leidens und deiner Auferstehung hinterlassen. Gib uns die Gnade, die heiligen Geheimnisse deines Leibes und Blutes so zu verehren, dass uns die Frucht der Erlösung zuteil wird. Der du in der Einheit des Heiligen Geistes mit Gott dem Vater lebst und herrschest in alle Ewigkeit.

WORTGOTTESDIENST

ZUR 1. LESUNG Die Erinnerung an den Weg des Volkes durch die Wüste soll den Israeliten immer wieder bewusst machen, dass ihr Leben und das, was sie zum Leben haben, ein tägliches Geschenk ist. Auch hinter den „Lebensmitteln", hinter Brot und Manna, wirkt das Wort Gottes. Von ihm lebt das Volk, von ihm können wir als Kirche und als Einzelne leben. Jesus stellt dem Versucher in der Wüste (Mt 4,1–11) genau das entgegen, als dieser ihm nahelegt, nach der langen Hungerzeit aus Steinen Brot werden zu lassen: Der Mensch lebt nicht vom Brot allein. Diese vom Glauben genährte Grundeinsicht soll uns davor bewahren, hochmütig zu werden und nur auf unser eigenes Können und Vermögen zu vertrauen. Auch das öffentliche Zeugnis mit dem Leben spendenden Brot verdeutlicht, dass wir auf Gott und seine Gegenwart in unserer Mitte angewiesen bleiben.

ERSTE LESUNG

Dtn 8,2–3.14–16a

Er hat dich mit Manna gespeist, das du nicht kanntest und das auch deine Väter nicht kannten

Lesung aus dem Buch Deuteronómium.

Mose sprach zum Volk: Du sollst an den ganzen Weg denken, den der HERR, dein Gott, dich während der vierzig Jahre in der Wüste geführt hat, um dich gefügig zu machen und dich zu prüfen. Er wollte erkennen, wie du dich entscheiden würdest: ob du seine Gebote bewahrst oder nicht.

Durch Hunger hat er dich gefügig gemacht und hat dich dann mit dem Manna gespeist, das du nicht kanntest und das auch deine Väter nicht kannten. Er wollte dich erkennen lassen, dass der Mensch nicht nur von Brot lebt, sondern dass der Mensch von allem lebt, was der Mund des HERRN spricht.

Nimm dich in Acht, dass dein Herz nicht hochmütig wird und du den HERRN, deinen Gott, nicht vergisst, der dich aus Ägypten, dem Sklavenhaus, geführt hat; der dich durch die große und Furcht erregende Wüste geführt hat, durch Feuernattern und Skorpione, durch ausgedörrtes Land, wo es kein Wasser gab; der für dich Wasser aus dem Felsen der Steilwand hervorsprudeln ließ der dich in der Wüste mit dem Manna speiste, das deine Väter noch nicht kannten.

ANTWORTPSALM

Ps 147 (146), 12–13.14–15.19–20 (Kv: 12a)

Kv Jerusalem, rühme den HERRN! – Kv

(*Oder:* Halleluja.)

Jerusalem, rühme den HERRN! *
Zion, lobe deinen Gott!
Denn er hat die Riegel deiner Tore festgemacht, *
die Kinder in deiner Mitte gesegnet. – (Kv)

Er verschafft deinen Grenzen Frieden, *
er sättigt dich mit bestem Weizen.
Er sendet seinen Spruch zur Erde, *
in Eile läuft sein Wort dahin. – (Kv)

Er verkündet Jakob sein Wort, *
Israel seine Gesetze und seine Entscheide.
An keinem anderen Volk hat er so gehandelt, *
sie kennen sein Recht nicht. – Kv

ZUR 2. LESUNG Auch Paulus greift im ersten Korintherbrief zu Beginn des 10. Kapitels auf das Beispiel Israels in der Wüste zurück. Das Manna, das dem Volk zu essen gegeben wurde, und das Wasser aus dem Felsen zum Trinken zeichnen in seiner Deutung vor, wovon die Gemeinde lebt: von der Eucharistie und der Taufe. Aber so wie das Volk Israel sich dennoch Götzen zuwandte, stehe auch die Gemeinde in der Gefahr, diese Leben spendende Grundlage zu vergessen. Angesichts von Streitigkeiten in Korinth, ob man als Christ auch Fleisch von heidnischen Götzenopfern essen dürfe, mahnt Paulus eindringlich, sich auf die Eucharistie und ihre doppelte Teilhabe zu konzentrieren: Das Brot schenke Anteil an der Heilswirkung des Todes Christi und verbinde alle, die an ihm teilhaben, zu einem Leib. Keiner herrscht über den anderen, niemand ist stärker, alle sind eins und auf das Brot des Lebens angewiesen.

ZWEITE LESUNG 1 Kor 10,16–17

Ein Brot ist es. Darum sind wir viele ein Leib

Lesung aus dem ersten Brief des Apostels Paulus an die Gemeinde in Korínth.

Schwestern und Brüder! Ist der Kelch des Segens, über den wir den Segen sprechen, nicht Teilhabe am Blut Christi? Ist das Brot, das wir brechen, nicht Teilhabe am Leib Christi?

Ein Brot ist es. Darum sind wir viele *ein* Leib; denn wir alle haben teil an dem einen Brot.

SEQUENZ

Deinem Heiland, deinem Lehrer,
deinem Hirten und Ernährer,
Sion, stimm ein Loblied an!

Preis nach Kräften seine Würde,
da kein Lobspruch, keine Zierde
seinem Ruhm genügen kann.

Dieses Brot sollst du erheben,
welches lebt und gibt das Leben,
das man heut den Christen weist.

Dieses Brot, mit dem im Saale
Christus bei dem Abendmahle
die zwölf Jünger hat gespeist.

Laut soll unser Lob erschallen
und das Herz in Freude wallen,
denn der Tag hat sich genaht,

da der Herr zum Tisch der Gnaden
uns zum ersten Mal geladen
und dies Mahl gestiftet hat.

Neuer König, neue Zeiten,
neue Ostern, neue Freuden,
neues Opfer allzumal!

Vor der Wahrheit muss das Zeichen,
vor dem Licht der Schatten weichen,
hell erglänzt des Tages Strahl.

Was von Christus dort geschehen,
sollen wir fortan begehen,
seiner eingedenk zu sein.

Treu dem heiligen Befehle
wandeln wir zum Heil der Seele
in sein Opfer Brot und Wein.

Doch wie uns der Glaube kündet,
der Gestalten Wesen schwindet,
Fleisch und Blut wird Brot und Wein.

Was das Auge nicht kann sehen,
der Verstand nicht kann verstehen,
sieht der feste Glaube ein.

Unter beiderlei Gestalten
hohe Dinge sind enthalten,
in den Zeichen tief verhüllt.

Blut ist Trank und Fleisch ist Speise,
doch der Herr bleibt gleicherweise
ungeteilt in beider Bild.

Wer ihm nahet voll Verlangen,
darf ihn unversehrt empfangen,
ungemindert, wunderbar.

Einer kommt und tausend kommen,
doch so viele ihn genommen,
er bleibt immer, der er war.

Gute kommen, Böse kommen,
alle haben ihn genommen,
die zum Leben, die zum Tod.

Bösen wird er Tod und Hölle,
Guten ihres Lebens Quelle,
wie verschieden wirkt dies Brot!

Wird die Hostie auch gespalten,
zweifle nicht an Gottes Walten,
dass die Teile das enthalten,
was das ganze Brot enthält.

Niemals kann das Wesen weichen,
teilen lässt sich nur das Zeichen,
Sach und Wesen sind die gleichen,
beide bleiben unentstellt.

Seht das Brot, die Engelspeise!
Auf des Lebens Pilgerreise
nehmt es nach der Kinder Weise,
nicht den Hunden werft es hin!

Lang im Bild war's vorbereitet:
Isaak, der zum Opfer schreitet;
Osterlamm, zum Mahl bereitet;
Manna nach der Väter Sinn.

Guter Hirt, du wahre Speise,
Jesus, gnädig dich erweise!
Nähre uns auf deinen Auen,
lass uns deine Wonnen schauen
in des Lebens ewigem Reich!

Du, der alles weiß und leitet,
uns im Tal des Todes weidet,
lass an deinem Tisch uns weilen,
deine Herrlichkeit uns teilen.
Deinen Seligen mach uns gleich!

Oder (Kurzfassung):

SEQUENZ

Seht das Brot, die Engelspeise!
Auf des Lebens Pilgerreise
nehmt es nach der Kinder Weise,
nicht den Hunden werft es hin!

Lang im Bild war's vorbereitet:
Isaak, der zum Opfer schreitet;
Osterlamm, zum Mahl bereitet;
Manna nach der Väter Sinn.

Guter Hirt, du wahre Speise,
Jesus, gnädig dich erweise!
Nähre uns auf deinen Auen,
lass uns deine Wonnen schauen
in des Lebens ewigem Reich!

Du, der alles weiß und leitet,
uns im Tal des Todes weidet,
lass an deinem Tisch uns weilen,
deine Herrlichkeit uns teilen.
Deinen Seligen mach uns gleich!

Oder:

SEQUENZ

Lobe, Zion, deinen Hirten;
dem Erlöser der Verirrten
stimme Dank und Jubel an.
Lass dein Lob zum Himmel dringen;
ihn zu rühmen, ihm zu singen,
hat kein Mensch genug getan.

Er ist uns im Brot gegeben,
Brot, das lebt und spendet Leben,
Brot das Ewigkeit verheißt,
Brot, mit dem der Herr im Saale
dort beim österlichen Mahle
die zwölf Jünger hat gespeist.

Lobt und preist, singt Freudenlieder;
festlich kehrt der Tag uns wieder,
jener Tag von Brot und Wein,
da der Herr zu Tisch geladen
und dies heilge Mahl der Gnaden
setzte zum Gedächtnis ein.

Was bei jenem Mahl geschehen,
sollen heute wir begehen
und verkünden seinen Tod.
Wie der Herr uns aufgetragen,
weihen wir, Gott Dank zu sagen,
nun zum Opfer Wein und Brot.

Seht das Brot, der Engel Speise,
Brot auf unsrer Pilgerreise,
das den Hunger wahrhaft stillt.
Abrams Opfer hats gedeutet,
war im Manna vorbereitet,
fand im Osterlamm sein Bild.

Guter Hirt, du Brot des Lebens,
wer dir traut, hofft nicht vergebens,
geht getrost durch diese Zeit.
Die du hier zu Tisch geladen,
ruf auch dort zum Mahl der Gnaden
in des Vaters Herrlichkeit.

Oder (Kurzfassung):

SEQUENZ

Seht das Brot, der Engel Speise,
Brot auf unsrer Pilgerreise,
das den Hunger wahrhaft stillt.
Abrams Opfer hats gedeutet,
war im Manna vorbereitet,
fand im Osterlamm sein Bild.

Guter Hirt, du Brot des Lebens,
wer dir traut, hofft nicht vergebens,
geht getrost durch diese Zeit.
Die du hier zu Tisch geladen,
ruf auch dort zum Mahl der Gnaden
in des Vaters Herrlichkeit.

RUF VOR DEM EVANGELIUM

Vers: vgl. Joh 6,51

Halleluja. Halleluja.
(So spricht der Herr:)
Ich bin das lebendige Brot,
das vom Himmel gekommen ist.
Wer dieses Brot isst, wird in Ewigkeit leben.
Halleluja.

ZUM EVANGELIUM Direkt im Anschluss an das Wort „Ich bin das Brot des Lebens" (Joh 6,48) lässt der Evangelist Johannes auch Jesus den Bezug zum Volk Israel in der Wüste herstellen. Sie haben zwar das Manna gegessen, sind aber dennoch gestorben (Joh 6,49). Das „Brot vom Himmel" jedoch, das er selbst ist, nährt für das ewige Leben. Oft kommt es im Johannes-Evangelium zu Missverständnissen – so auch hier. Jesus will uns sein „Fleisch" zu essen geben? Ist das nicht Kannibalismus? Johannes greift zu dieser irritierenden Formulierung, um auch die leibliche Erfahrung der Eucharistie zu betonen. Es geht tatsächlich um die persönlichste Gemeinschaft und Vereinigung. Doch die Aufnahme des Leibes Christi stiftet auch menschliche Gemeinschaft und überschreitet die Schranke des Todes: „O heiliges Mahl, in dem Christus unsere Speise ist: Gedächtnis seines Leidens, Fülle der Gnade, Unterpfand der künftigen Herrlichkeit" (Magnificat-Antiphon an Fronleichnam).

EVANGELIUM

Joh 6,51–58

Mein Fleisch ist wahrhaft eine Speise und mein Blut ist wahrhaft ein Trank

+ Aus dem heiligen Evangelium nach Johannes.

In jener Zeit sprach Jesus zu der Menge: Ich bin das lebendige Brot, das vom Himmel herabgekommen ist. Wer von diesem Brot isst, wird in Ewigkeit leben. Das Brot, das ich geben werde, ist mein Fleisch für das Leben der Welt.

Da stritten sich die Juden und sagten: Wie kann er uns sein Fleisch zu essen geben?

Jesus sagte zu ihnen: Amen, amen, ich sage euch: Wenn ihr das Fleisch des Menschensohnes nicht esst und sein Blut nicht trinkt, habt ihr das Leben nicht in euch.

Wer mein Fleisch isst und mein Blut trinkt, hat das ewige Leben und ich werde ihn auferwecken am Jüngsten Tag. Denn mein Fleisch ist wahrhaft eine Speise und mein Blut ist wahrhaft ein Trank.

Wer mein Fleisch isst und mein Blut trinkt, der bleibt in mir und ich bleibe in ihm. Wie mich der lebendige Vater gesandt hat und wie ich durch den Vater lebe, so wird jeder, der mich isst, durch mich leben.

Dies ist das Brot, das vom Himmel herabgekommen ist. Es ist nicht wie das Brot, das die Väter gegessen haben, sie sind gestorben. Wer aber dieses Brot isst, wird leben in Ewigkeit.

Glaubensbekenntnis, S. 482 ff.

FÜRBITTEN

Jesus Christus ist das lebendige Brot für die Welt. Er will uns wahrhaft nähren. Deshalb tragen wir voll Vertrauen unsere Sorgen und Bitten vor ihn:

- Wir beten für die, die nicht genug zum Leben haben und die von Hunger gequält sind. V: Jesus, du Brot des Lebens. A: Wir bitten dich, erhöre uns.
- Wir beten für alle, die Hunger und Unrecht nicht hinnehmen, sondern handeln. V: Jesus, du Brot des Lebens. A: Wir bitten dich, erhöre uns.
- Wir beten für die Menschen, die nach Ziel und Mitte in ihrem Leben suchen. V: Jesus, du Brot des Lebens. A: Wir bitten dich, erhöre uns.
- Wir beten für die Menschen, die keine Heimat mehr haben, weil ihr Zuhause von Krieg und Terror bedroht ist. V: Jesus, du Brot des Lebens. A: Wir bitten dich, erhöre uns.
- Wir beten für unsere Verstorbenen, dass sie Teil haben an deinem Mahl der Hoffnung und der Liebe. V: Jesus, du Brot des Lebens. A: Wir bitten dich, erhöre uns.

Im unscheinbaren Brot schenkt sich Jesus allen, die ihn suchen. Dafür danken wir ihm und preisen ihn, heute und allezeit bis in Ewigkeit.

EUCHARISTIEFEIER

GABENGEBET

Herr, unser Gott, wir bringen das Brot dar, das aus vielen Körnern bereitet, und den Wein, der aus vielen Trauben gewonnen ist. Schenke deiner Kirche, was diese Gaben geheimnisvoll bezeichnen: die Einheit und den Frieden. Darum bitten wir durch Christus, unseren Herrn.

PRÄFATION

In Wahrheit ist es würdig und recht, dir, Herr, heiliger Vater, allmächtiger, ewiger Gott, immer und überall zu danken durch unseren Herrn Jesus Christus. Denn er hat beim letzten Abendmahl das Gedächtnis des Kreuzesopfers gestiftet zum Heil der Menschen bis ans Ende der Zeiten. Er hat sich dargebracht als Lamm ohne Makel, als Gabe, die dir gefällt, als Opfer des Lobes. Dieses erhabene Geheimnis heiligt und stärkt deine Gläubigen, damit der eine Glaube die Menschen der einen Erde erleuchte, die eine Liebe sie alle verbinde. So kommen wir zu deinem heiligen Tisch, empfangen von dir Gnade um Gnade und werden neu gestaltet nach dem Bild deines Sohnes. Durch ihn rühmen dich Himmel und Erde, Engel und Menschen und singen wie aus einem Munde das Lob deiner Herrlichkeit: Heilig …

KOMMUNIONVERS

Joh 6,56

So spricht der Herr:
Wer mein Fleisch isst und mein Blut trinkt,
der bleibt in mir und ich bleibe in ihm.

SCHLUSSGEBET

Herr Jesus Christus, der Empfang deines Leibes und Blutes ist für uns ein Vorgeschmack der kommenden Herrlichkeit. Sättige uns im ewigen Leben durch den vollen Genuss deiner Gottheit. Der du lebst und herrschest in alle Ewigkeit.

FEIERLICHER SCHLUSSSEGEN

S. 206 f.

Oder:

Gott hat euch zu Königen gemacht und zu Priestern. Er gebe euch die Kraft, aus dem Opfer Christi zu leben. – A: Amen.

Er hat euch um den einen Tisch versammelt und euch gestärkt mit dem einen Brot. Er mache euch eines Herzens und eines Sinnes. – A: Amen.
Er hat euch gesandt, euren Glauben zu bezeugen. Er helfe euch, die Menschen durch das Beispiel eurer Liebe zu Jesus Christus zu führen. – A: Amen.
Das gewähre euch der dreieinige Gott, der Vater und der Sohn † und der Heilige Geist. – A: Amen.

***

GEHEIMNIS SEINER GEGENWART

Geheimnis seiner Gegenwart,
seit jener Nacht
uns übermacht,
da er sich bot,
als Wein und Brot
und sich als Gott uns offenbart.
Kommt, lasset uns anbeten.

Hymnus zur Lesehore an Fronleichnam

10. SONNTAG IM JAHRESKREIS

11. Juni 2023

Alles Gute kommt von Gott. Dies zu erkennen, ist ein wesentlicher Akt des Glaubens. Nicht ich bin es, der mein Leben erhalten und mich aus meinen Verstrickungen erlösen kann. Nur die Barmherzigkeit Gottes führt mich aus dem Teufelskreis des Leistungsdenkens und eröffnet den Raum, selbst barmherzig und geduldig zu sein. An diese Liebe, die Gott uns ins Herz pflanzt, erinnern uns die heutigen Lesungen. Diese Liebe ist es, durch die unsere Welt bewegt und verändert werden kann.

ERÖFFNUNGSVERS

Ps 27 (26), 1–2

Der Herr ist mein Licht und mein Heil;
vor wem sollte ich mich fürchten?
Der Herr ist die Kraft meines Lebens;
vor wem sollte mir bangen?
Meine Bedränger und Feinde,
sie müssen straucheln und fallen.

KYRIE-RUFE

Herr Jesus Christus, du hast mit Zöllnern
und Sündern zusammen gegessen.
V/A: Herr, erbarme dich.
Du hast Zöllner und Sünder
in deine Nachfolge gerufen.
V/A: Christus, erbarme dich.
Du hast alle Schuld vergeben
und alle Gebrechen geheilt.
V/A: Herr, erbarme dich.

Ehre sei Gott, S. 479 f.

TAGESGEBET

Gott, unser Vater, alles Gute kommt allein von dir. Schenke uns deinen Geist, damit wir erkennen, was recht ist, und es mit deiner Hilfe auch tun. Darum bitten wir durch Jesus Christus.

WORTGOTTESDIENST

ZUR 1. LESUNG Hosea wirkte als Prophet in der zweiten Hälfte des 8. vorchristlichen Jahrhunderts. In dieser Zeit war das Reich des Volkes Israel zweigeteilt. Der Prophet erlebte das Ende des Nordreichs, das 722 mit der Eroberung Samarias durch die Assyrer besiegelt wurde. Die Botschaft Hoseas wechselt zwischen Anklage und Liebesgeständnis. Israel ist von Jahwe abgefallen und hat sich fremden Göttern zugewandt. Hosea vergleicht dies mit Ehebruch (Hos 1–3). Zwischen den Stämmen Ephraim und Juda ist ein Geschwisterkrieg entbrannt, der beide Reiche in eine Krise führte. Doch Gottes Liebe ist unverbrüchlich. Er lässt nicht ab von seinem Volk, dem er Frieden schenken möchte. Gott ist Liebe und will das Recht. Wer dies wirklich erkennt, kann nicht anders als selbst zu lieben und barmherzig zu handeln.

ERSTE LESUNG Hos 6,3–6

An Liebe habe ich Gefallen, nicht an Schlachtopfern

Lesung aus dem Buch Hoséa.

Lasst uns den Herrn erkennen, ja lasst uns nach der Erkenntnis des Herrn jagen! Er kommt so sicher wie das Morgenrot; er kommt zu uns wie der Regen, wie der Frühjahrsregen, der die Erde tränkt.

Was soll ich mit dir tun, Éfraim? Was soll ich mit dir tun, Juda? Eure Liebe ist wie eine Wolke am Morgen und wie der Tau, der bald vergeht.

Darum habe ich durch die Propheten zugeschlagen, habe sie durch die Worte meines Mundes umgebracht. Dann wird mein Recht hervorbrechen wie das Licht.

Denn an Liebe habe ich Gefallen, nicht an Schlachtopfern, an Gotteserkenntnis mehr als an Brandopfern.

ANTWORTPSALM

Ps 50 (49),7–8.12–13.14–15 (Kv: 23b)

Kv Wer den rechten Weg beachtet, der schaut Gottes Heil. – Kv

„Höre, mein Volk, ich rede. /
Israel, ich bin gegen dich Zeuge, *
Gott, dein Gott bin ich.
Nicht wegen deiner Opfer rüge ich dich, *
deine Brandopfer sind mir immer vor Augen. – (Kv)

Hätte ich Hunger, ich brauchte es dir nicht zu sagen, *
denn mein ist der Erdkreis und seine ganze Fülle.
Soll ich denn das Fleisch von Stieren essen *
und das Blut von Böcken trinken? – (Kv)

Bring Gott ein Opfer des Dankes *
und erfülle dem Höchsten deine Gelübde!
Ruf mich am Tage der Not; *
dann rette ich dich und du wirst mich ehren.“ – Kv

ZUR 2. LESUNG Abraham als das Vorbild im Glauben – dieses Thema führt Paulus im 4. Kapitel des Römerbriefes aus. Schon im Kapitel davor hat er die Schuld aller und die Rechtfertigung allein durch den Glauben deutlich gemacht. Abraham hat keine Leistung erbracht. Doch seine feste Überzeugung, dass Gott zu seinen Verheißungen stehen wird, hat ihn zum Heil geführt. Paulus führt uns vor Augen: Abrahams Geschichte ist ein Muster auch für unseren Glauben. Wenn auch wir den Verheißungen trauen und an ihnen festhalten, werden wir erkennen, dass Jesus sich für uns hingegeben und uns durch seine Auferstehung neues Leben eröffnet hat.

ZWEITE LESUNG

Röm 4,18–25

Er wurde stark im Glauben, indem er Gott die Ehre erwies

Lesung aus dem Brief des Apostels Paulus an die Gemeinde in Rom.

Schwestern und Brüder! Gegen alle Hoffnung hat Abraham voll Hoffnung geglaubt, dass er der Vater vieler Völker werde, nach dem Wort: So zahlreich werden deine Nachkommen sein.

Ohne im Glauben schwach zu werden, bedachte er, der fast Hundertjährige, dass sein Leib und auch Saras Mutterschoß schon erstorben waren. Er zweifelte aber nicht im Unglauben an der Verheißung Gottes, sondern wurde stark im Glauben, indem er Gott die Ehre erwies, fest davon überzeugt, dass Gott die Macht besitzt, auch zu tun, was er verheißen hat. Darum wurde es ihm auch als Gerechtigkeit angerechnet.

Doch nicht allein um seinetwillen steht geschrieben: Es wurde ihm angerechnet, sondern auch um unseretwillen, denen es angerechnet werden soll, uns, die wir an den glauben, der Jesus, unseren Herrn, von den Toten auferweckt hat. Wegen unserer Verfehlungen wurde er hingegeben, wegen unserer Gerechtmachung wurde er auferweckt.

RUF VOR DEM EVANGELIUM

Vers: vgl. Jes 61,1 (Lk 4,18)

Halleluja. Halleluja.
Der Herr hat mich gesandt,
den Armen die Frohe Botschaft zu bringen

und den Gefangenen die Freiheit zu verkünden.
Halleluja.

ZUM EVANGELIUM Jesus weist einen Zöllner nicht zurecht, sondern ruft ihn zur Nachfolge auf und ist in seinem Haus zu Gast? Das passt nicht ins Weltbild derer, die sich vom strengen Einhalten der Regeln das Heil erhoffen. Jesus spielt das eine gegen das andere nicht aus. Durchaus: Wer sich selbst fit halten kann, braucht keinen Arzt. Doch letztlich kommt es auf die Haltung an. Wenn ich meine, mir mein Heil durch Wohlverhalten verdienen zu können, werde ich es verlieren. Aber wo ich barmherzig bin, wo die Liebe mich leitet und bestimmt, da erkenne ich, dass Gott mich nicht nach meinem Spendenaufkommen oder der Häufigkeit des Gottesdienstbesuchs bewertet. Er wertet gar nicht, er liebt. Wer das begreift, dessen Seele ist schon längst gesund.

EVANGELIUM

Mt 9,9–13

Ich bin nicht gekommen, um Gerechte zu rufen, sondern Sünder

+ **Aus dem heiligen Evangelium nach Matthäus.**

In jener Zeit sah Jesus einen Mann namens Matthäus am Zoll sitzen und sagte zu ihm: Folge mir nach! Und Matthäus stand auf und folgte ihm nach. Und als Jesus in seinem Haus bei Tisch war, siehe, viele Zöllner und Sünder kamen und aßen zusammen mit ihm und seinen Jüngern.

Als die Pharisäer das sahen, sagten sie zu seinen Jüngern: Wie kann euer Meister zusammen mit Zöllnern und Sündern essen?

Er hörte es und sagte: Nicht die Gesunden bedürfen des Arztes, sondern die Kranken. Geht und lernt, was es heißt: Barmherzigkeit will ich, nicht Opfer! Denn ich bin nicht gekommen, um Gerechte zu rufen, sondern Sünder.

Glaubensbekenntnis, S. 482 ff.

FÜRBITTEN

Vertrauen ist das Geschenk und zugleich die Basis unseres Glaubens. Wir rufen zu Gott, dem erbarmenden Vater:

- Für die christlichen Gemeinden, dass sie auch unter erschwerten Bedingungen die bestärkende Erfahrung lebendiger Gemeinschaft machen können. V: Guter Gott. A: Wir bitten dich, erhöre uns.
- Für alle, die sich sozial engagieren, dass sie die Befriedigung ihres oft anstrengenden Tuns erfahren. V: Guter Gott. A: Wir bitten dich, erhöre uns.
- Für Paare und Familien, denen die Liebe und das Zutrauen geschwunden sind, dass sie wieder Schritte aufeinander zu und miteinander wagen. V: Guter Gott. A: Wir bitten dich, erhöre uns.
- Für alle, die schwer und lang andauernd erkrankt sind, dass sie ihr Schicksal annehmen können und treu und gut begleitet werden. V: Guter Gott. A: Wir bitten dich, erhöre uns.
- Für unsere lieben Verstorbenen und für alle Toten, dass sie Licht und Leben erfahren bei Gott, dem Barmherzigen. V: Guter Gott. A: Wir bitten dich, erhöre uns.

Guter Gott, auf dich vertrauen wir und auf dich bauen wir. Wir sagen dir Dank für dein Erbarmen, durch Jesus Christus, unseren Freund und Bruder.

EUCHARISTIEFEIER

GABENGEBET

Herr, sieh gütig auf dein Volk, das sich zu deinem Lob versammelt hat. Nimm an, was wir darbringen, und mehre durch diese Feier unsere Liebe. Darum bitten wir durch Christus, unseren Herrn.

Präfation, S. 494 ff.

KOMMUNIONVERS

1 Joh 4,16

Gott ist Liebe,
und wer in der Liebe bleibt, bleibt in Gott,
und Gott bleibt in ihm.

SCHLUSSGEBET

Barmherziger Gott, die heilende Kraft dieses Sakramentes befreie uns von allem verkehrten Streben und führe uns auf den rechten Weg. Darum bitten wir durch Christus, unseren Herrn.

***

Für eine Wort-Gottes-Feier:

ERÖFFNUNGSGEBET ZUR WAHL

Gott, dein Sohn hat die Nähe der Sünder nicht gescheut. Im Vertrauen auf ihn bitten wir dich: Nimm uns an und forme uns nach dem Bild deines Sohnes, unseres Herrn Jesus Christus, der mit dir und dem Heiligen Geist lebt in Ewigkeit.

***

BARMHERZIGKEIT AUS LIEBE

An die Liebe zu glauben und sie zum Inbegriff und zur Summe des Daseinsverständnisses zu machen, hat weitreichende, ja umstürzende Konsequenzen für unser Gottesbild, für unser Selbstverständnis und für unsere Lebenspraxis, für die kirchliche Praxis und für unser Weltverhalten. Liebe, welche sich in Barmherzigkeit erweist, kann und muss zur Grundlage einer neuen Kultur unseres Lebens, der Kirche und der Gesellschaft werden.

Walter Kasper

HEILIGSTES HERZ JESU – HOCHFEST

16. Juni 2023

Für Martin Luther ist Gott ein „Backofen voller Liebe". Sein Herz glüht vor Liebe zu uns. Hinter der Herz-Jesu-Verehrung steht das Anliegen, in enger Verbindung mit der Liebe Jesu zu leben. Seit dem 17. Jahrhundert verbreitete sich die Herz-Jesu-Verehrung stark, vor allem auch die Gebetsformen und Andachtsbilder, die auf Margareta Maria Alacoque (1647–1690) zurückgehen. Pius IX. dehnte 1856 das Herz-Jesu-Fest auf die gesamte Kirche aus, Papst Leo XIII. erhob es im Jahr 1899 zum Hochfest. Die Lesungen erzählen in vielen Spielarten von dieser Liebe, die von Herz zu Herz sprechen und uns damit verwandeln will.

ERÖFFNUNGSVERS

Vgl. Ps 33 (32), 11.19

Der Ratschluss des Herrn bleibt ewig bestehen,
die Pläne seines Herzens überdauern die Zeiten:
Er will uns dem Tod entreißen
und in der Hungersnot unser Leben erhalten.

KYRIE-RUFE

Herr Jesus Christus, du hast die Liebe Gottes
unter uns gegenwärtig gemacht.
V/A: Herr, erbarme dich.
Du bist in die Welt gekommen,
damit wir durch dich leben.
V/A: Christus, erbarme dich.
Du leitest uns an, dass auch wir einander lieben.
V/A: Herr, erbarme dich.

Ehre sei Gott, S. 479 f.

TAGESGEBET

Allmächtiger Gott, wir verehren das Herz deines geliebten Sohnes und preisen die großen Taten seiner Liebe. Gib, dass wir aus dieser Quelle göttlichen Erbarmens die Fülle der Gnade und des Lebens empfangen. Darum bitten wir durch Jesus Christus.

WORTGOTTESDIENST

ZUR 1. LESUNG Das Volk Israel wird von Mose heilig genannt. Doch Gott liebt es nicht, weil es heilig ist, sondern es ist heilig, weil Gott es liebt. Diese Liebe durchzieht die ganze Heilsgeschichte, um das Volk zu der Erkenntnis zu führen, dass Jahwe treu ist und allen gnädig, die sich von der Liebe leiten lassen. Weil Gott das Volk liebt, achtet dieses auf die Gebote. Sie sind eine Folge dieser voraussetzungslosen Liebe. Sie sollen auch verhindern, dass Israel überheblich wird und die Liebe schamlos ausnutzt. Den einmal geschlossenen Bund hält Gott „noch nach tausend Generationen“, also für immer und ewig. Das Wesen des Gebots ist die Liebe – in beide Richtungen.

ERSTE LESUNG Dtn 7,6–11

Der Herr hat euch ins Herz geschlossen und ausgewählt

Lesung aus dem Buch Deuteronómium.

Mose sprach zum Volk: Du bist ein Volk, das dem Herrn, deinem Gott, heilig ist. Dich hat der Herr, dein Gott, ausgewählt, damit du unter allen Völkern, die auf der Erde leben, das Volk wirst, das ihm persönlich gehört.

Nicht weil ihr zahlreicher als die anderen Völker wäret, hat euch der Herr ins Herz geschlossen und ausgewählt; ihr seid das kleinste unter allen Völkern. Weil der HERR euch liebt und weil er auf den Schwur achtet, den er euren Vätern geleistet hat, deshalb hat der HERR euch mit starker Hand herausgeführt und dich aus dem Sklavenhaus freigekauft, aus der Hand des Pharao, des Königs von Ägypten.

Daran sollst du erkennen: Der HERR, dein Gott, ist der Gott; er ist der treue Gott; noch nach tausend Generationen bewahrt er den Bund und erweist denen seine Huld, die ihn lieben und seine Gebote bewahren. Denen aber, die ihn hassen, vergilt er ins Angesicht und tilgt einen jeden aus; er zögert nicht, wenn er ihn hasst, sondern vergilt ihm ins Angesicht.

Deshalb sollst du das Gebot bewahren und die Gesetze und die Rechtsentscheide, auf die ich dich heute verpflichte, und du sollst sie halten.

ANTWORTPSALM

Ps 103 (102), 1–2.3–4.6–7.8 u. 10 (Kv: 17a)

Kv Die Huld des HERRN währt immer und ewig. – Kv

Preise den HERRN, meine Seele, *
und alles in mir seinen heiligen Namen!
Preise den HERRN, meine Seele, *
und vergiss nicht, was er dir Gutes getan hat! – (Kv)

Der dir all deine Schuld vergibt *
und all deine Gebrechen heilt,
der dein Leben vor dem Untergang rettet *
und dich mit Huld und Erbarmen krönt. – (Kv)

Der HERR vollbringt Taten des Heiles, *
Recht verschafft er allen Bedrängten.
Er hat Mose seine Wege kundgetan, *
den Kindern Israels seine Werke. – (Kv)

Der HERR ist barmherzig und gnädig, *
langmütig und reich an Huld.
Er handelt an uns nicht nach unsern Sünden *
und vergilt uns nicht nach unsrer Schuld. – Kv

ZUR 2. LESUNG Glaube und Liebe gehören zusammen. Wer glaubt, erkennt die Liebe Gottes, die sich uns in Jesus Christus, in seinem Sterben und Auferstehen, gezeigt hat. Wer liebt, vertraut dieser Liebe und lässt sich von ihr immer wieder neu beschenken. Wo wir uns Jesus Christus anvertrauen, kehrt sich auch unser Weltbild um. Wo bislang Hass und Neid herrschten, keimt eine neue Liebe auf, denn ich ahne und begreife, dass jede und jeder genauso von Gott geliebt ist wie ich. Mehr Liebe zu wagen, mehr auf Menschen zuzugehen, die mich bislang links liegen gelassen oder gar geschnitten haben – dies wird auch unseren Glauben verändern. Dann wird das Unsichtbare ganz handgreiflich, weil Liebe uns neue Perspektiven erschließt.

ZWEITE LESUNG 1 Joh 4,7–16

Darin besteht die Liebe: Nicht dass wir Gott geliebt haben, sondern dass er uns geliebt hat

Lesung aus dem ersten Johannesbrief.

Geliebte, wir wollen einander lieben; denn die Liebe ist aus Gott und jeder, der liebt, stammt von Gott und erkennt Gott. Wer nicht liebt, hat Gott nicht erkannt; denn Gott ist Liebe.

Darin offenbarte sich die Liebe Gottes unter uns, dass Gott seinen einzigen Sohn in die Welt gesandt hat, damit wir durch ihn leben.

Darin besteht die Liebe: Nicht dass wir Gott geliebt haben, sondern dass er uns geliebt und seinen Sohn als Sühne für unsere Sünden gesandt hat.

Geliebte, wenn Gott uns so geliebt hat, müssen auch wir einander lieben. Niemand hat Gott je geschaut; wenn wir einander lieben, bleibt Gott in uns und seine Liebe ist in uns vollendet.

Daran erkennen wir, dass wir in ihm bleiben und er in uns bleibt: Er hat uns von seinem Geist gegeben. Wir haben geschaut und bezeugen, dass der Vater den Sohn gesandt hat als Retter der Welt.

Wer bekennt, dass Jesus der Sohn Gottes ist, in dem bleibt Gott und er bleibt in Gott. Wir haben die Liebe, die Gott zu uns hat, erkannt und gläubig angenommen.

Gott ist Liebe, und wer in der Liebe bleibt, bleibt in Gott und Gott bleibt in ihm.

RUF VOR DEM EVANGELIUM

Vers: Mt 11,29ab

Halleluja. Halleluja.
(So spricht der Herr:)
Nehmt mein Joch auf euch und lernt von mir;
denn ich bin gütig und von Herzen demütig.
Halleluja.

ZUM EVANGELIUM Weise und klug sind nach Ansicht Jesu nicht unbedingt diejenigen, die sich dafür halten. Den damals im Volk angesehenen und für klug geltenden Leuten bleibt verborgen, was Gott in Jesus Christus der Welt offenbart. Wirklich klug ist, wer sich nicht selbst überhebt, sondern sich Gott anvertraut. Das Joch wird traditionell auch als Bildwort für die Tora, das Gesetz verstanden. Wer das Gesetz nicht aus Kalkül, sondern aus Liebe beachtet, der kann wahren Seelenfrieden, also das Heil (vgl. Hebr 3,7–4,13; Jer 6,16) erlangen. Das Gesetz ist eine Lebenshilfe, daher ist es ein sanftes Joch. Es drückt nicht nieder, es richtet auf. Dieses Joch beschwert nicht, es trägt vielmehr alle.

EVANGELIUM

Mt 11,25–30

Lernt von mir; denn ich bin gütig und von Herzen demütig

+ Aus dem heiligen Evangelium nach Matthäus.

In jener Zeit sprach Jesus: Ich preise dich, Vater, Herr des Himmels und der Erde, weil du das vor den Weisen und Klugen verborgen und es den Unmündigen offenbart hast. Ja, Vater, so hat es dir gefallen.

Alles ist mir von meinem Vater übergeben worden; niemand kennt den Sohn, nur der Vater, und niemand kennt den Vater, nur der Sohn und der, dem es der Sohn offenbaren will.

Kommt alle zu mir, die ihr mühselig und beladen seid! Ich will euch erquicken.

Nehmt mein Joch auf euch und lernt von mir; denn ich bin gütig und von Herzen demütig; und ihr werdet Ruhe finden für eure Seele. Denn mein Joch ist sanft und meine Last ist leicht.

Glaubensbekenntnis, S. 482 ff.

FÜRBITTEN

Guter Gott, in deinem Sohn Jesus Christus leuchtet deine erbarmende Liebe auf. Darum kommen wir zu dir mit unseren Hoffnungen und unseren Nöten:

- Wir bitten für die Kirche, dass sie nicht ausgrenzt und verloren gibt, sondern die Weite deiner Liebe verkündet und lebt. V: Liebender Gott. A: Höre und erhöre uns.
- Wir beten für alle, die Verluste erleiden mussten, deren Lebenswege durchkreuzt wurden, die einsam geworden sind, dass sie Grund zur Hoffnung haben. V: Liebender Gott. A: Höre und erhöre uns.
- Wir beten für alle auf Christi Namen Getauften, dass sie immer mehr hineinwachsen in eine Lebensform der Liebe und Weite. V: Liebender Gott. A: Höre und erhöre uns.
- Wir bitten für die Kranken und für alle, die eine beunruhigende Diagnose erfahren haben, dass sie Menschen finden, die an ihrer Seite sind. V: Liebender Gott. A: Höre und erhöre uns.
- Wir beten für unsere lieben Verstorbenen und für alle Toten, dass sie einmal Vollendung finden in deiner Liebe. V: Liebender Gott. A: Höre und erhöre uns.

Guter Gott, wir danken dir, dass wir im Herzen Jesu Trost finden können. Stärke unseren Glauben durch unseren Bruder Jesus Christus, der die Liebe ist.

EUCHARISTIEFEIER

GABENGEBET

Allmächtiger Gott, sieh auf das durchbohrte Herz deines Sohnes, der uns geliebt und sich für uns hingegeben hat. Lass unser Opfer dir wohlgefallen und zur Sühne für unsere Sünden werden. Darum bitten wir durch Christus, unseren Herrn.

PRÄFATION

In Wahrheit ist es würdig und recht, dir, allmächtiger Vater, zu danken und dich mit der ganzen Schöpfung zu loben, durch unseren Herrn Jesus Christus. Am Kreuz erhöht, hat er sich für uns dahingegeben aus unendlicher Liebe und alle an sich gezogen. Aus seiner geöffneten Seite strömen Blut und Wasser, aus seinem durchbohrten Herzen entspringen die Sakramente der Kirche. Das Herz des Erlösers steht offen für alle, damit sie freudig schöpfen aus den Quellen des Heiles. Durch ihn rühmen dich deine Erlösten und singen mit den Chören der Engel das Lob deiner Herrlichkeit: Heilig …

KOMMUNIONVERS

Joh 7,37–38

Wer Durst hat, komme zu mir,
und es trinke, wer an mich glaubt!
Die Schrift sagt:
Aus seinem Inneren werden
Ströme von lebendigem Wasser fließen.

Oder: Joh 19,34

Ein Soldat stieß mit der Lanze in seine Seite,
und sogleich floss Blut und Wasser heraus.

SCHLUSSGEBET

Herr, unser Gott, du hast uns gestärkt mit dem Sakrament jener Liebe, durch die dein Sohn alles an sich zieht. Entzünde auch in uns das Feuer seiner Liebe, damit wir in unseren Brüdern ihn erkennen und ihm dienen. Darum bitten wir durch ihn, Christus, unseren Herrn.

***

LIEBE EWIGLICH

Liebe, die du Kraft und Leben,
Licht und Wahrheit, Geist und Wort,
Liebe, die sich ganz ergeben
mir zum Heil und Seelenhort;
Liebe, dir ergeb ich mich,
dein zu bleiben ewiglich.

Liebe, die mich hat gebunden
an ihr Joch mit Leib und Sinn,
Liebe, die mich überwunden
und mein Herz hat ganz dahin:
Liebe, dir ergeb ich mich,
dein zu bleiben ewiglich.

Johann Scheffler

11. SONNTAG IM JAHRESKREIS

18. Juni 2023

Wen Jesus beruft, den sendet er auch. Die Lesungen heute zeigen den Auftrag, den das Volk Israel und später auch die Jüngerinnen und Jünger erhalten haben: Sie sollen Zeugnis geben für die große Liebe, die Gott erwiesen hat und allen Menschen anbietet. Für alle ist Christus gestorben, wie die zweite Lesung ausführt. Als wir noch Feinde waren, gottlos oder gar ablehnend, hat er uns schon das größte Angebot unseres Lebens gemacht. Und er will durch uns diese Liebe konkret zu den Menschen bringen. Es ist die Liebe, die aus dem Fremden den Nächsten macht. Denn auch für sie oder ihn hat Christus sein Leben eingesetzt und ist gestorben. Das wird unser ganzes Leben verändern – wenn wir uns immer wieder vor Augen halten, wie gut Gott es mit uns allen meint.

ERÖFFNUNGSVERS

Ps 27 (26),7.9

Vernimm, o Herr, mein lautes Rufen,
sei mir gnädig und erhöre mich.
Du bist meine Hilfe: Verstoß mich nicht,
verlass mich nicht, du Gott meines Heils!

KYRIE-RUFE

Herr Jesus Christus, du siehst
die Not der Menschen.
V/A: Herr, erbarme dich.
Du sendest Arbeiter in deine Ernte.
V/A: Christus, erbarme dich.

Du trägst ihnen auf, das Himmelreich
zu verkünden.
V/A: Herr, erbarme dich.

Ehre sei Gott, S. 479 f.

TAGESGEBET

Gott, du unsere Hoffnung und unsere Kraft, ohne dich vermögen wir nichts. Steh uns mit deiner Gnade bei, damit wir denken, reden und tun, was dir gefällt. Darum bitten wir durch Jesus Christus.

WORTGOTTESDIENST

ZUR 1. LESUNG Für den Historiker Leopold Ranke spricht der mit den Worten der heutigen Lesung beginnende Text aus dem Buch Exodus vom „Beginn der Weltgeschichte überhaupt". Die Kapitel 19–24 werden auch „Bundesbuch" – Buch der Verbindung Gottes mit seinem Volk – genannt. Mit ihm wird der Beginn der Heilsgeschichte markiert. Israel wird erwählt, um eine besondere Aufgabe zu übernehmen. Als „heiliges Volk" hat es ein besonderes Verhältnis zu Gott. Mit dieser Beziehung sind auch außergewöhnliche Pflichten verbunden, wie sie sich dann in den Geboten zeigen. Paulus betont im Römerbrief diese Erwählung und die Stellung des Volkes in der Heilsgeschichte (Röm 9–11). Hier wird Geschichte geschrieben, die das Volk Israel und schließlich jeden Einzelnen, ja sogar den ganzen Kosmos im Blick hat.

ERSTE LESUNG

Ex 19,2–6a

Ihr sollt mir als ein Königreich von Priestern und als ein heiliges Volk gehören

Lesung aus dem Buch Éxodus.

In jenen Tagen kamen die Israeliten in die Wüste Sínai. Sie schlugen in der Wüste das Lager auf. Dort lagerte Israel gegenüber dem Berg.

Mose stieg zu Gott hinauf. Da rief ihm der Herr vom Berg her zu: Das sollst du dem Haus Jakob sagen und den Israeliten verkünden: Ihr habt gesehen, was ich den Ägyptern angetan habe, wie ich euch auf Adlerflügeln getragen und zu mir gebracht habe.

Jetzt aber, wenn ihr auf meine Stimme hört und meinen Bund haltet, werdet ihr unter allen Völkern mein besonderes Eigentum sein. Mir gehört die ganze Erde, ihr aber sollt mir als ein Königreich von Priestern und als ein heiliges Volk gehören.

ANTWORTPSALM

Ps 100 (99), 1 – 3.4.5 (Kv: vgl. 3c)

Kv Wir sind das Volk des Herrn,
die Herde seiner Weide. – Kv

Oder:

Kv Halleluja. – Kv

Jauchzt dem Herrn, alle Lande! /
Dient dem Herrn mit Freude! *
Kommt vor sein Angesicht mit Jubel!
Erkennt: Der Herr allein ist Gott. /
Er hat uns gemacht, wir sind sein Eigentum, *
sein Volk und die Herde seiner Weide. – (Kv)

Kommt mit Dank durch seine Tore, /
mit Lobgesang in seine Höfe! *
Dankt ihm, preist seinen Namen!

Denn der Herr ist gut, /
ewig währt seine Huld *
und von Geschlecht zu Geschlecht seine Treue. – Kv

ZUR 2. LESUNG Mit dem ersten Abschnitt des fünften Kapitels fasst Paulus zusammen, was er in den vorausgehenden Kapiteln seines Briefs an die Gemeinde in Rom ausgeführt hat. Wir haben Frieden mit Gott in Jesus Christus, wir sind von ihm geliebt und haben durch den Glauben Zugang zu Gott. Unser Heil hängt nicht von Empfindungen ab, sondern von der einen Tatsache, dass Jesus Christus sich für alle hingegeben hat. Noch bevor jemand in eine Beziehung mit Gott tritt, hat er schon sein Leben selbst für die Gottlosen und Sünder eingesetzt (vgl. Gal 2,20; Joh 3,16). Er liebt jede und jeden, ohne etwas Liebenswertes voraussetzen zu können oder zu wollen. Aber wir sind unendlich wertvoll, weil Gott uns so liebt.

ZWEITE LESUNG Röm 5,6–11

Da wir mit Gott versöhnt wurden durch den Tod seines Sohnes, werden wir erst recht gerettet werden durch sein Leben

Lesung aus dem Brief des Apostels Paulus an die Gemeinde in Rom.

Schwestern und Brüder! Christus ist, als wir noch schwach waren, für die zu dieser Zeit noch Gottlosen gestorben. Dabei wird nur schwerlich jemand für einen Gerechten sterben; vielleicht wird er jedoch für einen guten Menschen sein Leben wagen.

Gott aber erweist uns seine Liebe darin, dass Christus für uns gestorben ist, als wir noch Sünder waren. Nachdem wir jetzt durch sein Blut gerecht gemacht sind, werden wir durch ihn erst recht vor dem Zorn gerettet werden.

Da wir mit Gott versöhnt wurden durch den Tod seines Sohnes, als wir noch Gottes Feinde waren, werden wir erst recht, nachdem wir versöhnt sind, gerettet werden durch sein Leben. Mehr noch, ebenso rühmen wir uns Gottes durch Jesus Christus, unseren Herrn, durch den wir jetzt schon die Versöhnung empfangen haben.

RUF VOR DEM EVANGELIUM

Vers: Mk 1,15

Halleluja. Halleluja.
Das Reich Gottes ist nahe.
Kehrt um, und glaubt an das Evangelium!
Halleluja.

ZUM EVANGELIUM In den Kapiteln Mt 9,35–12,50 führt Matthäus aus, wie Jesus seine Jünger aussendet. Diese Sendung macht letztlich an keiner Grenze Halt. Die „Ernte" ist ein alttestamentliches Bild für das Endgericht, in dem Gott sein Volk endgültig retten wird (Jes 17,5; Joël 4,13). Für Jesus ist sie die Sammlung der Menschen zum Heil (vgl. Joh 4,35). Die Zwölf, die er dann beruft, haben Anteil an seiner Vollmacht, die er für das Volk einsetzt, das orientierungslos erscheint. Die Zwölf stehen für die Gesamtheit der zwölf Stämme Israels. Die Evangelisten zeigen damit, dass Jesus das ganze Volk erneuern will. Er schafft Israel neu, denn die zwölf Stämme existieren zur Zeit Jesu schon nicht mehr so wie sie am Anfang des Gottesvolkes existieren (Gen 49,28).

EVANGELIUM

Mt 9,36–10,8

Jesus rief seine zwölf Jünger zu sich und sandte sie aus

+ Aus dem heiligen Evangelium nach Matthäus.

In jener Zeit, als Jesus die vielen Menschen sah, hatte er Mitleid mit ihnen; denn sie waren müde und erschöpft wie Schafe, die keinen Hirten haben. Da sagte er zu seinen Jüngern: Die Ernte ist groß, aber es gibt nur wenig Arbeiter. Bittet also den Herrn der Ernte, Arbeiter für seine Ernte auszusenden!

Dann rief er seine zwölf Jünger zu sich und gab ihnen die Vollmacht, die unreinen Geister auszutreiben und alle Krankheiten und Leiden zu heilen.

Die Namen der zwölf Apostel sind: an erster Stelle Simon, genannt Petrus, und sein Bruder Andreas, dann Jakobus, der Sohn des Zebedöus, und sein Bruder Johannes, PhilÚppus und Bartholomöus,

Thomas und Matthöus, der Zöllner, Jakobus, der Sohn des Alphöus, und Thaddöus, Simon Kananöus und Judas IskÃriot, der ihn ausgeliefert hat.

Diese Zwölf sandte Jesus aus und gebot ihnen: Geht nicht den Weg zu den Heiden und betretet keine Stadt der SamarÚter, sondern geht zu den verlorenen Schafen des Hauses Israel!

Geht und verkündet: Das Himmelreich ist nahe! Heilt Kranke, weckt Tote auf, macht Aussötzige rein, treibt Dömonen aus!

Umsonst habt ihr empfangen, umsonst sollt ihr geben.

Glaubensbekenntnis, S. 482 ff.

FÜRBITTEN

Guter Gott, dein Wort ruft und leitet uns. So kommen wir mit den Anliegen und Sorgen unserer Zeit zu dir und bitten dich:

- Für alle, die im Dienst am Evangelium den Menschen nahe sind. V: Gott, du unsere Hoffnung. A: Höre unser Rufen.
- Für alle, die bis zur Erschöpfung arbeiten und doch ihre Familien nicht ernähren können. V: Gott, du unsere Hoffnung. A: Höre unser Rufen.
- Für alle, die wegen ihres Glaubens und ihres Einsatzes für die Menschenrechte gegängelt, benachteiligt und verfolgt werden. V: Gott, du unsere Hoffnung. A: Höre unser Rufen.
- Für die Ordenschristen und Ordenschristinnen, die im Gebet und im Tun auf der Seite der Armen sind. V: Gott, du unsere Hoffnung. A: Höre unser Rufen.
- Für die Opfer von Gewalt weltweit, besonders aber für die Frauen und Mädchen, die alltäglicher Gewalt ausgesetzt sind. V: Gott, du unsere Hoffnung. A: Höre unser Rufen.
- Für alle, die dir heute nachfolgen und auf ihre Weise zum Wachsen deines Reiches des Guten beitragen. V: Gott, du unsere Hoffnung. A: Höre unser Rufen.

Das Beispiel der Apostel ermutige auch heute deine Getauften, den Weg der Nachfolge zu suchen. Darum bitten wir durch Jesus Christus, unseren Bruder und Herrn.

EUCHARISTIEFEIER

GABENGEBET

Herr, durch diese Gaben nährst du den ganzen Menschen: du gibst dem irdischen Leben Nahrung und dem Leben der Gnade Wachstum. Lass uns daraus immer neue Kraft schöpfen für Seele und Leib. Darum bitten wir durch Christus, unseren Herrn.

Präfation, S. 494 ff.

KOMMUNIONVERS

Joh 17,11

Heiliger Vater, bewahre sie in deinem Namen,
die du mir gegeben hast,
damit sie eins sind wie wir.

SCHLUSSGEBET

Herr, unser Gott, das heilige Mahl ist ein sichtbares Zeichen, dass deine Gläubigen in dir eins sind. Lass diese Feier wirksam werden für die Einheit der Kirche. Darum bitten wir durch Christus, unseren Herrn.

FEIERLICHER SCHLUSSSEGEN

Gott, der allmächtige Vater, segne euch; er bewahre euch vor Unheil und Schaden. – A: Amen.

Er öffne eure Herzen für sein göttliches Wort und bereite sie für die unvergänglichen Freuden. – A: Amen.
Er lasse euch erkennen, was zum Heile dient, und führe euch auf dem Weg seiner Gebote zur Gemeinschaft der Heiligen. – A: Amen.
Das gewähre euch der dreieinige Gott, der Vater und der Sohn † und der Heilige Geist. – A: Amen.

***

Für eine Wort-Gottes-Feier:

ERÖFFNUNGSGEBET ZUR WAHL

Gott, dein Sohn hatte Mitleid mit den Menschen. Er hat seine Jünger ausgesandt, um die Not zu lindern. Gib uns deinen Geist, damit wir deine Liebe in die Welt tragen. Darum bitten wir durch ihn, Jesus Christus, unseren Herrn, der mit dir und dem Heiligen Geist lebt und herrscht in Ewigkeit.

***

NACHFOLGE CHRISTI

Nachfolge ist Bindung an Christus; weil Christus ist, darum muss Nachfolge sein. Eine Idee von Christus, ein Lehrsystem, eine allgemeine religiöse Erkenntnis von der Gnade oder Sündenvergebung macht Nachfolge nicht notwendig, ja schließt sie in Wahrheit aus, ist der Nachfolge feindlich. Ein Christentum ohne den lebendigen Jesus Christus bleibt notwendig ein Christentum ohne Nachfolge, und ein Christentum ohne Nachfolge ist immer ein Christentum ohne Jesus Christus, es ist Idee, Mythos.

Dietrich Bonhoeffer

GEBURT DES HEILIGEN JOHANNES DES TÄUFERS
HOCHFEST

24. Juni 2023

Anlass für dieses Hochfest ist die von Lukas gestaltete Überlieferung von der Geburt des Johannes, seiner Beschneidung und Namensgebung. Zacharias, sein Vater, der seit einer Vision mit der Ankündigung der Geburt des Johannes sprachlos ist, schreibt den Namen des Kindes auf eine Tafel: „Johannes ist sein Name." Nach Lk 1,24–26 ist Elisabet, die Mutter des Johannes, bereits im sechsten Monat schwanger, als Maria die Ankündigung der Geburt ihres Kindes erfährt. Deshalb legte man den Termin des Festes auf den 24. Juni, sechs Monate vor dem Fest der Geburt Jesu. Johannes gilt als der Vorläufer Christi. Er lässt sein Leben für seine Mission – auch darin bildet er den Weg Jesu vor. Der Tag „auf der Höhe des Jahres" zur Mitsommerzeit ist mit traditionellem Brauchtum verbunden. So werden beispielsweise Johannisfeuer entzündet, in christlicher Umdeutung von Sonnwendfeuern heidnischen Ursprungs.

ERÖFFNUNGSVERS

Joh 1,6–7; Lk 1,17

Ein Mensch trat auf, der von Gott gesandt war;
sein Name war Johannes.
Er kam als Zeuge, um Zeugnis abzulegen für das Licht
und das Volk für den Herrn bereitzumachen.

KYRIE-RUFE

Herr Jesus Christus, du hast Johannes
den Täufer mit dem Geist und mit der

Kraft des Elija erfüllt.
V/A: Herr, erbarme dich.
Du hast Johannes den Täufer in Dienst genommen, die Ungehorsamen zu gerechter Gesinnung zu führen.
V/A: Christus, erbarme dich.
Du hast Johannes den Täufer gesandt, das Volk für dich bereit zu machen.
V/A: Herr, erbarme dich.

Ehre sei Gott, S. 479 f.

TAGESGEBET

Gott, du hast den heiligen Johannes den Täufer berufen, das Volk des Alten Bundes Christus, seinem Erlöser, entgegenzuführen. Schenke deiner Kirche die Freude im Heiligen Geist und führe alle, die an dich glauben, auf dem Weg des Heiles und des Friedens. Darum bitten wir durch Jesus Christus.

WORTGOTTESDIENST

ZUR 1. LESUNG Die Kapitel des Buches Jesaja, die deutlich später als der Anfang, augenscheinlich erst nach dem Exil, entstanden sind, werden in der Bibelwissenschaft einem Autor oder einer Schule von Propheten namens „Deuterojesaja"/„zweiter Jesaja" zugeordnet. In den Kapiteln Jes 49–53 geht es um die göttliche Herrschaft über die Nationen. In diesem Zusammenhang spricht Deuterojesaja von einem „Knecht", dessen Beschreibung später auch zu Johannes und seinem Auftrag passt. Aber auch Jesus Christus selbst wird als dieser Knecht angesehen. Wie Johannes ist der Knecht bereits vor seiner Geburt von Gott für seinen Dienst erwählt; er wird für seine Aufgabe ausgerüstet und in sein Amt eingesetzt, das ihn „zum Licht der Nationen" machen soll. Im Judentum wird „Knecht Gottes" nicht nur als

Titel für eine Einzelperson, sondern auch als Bezeichnung für das ganze Volk Israel verstanden.

ERSTE LESUNG

Jes 49, 1–6

Ich mache dich zum Licht der Nationen

Lesung aus dem Buch Jesája.

Hört auf mich, ihr Inseln, merkt auf, ihr Völker in der Ferne! Der HERR hat mich schon im Mutterleib berufen; als ich noch im Schoß meiner Mutter war, hat er meinen Namen genannt.
Er machte meinen Mund wie ein scharfes Schwert, er verbarg mich im Schatten seiner Hand. Er machte mich zu einem spitzen Pfeil und steckte mich in seinen Köcher. Er sagte zu mir: Du bist mein Knecht, Israel, an dem ich meine Herrlichkeit zeigen will.
Ich aber sagte: Vergeblich habe ich mich bemüht, habe meine Kraft für Nichtiges und Windhauch vertan. Aber mein Recht liegt beim HERRN und mein Lohn bei meinem Gott.
Jetzt aber hat der HERR gesprochen, der mich schon im Mutterleib zu seinem Knecht geformt hat, damit ich Jakob zu ihm heimführe und Israel bei ihm versammelt werde. So wurde ich in den Augen des HERRN geehrt und mein Gott war meine Stärke.
Und er sagte: Es ist zu wenig, dass du mein Knecht bist, nur um die Stämme Jakobs wieder aufzurichten und die Verschonten Israels heimzuführen. Ich mache dich zum Licht der Nationen; damit mein Heil bis an das Ende der Erde reicht.

ANTWORTPSALM

Ps 139 (138), 1–3.13–14.15–16 (Kv: vgl. 14a)

Kv Ich danke dir, Herr:
Ich bin so staunenswert und wunderbar gestaltet. – Kv

HERR, du hast mich erforscht und kennst mich. /
Ob ich sitze oder stehe, du kennst es. *
Du durchschaust meine Gedanken von fern.

Ob ich gehe oder ruhe, du hast es gemessen. *
Du bist vertraut mit all meinen Wegen. – (Kv)

Du selbst hast mein Innerstes geschaffen, *
hast mich gewoben im Schoß meiner Mutter.
Ich danke dir, dass ich so staunenswert und wunderbar gestaltet bin. *
Ich weiß es genau: Wunderbar sind deine Werke. – (Kv)

Dir waren meine Glieder nicht verborgen, /
als ich gemacht wurde im Verborgenen, *
gewirkt in den Tiefen der Erde.
Als ich noch gestaltlos war, sahen mich bereits deine Augen. /
In deinem Buch sind sie alle verzeichnet: *
die Tage, die schon geformt waren,
als noch keiner von ihnen da war. – Kv

ZUR 2. LESUNG Paulus knüpft in seinen Predigten an die Vorerfahrungen und Kenntnisse seiner Zuhörerschaft an. In der Synagoge in Antiochien breitet er daher die Heilsgeschichte des Volkes Israel aus und legt dar, dass Jesus der erwartete Messias ist. Er stammt aus dem Geschlecht Davids. Die Erwähnung dieses legendären Königs im Stammbaum Jesu weist auf das ganz anders geartete Königtum Jesu hin. Paulus geht auch ausführlich auf die Rolle des Johannes ein – vielleicht ein Indiz dafür, dass er Hörerinnen und Hörer vor sich hat, die Johannes für den Messias halten (vgl. auch Apg 18,25–28). Johannes aber ist ein verkörperter Fingerzeig auf Jesus, wie es Matthias Grünewald durch den übergroß dimensionierten Zeigefinger in dem berühmten Gemälde auf dem Isenheimer Altar so eindrucksvoll dargestellt hat.

ZWEITE LESUNG

Apg 13,16.22–26°

Vor dem Auftreten Jesu hat Johannes eine Taufe der Umkehr verkündet

Lesung aus der Apostelgeschichte.

In der Synagoge von Antióchia in Pisídien stand Paulus auf, gab mit der Hand ein Zeichen und sagte:

Ihr Israeliten und ihr Gottesfürchtigen, hört! Gott erhob David zum König, von dem er bezeugte: Ich habe David, den Sohn des Ísai, als einen Mann nach meinem Herzen gefunden, der alles, was ich will, vollbringen wird. Aus seinem Geschlecht hat Gott dem Volk Israel, der Verheißung gemäß, Jesus als Retter geschickt. Vor dessen Auftreten hat Johannes dem ganzen Volk Israel eine Taufe der Umkehr verkündet.

Als Johannes aber seinen Lauf vollendet hatte, sagte er: Ich bin nicht der, für den ihr mich haltet; aber siehe, nach mir kommt einer, dem die Sandalen von den Füßen zu lösen ich nicht wert bin.

Brüder, ihr Söhne aus Abrahams Geschlecht und ihr Gottesfürchtigen! Uns wurde das Wort dieses Heils gesandt.

RUF VOR DEM EVANGELIUM

Vers: vgl. Lk 1,76

Halleluja. Halleluja.
Du wirst Prophet des Höchsten heißen;
denn du wirst dem Herrn vorausgehen und ihm den Weg bereiten.
Halleluja.

ZUM EVANGELIUM In den Erzählungen um die Geburt und Namensgebung des Johannes deutet sich die besondere Rolle an, die er spielen wird. Nach dem jüdischen Gesetz wird er am achten Tag beschnitten (vgl. Gen 17,12). Sein Name Johannes bedeutet „Gott ist gnädig“, so geben es Elisabet und Zacharias an. Sie erweisen sich damit beide als prophetische Menschen, die sich ihrer Verantwortung bewusst sind. Zacharias hat überwältigt seine Sprache verloren, als ihm der Engel Gabriel die Geburt seines Sohnes ankündigte. Nach der Geburt kann er wie angekündigt wieder sprechen. Was geschieht, versetzt die Menschen in Furcht. Ahnen sie, was auf Johannes durch seine Erwählung zukommt?

EVANGELIUM

Lk 1,57–66.80

Johannes ist sein Name

+ Aus dem heiligen Evangelium nach Lukas.

Für Elisabet erfüllte sich die Zeit, dass sie gebären sollte, und sie brachte einen Sohn zur Welt. Ihre Nachbarn und Verwandten hörten, welch großes Erbarmen der Herr ihr erwiesen hatte, und freuten sich mit ihr.

Und es geschah: Am achten Tag kamen sie zur Beschneidung des Kindes und sie wollten ihm den Namen seines Vaters Zacharías geben.

Seine Mutter aber widersprach und sagte: Nein, sondern er soll Johannes heißen. Sie antworteten ihr: Es gibt doch niemanden in deiner Verwandtschaft, der so heißt.

Da fragten sie seinen Vater durch Zeichen, welchen Namen das Kind haben solle. Er verlangte ein Schreibtäfelchen und schrieb darauf: Johannes ist sein Name. Und alle staunten.

Im gleichen Augenblick konnte er Mund und Zunge wieder gebrauchen und er redete und pries Gott. Und alle ihre Nachbarn gerieten in Furcht und man sprach von all diesen Dingen im ganzen Bergland von Judäa.

Alle, die davon hörten, nahmen es sich zu Herzen und sagten: Was wird wohl aus diesem Kind werden? Denn die Hand des Herrn war mit ihm.

Das Kind wuchs heran und wurde stark im Geist. Und es lebte in der Wüste bis zu dem Tag, an dem es seinen Auftrag für Israel erhielt.

Glaubensbekenntnis, S. 482 ff.

FÜRBITTEN

Der Name Johannes bedeutet: Gott ist gnädig. Mit den Anliegen und Bitten unserer Zeit kommen wir zum gnädigen Gott:

- Wir bitten für die Kirche um Menschen mit offenem Herzen und offenem Ohr, um Menschen wie Elisabet und Zacharias. V: Guter Gott, erbarme dich. A: Und höre unser Rufen.
- Wir bitten um die Bereitschaft, neue Sichtweisen zu respektieren und vorsichtig mit dem eigenen Urteil zu sein. V: Guter Gott, erbarme dich. A: Und höre unser Rufen.
- Wir bitten um deinen Segen für die Kinder, die in diesen Sommerwochen geboren werden. V: Guter Gott, erbarme dich. A: Und höre unser Rufen.
- Wir bitten dich für die Menschen, die Dürre und Fluten ausgesetzt sind und deren Lebensgrundlage bedroht ist. V: Guter Gott, erbarme dich. A: Und höre unser Rufen.
- Wir bitten für die Menschen, die zunehmend ihre Orientierung und ihre Erinnerungen verlieren – und für alle, die sie in dieser schweren Lebensphase einfühlsam begleiten. V: Guter Gott, erbarme dich. A: Und höre unser Rufen.

Gottes Liebe überwindet Widerstände, Gottes Liebe ist treu. Gott, du bist der Gott unseres Lebens – wir vertrauen und bauen auf dich, heute und alle Tage, die uns geschenkt sind.

EUCHARISTIEFEIER

GABENGEBET

Herr, unser Gott, in Freude legen wir unsere Gaben auf deinen Altar am Geburtsfest des heiligen Vorläufers Johannes. Er hat angekündigt, dass der Erlöser kommt, und als er gekommen war, auf ihn gezeigt, auf Jesus Christus, deinen Sohn, der mit dir lebt und herrscht in alle Ewigkeit.

PRÄFATION

In Wahrheit ist es würdig und recht, dir, allmächtiger Vater, zu danken und am Fest des heiligen Johannes das Werk deiner Gnade zu rühmen. Du hast ihn geehrt vor allen, die je eine Frau geboren hat, schon im Mutterschoß erfuhr er das kommende Heil, seine Geburt erfüllte viele mit Freude. Als Einziger der Propheten schaute er den Erlöser und zeigte hin auf das Lamm, das die Sünde der Welt hinwegnimmt. Im Jordan taufte er Christus, der seiner Kirche die Taufe geschenkt hat, so wurde das Wasser zum heiligen Quell des ewigen Lebens. Bis an sein Ende gab Johannes Zeugnis für das Licht und besiegelte mit dem Blut seine Treue. Darum preisen wir dich mit allen Engeln und Heiligen und singen vereint mit ihnen das Lob deiner Herrlichkeit: Heilig …

KOMMUNIONVERS Lk 1,78

Durch die barmherzige Liebe unseres Gottes
hat uns besucht das aufstrahlende Licht aus der Höhe.

SCHLUSSGEBET

Herr, unser Gott, am Geburtstag Johannes' des Täufers hast du deine Kirche zum Festmahl des Lammes geladen und sie mit Freude erfüllt. Gib, dass wir Christus, den Johannes vorausverkündigt hat, als den erkennen, der uns das ewige Leben erworben hat, der mit dir lebt und herrscht in alle Ewigkeit.

***

WETTERSEGEN

Gott, du Schöpfer aller Dinge, du hast uns Menschen die Welt anvertraut und willst, dass wir ihre Kräfte nützen. Aus dem Reichtum dei-

ner Liebe schenkst du uns die Früchte der Erde: den Ertrag aus Garten und Acker, Weinberg und Wald, damit wir mit frohem und dankbarem Herzen dir dienen. Erhöre unser Gebet: Halte Ungewitter und Hagel, Überschwemmung und Dürre, Frost und alles, was uns schaden mag, von uns fern. Schenke uns alles, was wir zum Leben brauchen. Darum bitten wir durch Christus, unseren Herrn.
Und der Segen des allmächtigen Gottes, des Vaters und des Sohnes † und des Heiligen Geistes, komme auf euch herab und bleibe bei euch allezeit. – A: Amen.

***

LAMM GOTTES

Siehe! Das ist Gottes Lamm.
Dieser wird für unsre Sünde
Sterben an des Kreuzes Stamm.
Dass er allen Völkern künde:
Gott nimmt ihr Geberst auf sich.
Dass fortan die Menschheit wisse:
Träger ihrer Finsternisse
Ist nicht nur ihr kleines Ich.

Christian Morgenstern

12. SONNTAG IM JAHRESKREIS

25. Juni 2023

Was erwartet Zeuginnen und Zeugen der Frohen Botschaft? Die heutigen Lesungen beschönigen nichts. Skepsis, Anfeindungen, ja sogar Hass und Gewalt können die Konsequenz des Bekenntnisses zu Jesus Christus sein. Bereits die Propheten des Ersten, des Alten Testaments mussten erleben, wie offen oder heimlich Pläne geschmiedet wurden, um sie loszuwerden. Doch Gott hält zu seinen Botinnen und Boten. Wer in dieser Liebe verwurzelt ist, dem entzieht er niemals seine väterliche Hand, wie es im Tagesgebet heißt. Selbst der Tod verliert dann seinen Schrecken; denn die Gnadentat Jesu, seine Hingabe bis zum Kreuz, gilt allen und eröffnet ewiges Leben.

ERÖFFNUNGSVERS

Ps 28 (27), 8–9

Der Herr ist die Stärke seines Volkes,
er ist Schutz und Heil für seinen Gesalbten.
Herr, hilf deinem Volk und segne dein Erbe,
führe und trage es in Ewigkeit.

KYRIE-RUFE

Herr Jesus Christus, du kennst
unsere Angst und Bedrängnis.
V/A: Herr, erbarme dich.
Du weißt von Versuchung und Verstrickung.
V/A: Christus, erbarme dich.
Du aber hast die Welt besiegt.
V/A: Herr, erbarme dich.

Ehre sei Gott, S. 479 f.

TAGESGEBET

Heiliger Gott, gib, dass wir deinen Namen allezeit fürchten und lieben. Denn du entziehst keinem deine väterliche Hand, der fest in deiner Liebe verwurzelt ist. Darum bitten wir durch Jesus Christus.

WORTGOTTESDIENST

ZUR 1. LESUNG Von Jeremia wissen wir, was im Innern eines Menschen vorgeht, der einen Auftrag von Gott erhalten hat. Das Volk widersetzt sich der Botschaft, die er auszurichten hat, während er sich einem schier unzumutbaren Prophetenamt ausgesetzt sieht. Oft schreit er diesen Unmut heraus (Jer 8,18–9,5; 11,18–23). Doch das bleibt nicht sein letztes Wort. Gott wird einen neuen Bund aufrichten und sein Volk erlösen. Diese Perspektive gibt selbst in diesem aufreibenden Amt Kraft und Zuversicht. Auch in diesem Abschnitt beklagt Jeremia die Last des Prophetenamtes, nachdem Gott seinen jugendlichen Leichtsinn ausgenutzt und ihn überredet habe (vgl. Jer 20,7). Am schlimmsten ist für Jeremia, dass sich selbst Freunde von ihm abwenden.

ERSTE LESUNG Jer 20,10–13

Er rettet das Leben der Armen aus der Hand der Übeltäter

Lesung aus dem Buch Jeremía.

Jeremía sprach: Ich hörte die Verleumdung der Vielen: Grauen ringsum! Zeigt ihn an! Wir wollen ihn anzeigen. Meine nächsten Bekannten warten alle darauf, dass ich stürze: Vielleicht lässt er sich betören, dass wir ihn überwältigen und an ihm Rache nehmen können.

Doch der Herr steht mir bei wie ein gewaltiger Held. Darum straucheln meine Verfolger und können nicht überwältigen. Sie werden schmählich zuschanden, da sie nichts erreichen, in ewiger, unvergesslicher Schmach.

Aber der Herr der Heerscharen prüft den Gerechten, er sieht Nieren und Herz. Ich werde deine Vergeltung an ihnen sehen; denn dir habe ich meinen Rechtsstreit anvertraut.

Singt dem Herrn, rühmt den Herrn; denn er rettet das Leben des Armen aus der Hand der Übeltäter.

ANTWORTPSALM

Ps 69 (68),8 u. 10.14.33–34 (Kv: 14bc)

Kv Gott, in deiner großen Huld erhöre mich,
mit deiner rettenden Treue! – Kv

Herr, deinetwegen erleide ich Hohn *
und Schande bedeckt mein Angesicht.
Denn der Eifer für dein Haus hat mich verzehrt, *
die Verhöhnungen derer, die dich verhöhnen,
sind auf mich gefallen. – (Kv)

Ich komme zu dir mit meinem Bittgebet, *
Herr, zur Zeit der Gnade.
Gott, in deiner großen Huld erhöre mich, *
mit deiner rettenden Treue! – (Kv)

Die Gebeugten sehen es und sie freuen sich! *
Ihr, die ihr Gott sucht, euer Herz lebe auf!
Denn der Herr hört auf die Armen, *
seine Gefangenen verachtet er nicht. – Kv

ZUR 2. LESUNG Direkt im Anschluss an die Lesung des 11. Sonntags im Jahreskreis mit der unverbrüchlichen Zusage des Friedens zwischen Gott und den Erlösten zieht Paulus einen Vergleich zwischen Adam und Christus. Adam – als Repräsentant der Menschheit – hat durch seinen Ungehorsam der Sünde die Macht gegeben, über die Menschen zu herrschen. Das Gesetz hat dies den Menschen bewusst gemacht. So wie in Adam durch einen Menschen die Sünde über alle hereinbrach, wirkt auch die Gnade, die Jesus Christus gezeigt und gelebt hat, für alle. Gnade ist mächtiger als die Sünde, mächtiger auch als der Tod. Diese Botschaft ist es wert, alles in Kauf zu nehmen, was sich gegen ihre Überbringer richten kann.

ZWEITE LESUNG

Röm 5,12–15

Anders als mit der Übertretung verhält es sich mit der Gnade

Lesung aus dem Brief des Apostels Paulus an die Gemeinde in Rom.

Schwestern und Brüder! Durch einen einzigen Menschen kam die Sünde in die Welt und durch die Sünde der Tod und auf diese Weise gelangte der Tod zu allen Menschen, weil alle sündigten.

Sünde war nämlich schon vor dem Gesetz in der Welt, aber Sünde wird nicht angerechnet, wo es kein Gesetz gibt; dennoch herrschte der Tod von Adam bis Mose auch über die, welche nicht durch Übertreten eines Gebots gesündigt hatten wie Adam, der ein Urbild des Kommenden ist.

Doch anders als mit der Übertretung verhält es sich mit der Gnade; sind durch die Übertretung des einen die vielen dem Tod anheimgefallen, so ist erst recht die Gnade Gottes und die Gabe, die durch die Gnadentat des einen Menschen Jesus Christus bewirkt worden ist, den vielen reichlich zuteilgeworden.

RUF VOR DEM EVANGELIUM

Vers: vgl. Joh 15,26b.27a

Halleluja. Halleluja.
(So spricht der Herr:)
Der Geist der Wahrheit wird Zeugnis geben für mich;
und auch ihr sollt Zeugen sein.
Halleluja.

ZUM EVANGELIUM Fürchtet euch nicht! Da Gott sogar die Haare auf unserem Kopf gezählt hat und vor ihm nichts im Dunkeln ist, brauchen wir uns nicht davor zu fürchten, mit der Botschaft des Evangeliums anzuecken. Was wir eher still und leise von Gott wahrnehmen, sollen wir in die Welt tragen. Gott kümmert sich um die Bekennenden und steht für sie ein. Das befreit auch von den Ängsten, die uns den Hals zuschnüren und die Zunge schwer machen. Wer sich von dieser Liebe getragen weiß, der kann fröhlich glauben und mutig bekennen. Die Widerstände verschwinden nicht, aber sie verlieren ihre Macht über uns. Denn wahre Macht hat nur derjenige, der uns selbst geschaffen hat.

EVANGELIUM Mt 10,26–33

Fürchtet euch nicht vor denen, die den Leib töten

+ Aus dem heiligen Evangelium nach Matthäus.

In jener Zeit sprach Jesus zu seinen Aposteln: Fürchtet euch nicht vor den Menschen! Denn nichts ist verhüllt, was nicht enthüllt wird, und nichts ist verborgen, was nicht bekannt wird. Was ich euch im Dunkeln sage, davon redet im Licht, und was man euch ins Ohr flüstert, das verkündet auf den Dächern!

Fürchtet euch nicht vor denen, die den Leib töten, die Seele aber nicht töten können, sondern fürchtet euch eher vor dem, der Seele und Leib in der Hölle verderben kann!

Verkauft man nicht zwei Spatzen für einen Pfennig? Und doch fällt keiner von ihnen zur Erde ohne den Willen eures Vaters. Bei euch aber sind sogar die Haare auf dem Kopf alle gezählt. Fürchtet euch also nicht! Ihr seid mehr wert als viele Spatzen.

Jeder, der sich vor den Menschen zu mir bekennt, zu dem werde auch ich mich vor meinem Vater im Himmel bekennen. Wer mich aber vor den Menschen verleugnet, den werde auch ich vor meinem Vater im Himmel verleugnen.

Glaubensbekenntnis, S. 482 ff.

FÜRBITTEN

Gott ist mit uns und für uns. Deshalb müssen wir uns nicht unablässig um unser eigenes Wohl sorgen. Vielmehr können wir die Nöte und Sorgen unserer Zeit vor Gott bringen und ihn bitten:

- Für alle Christinnen und Christen, die um ihres Glaubens willen Nachteile erfahren und Verfolgung erleiden. V: Guter Gott. A: Wir bitten dich, erhöre uns.
- Für alle im Raum der Kirche, die auf echte Teilhabe, Gemeinschaft und Sendung setzen, wie die Leitworte der römischen Synode lauten. V: Guter Gott. A: Wir bitten dich, erhöre uns.
- Für alle, die an Leib und Seele erkrankt und von Ängsten geplagt sind. V: Guter Gott. A: Wir bitten dich, erhöre uns.
- Für die Kinder, die in ihren Familien vernachlässigt und misshandelt werden, und für alle, die ihr Leid nicht übersehen. V: Guter Gott. A: Wir bitten dich, erhöre uns.
- Für alle unsere Verstorbenen, dass sie Fülle und Freude erfahren am himmlischen Tisch des Lebens. V: Guter Gott. A: Wir bitten dich, erhöre uns.

Gott, du willst uns zur Freiheit befreien und uns lösen aus Angst und Schuld. Dafür danken wir dir und preisen dich, heute und allezeit.

EUCHARISTIEFEIER

GABENGEBET

Barmherziger Gott, nimm das Opfer des Lobes und der Versöhnung an. Löse uns durch diese Feier aus aller Verstrickung, damit wir in freier Hingabe ganz dir angehören. Darum bitten wir durch Christus, unseren Herrn.

Präfation, S. 494 ff.

KOMMUNIONVERS

Joh 10,11.15

Ich bin der gute Hirt.
Ich gebe mein Leben für meine Schafe –
so spricht der Herr.

SCHLUSSGEBET

Gütiger Gott, du hast uns durch den Leib und das Blut Christi gestärkt. Gib, dass wir niemals verlieren, was wir in jeder Feier der Eucharistie empfangen. Darum bitten wir durch Christus, unseren Herrn.

***

Für eine Wort-Gottes-Feier:

ERÖFFNUNGSGEBET ZUR WAHL

Gott, unser Heiland, du Retter der Menschen. Durch deinen Sohn Jesus berufst du uns zu Zeugen deiner Nähe. Lass uns dein Wort verstehen und danach handeln. Stärke uns, dass wir ihn weiterschenken, der im Wort der Heiligen Schrift gegenwärtig ist: Jesus Christus, deinen Sohn, der in der Einheit des Heiligen Geistes mit dir lebt in Ewigkeit.

***

SCHWÄCHE UND STÄRKE

Nicht wir haben dich erwählet,
du selbst hast unsre Zahl gezählet
nach deinem ewgen Gnadenrat;
unsre Kraft ist schwach und nichtig,
und keiner ist zum Werke tüchtig,
der nicht von dir die Stärke hat.
Drum brich den eignen Sinn,
denn Armut ist Gewinn
für den Himmel;
wer in sich schwach,
folgt, Herr, dir nach
und trägt mit Ehren deine Schmach.

Albert Knapp

HL. PETRUS UND HL. PAULUS, APOSTEL
HOCHFEST

29. Juni 2023

Da das Hochfest der Apostel Petrus und Paulus einen biblischen Hintergrund aufweist, behielten es auch die Reformatoren bei. So wurde es zu dem bekanntesten der Apostelfeste. Eigentlich überrascht die gemeinsame Verehrung, da die beiden so verschiedenen Apostel in den Fragen um das Halten des Gesetzes durch gläubig gewordene Nichtjuden heftig stritten. Aber schon früh galten die beiden als die Apostelfürsten, die man zusammen verehren wollte. Der Überlieferung nach sind auch beide am gleichen Tag in Rom ums Leben gekommen. Bereits im 4. Jahrhundert verbreitete sich ihr Fest.

ERÖFFNUNGSVERS

Die Apostel Petrus und Paulus
haben die Kirche begründet;
sie haben den Kelch des Herrn getrunken,
nun sind sie Gottes Freunde.

KYRIE-RUFE

Herr Jesus Christus, du hast Petrus beauftragt,
deine Herde zu weiden.
V/A: Herr, erbarme dich.
Du hast Paulus auserwählt, dich unter den Völkern
der Heiden zu verkünden.
V/A: Christus, erbarme dich.

Du hast deine Kirche auf das Fundament
der Apostel und Propheten gebaut.
V/A: Herr, erbarme dich.

Ehre sei Gott, S. 479 f.

TAGESGEBET

Herr, unser Gott, am Hochfest der Apostel Petrus und Paulus haben wir uns in Freude versammelt. Hilf deiner Kirche, in allem der Weisung deiner Boten zu folgen, durch die sie den Glauben und das Leben in Christus empfangen hat, der in der Einheit des Heiligen Geistes mit dir lebt und herrscht in alle Ewigkeit.

WORTGOTTESDIENST

ZUR 1. LESUNG Herodes Agrippa I. war ein Enkel Herodes' des Großen und konnte zwischen 41 und 44 nach Christus noch einmal als König von Judäa und Samaria ein großes Reich mit starker Hand zusammenhalten. Er galt als sehr gesetzestreu und stand den Pharisäern nahe. Daher wollte er den aufkommenden Christengruppen den Garaus machen, um sich die Gunst der Gesetzestreuen zu erhalten. Auf seine Verfügung hin wurde Jakobus, der Bruder des Johannes, hingerichtet. Da dies den Oberen gefiel, ließ er auch Petrus festnehmen. Seine plötzliche Befreiung scheint alles zu übertreffen, was man sich damals von Gott erhofft hat. Petrus tut nichts selbst zu seiner Befreiung, sondern lässt sich führen, bis im Übergang zum Alltag der Engel wieder verschwindet.

ERSTE LESUNG

Apg 12, 1–11

Nun weiß ich, dass der Herr mich der Hand des Herodes entrissen hat

Lesung aus der Apostelgeschichte.

In jenen Tagen ließ der König Herodes einige aus der Gemeinde verhaften und misshandeln. Jakobus, den Bruder des Johannes, ließ er mit dem Schwert hinrichten. Als er sah, dass es den Juden gefiel, ließ er auch Petrus festnehmen. Das geschah in den Tagen der Ungesäuerten Brote. Er nahm ihn also fest und warf ihn ins Gefängnis. Die Bewachung übertrug er vier Abteilungen von je vier Soldaten. Er beabsichtigte, ihn nach dem Paschafest dem Volk vorführen zu lassen. Petrus wurde also im Gefängnis bewacht. Die Gemeinde aber betete inständig für ihn zu Gott.

In der Nacht, ehe Herodes ihn vorführen lassen wollte, schlief Petrus, mit zwei Ketten gefesselt, zwischen zwei Soldaten; vor der Tür aber bewachten Posten den Kerker.

Und siehe, ein Engel des Herrn trat hinzu und ein Licht strahlte in dem Raum. Er stieß Petrus in die Seite, weckte ihn und sagte: Schnell, steh auf! Da fielen die Ketten von seinen Händen. Der Engel aber sagte zu ihm: Gürte dich und zieh deine Sandalen an! Er tat es. Und der Engel sagte zu ihm: Wirf deinen Mantel um und folge mir! Und Petrus ging hinaus und folgte ihm, ohne zu wissen, dass es Wirklichkeit war, was durch den Engel geschah; es kam ihm vor, als habe er eine Vision.

Sie gingen an der ersten und an der zweiten Wache vorbei und kamen an das eiserne Tor, das in die Stadt führt; es öffnete sich ihnen von selbst. Sie traten hinaus und gingen eine Gasse weit; und sogleich verließ ihn der Engel.

Da kam Petrus zu sich und sagte: Nun weiß ich wahrhaftig, dass der Herr seinen Engel gesandt und mich der Hand des Herodes entrissen hat und alldem, was das Volk der Juden erwartet hat.

ANTWORTPSALM

Ps 34 (33),2–3.4–5.6–7.8–9 (Kv: vgl. 5b)

Kv All meinen Ängsten hat mich der HERR entrissen. – Kv

Ich will den HERRN allezeit preisen; *
immer sei sein Lob in meinem Mund.

Meine Seele rühme sich des Herrn; *
die Armen sollen es hören und sich freuen. – (Kv)

Preist mit mir die Größe des Herrn, *
lasst uns gemeinsam seinen Namen erheben!
Ich suchte den Herrn und er gab mir Antwort, *
er hat mich all meinen Ängsten entrissen. – (Kv)

Die auf ihn blickten, werden strahlen, *
nie soll ihr Angesicht vor Scham erröten.
Da rief ein Armer und der Herr erhörte ihn *
und half ihm aus all seinen Nöten. – (Kv)

Der Engel des Herrn umschirmt, die ihn fürchten, *
und er befreit sie.
Kostet und seht, wie gut der Herr ist! *
Selig der Mensch, der zu ihm sich flüchtet! – Kv

ZUR 2. LESUNG Der Autor des zweiten Briefs an Timotheus lässt Paulus hier auf sein Leben zurückblicken. Es gab nichts in diesem Leben, was Paulus die Gewissheit der Liebe Gottes hätte entreißen können. In der Rückschau leitet ihn nicht Bitterkeit, sondern tiefe Dankbarkeit. So wie Gott ihm bis hierher auch in den brenzligsten Situationen geholfen hat, wird er auch auf der letzten Wegstrecke zu ihm stehen. Paulus weiß darum, dass er eine wichtige Rolle spielt, wo es darum geht, die Heiden in die Heilsgeschichte zu integrieren. Doch das macht Paulus nicht hochmütig, sondern dankbar.

ZWEITE LESUNG

2 Tim 4,6–8.17–18

Schon jetzt liegt für mich der Kranz der Gerechtigkeit bereit

Lesung aus dem zweiten Brief des Apostels Paulus an Timótheus.

Mein Sohn! Ich werde schon geopfert und die Zeit meines Aufbruchs ist nahe. Ich habe den guten Kampf gekämpft, den Lauf vollendet, die Treue bewahrt.

Schon jetzt liegt für mich der Kranz der Gerechtigkeit bereit, den mir der Herr, der gerechte Richter, an jenem Tag geben wird, aber nicht nur mir, sondern allen, die sein Erscheinen ersehnen.

Der Herr stand mir zur Seite und gab mir Kraft, damit durch mich die Verkündigung vollendet wird und alle Völker sie hören; und so wurde ich dem Rachen des Löwen entrissen.

Der Herr wird mich allem bösen Treiben entreißen und retten in sein himmlisches Reich. Ihm sei die Ehre in alle Ewigkeit. Amen.

RUF VOR DEM EVANGELIUM

Vers: Mt 16,18

Halleluja. Halleluja.
(So spricht der Herr:)
Du bist Petrus – der Fels –
und auf diesen Felsen werde ich meine Kirche bauen
und die Pforten der Unterwelt werden sie nicht überwältigen.
Halleluja.

ZUM EVANGELIUM Mit dem heutigen Abschnitt beginnt im Matthäus-Evangelium der Weg Jesu und seiner Jünger nach Jerusalem. An diesem Anfang steht das Bekenntnis des Petrus, dass in Jesus Christus der erwartete Messias erschienen ist. Er erweitert das Bekenntnis, indem er in Jesus den Sohn Gottes erkennt. Was Matthäus hier darstellt, ist ein Echo auf die besondere Rolle des Petrus, die er in der jungen Gemeinde eingenommen hat. Es ist kein frommer Superheld, auf den die Kirche erbaut wird, sondern ein einfacher Fischer. Einer, der in der größten Not Jesus den Rücken kehrte (vgl. Mt 26,30–35). Aber für Jesus ist genau dieser Petrus der „Fels“ der Kirche. Vollmacht

begründet Jesus nicht mit Macht, sondern mit einem ehrlichen Bekenntnis, das um die eigene Unzulänglichkeit weiß.

EVANGELIUM

Mt 16,13–19

Du bist Petrus; ich werde dir die Schlüssel des Himmelreichs geben

+ Aus dem heiligen Evangelium nach Matthäus.

In jener Zeit, als Jesus in das Gebiet von Cäsaréa Philíppi kam, fragte er seine Jünger und sprach: Für wen halten die Menschen den Menschensohn?

Sie sagten: Die einen für Johannes den Täufer, andere für Elíja, wieder andere für Jeremía oder sonst einen Propheten.

Da sagte er zu ihnen: Ihr aber, für wen haltet ihr mich?

Simon Petrus antwortete und sprach: Du bist der Christus, der Sohn des lebendigen Gottes!

Jesus antwortete und sagte zu ihm: Selig bist du, Simon Barjóna; denn nicht Fleisch und Blut haben dir das offenbart, sondern mein Vater im Himmel. Ich aber sage dir: Du bist Petrus – der Fels – und auf diesen Felsen werde ich meine Kirche bauen und die Pforten der Unterwelt werden sie nicht überwältigen. Ich werde dir die Schlüssel des Himmelreichs geben; was du auf Erden binden wirst, das wird im Himmel gebunden sein, und was du auf Erden lösen wirst, das wird im Himmel gelöst sein.

Glaubensbekenntnis, S. 482 ff.

FÜRBITTEN

Guter Gott, du hast deine Kirche Menschen mit Stärken und Schwächen anvertraut. Heute, am Hochfest der Apostel Petrus und Paulus, rufen wir zu dir und bitten dich:

- Um die Gabe des Geistes für alle, die ein Leitungsamt innerhalb der Kirche bekleiden. V: Gütiger Gott. A: Höre unser Rufen.

- Um deinen Beistand für alle, die getroffen und enttäuscht vom weltweiten Machtmissbrauch im Raum der Kirche sind. V: Gütiger Gott. A: Höre unser Rufen.
- Um Stärke für alle Getauften und die Zuversicht, gemeinsam Glauben leben zu können. V: Gütiger Gott. A: Höre unser Rufen.
- Um Hilfe und neue Kraft für alle, die im Dienst der Seelsorge müde geworden sind. V: Gütiger Gott. A: Höre unser Rufen.
- Um die Gabe des Trostes für alle, deren Leben in diesen hellen Sommerwochen zu Ende geht. V: Gütiger Gott. A: Höre unser Rufen.

Guter Gott, sei du an unserer Seite und leite deine Kirche ins Weite, so bitten wir durch Jesus Christus, unseren Bruder und Herrn.

EUCHARISTIEFEIER

GABENGEBET

Herr und Gott, in Gemeinschaft mit den Aposteln Petrus und Paulus bitten wir dich: Heilige unsere Gaben und lass uns mit Bereitschaft und Hingabe das Opfer deines Sohnes feiern, der mit dir lebt und herrscht in alle Ewigkeit.

PRÄFATION

In Wahrheit ist es würdig und recht, dich, allmächtiger Vater, in deinen Heiligen zu preisen und am Fest der Apostel Petrus und Paulus das Werk deiner Gnade zu rühmen. Petrus hat als Erster den Glauben an Christus bekannt und aus Israels heiligem Rest die erste Kirche gesammelt. Paulus empfing die Gnade tiefer Einsicht und die Berufung zum Lehrer der Heiden. Auf verschiedene Weise dienten beide Apostel der einen Kirche, gemeinsam empfingen sie die Krone des Lebens. Darum ehren wir beide in gemeinsamer Feier und vereinen uns mit allen Engeln und Heiligen zum Hochgesang von deiner göttlichen Herrlichkeit: Heilig …

KOMMUNIONVERS

Mt 16,16.18

Petrus sagte zu Jesus:
Du bist der Messias, der Sohn des lebendigen Gottes.
Jesus erwiderte ihm:
Du bist Petrus, und auf diesen Felsen
werde ich meine Kirche bauen.

SCHLUSSGEBET

Herr, unser Gott, du hast uns durch das heilige Sakrament gestärkt. Gib, dass wir im Brotbrechen und in der Lehre der Apostel verharren und in deiner Liebe ein Herz und eine Seele werden. Darum bitten wir durch Christus, unseren Herrn.

FEIERLICHER SCHLUSSSEGEN

Seinen Segen gewähre euch der allmächtige Gott, der auf das Bekenntnis des Petrus die Kirche gegründet und durch ihn die Brüder im Glauben gestärkt hat. – A: Amen.
Durch Paulus hat er die Heidenvölker zum Glauben geführt; das Beispiel dieses Apostels lehre euch, Menschen für Christus zu gewinnen. – A: Amen.
Beide bezeugten den Herrn bis zum Tod: Petrus am Kreuz, Paulus unter dem Schwert; ihre Fürsprache geleite euch zur ewigen Heimat. – A: Amen.

Das gewähre euch der dreieinige Gott, der Vater und der Sohn † und der Heilige Geist. – A: Amen.

***

BEFREIUNG

Petrus und Paulus zeigen uns das Bild einer Kirche, die uns anvertraut ist, aber vom Herrn mit Treue und Zärtlichkeit geführt wird; einer schwachen Kirche, in der Gott jedoch machtvoll gegenwärtig ist; einer befreiten Kirche, die der Welt jene Befreiung vermitteln kann, die sie sich selbst nicht geben kann: Befreiung von Sünde, Tod, Resignation, Ungerechtigkeit und vom Verlust der Hoffnung, der das Leben der Frauen und Männer unserer Zeit belastet.

Papst Franziskus in seiner Festpredigt am 29. Juni 2021

13. SONNTAG IM JAHRESKREIS

2. Juli 2023

Wie jeder Gottesdienst ist auch die Messfeier dieses Sonntags zuerst Gottes Dienst an uns. Sein Wunsch, sich uns liebend und ermutigend mitzuteilen, und sein leidenschaftlicher Wille zu einem Leben in Fülle gehen all unserem Bemühen voraus. Wir sind eingeladen, darauf zu antworten, indem wir die Worte der Schrift abhorchen für unser Heute und Morgen. Ein sprichwörtlicher Ort für die Gottesbegegnung ist bis heute die Begegnung in Gastfreundschaft. Da mischt sich die Geistkraft Gottes gerne ein in den Austausch von Fremden und Freunden, von Frommen und Suchenden, Verfolgten und Sesshaften. Sie erschließt dabei ungeahnte Zukunftsperspektiven für die Beteiligten – in der ersten Lesung für den Propheten Elischa und seine Gastgeberin, im Evangelium für die ins Ungewisse ausgesandten Jünger und jene, die sie aufnehmen. Im Römerbrief erinnert uns Paulus an die neue Daseinsweise der auf Jesus Christus Getauften, die sie zur Liebe befreit – Glutkern des Glaubens. Ihn von der Asche der Mühseligkeit und Verzagtheit zu befreien, dürfte in unseren Tagen die wichtigste Herausforderung sein. Dass uns dazu die Heilige Geistkraft Gottes zugesagt ist, mag unseren Dank in der Eucharistie beflügeln.

ERÖFFNUNGSVERS

Ps 47 (46), 2

Ihr Völker alle, klatscht in die Hände;
jauchzt Gott zu mit lautem Jubel.

KYRIE-RUFE

Herr Jesus Christus, du rufst
in deine ungeteilte Nachfolge.
V/A: Herr, erbarme dich.

Du rufst in die Nachfolge des Kreuzes.
V/A: Christus, erbarme dich.
Du gibst jedem den Lohn,
wie er seinem Werk entspricht.
V/A: Herr, erbarme dich.

Ehre sei Gott, S. 479 f.

TAGESGEBET

Gott, unser Vater, du hast uns in der Taufe zu Kindern des Lichtes gemacht. Lass nicht zu, dass die Finsternis des Irrtums über uns Macht gewinnt, sondern hilf uns, im Licht deiner Wahrheit zu bleiben. Darum bitten wir durch Jesus Christus.

WORTGOTTESDIENST

ZUR 1. LESUNG Zur Zeit der Könige treten die Propheten mit ihrem scharfen Blick den Mächtigen entgegen. Sie kritisieren freimütig deren Lebenswandel und Regierungspraxis, im Namen Gottes. Das bringt ihnen Missmut und Bedrohung bis zur Lebensgefahr durch den ganzen Hofstaat ein. In dieser Lage ist das Verhalten der vornehmen Frau für Elischa eine Wohltat. Sie sieht in dem Propheten einen Gottesmann und bietet ihm deshalb einen geschützten Raum der Gastfreundschaft. Sie bleibt auch dann noch selbstbestimmt, als der Prophet von ihrer Kinderlosigkeit erfährt – ihrem schmerzlich gescheiterten Herzensanliegen. Ihre Integrität und die des Propheten bleiben gewahrt: Aufrecht, selbstbewusst in der offenen Tür stehend empfängt sie die Verheißung des ersehnten Sohnes. In Zeiten geistlichen und sexuellen Missbrauchs durch „Gottesmänner" ist dieser Hinweis hochaktuell. Lesen wir die Szene im Zusammenhang mit dem heutigen Evangelium, dann zeigt sich zudem, wie fruchtbar die Begegnung zwischen dem Verkünder des Gotteswortes und der Frau aus dem Volk sein kann, wenn die Beteiligten achtsam auf die Bedürfnisse des anderen Menschen eingehen. Gastfreundschaft wird so zum Geschenk für beide.

ERSTE LESUNG

2 Kön 4,8–11.14–16a

Dieser Mann, der ständig bei uns vorbeikommt, ist ein heiliger Gottesmann

Lesung aus dem zweiten Buch der Könige.

Eines Tages ging Elíscha nach Schunem. Dort lebte eine vornehme Frau, die ihn dringend bat, bei ihr zu essen. Seither kehrte er zum Essen bei ihr ein, sooft er vorbeikam. Sie aber sagte zu ihrem Mann: Ich weiß, dass dieser Mann, der ständig bei uns vorbeikommt, ein heiliger Gottesmann ist. Wir wollen ein kleines, gemauertes Obergemach herrichten und dort ein Bett, einen Tisch, einen Stuhl und einen Leuchter für ihn bereitstellen. Wenn er dann zu uns kommt, kann er sich dorthin zurückziehen.

Als Elíscha eines Tages wieder hinkam, ging er in das Obergemach, um dort zu schlafen. Und als er seinen Diener Géhasi fragte, was man für die Frau tun könne, sagte Géhasi: Nun, sie hat keinen Sohn und ihr Mann ist alt. Da befahl er: Ruf sie herein! Er rief sie und sie blieb in der Tür stehen. Darauf versicherte ihr Elíscha: Im nächsten Jahr um diese Zeit wirst du einen Sohn liebkosen.

ANTWORTPSALM

Ps 89 (88),2–3.16–17.18–19 (Kv: 2a))

Kv Von der Huld des Herrn
will ich ewig singen. – Kv

Von der Huld des Herrn will ich ewig singen, *
von Geschlecht zu Geschlecht mit meinem Mund
deine Treue verkünden.
Denn ich bekenne: Auf ewig ist Huld gegründet, *
im Himmel deine Treue gefestigt. – (Kv)

Selig das Volk, das den Jubelruf kennt, *
Herr, sie gehen im Licht deines Angesichts.
Sie freuen sich allezeit über deinen Namen *
und sie jubeln über deine Gerechtigkeit. – (Kv)

Denn du bist ihre Schönheit und Stärke, *
du erhöhst unsre Kraft in deiner Güte.
Ja, dem Herrn gehört unser Schild, *
dem Heiligen Israels unser König. – Kv

ZUR 2. LESUNG Für Paulus hat Gott mit Jesus Christus eine Zeitenwende zugunsten aller Menschen herbeigeführt. Sie erschließt sich denen, die sich glaubend und vertrauend seiner Güte und Barmherzigkeit öffnen, als neue Existenzweise. Diese Wende ist in ihrer radikalen Endgültigkeit nur mit dem Tod zu vergleichen. Wenn sie von unserer Freiheit getragen ist, schafft die Taufe die Zäsur und stellt sie gleichzeitig dar. So wie Christus nach seinem Tod und seiner Auferweckung nicht mehr sterben kann, so haben auch wir die alte Existenzweise der tödlichen sündhaften Trennung von Gott hinter uns. Zwar leben wir noch nicht sichtbar in der Herrlichkeit des Vaters, aber sie ist uns „todsicher". Wie die Gemeinschaft mit dem Vater das irdische Leben Jesu erhellt, so wirft sie ihr Licht auch in unser irdisches Ringen, Scheitern und Gelingen. Befreit von der Furcht, mit unseren Grenzen vor Gott nicht bestehen zu können, dürfen wir alle zwanghaften Versuche religiöser Selbstoptimierung und alle Selbstentfremdung hinter uns lassen. In der durch die Taufe ermöglichten Haltung der Selbstvergessenheit werden wir frei. In all unserem Tun und Lassen, in unseren Begegnungen, Beziehungen und Wandlungen dürfen wir wirksame Zeuginnen und Zeugen der leidenschaftlichen Güte Gottes sein. Die alte Angst, nicht zu genügen, darf der Zuversicht weichen: Wir werden, was wir in seinen Augen schon sind.

ZWEITE LESUNG

Röm 6,3–4.8–11

Wir wurden ja mit Christus begraben durch die Taufe; damit wir in der Wirklichkeit des neuen Lebens wandeln

Lesung aus dem Brief des Apostels Paulus an die Gemeinde in Rom.

Schwestern und Brüder! Wir, die wir auf Christus Jesus getauft wurden, sind auf seinen Tod getauft worden. Wir wurden ja mit ihm begraben durch die Taufe auf den Tod, damit auch wir, so wie Christus durch die Herrlichkeit des Vaters von den Toten auferweckt wurde, in der Wirklichkeit des neuen Lebens wandeln.

Sind wir nun mit Christus gestorben, so glauben wir, dass wir auch mit ihm leben werden. Wir wissen, dass Christus, von den Toten auferweckt, nicht mehr stirbt; der Tod hat keine Macht mehr über ihn.

Denn durch sein Sterben ist er ein für alle Mal gestorben für die Sünde, sein Leben aber lebt er für Gott. So begreift auch ihr euch als Menschen, die für die Sünde tot sind, aber für Gott leben in Christus Jesus.

RUF VOR DEM EVANGELIUM

Vers: vgl. 1 Petr 2,9

Halleluja. Halleluja.
Ihr seid ein auserwähltes Geschlecht,
eine königliche Priesterschaft, ein heiliger Stamm.
Verkündet die großen Taten Gottes,
der euch in sein wunderbares Licht gerufen hat.
Halleluja.

ZUM EVANGELIUM Wie ist das dreimalige „ist meiner nicht wert“ aus Jesu Mund zu vereinbaren mit seiner entschiedenen Praxis, jedem Menschen, besonders aber den Verlierern und Versagern, ihre von Gott geschenkte Würde zu erschließen? Lässt sich die liebende

Sorge um Eltern oder Kinder ausspielen gegen die liebende Unmittelbarkeit zu Jesus? Die „Aussendungsrede" hat der Matthäus-Evangelist für christliche Wanderprediger seiner Zeit zusammengetragen. Gibt es noch Gemeinsamkeiten mit der Situation heutiger Christinnen und Christen? Zumal „Mission" im alten Sinn heute theologisch und gesellschaftlich fragwürdig ist. Missionarisches Christsein wird sich heute mehr denn ja als demütiges Mitgehen mit dem anderen zeigen, ehrlich interessiert an dessen Freuden und Ängsten, seinen Hoffnungen und Brüchen. Trotz aller Unterschiede der Situation: Jesu Warnung, das eigene Leben zu verlieren, scheint mir damals wie heute aktuell zu sein. Am ureigenen Sinn seines Lebens vorbei zu leben. Gelebt zu werden statt selbst zu leben. Zu kurz gesprungen zu sein bei dem, was mir bisher sinnvoll und tragfähig galt. Wer kennt diese Erfahrungen nicht? Bleibend aktuell auch die Frage: „Wofür soll ich mein Leben in die Waagschale werfen?"

EVANGELIUM Mt 10,37–42

Wer nicht sein Kreuz auf sich nimmt, ist meiner nicht wert. – Wer euch aufnimmt, nimmt mich auf

+ Aus dem heiligen Evangelium nach Matthäus.

In jener Zeit sprach Jesus zu seinen Aposteln: Wer Vater oder Mutter mehr liebt als mich, ist meiner nicht wert, und wer Sohn oder Tochter mehr liebt als mich, ist meiner nicht wert.

Und wer nicht sein Kreuz auf sich nimmt und mir nachfolgt, ist meiner nicht wert.

Wer das Leben findet, wird es verlieren; wer aber das Leben um meinetwillen verliert, wird es finden.

Wer euch aufnimmt, der nimmt mich auf, und wer mich aufnimmt, nimmt den auf, der mich gesandt hat.

Wer einen Propheten aufnimmt, weil es ein Prophet ist, wird den Lohn eines Propheten erhalten.

Wer einen Gerechten aufnimmt, weil es ein Gerechter ist, wird den Lohn eines Gerechten erhalten.

Und wer einem von diesen Kleinen auch nur einen Becher frisches Wasser zu trinken gibt, weil es ein Jünger ist – Amen, ich sage euch: Er wird gewiss nicht um seinen Lohn kommen.

Glaubensbekenntnis, S. 482 ff.

FÜRBITTEN

Wie können wir das Leben gewinnen? Indem wir tätig sind, indem wir über den eigenen, kleinen Bereich hinausschauen, indem wir nicht für uns alleine leben. Darum tragen wir nun die Nöte und Sorgen unserer Zeit vor Gott und bitten ihn:

- Für alle Kinder, die keine Kindheit haben, weil sie arbeiten müssen, anstatt zu spielen und zu lernen. V: Gott, du Quell des Lebens. A: Wir bitten dich, erhöre uns.
- Für alle, die durch den Klimawandel ihre Existenzgrundlage zu verlieren drohen. V: Gott, du Quell des Lebens. A: Wir bitten dich, erhöre uns.
- Für alle, die im Wohlstand leben und doch einsam und unzufrieden sind. V: Gott, du Quell des Lebens. A: Wir bitten dich, erhöre uns.
- Für alle, die sich ehrenamtlich engagieren und so Leben gewinnen. V: Gott, du Quell des Lebens. A: Wir bitten dich, erhöre uns.
- Für alle, die ihren eigenen Lebensstil ändern, um unsere Welt, deine Schöpfung, zu bewahren. V: Gott, du Quell des Lebens. A: Wir bitten dich, erhöre uns.

Gott, du verheißt uns Leben, Leben in Fülle. Du bist der Urgrund unseres Seins. Steh uns bei auf unseren Wegen und hilf uns, dich und den Nächsten nicht aus dem Blick zu verlieren. So bitten wir durch Jesus Christus, unseren Bruder und Herrn.

EUCHARISTIEFEIER

GABENGEBET

Herr, unser Gott, in den Geheimnissen, die wir feiern, wirkst du unser Heil. Gib, dass wir den Dienst an diesem Altar würdig vollziehen, von dem wir deine Gaben empfangen. Darum bitten wir durch Christus, unseren Herrn.

Präfation, S. 494 ff.

KOMMUNIONVERS

Ps 103 (102), 1

Lobe den Herrn, meine Seele!
Alles in mir lobe seinen heiligen Namen.

SCHLUSSGEBET

Gütiger Gott, die heilige Opfergabe, die wir dargebracht und empfangen haben, schenke uns neues Leben. Lass uns Frucht bringen in Beharrlichkeit und dir auf immer verbunden bleiben. Darum bitten wir durch Christus, unseren Herrn.

***

Für eine Wort-Gottes-Feier:

ERÖFFNUNGSGEBET ZUR WAHL

Gerechter und guter Gott, dein Sohn spricht zu uns: „Wer nicht sein Kreuz auf sich nimmt, ist meiner nicht würdig.“ Gib uns die Kraft, unser Leben im Alltag zu bestehen, und schenke uns einst die Herrlichkeit, die uns verheißen ist, durch ihn, Jesus Christus, unseren Herrn, der mit dir und dem Heiligen Geist lebt in alle Ewigkeit.

***

OFFEN SEIN

Offen sein
wie eine geöffnete Tür.
Tritt ein!

Offen sein
wie ein aufgeschlagenes Buch.
Nimm und lies!

Offen sein
wie eine bittende Hand.
Hilf mir!

Offen sein
wie ein liebevoller Blick.
Sieh mich an!

Offen sein
wie ein ungeschminktes Gesicht.
So bin ich.

Offen sein
wie ein Gespräch unter Freunden.
Ja ist Ja. Nein ist Nein.

Offen sein
wie die Walnusshälfte in meiner Hand.
Schutzlos verletzlicher Kern.

Noch ist die Schale nicht leer.

Gisela Baltes

14. SONNTAG IM JAHRESKREIS

9. Juli 2023

„Als wir unser Ziel aus den Augen verloren hatten, verdoppelten wir unsere Anstrengungen – und liefen im Kreis." Gegen bedrohliche Erfahrungen bei Exkursionen in unbekanntes Gelände helfen Apps. Sie liefern uns nicht nur perfekte Land- und Wanderkarten für fast jede Region, sondern orten auch präzise die aktuelle Position und verfolgen meine Schritte. Selbst Ungeübte können so neue Wanderwege wagen, bis hin zu einer Alpenüberquerung. Diese komfortable Ausstattung gibt es – Gott sei Dank – nicht für das Woher und Wohin unserer Lebenswege. Dazu brauchen wir andere Orientierungshilfen und den Wagemut, uns ihnen anzuvertrauen. Der Sonntag ist da ein guter Haltepunkt mit der Frage: „Halt! Wo läufst du hin?" Die Lesung aus dem Römerbrief kann helfen, die Position zwischen den Polen unseres Lebenswegs zu orten. Um das Ziel in den Blick zu bekommen, ist die Vision des Propheten Sacharja immer noch gültig. Den Mut, uns – erneut und nach manchem Irrweg – auf den Weg zu machen, will uns im heutigen Evangelium eine verlockende Einladung Jesu zusprechen: „Kommt alle zu mir, die ihr mühselig und beladen seid! Ihr werdet Ruhe finden für eure Seele."

ERÖFFNUNGSVERS

Ps 48 (47), 10–11

Deiner Huld, o Gott, gedenken wir
in deinem heiligen Tempel.
Wie dein Name, Gott,
so reicht dein Ruhm bis an die Enden der Erde;
deine rechte Hand ist voll von Gerechtigkeit.

KYRIE-RUFE

Herr Jesus Christus, du bist gütig
und von Herzen demütig.
V/A: Herr, erbarme dich.
Du rufst alle zu dir, die mühselig
und beladen sind.
V/A: Christus, erbarme dich.
Du willst uns erquicken
und uns Ruhe schaffen.
V/A: Herr, erbarme dich.

Ehre sei Gott, S. 479 f.

TAGESGEBET

Barmherziger Gott, durch die Erniedrigung deines Sohnes hast du die gefallene Menschheit wieder aufgerichtet und aus der Knechtschaft der Sünde befreit. Erfülle uns mit Freude über die Erlösung und führe uns zur ewigen Seligkeit. Darum bitten wir durch Jesus Christus.

WORTGOTTESDIENST

ZUR 1. LESUNG Aus Leiden, das angenommen wird, kann die Sehnsucht nach Heil und Geborgenheit wachsen. In diesem Text des Propheten Sacharja sind es die Leiden der Deportation, der Fremdherrschaft und der Gottesferne, die in der Verbannung der babylonischen Gefangenschaft die Vision des Friedenskönigs hervorbringen. Sie wagt einen Gegenentwurf zu den kriegstreibenden Machthabern, deren Spielball ganz Israel geworden ist. Ihrem Hochmut und ihrer Gewalt wird JHWH selbst ein Ende setzen, um einen weltweiten Frieden herbeizuführen. Dieser König, selbst im Leiden erfahren und aus dem Leiden gerettet, weiß, dass Gerechtigkeit und Frieden einander bedingen. Für ihn sind Macht und Demut, sind königliches Regieren und

Selbsterniedrigung des Herzens keine Gegensätze. Beide erfordern Mut und großes Vertrauen in den, der auch ihn gerettet hat. Sein Einzug in die Stadt Jerusalem auf dem Rücken eines Esels – in der Vorzeit Reittier der Richter – statt hoch zu Ross ist geradezu eine messianische Verheißung. Die Evangelien beziehen das Bild des in seine Stadt einziehenden Friedenskönigs auf Jesus. In der Liturgie des Palmsonntags steht er lebendig vor uns. Am heutigen Sonntag finden wir bei Sacharja das Vor-Bild für die königliche Demut Jesu, aber auch die erhoffte Dimension göttlicher Verheißung. Sie gilt universal für die ganze Menschheit: „Frieden ... von Meer zu Meer und vom Strom bis an die Enden der Erde". Der Jubel des Volkes ob solcher Verheißung schlägt in den Evangelien jedoch bald um in das verblendete „Kreuzige ihn" der Menge.

ERSTE LESUNG

Sach 9,9–10

Siehe, dein König kommt zu dir; demütig ist er

Lesung aus dem Buch Sachárja.

So spricht der Herr: Juble laut, Tochter Zion! Jauchze, Tochter Jerusalem! Siehe, dein König kommt zu dir. Gerecht ist er und Rettung wurde ihm zuteil, demütig ist er und reitet auf einem Esel, ja, auf einem Esel, dem Jungen einer Eselin.

Ausmerzen werde ich die Streitwagen aus Éfraim und die Rosse aus Jerusalem, ausgemerzt wird der Kriegsbogen.

Er wird den Nationen Frieden verkünden; und seine Herrschaft reicht von Meer zu Meer und vom Strom bis an die Enden der Erde.

ANTWORTPSALM

Ps 145 (144), 1–2.8–9.10–11.13c–14 (Kv: 1a)

Kv Ich will dich erheben, meinen Gott und König. – Kv

(*Oder:* Halleluja.)

Ich will dich erheben, meinen Gott und König, *
ich will deinen Namen preisen auf immer und ewig.
Jeden Tag will ich dich preisen *
und deinen Namen loben auf immer und ewig. – (Kv)

Der HERR ist gnädig und barmherzig, *
langmütig und reich an Huld.
Der HERR ist gut zu allen, *
sein Erbarmen waltet über all seinen Werken. – (Kv)

Danken sollen dir, HERR, all deine Werke, *
deine Frommen sollen dich preisen.
Von der Herrlichkeit deines Königtums sollen sie reden, *
von deiner Macht sollen sie sprechen. – (Kv)

Treu ist der HERR in seinen Reden, *
und heilig in all seinen Werken.
Der HERR stützt alle, die fallen, *
er richtet alle auf, die gebeugt sind. – Kv

ZUR 2. LESUNG Wer bin ich? Wer war ich? Wie wurde ich zu dem, der ich jetzt bin? Wer werde ich einst sein? Diese Lebensmatrix füllt Paulus im Römerbrief, indem er den Herrschaftsbereich des Fleisches jenem aus dem Geist gegenüberstellt. Mit „Fleisch" meint Paulus ein unerlöstes, einzig auf sich selbst bezogenes Dasein. Die eigenen Begierden und Leidenschaften wie beispielsweise das Streben nach Macht, Habe oder Geltung geben dafür die Richtung vor. Wo diese Lebensimpulse einen Menschen beherrschen, lebt er, völlig auf sich selbst bezogen, in einer Dimension der Selbstentfremdung. In seiner blinden Gottferne wird dieser Mensch vom Tod getrieben, gerade da, wo er sich mit aller Kraft gegen ihn aufbäumt. Diesem vom Fleisch und vom Tod bestimmten Leben stellt Paulus das Leben aus dem Geist Gottes und dem Geist Jesu Christi entgegen. Der Geist bewirkt einen neuen Lebenswandel – dass wir als liebesfähige und liebende Menschen zu uns finden und uns selbst leidenschaftlich transzendieren können. Zum Guten befähigt dürfen wir uns unserer Würde erfreuen, frei von sklavischer Unterwürfigkeit und Angst vor dem Versagen. Der Geist, der Jesus aus dem Tod befreit hat, eröffnet uns eine Lebensart, eine Lebenskunst, die den Tod nicht mehr fürchten muss. Durch den Geist Gottes kommt uns im Tod die Zukunft entgegen, die Jesus Christus in seiner Auferweckung aus dem Tod eröffnet wurde. Die Taufe will uns dem unerlösten Lebensstil unter dem Gesetz des Fleisches entreißen und uns die Quelle des neuen Lebens erschließen. Nun ist Paulus Realist genug, um zu wissen, dass wir die alte Lebensform auch mit der Taufe nicht ein für alle Mal hinter uns lassen. Deshalb ermahnt er die Gemeindemitglieder eindringlich, sich immer wieder der von Gott geschenkten Würde bewusst zu werden. In der Freiheit der Kinder Gottes (vgl. Röm 8,21) dürfen wir ein Leben führen, das dieser Berufung entspricht und uns so zu einem fruchtbaren Leben aus dem Geist Gottes befähigt.

ZWEITE LESUNG

Röm 8,9.11–13

Wenn ihr durch den Geist die sündigen Taten des Leibes tötet, werdet ihr leben

Lesung aus dem Brief des Apostels Paulus an die Gemeinde in Rom.

Schwestern und Brüder! Ihr seid nicht vom Fleisch, sondern vom Geist bestimmt, da ja der Geist Gottes in euch wohnt. Wer aber den Geist Christi nicht hat, der gehört nicht zu ihm.

Wenn aber der Geist dessen in euch wohnt, der Jesus von den Toten auferweckt hat, dann wird er, der Christus von den Toten auferweckt hat, auch eure sterblichen Leiber lebendig machen, durch seinen Geist, der in euch wohnt.

Wir sind also nicht dem Fleisch verpflichtet, Brüder und Schwestern, sodass wir nach dem Fleisch leben müssten. Denn wenn ihr nach dem Fleisch lebt, müsst ihr sterben; wenn ihr aber durch den Geist die sündigen Taten des Leibes tötet, werdet ihr leben.

RUF VOR DEM EVANGELIUM

Vers: vgl. Mt 11,25

Halleluja. Halleluja.
Sei gepriesen, Vater, Herr des Himmels und der Erde;
du hast die Geheimnisse des Reiches den Unmündigen offenbart.
Halleluja.

ZUM EVANGELIUM

Mit einem Jubelruf an den Vater blickt Jesus auf den ersten Teil seines öffentlichen Wirkens: Aufs Engste mit Gott verbunden konnte er so vollmächtig wirken. Er sieht sich in einer Kontinuität mit der Vorliebe Gottes für die Schwachen und Einfältigen, welche sich im Ersten Testament durch die Bundesgeschichte Gottes mit den Menschen zieht. Ganz existenziell haben jene erfahren, dass wir vor Gott einfältig und schwach sind, angewiesen auf seine Güte und Barmherzigkeit, wie sie uns in Jesus entgegenkommt. Den Weisen und Klugen dieser Welt ist diese Erkenntnis verschlossen, solange sie mit ihrem Herrschaftswissen die Deutungshoheit für sich reklamieren. Sie wollen das Sagen haben und die gesellschaftlichen sowie religiösen Spielregeln bestimmen. Damit machen sie die Kleinen und Schwachen „un-mündig", mundtot, sie spalten die Gesellschaft in Gewinner und Verliererinnen. Ihre Selbstgerechtigkeit macht sie blind für ihre eigene Schwäche. Sie verbaut ihnen die tröstliche Botschaft, dass wir uns unser Heil nicht selbst machen müssen und uns auch in unserer Unvollkommenheit Gott zuwenden dürfen. Jesus verkündet seine Botschaft nicht nur mit Worten. Sein liebevolles Handeln eröffnet allen Mühseligen und Beladenen bis heute den göttlichen Raum, in dem Leben gelingen kann, trotz Unvollkommenheit, Brüchen und Scheitern. Weil er demütig – „niedrig im Herzen" und bereit zu dienen – denen begegnet, die sich ihm anvertrauen, und ihnen Ruhe und inneren Frieden verheißt. Dies anzuerkennen ist ein „leichtes Joch" im Vergleich zu der Schwerstarbeit, sein Heil in mühevoller (auch religiöser) Selbstoptimierung zu suchen. Leicht ist diese Last, weil der Mensch damit anerkennt, dass er ohnehin als Geschöpf Gottes ganz von ihm abhängt.

EVANGELIUM

Mt 11,25–30

Ich bin gütig und von Herzen demütig

+ Aus dem heiligen Evangelium nach Matthäus.

In jener Zeit sprach Jesus: Ich preise dich, Vater, Herr des Himmels und der Erde, weil du das vor den Weisen und Klugen verborgen und es den Unmündigen offenbart hast. Ja, Vater, so hat es dir gefallen.

Alles ist mir von meinem Vater übergeben worden; niemand kennt den Sohn, nur der Vater, und niemand kennt den Vater, nur der Sohn und der, dem es der Sohn offenbaren will.

Kommt alle zu mir, die ihr mühselig und beladen seid! Ich will euch erquicken.

Nehmt mein Joch auf euch und lernt von mir; denn ich bin gütig und von Herzen demütig; und ihr werdet Ruhe finden für eure Seele. Denn mein Joch ist sanft und meine Last ist leicht.

Glaubensbekenntnis, S. 482 ff.

FÜRBITTEN

„Kommt alle zu mir, die ihr mühselig und beladen seid! Ich will euch erquicken." Nicht die Selbstgewissen und von sich Überzeugten ruft Jesus, sondern Menschen wie uns – Menschen mit ihrer Mühsal, mit ihren Sorgen, mit ihren Hoffnungen. Deshalb können wir auch heute voll Vertrauen unsere Nöte und Sorgen vor Gott tragen:

- Wir bitten für alle, die sich mit großer Treue in unseren Gemeinden unter erschwerten Bedingungen redlich mühen, damit christliche Gemeinschaft erfahrbar bleibt. V/A: Höre und erhöre uns.
- Wir beten für die vielen Menschen weltweit, die in Fabriken, auf Plantagen, in reichen Haushalten, auf Baustellen, in Steinbrüchen und im Straßenbau schwer arbeiten und doch nicht genug zum Leben haben. V/A: Höre und erhöre uns.

- Wir bitten für die Menschen, die sich mutig für Gerechtigkeit, für die Einhaltung der Menschenrechte und für Meinungsfreiheit einsetzen. V/A: Höre und erhöre uns.
- Wir beten für alle, die unter Krieg und Terror leiden und versehrt sind an Leib und Seele. V/A: Höre und erhöre uns.
- Wir beten für hochbetagte Menschen, die mit vielen Einschränkungen leben müssen. V/A: Höre und erhöre uns.

Guter Gott, du legst uns nicht schwere Lasten auf, sondern leitest uns ins Leben. Hilf uns, deine Wege zu gehen, heute und allezeit, so bitten wir durch Jesus Christus, deinen Sohn, unseren Bruder.

EUCHARISTIEFEIER

GABENGEBET

Herr, zu deiner Ehre feiern wir dieses Opfer. Es befreie uns vom Bösen und helfe uns, Tag für Tag das neue Leben sichtbar zu machen, das wir von dir empfangen. Darum bitten wir durch Christus, unseren Herrn.

Präfation, S. 494 ff.

KOMMUNIONVERS Mt 11,28

Kommt alle zu mir,
die ihr euch plagt und unter Lasten stöhnt!
Ich will euch Ruhe verschaffen –
so spricht der Herr.

SCHLUSSGEBET

Herr, du hast uns mit reichen Gaben beschenkt. Lass uns in der Danksagung verharren und einst die Fülle des Heils erlangen. Darum bitten wir durch Christus, unseren Herrn.

***

Für eine Wort-Gottes-Feier:

ERÖFFNUNGSGEBET ZUR WAHL

Gott und Vater, Herr des Himmels und der Erde! Wir kommen zu dir mit unseren Lasten – um Ruhe zu finden für unsere Seele. Schenke uns in dieser Feier deinen Geist, damit wir den Weg zur ewigen Heimat finden mit Jesus Christus, deinem Sohn, der mit dir und dem Heiligen Geist lebt in Ewigkeit.

***

BRUDER JESUS

Ich danke dir, Bruder Jesus,
der du mir das Ziel zeigst,
das mir selbst gesteckt ist.
Du warst gefangen und bist frei
und ich bin es mit dir.

Ich bin nicht mehr mein Sklave
und nicht mehr mein Kerkermeister.
Ich brauche mir nicht zu misstrauen.
Ich muss mich nicht hassen.
Ich brauche mich nicht vor mir zu fürchten.

Ich bin nicht mehr, was ich war.
Ich bin nicht mehr, was ich von mir selbst weiß,
sondern was du aus mir gemacht hast.
Du forderst keine Leistung.
Du verurteilst mich nicht wegen meines Versagens.
Ich bin dein.

Ich war gefangen und bin frei.
Ich bin auf deinen Namen getauft.
Ich bin und bleibe dein Spiegelbild,
neu geschaffen durch deinen Geist.

Ich frage nicht mehr,
ob ich es verdiene zu leben,
denn ich lebe durch dich.

Jörg Zink

15. SONNTAG IM JAHRESKREIS

16. Juli 2023

„Höre, Israel!" Mit diesem Fanfarenruf fordert Moses die Israeliten wiederholt zur Wachheit für Gottes Wort und Weisung auf. Als Auftakt zum danach benannten „Schma Jisrael", dem Credo des Judentums, soll er jedem Juden, jeder Jüdin überall gegenwärtig sein. Er findet seinen Widerhall in den Psalmen wie im Neuen Testament. So sind Juden und Christen verbunden in der gemeinsamen Haltung des Hörens auf den Gott, der uns Menschen anspricht und sich selbst mitteilt. Auch die jahrtausendealte Geschichte menschlicher Taubheit für seine werbenden Worte verbindet uns. Vielfältige innere und äußere Einflüsse behindern die menschliche Hörbereitschaft und Hörfähigkeit. Auch an verschlossenen, gar verhärteten Herzen prallen die Worte des Lebens ab. Hörhilfen bieten die Texte dieses Sonntags. In der Situation drohender Ohnmacht und Fremdbestimmung durch übermächtige Feinde beschwört der Prophet Jesaja die Wirksamkeit der Treue-Zusage des Bundesgottes. Auch Naturkatastrophen und Leiden Unschuldiger lassen Menschen an Gott verzweifeln und verstummen. Paulus, selbst erfahren im Leiden, stellt sich im Brief an die Römer dem Leiden der Schöpfung und dem „Seufzen" der Kinder Gottes. Und schließlich ist es Jesus selbst, der in einem Gleichnis dem Schicksal des Wortes vom anbrechenden Himmelreich nachgeht. Trotz des beobachteten Scheiterns überwiegt die Freude an der Fruchtbarkeit der göttlichen Saat. „Schweige und höre, neige deines Herzens Ohr!" – die Worte des Kanons könnten als Motto dieses Sonntags gelten. Mehr noch: Ist es nicht die Chance jedes Sonntags, auf Abstand zum Wortgetöse unserer Alltage zu gehen und nach den Worten des Lebens zu horchen? Sie sind auf dem Weg in Resonanzräume – nehmen wir sie uns zu Herzen und lassen sie klingen?

ERÖFFNUNGSVERS

Ps 17 (16), 15

Ich will in Gerechtigkeit dein Angesicht schauen,
mich satt sehen an deiner Gestalt, wenn ich einst erwache.

KYRIE-RUFE

Herr Jesus Christus, du bist der Sämann.
V/A: Herr, erbarme dich.
Du säst das Wort vom Reich
in die Herzen der Menschen.
V/A: Christus, erbarme dich.
Du willst, dass wir Frucht bringen
und dass unsere Frucht bleibt.
V/A: Herr, erbarme dich.

Ehre sei Gott, S. 479 f.

TAGESGEBET

Gott, du bist unser Ziel, du zeigst den Irrenden das Licht der Wahrheit und führst sie auf den rechten Weg zurück. Gib allen, die sich Christen nennen, die Kraft, zu meiden, was diesem Namen widerspricht, und zu tun, was unserem Glauben entspricht. Darum bitten wir durch Jesus Christus.

WORTGOTTESDIENST

ZUR 1. LESUNG Worte haben Macht – auch ohne Schwur, ohne Siegel auf einer Urkunde. Mancher Biografie sind mächtige Worte eingebrannt: „Du bist ein Versager!“, „Es wird dir nicht gelingen!“, „Trau keinem Menschen!“ Jesus hingegen erfährt bei seiner Taufe im Jordan die Macht einer positiven Botschaft: „Dies ist mein geliebter Sohn, an dem ich Wohlgefallen gefunden habe“ (Mt 3,17). Das Verlangen „Sprich doch endlich ein Machtwort!“ fordert von der Autorität ein wirksames Wort, das destruktive Blockaden auflösen soll. Im Vertrauen auf die Wirksamkeit des in der Liturgie der Trauung gesprochenen: „Ich will dich lieben, achten und ehren, bis der Tod uns scheidet“ wagen Menschen eine lebenslange Gemeinschaft. Das wirksamste Wort, das je gesprochen wurde, ist das des Schöpfergottes. „Alles ist durch das Wort geworden und ohne es wurde nichts, was geworden ist.“ (Joh 1,2) Der Prophet Jesaja erinnert daran, dass auf die Gesetzmäßigkeiten dieser Schöpfung Verlass ist, beispielsweise auf den Kreislauf des Wassers und seine fruchtbare Wirkung. Dem von politischer Übermacht bedrängten Volk ruft er die Verlässlichkeit des treuen Gottes in Erinnerung. Der ewige Gott kennt kein Gestern und Morgen, sondern ist bleibende Gegenwart. Daher ist und bleibt dieses in die Erden- und Menschenzeit hineingesprochene Wort wirksam und verlässlich – so auch das „Mensch gewordene Wort Gottes“, das in Jesus Christus in unsere Geschichte eingeschrieben ist.

ERSTE LESUNG

Jes 55,10–11

Wie der Regen die Erde zum Keimen und Sprossen bringt, so bewirkt mein Wort, was ich will

Lesung aus dem Buch Jesája.

So spricht der Herr: Wie der Regen und der Schnee vom Himmel fällt und nicht dorthin zurückkehrt, ohne die Erde zu tränken und sie zum Keimen und Sprossen zu bringen, dass sie dem Sämann Samen gibt und Brot zum Essen, so ist es auch mit dem Wort, das meinen Mund verlässt: Es kehrt nicht leer zu mir zurück, ohne zu bewirken, was ich will, und das zu erreichen, wozu ich es ausgesandt habe.

ANTWORTPSALM

Ps 65 (64), 10.11–12.13–14 (Kv: vgl. Lk 8,8)

Kv Dein Wort, o Herr, fiel auf guten Boden
und brachte reiche Frucht. – Kv

Du hast für das Land gesorgt, es getränkt, *
es überschüttet mit Reichtum.
Der Bach Gottes ist voller Wasser, /
gedeihen lässt du ihnen das Korn, *
so lässt du das Land gedeihen. – (Kv)

Du hast seine Furchen getränkt, seine Schollen geebnet, *
du machst es weich durch Regen, segnest seine Gewächse.
Du hast das Jahr mit deiner Güte gekrönt, *
von Fett triefen deine Spuren. – (Kv)

In der Steppe prangen Auen, *
es gürten sich die Höhen mit Jubel.
Die Weiden bekleiden sich mit Herden, /
es hüllen sich die Täler in Korn. *
Sie jauchzen, ja, sie singen. – Kv

ZUR 2. LESUNG Georg Büchner hat die Frage nach dem Leid, die sich in jeder Katastrophe aufs Neue stellt, als „Fels des Atheismus" bezeichnet. In der Erfahrung von Schmerzen und unverschuldetem Leiden sind Christen und Atheistinnen, Halbgläubige, Zweifelnde und Agnostiker verbunden. Paulus lebt in einer Zeit, die geprägt ist von der Erwartung des nahen Endes der Weltzeit und damit Angst, Not und Leiden erwartet. Seine Antwort darauf besteht nicht in einer philosophischen oder theologischen Reflexion des Unerklärlichen, die die Provokation des Leidens umgehen könnte. Er gibt dem „Seufzen" und damit dem Mitleiden Raum – sogar für die außermenschliche Schöpfung, weil auch sie in ihrer Vergänglichkeit dem Leiden unterworfen ist. Mit dem Bild der Geburtswehen lenkt er aber den Blick entschieden in die Zukunft. Sie ist für ihn bestimmt durch die mit Christus schon gegebene Teilhabe an der göttlichen Herrlichkeit, die für die

Kinder Gottes und die ganze Schöpfung Freiheit von aller Vergänglichkeit bereithält. Glanz, Schönheit und Lebensfülle – sie sind schon da, aber noch verborgen. Aus seiner Überzeugung, dass wir sie dereinst unmittelbar erfahren werden, zieht Paulus die große Hoffnung, im Leiden bestehen zu können. Er baut nicht auf billige Vertröstung, verharmlost das Leiden nicht und flieht auch nicht davor. Er lebt aus der Gewissheit, dass die Geistkraft Gottes in uns wohnt und wirksam ist. Dass Paulus die ganze Schöpfung unter ihrer Bedrohung leiden und „seufzen" sieht, verleiht seinen Worten große Aktualität – insbesondere, wenn wir eingestehen müssen, dass viel Leid von heute menschengemacht ist. Umso mehr sind Christen und Christinnen in die Solidarität mit allen Menschen gerufen, die zu Opfern der verwundeten Schöpfung werden, und mit denen, die leidenschaftlich für die Heilung dieser Schöpfung kämpfen.

ZWEITE LESUNG Röm 8,18–23

Die Schöpfung wartet sehnsüchtig auf das Offenbarwerden der Söhne Gottes

Lesung aus dem Brief des Apostels Paulus an die Gemeinde in Rom.

Schwestern und Brüder! Ich bin überzeugt, dass die Leiden der gegenwärtigen Zeit nichts bedeuten im Vergleich zu der Herrlichkeit, die an uns offenbar werden soll. Denn die Schöpfung wartet sehnsüchtig auf das Offenbarwerden der Söhne Gottes.

Gewiss, die Schöpfung ist der Nichtigkeit unterworfen, nicht aus eigenem Willen, sondern durch den, der sie unterworfen hat, auf Hoffnung hin: Denn auch sie, die Schöpfung, soll von der Knechtschaft der Vergänglichkeit befreit werden zur Freiheit und Herrlichkeit der Kinder Gottes.

Denn wir wissen, dass die gesamte Schöpfung bis zum heutigen Tag seufzt und in Geburtswehen liegt. Aber nicht nur das, sondern auch wir, obwohl wir als Erstlingsgabe den Geist haben, auch wir seufzen in unserem Herzen und warten darauf, dass wir mit der Erlösung unseres Leibes als Söhne offenbar werden.

RUF VOR DEM EVANGELIUM

Halleluja. Halleluja.
Der Samen ist das Wort Gottes, der Sämann ist Christus.
Wer Christus findet, der bleibt in Ewigkeit.
Halleluja.

ZUM EVANGELIUM

„Deine Worte damals sind bei mir auf fruchtbaren Boden gefallen, ich habe sie mir zu Herzen genommen!" Das zu hören ist eine freudige Überraschung, aber nie selbstverständlich. Auch Jesus wirft seine Worte von der grundlos liebenden Barmherzigkeit Gottes mit offenem Ausgang großzügig unter die Menschen – wie der Sämann seine Saat. In der menschenfreundlichen Begegnung mit einzelnen Menschen bereitet er einfühlsam den Boden für sein heilendes Wort. Demagogische Mittel liegen ihm fern, die Wirkung seiner Worte will er nicht erzwingen. Anstelle des erhobenen Zeigefingers wählt er die Sprache des Gleichnisses. Das Schicksal der Aussaat stellt er uns plastisch vor Augen und legt offen, wo sie daran gehindert wird, sich einzuwurzeln, sich zu entfalten und Frucht zu bringen. Diese Sprache lässt aufhorchen, öffnet uns in unseren Widerständen und ermutigt zur Selbsterkenntnis. So lässt er uns teilhaben an seinem Vertrauen in die fruchtbare Wirkung seiner dem Vater abgelauschten Worte – heilsam, versöhnend und ermutigend. Wann hat Sie – als Hörende – zuletzt ein heilendes, ermutigendes Wort getroffen, im Alltag mit anderen Menschen oder in einem Bibeltext? Mit der Kraft, als Wort des lebendigen Gottes Licht, Freude, Frieden oder Mut zur Umkehr in Ihr Leben zu bringen? Wann haben Sie sich – als Sprechende – von Jesu Vertrauen in Worte des Lebens anstecken lassen und sind Menschen so begegnet, dass ihnen unsere Worte zu Herzen gehen konnten? Ansprechende Worte entfalten ihre Fruchtbarkeit dann, wenn ich mich von ihnen in Anspruch nehmen lasse. Mit meiner Freiheit und Empfänglichkeit bereite ich den Boden, dass sie mein Tun und Lassen zum Guten wenden.

EVANGELIUM

Mt 13,1–23

Ein Sämann ging hinaus, um zu säen

+ Aus dem heiligen Evangelium nach Matthäus.

An jenem Tag verließ Jesus das Haus und setzte sich an das Ufer des Sees. Da versammelte sich eine große Menschenmenge um ihn. Er stieg deshalb in ein Boot und setzte sich. Und alle Menschen standen am Ufer. Und er sprach lange zu ihnen in Gleichnissen.

Er sagte: Siehe, ein Sämann ging hinaus, um zu säen. Als er säte, fiel ein Teil auf den Weg und die Vögel kamen und fraßen es.

Ein anderer Teil fiel auf felsigen Boden, wo es nur wenig Erde gab, und ging sofort auf, weil das Erdreich nicht tief war; als aber die Sonne hochstieg, wurde die Saat versengt und verdorrte, weil sie keine Wurzeln hatte.

Wieder ein anderer Teil fiel in die Dornen und die Dornen wuchsen und erstickten die Saat.

Ein anderer Teil aber fiel auf guten Boden und brachte Frucht, teils hundertfach, teils sechzigfach, teils dreißigfach.

Wer Ohren hat, der höre!

Da traten die Jünger zu ihm und sagten: Warum redest du zu ihnen in Gleichnissen?

Er antwortete ihnen: Euch ist es gegeben, die Geheimnisse des Himmelreichs zu verstehen; ihnen aber ist es nicht gegeben. Denn wer hat, dem wird gegeben und er wird im Überfluss haben; wer aber nicht hat, dem wird auch noch weggenommen, was er hat. Deshalb rede ich zu ihnen in Gleichnissen, weil sie sehen und doch nicht sehen und hören und doch nicht hören und nicht verstehen.

An ihnen erfüllt sich das Prophetenwort Jesájas:

Hören sollt ihr, hören und doch nicht verstehen; sehen sollt ihr, sehen und doch nicht einsehen. Denn das Herz dieses Volkes ist hart geworden. Mit ihren Ohren hören sie schwer und ihre Augen verschließen sie, damit sie mit ihren Augen nicht sehen und mit ihren Ohren nicht hören und mit ihrem Herzen nicht zur Einsicht kommen und sich bekehren und ich sie heile.

Eure Augen aber sind selig, weil sie sehen, und eure Ohren, weil sie hören. Denn, amen, ich sage euch: Viele Propheten und Gerechte haben sich danach gesehnt zu sehen, was ihr seht, und haben es nicht gesehen, und zu hören, was ihr hört, und haben es nicht gehört.

Ihr also, hört, was das Gleichnis vom Sämann bedeutet. Zu jedem Menschen, der das Wort vom Reich hört und es nicht versteht, kommt der Böse und nimmt weg, was diesem Menschen ins Herz gesät wurde; bei diesem ist der Samen auf den Weg gefallen.

Auf felsigen Boden ist der Samen bei dem gefallen, der das Wort hört und sofort freudig aufnimmt; er hat aber keine Wurzeln, sondern ist unbeständig; sobald er um des Wortes willen bedrängt oder verfolgt wird, kommt er sofort zu Fall.

In die Dornen ist der Samen bei dem gefallen, der das Wort hört, und die Sorgen dieser Welt und der trügerische Reichtum ersticken es und es bleibt ohne Frucht.

Auf guten Boden ist der Samen bei dem gesät, der das Wort hört und es auch versteht; er bringt Frucht – hundertfach oder sechzigfach oder dreißigfach.

Oder:

KURZFASSUNG

Mt 13,1–9

Ein Sämann ging hinaus, um zu säen

+ Aus dem heiligen Evangelium nach Matthäus.

An jenem Tag verließ Jesus das Haus und setzte sich an das Ufer des Sees. Da versammelte sich eine große Menschenmenge um ihn. Er stieg deshalb in ein Boot und setzte sich. Und alle Menschen standen am Ufer. Und er sprach lange zu ihnen in Gleichnissen.

Er sagte: Siehe, ein Sämann ging hinaus, um zu säen. Als er säte, fiel ein Teil auf den Weg und die Vögel kamen und fraßen es.

Ein anderer Teil fiel auf felsigen Boden, wo es nur wenig Erde gab, und ging sofort auf, weil das Erdreich nicht tief war; als aber die

Sonne hochstieg, wurde die Saat versengt und verdorrte, weil sie keine Wurzeln hatte.
Wieder ein anderer Teil fiel in die Dornen und die Dornen wuchsen und erstickten die Saat.
Ein anderer Teil aber fiel auf guten Boden und brachte Frucht, teils hundertfach, teils sechzigfach, teils dreißigfach.
Wer Ohren hat, der höre!

Glaubensbekenntnis, S. 482 ff.

FÜRBITTEN

Vertrauen wir: Gottes Saat ist reichlich ausgestreut, auch in unserer Zeit. Voll Vertrauen tragen wir deshalb unsere Bitten vor Gott:

- Hilf deiner Kirche, sich zu erneuern, um guter Boden zu sein für dein Wort. V: Vater im Himmel. A: Höre unser Rufen.
- Stärke die Bemühungen derer, die sich leidenschaftlich für die Einheit aller Getauften einsetzen. V: Vater im Himmel. A: Höre unser Rufen.
- Ermutige die Kinder und Jugendlichen, deine gute Schöpfung zu bewahren und den eigenen Lebensstil zu hinterfragen. V: Vater im Himmel. A: Höre unser Rufen.
- Tröste diejenigen, die leiden, weil in ihrem Leben vieles nicht aufgegangen ist. V: Vater im Himmel. A: Höre unser Rufen.
- Sei den Sterbenden nahe und tröste die Angehörigen, die Abschied nehmen müssen. V: Vater im Himmel. A: Höre unser Rufen.

Vater im Himmel, du nährst uns mit dem Brot des Wortes und bist uns nahe im eucharistischen Brot. Hilf uns, gut und gerecht zu leben durch die Liebe deines Sohnes, unseres Bruders und Herrn.

EUCHARISTIEFEIER

GABENGEBET

Gott, sieh auf dein Volk, das im Gebet versammelt ist, und nimm unsere Gaben an. Heilige sie, damit alle, die sie empfangen, in deiner Liebe wachsen und dir immer treuer dienen. Darum bitten wir durch Christus, unseren Herrn.

Präfation, S. 494 ff.

KOMMUNIONVERS

Joh 6,56

So spricht der Herr:
Wer mein Fleisch isst und mein Blut trinkt,
der bleibt in mir und ich bleibe in ihm.

SCHLUSSGEBET

Herr, unser Gott, wir danken dir für die heilige Gabe. Lass deine Heilsgnade in uns wachsen, sooft wir diese Speise empfangen. Darum bitten wir durch Christus, unseren Herrn.

***

Für eine Wort-Gottes-Feier:

ERÖFFNUNGSGEBET ZUR WAHL

Gott, unser Schöpfer, du hast dein Wort in unser Herz gelegt. Gib, dass wir es hören und verstehen, danach handeln und reiche Frucht bringen. Darum bitten wir durch Jesus Christus, deinen Sohn, der mit dir und dem Heiligen Geist lebt in Ewigkeit.

***

FROHBOTSCHAFT

„Gott sah alles an, was er gemacht hatte: *Und siehe, es war sehr gut.*" (Gen 1,31) Die Güte seiner Schöpfung ist das allererste Evangelium, das auch vom Bösen in der Welt nicht ganz verdunkelt werden kann. Das „*Evangelium*"...: vielleicht hören wir nicht mehr die unglaubliche Provokation in diesem von Jesaja gebildeten und von Jesus benutzten Wort, das wir leider nur als Passwort gebrauchen: „*Eu-aggelion*" – keine bloße Mitteilung von etwas, sondern eine immer wieder neue Neuigkeit radikalen und bedingungslosen Gutseins. Gerade weil es uns oft so schwerfällt, diese in der innersten Tiefe unseres Menschseins erwartete Frohbotschaft zu hören, heißt es im Psalm 95: „Würdet ihr doch *heute* auf seine Stimme hören! Verhärtet euer Herz nicht!"

Christoph Theobald SJ

16. SONNTAG IM JAHRESKREIS

23. Juli 2023

„Mach uns stark", bitten wir im heutigen Tagesgebet. Der Wunsch nach Stärke bewegt nicht nur Kinder, die es den Großen und Starken gleichtun wollen, um zu kaschieren, dass sie schwach sind. Auch wir Erwachsene brauchen Stärke, um uns durchzusetzen und in den Zumutungen unserer Existenz nicht zu versagen. Die Lesetexte des heutigen Sonntags führen eine Stärke vor Augen, die nicht nur meiner Selbsterhaltung dient. Das Buch der Weisheit betont, dass göttliche Stärke Gerechtigkeit schafft und Milde walten lässt – und damit wahre Menschenfreundlichkeit hervorbringt. Paulus nimmt die konstitutionelle menschliche Schwäche angesichts des Leidens an, sodass im Horizont von Jesu Leidensweg und seiner Auferweckung starke Hoffnung erwachsen kann. In seinen Gleichnissen vom Himmelreich wird Jesus nicht müde, von der Stärke und Dynamik Zeugnis zu geben, die in dem „Samen des Reiches Gottes" verborgen sind. Seine Fruchtbarkeit wird sich gegen alle Widrigkeit und Bosheit durchsetzen. Wenn wir um unsere schwache Kondition in den alltäglichen Anfechtungen unseres Glaubens, Hoffens und Liebens wissen, könnte die Feier des Sonntags – erlauben Sie den saloppen Vergleich – vielleicht zum Besuch eines geistlichen Fitness-Zentrums werden.

ERÖFFNUNGSVERS — Ps 54 (53), 6.8

Gott ist mein Helfer, der Herr beschützt mein Leben.
Freudig bringe ich dir mein Opfer dar
und lobe deinen Namen, Herr, denn du bist gütig.

KYRIE-RUFE

Herr Jesus Christus, du säst den guten Samen
des Himmelreiches aus.
V/A: Herr, erbarme dich.
Du bringst die Kinder deines Reiches als Samen
auf den Acker der Welt.
V/A: Christus, erbarme dich.
Du lässt das kleine Samenkorn heranwachsen
zu einem großen Baum.
V/A: Herr, erbarme dich.

Ehre sei Gott, S. 479 f.

TAGESGEBET

Herr, unser Gott, sieh gnädig auf alle, die du in deinen Dienst gerufen hast. Mach uns stark im Glauben, in der Hoffnung und in der Liebe, damit wir immer wachsam sind und auf dem Weg deiner Gebote bleiben. Darum bitten wir durch Jesus Christus.

WORTGOTTESDIENST

ZUR 1. LESUNG Die Worte „Macht" und „Herrschaft" – oft lieber ummantelt mit dem Begriff „Vollmacht" – wecken in kirchlichen Zusammenhängen meist gemischte Gefühle. Im Buch der Weisheit finden wir sie auffallend häufig, auf Gott bezogen. Der Verfasser des im 1. Jahrhundert nach Christus entstandenen Buches spricht die Herrscher der Welt an und wirbt für ein Leben in Gerechtigkeit, in dem die Weisheit zur Vollendung komme. Das Zusammenleben im Schmelztiegel Alexandria ist für die starke jüdische Gemeinde, die er adressiert, auch geprägt von ägyptischer und hellenistischer Kultur. In der religiösen Tradition des Judentums ist Gerechtigkeit ein zentraler Begriff für ein Leben nach der Weisung Gottes in Treue zur Gemeinschaft. Damit schlägt er eine Brücke zum vorherrschenden heidnischen Mainstream, in dem Weisheit und Gerechtigkeit ebenfalls einen hohen Wert besitzen. In dieser Situation bedeuten Macht und Stärke Gottes nicht Fremdbestimmung und Unterdrückung, sondern sind Garanten für seine Zuwendung zu den Menschen, die Hoffnung spendet. Sie zeigen sich in der göttlichen Geduld mit denen, die nicht glauben, und in der Schonung all dessen, was er geschaffen hat. Sein Gericht ist milde, weil selbst eine Strafe stets ein pädagogisches Ziel verfolgt. Was daran könnte für uns Heutige in unserem religiösen Kontext von Bedeutung sein? Sowohl Macht als auch Stärke schenken – so der Weisheitslehrer – Verlässlichkeit, wenn sie in konstruktiver Weise für mehr Menschlichkeit eingesetzt werden. Darüber hinaus zeigt der Text einen aussichtsreichen Versuch, Brücken zu bauen zwischen verschiedenen Kulturen und Religionen, gerade da, wo eine religiöse Minderheit nicht mehr über politische Machtmittel verfügt, sich Gehör zu verschaffen.

ERSTE LESUNG Weish 12,13.16–19

Du hast deinen Söhnen und Töchtern die Hoffnung geschenkt, dass du den Sündern die Umkehr gewährst

Lesung aus dem Buch der Weisheit.

Es gibt keinen Gott, Herr, außer dir, der für alles Sorge trägt; daher brauchst du nicht zu beweisen, dass du gerecht geurteilt hast.

Deine Stärke ist die Grundlage deiner Gerechtigkeit und deine Herrschaft über alles lässt dich alles schonen. Stärke beweist du, wenn man an deine unbeschränkte Macht nicht glaubt, und bei denen, die sie kennen, strafst du die anmaßende Auflehnung. Weil du über Stärke verfügst, richtest du in Milde und behandelst uns mit großer Schonung; denn die Macht steht dir zur Verfügung, wann immer du willst.

Durch solches Handeln hast du dein Volk gelehrt, dass der Gerechte menschenfreundlich sein muss, und hast deinen Söhnen und Töchtern die Hoffnung geschenkt, dass du den Sündern die Umkehr gewährst.

ANTWORTPSALM

Ps 86 (85),5–6.9–10.15–16 (Kv: 5a)

Kv Du, mein Herr, bist gut und bereit zu vergeben. – Kv

Du, mein Herr, bist gut und bereit zu vergeben, *
reich an Liebe für alle, die zu dir rufen.
Vernimm, Herr, mein Bittgebet, *
achte auf mein lautes Flehen! – (Kv)

Alle Völker, die du gemacht hast, werden kommen /
und sich niederwerfen, mein Herr, vor deinem Angesicht, *
sie werden deinen Namen ehren.
Denn du bist groß und tust Wunder, *
nur du bist Gott, du allein. – (Kv)

Du, Herr, bist ein barmherziger und gnädiger Gott, *
langsam zum Zorn und reich an Huld und Treue.
Wende dich mir zu und sei mir gnädig, /
gib deinem Knecht deine Stärke *
und rette den Sohn deiner Magd! – Kv

ZUR 2. LESUNG „Von der Not und dem Segen des Gebetes" lautet der Titel eines Büchleins von Karl Rahner mit Predigten aus dem Jahr 1946. Die Trümmerberge des Krieges vor Augen, thematisiert er darin die „inneren Trümmer" Verzweiflung, Hoffnungslosigkeit, Vergeblichkeit und Enttäuschung in den traumatisierten Herzen von Menschen, die gerade noch mit dem nackten Leben davongekommen sind. Beten angesichts tiefer Not? In den Versen, die im Römerbrief der heutigen Lesung vorangehen, spricht Paulus von dem „Seufzen", den „Geburtswehen" der ganzen Schöpfung wie der Menschen im Speziellen, weil alles der Vergänglichkeit, der Nichtigkeit unterworfen ist. Paulus selbst ist in seinem oft bedrohten Leben mit Leiden höchst vertraut. In seinem Nichtwissen, „was wir in rechter Weise beten sollen", erlebt er seine Not des Gebets mit allen Notleidenden, denen das Leiden die Sprache verschlagen hat. Mit ihnen teilt er die für das Menschsein konstitutive Schwäche und Sprachlosigkeit vor Gott. Dies führt ihn in eine Ambivalenz zwischen der uns in Christus schon geschenkten, erlösenden Gotteskindschaft und deren Verborgenheit in der Welt. Hier eilt der Geist Gottes selbst unserer Schwachheit zu Hilfe. „Er, der in unserem Herzen, d. h. in der unserem Bewusstsein entzogenen Tiefe unseres Daseins wohnt, weiß um unsere geheimsten Wünsche und Sehnsüchte und kann sich deshalb auch als Dolmetscher vor Gott betätigen: Er übersetzt unser stammelndes Klagen in ‚unaussprechliche Seufzer', die Gott anrühren, weil dieser unsere Herzen kennt." (Michael Theobald) Ist es das hoffnungsvolle Seufzen vor allen Worten, das wir von Paulus als eine Form des Betens lernen können?

ZWEITE LESUNG — Röm 8,26–27

Der Geist selber tritt für uns ein mit unaussprechlichen Seufzern

Lesung aus dem Brief des Apostels Paulus an die Gemeinde in Rom.

Schwestern und Brüder! Der Geist nimmt sich unserer Schwachheit an. Denn wir wissen nicht, was wir in rechter Weise beten sollen; der Geist selber tritt jedoch für uns ein mit unaussprechlichen Seufzern.

Der die Herzen erforscht, weiß, was die Absicht des Geistes ist. Denn er tritt so, wie Gott es will, für die Heiligen ein.

RUF VOR DEM EVANGELIUM — Vers: vgl. Mt 11,25

Halleluja. Halleluja.
Sei gepriesen, Vater, Herr des Himmels und der Erde;
du hast die Geheimnisse des Reiches den Unmündigen offenbart.
Halleluja.

ZUM EVANGELIUM „Jesu Gleichnisse … schauen sich auf der Erde um. Sie machen den Alltag transparent für Gott. Gleichnisse lassen Freiheit, wie wir über Gott sprechen." (Gerd Theißen) Die heutigen Gleichnisse, in denen Jesus zur Menschenmenge – also auch zu uns – spricht, sind damals wie heute erklärungsbedürftig. Das Himmelreich ist so umfassend, dass jeder Versuch des Begreifens in einer festlegenden Definition scheitern muss. Es bedarf der Bildworte, um das Geheimnis der liebend barmherzigen Selbstmitteilung Gottes an die Menschen zu umkreisen. Jesus verkörpert das Himmelreich, weil er von diesem Geheimnis durchdrungen ist und aus dieser Lebensquelle schöpft. Er ist in seinem Reden und seinen Handlungen, in seinem Leiden und Sterben die Inkarnation von Gottes Wirksamkeit auf dieser Erde. Senfkorn und Sauerteig bieten Bilder für die Dynamik dieses Wirkens und deuten an: Was unserer Freiheit anvertraut ist, ist dennoch nicht unser Werk. Aus alltäglichen, unscheinbaren Anfängen wächst Großes heran, sichtbar für viele, wenn es gläubig vertrauende Annahme unter uns findet. Nicht umsonst werden von Jesus die „Armen und Kleinen" seliggepriesen, vielleicht weil sie am ehesten ein Gespür für das Geheimnis göttlicher Verlässlichkeit haben. Trotz dieser göttlichen Dynamik ist die Welt unvollkommen, bleibt der Glaube an das Himmelreich in unserm Leben vielfach angefochten. Die junge Christengemeinde erlebt hautnah, dass er durch Böses verdunkelt, bestritten, sogar missbraucht werden kann. Die Kirche war und ist keine Gemeinschaft der Heiligen im Sinne der moralisch Makellosen. Das Gleichnis vom Unkraut im Acker gibt der Versuchung des Rigorismus nicht nach, sondern verbietet die Unterscheidung der Menschheit in Gute und Böse. Gute Saat und Unkrautsamen liegen in *jedem* menschlichen Herzen bereit. Es gilt: nicht aussondern, sondern auf Einsicht und Versöhnung hinwirken! Die Heiligkeit der großen Heiligen bestand nicht zuletzt im Wissen darum, dass auch sie unvollkommene und sündige Menschen waren. Und in der Gnade der Einsicht, an wen sie sich mit ihren Bitten um Heilung, Barmherzigkeit und Versöhnung wenden konnten. Ich habe einmal an einem Sonntag ein Schild „Zutritt nur für Sünder" am Portal der Kirche angebracht. Niemand blieb draußen – Gott sei Dank!

EVANGELIUM Mt 13,24–43

Lasst beides wachsen bis zur Ernte

+ **Aus dem heiligen Evangelium nach Matthäus.**

In jener Zeit erzählte Jesus der Menge folgendes Gleichnis: Mit dem Himmelreich ist es wie mit einem Mann, der guten Samen auf seinen Acker säte. Während nun die Menschen schliefen, kam sein Feind, säte Unkraut unter den Weizen und ging weg.

Als die Saat aufging und sich die Ähren bildeten, kam auch das Unkraut zum Vorschein. Da gingen die Knechte zu dem Gutsherrn und sagten: Herr, hast du nicht guten Samen auf deinen Acker gesät? Woher kommt dann das Unkraut? Er antwortete: Das hat ein Feind getan. Da sagten die Knechte zu ihm: Sollen wir gehen und es ausreißen?

Er entgegnete: Nein, damit ihr nicht zusammen mit dem Unkraut den Weizen ausreißt. Lasst beides wachsen bis zur Ernte und zur Zeit der Ernte werde ich den Schnittern sagen: Sammelt zuerst das Unkraut und bindet es in Bündel, um es zu verbrennen; den Weizen aber bringt in meine Scheune!

Er legte ihnen ein weiteres Gleichnis vor und sagte: Mit dem Himmelreich ist es wie mit einem Senfkorn, das ein Mann auf seinen Acker säte. Es ist das kleinste von allen Samenkörnern; sobald es aber hochgewachsen ist, ist es größer als die anderen Gewächse und wird zu einem Baum, sodass die Vögel des Himmels kommen und in seinen Zweigen nisten.

Er sagte ihnen ein weiteres Gleichnis: Mit dem Himmelreich ist es wie mit dem Sauerteig, den eine Frau nahm und unter drei Sea Mehl verbarg, bis das Ganze durchsäuert war.

Dies alles sagte Jesus der Menschenmenge in Gleichnissen und ohne Gleichnisse redete er nicht zu ihnen, damit sich erfülle, was durch den Propheten gesagt worden ist:

Ich öffne meinen Mund in Gleichnissen, ich spreche aus, was seit der Schöpfung der Welt verborgen war.

Dann verließ er die Menge und ging in das Haus. Und seine Jünger kamen zu ihm und sagten: Erkläre uns das Gleichnis vom Unkraut auf dem Acker!

Er antwortete: Der den guten Samen sät, ist der Menschensohn; der Acker ist die Welt; der gute Samen, das sind die Kinder des Reiches; das Unkraut sind die Kinder des Bösen; der Feind, der es gesät hat, ist der Teufel; die Ernte ist das Ende der Welt; die Schnitter sind die Engel.

Wie nun das Unkraut aufgesammelt und im Feuer verbrannt wird, so wird es auch bei dem Ende der Welt sein: Der Menschensohn wird seine Engel aussenden und sie werden aus seinem Reich alle zusammenholen, die andere verführt und Gesetzloses getan haben, und werden sie in den Feuerofen werfen. Dort wird Heulen und Zähneknirschen sein. Dann werden die Gerechten im Reich ihres Vaters wie die Sonne leuchten.

Wer Ohren hat, der höre!

Oder:

KURZFASSUNG Mt 13,24–30

Lasst beides wachsen bis zur Ernte

+ Aus dem heiligen Evangelium nach Matthäus.

In jener Zeit erzählte Jesus der Menge folgendes Gleichnis: Mit dem Himmelreich ist es wie mit einem Mann, der guten Samen auf seinen Acker säte. Während nun die Menschen schliefen, kam sein Feind, säte Unkraut unter den Weizen und ging weg.

Als die Saat aufging und sich die Ähren bildeten, kam auch das Unkraut zum Vorschein. Da gingen die Knechte zu dem Gutsherrn und sagten: Herr, hast du nicht guten Samen auf deinen Acker gesät? Woher kommt dann das Unkraut? Er antwortete: Das hat ein Feind getan. Da sagten die Knechte zu ihm: Sollen wir gehen und es ausreißen?

Er entgegnete: Nein, damit ihr nicht zusammen mit dem Unkraut den Weizen ausreißt. Lasst beides wachsen bis zur Ernte und zur Zeit der Ernte werde ich den Schnittern sagen: Sammelt zuerst das Unkraut und bindet es in Bündel, um es zu verbrennen; den Weizen aber bringt in meine Scheune!

Glaubensbekenntnis, S. 482 ff.

FÜRBITTEN

Gott will Wachstum und Gelingen. Er sortiert nicht voreilig aus. Bitten wir ihn um seinen Beistand:

- Für die Kirche auf ihrem Weg der Erneuerung bitten wir um die Kraft des Heiligen Geistes, die sie befähigt, Zukunft des Glaubens zu sein. V: Gott, du unsere Hoffnung. A: Wir bitten dich, erhöre uns.

- Für alle, deren Wege durchkreuzt wurden und die mit ihrer Lebensernte hadern, bitten wir um deinen Geist der Versöhnung und des Trostes. V: Gott, du unsere Hoffnung. A: Wir bitten dich, erhöre uns.

- Für alle Eltern, die ein krankes oder behindertes Kind umsorgen und begleiten, bitten wir um deinen Geist langmütiger Liebe. V: Gott, du unsere Hoffnung. A: Wir bitten dich, erhöre uns.

- Für alle, die Ungerechtigkeit und Unrecht im Kleinen wie im Großen nicht hinnehmen, sondern benennen, bitten wir um deinen Geist der Tatkraft und des Mutes. V: Gott, du unsere Hoffnung. A: Wir bitten dich, erhöre uns.

- Für unsere lieben Verstorbenen und für alle Toten – welche Frucht auch immer ihr Leben erbracht haben mag – bitten wir um Vollendung ihres Seins bei dir. V: Gott, du unsere Hoffnung. A: Wir bitten dich, erhöre uns.

Gott, du Freund des Lebens, wir danken dir für deine Zuwendung zu uns Menschen in Jesus Christus, unserem Herrn und Bruder, heute und alle Tage unseres Lebens.

EUCHARISTIEFEIER

GABENGEBET

Herr, du hast die vielen Opfer, die dir je von Menschen dargebracht werden, in dem einen Opfer des Neuen Bundes vollendet. Nimm die Gaben deiner Gläubigen an und heilige sie, wie du einst das Opfer Abels angenommen hast; und was jeder Einzelne zu deiner Ehre darbringt, das werde allen zum Heil. Darum bitten wir durch Christus, unseren Herrn.

Präfation, S. 494 ff.

KOMMUNIONVERS

Offb 3,20

So spricht der Herr:
Ich stehe an der Tür und klopfe.
Wenn einer meine Stimme hört und die Tür öffnet,
werde ich bei ihm eintreten und mit ihm Mahl halten,
und er mit mir.

SCHLUSSGEBET

Barmherziger Gott, höre unser Gebet. Du hast uns im Sakrament das Brot des Himmels gegeben, damit wir an Seele und Leib gesunden. Gib, dass wir die Gewohnheiten des alten Menschen ablegen und als neue Menschen leben. Darum bitten wir durch Christus, unseren Herrn.

***

Für eine Wort-Gottes-Feier:

ERÖFFNUNGSGEBET ZUR WAHL

Gott, zu deinem Lob sind wir versammelt, Frauen und Männer, Junge und Alte. Jedem von uns hast du deinen Geist eingepflanzt. Lass den Samen deines Wortes in uns aufgehen, damit wir reiche Frucht bringen. Darum bitten wir durch Jesus Christus, der mit dir lebt in der Einheit des Heiligen Geistes, Gott von Ewigkeit zu Ewigkeit.

***

REICH GOTTES

kommt in mir zur Welt
in mein bewusstsein – da seiend
in meine freiheit – sie zu befreien
in meine liebe – sie zu entgrenzen
in mein leiden – es tröstend zum mitleiden zu befähigen
in meine sehnsucht – mir voraus zukunft erschließend
in mein sterben – mit mir hinübergehend
So erging es Jesus von Nazaret
FÜR JEDEN MENSCHEN.
Seht und hört!

Peter Adolf

17. SONNTAG IM JAHRESKREIS

30. Juli 2023

Das „Himmelreich" beschäftigt uns immer – freilich oft unbewusst und unter anderen Namen. Wie an den beiden vergangenen Sonntagen gibt das Evangelium nach Matthäus die Richtung an mit den drei letzten Gleichnissen der Gleichnisrede Jesu. Die erste Lesung lässt uns um Weisheit bitten, mit dem jungen König Salomo. Weisheit brauchen auch wir, besonders wenn wir die Spuren des Himmelreiches, die Zeichen der wirkmächtigen Liebe Gottes heute und hier deuten und ihnen folgen wollen. Paulus sieht sie dort fruchtbar werden, wo Menschen die erwählende Liebe Gottes aufgreifen und zu erwidern versuchen. Aufgabe der Kirche ist es, sich das Herzensanliegen Jesu zu eigen zu machen. Dass sie in diesen Krisenzeiten nur zu oft scheitert, entblößt ihre Schwäche und Sündigkeit. Der Vertrauensverlust selbst bei wohlwollenden Zeitgenossen könnte dazu verleiten, vor Scham zu verstummen oder die Verantwortung auszulagern auf einige Schuldige und dann zur Tagesordnung überzugehen. Aber das wäre Verrat am Auftrag Jesu. Wie also glaubhaft vom anbrechenden Himmelreich Zeugnis geben? Die Frage ist in unseren Tagen an alle Christen und Christinnen gerichtet, nicht nur an die Kirchenleitung. Vielleicht kann die Feier dieses Sonntags uns ermutigen, nötige Schritte zu tun.

ERÖFFNUNGSVERS

Vgl. Ps 68 (67), 6–7.36

Gott ist hier, an heiliger Stätte.
Gott versammelt sein Volk in seinem Haus,
er schenkt ihm Stärke und Kraft.

KYRIE-RUFE

Herr Jesus Christus, du lockst uns, alle Kraft aufzubieten,
um nach dem Himmelreich zu suchen.
V/A: Herr, erbarme dich.
Du leitest uns an, alle Mittel einzubringen,
um das Himmelreich zu erwerben.
V/A: Christus, erbarme dich.
Du mahnst uns, alle Mühe daran zu setzen,
um des Himmelreiches würdig zu werden.
V/A: Herr, erbarme dich.

Ehre sei Gott, S. 479 f.

TAGESGEBET

Gott, du Beschützer aller, die auf dich hoffen, ohne dich ist nichts gesund und nichts heilig. Führe uns in deinem Erbarmen den rechten Weg und hilf uns, die vergänglichen Güter so zu gebrauchen, dass wir die ewigen nicht verlieren. Darum bitten wir durch Jesus Christus.

WORTGOTTESDIENST

ZUR 1. LESUNG Das Gedankenspiel, einen Wunsch frei zu haben, kann einen anregenden Abend in froher Runde bescheren. Für Salomo ist das kein Spiel, sondern Prüfung durch Gott. Worum soll ein Mensch bitten? Eine Bitte sagt viel über die Person und ihre Lebenseinstellung aus. Gewiss, wir dürfen auch unsere Not und Bedrängnis vor Gott ausbreiten. Aber stecken dahinter nicht oft Narzissmus und mangelnde Selbstverantwortung? Salomo besteht seine Prüfung. Die Bitte des jungen Mannes zeugt von Selbsterkenntnis und Verantwortung für die ihm anvertrauten Menschen – sie ist selbst schon weise. Ein „hörendes Herz" hätte er gerne. Könnte das nicht auch mich dazu ermutigen, mich in der Tiefe meines Wesens anrühren zu lassen durch die Botschaft vom Himmelreich und mein Handeln darauf auszurichten? Mein Herz soll hören lernen.

ERSTE LESUNG

1 Kön 3,5.7–12

Du hast um Weisheit gebeten

Lesung aus dem ersten Buch der Könige.

In jenen Tagen erschien der HERR dem Sálomo nachts im Traum und forderte ihn auf: Sprich eine Bitte aus, die ich dir gewähren soll!

Und Sálomo sprach: HERR, mein Gott, du hast deinen Knecht anstelle meines Vaters David zum König gemacht. Doch ich bin noch sehr jung und weiß nicht aus noch ein. Dein Knecht steht aber mitten in deinem Volk, das du erwählt hast: einem großen Volk, das man wegen seiner Menge nicht zählen und nicht schätzen kann. Verleih daher deinem Knecht ein hörendes Herz, damit er dein Volk zu regieren und das Gute vom Bösen zu unterscheiden versteht! Wer könnte sonst dieses mächtige Volk regieren?

Es gefiel dem Herrn, dass Sálomo diese Bitte aussprach. Daher antwortete ihm Gott: Weil du gerade diese Bitte ausgesprochen hast und nicht um langes Leben, Reichtum oder um den Tod deiner Feinde, sondern um Einsicht gebeten hast, um auf das Recht zu hören, werde ich deine Bitte erfüllen. Sieh, ich gebe dir ein so weises und verständiges Herz, dass keiner vor dir war und keiner nach dir kommen wird, der dir gleicht.

ANTWORTPSALM

Ps 119 (118),57 u. 72.76–77.127–128.129–130 (Kv: 97a)

Kv Wie sehr liebe ich deine Weisung, o Herr! – Kv

Mein Anteil ist es, HERR, *
das habe ich versprochen, deine Worte zu beachten.
Gut ist für mich die Weisung deines Mundes, *
mehr als große Mengen von Gold und Silber. – (Kv)

Tröste mich in deiner Liebe, *
nach dem Spruch für deinen Knecht!
Dein Erbarmen komme über mich, sodass ich lebe, *
denn deine Weisung ist mein Ergötzen. – (Kv)

Darum liebe ich deine Gebote *
mehr als Rotgold und Weißgold.
Darum halte ich alle deine Befehle für richtig, *
alle Pfade der Lüge hasse ich. – (Kv)

Wunderwerke sind deine Zeugnisse, *
darum bewahrt sie meine Seele.
Das Aufschließen deiner Worte erleuchtet, *
den Unerfahrenen schenkt es Einsicht. – Kv

ZUR 2. LESUNG Ihre Freude am Dasein wirkt ansteckend, ihre gelassene Zuversicht weckt Hoffnung bei anderen, ihre Sensibilität für fremdes Leid macht sie sympathisch – Mitmenschen, die in einer zuverlässigen, gereiften Liebesbeziehung leben. Für Paulus bedeutet glauben: in einer Liebesbeziehung mit Gott leben. Die Initiative dazu geht von Gott aus. Im Voraus hat er mich „erkannt" – im Judentum gleichbedeutend mit „geliebt" – und damit meine liebende Antwort erst möglich gemacht. Aus der Gewissheit, dass alles mir zum Guten gereichen wird, darf ich ausschreiten ins Leben! Ist das wirklich so? Oder ist Paulus ein unverbesserlicher Romantiker? In den vorausgehenden Versen hat er – selbst in hohem Maße leiderfahren – von den Leiden der Zeit gesprochen. Auch wenn Misserfolg, Unglück und Krankheit auch den Gläubigen nicht erspart bleiben, steht für ihn fest: Selbst angesichts des letzten, unausweichlichen Scheiterns im Tod haben wir Grund zur Hoffnung auf Sinnerfüllung und Rettung. Die Kraft unserer Hoffnung beruht nicht auf eigener Frömmigkeit oder Widerstandskraft, sondern im Anblick des Kreuzes Christi. In seinem Leiden lässt Gott selbst das Leiden dieser Welt an sich herankommen. In Christi Rettung aus dem Tod umfasst Gott selbst die tiefsten Tiefen menschlicher Existenz mit seiner rettenden Liebe. Welch eine Liebesbeziehung stellt uns Paulus vor Augen! Bin ich bereit, mich auf solch einen Prozess der Reifung meiner Liebe einzulassen?

ZWEITE LESUNG

Röm 8,28–30

Gott hat uns im Voraus dazu bestimmt, an Wesen und Gestalt seines Sohnes teilzuhaben

Lesung aus dem Brief des Apostels Paulus an die Gemeinde in Rom.

Schwestern und Brüder! Wir wissen, dass denen, die Gott lieben, alles zum Guten gereicht, denen, die gemäß seinem Ratschluss berufen sind; denn diejenigen, die er im Voraus erkannt hat, hat er auch im Voraus dazu bestimmt, an Wesen und Gestalt seines Sohnes teilzuhaben, damit dieser der Erstgeborene unter vielen Brüdern sei.

Die er aber vorausbestimmt hat, die hat er auch berufen, und die er berufen hat, die hat er auch gerecht gemacht; die er aber gerecht gemacht hat, die hat er auch verherrlicht.

RUF VOR DEM EVANGELIUM

Vers: vgl. Mt 11,25

Halleluja. Halleluja.
Sei gepriesen, Vater, Herr des Himmels und der Erde;
du hast die Geheimnisse des Reiches den Unmündigen offenbart.
Halleluja.

ZUM EVANGELIUM Was passiert mit Menschen, die sich in ihrem Herzen, in den Tiefenschichten ihrer Person ansprechen lassen von der leidenschaftlich liebenden Zuneigung Gottes? Die Antwort geben die beiden ersten Gleichnisse des heutigen Evangeliums. Überwältigt von der Schönheit der Perle und dem Wert des gefundenen Schatzes sind Menschen frei, um des Größeren und des Schöneren willen alles hinzugeben. Das macht sie nicht arm, sondern erschließt die Quelle zu ihrem Reichtum. Auch im übertragenen Sinne motiviert die Freude an dem Fund „Himmelreich“ Menschen zur Hingabe, zu einem der Größe und Schönheit des Fundes angemessenen Verhalten. Damit diese Fähigkeit, über sich selbst hinauszuwachsen, zur Lebenshaltung wird, brauchen wir die Bereitschaft zur Unterscheidung. Das dritte Gleichnis von den Fischern und ihrem sehr gemischten Fang macht klar: Die kleinen Fische sind keine Harmlosigkeiten. Dieser Beifang in unserer Lebensgeschichte hat keinen Bestand im Vergleich zum Reichtum des großen Fangs. Erst wenn ich den „Beifang“, die selbstsüchtige Angst um das kleine Ich aus meinem Streben und Tun aussortiert habe, bin ich frei, über mich hinauszugehen. Zum Gewicht unseres Menschseins gehört es, dass wir auch die Freiheit haben, uns zu verfehlen. Darin liegt keine Drohung, sondern die Würde unseres Lebens.

EVANGELIUM Mt 13,44–52

Er verkaufte alles, was er besaß, und kaufte jenen Acker

+ Aus dem heiligen Evangelium nach Matthäus.

In jener Zeit sprach Jesus zu den Jüngern: Mit dem Himmelreich ist es wie mit einem Schatz, der in einem Acker vergraben war. Ein Mann entdeckte ihn und grub ihn wieder ein. Und in seiner Freude ging er hin, verkaufte alles, was er besaß, und kaufte den Acker.

Auch ist es mit dem Himmelreich wie mit einem Kaufmann, der schöne Perlen suchte. Als er eine besonders wertvolle Perle fand, ging er hin, verkaufte alles, was er besaß, und kaufte sie.

Wiederum ist es mit dem Himmelreich wie mit einem Netz, das ins Meer ausgeworfen wurde und in dem sich Fische aller Art fingen. Als es voll war, zogen es die Fischer ans Ufer; sie setzten sich, sammelten die guten Fische in Körbe, die schlechten aber warfen sie weg.

So wird es auch bei dem Ende der Welt sein: Die Engel werden kommen und die Bösen aus der Mitte der Gerechten aussondern und sie in den Feuerofen werfen. Dort wird Heulen und Zähneknirschen sein.

Habt ihr das alles verstanden? Sie antworteten ihm: Ja.
Da sagte er zu ihnen: Deswegen gleicht jeder Schriftgelehrte, der ein Jünger des Himmelreichs geworden ist, einem Hausherrn, der aus seinem Schatz Neues und Altes hervorholt.

Oder:

KURZFASSUNG

Mt 13,44–46

Er verkaufte alles, was er besaß, und kaufte jenen Acker

+ Aus dem heiligen Evangelium nach Matthäus.

In jener Zeit sprach Jesus zu den Jüngern: Mit dem Himmelreich ist es wie mit einem Schatz, der in einem Acker vergraben war. Ein Mann entdeckte ihn und grub ihn wieder ein. Und in seiner Freude ging er hin, verkaufte alles, was er besaß, und kaufte den Acker.
Auch ist es mit dem Himmelreich wie mit einem Kaufmann, der schöne Perlen suchte. Als er eine besonders wertvolle Perle fand, ging er hin, verkaufte alles, was er besaß, und kaufte sie.

Glaubensbekenntnis, S. 482 ff.

FÜRBITTEN

Besonders im Urlaub werden Menschen frei von alltäglichen Zwängen; sie entdecken Neues, Schönes, Überraschendes. Die Perle im heutigen Evangelium ist ein solcher unerwarteter Fund, etwas besonders Schönes, ein Schatz, der Leben erneuert und belebt. Bitten wir Gott um seine belebende Nähe:

- Für alle, die auch heute das Wort des Evangeliums, diesen kostbaren Schatz, den Menschen nahebringen. V: Gott, du Freund des Lebens. A: Höre und erhöre uns.

- Für alle, die in ihrem Alltag verstrickt sind und den Blick für das Unerwartete und Schöne verloren haben. V: Gott, du Freund des Lebens. A: Höre und erhöre uns.
- Für alle, die einander mit neuen Augen sehen und das Wertvolle im Gegenüber erkennen. V: Gott, du Freund des Lebens. A: Höre und erhöre uns.
- Für alle hochbetagten Menschen, dass sie das Schöne und Gute ihrer begrenzten Lebenszeit bewusst wahrnehmen können. V: Gott, du Freund des Lebens. A: Höre und erhöre uns.
- Für alle, die in ihrer Urlaubszeit Natur und Kunst, Gemeinschaft und die Freiheit, dein Wort zu hören, neu und dankbar erfahren. V: Gott, du Freund des Lebens. A: Höre und erhöre uns.

Die Freude des Evangeliums ist der wahre Schatz im Acker unseres Lebens. Hilf uns, ihn zu suchen, ein Leben lang. Darum bitten wir durch Jesus Christus, der unser Heil und unsere Hoffnung ist.

EUCHARISTIEFEIER

GABENGEBET

Gütiger Gott, nimm die Gaben an, die wir von deiner Güte empfangen haben. Lass deine Kraft in ihnen wirken, damit sie uns in diesem Leben heiligen und zu den ewigen Freuden führen. Darum bitten wir durch Christus, unseren Herrn.

Präfation, S. 494 ff.

KOMMUNIONVERS Mt 5,7–8

Selig, die barmherzig sind; denn sie werden Erbarmen finden.
Selig, die ein reines Herz haben; denn sie werden Gott schauen.

SCHLUSSGEBET

Herr, unser Gott, wir haben das Gedächtnis des Leidens Christi gefeiert und das heilige Sakrament empfangen. Was uns dein Sohn in unergründlicher Liebe geschenkt hat, das werde uns nicht zum Gericht, sondern bringe uns das ewige Heil. Darum bitten wir durch Christus, unseren Herrn.

***

Für eine Wort-Gottes-Feier:

ERÖFFNUNGSGEBET ZUR WAHL

Gott, vieles treibt uns um und bewegt uns. Gib uns ein weises und verständiges Herz, dass wir im Vielen dich, den Einen, nicht verlieren. Darum bitten wir dich, Gott und Vater, durch Christus, deinen Sohn, mit dem du im Heiligen Geist lebst als der eine Gott in Ewigkeit.

***

HIMMEL AUF ERDEN

Uns Heutigen bleibt der Himmel die meiste Zeit verschlossen. Der jahrhundertelang zu Recht befürchteten Vertröstung auf das Jenseits ist eine anstrengende Vertröstung auf das Diesseits gewichen. Eine solche Verlagerung unserer Aufmerksamkeit hat aber die Sehnsucht nach dem Himmel keineswegs zerstört. Wir tragen sie nach wie vor in uns, was an unserem maßlosen Wünschen ablesbar ist und was uns durch die offenen Lebensrechnungen in Erinnerung gehalten wird. In dieser Lage – den Himmel auch dann erwünschend, wenn er uns verschlossen bleibt – fangen viele unbemerkt an, den Himmel auf Erden zu suchen. Wir tun es dort, wo das alltägliche Leben stattfindet, in der Liebe, in der Arbeit, im Amüsement. In diesen drei Bereichen bringen wir unseren Himmelswunsch unter und suchen unseren Hunger nach dem maßlosen Glück zu stillen.

Paul M. Zulehner

VERKLÄRUNG DES HERRN – FEST

6. August 2023

Das Fest Verklärung des Herrn, das in der Ostkirche spätestens seit dem 6. Jahrhundert gefeiert wird und in der westlichen Liturgie seit dem 15. Jahrhundert verankert ist, mag im 21. Jahrhundert wie aus der Zeit gefallen wirken. Eine verklärende Darstellung Jesu wird entweder als naiv oder als mythologisch oder als beides zugleich wahrgenommen und scheint mit einem vernünftigen Blick auf Jesus von Nazaret kaum vereinbar zu sein. Umso mehr überraschen dann aber die Texte des heutigen Sonntags. Sie laden uns ein, genauer hinzuschauen und aufmerksamer zuzuhören, und sie stellen uns vor die Frage: Wer ist dieser Jesus, den wir als Sohn Gottes verehren? Mehr noch: Beim Blick auf Jesus stellt sich die Frage auch an uns selbst: Wer sind wir – wir, die wir uns von der Botschaft Jesu verwandeln lassen wollen? Um diese Verwandlung, Umgestaltung, Transfiguration geht es: Finsternis wird Licht, Endliches wird unendlich, aus Tod wird Auferstehung – aus Tod wird Leben.

ERÖFFNUNGSVERS

Vgl. Mt 17,5

Aus einer leuchtenden Wolke kam die Stimme des Vaters:
Dies ist mein geliebter Sohn,
an dem ich Gefallen gefunden habe:
Auf ihn sollt ihr hören.

KYRIE-RUFE

Herr Jesus Christus, du hast von Gott, dem Vater,
Ehre und Herrlichkeit empfangen.
V/A: Herr, erbarme dich.

Du hast uns deine Herrlichkeit schauen lassen.
V/A: Christus, erbarme dich.
Du bist Gottes geliebter Sohn,
an dem er Wohlgefallen gefunden hat.
V/A: Herr, erbarme dich.

Ehre sei Gott, S. 479 f.

TAGESGEBET

Allmächtiger Gott, bei der Verklärung deines eingeborenen Sohnes hast du durch das Zeugnis der Väter die Geheimnisse unseres Glaubens bekräftigt. Du hast uns gezeigt, was wir erhoffen dürfen, wenn unsere Annahme an Kindes Statt sich einmal vollendet. Hilf uns, auf das Wort deines Sohnes zu hören, damit wir Anteil erhalten an seiner Herrlichkeit. Darum bitten wir durch Jesus Christus.

WORTGOTTESDIENST

ZUR 1. LESUNG Ein Werk von René Magritte trägt den doppeldeutigen Titel *Le Rossignol*. Das französische Wort bedeutet Nachtigall und auch Ladenhüter; hoch oben im Baum erklingt das wunderbare Lied des Singvogels, weit hinten im Regal verstaubt, was nicht mehr nachgefragt wird. Im oberen Drittel des Bilds ist ein alter Mann mit weißem Bart und den königlichen Insignien Zepter und Weltkugel dargestellt. Im unteren Bereich sieht man eine Eisenbahn mit Dampflokomotive, damals Sinnbild und Inbegriff der modernen Welt, in der Technik, Mobilität und Kommunikation dominieren. Der Kontrast zwischen oben und unten, Himmel und Erde könnte kaum größer sein. Dazwischen: nichts, gähnende Leere. Bezeichnend ist, dass der Mann aus einer Wolke besteht – ebenso der Thron, auf dem er sitzt. Mit dem nächsten Windstoß dürfte das Gebilde am Himmel verschwunden sein. Biblischer Hintergrund für diese bildliche Darstellung ist offensichtlich das Buch Daniel im 7. Kapitel. Ist denn die hier geschilderte nächtliche Vision Daniels in der Moderne nur noch als Trugbild verständlich? Aber wie religionskritisch auch immer die Deutung von Magritte sein mag, sie zeigt deutlich, dass auf diesem Gemälde einzig das nur schemenhaft greifbare Wolkenbild des alten Mannes mit Rauschebart eine flüchtige Erinnerung an menschliches Leben wachruft. Für das Selbstverständnis des Menschen scheint – auch in unserer spätmodernen Zeit – der Rückbezug auf die Rede von Gott unvermeidlich zu sein, wenn es um Größe und Herrlichkeit sowie um die unermessliche Verantwortung von uns Menschen geht. Überspitzt formuliert: Mögen die Menschen Gott für tot erklären, sie bleiben doch Kinder Gottes.

ERSTE LESUNG

Dan 7,9–10.13–14

Sein Gewand war weiß wie Schnee

Lesung aus dem Buch Daniel.

Ich, Daniel, sah in einer nächtlichen Vision: Throne wurden aufgestellt und ein Hochbetagter nahm Platz. Sein Gewand war weiß wie Schnee, sein Haar wie reine Wolle. Feuerflammen waren sein Thron und dessen Räder waren loderndes Feuer. Ein Strom von Feuer ging von ihm aus. Tausendmal Tausende dienten ihm, zehntausendmal Zehntausende standen vor ihm. Das Gericht nahm Platz und es wurden Bücher aufgeschlagen.

Immer noch hatte ich die nächtlichen Visionen: Da kam mit den Wolken des Himmels einer wie ein Menschensohn. Er gelangte bis zu dem Hochbetagten und wurde vor ihn geführt. Ihm wurden Herrschaft, Würde und Königtum gegeben. Alle Völker, Nationen und Sprachen dienten ihm. Seine Herrschaft ist eine ewige, unvergängliche Herrschaft. Sein Reich geht niemals unter.

ANTWORTPSALM

Ps 97 (96), 1–2.5–6.8–9 (Kv: vgl. 1a.9a)

Kv Der Herr ist König,
er ist der Höchste über der ganzen Erde. – Kv

Der Herr ist König. Es juble die Erde! *
Freuen sollen sich die vielen Inseln.
Rings um ihn her sind Wolken und Dunkel, *
Gerechtigkeit und Recht sind die Stützen seines Thrones. – (Kv)

Berge schmelzen wie Wachs vor dem Herrn, *
vor dem Angesicht des Herrn der ganzen Erde.
Seine Gerechtigkeit verkünden die Himmel, *
seine Herrlichkeit schauen alle Völker. – (Kv)

Zion hört es und freut sich, *
Judas Töchter jubeln, Herr, über deine Urteile.
Denn du, Herr, bist der Höchste über der ganzen Erde, *
hoch erhaben bist du über alle Götter. – Kv

ZUR 2. LESUNG „Wir sind nicht klug ausgedachten Geschichten gefolgt": Für den Apostel Petrus ist es von Bedeutung, dass das Zeugnis für die Ankunft Jesu als des Messias glaubwürdig erscheint. Er betont, die Stimme, „die vom Himmel kam", gehört zu haben. Die zentrale Rolle spielt hier die himmlische Stimme, die Stimme Gottes. Ihr kommt Offenbarungsqualität zu wie in der rabbinischen Literatur der sogenannten *bat gol*, der *Tochter der Stimme*. Das Wort wird als von Gott kommendes Wort beschrieben; es bestätigt, dass Jesus von Nazaret als Sohn Gottes verstanden werden soll. Um seiner Rede Gewicht und den Rang der Offenbarung zu verleihen, nimmt Petrus Bezug auf das Wort der Propheten; denn auch dieses wird in der hebräischen Bibel als Wort Gottes bezeichnet. Wie das prophetische Wort erscheint die Rede über Jesus als Christus im Licht der Rettung und des Heils. Christus Jesus ist, wie es zu Beginn der beim Zweiten Vatikanischen Konzil verabschiedeten dogmatischen Konstitution *Lumen*

Gentium heißt, das „Licht der Völker", ein Hoffnungsschimmer am Horizont, das so ersehnte Licht am Ende des Tunnels.

ZWEITE LESUNG 2 Petr 1,16–19

Die Stimme, die vom Himmel kam, haben wir gehört, als wir mit ihm auf dem heiligen Berg waren

Lesung aus dem zweiten Brief des Apostels Petrus.

Schwestern und Brüder! Wir sind nicht klug ausgedachten Geschichten gefolgt, als wir euch die machtvolle Ankunft unseres Herrn Jesus Christus kundtaten, sondern wir waren Augenzeugen seiner Macht und Größe.

Denn er hat von Gott, dem Vater, Ehre und Herrlichkeit empfangen, als eine Stimme von erhabener Herrlichkeit an ihn erging: Das ist mein geliebter Sohn, an dem ich Wohlgefallen gefunden habe. Diese Stimme, die vom Himmel kam, haben wir gehört, als wir mit ihm auf dem heiligen Berg waren.

Dadurch ist das Wort der Propheten für uns noch sicherer geworden und ihr tut gut daran, es zu beachten, wie ein Licht, das an einem finsteren Ort scheint, bis der Tag anbricht und der Morgenstern aufgeht in eurem Herzen.

RUF VOR DEM EVANGELIUM Vers: vgl. Lk 9,35

Halleluja. Halleluja.
Aus der leuchtenden Wolke rief die Stimme des Vaters:
Das ist mein geliebter Sohn; auf ihn sollt ihr hören.
Halleluja.

ZUM EVANGELIUM Auf zwei Sinneswahrnehmungen konzentriert das Evangelium von der Verklärung Jesu unsere Aufmerksamkeit: zunächst auf das Sehen, dann auf das Hören. Jesus geht gemeinsam mit Simon Petrus, Johannes und Jakobus auf einen Berg, um sich im Gebet zu Gott hinzuwenden. Eine überwältigende Verwandlung, eine Metamorphose vollzieht sich mit den Betenden. Plötzlich sehen die Begleiter nicht mehr nur Jesus, sondern auch Mose und Elija, die beiden großen Propheten und Zeugen Gottes in ihren heiligen Schriften. In der Gegenwart Jesu wird die Vergangenheit lebendig – Vergangenheit, die einst bedeutende Gegenwart von Mose und Elija war. Das Vergangene ist nicht vergangen, sondern wird neu ins Bewusstsein gerufen. Aber nicht nur, dass die Begleiter Jesu mehr sehen, als sie sehen – sie hören auch mehr, als sie hören. Sie hören von einer himmlischen Stimme die aus Psalm 2 vertrauten Worte: „Dieser ist mein geliebter Sohn." Wer ist Jesus? Auf diese Frage versucht Matthäus in dieser biblischen Erzählung mit der Rückbindung Jesu an die Überlieferungen des Ersten Testaments eine Antwort. Ohne Rückbezug auf die Bibel Israels ist Jesus nicht zu verstehen. Nicht ohne die Tora, personifiziert in der Gestalt des Mose. Nicht ohne die prophetische Tradition, die Elija verkörpert. Und auch nicht ohne das Gebet der Psalmen. Das Spätere erscheint im Licht des Früheren, das Wort Gottes klingt an und hallt nach – auch heute, auch hier, auch in uns.

EVANGELIUM

Mt 17,1–9

Er wurde vor ihnen verwandelt; sein Gesicht leuchtete wie die Sonne

+ Aus dem heiligen Evangelium nach Matthäus.

In jener Zeit nahm Jesus Petrus, Jakobus und dessen Bruder Johannes beiseite und führte sie auf einen hohen Berg. Und er wurde vor ihnen verwandelt; sein Gesicht leuchtete wie die Sonne und seine Kleider wurden weiß wie das Licht. Und siehe, es erschienen ihnen Mose und Elíja und redeten mit Jesus.

Und Petrus antwortete und sagte zu Jesus: Herr, es ist gut, dass wir hier sind. Wenn du willst, werde ich hier drei Hütten bauen, eine für dich, eine für Mose und eine für Elíja.

Noch während er redete, siehe, eine leuchtende Wolke überschattete sie und siehe, eine Stimme erscholl aus der Wolke: Dieser ist mein geliebter Sohn, an dem ich Wohlgefallen gefunden habe; auf ihn sollt ihr hören. Als die Jünger das hörten, warfen sie sich mit dem Gesicht zu Boden und fürchteten sich sehr.

Da trat Jesus zu ihnen, fasste sie an und sagte: Steht auf und fürchtet euch nicht! Und als sie aufblickten, sahen sie niemanden außer Jesus allein.

Während sie den Berg hinabstiegen, gebot ihnen Jesus: Erzählt niemandem von dem, was ihr gesehen habt, bis der Menschensohn von den Toten auferweckt ist!

Glaubensbekenntnis, S. 482 ff.

FÜRBITTEN

Nach der Verklärung auf dem Berg Tabor gehen die drei Jünger mit Jesus hinab ins Ungewisse. Tragen wir voll Vertrauen die Unsicherheiten, Nöte und Anliegen unserer Zeit vor Jesus, der unser Bruder und Herr ist:

- Wir bitten um das Licht der Erkenntnis und der Wahrheit für die Kirche und alle ihre Glieder. V: Jesus Christus, Licht und Leben. V: Leuchte uns.
- Wir bitten um den Willen, Hunger, Obdachlosigkeit und Not in der Welt nicht als unabänderlich hinzunehmen, sondern hilfreich zu handeln. V: Jesus Christus, Licht und Leben. V: Leuchte uns.
- Wir bitten um deine Hilfe für alle, die selbst bedroht werden, weil sie Ungerechtigkeit und Machtmissbrauch beim Namen nennen. V: Jesus Christus, Licht und Leben. V: Leuchte uns.
- Wir bitten um Stärke und Ausdauer für alle, die sich für die Erhaltung deiner Schöpfung einsetzen. V: Jesus Christus, Licht und Leben. V: Leuchte uns.
- Wir bitten um dein tröstliches Licht für alle, deren letzte Lebenszeit in diesen hellen Tagen begonnen hat. V: Jesus Christus, Licht und Leben. V: Leuchte uns.

Jesus Christus ist vom hellen Taborlicht für uns ins Dunkel gegangen, doch Gott hat ihn ins Licht eines neuen Seins gerufen. Dafür danken wir und preisen ihn, heute und allezeit bis in Ewigkeit.

EUCHARISTIEFEIER

GABENGEBET

Gott, unser Vater, sende über uns und diese Gaben das Licht deiner Herrlichkeit, das in deinem Sohn aufgestrahlt ist. Es vertreibe das Dunkel der Sünde und mache uns zu Kindern des Lichtes. Darum bitten wir durch Christus, unseren Herrn.

PRÄFATION

In Wahrheit ist es würdig und recht, dir, Herr, heiliger Vater, allmächtiger, ewiger Gott, immer und überall zu danken durch unseren Herrn Jesus Christus. Denn er enthüllte auf dem Berg der Verklärung seine verborgene Herrlichkeit, er ließ vor auserwählten Zeugen seinen sterblichen Leib im Lichtglanz erstrahlen und gab den Jüngern die Kraft, das Ärgernis des Kreuzes zu tragen. So schenkte er der ganzen Kirche die Hoffnung, vereint mit ihrem Haupt die ewige Verklärung zu empfangen. Darum preisen wir deine Größe und vereinen uns mit den Chören der Engel zum Hochgesang von deiner göttlichen Herrlichkeit: Heilig …

KOMMUNIONVERS 1 Joh 3,2

Wenn der Herr offenbar wird, werden wir ihm ähnlich sein,
denn wir werden ihn sehen, wie er ist.

SCHLUSSGEBET

Herr, unser Gott, in der Verklärung deines Sohnes wurde der Glanz seiner Gottheit offenbar. Lass uns durch den Empfang der himmlischen Speise seinem verherrlichten Leib gleichgestaltet werden. Darum bitten wir durch ihn, Christus, unseren Herrn.

FEIERLICHER SCHLUSSSEGEN

Der Herr segne euch und behüte euch; der Herr lasse sein Angesicht über euch leuchten und sei euch gnädig; er wende euch sein Antlitz zu und schenke euch seinen Frieden! A: Amen.
Das gewähre euch der dreieinige Gott, der Vater und der Sohn † und der Heilige Geist. A: Amen.

***

UNERHÖRT

Du sagst,
Du siehst Gott
nicht,
Du sagst,
Du hörst Gott
nicht.
Ich glaube dir.

Sagtest Du,
ich sehe Gott,
oder:
ich höre Gott,
wären mein Zweifel
begründet.

Gottes Wort,
das Mensch wird und
wie ein Licht
in dunkler Nacht
erscheint,
hört nur,
wer mehr hört,
als man hört,
wer auch
das Unerhörte
nicht
überhöht
und
nicht
überhört.

René Dausner

19. SONNTAG IM JAHRESKREIS

13. August 2023

„Wie soll ich dich empfangen und wie begegn ich dir?“ Die uns aus dem Adventslied von Paul Gerhardt vertraute Frage kehrt sich im Alltag oft, allzu oft, um in die schmerzlichen Fragen: Wo ist nun dein Gott (vgl. Ps 42,4)? Wie können wir Gott finden? Woher kommt uns Hilfe (vgl. Ps 121,1)? Zweifel werden großgeschrieben. Die biblischen Texte kennen Durststrecken und Wüstenzeiten und beschreiben sie eindringlich. Und doch begegnen wir immer wieder auch dem Ausdruck der unstillbaren Sehnsucht nach Rettung, Heil, Erlösung. Gott ist nah. Manchmal näher, als wir glauben. Vielleicht sogar näher, als wir uns selbst sind. Für die Wahrnehmung dieser Nähe ist eine hingebungsvolle Aufmerksamkeit gefragt, die auch noch auf das ausbleibende Wort zu lauschen vermag.

ERÖFFNUNGSVERS

Vgl. Ps 74 (73),20.19.22.23

Blick hin, o Herr, auf deinen Bund
und vergiss das Leben deiner Armen nicht für immer.
Erhebe dich, Gott, und führe deine Sache.
Vergiss nicht das Rufen derer, die dich suchen.

KYRIE-RUFE

Christus, Gottes Sohn, du bist der Herr
aller Mächte und Gewalten.
V/A: Herr, erbarme dich.
Du gebietest auch über die Winde und den See.
V/A: Christus, erbarme dich.

Du rettest uns aus den Fluten des Verderbens.
V/A: Herr, erbarme dich.

Ehre sei Gott, S. 479 f.

TAGESGEBET

Allmächtiger Gott, wir dürfen dich Vater nennen, denn du hast uns an Kindes statt angenommen und uns den Geist deines Sohnes gesandt. Gib, dass wir in diesem Geist wachsen und einst das verheißene Erbe empfangen. Darum bitten wir durch Jesus Christus.

WORTGOTTESDIENST

ZUR 1. LESUNG Die eindrückliche Geschichte von der Gottesbegegnung des Propheten Elija am Berg Horeb/Sinai zählt zu den bewegendsten Offenbarungserzählungen der Bibel. Elija, der in einer Höhle Schutz gesucht hat, soll ins Freie treten; hier, in einem offenen, ungeschützten Bereich ereignet sich die ganz neue, eigene Begegnung mit Gott. Entgegen der damals insbesondere von Baal-Verehrern gepflegten Vorstellung, Gott gebe sich im lauten Getöse, im Donner oder im Sturm zu erkennen, erscheint Gott dem Elija in äußerster Zurückhaltung und Zartheit. Es zeugt von Elijas spirituellem Feingespür, dieses leichte, leise Erscheinen Gottes nicht überhört zu haben. „Sanftes, leises Säuseln" nennt es die Einheitsübersetzung. In ihrer Verdeutschung der Heiligen Schrift haben die beiden jüdischen Philosophen Martin Buber und Franz Rosenzweig diese Erfahrung in einem unübertrefflichen sprachlichen Ausdruck gefasst: Gottes Stimme, mit der der Ewige sich in unserer zeitlichen Sprache zu Wort meldet, ist nicht mehr Schweigen und doch noch nicht klar identifizierbare Rede – sie sei „eine Stimme verschwebenden Schweigens".

ERSTE LESUNG

1 Kön 19,9a.11–13a

Komm heraus und stell dich auf den Berg vor den Herrn!

Lesung aus dem ersten Buch der Könige.

In jenen Tagen kam Elíja zum Gottesberg Horeb. Dort ging er in eine Höhle, um darin zu übernachten. Doch das Wort des HERRN erging an ihn: Komm heraus und stell dich auf den Berg vor den HERRN!

Da zog der HERR vorüber: Ein starker, heftiger Sturm, der die Berge zerriss und die Felsen zerbrach, ging dem HERRN voraus. Doch der HERR war nicht im Sturm. Nach dem Sturm kam ein Erdbeben. Doch der HERR war nicht im Erdbeben. Nach dem Beben kam ein Feuer. Doch der HERR war nicht im Feuer.

Nach dem Feuer kam ein sanftes, leises Säuseln. Als Elíja es hörte, hüllte er sein Gesicht in den Mantel, trat hinaus und stellte sich an den Eingang der Höhle.

ANTWORTPSALM

Ps 85 (84),9–10.11–12.13–14 (Kv: 8)

Kv Lass uns schauen, o HERR, deine Huld
und schenke uns dein Heil! – Kv

Ich will hören, was Gott redet: /
Frieden verkündet der HERR seinem Volk und seinen Frommen, *
sie sollen sich nicht zur Torheit wenden.
Fürwahr, sein Heil ist denen nahe, die ihn fürchten, *
seine Herrlichkeit wohne in unserm Land. – (Kv)

Es begegnen einander Huld und Treue; *
Gerechtigkeit und Friede küssen sich.
Treue sprosst aus der Erde hervor; *
Gerechtigkeit blickt vom Himmel hernieder. – (Kv)

Ja, der HERR gibt Gutes *
und unser Land gibt seinen Ertrag.

Gerechtigkeit geht vor ihm her *
und bahnt den Weg seiner Schritte. – Kv

ZUR 2. LESUNG Liturgische Bildung ist kein Selbstzweck, keine Einführung in ein harmloses Spiel, keine unpolitische Naivität. Liturgische Bildung ist – zumindest immer auch – Bildung durch liturgische Texte. Die Worte der zweiten Lesung – mit ihnen beginnen die drei bedeutenden Kapitel 9 bis 11 des Römerbriefs – sind dafür ein schönes Beispiel. Der Völkerapostel Paulus hält hier unmissverständlich die bleibende Heilszusage Gottes an die Jüdinnen und Juden fest – „ihnen gehören die Sohnschaft, die Herrlichkeit und die Bundesschlüsse; ihnen ist das Gesetz gegeben, der Gottesdienst und die Verheißungen; ihnen gehören die Väter und ihnen entstammt der Christus dem Fleische nach". Die Erklärung *Nostra aetate* des Zweiten Vatikanischen Konzils (1962–1965) über die Haltung der Kirche zu den nichtchristlichen Religionen, insbesondere zum Judentum, nimmt explizit Bezug auf diese Heilszusagen. Die Kirche habe diese Worte des Apostels Paulus stets vor Augen. In Zeiten, in denen sich die Fratze des Antisemitismus und des Antijudaismus aufs Neue offen zu zeigen wagt, ist die Erinnerung an die innigste Verbundenheit zwischen Christentum und Judentum, die das Reformkonzil mit Hinweis auf die Wurzeln im biblischen Denken bewusst macht, von unschätzbarem Wert. Die Perikope aus dem Römerbrief sollte Pflichtlektüre in allen Gemeinden sein.

ZWEITE LESUNG Röm 9,1–5

Ich wünschte selbst verflucht zu sein, um meiner Brüder willen

Lesung aus dem Brief des Apostels Paulus an die Gemeinde in Rom.

Schwestern und Brüder! Ich sage in Christus die Wahrheit und lüge nicht und mein Gewissen bezeugt es mir im Heiligen Geist: Ich bin voll Trauer, unablässig leidet mein Herz.

Ja, ich wünschte selbst verflucht zu sein, von Christus getrennt, um meiner Brüder willen, die der Abstammung nach mit mir verbunden sind. Sie sind Israeliten; ihnen gehören die Sohnschaft, die Herrlichkeit und die Bundesschlüsse; ihnen ist das Gesetz gegeben, der Gottesdienst und die Verheißungen; ihnen gehören die Väter und ihnen entstammt der Christus dem Fleische nach. Gott, der über allem ist, er sei gepriesen in Ewigkeit. Amen.

RUF VOR DEM EVANGELIUM

Vers: Ps 130 (129), 5

Halleluja. Halleluja.
Ich hoffe auf den HERRN,
ich warte auf sein Wort.
Halleluja.

ZUM EVANGELIUM Berg und See sind existenzielle Orte: Orte der Einsamkeit und der menschlichen Ohnmacht angesichts der übermächtig erscheinenden Natur. Zugleich Orte, an denen sich beispielhaft zeigen lässt, wer Jesus von Nazaret ist – oder, vorsichtiger formuliert, für wen ihn die Jüngerinnen und Jünger halten. Und wie so viele biblische Erzählungen, in denen es um Entscheidendes geht, ist auch diese von einer Fremdheit geprägt, die es verbietet, Jesus allzu schnell und voreilig in bekannte Schemata einzuordnen. Wie aber kann die Einzigartigkeit einer Person zur Sprache kommen? Greifen wir nicht immer schon auf bekannte Bilder und floskelhafte Redewendungen zurück? Im Erschrecken aber drückt sich eine neue Erfahrung aus. Im Letzten zielt sie nicht auf die Bewunderung der Person, sondern auf das Gute und das Heil, für das sie steht und das sie bringt. In den Versen, die unmittelbar auf die Perikope des heutigen Evangeliums folgen, ist von den Kranken die Rede, denen durch den Kontakt mit diesem Kind Gottes Heilung zuteilwird.

EVANGELIUM

Mt 14, 22–33

Herr, befiehl, dass ich auf dem Wasser zu dir komme

+ Aus dem heiligen Evangelium nach Matthäus.

Nachdem Jesus die Menge gespeist hatte, drängte er die Jünger, ins Boot zu steigen und an das andere Ufer vorauszufahren. Inzwischen wollte er die Leute nach Hause schicken. Nachdem er sie weggeschickt hatte, stieg er auf einen Berg, um für sich allein zu beten. Als es Abend wurde, war er allein dort.

Das Boot aber war schon viele Stadien vom Land entfernt und wurde von den Wellen hin und her geworfen; denn sie hatten Gegenwind.

In der vierten Nachtwache kam er zu ihnen; er ging auf dem See. Als ihn die Jünger über den See kommen sahen, erschraken sie, weil sie meinten, es sei ein Gespenst, und sie schrien vor Angst.

Doch sogleich sprach Jesus zu ihnen und sagte: Habt Vertrauen, ich bin es; fürchtet euch nicht!

Petrus erwiderte ihm und sagte: Herr, wenn du es bist, so befiehl, dass ich auf dem Wasser zu dir komme! Jesus sagte: Komm!

Da stieg Petrus aus dem Boot und kam über das Wasser zu Jesus. Als er aber den heftigen Wind bemerkte, bekam er Angst. Und als er begann unterzugehen, schrie er: Herr, rette mich!

Jesus streckte sofort die Hand aus, ergriff ihn und sagte zu ihm: Du Kleingläubiger, warum hast du gezweifelt? Und als sie ins Boot gestiegen waren, legte sich der Wind.

Die Jünger im Boot aber fielen vor Jesus nieder und sagten: Wahrhaftig, Gottes Sohn bist du.

Glaubensbekenntnis, S. 482 ff.

FÜRBITTEN

Angst und Zweifel in Bedrohung und Bedrängnis gehören auch zu Petrus, dem herausragenden Jünger Jesu. Bitten wir Gott in den Turbulenzen und Nöten unserer Zeit um seine heilsame Nähe:

- Für alle, über denen in ihrem Leben die Wellen der Angst zusammenschlagen. V: Treuer Gott. A: Höre unser Rufen.

- Für alle, die im Dienst der Verkündigung müde und matt geworden sind. V: Treuer Gott. A: Höre unser Rufen.
- Für alle, die das gemeinsame Schiff der Ökumene durch die Stürme und Flauten unserer Zeit navigieren. V: Treuer Gott. A: Höre unser Rufen.
- Für die Menschen auf der Flucht, die lebensgefährliche Überfahrten wagen in der Hoffnung auf Leben und Heimat. V: Treuer Gott. A: Höre unser Rufen.
- Für die Menschen, die eine belastende Krankheits-Diagnose erhalten haben und von den Strudeln der Angst in die Tiefe gezogen werden. V: Treuer Gott. A: Höre unser Rufen.

Gott, in den Stürmen unseres Lebens bist du bei uns. Hilf uns, darauf zu vertrauen und dich zu rufen. Darum bitten wir durch Jesus Christus, unseren Herrn und Bruder.

EUCHARISTIEFEIER

GABENGEBET

Herr, unser Gott, wir bringen die Gaben zum Altar, die du selber uns geschenkt hast. Nimm sie von deiner Kirche entgegen und mache sie für uns zum Sakrament des Heiles. Darum bitten wir durch Christus, unseren Herrn.

Präfation, S. 494 ff.

KOMMUNIONVERS Joh 6,51

So spricht der Herr:
Das Brot, das ich geben werde, ist mein Fleisch;
ich gebe es hin für das Leben der Welt.

SCHLUSSGEBET

Barmherziger Gott, wir haben den Leib und das Blut deines Sohnes empfangen. Das heilige Sakrament bringe uns Heil, es erhalte uns in der Wahrheit und sei unser Licht in der Finsternis. Darum bitten wir durch Christus, unseren Herrn.

FEIERLICHER SCHLUSSSEGEN

Gott, unser Vater, segne euch mit allem Segen des Himmels, damit ihr rein und heilig lebt vor seinem Angesicht. – A: Amen.
Er lehre euch durch das Wort der Wahrheit; er bilde euer Herz nach dem Evangelium Christi und gebe euch Anteil an seiner Herrlichkeit. – A: Amen.
Er schenke euch jene brüderliche Liebe, an der die Welt die Jünger Christi erkennen soll. – A: Amen.
Das gewähre euch der dreieinige Gott, der Vater und der Sohn † und der Heilige Geist. – A: Amen.

***

Für eine Wort-Gottes-Feier:

ERÖFFNUNGSGEBET ZUR WAHL

Gott, wir kommen voll Vertrauen zu dir, denn du hast uns beim Namen gerufen. Gib dich zu erkennen im Wort der Frohen Botschaft und hilf unserem schwachen Glauben auf. Darum bitten wir dich in der Gemeinschaft des Heiligen Geistes durch Jesus Christus, deinen Sohn, der mit dir lebt jetzt und in Ewigkeit.

***

WELLENBRECHER

Der Wind
schlägt mir ins Gesicht,
der Boden
schwankt unter meinen Füßen,
das Wasser
brodelt und kocht.
Angst ist nicht fern.

Du aber sagst:
Fürchte dich nicht!
Setze deinen Fuß
nur getrost in die Luft.
Mein Wort
ist ein Fels,
fest wie der Berg,
an dem ich
zu beten lernte
und dich
zu beten lehrte.

René Dausner

MARIÄ AUFNAHME IN DEN HIMMEL
HOCHFEST

15. August 2023

Wer schon einmal in Jerusalem war, kennt die Dormitio-Abtei auf dem Zionsberg, unmittelbar vor der Altstadt. Hier wurde 1910 eine Rundkirche konsekriert, erbaut nach den Vorbildern des Aachener Doms und der Kirche St. Gereon in Köln. Sie dient als Ort der Erinnerung an die „Entschlafung" (lateinisch *dormitio*) Mariens und ihrer Aufnahme (*assumptio).* Vierzig Jahre später, nach den grausamen Erfahrungen von millionenfachem Sterben und Tod in den beiden Weltkriegen und in der Schoa, erklärte Pius XII. die hoffnungsvolle Glaubensüberzeugung von der leiblichen Aufnahme Mariens in den Himmel als verbindliche Glaubenslehre der katholischen Kirche. Zum Hintergrund dieser Entscheidung: Schon seit der Mitte des 1. Jahrhunderts wurde die liturgische Erinnerung an den Tod der Maria gepflegt. Auch wurde eine Erzählung aus dem 7. oder 8. Jahrhundert tradiert, der zufolge Maria in dem Haus, das die beiden Apostel Johannes und Jakobus auf dem Zionsberg gekauft haben sollen, gemeinsam mit Jakobus gelebt habe und dort im Beisein aller Apostel gestorben sei. Ihr Leichnam sei dann durch die Stadt zur Beisetzung ins Kidrontal gebracht worden. Auch dort erinnert eine Krypta an ihre Grablegung – das Grab aber ist leer wie das Grab Jesu in der Grabeskirche. Die Dormitio steht somit als Erinnerungsort nicht nur für die Entschlafung Mariens, sondern auch für ihre Auferweckung und Himmelfahrt.

ERÖFFNUNGSVERS

Offb 12,1

Ein großes Zeichen erschien am Himmel:
Eine Frau, umgeben von der Sonne,
den Mond unter ihren Füßen
und einen Kranz von zwölf Sternen auf ihrem Haupt.

Oder:

Freut euch alle im Herrn am Fest der Aufnahme
der seligsten Jungfrau Maria in den Himmel.
Mit uns freuen sich die Engel und loben Gottes Sohn.

KYRIE-RUFE

Herr Jesus Christus, du hast deine Mutter Maria
mit Leib und Seele in den Himmel aufgenommen.
V/A: Herr, erbarme dich.
Du hast deine Mutter Maria im Himmel gekrönt.
V/A: Christus, erbarme dich.
Du hast deine Mutter Maria zur Mutter der Kirche bestellt.
V/A: Herr, erbarme dich.

Ehre sei Gott, S. 479 f.

TAGESGEBET

Allmächtiger, ewiger Gott, du hast die selige Jungfrau Maria, die uns Christus geboren hat, vor aller Sünde bewahrt und sie mit Leib und Seele zur Herrlichkeit des Himmels erhoben. Gib, dass wir auf dieses Zeichen der Hoffnung und des Trostes schauen und auf dem Weg bleiben, der hinführt zu deiner Herrlichkeit. Darum bitten wir durch Jesus Christus.

WORTGOTTESDIENST

ZUR 1. LESUNG Der Kontrast könnte kaum schärfer sein: auf der einen Seite die realistische Schilderung einer Schwangeren, „die vor Schmerz in ihren Geburtswehen" schreit – auf der anderen das Bild einer Frau in kosmischer Kleidung, geziert mit Sonne, Mond und

Sternen. Ein Drache tritt auf und verbreitet Angst und Schrecken. Handelt es sich um innere Bilder? Träume, Visionen, Ängste, die anzeigen, wie zerbrechlich das Neugeborene sein wird und welchen Einschnitt eine Geburt bedeutet? Oder stehen die Bilder als Ausdruck für Bedrohungen von außen, denen Mutter und Kind ausgesetzt sind? Eines aber steht fest: Mit der Geburt des Kindes wächst neue Hoffnung auf eine Wende politischer, gesellschaftlicher oder wirtschaftlicher Not. Erwartet wird nicht weniger als Rettung. Umkehr. Neubeginn.

ERSTE LESUNG

Offb 11,19a; 12,1–6a.10ab

Ein großes Zeichen erschien am Himmel: eine Frau, mit der Sonne bekleidet, der Mond unter ihren Füßen

Lesung aus der Offenbarung des Johannes.

Der Tempel Gottes im Himmel wurde geöffnet und in seinem Tempel wurde die Lade seines Bundes sichtbar: Dann erschien ein großes Zeichen am Himmel: eine Frau, mit der Sonne bekleidet; der Mond war unter ihren Füßen und ein Kranz von zwölf Sternen auf ihrem Haupt. Sie war schwanger und schrie vor Schmerz in ihren Geburtswehen.

Ein anderes Zeichen erschien am Himmel und siehe, ein Drache, groß und feuerrot, mit sieben Köpfen und zehn Hörnern und mit sieben Diademen auf seinen Köpfen. Sein Schwanz fegte ein Drittel der Sterne vom Himmel und warf sie auf die Erde herab. Der Drache stand vor der Frau, die gebären sollte; er wollte ihr Kind verschlingen, sobald es geboren war. Und sie gebar ein Kind, einen Sohn, der alle Völker mit eisernem Zepter weiden wird. Und ihr Kind wurde zu Gott und zu seinem Thron entrückt. Die Frau aber floh in die Wüste, wo Gott ihr einen Zufluchtsort geschaffen hatte.

Da hörte ich eine laute Stimme im Himmel rufen: Jetzt ist er da, der rettende Sieg, die Macht und die Königsherrschaft unseres Gottes und die Vollmacht seines Gesalbten.

ANTWORTPSALM

Ps 45 (44), 11–12.16 u. 18

Kv Selig bist du, Jungfrau Maria,
du stehst zur Rechten des Herrn. – Kv

Höre, Tochter, sieh her und neige dein Ohr, *
vergiss dein Volk und dein Vaterhaus!
Der König verlangt nach deiner Schönheit; *
er ist ja dein Herr, wirf dich vor ihm nieder! – (Kv)

Sie werden geleitet mit Freude und Jubel, *
sie kommen in den Palast des Königs.
Ich will deinen Namen in Erinnerung rufen
von Geschlecht zu Geschlecht; *
darum werden die Völker dich preisen auf immer und ewig. – Kv

ZUR 2. LESUNG Paulus macht Mut. Seine Rede von der Auferweckung der Toten gründet im Glauben an die Auferweckung Jesu Christi, der „als der Erste der Entschlafenen" das ewige Leben hat. Wenn man den Kontext dieser Bibelstelle berücksichtigt, wird umso deutlicher, dass dieser Auferweckungsglaube zum Kernbestand des Glaubens gehört – als Hoffnung auf ein erfülltes Leben bei Gott. Paulus hält in seinem Bekenntnis fest, dass er überliefere, was er selbst empfangen habe. Der Rückbezug auf die „Schrift" – auf die Hebräische Bibel, die Bibel des Volkes Israel – ist für ihn von grundlegender Bedeutung. Denn von der Bibel her wird verständlich, was es mit dem Lebens- und Todesgeschick Jesu auf sich hat und welche Folgen sich daraus für alle Menschen ergeben. Die Endlichkeit des Menschen bedeutet noch nicht das Ende. Paulus spricht von der großen Hoffnung, dass Gott durch und in Christus den Tod selbst vernichtet hat. Diese Botschaft prägt die Haltung der Gläubigen und will ihnen Mut machen zur Freiheit und zur Furchtlosigkeit dem Tod gegenüber – den wir ja alle vor uns haben. Somit stehe ich vor der Frage: Tue ich diese Hoffnungsperspektive als naiv ab oder kann ich sie für mich persönlich annehmen?

ZWEITE LESUNG

1 Kor 15,20–27a

In Christus werden alle lebendig gemacht werden:
Erster ist Christus; dann folgen alle, die zu ihm gehören

Lesung aus dem ersten Brief des Apostels Paulus an die Gemeinde in Korínth.

Schwestern und Brüder! Christus ist von den Toten auferweckt worden als der Erste der Entschlafenen.

Da nämlich durch einen Menschen der Tod gekommen ist, kommt durch einen Menschen auch die Auferstehung der Toten. Denn wie in Adam alle sterben, so werden in Christus alle lebendig gemacht werden.

Es gibt aber eine bestimmte Reihenfolge: Erster ist Christus; dann folgen, wenn Christus kommt, alle, die zu ihm gehören. Danach kommt das Ende, wenn er jede Macht, Gewalt und Kraft entmachtet hat und seine Herrschaft Gott, dem Vater, übergibt.

Denn er muss herrschen, bis Gott ihm alle Feinde unter seine Füße gelegt hat. Der letzte Feind, der entmachtet wird, ist der Tod. Denn: Alles hat er seinen Füßen unterworfen.

RUF VOR DEM EVANGELIUM

Halleluja. Halleluja.
Aufgenommen in den Himmel ist die Jungfrau Maria.
Die Engel freuen sich und preisen den Herrn.
Halleluja.

ZUM EVANGELIUM Das Hüpfen eines ungeborenen Kindes wird zum Zeichen der Freude des Kommenden. Johannes, dessen Zeigefinger später auf Jesus als den Späteren und Größeren verweisen wird, scheint bereits aus dem Mutterleib Jesus zu grüßen. Marias Gebet – nach dem ersten Wort in der lateinischen Fassung *Magnificat* genannt – preist im Geist der Hebräischen Bibel Gott für seine Größe und Herrlichkeit. Diese Größe besteht darin, dass Gott sich der Unterprivilegierten und Benachteiligten annimmt. Er ergreift Partei für diejenigen, die in Gesellschaft und Wirtschaft benachteiligt sind. Die auch von Lukas überlieferte Weihnachtsgeschichte von der Geburt Jesu liest sich wie eine Bestätigung dieser Option für die Armen. Die Menschwerdung des Wortes Gottes ereignet sich nicht in der „besseren Gesellschaft". Gott steht vielmehr auf der Seite derer, die hungrig sind. Die Reichen werden leer ausgehen. Wer sich dieses Evangelium zu Herzen nimmt, wird nicht die Privilegien Mariens in den Blick nehmen, sondern die Zuwendung Gottes zu denjenigen, die mittellos sind. Am Ende – so die Hoffnung – bleiben die Opfer und die Erschlagenen der Geschichte nicht tot. Der Tod wird nicht das letzte Wort gewesen sein.

EVANGELIUM Lk 1,39–56

Der Mächtige hat Großes an mir getan: Er erhöht die Niedrigen

+ **Aus dem heiligen Evangelium nach Lukas.**

In jenen Tagen machte sich Maria auf den Weg und eilte in eine Stadt im Bergland von Judäa. Sie ging in das Haus des Zacharías und begrüßte Elisabet. Und es geschah: Als Elisabet den Gruß Marias hörte, hüpfte das Kind in ihrem Leib.

Da wurde Elisabet vom Heiligen Geist erfüllt und rief mit lauter Stimme: Gesegnet bist du unter den Frauen und gesegnet ist die Frucht deines Leibes. Wer bin ich, dass die Mutter meines Herrn zu mir kommt? Denn siehe, in dem Augenblick, als ich deinen Gruß hörte, hüpfte das Kind vor Freude in meinem Leib. Und selig, die geglaubt hat, dass sich erfüllt, was der Herr ihr sagen ließ.

Da sagte Maria: Meine Seele preist die Größe des Herrn und mein Geist jubelt über Gott, meinen Retter. Denn auf die Niedrigkeit seiner Magd hat er geschaut. Siehe, von nun an preisen mich selig alle Geschlechter. Denn der Mächtige hat Großes an mir getan und sein Name ist heilig. Er erbarmt sich von Geschlecht zu Geschlecht über alle, die ihn fürchten. Er vollbringt mit seinem Arm machtvolle Taten: Er zerstreut, die im Herzen voll Hochmut sind; er stürzt die Mächtigen vom Thron und erhöht die Niedrigen. Die Hungernden beschenkt er mit seinen Gaben und lässt die Reichen leer ausgehen. Er nimmt sich seines Knechtes Israel an und denkt an sein Erbarmen, das er unsern Vätern verheißen hat, Abraham und seinen Nachkommen auf ewig.

Und Maria blieb etwa drei Monate bei Elisabet; dann kehrte sie nach Hause zurück.

Glaubensbekenntnis, S. 482 ff.

FÜRBITTEN

„Er stürzt die Mächtigen vom Thron und erhöht die Niedrigen." Marias Lied ist prophetisch, es ist ein Lied des Jubels und des Dankes: Gott, der Mächtige, nimmt sich der Armen, Erniedrigten, Hungernden an – damals wie heute. Voll Hoffnung rufen wir zu ihm:

- Wir beten für alle, die übersehen, abgewertet und klein gehalten werden, besonders aber für die Frauen und Mädchen weltweit. V: Gott des Erbarmens. A: Wir bitten dich, erhöre uns.
- Wir beten für alle, die mundtot gemacht werden, weil sie sich für Freiheit und Gerechtigkeit einsetzen. V: Gott des Erbarmens. A: Wir bitten dich, erhöre uns.
- Wir beten für alle politisch Verantwortlichen, die sich dem Durchsetzen von Partikularinteressen und Machtmissbrauch widersetzen. V: Gott des Erbarmens. A: Wir bitten dich, erhöre uns.
- Wir beten für alle, die im Ehrenamt, in Freiwilligendiensten, in ihrem Alltag über den eigenen Horizont hinausschauen und anderen helfen. V: Gott des Erbarmens. A: Wir bitten dich, erhöre uns.
- Wir beten für unsere lieben Verstorbenen, dass sie mit Maria und allen Heiligen des Himmels am Tisch der Freude vereint sind. V: Gott des Erbarmens. A: Wir bitten dich, erhöre uns.

Das Kleine wird groß und das Große wird klein. Maria hat es erfahren, Maria hat es prophetisch verkündet. Gerechter, guter Gott, hilf uns, deine Wege zu suchen und sie zu gehen, heute und alle Tage unseres Lebens.

EUCHARISTIEFEIER

GABENGEBET

Allmächtiger Gott, unser Gebet und unser Opfer steige zu dir empor. Höre auf die selige Jungfrau Maria, die du in den Himmel aufgenommen hast, und entzünde in unseren Herzen das Feuer der Liebe, damit wir dich allezeit suchen. Darum bitten wir durch Christus, unseren Herrn.

PRÄFATION

In Wahrheit ist es würdig und recht, dir, allmächtiger Vater, zu danken und das Werk deiner Gnade zu rühmen. Denn heute hast du die jungfräuliche Gottesmutter in den Himmel erhoben, als Erste empfing sie von Christus die Herrlichkeit, die uns allen verheißen ist, und wurde zum Urbild der Kirche in ihrer ewigen Vollendung. Dem pilgernden Volk ist sie ein untrügliches Zeichen der Hoffnung und eine Quelle des Trostes. Denn ihr Leib, der den Urheber des Lebens geboren hat, sollte die Verwesung nicht schauen. Darum preisen wir jetzt und in Ewigkeit dein Erbarmen und singen mit den Chören der Engel das Lob deiner Herrlichkeit: Heilig …

KOMMUNIONVERS

Lk 1,48–49

Von nun an preisen mich selig alle Geschlechter.
Denn der Mächtige hat Großes an mir getan.

SCHLUSSGEBET

Barmherziger Gott, wir haben das heilbringende Sakrament empfangen. Lass uns auf die Fürsprache der seligen Jungfrau Maria, die du in den Himmel aufgenommen hast, zur Herrlichkeit der Auferstehung gelangen. Darum bitten wir durch Christus, unseren Herrn.

FEIERLICHER SCHLUSSSEGEN

Gott, der allmächtige Vater, segne euch durch den Erlöser der Welt, unseren Herrn Jesus Christus, den Sohn der jungfräulichen Mutter Maria. – A: Amen.
Sie hat den Urheber des Lebens geboren; ihre mütterliche Fürsprache erwirke euch Gottes Hilfe. – A: Amen.
Euch und allen, die heute das Fest ihrer Aufnahme in den Himmel begehen, schenke Gott die wahre Freude und den ewigen Lohn. – A: Amen.
Das gewähre euch der dreieinige Gott, der Vater und der Sohn † und der Heilige Geist. – A: Amen.

***

HIMMELLANDWÄRTS

Entzückend und berückend,
rufen die einen.
Verrückt und bedrückend,
die anderen.

Ist denn die Tote nicht tot?
Ist ihr Körper nicht verwest?
Ist unser Leib denn mehr und
anderes als nur Materie?

Wäre dann *der bestirnte Himmel*
über uns anderes und mehr
als graues, blaues Einerlei?

Leben die Toten im Himmel,
so stirbt unsere Hoffnung nicht,
dann gewinnt die Zuversicht Land:
wie im Himmel so auf Erden.

René Dausner

20. SONNTAG IM JAHRESKREIS

20. August 2023

„Ein Segen sollst du sein." (Gen 12,2) Abraham, der Gläubigen in Judentum, Christentum und Islam gleichermaßen als leuchtendes Vorbild gilt, wird von Gott gesegnet und – mehr noch – als Segen für andere bezeichnet. Der Segen ist nichts, was wir nur für uns, um unseres Heiles willen empfangen; vielmehr dient Gottes Segen dazu, uns zu verwandeln, uns achtsam und aufmerksam zu machen, um anderen segensreich zur Seite zu stehen. Wenn am Ende jedes Gottesdienstes und im heutigen Antwortpsalm zudem sehr eindringlich um den Segen Gottes gebeten wird, dann kommt diese Haltung zum Ausdruck: auch im Alltag zu werden, wozu wir berufen sind – ein Segen zu sein für andere.

ERÖFFNUNGSVERS

Vgl. Ps 84 (83), 10–11

Gott, du unser Beschützer,
schau auf das Angesicht deines Gesalbten.
Denn ein einziger Tag in den Vorhöfen deines Heiligtums
ist besser als tausend andere.

KYRIE-RUFE

Herr Jesus Christus, du bist nur zu den
verlorenen Schafen des Hauses Israel gesandt.
V/A: Herr, erbarme dich.
Du bist das Licht der Völker.
V/A: Christus, erbarme dich.
Du bist das Licht, das die Heiden erleuchtet,
und Herrlichkeit für dein Volk Israel.
V/A: Herr, erbarme dich.

Ehre sei Gott, S. 479 f.

TAGESGEBET

Barmherziger Gott, was kein Auge geschaut und kein Ohr gehört hat, das hast du denen bereitet, die dich lieben. Gib uns ein Herz, das dich in allem und über alles liebt, damit wir den Reichtum deiner Verheißungen erlangen, der alles übersteigt, was wir ersehnen. Darum bitten wir durch Jesus Christus.

WORTGOTTESDIENST

ZUR 1. LESUNG Wer die Erfahrung von Fremdheit kennt, wer selbst in der Fremde gelebt hat, kehrt verändert in die ehemals vertraute Umgebung zurück. Zum Beispiel Jesaja. Der Prophet kommt nach dem Ende des Babylonischen Exils, also nach einem Leben als Fremder, nach Israel zurück und verkündet Gottes Wort. Bemerkenswert ist seine Aufmerksamkeit für diejenigen, die fremd sind; er ist überzeugt davon, dass auch ihnen die Verheißung von Gerechtigkeit und Heil gilt. Der Gott Israels ist, wie es im fünften Buch Mose heißt, ein Gott, der die Fremden liebt (vgl. Dtn 10,18). Die große Hoffnung für eine bessere Zukunft besteht darin, dass Gottes Haus zu einem Ort des Betens „für alle Völker" (Jes 56,7) werde. Gerechtigkeit und Heil für alle werden somit zu Erkennungszeichen eines Gottes, der Menschen verbinden und in wahrem, in echtem Frieden zusammenbringen will.

ERSTE LESUNG

Jes 56,1.6–7

Die Fremden werde ich zu meinem heiligen Berg bringen

Lesung aus dem Buch Jesája.

So spricht der HERR: Wahrt das Recht und übt Gerechtigkeit, denn bald kommt mein Heil und meine Gerechtigkeit wird sich bald offenbaren!

Und die Fremden, die sich dem HERRN anschließen, um ihm zu dienen und den Namen des HERRN zu lieben, um seine Knechte zu sein, alle, die den Sabbat halten und ihn nicht entweihen und die an meinem Bund festhalten, sie werde ich zu meinem heiligen Berg bringen und sie erfreuen in meinem Haus des Gebets. Ihre Brandopfer und Schlachtopfer werden Gefallen auf meinem Altar finden, denn mein Haus wird ein Haus des Gebetes für alle Völker genannt werden.

ANTWORTPSALM

Ps 67 (66),2–3.5–6.7–8 (Kv: 4)

Kv Die Völker sollen dir danken, o Gott,
danken sollen dir die Völker alle. – Kv

Gott sei uns gnädig und segne uns. *
Er lasse sein Angesicht über uns leuchten,
damit man auf Erden deinen Weg erkenne, *
deine Rettung unter allen Völkern. – (Kv)

Die Nationen sollen sich freuen und jubeln, /
denn du richtest die Völker nach Recht *
und leitest die Nationen auf Erden.
Die Völker sollen dir danken, o Gott, *
danken sollen dir die Völker alle. – (Kv)

Die Erde gab ihren Ertrag. *
Gott, unser Gott, er segne uns!
Es segne uns Gott! *
Fürchten sollen ihn alle Enden der Erde. – Kv

ZUR 2. LESUNG Die programmatischen Sätze des Apostels Paulus knüpfen nahtlos an die Lesung vom vorigen Sonntag an. Für die jüngere Geschichte des Dialogs zwischen Judentum und Christentum ist die Aussage, dass „die Gnadengaben und die Berufung Gottes" als „unwiderruflich" gelten, wegweisend. Sie bestätigen die Heilszusage, die Paulus im 9. Kapitel des Römerbriefs beschrieben hat – und die auf christlicher Seite über Jahrhunderte zulasten von Jüdinnen und Juden vergessen und sträflich vernachlässigt worden ist. Anders als frühere antijüdische Ansätze in den christlichen Theologien bieten die im 20. Jahrhundert entwickelten neuen Lesarten von Paulus die Möglichkeit, die Gemeinsamkeiten zwischen Judentum und Christentum stärker zu gewichten als die Unterschiede. Der entscheidende Grund besteht in der Erkenntnis, dass Gott treu zu seinem Wort und seinen Verheißungen steht. Die Berufung Gottes ist und bleibt unwiderruflich. Auf dem Hintergrund der teils verhängnisvollen christlichen Theologiegeschichte sind Korrekturen unbedingt erforderlich. Für jede Predigt stellt sich neu die Frage, ob sie dem Anspruch auf Überwindung antijüdischer und antisemitischer Vorstellungen bereits hinreichend entspricht. Bedauerlich, dass im Text der heutigen Lesung der verheißungsvolle Satz aus Röm 11,26 fehlt: „Ganz Israel wird gerettet werden."

ZWEITE LESUNG Röm 11,13–15.29–32

Unwiderruflich sind die Gnadengaben und die Berufung, die Gott Israel gewährt

Lesung aus dem Brief des Apostels Paulus an die Gemeinde in Rom.

Schwestern und Brüder! Euch, den Heiden, sage ich: Gerade als Apostel der Heiden preise ich meinen Dienst, weil ich hoffe, die Angehörigen meines Volkes eifersüchtig zu machen und wenigstens einige von ihnen zu retten. Denn wenn schon ihre Zurückweisung für die Welt Versöhnung bedeutet, was wird dann ihre Annahme anderes sein als Leben aus den Toten?

Denn unwiderruflich sind die Gnadengaben und die Berufung Gottes.
Denn wie ihr einst Gott ungehorsam wart, jetzt aber infolge ihres Ungehorsams Erbarmen gefunden habt, so sind auch sie infolge des Erbarmens, das ihr gefunden habt, ungehorsam geworden, damit jetzt auch sie Erbarmen finden.
Denn Gott hat alle in den Ungehorsam eingeschlossen, um sich aller zu erbarmen.

RUF VOR DEM EVANGELIUM

Vers: Mt 4,23b

Halleluja. Halleluja.
Jesus verkündete das Evangelium vom Reich
und heilte im Volk alle Krankheiten und Leiden.
Halleluja.

ZUM EVANGELIUM Die Geschichte von der kanaanäischen Frau wurde lange als Entgrenzungsgeschichte gelesen: Die Verkündigung vom Reich Gottes, die im Zentrum der Botschaft Jesu steht, richtet sich nicht nur an das Volk Israel, sondern zugleich an alle Menschen, an allen Orten, zu allen Zeiten. Diese Entgrenzung ist ein unverkennbarer Zug dieser Erzählung; und doch beschreibt sie nur die halbe Wahrheit. Denn in der Geschichte wird zugleich auch und ganz grundsätzlich die Treue Gottes zum erstberufenen Volk betont. Gottes Berufung und Gnadengaben sind, wie wir bei Paulus gehört haben, unwiderruflich. Das Heil für die einen darf nicht gegen das Heil für die anderen ausgespielt werden. Es ist eine bleibende Aufgabe für die christlichen Auslegerinnen und Ausleger, auch diese Wahrheit des Textes zu erkennen.

EVANGELIUM

Mt 15,21–28

Frau, dein Glaube ist groß

+ Aus dem heiligen Evangelium nach Matthäus.

In jener Zeit zog sich Jesus in das Gebiet von Tyrus und Sidon zurück. Und siehe, eine kanaanäische Frau aus jener Gegend kam zu ihm und rief: Hab Erbarmen mit mir, Herr, du Sohn Davids! Meine Tochter wird von einem Dämon gequält. Jesus aber gab ihr keine Antwort.

Da traten seine Jünger zu ihm und baten: Schick sie fort, denn sie schreit hinter uns her! Er antwortete: Ich bin nur zu den verlorenen Schafen des Hauses Israel gesandt.

Doch sie kam, fiel vor ihm nieder und sagte: Herr, hilf mir!

Er erwiderte: Es ist nicht recht, das Brot den Kindern wegzunehmen und den kleinen Hunden vorzuwerfen.

Da entgegnete sie: Ja, Herr! Aber selbst die kleinen Hunde essen von den Brotkrumen, die vom Tisch ihrer Herren fallen.

Darauf antwortete ihr Jesus: Frau, dein Glaube ist groß. Es soll dir geschehen, wie du willst.

Und von dieser Stunde an war ihre Tochter geheilt.

Glaubensbekenntnis, S. 482 ff.

FÜRBITTEN

Gott ist größer, als Menschenlogik und menschliche Einteilungen uns glauben machen. Der starke Glaube der kanaanäischen Frau bewegt auch Jesus, unseren Bruder, zu einem neuen Urteil. Folgen wir seiner Bewegung ins Leben und bitten ihn:

- Um den Geist der Barmherzigkeit und Weite für deine Kirche und für alle, die suchend und hoffend auf dem Weg sind. V/A: Kyrie, eleison.

- Um den Geist der Kraft für alle, die eigene Begrenzungen und Vorurteile überprüfen und überwinden. V/A: Kyrie, eleison.

- Um den Geist der Stärke für alle, die sich auf die Seite der Ausgegrenzten stellen: im Beruf, in der Schule, in der Ausbildung, in den Familien und Gemeinschaften. V/A: Kyrie, eleison.

- Um den Geist der Hoffnung für alle, die in großer Bedrängnis sind. V/A: Kyrie, eleison.
- Um den Geist des Vertrauens, Hoffens und Liebens für alle, die dem Tod entgegensehen. V/A: Kyrie, eleison.

Jesus Christus, du bist Mensch geworden, um an der Seite der Menschen zu sein. Dafür danken wir dir und preisen dich, heute und allezeit bis in Ewigkeit.

EUCHARISTIEFEIER

GABENGEBET

Herr, wir bringen unsere Gaben dar für die Feier, in der sich ein heiliger Tausch vollzieht. Nimm sie in Gnaden an und schenke uns dich selbst in deinem Sohn Jesus Christus, der mit dir lebt und herrscht in alle Ewigkeit.

Präfation, S. 494 ff.

KOMMUNIONVERS

Joh 6,51

So spricht der Herr:
Ich bin das lebendige Brot,
das vom Himmel herabgekommen ist.
Wer von diesem Brote isst, wird leben in Ewigkeit.

SCHLUSSGEBET

Barmherziger Gott, im heiligen Mahl schenkst du uns Anteil am Leben deines Sohnes. Dieses Sakrament mache uns auf Erden Christus ähnlich, damit wir im Himmel zur vollen Gemeinschaft mit ihm gelangen, der mit dir lebt und herrscht in alle Ewigkeit.

***

Für eine Wort-Gottes-Feier:

ERÖFFNUNGSGEBET ZUR WAHL

Aus allen Nationen, Herr, unser Gott, sammelst du dir ein Volk. Mach uns bereit, Mauern einzureißen, die Menschen trennen, und schenke uns deine Liebe, die alle eint. Darum bitten wir durch Jesus Christus, deinen Sohn, der mit dir und dem Heiligen Geist lebt und herrscht jetzt und in Ewigkeit.

***

DAS GEMEINSAME GEISTLICHE ERBE

Da also das Christen und Juden gemeinsame geistliche Erbe so reich ist, will die Heilige Synode die gegenseitige Kenntnis und Achtung fördern, die vor allem die Frucht biblischer und theologischer Studien sowie des brüderlichen Gespräches ist.

Zweites Vatikanisches Konzil, Nostra aetate, Nr. 4

21. SONNTAG IM JAHRESKREIS

27. August 2023

„Vertrauen ist gut, Kontrolle ist besser." Diese weitverbreitete Redewendung, die Lenin zugeschrieben wird, ist Inbegriff und Ausdruck eines tiefsitzenden Misstrauens. Wer so denkt, kommt auf keinen grünen Zweig. Die Texte des heutigen Sonntags handeln von einem zwar nicht grundlosen, aber doch grundstürzenden Vertrauen. Vertrauen ist immer ein Wagnis. Wer einer anderen, einem anderen vertraut, setzt sich dieser Person aus. Ohne Netz und doppelten Boden. Trotzdem ist Vertrauen, das den Namen verdient, nie naiv, sondern immer getragen von der Hoffnung auf die Person, der ich traue und vertraue. Gerade darum ist Vertrauen ein Synonym für Glauben.

ERÖFFNUNGSVERS

Ps 86 (85), 1–3

Wende dein Ohr mir zu, erhöre mich, Herr,
hilf deinem Knecht, der dir vertraut,
sei mir gnädig, o Herr.
Den ganzen Tag rufe ich zu dir.

KYRIE-RUFE

Herr Jesus, du bist der Christus,
der Sohn des lebendigen Gottes.
V/A: Herr, erbarme dich.
Du hast auf Petrus, den Felsen,
deine Kirche gebaut, in der wir
miteinander leben können.
V/A: Christus, erbarme dich.

Du bist der Grund, auf den wir
unser Leben bauen können.
V/A: Herr, erbarme dich.

Ehre sei Gott, S. 479 f.

TAGESGEBET

Gott, unser Herr, du verbindest alle, die an dich glauben, zum gemeinsamen Streben. Gib, dass wir lieben, was du befiehlst, und ersehnen, was du uns verheißen hast, damit in der Unbeständigkeit dieses Lebens unsere Herzen dort verankert seien, wo die wahren Freuden sind. Darum bitten wir durch Jesus Christus.

WORTGOTTESDIENST

ZUR 1. LESUNG In einer Zeit politischer Umbrüche und außenpolitischer Bedrohungen am Ende des 8. Jahrhunderts vor Christus muss die zweitwichtigste Person in Israel den Platz räumen. Die Beauftragung eines neuen Sachwalters erfordert vor allem eines: einen großen Vertrauensvorschuss. Zumal nach den enttäuschenden Erfahrungen mit dem bisherigen Amtsträger, von denen Jesaja berichtet, gehören Mut und Zuversicht auf eine bessere Amtsführung dazu. Die Übertragung der Schlüsselgewalt wird zu einem Symbol für Entscheidungsvollmacht und zugleich für das Vertrauen, das der Schlüsselträger genießt. Für die Autoren des Neuen Testaments bildet diese Erzählung einen wichtigen Bezugsgrund, um das Vertrauen in Simon Petrus (Mt 16,19; vgl. auch Offb 3,7) zu begründen. Hier wie dort bleibt jedoch das Wissen um die Menschlichkeit und grundsätzliche Fehlbarkeit derjenigen, denen Vertrauen geschenkt wird, erhalten. Auch in dieser Hinsicht beweisen die biblischen Texte eine gesunde Skepsis.

ERSTE LESUNG

Jes 22,19–23

Ich werde ihm den Schlüssel des Hauses David auf die Schulter legen

Lesung aus dem Buch Jesája.

So spricht der Herr zu Schebna, dem Palastvorsteher: Ich werde dich von deinem Posten stoßen und dich aus deiner Stellung reißen.

An jenem Tag werde ich meinen Knecht Éljakim, den Sohn Hilkíjas, berufen. Ich werde ihn mit deinem Gewand bekleiden und ihm deine Schärpe fest umbinden. Deine Herrschaft gebe ich in seine Hand und er wird zum Vater für die Einwohner Jerusalems und für das Haus Juda.

Ich werde ihm den Schlüssel des Hauses David auf die Schulter legen. Er wird öffnen und niemand ist da, der schließt; er wird schließen und niemand ist da, der öffnet. Ich werde ihn als Pflock an einer festen Stelle einschlagen und er wird zum Thron der Ehre für sein Vaterhaus.

ANTWORTPSALM

Ps 138 (137), 1–2b, 2c–3.6 u. 8 (Kv: 8bc)

Kv HERR, deine Huld währt ewig.
Lass nicht ab von den Werken deiner Hände! – Kv

Ich will dir danken mit meinem ganzen Herzen, *
vor Göttern will ich dir singen und spielen.
Ich will mich niederwerfen zu deinem heiligen Tempel hin, *
will deinem Namen danken für deine Huld und für deine Treue. – (Kv)

Denn du hast dein Wort größer gemacht *
als deinen ganzen Namen.
Am Tag, da ich rief, gabst du mir Antwort, *
du weckst Kraft in meiner Seele. – (Kv)

Erhaben ist der HERR, /
doch er schaut auf den Niedrigen, *
in der Höhe ist er, doch er erkennt von ferne.
Der HERR wird es für mich vollenden. /
HERR, deine Huld währt ewig. *
Lass nicht ab von den Werken deiner Hände! – Kv

ZUR 2. LESUNG Die große und großartige Abhandlung des Apostels Paulus über das Volk Israel (Röm 9–11) schließt mit einer Geste der Demut: Bei aller Gelehrsamkeit steht nicht eine Belehrung am Ende, sondern ein Gebet. Paulus wendet sich vertrauensvoll zu Gott und preist dessen „Weisheit" und „Erkenntnis". Auf die Treue Gottes, von der Paulus gesprochen hat, zu bauen und auf die Rettung von ganz Israel zu hoffen – das gründet letztlich nicht im Wissen, sondern in einer komplementären Form des Denkens: im Glauben. Glauben aber bedeutet nicht Nichtwissen, schon gar nicht Irrationalität, sondern ist Ausdruck eines zwar nicht unbegründeten, aber unableitbaren Vertrauens. Vertrauen wächst, braucht Geduld, Langmut und Güte und basiert auf Erfahrung. Der Rückgriff auf die heilsgeschichtlichen Erinnerungen ist daher nötig, um im Hier und Jetzt vertrauen zu können. Am Ende wird sogar die ganze Schöpfung zum Spiegel dieses Grundvertrauens in die Leben spendende Kraft Gottes.

ZWEITE LESUNG Röm 11,33–36

Aus ihm und durch ihn und auf ihn hin ist die ganze Schöpfung

Lesung aus dem Brief des Apostels Paulus an die Gemeinde in Rom.

O Tiefe des Reichtums, der Weisheit und der Erkenntnis Gottes! Wie unergründlich sind seine Entscheidungen, wie unerforschlich seine Wege!

Denn wer hat die Gedanken des Herrn erkannt? Oder wer ist sein Ratgeber gewesen? Oder wer hat ihm etwas gegeben, sodass Gott ihm etwas zurückgeben müsste?

Denn aus ihm und durch ihn und auf ihn hin ist die ganze Schöpfung.
Ihm sei Ehre in Ewigkeit! Amen.

RUF VOR DEM EVANGELIUM

Vers: Mt 16,18

Halleluja. Halleluja.
(So spricht der Herr:)
Du bist Petrus – der Fels –
und auf diesen Felsen werde ich meine Kirche bauen
und die Pforten der Unterwelt werden sie nicht überwältigen.
Halleluja.

ZUM EVANGELIUM In persönlichen Beziehungen spielt die Frage, ob überhaupt und wem ich vertrauen kann, eine ebenso große Rolle wie in politischen, gesellschaftlichen, wirtschaftlichen oder beruflichen Zusammenhängen. Dahinter steht die Frage: Wer bist du? Für wen hältst du mich? Und in konsequenter Fortführung dieser Fragen drängt sich die Vertrauensfrage auf: Hältst du dich zu mir? Kann ich mich auf dich verlassen? Oder kürzer: Hältst du zu mir? Für die Begründung der Struktur der katholischen Kirche ist die heutige Szene aus dem Matthäus-Evangelium, ist dieses Gespräch zwischen Jesus und Simon von großer Bedeutung. Der eine nennt den anderen einen Felsen, auf dem er seine Kirche gründen wolle, und überträgt ihm symbolisch die Schlüssel. Mit dieser Beauftragung, die an die Erzählung der ersten Lesung aus Jes 22 anknüpft, ist nicht in erster Linie politische Macht verbunden. Vielmehr geht es um eine Durchdringung von politischer und geistlicher Macht: *wie im Himmel so auf Erden.* Beides gehört zusammen und erhellt sich gegenseitig.

EVANGELIUM

Mt 16,13–20

Du bist Petrus; ich werde dir die Schlüssel des Himmelreichs geben

+ Aus dem heiligen Evangelium nach Matthäus.

In jener Zeit, als Jesus in das Gebiet von Cäsaréa Philíppi kam, fragte er seine Jünger und sprach: Für wen halten die Menschen den Menschensohn?

Sie sagten: Die einen für Johannes den Täufer, andere für Elíja, wieder andere für Jeremía oder sonst einen Propheten.

Da sagte er zu ihnen: Ihr aber, für wen haltet ihr mich?

Simon Petrus antwortete und sprach: Du bist der Christus, der Sohn des lebendigen Gottes!

Jesus antwortete und sagte zu ihm: Selig bist du, Simon Barjóna; denn nicht Fleisch und Blut haben dir das offenbart, sondern mein Vater im Himmel. Ich aber sage dir: Du bist Petrus – der Fels – und auf diesen Felsen werde ich meine Kirche bauen und die Pforten der Unterwelt werden sie nicht überwältigen. Ich werde dir die Schlüssel des Himmelreichs geben; was du auf Erden binden wirst, das wird im Himmel gebunden sein, und was du auf Erden lösen wirst, das wird im Himmel gelöst sein.

Dann befahl er den Jüngern, niemandem zu sagen, dass er der Christus sei.

Glaubensbekenntnis, S. 482 ff.

FÜRBITTEN

Obwohl Simon Petrus immer wieder versagt, wird er doch nicht zurückgewiesen. Vielmehr vertraut Jesus neu auf seinen Glauben. Deshalb dürfen auch wir voll Hoffnung zu Gott, unserem Vater, rufen:

- Für den Papst, die Bischöfe, Priester und Diakone und alle Getauften, die bereit sind, sich in einer Synode für die Erneuerung und Stärkung des Glaubens einzubringen. V: Gott des Erbarmens. A: Höre unsere Bitten.

- Für die alten Menschen, die in den Großgemeinden manches Mal seelsorgerlich allein gelassen werden, obwohl sie oft so viel für die Kirche geleistet haben. V: Gott des Erbarmens. A: Höre unsere Bitten.

- Für die Kinder und Jugendlichen, die eine kirchliche Heimat vor Ort kaum kennenlernen konnten. V: Gott des Erbarmens. A: Höre unsere Bitten.
- Für die Menschen, die durch Gewalt und Krieg ihre Heimat verloren haben und nun auf der Suche nach einem Ort zum Leben sind. V: Gott des Erbarmens. A: Höre unsere Bitten.
- Für die Menschen, die am Ende dieser langen sommerlichen Wochen spüren, dass sich ihr Leben dem Ende zuneigt. V: Gott des Erbarmens. A: Höre unsere Bitten.

Guter Gott, unser Leben ist immer wieder von Fragen und Zweifeln durchzogen. Stärke uns im Glauben, in der Liebe und in der Hoffnung, heute und alle Tage, die uns geschenkt sind.

EUCHARISTIEFEIER

GABENGEBET

Herr und Gott, du hast dir das eine Volk des Neuen Bundes erworben durch das Opfer deines Sohnes, das er ein für alle Mal dargebracht hat. Sieh gnädig auf uns und schenke uns in deiner Kirche Einheit und Frieden. Darum bitten wir durch Christus, unseren Herrn.

Präfation, S. 494 ff.

KOMMUNIONVERS

Joh 6,54

So spricht der Herr:
Wer mein Fleisch isst und mein Blut trinkt,
hat das ewige Leben,
und ich werde ihn auferwecken am Letzten Tag.

SCHLUSSGEBET

Herr, unser Gott, schenke uns durch dieses Sakrament die Fülle deines Erbarmens und mache uns heil. Gewähre uns deine Hilfe, damit wir so vor dir leben können, wie es dir gefällt. Darum bitten wir durch Christus, unseren Herrn.

***

Für eine Wort-Gottes-Feier:

ERÖFFNUNGSGEBET ZUR WAHL

Lebendiger Gott, du hast uns zusammengerufen als deine Gemeinde. Wir begegnen deinem Sohn in seinem Wort und feiern seine Gegenwart. Öffne uns für die Frohe Botschaft und schenke uns Gemeinschaft mit dir. Darum bitten wir durch ihn, Jesus Christus, deinen Sohn, der mit dir und dem Heiligen Geist lebt in Ewigkeit.

***

SCHLÜSSEL DAVIDS

Wer öffnete mir,
als ich
die Schlüssel
im Innern
vergaß?

Wer schließt,
wenn ich
draußen bin,
draußen vor der Tür?

Buchstaben
genügen oder
Zahlen,
um auf- und
zuzusperren.

Achte auf die Kombination!
Auf das Zu- und Miteinander!
Auf die Verbindung!
Wer sie trifft,
öffnet die Portale –
von Himmelreich
bis Höllental.

René Dausner

22. SONNTAG IM JAHRESKREIS

3. September 2023

Wir leben in einem Zeitalter der Beschleunigung. Die Welt um uns verändert sich immer schneller, und wir empfinden die – manchmal belebende, manchmal bedrückende – Notwendigkeit, mit diesen Veränderungen Schritt zu halten. Oft kann ein Gottesdienst die ersehnte Ruhe nicht einfach herstellen. Und man mag bezweifeln, ob überhaupt die viel beschworene Entschleunigung ein angemessener oder gar wünschenswerter Umgang mit der Wandlungsfähigkeit der modernen Welt ist. Aber die Einübung in die Kunst, Gottes Wort bewusst und aufmerksam zu hören – die soll und kann ein Gottesdienst möglich machen, auch in hektischer Zeit. „Du musst nicht an Gott glauben", schreibt der jüdische Dichter Elazar Benyoëtz, „nur zuhören, wenn Er zu dir spricht."

ERÖFFNUNGSVERS

Ps 86 (85), 3.5

Sei mir gnädig, o Herr.
Den ganzen Tag rufe ich zu dir.
Herr, du bist gütig und bereit, zu verzeihen;
für alle, die zu dir rufen, reich an Gnade.

KYRIE-RUFE

Herr Jesus Christus, du bist der treue Zeuge,
der Erstgeborene der Toten.
V/A: Herr, erbarme dich.
Durch dein heiliges Kreuz
hast du die Welt erlöst.
V/A: Christus, erbarme dich.

Du rufst deine Jünger in die Nachfolge
des Kreuzes.
V/A: Herr, erbarme dich.

Ehre sei Gott, S. 479 f.

TAGESGEBET

Allmächtiger Gott, von dir kommt alles Gute. Pflanze in unser Herz die Liebe zu deinem Namen ein. Binde uns immer mehr an dich, damit in uns wächst, was gut und heilig ist. Wache über uns und erhalte, was du gewirkt hast. Darum bitten wir durch Jesus Christus.

WORTGOTTESDIENST

ZUR 1. LESUNG Unliebsame Wahrheiten zu verkünden, ist keine leichte Aufgabe. Der Prophet Jeremia muss das am eigenen Leib erfahren, als er Missstände kritisiert und auch im Hinblick auf die politischen und religiösen Machthaber kein Blatt vor den Mund nimmt. Daraufhin bestraft ihn der Oberaufseher Paschhur, lässt ihn sogar foltern. Aber Jeremia ist davon überzeugt, dass es Gottes Wort ist, das er verkündet, und er kann deshalb nicht anders: Er muss Missstände benennen und anprangern. Die äußeren Umstände und innere Erkenntnis drängen ihn zu prophetischer Kritik. Jeremia spricht aus, was auch andere denken und empfinden. In seiner Anklage spart er Gott nicht aus, aber er bleibt weder dabei stehen noch versinkt er in Selbstmitleid. Seine Klage mündet in die hoffnungsfrohe und vertrauensvolle Aussage, dass Gott „das Leben des Armen aus der Hand der Übeltäter" zu retten vermag. Nicht nur im Klagen, sondern auch in dieser Zuversicht erweist sich der Prophet als Stimme Gottes in der Gemeinde.

ERSTE LESUNG

Jer 20,7–9

Das Wort des Herrn bringt mir Hohn und Spott

Lesung aus dem Buch Jeremía.

Du hast mich betört, o HERR, und ich ließ mich betören; du hast mich gepackt und überwältigt. Zum Gespött bin ich geworden den ganzen Tag, ein jeder verhöhnt mich. Ja, sooft ich rede, muss ich schreien, „Gewalt und Unterdrückung“ muss ich rufen. Denn das Wort des HERRN bringt mir den ganzen Tag nur Hohn und Spott.

Sagte ich aber: Ich will nicht mehr an ihn denken und nicht mehr in seinem Namen sprechen!, so brannte in meinem Herzen ein Feuer, eingeschlossen in meinen Gebeinen. Ich mühte mich, es auszuhalten, vermochte es aber nicht.

ANTWORTPSALM

Ps 63 (62),2.3–4.5–6.8–9 (Kv: vgl. 2)

Kv Meine Seele dürstet nach dir, mein Gott. – Kv

Gott, mein Gott bist du, dich suche ich, *
es dürstet nach dir meine Seele.
Nach dir schmachtet mein Fleisch *
wie dürres, lechzendes Land ohne Wasser. – (Kv)

Darum halte ich Ausschau nach dir im Heiligtum, *
zu sehen deine Macht und Herrlichkeit.
Denn deine Huld ist besser als das Leben. *
Meine Lippen werden dich rühmen. – (Kv)

So preise ich dich in meinem Leben, *
in deinem Namen erhebe ich meine Hände.
Wie an Fett und Mark wird satt meine Seele, *
mein Mund lobt dich mit jubelnden Lippen. – (Kv)

Ja, du wurdest meine Hilfe, *
ich juble im Schatten deiner Flügel.
Meine Seele hängt an dir, *
fest hält mich deine Rechte. – Kv

ZUR 2. LESUNG Der Apostel Paulus fordert die Gemeinde in Rom auf, sich nicht der Welt anzugleichen, sondern sich vielmehr verwandeln zu lassen. In der heutigen Zeit missdeuten einige – leider auch Bischöfe – diesen Weckruf als Abkehr von der modernen Welt, in der wir leben. Fortschritt erscheint ihnen grundsätzlich als böse. Umkehr sei gefordert; und diese soll zumeist als Rückkehr verstanden werden – vermeintliche Rückkehr in eine Zeit, die es nie gab. Diese Deutung aber geht an dem Rat des Apostels Paulus vorbei; ihm geht es nicht um Konservativismus, sondern im Gegenteil um eine „Erneuerung des Denkens". Worin diese Erneuerung besteht, wird aus dem Folgenden deutlich: sich nicht erdrücken lassen von schlechten Nachrichten, sondern das Gute suchen; Armut und Hunger nicht gleichgültig hinnehmen, sondern beherzt den Armen und Hungrigen helfen. In diesem erneuerten Denken erkennt Paulus den „geistigen Gottesdienst", der Gott wohlgefällig sei. Die Verehrung Gottes beginnt bei der Hilfsbedürftigkeit des Nächsten. Diese Liturgie, die Paulus im Blick hat, lässt sich mit dem jüdischen Philosophen Emmanuel Levinas beschreiben als „die absolut geduldige Tat, nicht als Kult neben den Werken und der Ethik. Sie ist die Ethik selbst."

ZWEITE LESUNG Röm 12,1–2

Bringt eure Leiber als lebendiges und Gott wohlgefälliges Opfer dar

Lesung aus dem Brief des Apostels Paulus an die Gemeinde in Rom.

Ich ermahne euch, Schwestern und Brüder, kraft der Barmherzigkeit Gottes, eure Leiber als lebendiges, heiliges und Gott wohlgefälliges Opfer darzubringen – als euren geistigen Gottesdienst.

Und gleicht euch nicht dieser Welt an, sondern lasst euch verwandeln durch die Erneuerung des Denkens, damit ihr prüfen und erkennen könnt, was der Wille Gottes ist: das Gute, Wohlgefällige und Vollkommene!

RUF VOR DEM EVANGELIUM

Vers: vgl. Eph 1,17–18

Halleluja. Halleluja.
Der Vater unseres Herrn Jesus Christus
erleuchte die Augen unseres Herzens,
damit wir verstehen, zu welcher Hoffnung wir berufen sind.
Halleluja.

ZUM EVANGELIUM Die Wendung Jesu ist hart: Vielleicht haben wir noch das Evangelium des vergangenen Sonntags im Ohr, in dem Jesus kurz zuvor Simon als Petrus bezeichnet hat – als Felsen, auf dem er seine Kirche bauen wolle. Von diesem Simon wendet er sich nun schroff ab und nennt ihn ein Ärgernis, einen Skandal, „eine Falle, die Jesus auf dem Weg zu Fall kommen lassen möchte“ (J. Gnilka). Offensichtlich hat Petrus mit seiner Überlegung, Jesus solle vom Tod verschont werden, bei Jesus einen wunden Punkt getroffen. Wenn Jesus Simon Petrus in dieser harschen Art zurechtweist, dann weist er womöglich einen ihm selbst nahen und allzu nachvollziehbaren Gedanken zurück. Aber für ihn kommt nichts anderes infrage als die konsequente Verfolgung seiner Agenda: die Verkündigung der Nähe des Himmelreiches, des Reiches Gottes. Jesus verurteilt halbe Sachen und falsche Zurückhaltung. Er erkennt, dass die Radikalität seiner Botschaft persönliche Überzeugung und Zeugenschaft fordert – ungeachtet der möglichen Folgen für sein persönliches Schicksal.

EVANGELIUM

Mt 16,21–27

Wenn einer hinter mir hergehen will, verleugne er sich selbst

+ Aus dem heiligen Evangelium nach Matthäus.

In jener Zeit begann Jesus, seinen Jüngern zu erklären: Er müsse nach Jerusalem gehen und von den Ältesten und Hohepriestern und Schriftgelehrten vieles erleiden, getötet und am dritten Tag auferweckt werden.

Da nahm ihn Petrus beiseite und begann, ihn zurechtzuweisen, und sagte: Das soll Gott verhüten, Herr! Das darf nicht mit dir geschehen!

Jesus aber wandte sich um und sagte zu Petrus: Tritt hinter mich, du Satan! Ein Ärgernis bist du mir, denn du hast nicht das im Sinn, was Gott will, sondern was die Menschen wollen.

Darauf sagte Jesus zu seinen Jüngern: Wenn einer hinter mir hergehen will, verleugne er sich selbst, nehme sein Kreuz auf sich und folge mir nach. Denn wer sein Leben retten will, wird es verlieren; wer aber sein Leben um meinetwillen verliert, wird es finden.

Was nützt es einem Menschen, wenn er die ganze Welt gewinnt, dabei aber sein Leben einbüßt? Um welchen Preis kann ein Mensch sein Leben zurückkaufen?

Der Menschensohn wird mit seinen Engeln in der Herrlichkeit seines Vaters kommen und dann wird er jedem nach seinen Taten vergelten.

Glaubensbekenntnis, S. 482 ff.

FÜRBITTEN

Auch die Jünger tun sich schwer in der Nachfolge, wenn das Kreuz sichtbar wird. Wir rufen zu Gott, der Jesus nicht in Kreuz und Tod gelassen hat, und bitten ihn:

- Für alle, die das Kreuz der Angst tragen. V: Barmherziger Gott. A: Wir bitten dich, erhöre uns.

- Für alle, die das Kreuz der Armut tragen. V: Barmherziger Gott. A: Wir bitten dich, erhöre uns.

- Für alle, die das Kreuz der Ablehnung tragen. V: Barmherziger Gott. A: Wir bitten dich, erhöre uns.
- Für alle, die das Kreuz der Heimatlosigkeit tragen. V: Barmherziger Gott. A: Wir bitten dich, erhöre uns.
- Für alle, die das Kreuz der Krankheit tragen. V: Barmherziger Gott. A: Wir bitten dich, erhöre uns.
- Für alle, die das Kreuz der Einsamkeit tragen. V: Barmherziger Gott. A: Wir bitten dich, erhöre uns.

Guter Gott, durch dein Erbarmen wandelte sich das schändliche Zeichen des Kreuzes in ein Zeichen der Hoffnung. Hilf uns, einander beizustehen und Grund zur Hoffnung zu sein, heute und alle Tage, die vor uns liegen.

EUCHARISTIEFEIER

GABENGEBET

Herr, unser Gott, diese Opferfeier bringe uns Heil und Segen. Was du jetzt unter heiligen Zeichen wirkst, das vollende in deinem Reich. Darum bitten wir durch Christus, unseren Herrn.

Präfation, S. 494 ff.

KOMMUNIONVERS Mt 5,9–10

Selig, die Frieden stiften;
denn sie werden Söhne Gottes genannt werden.
Selig, die um der Gerechtigkeit willen verfolgt werden;
denn ihnen gehört das Himmelreich.

SCHLUSSGEBET

Allmächtiger Gott, du hast uns gestärkt durch das lebendige Brot, das vom Himmel kommt. Deine Liebe, die wir im Sakrament empfangen haben, mache uns bereit, dir in unseren Brüdern zu dienen. Darum bitten wir durch Christus, unseren Herrn.

***

Für eine Wort-Gottes-Feier:

ERÖFFNUNGSGEBET ZUR WAHL

Gott, unser Vater, wir haben uns versammelt, um dir in deinem Wort und mit unserem Gebet zu begegnen. Erneuere unser Denken und gib uns die Kraft, den Weg zu gehen, den du uns zeigst durch Jesus Christus, deinen Sohn, der mit dir und dem Heiligen Geist lebt in Ewigkeit.

***

DIE VERWANDLUNG

Wie soll
ich mich
wandeln?

Ich kann doch
nicht
aus meiner Haut;
ich nehme
mich mit,
wohin ich auch
gehe.

Meine Verwandlung
nimmt nicht
in mir
ihren Ausgang;
meine Verwandlung
liegt nicht
in meiner Hand.

Aber wenn ich
dir die Hand reiche,
wenn ich dich sehe,
dein Wort aufnehme,
dir Brot gebe und
Wasser
gegen deinen Durst –

dann,

dann wird
meine Verwandlung
schon geschehen
sein.

René Dausner

23. SONNTAG IM JAHRESKREIS

10. September 2023

Warum beten wir? Glauben wir nicht, dass Gott längst weiß, wonach wir uns sehnen, was wir begehren, was wir erbitten – lange bevor wir es formuliert haben? Was heißt überhaupt beten? Wer sich auf das Beten einlässt, auf den bewussten, sprachlichen Versuch, sich selbst an Gott zu adressieren, dürfte schnell erkennen, dass beten mehr ist als bitten. Zum Beten gehören das Danken und das Denken, das Klagen und das Fragen, durchaus auch Zweifel, Sorgen, Ängste. Beten ist eine persönliche Angelegenheit, gewiss. Aber zugleich bedeutet beten immer auch mehr. Beten stiftet Gemeinschaft – untereinander und mit Gott. „Wo zwei oder drei in meinem Namen versammelt sind, da bin ich mitten unter ihnen" – mit dieser Zusage endet das heutige Evangelium.

ERÖFFNUNGSVERS

Ps 119 (118), 137.124

Herr, du bist gerecht und deine Entscheide sind richtig.
Handle an deinem Knecht nach deiner Huld.

KYRIE-RUFE

Herr Jesus Christus, du bist mitten
unter uns, wo zwei oder drei in
deinem Namen versammelt sind.
V/A: Herr, erbarme dich.
Du willst, dass deine Kirche
sich nicht dieser Welt angleicht.
V/A: Christus, erbarme dich.

Du hast deine Kirche berufen
zum Zeichen und Werkzeug für
die Einheit der ganzen Menschheit.
V/A: Herr, erbarme dich.

Ehre sei Gott, S. 479 f.

TAGESGEBET

Gütiger Gott, du hast uns durch deinen Sohn erlöst und als deine geliebten Kinder angenommen. Sieh voll Güte auf alle, die an Christus glauben, und schenke ihnen die wahre Freiheit und das ewige Erbe. Darum bitten wir durch Jesus Christus.

WORTGOTTESDIENST

ZUR 1. LESUNG Wo Licht ist, da ist auch Schatten – das Leben ist ohne den Tod nicht zu haben. Was aber ist der Tod? Der Sünde Sold, wie es bei dem Apostel Paulus heißt? Ein Tribut für begangenes Unrecht? Zur Zeit des Propheten Ezechiel treibt die Menschen ebenfalls die Frage nach dem Tod und der Sünde um. Mit der Beauftragung des Propheten als Wächter ist eine große Verantwortung verbunden; denn der Prophet soll die Sünder warnen und zur Umkehr mahnen. Diese Beauftragung ist ein deutliches Plädoyer für ein Leben in Verantwortung, für ein Leben, das Gott gefällt. Für uns ergibt sich daraus bis heute der Auftrag, ebenfalls wachsam zu sein, immer wieder innere Einkehr und Umkehr zu suchen – und nicht nur auf das eigene Heil bedacht zu sein, sondern sich auch zu sorgen um das Heil der anderen.

ERSTE LESUNG

Ez 33,7–9

Wenn du den Schuldigen nicht warnst, fordere ich aus deiner Hand sein Blut zurück

Lesung aus dem Buch Ezéchiel.

So spricht der Herr: Du Menschensohn, ich habe dich dem Haus Israel als Wächter gegeben; wenn du ein Wort aus meinem Mund hörst, musst du sie vor mir warnen.

Wenn ich zum Schuldigen sage: Schuldiger, du musst sterben! und wenn du nicht redest, um den Schuldigen vor seinem Weg zu warnen, dann wird dieser Schuldige seiner Sünde wegen sterben; sein Blut aber fordere ich aus deiner Hand zurück.

Du aber, wenn du einen Schuldigen vor seinem Weg gewarnt hast, damit er umkehrt, und er sich nicht abkehrt von seinem Weg, dann wird er seiner Sünde wegen sterben; du aber hast dein Leben gerettet.

ANTWORTPSALM

Ps 95 (94), 1–2.6–7c.7d–9 (Kv: vgl. 7d.8a)

Kv Hört auf die Stimme des Herrn;
verhärtet nicht euer Herz! – Kv

Kommt, lasst uns jubeln dem Herrn, *
jauchzen dem Fels unsres Heiles!
Lasst uns mit Dank seinem Angesicht nahen, *
ihm jauchzen mit Liedern! – (Kv)

Kommt, wir wollen uns niederwerfen, uns vor ihm verneigen, *
lasst uns niederknien vor dem Herrn, unserm Schöpfer!
Denn er ist unser Gott, /
wir sind das Volk seiner Weide, *
die Herde, von seiner Hand geführt. – (Kv)

Würdet ihr doch heute auf seine Stimme hören! /
Verhärtet euer Herz nicht wie in Meríba, *
wie in der Wüste am Tag von Massa!
Dort haben eure Väter mich versucht, *
sie stellten mich auf die Probe
und hatten doch mein Tun gesehen. – Kv

ZUR 2. LESUNG In der jüdischen Tradition gibt es verschiedene Geschichten, in denen nach dem wichtigsten Gebot gefragt wird. Im Hintergrund steht die Frage nach einer „Hierarchie der Wahrheiten". Wenn alles gleich wichtig wäre – worauf sollte man dann achten können? Für ein gelingendes Leben ist die Unterscheidung der Geister notwendig: Wichtiges von Unwichtigem, Dringendes von Unbedeutendem zu trennen. Auch Paulus denkt für die Gemeinde in Rom über die Frage nach, was das wichtigste Gebot, worauf unbedingt zu achten sei. Paulus gewährt einen Einblick in die Zehn Gebote und rückt deutlich das Doppelgebot von der Gottes- und Nächstenliebe in den Vordergrund. Nicht, dass die anderen Gebote zu vernachlässigen wären; vielmehr werden sie als Teile dem obersten Gebot zugeordnet und untergeordnet. In der untrennbar verbundenen Liebe zu Gott und zum Nächsten erkennt Paulus, wie unter einem Brennglas, eine Bündelung aller anderen Verpflichtungen und Erforderlichkeiten.

ZWEITE LESUNG Röm 13,8–10

Die Liebe ist die Erfüllung des Gesetzes

Lesung aus dem Brief des Apostels Paulus an die Gemeinde in Rom.

Schwestern und Brüder! Niemandem bleibt etwas schuldig, außer der gegenseitigen Liebe! Wer den andern liebt, hat das Gesetz erfüllt. Denn die Gebote: Du sollst nicht die Ehe brechen, du sollst nicht töten, du sollst nicht stehlen, du sollst nicht begehren! und alle anderen Gebote sind in dem einen Satz zusammengefasst: Du sollst deinen Nächsten lieben wie dich selbst.

Die Liebe tut dem Nächsten nichts Böses. Also ist die Liebe die Erfüllung des Gesetzes.

RUF VOR DEM EVANGELIUM Vers: vgl. 2 Kor 5,19

Halleluja. Halleluja.
Gott hat in Christus die Welt mit sich versöhnt

und uns das Wort von der Versöhnung anvertraut.
Halleluja.

ZUM EVANGELIUM „Es gibt kein richtiges Leben im falschen." Gilt diese Erkenntnis von Theodor W. Adorno, die am Beispiel des Wohnens die Spannung eines bürgerlichen und eines sozialistischen Lebens benennt, nicht auch für unsere Beziehung zu anderen Menschen und zu Gott? Es wäre frömmelnd, gegenüber Mitmenschen hartherzig zu sein und gleichzeitig ein Leben in Gottergebenheit führen zu wollen. Es wäre ungerecht, einzelnen Menschen gegenüber nachgiebig zu sein, nicht aber über den eigenen Tellerrand hinausschauen zu wollen. Im heutigen Evangelium wird der unaufhebbare Zusammenhang von Himmel und Erde und die Bindung zu Gott und zu den Mitmenschen betont. Diese Einsicht soll nicht nur mit Blick auf das eigene Leben wirksam werden; zum ehrlichen, „richtigen" Leben gehört auch, sich um ein gutes Miteinander mit anderen zu kümmern, möglicherweise auch den ersten Schritt zu Versöhnung zu wagen – auch und gerade, wenn ich mich im Recht wähne. Ein solches Verhalten erfordert Mut und Einfühlungskraft und kann helfen, verhärtete Beziehungen wieder zu lösen und einen Beitrag zum Frieden zu leisten. Auch der ewige Frieden beginnt auf Erden.

EVANGELIUM

Mt 18,15–20

Wenn dein Bruder auf dich hört, so hast du ihn zurückgewonnen

\+ **Aus dem heiligen Evangelium nach Matthäus.**

In jener Zeit sprach Jesus zu seinen Jüngern: Wenn dein Bruder gegen dich sündigt, dann geh und weise ihn unter vier Augen zurecht! Hört er auf dich, so hast du deinen Bruder zurückgewonnen.

Hört er aber nicht auf dich, dann nimm einen oder zwei mit dir, damit die ganze Sache durch die Aussage von zwei oder drei Zeugen entschieden werde.

Hört er auch auf sie nicht, dann sag es der Gemeinde! Hört er aber auch auf die Gemeinde nicht, dann sei er für dich wie ein Heide oder ein Zöllner.

Amen, ich sage euch: Alles, was ihr auf Erden binden werdet, das wird auch im Himmel gebunden sein, und alles, was ihr auf Erden lösen werdet, das wird auch im Himmel gelöst sein.

Weiter sage ich euch: Was auch immer zwei von euch auf Erden einmütig erbitten, werden sie von meinem himmlischen Vater erhalten. Denn wo zwei oder drei in meinem Namen versammelt sind, da bin ich mitten unter ihnen.

Glaubensbekenntnis, S. 482 ff.

FÜRBITTEN

Miteinander zu sprechen scheint oft schwerer, als übereinander zu urteilen. Doch Jesus traut uns zu, gerecht und gut miteinander zu leben. Ihn bitten wir um Beistand und Hilfe in den Anliegen unserer Zeit:

- Du willst die Einheit aller, die an dich glauben. Lass uns nicht gleichgültig werden gegenüber der Zertrennung der Christenheit, sondern Wege zur Einheit suchen. V: Herr, Jesus Christus. A: Erbarme dich unser.

- Du schenkst Vergebung, wenn sie von Herzen gesucht wird. Hilf allen, die bereuen, was sie getan haben, wieder neu und besser zu leben. V: Herr, Jesus Christus. A: Erbarme dich unser.

- Auch im Raum der Kirche gibt es Abwertung und Ausgrenzung. Gib allen deinen Getauften die Kraft, Andersdenkenden die Hand zu reichen und Herz und Ohr für sie zu öffnen. V: Herr, Jesus Christus. A: Erbarme dich unser.

- Viele Ethnien, Religionen, Konfessionen, Völker und Nationen sind untereinander verfeindet. Segne alle, die den Teufelskreis des Hasses durchbrechen und den Frieden suchen. V: Herr, Jesus Christus. A: Erbarme dich unser.

- Wo zwei oder drei in deinem Namen versammelt sind, da bist du mitten unter ihnen. Stärke sie und hilf ihnen, immer mehr aus der belebenden Kraft des heiligen Brotes und des biblischen Wortes zu leben. V: Herr, Jesus Christus. A: Erbarme dich unser.

Jesus Christus, du unser Bruder und Lehrer, hilf uns, die uns anvertraute Erde zu gestalten in deinem Geist: heute und alle Tage unseres Lebens.

EUCHARISTIEFEIER

GABENGEBET

Herr, unser Gott, du schenkst uns den Frieden und gibst uns die Kraft, dir aufrichtig zu dienen. Lass uns dich mit unseren Gaben ehren und durch die Teilnahme an dem einen Brot und dem einen Kelch eines Sinnes werden. Darum bitten wir durch Christus, unseren Herrn.

Präfation, S. 494 ff.

KOMMUNIONVERS Joh 8, 12

So spricht der Herr:
Ich bin das Licht der Welt.
Wer mir nachfolgt, wird nicht in der Finsternis gehen,
sondern wird das Licht des Lebens haben.

SCHLUSSGEBET

Herr, unser Gott, in deinem Wort und Sakrament gibst du uns Nahrung und Leben. Lass uns durch diese großen Gaben in der Liebe wachsen und zur ewigen Gemeinschaft mit deinem Sohn gelangen, der mit dir lebt und herrscht in alle Ewigkeit.

***

Für eine Wort-Gottes-Feier:

ERÖFFNUNGSGEBET ZUR WAHL

Gott, wenn wir uns in deinem Namen versammeln, bist du mitten unter uns. Zeige uns Wege zur Umkehr und mache uns fähig zu wahrer Gemeinschaft mit dir und untereinander. Darum bitten wir dich durch Jesus Christus, deinen Sohn, der mit dir und dem Heiligen Geist lebt in Ewigkeit.

***

URWORT

urhall
nahe bei uns
milliarden jahre
wie ein tag

urwort
weisheit des himmels
geboren
ehe noch zeit war

sternenkind
nun ist es zeit
nahe zu kommen
friedlosen erden

Josef Wohlmuth

24. SONNTAG IM JAHRESKREIS

17. September 2023

Jemanden um Verzeihung bitten. Dass diese Redewendung weithin aus der Mode gekommen ist, wurde deutlich, als die frühere Bundeskanzlerin Angela Merkel kurz vor Ostern 2021 die Bürgerinnen und Bürger für die Ankündigung nicht umsetzbarer Maßnahmen zur Bekämpfung der Corona-Pandemie um Verzeihung bat. Dieses Schuldeingeständnis hat der Kanzlerin, vielleicht gerade weil es unerwartet kam, selbst von politischen Gegnern Respekt und Anerkennung eingebracht. Schuld einzugestehen, Verantwortung für fehlerhaftes Verhalten zu übernehmen, ist nicht unbedingt ein Zeichen von Schwäche. Es kann vielmehr Ausdruck sein für kritisches Reflexionsvermögen und für die Fähigkeit, sich selbst zu relativieren. Gegenüber einer Entschuldigung, die uns oft leicht über die Lippen geht, ist die Bitte um Verzeihung ein ernster Schritt, der über die Annahme der Verzeihung nicht mehr selbst entscheiden kann. Wie nachahmenswert dieses Verhalten ist, geht aus den heutigen Bibeltexten hervor.

ERÖFFNUNGSVERS

Vgl. Sir 36,18.21–22

Herr, gib Frieden denen, die auf dich hoffen,
und erweise deine Propheten als zuverlässig.
Erhöre das Gebet deiner Diener und deines Volkes.

KYRIE-RUFE

Herr Jesus Christus, du vergibst uns
unsere Schuld, wie auch wir vergeben
unseren Schuldigern.
V/A: Herr, erbarme dich.

Du handelst an uns nicht
nach unseren Sünden.
V/A: Christus, erbarme dich.
Du zerreißt die Kette
von Schuld und Vergeltung.
V/A: Herr, erbarme dich.

Ehre sei Gott, S. 479 f.

TAGESGEBET

Gott, du Schöpfer und Lenker aller Dinge, sieh gnädig auf uns. Gib, dass wir dir mit ganzem Herzen dienen und die Macht deiner Liebe an uns erfahren. Darum bitten wir durch Jesus Christus.

WORTGOTTESDIENST

ZUR 1. LESUNG Wer diesen weisheitlichen Text liest, erkennt unschwer die Nähe zum Vaterunser: „Vergib deinem Nächsten das Unrecht, dann werden dir, wenn du bittest, deine Sünden vergeben!" (Sir 28,2) Zentral für diesen Text ist die theologische Einsicht, dass wir unseren Nächsten vergeben sollten, weil auch Gott uns vergibt. Vergebung wird dabei zu einem Ausdruck für die befreiende Botschaft, nicht mehr unter der Last der Schuld und der Sünde leben zu müssen. Wer sich diesen Zusammenhang bewusst macht, wird verändert aus der Begegnung mit der Lesung aus dem Buch Jesus Sirach hervorgehen.

ERSTE LESUNG

Sir 27,30–28,7 (27,33 – 28,9)

Vergib deinem Nächsten das Unrecht, dann werden dir, wenn du bittest, deine Sünden vergeben

Lesung aus dem Buch Jesus Sirach.

Groll und Zorn, auch diese sind Gräuel und ein sündiger Mann hält an ihnen fest. Wer sich rächt, erfährt Rache vom Herrn; seine Sünden behält er gewiss im Gedächtnis. Vergib deinem Nächsten das Unrecht, dann werden dir, wenn du bittest, deine Sünden vergeben!

Ein Mensch verharrt gegen einen Menschen im Zorn, beim Herrn aber sucht er Heilung? Mit einem Menschen gleich ihm hat er kein Erbarmen, aber wegen seiner Sünden bittet er um Verzeihung? Er selbst – ein Wesen aus Fleisch, verharrt im Groll. Wer wird seine Sünden vergeben? Denk an das Ende, lass ab von der Feindschaft, denk an Untergang und Tod und bleib den Geboten treu! Denk an die Gebote und grolle dem Nächsten nicht, denk an den Bund des Höchsten und übersieh die Fehler!

ANTWORTPSALM Ps 103 (102), 1–2.3–4.9–10.12–13 (Kv: vgl. 8)

Kv Gnädig und barmherzig ist der HERR,
voll Langmut und reich an Huld. – Kv

Preise den HERRN, meine Seele, *
und alles in mir seinen heiligen Namen!
Preise den HERRN, meine Seele, *
und vergiss nicht, was er dir Gutes getan hat! – (Kv)

Der dir all deine Schuld vergibt *
und all deine Gebrechen heilt,
der dein Leben vor dem Untergang rettet *
und dich mit Huld und Erbarmen krönt. – (Kv)

Er wird nicht immer rechten *
und nicht ewig trägt er nach.
Er handelt an uns nicht nach unsern Sünden *
und vergilt uns nicht nach unsrer Schuld. – (Kv)

So weit der Aufgang entfernt ist vom Untergang, *
so weit entfernt er von uns unsere Frevel.
Wie ein Vater sich seiner Kinder erbarmt, *
so erbarmt sich der Herr über alle, die ihn fürchten. – Kv

ZUR 2. LESUNG „Du bist im Recht? Dann sieh zu, wie du da wieder herauskommst" – so heißt es bei dem Aphoristiker Elazar Benyoëtz. Das Bewusstsein, selbst im Recht zu sein, kann vergessen machen, dass wir alle in einem Boot sitzen und unser Leben *mit und ohne Gott vor Gott* leben (Dietrich Bonhoeffer). Der Apostel Paulus nimmt im 14. Kapitel des Römerbriefs offensichtlich Bezug auf einen Streit in der römischen Gemeinde. Dabei warnt er davor, über andere urteilen zu wollen, indem er auf eine zentrale Gemeinsamkeit hinweist: Wir alle, die wir leben, haben uns vor Gott zu verantworten. Der gemeinsame Glaube an Jesus als den Christus verbindet uns und ist stärker zu gewichten als unsere Unterschiede. Daran soll ich mich insbesondere dann erinnern, wenn ich glaube, mich über andere erheben zu können. Christliches Leben nimmt Maß an der Lebensgestaltung Jesu, des Christus, der uns in den Armen, Bedrängten und Unterdrückten nahekommt. Begegnungen, die unter die Haut gehen können.

ZWEITE LESUNG Röm 14,7–9

Ob wir leben oder ob wir sterben, wir gehören dem Herrn

Lesung aus dem Brief des Apostels Paulus an die Gemeinde in Rom.

Schwestern und Brüder! Keiner von uns lebt sich selber und keiner stirbt sich selber: Leben wir, so leben wir dem Herrn, sterben wir, so sterben wir dem Herrn. Ob wir leben oder ob wir sterben, wir gehören dem Herrn.

Denn Christus ist gestorben und lebendig geworden, um Herr zu sein über Tote und Lebende.

RUF VOR DEM EVANGELIUM

Vers: Joh 13,34ac

Halleluja. Halleluja.
(So spricht der Herr:)
Ein neues Gebot gebe ich euch:
Wie ich euch geliebt habe, so sollt auch ihr einander lieben.
Halleluja.

Oder:

Dies ist mein Gebot:
Liebet einander, wie ich euch geliebt!

ZUM EVANGELIUM Vergebung soll maßlos sein – das lernen wir aus dem heutigen Evangelium. Simon Petrus fragt Jesus um Rat und möchte wissen, wie viel und wie lange Versöhnung gewährt werden müsse. Die Antwort Jesu kommt überraschend: Statt eine begrenzende Angabe zu machen, fordert er eine grenzenlose Bereitschaft zur Vergebung. In Anlehnung an ein Zahlenspiel aus der Kain-Geschichte (vgl. Gen 4,24) heißt es: nicht siebenmal, sondern „siebzigmal siebenmal". Das Beispiel, das Jesus erzählt, um die Bedeutung seiner Antwort an einem konkreten Fall zu veranschaulichen, handelt von zwei Personen, die in finanziellen Nöten stecken. Beide bitten ihre Gläubiger um Geduld und Aufschub. Während der König der Bitte nachkommt und seinem Knecht die Schuld sogar komplett erlässt, weist derjenige, dem von diesem Geduld gewährt wurde, die Bitte seines eigenen Schuldners zurück und besteht auf seinem Recht auf sofortige Rückzahlung. Hätte denn Erbarmen an dieser Stelle Schwachheit bedeutet? Und würde nicht das Antlitz der Erde neu werden, wenn mehr von dieser vermeintlichen Schwäche Gebrauch gemacht würde?

EVANGELIUM

Mt 18,21–35

Nicht bis zu siebenmal musst du vergeben, sondern bis zu siebzigmal siebenmal

+ Aus dem heiligen Evangelium nach Matthäus.

In jener Zeit trat Petrus zu Jesus und fragte: Herr, wie oft muss ich meinem Bruder vergeben, wenn er gegen mich sündigt? Bis zu siebenmal? Jesus sagte zu ihm: Ich sage dir nicht: Bis zu siebenmal, sondern bis zu siebzigmal siebenmal.

Mit dem Himmelreich ist es deshalb wie mit einem König, der beschloss, von seinen Knechten Rechenschaft zu verlangen. Als er nun mit der Abrechnung begann, brachte man einen zu ihm, der ihm zehntausend Talente schuldig war. Weil er aber das Geld nicht zurückzahlen konnte, befahl der Herr, ihn mit Frau und Kindern und allem, was er besaß, zu verkaufen und so die Schuld zu begleichen.

Da fiel der Knecht vor ihm auf die Knie und bat: Hab Geduld mit mir! Ich werde dir alles zurückzahlen. Der Herr des Knechtes hatte Mitleid, ließ ihn gehen und schenkte ihm die Schuld.

Als nun der Knecht hinausging, traf er einen Mitknecht, der ihm hundert Denáre schuldig war. Er packte ihn, würgte ihn und sagte: Bezahl, was du schuldig bist!

Da fiel der Mitknecht vor ihm nieder und flehte: Hab Geduld mit mir! Ich werde es dir zurückzahlen. Er aber wollte nicht, sondern ging weg und ließ ihn ins Gefängnis werfen, bis er die Schuld bezahlt habe.

Als die Mitknechte das sahen, waren sie sehr betrübt; sie gingen zu ihrem Herrn und berichteten ihm alles, was geschehen war.

Da ließ ihn sein Herr rufen und sagte zu ihm: Du elender Knecht! Deine ganze Schuld habe ich dir erlassen, weil du mich angefleht hast. Hättest nicht auch du mit deinem Mitknecht Erbarmen haben müssen, so wie ich mit dir Erbarmen hatte? Und in seinem Zorn übergab ihn der Herr den Peinigern, bis er die ganze Schuld bezahlt habe.

Ebenso wird mein himmlischer Vater euch behandeln, wenn nicht jeder seinem Bruder von Herzen vergibt.

Glaubensbekenntnis, S. 482 ff.

FÜRBITTEN

Von Herzen zu vergeben, dazu lädt uns das heutige Evangelium ein. Doch Vergebung muss frei sein, nur dann kann sie befreien. Tragen wir nun unsere Sorgen und Nöte, unsere Zweifel und unsere Hoffnung vor den verzeihenden Gott:

- Wir bringen vor dich unsere Reue über unsere Lieblosigkeit, über unser „Heulen mit den Wölfen“, unseren alltäglichen Verrat. V/A: Höre und erhöre uns.
- Wir bringen vor dich unsere Hoffnung auf Neuanfang und echte Erneuerung. V/A: Höre und erhöre uns.
- Wir bringen vor dich unsere Sehnsucht nach Verstehen und Verzeihung. V/A: Höre und erhöre uns.
- Wir bringen vor dich den Mut der Menschen, die die Hand ausstrecken und sich über die Grenzen des Hasses erheben. V/A: Höre und erhöre uns.
- Wir bringen vor dich die Not der Schwerkranken und Sterbenden, die auf Heimat und Geborgenheit hoffen. V/A: Höre und erhöre uns.

Gott, du willst Heil und Wohl der Menschen, deren Freiheit du achtest. Wir danken dir, dass du mit uns bist auf allen Wegen, den dunklen, den hellen, den schweren, den leichten. Dir sei Preis und Lob, heute und allezeit und in Ewigkeit.

EUCHARISTIEFEIER

GABENGEBET

Herr, nimm die Gebete und Gaben deiner Kirche an; und was jeder Einzelne zur Ehre deines Namens darbringt, das werde allen zum Heil. Darum bitten wir durch Christus, unseren Herrn.

Präfation, S. 494 ff.

KOMMUNIONVERS

Vgl. 1 Kor 10,16

Der Kelch des Segens, über den wir den Segen sprechen,
ist Teilhabe am Blut Christi.
Das Brot, das wir brechen,
ist Teilhabe am Leib Christi.

SCHLUSSGEBET

Herr, unser Gott, wir danken dir, dass du uns Anteil am Leib und Blut Christi gegeben hast. Lass nicht unser eigenes Streben Macht über uns gewinnen, sondern gib, dass die Wirkung dieses Sakramentes unser Leben bestimmt. Darum bitten wir durch Christus, unseren Herrn.

***

Für eine Wort-Gottes-Feier:

ERÖFFNUNGSGEBET ZUR WAHL

Gott, du bist groß im Erbarmen und schenkst Gnade und Vergebung. Gib auch uns die Kraft zu verzeihen, wenn Menschen an uns schuldig werden. Darum bitten wir durch deinen Sohn, unseren Herrn Jesus Christus, der mit dir und dem Heiligen Geist lebt und herrscht in Ewigkeit.

***

LÖSEGELD

Sühnezeichen –
die andere Seite
der Schulden-
bremse

ohne Kalkül,
ohne Kredit,
ohne Gläubiger

ein Zeichen
des Friedens und
der Geduld und
des Erbarmens.

Anbruch einer
Zeit der Entschuldung.
Hoffnung für alle.
Befreiung von Sünde
und Schuld
ist keine Frage des Geldes.

„Auf, alle Durstigen,
kommt zum Wasser!
Die ihr kein Geld habt,
kommt, kauft Getreide
und esst,
kommt und kauft ohne Geld
und ohne Bezahlung
Wein und Milch!“ (Jes 55, 1)

René Dausner

25. SONNTAG IM JAHRESKREIS

24. September 2023

„Der Name Gottes ist tief eingegraben in die Hoffnungs- und Leidensgeschichte der Menschheit." (Gemeinsame Synode der Bistümer in der Bundesrepublik Deutschland, Würzburg 1971–1975, Beschluss *Unsere Hoffnung* I., 1.) Heute stellt die Theologie die Gottesfrage neu – und artikuliert damit nicht nur die Not der Zeit mit dem überkommenen Gottesglauben. Diese Not ist vielmehr selbst der Niederschlag lange schon virulenter, unaufgearbeiteter Themen wie der Theodizee – der Frage nach einer möglichen Rechtfertigung eines als allmächtig und allgütig gedachten Gottes und seiner Schöpfungstat angesichts des Leids in der Welt. Die Feier des Sonntags und die heutigen Texte laden wieder dazu ein, sich im Gebet und in der gemeinsamen Liturgie mit der eigenen Not und der eigenen Dankbarkeit für Gott zu öffnen.

ERÖFFNUNGSVERS

Das Heil des Volkes bin ich – so spricht der Herr.
In jeder Not, aus der sie zu mir rufen, will ich sie erhören.
Ich will ihr Herr sein für alle Zeit.

KYRIE-RUFE

Herr Jesus Christus, du bist langmütig
und reich an Huld und Güte.
V/A: Herr, erbarme dich.
Du bist gut zu allen, dein Erbarmen waltet
über all deinen Werken.
V/A: Christus, erbarme dich.

Du gibst ein gutes, volles, gehäuftes,
überfließendes Maß.
V/A: Herr, erbarme dich.

Ehre sei Gott, S. 479 f.

TAGESGEBET

Heiliger Gott, du hast uns das Gebot der Liebe zu dir und zu unserem Nächsten aufgetragen als die Erfüllung des ganzen Gesetzes. Gib uns die Kraft, dieses Gebot treu zu befolgen, damit wir das ewige Leben erlangen. Darum bitten wir durch Jesus Christus.

WORTGOTTESDIENST

ZUR 1. LESUNG In der Beziehung zu Gott gibt es keine Routine. Auch wer sich sein Leben lang um den Glauben bemüht hat und weiß, dass das geistliche Leben auch Übung braucht, steht doch irgendwie immer am Anfang und bei den großen Fragen. Wer ist dieser Gott? Gott, wo bist du? Es bleibt immer bei der Suche. Und die Erfahrung Gottes changiert zwischen Ferne und Nähe, Vermissen und Gegebensein. Gott ist der ganz Nahe und der ganz Andere, und beides zugleich. Nur eines haben wir ein wenig in der Hand: Die biblische Gottesbotschaft wirft uns immer wieder zurück auf unsere eigene Existenz – mit dem Aufruf zur Umkehr und zu einem Leben nach dem Willen Gottes. Der Alltag selbst wird zum Ort der Gotteserfahrung.

ERSTE LESUNG

Jes 55,6–9

Meine Gedanken sind nicht eure Gedanken

Lesung aus dem Buch Jesája.

Sucht den HERRN, er lässt sich finden, ruft ihn an, er ist nah! Der Frevler soll seinen Weg verlassen, der Übeltäter seine Pläne. Er kehre um zum HERRN, damit er Erbarmen hat mit ihm, und zu unserem Gott; denn er ist groß im Verzeihen.

Meine Gedanken sind nicht eure Gedanken und eure Wege sind nicht meine Wege – Spruch des HERRN. So hoch der Himmel über der Erde ist, so hoch erhaben sind meine Wege über eure Wege und meine Gedanken über eure Gedanken.

ANTWORTPSALM

Ps 145 (144),2–3.8–9.17–18 (Kv: vgl. 18a)

Kv Der HERR ist nahe allen, die ihn rufen. – Kv

Herr, jeden Tag will ich dich preisen *
und deinen Namen loben auf immer und ewig.
Groß ist der HERR und hoch zu loben, *
unerforschlich ist seine Größe. – (Kv)

Der HERR ist gnädig und barmherzig, *
langmütig und reich an Huld.
Der HERR ist gut zu allen, *
sein Erbarmen waltet über all seinen Werken. – (Kv)

Gerecht ist der HERR auf all seinen Wegen *
und getreu in all seinen Werken.
Nahe ist der HERR allen, die ihn rufen, *
allen, die ihn aufrichtig rufen. – Kv

ZUR 2. LESUNG Ein froher, begeisterter Grundton durchzieht den Brief an die Philipper, der ab heute vier Sonntage lang Bahnlesung ist. Die Gemeinde in Philippi in Mazedonien, die Paulus um das Jahr 50 gegründet hat, ist ihm besonders ans Herz gewachsen. Und er spricht zu den Philippern von seiner großen Leidenschaft. Paulus hat alles auf eine Karte gesetzt: Christus. So sehr, dass er am liebsten tot sein will, um bei Christus zu sein, und nur die Verpflichtung zum Dienst an seinen Gemeinden ihn hält. Welch ein Unterschied zu der Ermüdung, die heute bei vielen im kirchlichen Leben anzutreffen ist angesichts jahrzehntelang verhärteter Unbeweglichkeiten – eine Müdigkeit, die als Symptom und Alarmzeichen nicht übersprungen werden darf in den üblichen Aktivismus! Welch eine Selbstverständlichkeit aber auch, mit der Paulus das Leben in der Auferstehungswirklichkeit, „bei Christus", als Realität voraussetzt! Eine Glaubenswahrheit, die, Umfragen zufolge, selbst „bekennende" Christen und Christinnen immer weniger teilen und die heute von der öffentlich wahrnehmbaren kirchlichen Verkündigung in skandalöser Weise weitgehend verschwiegen wird, und das in der Not der Pandemie. Paulus' Urteil ist hier vollkommen klar: „Wenn es keine Auferstehung der Toten gibt, ist auch Christus nicht auferweckt worden. Ist aber Christus nicht auferweckt worden, dann ist unsere Verkündigung leer, leer auch euer Glaube." (1 Kor 15,13–14)

ZWEITE LESUNG

Phil 1,20ad–24.27a

Für mich ist Christus das Leben

Lesung aus dem Brief des Apostels Paulus an die Gemeinde in Philíppi.

Schwestern und Brüder! Ich erwarte und hoffe, dass Christus verherrlicht werden wird in meinem Leibe, ob ich lebe oder sterbe. Denn für mich ist Christus das Leben und Sterben Gewinn. Wenn ich aber weiterleben soll, bedeutet das für mich fruchtbares Wirken. Was soll ich wählen? Ich weiß es nicht.

Bedrängt werde ich von beiden Seiten: Ich habe das Verlangen, aufzubrechen und bei Christus zu sein – um wie viel besser wäre das! Aber euretwegen ist es notwendiger, dass ich am Leben bleibe.

Vor allem: Lebt als Gemeinde so, wie es dem Evangelium Christi entspricht!

RUF VOR DEM EVANGELIUM

Vers: vgl. Apg 16,14b

Halleluja. Halleluja.
Herr, öffne uns das Herz,
dass wir auf die Worte deines Sohnes hören.
Halleluja.

ZUM EVANGELIUM „Gleicher Lohn für gleiche Arbeit" – wer sich mit diesem Grundsatz dem heutigen Evangelium nähert, kommt nicht weit. Der Gutsbesitzer verhält sich vertragstreu und auch als Eigentümer juristisch korrekt, aber sicher nicht gerecht. Dieser widerspenstige Text bringt ein wenig Unordnung in unsere Denkgewohnheiten. Es geht dem Gleichnis sicher nicht darum, für Gott ein Willkürregime zu reklamieren. Aber Gott ist gütig. „Ist dein Auge böse, weil ich gut bin?" (Mt 20,15) Das ist der Schlüsselsatz. Gott gibt ohne Maß, und er gibt unabhängig von jedem Anspruch oder Verdienst. In der Sprache der Theologie: Die Gnade ist ungeschuldet. Barmherzigkeit geht vor Recht. Wer Gott begegnet, muss auch mit der göttlichen Überbietung all seiner eigenen Kategorien und Maßstäbe rechnen.

EVANGELIUM

Mt 20,1–16a

Ist dein Auge böse, weil ich gut bin?

+ Aus dem heiligen Evangelium nach Matthäus.

In jener Zeit erzählte Jesus seinen Jüngern das folgende Gleichnis: Mit dem Himmelreich ist es wie mit einem Gutsbesitzer, der früh am Morgen hinausging, um Arbeiter für seinen Weinberg anzuwerben. Er einigte sich mit den Arbeitern auf einen Denár für den Tag und schickte sie in seinen Weinberg.

Um die dritte Stunde ging er wieder hinaus und sah andere auf dem Markt stehen, die keine Arbeit hatten. Er sagte zu ihnen: Geht auch ihr in meinen Weinberg! Ich werde euch geben, was recht ist. Und sie gingen.

Um die sechste und um die neunte Stunde ging der Gutsherr wieder hinaus und machte es ebenso.

Als er um die elfte Stunde noch einmal hinausging, traf er wieder einige, die dort standen. Er sagte zu ihnen: Was steht ihr hier den ganzen Tag untätig? Sie antworteten: Niemand hat uns angeworben. Da sagte er zu ihnen: Geht auch ihr in meinen Weinberg!

Als es nun Abend geworden war, sagte der Besitzer des Weinbergs zu seinem Verwalter: Ruf die Arbeiter und zahl ihnen den Lohn aus, angefangen bei den Letzten, bis hin zu den Ersten!

Da kamen die Männer, die er um die elfte Stunde angeworben hatte, und jeder erhielt einen Denár. Als dann die Ersten kamen, glaubten sie, mehr zu bekommen. Aber auch sie erhielten einen Denár.

Als sie ihn erhielten, murrten sie über den Gutsherrn und sagten: Diese Letzten haben nur eine Stunde gearbeitet und du hast sie uns gleichgestellt. Wir aber haben die Last des Tages und die Hitze ertragen.

Da erwiderte er einem von ihnen: Freund, dir geschieht kein Unrecht. Hast du nicht einen Denár mit mir vereinbart? Nimm dein Geld und geh! Ich will dem Letzten ebenso viel geben wie dir. Darf ich mit dem, was mir gehört, nicht tun, was ich will? Oder ist dein Auge böse, weil ich gut bin?

So werden die Letzten Erste sein und die Ersten Letzte.

Glaubensbekenntnis, S. 482 ff.

FÜRBITTEN

Wir rechnen und berechnen, und doch geht unsere Rechnung oft nicht auf. Gottes Güte entzieht sich unserem kalkulierenden Denken. Gerade deshalb können wir vertrauensvoll zu ihm rufen und ihn bitten:

- Für die Kirche und alle, die ein Amt in ihr bekleiden: dass deine Großzügigkeit und Weite auch ihr Handeln präge. V: Gott der Weite. A: Höre und erhöre uns.

- Für alle, die ehrenamtlich in karitativen Projekten arbeiten: dass die Freude am Geben sie auch durch Durststrecken trage. V: Gott der Weite. A: Höre und erhöre uns.
- Für alle, die meinen, jederzeit ihren Vorteil suchen zu müssen: dass sie gelassener werden und frei zum Teilen. V: Gott der Weite. A: Höre und erhöre uns.
- Für die Kranken, die sich ausgeschlossen fühlen und um ihre Lebenshoffnungen geprellt: dass sie Menschen finden, die ihr Leben bereichern. V: Gott der Weite. A: Höre und erhöre uns.
- Für unsere lieben Verstorbenen und für alle Toten: dass ihr Leben sich runde und vollende im Licht deines Seins. V: Gott der Weite. A: Höre und erhöre uns.

Unseren Mangel, unsere Berechnung und unsere innere Kargheit tragen wir vor dich, guter Gott. Du führst uns ins Weite. Dafür danken wir dir und loben dich, heute und allezeit.

EUCHARISTIEFEIER

GABENGEBET

Herr, unser Gott, nimm die Gaben deines Volkes an und gib, dass wir im Geheimnis der heiligen Eucharistie empfangen, was wir im Glauben bekennen. Darum bitten wir durch Christus, unseren Herrn.

Präfation, S. 494 ff.

KOMMUNIONVERS Joh 10,14

So spricht der Herr:
Ich bin der Gute Hirt, ich kenne die Meinen,
und die Meinen kennen mich.

SCHLUSSGEBET

Allmächtiger Gott, du erneuerst uns durch deine Sakramente. Gewähre uns deine Hilfe und mache das Werk der Erlösung, das wir gefeiert haben, auch in unserem Leben wirksam. Darum bitten wir durch Christus, unseren Herrn.

***

Für eine Wort-Gottes-Feier:

ERÖFFNUNGSGEBET ZUR WAHL

Gütiger Gott, du liebst die Menschen und schenkst ihnen Gaben nach deinem Maß. Lass uns deine Wege erkennen und ihnen folgen, damit wir auf ewig bei Christus sind, der mit dir und dem Heiligen Geist lebt und herrscht in Ewigkeit.

***

DAS GÖTTLICHE MASS

Gebt, dann wird auch euch gegeben werden! Ein gutes, volles, gehäuftes, überfließendes Maß wird man euch in den Schoß legen; denn nach dem Maß, mit dem ihr messt, wird auch euch zugemessen werden.

Lukas 6, 38

Die kleine Last unserer gegenwärtigen Not schafft uns in maßlosem Übermaß ein ewiges Gewicht an Herrlichkeit.

2 Korinther 4, 17

26. SONNTAG IM JAHRESKREIS

1. Oktober 2023

In den Bibeltexten des heutigen Sonntags geht es ums Handeln. Wie sollen wir den Alltag bestehen, wie handeln vor Gott? Die Gewissensprüfung stellt uns hier vor große Fragen, und wir sind aufgefordert, uns zu hinterfragen. Unruhe gehört zum christlichen Leben – nicht im Sinne von Wechselhaftigkeit, sondern von Wahrhaftigkeit. Diese hat ein Kriterium: Immer wieder neu ist sie in Jesus Christus zu verankern. Er lebte die Liebe, und so sollen auch wir lieben.

ERÖFFNUNGSVERS

Vgl. Dan 3,31.29.30.43.42

Alles, was du uns getan hast, o Herr,
das hast du nach deiner gerechten Entscheidung getan,
denn wir haben gesündigt,
wir haben dein Gesetz übertreten.
Verherrliche deinen Namen und rette uns
nach der Fülle deines Erbarmens.

KYRIE-RUFE

Herr Jesus Christus, du siehst nicht auf das,
worauf der Mensch sieht, du siehst das Herz.
V/A: Herr, erbarme dich.
Du hältst dazu an, wahrhaftig
und aus der Wahrheit zu leben.
V/A: Christus, erbarme dich.
Du rufst dazu auf, von ganzem Herzen
umzukehren.
V/A: Herr, erbarme dich.

Ehre sei Gott, S. 479 f.

TAGESGEBET

Großer Gott, du offenbarst deine Macht vor allem im Erbarmen und im Verschonen. Darum nimm uns in Gnaden auf, wenn uns auch Schuld belastet. Gib, dass wir unseren Lauf vollenden und zur Herrlichkeit des Himmels gelangen. Darum bitten wir durch Jesus Christus.

WORTGOTTESDIENST

ZUR 1. LESUNG Wenn man den strengen Aussagen des Propheten folgt, wird das Leben wohl schwer. Steht der Gerechte nicht ständig vor dem Problem, dass er eine Missetat begehen und deswegen in Ungnade fallen könnte? Der Ungerechte hingegen muss „nur" umkehren, und schon ist ihm das Leben bis hin zum ewigen Leben zugesagt: Er wird nicht sterben. Was aber geschieht nach der Umkehr des Ungerechten – ist er dann Gerechter und wird in Zukunft das Gesetz genauestens beachten müssen? Die Belastung des Gerechten scheint doch allzu hart zu sein. Oder sind vielleicht wahrhaft Gerechte so vom richtigen Geist beseelt, dass sie gar nicht anders können, als dem Gesetz zu folgen – und damit dem Herrn?

ERSTE LESUNG Ez 18,25–28

Wenn ein Schuldiger von dem Unrecht umkehrt, wird er sein Leben bewahren

Lesung aus dem Buch Ezéchiel.

So spricht der Herr: Ihr sagt: Der Weg des Herrn ist nicht richtig. Hört doch, ihr vom Haus Israel: Mein Weg soll nicht richtig sein? Sind es nicht eure Wege, die nicht richtig sind?

Wenn ein Gerechter sich abkehrt von seiner Gerechtigkeit und Unrecht tut, muss er dafür sterben. Wegen des Unrechts, das er getan hat, wird er sterben. Wenn ein Schuldiger von dem Unrecht umkehrt, das er begangen hat, und nach Recht und Gerechtigkeit handelt, wird er sein Leben bewahren. Wenn er alle seine Vergehen, die er verübt hat, einsieht und umkehrt, wird er bestimmt am Leben bleiben. Er wird nicht sterben.

ANTWORTPSALM

Ps 25 (24),4–5.6–7.8–9 (Kv: 6ab)

Kv Gedenke deines Erbarmens, o HERR,
und der Taten deiner Gnade! – Kv

Zeige mir, HERR, deine Wege, *
lehre mich deine Pfade!
Führe mich in deiner Treue und lehre mich; /
denn du bist der Gott meines Heiles. *
Auf dich hoffe ich den ganzen Tag. – (Kv)

Gedenke deines Erbarmens, HERR, /
und der Taten deiner Gnade; *
denn sie bestehen seit Ewigkeit!
Gedenke nicht meiner Jugendsünden und meiner Frevel! *
Nach deiner Huld gedenke meiner, HERR, denn du bist gütig! – (Kv)

Der HERR ist gut und redlich, *
darum weist er Sünder auf den rechten Weg.
Die Armen leitet er nach seinem Recht, *
die Armen lehrt er seinen Weg. – Kv

ZUR 2. LESUNG Was für ein Text – er zielt ins Zentrum christlichen Lebens und Denkens. Seid in Liebe verbunden, seid nicht nur auf das eigene Wohl bedacht, sondern auch auf das der anderen. Warum? Weil wir genau mit dieser Art zu leben Christus gleich werden. Nicht, dass ich jemals so vermessen sein werde, mir anzumaßen, ich wäre wie Christus. Und dennoch will ich in seinem Geiste leben. Ich bin nicht wie Gott, ich bin Mensch. Und als Mensch hat Er mir gezeigt, was gutes und rechtes Leben ist, was die Öffnung auf den anderen hin bedeutet. So geht leben.

ZWEITE LESUNG Phil 2,1–11

Seid so gesinnt wie Christus Jesus!

Lesung aus dem Brief des Apostels Paulus an die Gemeinde in Philíppi.

Schwestern und Brüder! Wenn es eine Ermahnung in Christus gibt, einen Zuspruch aus Liebe, eine Gemeinschaft des Geistes, ein Erbarmen und Mitgefühl, dann macht meine Freude vollkommen, dass ihr eines Sinnes seid, einander in Liebe verbunden, einmütig, einträchtig, dass ihr nichts aus Streitsucht und nichts aus Prahlerei tut. Sondern in Demut schätze einer den andern höher ein als sich selbst. Jeder achte nicht nur auf das eigene Wohl, sondern auch auf das der anderen.

Seid untereinander so gesinnt, wie es dem Leben in Christus Jesus entspricht:

Er war Gott gleich, hielt aber nicht daran fest, Gott gleich zu sein, sondern er entäußerte sich und wurde wie ein Sklave und den Menschen gleich. Sein Leben war das eines Menschen; er erniedrigte sich und war gehorsam bis zum Tod, bis zum Tod am Kreuz.

Darum hat ihn Gott über alle erhöht und ihm den Namen verliehen, der größer ist als alle Namen, damit alle im Himmel, auf der Erde und unter der Erde ihr Knie beugen vor dem Namen Jesu und jeder Mund bekennt: Jesus Christus ist der Herr zur Ehre Gottes, des Vaters.

Oder:

KURZFASSUNG Phil 2,1–5

Seid so gesinnt wie Christus Jesus!

Lesung aus dem Brief des Apostels Paulus an die Gemeinde in Philíppi.

Schwestern und Brüder! Wenn es eine Ermahnung in Christus gibt, einen Zuspruch aus Liebe, eine Gemeinschaft des Geistes, ein Erbarmen und Mitgefühl, dann macht meine Freude vollkommen, dass ihr eines Sinnes seid, einander in Liebe verbunden, einmütig, einträchtig, dass ihr nichts aus Streitsucht und nichts aus Prahlerei tut. Sondern in Demut schätze einer den andern höher ein als sich selbst. Jeder achte nicht nur auf das eigene Wohl, sondern auch auf das der anderen.

Seid untereinander so gesinnt, wie es dem Leben in Christus Jesus entspricht.

RUF VOR DEM EVANGELIUM

Vers: Joh 10,27

Halleluja. Halleluja.
(So spricht der Herr:)
Meine Schafe hören auf meine Stimme;
ich kenne sie und sie folgen mir.
Halleluja.

ZUM EVANGELIUM Jesus hält der Führungsriege den Spiegel vor. Er macht ihnen unmissverständlich klar: Was zählt, ist die gute Tat – und nicht das Lippenbekenntnis. Es geht um Umkehr, denn Leben ist dynamisch und verändert sich ständig. Bei Gott kommt es offenbar nicht auf Status oder Amt an, auch nicht auf eine gute oder schlechte Vergangenheit – entscheidend sind tätige Reue und glaubwürdiges Handeln. Wann habe ich ein schlechtes Gewissen und kehre um? Jesus, lass auch mich in Deinen Spiegel schauen.

EVANGELIUM

Mt 21,28–32

Später reute es ihn und er ging hinaus. –
Die Zöllner und die Dirnen gelangen eher in das Reich Gottes als ihr

+ Aus dem heiligen Evangelium nach Matthäus.

In jener Zeit sprach Jesus zu den Hohepriestern und den Ältesten des Volkes:

Was meint ihr? Ein Mann hatte zwei Söhne. Er ging zum ersten und sagte: Mein Kind, geh und arbeite heute im Weinberg! Er antwortete: Ich will nicht. Später aber reute es ihn und er ging hinaus.

Da wandte er sich an den zweiten und sagte zu ihm dasselbe. Dieser antwortete: Ja, Herr – und ging nicht hin.

Wer von den beiden hat den Willen seines Vaters erfüllt? Sie antworteten: Der erste.

Da sagte Jesus zu ihnen: Amen, ich sage euch: Die Zöllner und die Dirnen gelangen eher in das Reich Gottes als ihr.

Denn Johannes ist zu euch gekommen auf dem Weg der Gerechtigkeit und ihr habt ihm nicht geglaubt; aber die Zöllner und die Dirnen haben ihm geglaubt. Ihr habt es gesehen und doch habt ihr nicht bereut und ihm nicht geglaubt.

Glaubensbekenntnis, S. 482 ff.

FÜRBITTEN

Gott sieht nicht auf den schönen Schein, nicht auf frommes Gebaren: Er sieht tiefer. Er sieht uns ganz, mit unserer Geschichte, mit unserem Gelingen und mit unserem Scheitern. Vertrauen wir ihm und seiner Barmherzigkeit und rufen zu ihm:

- Wir bitten für alle, die neue, vielleicht unbekannte Wege für die Kirche und die Frohe Botschaft suchen. V: Guter Gott. A: Wir bitten dich, erhöre uns.

- Wir beten für Familien, die versuchen, alle zu ihrem Recht kommen zu lassen und niemanden abzuwerten. V: Guter Gott. A: Wir bitten dich, erhöre uns.

- Wir bitten für Jugendliche, die, auch gegen Widerstände, ihren eigenen guten Weg suchen. V: Guter Gott. A: Wir bitten dich, erhöre uns.

- Wir beten für die Menschen weltweit, die sich für die Freiheitsrechte einsetzen. V: Guter Gott. A: Wir bitten dich, erhöre uns.
- Wir bitten für die Toten und denken in besonderer Weise an unsere lieben Verstorbenen, die uns durch ihre treue Liebe gestärkt haben. V: Guter Gott. A: Wir bitten dich, erhöre uns.

Erbarmender Gott, jede und jeden rufst du zur Mitarbeit in dein Reich. Hilf uns, in der Nachfolge Jesu zu leben, heute und an allen Tagen, die uns geschenkt sind.

EUCHARISTIEFEIER

GABENGEBET

Barmherziger Gott, nimm unsere Gaben an und öffne uns in dieser Feier die Quelle, aus der aller Segen strömt. Darum bitten wir durch Christus, unseren Herrn.

Präfation, S. 494 ff.

KOMMUNIONVERS

Vgl. 1 Joh 3,16

Die Liebe Gottes haben wir daran erkannt,
dass Christus sein Leben für uns gegeben hat.
So müssen auch wir das Leben hingeben für die Brüder.

SCHLUSSGEBET

Allmächtiger Gott, in der Feier der Eucharistie haben wir den Tod des Herrn verkündet. Dieses Sakrament stärke uns an Leib und Seele und mache uns bereit, mit Christus zu leiden, damit wir auch mit ihm zur Herrlichkeit gelangen, der mit dir lebt und herrscht in alle Ewigkeit.

***

Für eine Wort-Gottes-Feier:

ERÖFFNUNGSGEBET ZUR WAHL

Barmherziger Gott, auch wenn wir schuldig geworden sind, lässt du uns nicht fallen. Gib uns die Kraft zur Umkehr und den Mut, deinem Willen zu folgen. So bitten wir im Heiligen Geist durch Jesus Christus, deinen Sohn, der mit dir lebt in alle Ewigkeit.

***

ZUSPRUCH

Entmutigend wäre
der Anspruch:
Keine Streitsucht! Keine Prahlerei!
Demut! Eines Sinnes!
In Liebe verbunden! Einträchtig!

Wären da nicht,
schon immer und gratis,
Erbarmen und Mitgefühl.

Wäre da nicht
Gemeinschaft
des Geistes.

Wäre da nicht
der Zuspruch
aus Liebe.
Zuspruch, der Mut macht:
einmütig.

Irmtrud Schweigert

27. SONNTAG IM JAHRESKREIS

8. Oktober 2023

Heute hören wir viel über Weinberge – und über die vorhersehbaren Folgen des eigenen Tuns. Manchmal scheint die Natur sehr kalkulierbar zu sein, wir lernen sie zu verstehen und zu berechnen. Bei unserem Tun im Zusammenleben mit unseren Mitmenschen ist das oft anders, denn deren Reaktionen sind zuweilen nicht absehbar. Unsere eigenen Handlungen sind vielfach so komplex, dass wir nicht alle Folgen abschätzen können. Dann hilft es, die Augen zu heben, eine kurze Zeit den Alltag mit seinen Verstrickungen hinter sich zu lassen und den Blick auf das Ganze zu wagen. Ja, Herr, hilf uns immer wieder genau dazu.

ERÖFFNUNGSVERS

Est 13,9.10–11 (Vulgata)

Deiner Macht ist das All unterworfen, Herr,
und niemand kann sich dir widersetzen;
denn du hast Himmel und Erde gemacht
und alles, was wir unter dem Himmel bestaunen.
Du bist der Herr über alles.

KYRIE-RUFE

Herr Jesus Christus, du hast dir
ein heiliges Volk geschaffen.
V/A: Herr, erbarme dich.
Du bist deinem Erbe treu.
V/A: Christus, erbarme dich.

Du hast uns dazu bestimmt,
dass wir Frucht bringen
und dass unsere Frucht bleibt.
V/A: Herr, erbarme dich.

Ehre sei Gott, S. 479 f.

TAGESGEBET

Allmächtiger Gott, du gibst uns in deiner Güte mehr, als wir verdienen, und Größeres, als wir erbitten. Nimm weg, was unser Gewissen belastet, und schenke uns jenen Frieden, den nur deine Barmherzigkeit geben kann. Darum bitten wir durch Jesus Christus.

WORTGOTTESDIENST

ZUR 1. LESUNG Wer seinen Acker hegt und pflegt, darf reiche Ernte erwarten. Die Natur scheint an diesem Punkt sehr berechenbar zu sein, wir können uns auf sie verlassen. Wenn es um den Menschen geht, ist das offenbar anders. Gott, der HERR, kümmert sich gut um sein Volk, doch dieses dankt es ihm nicht mit Rechtschaffenheit als reichem Ertrag, sondern fällt von Gott ab und geht nicht auf seinen Wegen. Menschen sind verführbar. Das hat nicht unbedingt mit Undankbarkeit zu tun, sondern liegt oft an der Problematik des Zusammenlebens. Menschen schauen, was die anderen tun, was sie haben, was sie denken. Dann wollen sie sich unterscheiden, wollen mehr haben, wollen besser sein. Deshalb bedarf es immer wieder der Propheten, die uns Menschen zur Besinnung rufen.

ERSTE LESUNG

Jes 5,1–7

Der Weinberg des Herrn der Heerscharen ist das Haus Israel

Lesung aus dem Buch Jesája.

Ich will singen von meinem Freund, das Lied meines Liebsten von seinem Weinberg.

Mein Freund hatte einen Weinberg auf einer fruchtbaren Höhe. Er grub ihn um und entfernte die Steine und bepflanzte ihn mit edlen Reben. Er baute in seiner Mitte einen Turm und hieb zudem eine Kelter in ihm aus. Dann hoffte er, dass der Weinberg Trauben brächte, doch er brachte nur faule Beeren.

Und nun, Bewohner Jerusalems und Männer von Juda, richtet zwischen mir und meinem Weinberg! Was hätte es für meinen Weinberg noch zu tun gegeben, das ich ihm nicht getan hätte? Warum hoffte ich, dass er Trauben brächte? Und er brachte nur faule Beeren!

Jetzt aber will ich euch kundtun, was ich mit meinem Weinberg mache: seine Hecke entfernen, sodass er abgeweidet wird; einreißen seine Mauer, sodass er zertrampelt wird. Zu Ödland will ich ihn machen. Nicht werde er beschnitten, nicht behackt, sodass Dornen und Disteln hochkommen. Und den Wolken gebiete ich, keinen Regen auf ihn fallen zu lassen.

Denn der Weinberg des HERRN der Heerscharen ist das Haus Israel und die Männer von Juda sind die Pflanzung seiner Lust. Er hoffte auf Rechtsspruch – doch siehe da: Rechtsbruch, auf Rechtsverleih – doch siehe da: Hilfegeschrei.

ANTWORTPSALM

Ps 80 (79), 9 u. 12.13–14.15–16.19–20 (Kv: vgl. Jes 5, 7a)

Kv Der Weinberg des HERRN ist das Haus Israel. – Kv

Einen Weinstock hobst du aus in Ägypten, *
du hast Völker vertrieben und ihn eingepflanzt.
Seine Ranken trieb er bis zum Meer *
und seine Schösslinge bis zum Eufrat! – (Kv)

Warum rissest du seine Mauern ein? *
Alle, die des Weges kommen, plündern ihn.
Der Eber aus dem Wald wühlt ihn um, *
es fressen ihn ab die Tiere des Feldes. – (Kv)

Gott der Heerscharen, kehre doch zurück, /
blicke vom Himmel herab und sieh, *
sorge für diesen Weinstock!
Beschütze, was deine Rechte gepflanzt hat, *
und den Sohn, den du dir stark gemacht! – (Kv)

Wir werden nicht von dir weichen. *
Belebe uns und wir rufen deinen Namen an.
HERR, Gott der Heerscharen, stelle uns wieder her, *
lass dein Angesicht leuchten und wir sind gerettet. – Kv

ZUR 2. LESUNG Der Herr ist nahe, er kommt bald, er steht vor der Tür. In jeder anderen Person kann er mir begegnen, denn im Hinblick auf diese kann ich „edel" und „lauter" handeln. So kann jeder Mensch für mich zum Einfallstor Gottes werden – zu einem Spiegel für Seine Herrlichkeit, Seine Doxa. Und deshalb werden wir mehrfach aufgefordert: „Freut euch!" (Phil 4,4) Wie lerne ich das, wie ist das möglich? Vielleicht ist es nicht etwas, das ich tun muss. Vielleicht könnte ich es einfach zulassen. Dann würde ich nicht mehr denken, dass es von mir ausgeht, sondern ich könnte es wagen, das Heft des Handelns und Tuns aus der Hand zu geben, und mich im Loslassen üben. Herr, schenke mir die Zuversicht und Gelassenheit, die mich so mutig macht.

ZWEITE LESUNG

Phil 4,6–9

Was ihr angenommen habt, das tut; und der Gott des Friedens wird mit euch sein

Lesung aus dem Brief des Apostels Paulus an die Gemeinde in Philíppi.

Schwestern und Brüder! Sorgt euch um nichts, sondern bringt in jeder Lage betend und flehend eure Bitten mit Dank vor Gott! Und der Friede Gottes, der alles Verstehen übersteigt, wird eure Herzen und eure Gedanken in Christus Jesus bewahren.

Im Übrigen, Brüder und Schwestern: Was immer wahrhaft, edel, recht, was lauter, liebenswert, ansprechend ist, was Tugend heißt und lobenswert ist, darauf seid bedacht! Und was ihr gelernt und angenommen, gehört und an mir gesehen habt, das tut!

Und der Gott des Friedens wird mit euch sein.

RUF VOR DEM EVANGELIUM

Vers: vgl. Joh 15,16

Halleluja. Halleluja.
(So spricht der Herr:)
Ich habe euch erwählt und dazu bestimmt, dass ihr Frucht bringt
und dass eure Frucht bleibt.
Halleluja.

ZUM EVANGELIUM Im heutigen Evangelium aus dem Matthäus-Evangelium sind zwei Worte Jesu aneinandergefügt, deren möglicher Zusammenhang sich erst bei näherer Betrachtung erschließt. Die Winzer haben den Weinberg zu hegen und zu pflegen und dürfen dafür als Lohn reiche Frucht erwarten. Eine vergleichbare Anforderung wird an Bauleute gestellt, die nur solche Steine verwenden dürfen, die die ihnen zugewiesene Aufgabe erfüllen und die Last tragen. Deshalb müssen sie unpassende Steine aussortieren. Das Verbindende liegt wohl darin, dass die Winzer und die Bauleute beide das tun, was in ihren Augen Erfolg verspricht; sie achten auf das Naheliegende, sie suchen ihren eigenen Vorteil. Offenbar ist es das, was Jesus kritisiert. Er fordert dazu auf, das große Ganze in den Blick zu nehmen und so das Reich Gottes nicht aus den Augen zu verlieren.

EVANGELIUM

Mt 21,33–44

Er wird den Weinberg an andere Winzer verpachten

+ Aus dem heiligen Evangelium nach Matthäus.

In jener Zeit sprach Jesus zu den Hohepriestern und den Ältesten des Volkes:

Hört noch ein anderes Gleichnis: Es war ein Gutsbesitzer, der legte einen Weinberg an, zog ringsherum einen Zaun, hob eine Kelter aus und baute einen Turm. Dann verpachtete er den Weinberg an Winzer und reiste in ein anderes Land. Als nun die Erntezeit kam, schickte er seine Knechte zu den Winzern, um seine Früchte holen zu lassen. Die Winzer aber packten seine Knechte; den einen prügelten sie, den andern brachten sie um, wieder einen anderen steinigten sie. Darauf schickte er andere Knechte, mehr als das erste Mal; mit ihnen machten sie es genauso.

Zuletzt sandte er seinen Sohn zu ihnen; denn er dachte: Vor meinem Sohn werden sie Achtung haben.

Als die Winzer den Sohn sahen, sagten sie zueinander: Das ist der Erbe. Auf, wir wollen ihn umbringen, damit wir sein Erbe in Besitz nehmen. Und sie packten ihn, warfen ihn aus dem Weinberg hinaus und brachten ihn um. Wenn nun der Herr des Weinbergs kommt: Was wird er mit jenen Winzern tun?

Sie sagten zu ihm: Er wird diese bösen Menschen vernichten und den Weinberg an andere Winzer verpachten, die ihm die Früchte abliefern, wenn es Zeit dafür ist.

Und Jesus sagte zu ihnen: Habt ihr nie in der Schrift gelesen:

Der Stein, den die Bauleute verworfen haben, er ist zum Eckstein geworden; vom Herrn ist das geschehen und es ist wunderbar in unseren Augen?

Und wer auf diesen Stein fällt, wird zerschellen; auf wen der Stein aber fällt, den wird er zermalmen.

Darum sage ich euch: Das Reich Gottes wird euch weggenommen und einem Volk gegeben werden, das die Früchte des Reiches Gottes bringt.

Glaubensbekenntnis, S. 482 ff.

FÜRBITTEN

Wieder einmal gilt, so zeigt das heutige Evangelium, dass unser Menschenmaß nicht reicht, um Gottes unbeschreibliche Geduld zu erfassen. Vor Gott, den langmütigen Herrn des Weinbergs, tragen wir nun unsere Bitten:

- Wir beten für alle, die unsere Erde, Gottes gute Schöpfung, bewahren wollen. V: Gott des Lebens. A: Höre unser Rufen.
- Wir beten für alle, die ihre Konsumgewohnheiten bewusst ändern. V: Gott des Lebens. A: Höre unser Rufen.
- Wir beten für alle, die ihre Heimat aufgrund von Dürren oder Überflutungen verloren haben. V: Gott des Lebens. A: Höre unser Rufen.
- Wir beten für die Opfer von Willkür und Gewalt. V: Gott des Lebens. A: Höre unser Rufen.
- Wir beten für unsere Verstorbenen, dass sie Fülle und Freude erfahren bei dir. V: Gott des Lebens. A: Höre unser Rufen.

Gott, du bist uns Vater und Mutter und wir danken dir für deine Güte und Geduld. Lehre uns, immer neu nach deinem Willen zu fragen und deine Wege zu suchen, durch Jesus Christus, unseren Bruder und Herrn.

EUCHARISTIEFEIER

GABENGEBET

Allmächtiger Gott, nimm die Gaben an, die wir nach deinem Willen darbringen. Vollende in uns das Werk der Erlösung und der Heiligung durch die Geheimnisse, die wir zu deiner Verherrlichung feiern. Darum bitten wir durch Christus, unseren Herrn.

Präfation, S. 494 ff.

KOMMUNIONVERS

Vgl. 1 Kor 10,17

Ein Brot ist es, darum sind wir viele *ein* Leib.
Denn wir alle haben teil an dem einen Brot
und dem einen Kelch.

SCHLUSSGEBET

Gott und Vater, du reichst uns das Brot des Lebens und den Kelch der Freude. Gestalte uns nach dem Bild deines Sohnes, der im Sakrament unsere Speise geworden ist. Darum bitten wir durch ihn, Christus, unseren Herrn.

***

Für eine Wort-Gottes-Feier:

ERÖFFNUNGSGEBET ZUR WAHL

Gott, du hast uns angenommen als deine Kinder, wir sind dein Eigen. Mache uns zu Zeugen deiner Liebe, damit alle Menschen dich als Vater erkennen. Darum bitten wir durch Jesus Christus, deinen Sohn, mit dem dir Lobpreis und Ehre gebührt in der Einheit des Heiligen Geistes, Gott von Ewigkeit zu Ewigkeit.

***

UNFASSBAR

Wohin soll ich mich wenden?
In mir und um mich herum.
Im Großen wie im Kleinen.
Wenn ihr mich fragt, Brüder und Schwestern:

Es ist das Leiden, *das alles Verstehen übersteigt.*
Es ist die Bosheit, *die alles Verstehen übersteigt.*
Es ist der Unfriede, *der alles Verstehen übersteigt.*

Bitten, beten, flehen, das kann ich verstehen.
Aber trotz alledem freuen?
Freuen und danken?
Um nichts sich sorgen?
Lernen und hören und tun?

Hören wir auf den Zuspruch, Schwestern und Brüder?
Hören und staunen:
Höher als hoch
übersteigt der Friede Gottes alles Verstehen,
himmelhoch.

Und seine Geistkraft,
näher mir als ich mir selbst,
innerlicher als mein Innerstes,
wird meine Gedanken
und mein Herz bewahren.

Irmtrud Schweigert

28. SONNTAG IM JAHRESKREIS

15. Oktober 2023

Die heutigen Texte behandeln eschatologische Fragen, befassen sich also mit den „letzten Dingen“. Der Prophet stellt ein herrliches Festmahl am Ende der Zeiten in Aussicht. Der Apostel lädt seine Gemeinde dazu ein, Anteil an seinem Schicksal zu nehmen, auch wenn die neue Perspektive irdische Entbehrungen zu entwerten scheint. Und der Evangelist mahnt uns eindringlich, dass wir jederzeit bereit sein sollen, da das Reich Gottes jeden Augenblick anbrechen könne. Vielleicht stoßen wir hier auf eine der größten Herausforderungen in der Geschichte des Christentums: Haben wir Bausparverträge abgeschlossen und verwalten das Verstreichen der Zeit? Oder rechnen wir tatsächlich damit, dass die Zeit jederzeit zu Ende sein kann?

ERÖFFNUNGSVERS

Ps 130 (129), 3–4

Würdest du, Herr, unsere Sünden beachten,
Herr, wer könnte bestehen?
Doch bei dir ist Vergebung, Gott Israels.

KYRIE-RUFE

Herr Jesus Christus, du rufst alle Völker
zum Festmahl deiner Gnaden.
V/A: Herr, erbarme dich.
Du machst uns deiner Verheißungen würdig
und vernichtest den Tod für immer.
V/A: Christus, erbarme dich.
Du wischst die Tränen ab von jedem Angesicht.
V/A: Herr, erbarme dich.

Ehre sei Gott, S. 479 f.

TAGESGEBET

Herr, unser Gott, deine Gnade komme uns zuvor und begleite uns, damit wir dein Wort im Herzen bewahren und immer bereit sind, das Gute zu tun. Darum bitten wir durch Jesus Christus.

WORTGOTTESDIENST

ZUR 1. LESUNG Wunderbares stellt Jesaja in Aussicht. Ein Festmahl, wie man noch keines erlebt hat. Ein Festmahl für „alle Völker". Das Entscheidende: Der HERR nimmt die verhüllende Decke von den Völkern – alle werden endlich den Gott Israels als den wahren und einzigen Gott erkennen. Dürfen wir wirklich auf diese Erkenntnis hoffen? Dabei geht es nicht darum, dass dann diejenigen „Recht bekommen", die ihre Hoffnung auf den HERRN gesetzt haben. Es geht vielmehr um die Erlösungsmacht Gottes – um seine Fähigkeit, den Tod zu verschlingen. Kann Gott das? Derjenige wird sich als der wahre Gott erweisen, der des Todes Tod sein wird.

ERSTE LESUNG Jes 25,6–10a

Der Herr wird für alle Völker ein Festmahl geben; er wird die Tränen von jedem Gesicht abwischen

Lesung aus dem Buch Jesája.

An jenem Tag wird der Herr der Heerscharen auf diesem Berg – dem Zion – für alle Völker ein Festmahl geben mit den feinsten Speisen, ein Gelage mit erlesenen Weinen, mit den feinsten, fetten Speisen, mit erlesenen, reinen Weinen. Er verschlingt auf diesem Berg die Hülle, die alle Völker verhüllt, und die Decke, die alle Nationen bedeckt.

Er hat den Tod für immer verschlungen und GOTT, der Herr, wird die Tränen von jedem Gesicht abwischen und die Schande seines Volkes entfernt er von der ganzen Erde, denn der HERR hat gesprochen.

An jenem Tag wird man sagen: Siehe, das ist unser Gott, auf ihn haben wir gehofft, dass er uns rettet. Das ist der HERR, auf ihn haben wir gehofft. Wir wollen jubeln und uns freuen über seine rettende Tat. Denn die Hand des HERRN ruht auf diesem Berg.

ANTWORTPSALM

Ps 23 (22), 1–3.4.5.6 (Kv: vgl. 6b)

Kv Im Haus des HERRN werde ich wohnen
für immer und ewig. – Kv

Der HERR ist mein Hirt, nichts wird mir fehlen. /
Er lässt mich lagern auf grünen Auen *
und führt mich zum Ruheplatz am Wasser.
Meine Lebenskraft bringt er zurück. *
Er führt mich auf Pfaden der Gerechtigkeit,
getreu seinem Namen. – (Kv)

Auch wenn ich gehe im finsteren Tal, *
ich fürchte kein Unheil;
denn du bist bei mir, *
dein Stock und dein Stab, sie trösten mich. – (Kv)

Du deckst mir den Tisch *
vor den Augen meiner Feinde.
Du hast mein Haupt mit Öl gesalbt, *
übervoll ist mein Becher. – (Kv)

Ja, Güte und Huld *
werden mir folgen mein Leben lang
und heimkehren werde ich ins Haus des HERRN *
für lange Zeiten. – Kv

ZUR 2. LESUNG Der Apostel schildert sein wechselvolles und entbehrungsreiches Leben und dankt indirekt den Gemeindemitgliedern, dass sie an seiner Bedrängnis Anteil nehmen. Der Lohn dafür: Gott wird sie beschenken. Anteil aneinander zu nehmen – das ist eine christliche Tugend, die zum Kern christlicher Spiritualität gehört. Denn im Anderen begegnet uns Gott, in der Anderen erkennen wir Jesus Christus. Deshalb wird diese Anteilnahme auch von Gott beschenkt. Sie ist vielleicht selbst das eigentliche Geschenk. Dabei wird diese zwischenmenschliche Interaktion durch die Gottesperspektive vertieft und erhöht. So wächst der Mensch über sich hinaus, indem er Gott die Ehre gibt.

ZWEITE LESUNG Phil 4,12–14.19–20

Alles vermag ich durch den, der mich stärkt

Lesung aus dem Brief des Apostels Paulus an die Gemeinde in Philíppi.

Schwestern und Brüder! Ich weiß Entbehrungen zu ertragen, ich kann im Überfluss leben. In jedes und alles bin ich eingeweiht: in Sattsein und Hungern, Überfluss und Entbehrung. Alles vermag ich durch den, der mich stärkt. Doch ihr habt recht daran getan, an meiner Bedrängnis Anteil zu nehmen.

Mein Gott aber wird euch durch Christus Jesus alles, was ihr nötig habt, aus dem Reichtum seiner Herrlichkeit schenken.

Unserem Gott und Vater aber sei die Ehre in alle Ewigkeit! Amen.

RUF VOR DEM EVANGELIUM Vers: vgl. Eph 1,17–18

Halleluja. Halleluja.
Der Vater unseres Herrn Jesus Christus
erleuchte die Augen unseres Herzens,
damit wir verstehen, zu welcher Hoffnung wir berufen sind.
Halleluja.

ZUM EVANGELIUM Das heutige Evangelium ist scheinbar von mehreren Brüchen gekennzeichnet. Die Hochzeitsgäste wollen trotz wiederholter Einladung nicht kommen, woraufhin die Diener jeden zum Fest holen, den sie antreffen. Doch als einer kein Hochzeitsgewand anhat, wird er dafür bestraft. Ist das nicht ungerecht? Auf jeden Fall können wir daraus schließen, in welch radikaler Naherwartung Jesus gelebt haben muss: Haltet euch jederzeit bereit, Hochzeit zu feiern! Jeden Tag und jede Stunde kann es geschehen, dass das Reich Gottes anbricht. Wir haben gelernt, dass wir das nicht im Sinne des physikalischen Zeitbegriffs der Neuzeit missverstehen dürfen – Reich Gottes bricht immer dort schon an, wo wir uns einem anderen Menschen öffnen.

EVANGELIUM Mt 22, 1–14

Ladet alle, die ihr trefft, zur Hochzeit ein!

+ Aus dem heiligen Evangelium nach Matthäus.

In jener Zeit erzählte Jesus den Hohepriestern und den Ältesten des Volkes das folgende Gleichnis:

Mit dem Himmelreich ist es wie mit einem König, der seinem Sohn die Hochzeit ausrichtete. Er schickte seine Diener, um die eingeladenen Gäste zur Hochzeit rufen zu lassen. Sie aber wollten nicht kommen.

Da schickte er noch einmal Diener und trug ihnen auf: Sagt den Eingeladenen: Siehe, mein Mahl ist fertig, meine Ochsen und das Mastvieh sind geschlachtet, alles ist bereit. Kommt zur Hochzeit! Sie aber kümmerten sich nicht darum, sondern der eine ging auf seinen Acker, der andere in seinen Laden, wieder andere fielen über seine Diener her, misshandelten sie und brachten sie um.

Da wurde der König zornig; er schickte sein Heer, ließ die Mörder töten und ihre Stadt in Schutt und Asche legen.

Dann sagte er zu seinen Dienern: Das Hochzeitsmahl ist vorbereitet, aber die Gäste waren nicht würdig. Geht also an die Kreuzungen der Straßen und ladet alle, die ihr trefft, zur Hochzeit ein! Die Diener gingen auf die Straßen hinaus und holten alle zusammen, die sie trafen, Böse und Gute, und der Festsaal füllte sich mit Gästen.

Als der König eintrat, um sich die Gäste anzusehen, bemerkte er unter ihnen einen Menschen, der kein Hochzeitsgewand anhatte. Er sagte zu ihm: Freund, wie bist du hier ohne Hochzeitsgewand hereingekommen? Der aber blieb stumm.

Da befahl der König seinen Dienern: Bindet ihm Hände und Füße und werft ihn hinaus in die äußerste Finsternis! Dort wird Heulen und Zähneknirschen sein. Denn viele sind gerufen, wenige aber auserwählt.

Oder:

KURZFASSUNG

Mt 22,1–10

Ladet alle, die ihr trefft, zur Hochzeit ein!

+ Aus dem heiligen Evangelium nach Matthäus.

In jener Zeit erzählte Jesus den Hohepriestern und den Ältesten des Volkes das folgende Gleichnis:

Mit dem Himmelreich ist es wie mit einem König, der seinem Sohn die Hochzeit ausrichtete. Er schickte seine Diener, um die eingeladenen Gäste zur Hochzeit rufen zu lassen. Sie aber wollten nicht kommen.

Da schickte er noch einmal Diener und trug ihnen auf: Sagt den Eingeladenen: Siehe, mein Mahl ist fertig, meine Ochsen und das Mastvieh sind geschlachtet, alles ist bereit. Kommt zur Hochzeit! Sie aber kümmerten sich nicht darum, sondern der eine ging auf seinen Acker, der andere in seinen Laden, wieder andere fielen über seine Diener her, misshandelten sie und brachten sie um.

Da wurde der König zornig; er schickte sein Heer, ließ die Mörder töten und ihre Stadt in Schutt und Asche legen.

Dann sagte er zu seinen Dienern: Das Hochzeitsmahl ist vorbereitet, aber die Gäste waren nicht würdig. Geht also an die Kreuzungen der Straßen und ladet alle, die ihr trefft, zur Hochzeit ein! Die Diener gingen auf die Straßen hinaus und holten alle zusammen, die sie trafen, Böse und Gute, und der Festsaal füllte sich mit Gästen.

Glaubensbekenntnis, S. 482 ff.

FÜRBITTEN

Überhören wir etwas? Sind wir schwerhörig? Gottes Einladung ergeht an uns. Im fürbittenden Gebet vertrauen wir darauf, dass Gott uns hört, auch wenn wir selbst immer wieder seinen Ruf überhören:

- Wir bitten für die Kirche, dass sie deine einladende Liebe in ihrem Handeln widerspiegele. V: Vater im Himmel. A: Höre und erhöre uns.
- Wir bitten für die Menschen, die in unserer Gesellschaft am Rande stehen, die nicht dazugehören. V: Vater im Himmel. A: Höre und erhöre uns.
- Wir bitten für die Kranken, die sich ausgeschlossen fühlen vom lebendigen Fluss des Lebens. V: Vater im Himmel. A: Höre und erhöre uns.
- Wir bitten für uns selbst um ein hörendes Herz, sodass wir Gottes Stimme und die Stimme der Menschen nicht überhören. V: Vater im Himmel. A: Höre und erhöre uns.
- Wir bitten für die Toten, dass sie Gemeinschaft erfahren mit dir, an deinem frohen Tisch des Lebens. V: Vater im Himmel. A: Höre und erhöre uns.

Gott, der du uns deine Nähe schenkst, höre unsere Gebete: heute und an allen Tagen, die uns geschenkt sind, so bitten wir durch Jesus Christus, unseren Bruder und Herrn.

EUCHARISTIEFEIER

GABENGEBET

Herr und Gott, nimm die Gebete und Opfergaben deiner Gläubigen an. Lass uns diese heilige Feier mit ganzer Hingabe begehen, damit wir einst das Leben in der Herrlichkeit des Himmels erlangen. Darum bitten wir durch Christus, unseren Herrn.

Präfation, S. 494 ff.

KOMMUNIONVERS

Ps 34 (33), 11

Reiche müssen darben und hungern.
Wer aber den Herrn sucht,
braucht kein Gut zu entbehren.

SCHLUSSGEBET

Allmächtiger Gott, in der heiligen Opferfeier nährst du deine Gläubigen mit dem Leib und dem Blut deines Sohnes. Gib uns durch dieses Sakrament auch Anteil am göttlichen Leben. Darum bitten wir durch Christus, unseren Herrn.

***

Für eine Wort-Gottes-Feier:

ERÖFFNUNGSGEBET ZUR WAHL

Gott, überreich an Güte, du deckst uns den Tisch deines Wortes und hältst Gaben in Fülle bereit. Wir bitten dich: Lass uns würdige Gäste sein und dich immerdar loben und preisen im Heiligen Geist durch Jesus Christus, unseren Herrn.

***

BEREIT SEIN

Den rechten Augenblick
abwarten,
erkennen,
ergreifen.

Im rechten Augenblick
handeln,
reden,
umarmen.

Im rechten Augenblick
zuhören,
schweigen,
loslassen.

Im rechten Augenblick
da sein,
offen sein,
bereit sein.

Gisela Baltes

29. SONNTAG IM JAHRESKREIS

22. Oktober 2023

Wie zeigen sich Gottes Gegenwart und Wirken? Auf vielfältige Weise. Unerwartet und in ungewöhnlichen Ereignissen sind Gottes Spuren unter uns – oftmals eher rückwirkend – in der Geschichte zu entdecken. Sie begegnen uns in den Beziehungen zu denen, die unseren Glauben prägen, und werden wahrnehmbar, wo Gemeinde und Einzelne ihr Leben nach dem Evangelium gestalten. Dabei fordert Gott uns heraus, ihn an die erste Stelle zu setzen und ihm zu geben, was ihm gehört. Und damit Zeugnis für seine Gegenwart in der Gegenwart abzulegen. Das erzählen die Schrifttexte dieses Sonntags.

ERÖFFNUNGSVERS

Ps 17 (16),6.8

Ich rufe dich an, denn du, Gott, erhörst mich.
Wende dein Ohr mir zu, vernimm meine Rede!
Behüte mich wie den Augapfel, den Stern des Auges,
birg mich im Schatten deiner Flügel.

KYRIE-RUFE

Jesus Christus, du allein bist
der Heilige, du allein der Herr.
V/A: Herr, erbarme dich.
Du lehrst uns, dass es außer Gott
keinen Gott gibt.
V/A: Christus, erbarme dich.
Du gebietest, Gott mehr zu gehorchen
als den Menschen.
V/A: Herr, erbarme dich.

Ehre sei Gott, S. 479 f.

TAGESGEBET

Allmächtiger Gott, du bist unser Herr und Gebieter. Mach unseren Willen bereit, deinen Weisungen zu folgen, und gib uns ein Herz, das dir aufrichtig dient. Darum bitten wir durch Jesus Christus.

WORTGOTTESDIENST

ZUR 1. LESUNG Das Buch Jesaja erzählt davon, dass Gottes Gegenwart und Wirken in der konkreten Geschichte zu entdecken sind. In diesem Sinne erscheint – rückblickend – der Perserkönig Kyrus, der Babel eroberte und damit Israel aus dem babylonischen Exil befreite, als Werkzeug Gottes und kann sogar als Gottes „Gesalbter" (= Messias) bezeichnet werden. Die Lesung lädt so dazu ein, auch in Unerwartetem und scheinbar Unmöglichem Gottes Spuren zu entdecken.

ERSTE LESUNG Jes 45, 1.4–6

Ich habe Kyrus bei der Hand gefasst, um ihm Nationen zu unterwerfen

Lesung aus dem Buch Jesája.

So spricht der Herr zu seinem Gesalbten, zu Kyrus: Ich habe ihn an seiner rechten Hand gefasst, um ihm Nationen zu unterwerfen; Könige entwaffne ich, um ihm Türen zu öffnen und kein Tor verschlossen zu halten:

Um meines Knechtes Jakob willen, um Israels, meines Erwählten, willen habe ich dich bei deinem Namen gerufen; ich habe dir einen Ehrennamen gegeben, ohne dass du mich kanntest.

Ich bin der Herr und sonst niemand; außer mir gibt es keinen Gott. Ich habe dir den Gürtel angelegt, ohne dass du mich kanntest, damit man vom Aufgang der Sonne bis zu ihrem Untergang erkennt, dass es außer mir keinen Gott gibt. Ich bin der Herr und sonst niemand.

ANTWORTPSALM

Ps 96 (95), 1 u. 3.4–5.7–8.9 u. 10abd (Kv: 7b)

Kv Bringt dar dem Herrn Ehre und Macht! – Kv

Singet dem Herrn ein neues Lied, *
singt dem Herrn, alle Lande!
Erzählt bei den Nationen von seiner Herrlichkeit, *
bei allen Völkern von seinen Wundern! – (Kv)

Denn groß ist der Herr und hoch zu loben, *
mehr zu fürchten als alle Götter.
Denn alle Götter der Völker sind Nichtse, *
aber der Herr ist es, der den Himmel gemacht hat. – (Kv)

Bringt dar dem Herrn, ihr Stämme der Völker, *
bringt dar dem Herrn Ehre und Macht,
bringt dar dem Herrn die Ehre seines Namens!
Bringt Gaben und tretet ein in die Höfe seines Heiligtums! – (Kv)

Werft euch nieder vor dem Herrn in heiligem Schmuck! *
Erbebt vor ihm, alle Lande!
Verkündet bei den Nationen: Der Herr ist König! *
Er richtet die Völker so, wie es recht ist. – Kv

ZUR 2. LESUNG Die wahrscheinlich eher überschaubare Gemeinde in Thessalonich war von Paulus, Silvanus und Timotheus gegründet worden. Auch nach deren Fortgang blieb die Beziehung zwischen Missionaren und Gemeinde bestehen. Daran knüpft die Eröffnung des Briefes an und verweist bereits hier auf den Tenor des ganzen Briefes, die junge Gemeinde ihrer Bedeutung zu vergewissern: Die Gemeinde gründet in fester Überzeugung, gestaltet sich in sozialem Miteinander und lebt aus der Hoffnung auf das Reich Gottes. Weil das Evangelium in ihr mit Kraft und Heiligem Geist lebendig ist, kann sie allen Widrigkeiten aus dem Umfeld zum Trotz an ihrem Glauben festhalten. Wo immer wir wie die Gemeinde von Thessalonich das Evangelium leben, können die Worte des Paulus auch uns Ermutigung sein.

ZWEITE LESUNG

1 Thess 1,1–5b

Wir erinnern uns vor Gott an euren Glauben, eure Liebe und eure Hoffnung

Lesung aus dem ersten Brief des Apostels Paulus an die Gemeinde in Thessalónich.

Paulus, Silvánus und Timótheus an die Kirche der Thessalónicher, die in Gott, dem Vater, und in Jesus Christus, dem Herrn, ist: Gnade sei mit euch und Friede!

Wir danken Gott für euch alle, sooft wir in unseren Gebeten an euch denken; unablässig erinnern wir uns vor Gott, unserem Vater, an das Werk eures Glaubens, an die Mühe eurer Liebe und an die Standhaftigkeit eurer Hoffnung auf Jesus Christus, unseren Herrn.

Wir wissen, von Gott geliebte Brüder und Schwestern, dass ihr erwählt seid. Denn unser Evangelium kam zu euch nicht im Wort allein, sondern auch mit Kraft und mit dem Heiligen Geist und mit voller Gewissheit.

RUF VOR DEM EVANGELIUM

Vers: vgl. Phil 2,15d.16a

Halleluja. Halleluja.
Haltet fest am Worte Christi;
dann leuchtet ihr als Lichter in der Welt.
Halleluja.

ZUM EVANGELIUM In einer Zeit, in der der römische Kaiser sich als Erscheinung Gottes verstand, also religiöse und politische Macht ineinander verwoben waren, konnte die Zahlung der römischen Steuer als Unterwerfung unter den römisch-heidnischen Götterkult verstanden werden. So betrachtet ist die Frage nach der Steuer eine Falle, in die sich Jesus aber nicht locken lässt. Müsste er die Zahlung der Steuer ablehnen, würde er aus römischer Sicht zum Volksaufwiegler. Das muss er nicht, er befürwortet sie – und fordert zugleich: „(Gebt) Gott, was Gott gehört!" Damit betont er dennoch die Vorherrschaft des einen Gottes. Sind die Frager – sind wir dazu bereit?

EVANGELIUM Mt 22,15–21

Gebt dem Kaiser, was dem Kaiser gehört, und Gott, was Gott gehört

+ Aus dem heiligen Evangelium nach Matthäus.

In jener Zeit kamen die Pharisäer zusammen und beschlossen, Jesus mit einer Frage eine Falle zu stellen.

Sie veranlassten ihre Jünger, zusammen mit den Anhängern des Herodes zu ihm zu gehen und zu sagen: Meister, wir wissen, dass du die Wahrheit sagst und wahrhaftig den Weg Gottes lehrst und auf niemanden Rücksicht nimmst, denn du siehst nicht auf die Person. Sag uns also: Was meinst du? Ist es erlaubt, dem Kaiser Steuer zu zahlen, oder nicht?

Jesus aber erkannte ihre böse Absicht und sagte: Ihr Heuchler, warum versucht ihr mich? Zeigt mir die Münze, mit der ihr eure Steuern bezahlt! Da hielten sie ihm einen Denár hin.

Er fragte sie: Wessen Bild und Aufschrift ist das? Sie antworteten ihm: Des Kaisers.

Darauf sagte er zu ihnen: So gebt dem Kaiser, was dem Kaiser gehört, und Gott, was Gott gehört!

Glaubensbekenntnis, S. 482 ff.

FÜRBITTEN

Wie viel Energie verwenden wir darauf, gut dazustehen. Dabei vergessen wir oft, Gott und unseren Nächsten das zu geben, was ihnen gebührt, was gut und heilsam ist. Bitten wir Gott um sein Erbarmen:

- Über allen, die ohne Wohnsitz, ohne Obdach der zunehmenden Kälte ausgesetzt sind. V: Gott, Mitte unseres Lebens. A: Wir bitten dich, erhöre uns.
- Über allen, die schwer arbeiten und doch nicht satt werden oder ihre Familie ernähren können. V: Gott, Mitte unseres Lebens. A: Wir bitten dich, erhöre uns.
- Über allen, die wegen ihres Einsatzes für Freiheit und Menschenrechte verfolgt, gefoltert, weggesperrt werden. V: Gott, Mitte unseres Lebens. A: Wir bitten dich, erhöre uns.
- Über allen, die sich für den Frieden einsetzen und mutig Gräben des Missverstehens und der Abneigung überwinden. V: Gott, Mitte unseres Lebens. A: Wir bitten dich, erhöre uns.
- Über allen, die chronisch krank sind und immer einsamer werden. V: Gott, Mitte unseres Lebens. A: Wir bitten dich, erhöre uns.

In jedem Menschen können wir Gottes Antlitz erkennen. Dazu stärke und segne uns der gute Gott, heute und alle Tage unseres Seins.

EUCHARISTIEFEIER

GABENGEBET

Hilf uns, Herr, dass wir den Dienst am Altar mit freiem Herzen vollziehen. Befreie uns durch diese Feier von aller Schuld, damit wir rein werden und dir gefallen. Darum bitten wir durch Christus, unseren Herrn.

Präfation, S. 494 ff.

KOMMUNIONVERS

Mk 10,45

Der Menschensohn ist gekommen,
um sein Leben als Lösegeld hinzugeben für viele.

SCHLUSSGEBET

Allmächtiger Gott, gib, dass die heiligen Geheimnisse, die wir gefeiert haben, in uns Frucht bringen. Schenke uns Tag für Tag, was wir zum Leben brauchen, und führe uns zur ewigen Vollendung. Darum bitten wir durch Christus, unseren Herrn.

***

Für eine Wort-Gottes-Feier:

ERÖFFNUNGSGEBET ZUR WAHL

Gott, Schöpfer des Himmels und der Erde, alles ist dein Eigen, du bist Herr über die ganze Welt. Wir bitten dich: Schaffe Raum deinem Reich der Gerechtigkeit und Liebe, damit alle Menschen deine Größe preisen. Darum bitten wir durch Jesus Christus, deinen Sohn, der mit dir lebt und die Welt regiert in der Einheit des Heiligen Geistes, Gott von Ewigkeit zu Ewigkeit.

***

GRENZÜBERSCHREITEND

Der Ewige
durchschreitet Zeit und Raum
überwindet menschengesetzte Grenzen
den Seinen nah zu sein
sich zu zeigen
unerwartet
überraschend
manchmal befremdlich
Siehe
Er ist mit uns

Inga Schmitt

30. SONNTAG IM JAHRESKREIS

29. Oktober 2023

Wer an Jesus Christus glaubt, ist dazu aufgerufen, sein Leben so zu gestalten, dass für andere erfahrbar wird: Gottes- und Nächstenliebe sind Maßstab für das Verhalten der Glaubenden. Das zeigt sich in der Solidarität mit Benachteiligten und darin, dass Menschen aus ihrem Glauben heraus über das Hier und Jetzt hinausblicken und Heil von Gott her erwarten. Weil Gott sie – zu allen Zeiten, damals wie heute – aus Knechtschaft und Tod befreit, müssen sie sich nicht mit gegenwärtigen Zuständen abfinden, die die Freiheit rauben. Sie können und sollen dagegenhandeln.

ERÖFFNUNGSVERS

Vgl. Ps 105 (104),3–4

Freuen sollen sich alle, die den Herrn suchen.
Sucht den Herrn und seine Macht,
sucht sein Antlitz allezeit.

KYRIE-RUFE

Herr Jesus Christus, du gebietest,
Gott zu lieben mit ganzem Herzen,
mit ganzer Seele und mit dem ganzen Denken.
V/A: Herr, erbarme dich.
Du gebietest, den Nächsten zu lieben
wie sich selbst.
V/A: Christus, erbarme dich.
Du gebietest, die Feinde zu lieben
und für die Verfolger zu beten.
V/A: Herr, erbarme dich.

Ehre sei Gott, S. 479 f.

TAGESGEBET

Allmächtiger, ewiger Gott, mehre in uns den Glauben, die Hoffnung und die Liebe. Gib uns die Gnade, zu lieben, was du gebietest, damit wir erlangen, was du verheißen hast. Darum bitten wir durch Jesus Christus.

WORTGOTTESDIENST

ZUR 1. LESUNG Wie kann sich das Volk Israel die von Gott geschenkte Freiheit bewahren? Darauf geben die Gebote der Tora eine Antwort. Gott hat Israels Hilfeschreie erhört und sein Volk aus der Knechtschaft Ägyptens befreit, er ist ein Gott des Mitleids. Deshalb sollen Mitgefühl und Barmherzigkeit auch das Verhalten gerade gegenüber den Benachteiligten im Volk – Fremden, Witwen, Waisen, Armen – prägen. Damit wird die Freiheit der Benachteiligten geschützt; denn sie stehen am ehesten in der Gefahr, in unfreie Situationen zu geraten. Solidarität hat Vorrang vor einer Gerechtigkeit, die alle gleich behandelt. Ein sozialdemokratisches Prinzip im wahrsten Sinn des Wortes.

ERSTE LESUNG Ex 22,20–26

Wenn ihr Witwen und Waisen ausnützt, so wird mein Zorn gegen euch entbrennen

Lesung aus dem Buch Éxodus.

So spricht der Herr: Einen Fremden sollst du nicht ausnützen oder ausbeuten, denn ihr selbst seid im Land Ägypten Fremde gewesen. Ihr sollt keine Witwe oder Waise ausnützen. Wenn du sie ausnützt und sie zu mir schreit, werde ich auf ihren Klageschrei hören. Mein Zorn wird entbrennen und ich werde euch mit dem Schwert umbringen, sodass eure Frauen zu Witwen und eure Söhne zu Waisen werden.

Leihst du einem aus meinem Volk, einem Armen, der neben dir wohnt, Geld, dann sollst du dich gegen ihn nicht wie ein Gläubiger benehmen. Ihr sollt von ihm keinen Zins fordern. Nimmst du von einem Mitbürger den Mantel zum Pfand, dann sollst du ihn bis Sonnenuntergang zurückgeben; denn es ist seine einzige Decke, der Mantel, mit dem er seinen bloßen Leib bedeckt. Worin soll er sonst schlafen? Wenn er zu mir schreit, höre ich es, denn ich habe Mitleid.

ANTWORTPSALM

Ps 18 (17),2–3.4 u. 47.51 u. 50 (Kv: 2)

Kv Ich will dich lieben, HERR, meine Stärke. – Kv

Ich will dich lieben, HERR, meine Stärke, *
HERR, du mein Fels und meine Burg und mein Retter;
mein Gott, mein Fels, bei dem ich mich berge, *
mein Schild und Horn meines Heils, meine Zuflucht. – (Kv)

Ich rufe: Der HERR sei hoch gelobt! *
und ich werde vor meinen Feinden gerettet.
Es lebt der HERR, gepriesen sei mein Fels. *
Der Gott meiner Rettung sei hoch erhoben. – (Kv)

Seinem König verleiht er große Hilfe, /
Huld erweist er seinem Gesalbten, *
David und seinem Stamm auf ewig.
Darum will ich dir danken, HERR, inmitten der Nationen, *
ich will deinem Namen singen und spielen. – Kv

ZUR 2. LESUNG **Sich zum Glauben an Christus Jesus zu bekennen und sich damit von den heidnischen Gottheiten, den Götzen, abzu-**

wenden, zog notwendige Abgrenzung nach sich, und dadurch soziale Anfeindung – Bedrängnis. Paulus bestärkt die Gemeinde in Thessalonich deshalb zu Beginn seines Briefes zunächst in ihrem Bemühen, auf dem einmal gewählten Weg fortzuschreiten. Er hebt den Vorbildcharakter der jungen christlichen Gemeinde hervor und webt sie damit in ein neues Netzwerk ein, das Netzwerk der an Christus Glaubenden. Sie verbindet, dass sie über das Hier und Jetzt hinausdenken und mehr erwarten.

ZWEITE LESUNG

1 Thess 1,5c–10

Ihr habt euch von den Götzen zu Gott bekehrt, um dem wahren Gott zu dienen und seinen Sohn zu erwarten

Lesung aus dem ersten Brief des Apostels Paulus an die Gemeinde in Thessalónich.

Schwestern und Brüder! Ihr wisst, wie wir bei euch aufgetreten sind, um euch zu gewinnen. Und ihr seid unserem Beispiel gefolgt und dem des Herrn; ihr habt das Wort trotz großer Bedrängnis mit der Freude aufgenommen, die der Heilige Geist gibt. So wurdet ihr ein Vorbild für alle Glaubenden in Mazedónien und in Acháia.

Von euch aus ist das Wort des Herrn aber nicht nur nach Mazedónien und Acháia gedrungen, sondern überall ist euer Glaube an Gott bekannt geworden, sodass wir darüber nichts zu sagen brauchen.

Denn man erzählt sich überall, welche Aufnahme wir bei euch gefunden haben und wie ihr euch von den Götzen zu Gott bekehrt habt, um dem lebendigen und wahren Gott zu dienen und seinen Sohn vom Himmel her zu erwarten, Jesus, den er von den Toten auferweckt hat und der uns dem kommenden Zorn entreißt.

RUF VOR DEM EVANGELIUM

Vers: vgl. Joh 14,23

Halleluja. Halleluja.
(So spricht der Herr:)
Wer mich liebt, hält mein Wort.

Mein Vater wird ihn lieben
und wir werden bei ihm Wohnung nehmen.
Halleluja.

ZUM EVANGELIUM Ein drittes Mal versuchen die Gegner Jesu ihn auf der Suche nach Anklagepunkten mit einer Frage in die Falle zu locken. Ein drittes Mal scheitern sie damit. Auf die Frage nach dem wichtigsten Gebot nennt Jesus das der Gottes- und Nächstenliebe. Diese beiden Gebote hat er in seiner Glaubenstradition, in der Mitte der Tora, bereits vorgefunden. Jesus macht sie zum Fundament für alle Gebote, zur Grundlage dafür, sie überhaupt verstehen zu können. Das macht er unmissverständlich klar, indem er seine Antwort damit beschließt, dass an diesen beiden Geboten „das ganze Gesetz und die Propheten" hingen. Damit umgeht er die Falle, einzelne Gesetze gewichten zu sollen. Und er stellt einen Anwendungsmaßstab zur Verfügung, der bis heute für uns Gültigkeit hat. An ihm müssen wir die notwendigen Regeln, Gebote und Gesetze messen. Die Frage muss regelmäßig lauten: Dient das der Gottes- und Nächstenliebe?

EVANGELIUM Mt 22,34–40

Du sollst den Herrn, deinen Gott, lieben; deinen Nächsten sollst du lieben wie dich selbst

+ Aus dem heiligen Evangelium nach Matthäus.

In jener Zeit, als die Pharisäer hörten, dass Jesus die Sadduzäer zum Schweigen gebracht hatte, kamen sie am selben Ort zusammen. Einer von ihnen, ein Gesetzeslehrer, wollte ihn versuchen und fragte ihn: Meister, welches Gebot im Gesetz ist das wichtigste?

Er antwortete ihm: Du sollst den Herrn, deinen Gott, lieben mit ganzem Herzen, mit ganzer Seele und mit deinem ganzen Denken. Das ist das wichtigste und erste Gebot.

Ebenso wichtig ist das zweite: Du sollst deinen Nächsten lieben wie dich selbst.

An diesen beiden Geboten hängt das ganze Gesetz und die Propheten.

Glaubensbekenntnis, S. 482 ff.

FÜRBITTEN

Guter Gott, durch dein Wort führst du uns zu Klarheit und Weite. Dich selbst lieben und unsere Mitmenschen, wie uns selbst – nicht mehr und nicht weniger. Vertrauensvoll rufen wir zu dir und bitten dich:

- Für die Kirche, dass sie den Versuchungen der Macht widersteht und sich dem Liebesgebot immer wieder neu verpflichtet weiß. V: Gott, du Freund des Lebens. A: Höre unser Rufen.
- Für die Menschen mit Einfluss in Politik und Gesellschaft, dass sie die Menschen am Rande nicht übersehen. V: Gott, du Freund des Lebens. A: Höre unser Rufen.
- Für alle, die kranke Angehörige und Freunde begleiten, und für alle, die sie in Heimen, Hospizen und Krankenhäusern betreuen. V: Gott, du Freund des Lebens. A: Höre unser Rufen.
- Für die Trauernden, dass ihnen Raum für ihren Verlust und ihre Trauer zugestanden wird und sie dadurch Wege der Hoffnung erkennen können. V: Gott, du Freund des Lebens. A: Höre unser Rufen.
- Für alle, deren Liebe zu sich selbst sich nie entfalten konnte und die sich auch mit der Nächstenliebe schwertun, bitten wir um die Erfahrung langmütiger, stärkender Liebe. V: Gott, du Freund des Lebens. A: Höre unser Rufen.

Guter Gott, dich zu lieben mit ganzem Herzen und unseren Nächsten wie uns selbst – diese Kurzformel des Glaubens eröffnet Leben in Fülle. Dafür danken wir dir und preisen dich, heute und alle Tage bis in Ewigkeit.

EUCHARISTIEFEIER

GABENGEBET

Allmächtiger Gott, sieh gnädig auf die Gaben, die wir darbringen, und lass uns dieses Opfer so feiern, dass es dir zur Ehre gereicht. Darum bitten wir durch Christus, unseren Herrn.

Präfation, S. 494 ff.

KOMMUNIONVERS

Eph 5,2

Christus hat uns geliebt und sich für uns hingegeben
als Gabe und Opfer, das Gott wohlgefällt.

SCHLUSSGEBET

Herr, unser Gott, gib, dass deine Sakramente in uns das Heil wirken, das sie enthalten, damit wir einst als unverhüllte Wirklichkeit empfangen, was wir jetzt in heiligen Zeichen begehen. Darum bitten wir durch Christus, unseren Herrn.

***

Für eine Wort-Gottes-Feier:

ERÖFFNUNGSGEBET ZUR WAHL

Gott, du hast uns das Gebot der Liebe aufgetragen als Erfüllung des ganzen Gesetzes. Öffne uns Augen und Herzen für die Spuren deiner Liebe und lass uns weitergeben, was uns geschenkt ist. Das erbitten wir im Heiligen Geist durch Jesus Christus, unsern Herrn, der mit dir lebt von Ewigkeit zu Ewigkeit.

***

HÖRT HÖRT

Macht es wie Gott*:
Hört hin auf die Hilferufe der Nächsten und der Fremden.
Befreit aus Gefangenschaft und todesgleichen Situationen.
Haltet euer Mitgefühl wach
und seid solidarisch mit den Benachteiligten.
Denn Gott* hört euer Flehen und Klagen.
Er macht euch frei und lebendig.
Er ist voller Mitleidenschaft und solidarisiert sich mit euch.
Wie damals, als er Israel aus Ägypten befreit hat.
Wie damals, als er in Jesus Christus Mensch geworden ist.
Wie damals, als er in Christus Jesus den Kreislauf
des Todes durchbrochen hat.
Damals wie heute haben Unfreiheit und Tod nicht das letzte Wort.

Inga Schmitt

ALLERHEILIGEN – HOCHFEST

1. November 2023

Das Hochfest Allerheiligen nimmt die große Schar der Heiligen in den Blick, die, so legen es uns die biblischen Lesungen nahe, in der Nähe Gottes sind. Dabei wirken die Texte befremdlich auf uns, weil wir die Lebenssituation der Adressaten und Adressatinnen, die von Unterdrückung bis hin zur Verfolgung gezeichnet ist, nicht teilen. Jenseits dieser Fremdheit wollen die Texte jedoch dazu ermutigen, aus der Gegenwart Gottes zu leben und so die Welt zu gestalten. Davon können auch wir uns ansprechen lassen und uns so hineinnehmen lassen in eine Gemeinschaft, die Himmel und Erde verbindet.

ERÖFFNUNGSVERS

Freut euch alle im Herrn am Fest aller Heiligen;
mit uns freuen sich die Engel und loben Gottes Sohn.

KYRIE-RUFE

Herr Jesus Christus, du hast dir
ein heiliges Volk geschaffen.
V/A: Herr, erbarme dich.
Du hast alle deine Gläubigen
zur Heiligkeit berufen.
V/A: Christus, erbarme dich.
Du liebst ein heiliges Leben
im Großen wie im Kleinen.
V/A: Herr, erbarme dich.

Ehre sei Gott, S. 479 f.

TAGESGEBET

Allmächtiger, ewiger Gott, du schenkst uns die Freude, am heutigen Fest die Verdienste aller deiner Heiligen zu feiern. Erfülle auf die Bitten so vieler Fürsprecher unsere Hoffnung und schenke uns dein Erbarmen. Darum bitten wir durch Jesus Christus.

WORTGOTTESDIENST

ZUR 1. LESUNG Fremd und irritierend wirken auf uns die Bilder und Visionen, die in der Offenbarung des Johannes niedergeschrieben sind. Sie richten sich an die bedrängten Gemeinden in Kleinasien, also an Menschen mit einem uns fremden Erfahrungshintergrund. Ziel des Sehers ist es, diese Gläubigen zu ermutigen und ihnen zu versichern, dass Gott sie retten wird. Sie können sich identifizieren mit denen, die aus den Nationen und Stämmen, Völkern und Sprachen kommen, „aus der großen Bedrängnis". Sie sind, das macht der Verfasser deutlich, mit hineingenommen in die Rettung der Hundertvierundvierzigtausend aus den Stämmen Israels. Dabei geht es nicht um eine billige Vertröstung auf die Rettung im Jenseits. Die in der Bedrängnis zeichnen sich dadurch aus, dass sie in Klarheit und Entschiedenheit vertraut haben. Treu sind sie auf Wegen des Friedens, auf Wegen des Lebens gegangen. Das ist auch uns aufgegeben. Lassen wir uns ermutigen durch die Worte des Sehers Johannes.

ERSTE LESUNG Offb 7,2–4.9–14

Ich sah eine große Schar aus allen Nationen und Sprachen; niemand konnte sie zählen

Lesung aus der Offenbarung des Johannes.

Ich, Johannes, sah vom Aufgang der Sonne her einen anderen Engel emporsteigen; er hatte das Siegel des lebendigen Gottes und rief den vier Engeln, denen die Macht gegeben war, dem Land und dem Meer Schaden zuzufügen, mit lauter Stimme zu und sprach: Fügt dem Land, dem Meer und den Bäumen keinen Schaden zu, bis wir den Knechten unseres Gottes das Siegel auf die Stirn gedrückt haben!

Und ich erfuhr die Zahl derer, die mit dem Siegel gekennzeichnet waren. Es waren hundertvierundvierzigtausend aus allen Stämmen der Söhne Israels, die das Siegel trugen:

Danach sah ich und siehe, eine große Schar aus allen Nationen und Stämmen, Völkern und Sprachen; niemand konnte sie zählen. Sie standen vor dem Thron und vor dem Lamm, gekleidet in weiße Gewänder, und trugen Palmzweige in den Händen. Sie riefen mit lauter Stimme und sprachen: Die Rettung kommt von unserem Gott, der auf dem Thron sitzt, und von dem Lamm.

Und alle Engel standen rings um den Thron, um die Ältesten und die vier Lebewesen. Sie warfen sich vor dem Thron auf ihr Angesicht nieder, beteten Gott an und sprachen:

Amen, Lob und Herrlichkeit, Weisheit und Dank, Ehre und Macht und Stärke unserem Gott in alle Ewigkeit. Amen

Da nahm einer der Ältesten das Wort und sagte zu mir: Wer sind diese, die weiße Gewänder tragen, und woher sind sie gekommen? Ich erwiderte ihm: Mein Herr, du weißt das. Und er sagte zu mir: Dies sind jene, die aus der großen Bedrängnis kommen; sie haben ihre Gewänder gewaschen und im Blut des Lammes weiß gemacht.

ANTWORTPSALM

Ps 24 (23), 1–2.3–4.5–6 (Kv: vgl. 6)

Kv Aus allen Völkern hast du sie erwählt,
die dein Angesicht suchen, o Herr. – Kv

Dem HERRN gehört die Erde und was sie erfüllt, *
der Erdkreis und seine Bewohner.
Denn er hat ihn auf Meere gegründet, *
ihn über Strömen befestigt. – (Kv)

Wer darf hinaufziehn zum Berg des HERRN, *
wer darf stehn an seiner heiligen Stätte?
Der unschuldige Hände hat und ein reines Herz, /
der seine Seele nicht an Nichtiges hängt *
und keinen trügerischen Eid geschworen hat. – (Kv)

Er wird Segen empfangen vom HERRN *
und Gerechtigkeit vom Gott seines Heils.
Das ist das Geschlecht, das nach ihm fragt, *
die dein Angesicht suchen, Jakob. – Kv

ZUR 2. LESUNG Als Brüder und Schwestern spricht er uns an, der Verfasser des ersten Johannesbriefes. Und er erinnert daran, dass wir Kinder Gottes sind. Unsere Geschwisterlichkeit macht uns besonders. Sie soll uns abheben von „der Welt", die in der johanneischen Theologie das Vergängliche und Negative meint – die Gottferne. Und zugleich stehen wir als Kinder in einer intensiven Beziehung zu Gott, dem Vater, und sind in der Welt ihm nah. Doch damit nicht genug: Was wir sein werden, ist noch nicht offenbar. Und es lässt sich mit diesen Kategorien nicht mehr beschreiben, sprengt vielmehr die Kategorien menschlicher Vorstellungskraft und familiärer Bande: Ihm ähnlich werden wir ihn sehen, wie er ist. Darauf zu hoffen und aus dieser Hoffnung zu leben, dazu wollen die Zeilen des ersten Johannesbriefes Mut machen.

ZWEITE LESUNG 1 Joh 3, 1–3

Wir werden Gott sehen, wie er ist

Lesung aus dem ersten Johannesbrief.

Schwestern und Brüder! Seht, welche Liebe uns der Vater geschenkt hat: Wir heißen Kinder Gottes und wir sind es. Deshalb erkennt die Welt uns nicht, weil sie ihn nicht erkannt hat.

Geliebte, jetzt sind wir Kinder Gottes. Doch ist noch nicht offenbar geworden, was wir sein werden. Wir wissen, dass wir ihm ähnlich sein werden, wenn er offenbar wird; denn wir werden ihn sehen, wie er ist.

Jeder, der diese Hoffnung auf ihn setzt, heiligt sich, so wie er heilig ist.

RUF VOR DEM EVANGELIUM

Vers: Mt 11,28

Halleluja. Halleluja.
(So spricht der Herr:)
Kommt alle zu mir,
die ihr mühselig und beladen seid!
Ich will euch erquicken.
Halleluja.

ZUM EVANGELIUM Was ist das für eine Lehre? Man wundert sich doch darüber, dass die vielen, die Jesus auf den Berg gefolgt sind, sich angesichts der teils wenig verlockenden Botschaft nicht enttäuscht abwenden. Bedrängnis verschiedenster Art wird ihnen in Aussicht gestellt. Die Aussicht auf das Himmelreich könnte als billige Vertröstung erscheinen. Was ist das für eine Lehre? Eine Lehre, die die Frage nach dem glücklichen, seligen Leben stellt und bei der Antwort eben nicht auf das schnelle, oftmals vergängliche Glück, auf Wohlstand, Gesundheit, eine große Kinderschar oder entsprechende Lebensziele verweist. Die Botschaft geht tiefer. Die, die arm sind vor Gott, die Trauernden, Sanftmütigen, die, die sich für die Gerechtigkeit einsetzen, reinen Herzens sind, Frieden stiften und dafür sogar Schmähungen und Verfolgungen auf sich nehmen, das sind die, die nicht allein dem eigenen Glück nachjagen, sondern dabei das Wohlergehen ihrer Mitmenschen im Blick haben.

EVANGELIUM

Mt 5,1 – 12a

Freut euch und jubelt: Denn euer Lohn wird groß sein im Himmel

+ Aus dem heiligen Evangelium nach Matthäus.

In jener Zeit, als Jesus die vielen Menschen sah, die ihm folgten, stieg er auf den Berg. Er setzte sich und seine Jünger traten zu ihm. Und er öffnete seinen Mund, er lehrte sie und sprach:

Selig, die arm sind vor Gott; denn ihnen gehört das Himmelreich. Selig die Trauernden; denn sie werden getröstet werden. Selig die Sanftmütigen; denn sie werden das Land erben. Selig, die hungern und dürsten nach der Gerechtigkeit; denn sie werden gesättigt werden. Selig die Barmherzigen; denn sie werden Erbarmen finden. Selig, die rein sind im Herzen; denn sie werden Gott schauen. Selig, die Frieden stiften; denn sie werden Kinder Gottes genannt werden. Selig, die verfolgt werden um der Gerechtigkeit willen; denn ihnen gehört das Himmelreich.

Selig seid ihr, wenn man euch schmäht und verfolgt und alles Böse über euch redet um meinetwillen. Freut euch und jubelt: Denn euer Lohn wird groß sein im Himmel.

Glaubensbekenntnis, S. 482 ff.

FÜRBITTEN

Selig, die ein reines Herz haben: Zur Heiligkeit sind wir gerufen. Wir bitten Gott um seine stärkende Nähe:

- Für alle, die ihr Land und ihre Existenzgrundlage verloren haben, weil sie enteignet wurden. V: Gott, du unsere Hoffnung. A: Höre und erhöre uns.

- Für alle, die bedroht und verfolgt werden, weil sie Frieden stiften. V: Gott, du unsere Hoffnung. A: Höre und erhöre uns.

- Für alle Kinder, die hungern und denen Lebenschancen verwehrt werden. V: Gott, du unsere Hoffnung. A: Höre und erhöre uns.

- Für alle, die barmherzig sind und helfen, spenden, teilen. V: Gott, du unsere Hoffnung. A: Höre und erhöre uns.
- Für die Verstorbenen, dass sie mit allen Heiligen des Himmels am Tisch der Freude vereint sind. V: Gott, du unsere Hoffnung. A: Höre und erhöre uns.

Die Seligen und Heiligen sind Menschen, die durchlässig sind für Gottes Licht. Ihr Leben, ihre Liebe können auch uns heute den Weg weisen. Darauf hoffen und darum bitten wir durch Jesus Christus, unseren Bruder und Lehrer.

EUCHARISTIEFEIER

GABENGEBET

Herr, unser Gott, nimm die Gaben entgegen, die wir am heutigen Fest darbringen. Wir glauben, dass deine Heiligen bei dir leben und dass Leid und Tod sie nicht mehr berühren. Erhöre ihr Gebet und lass uns erfahren, dass sie uns nahe bleiben und für uns eintreten. Darum bitten wir durch Christus, unseren Herrn.

PRÄFATION

In Wahrheit ist es würdig und recht, dir, allmächtiger Vater, zu danken und dich mit der ganzen Schöpfung zu rühmen. Denn heute schauen wir deine heilige Stadt, unsere Heimat, das himmlische Jerusalem. Dort loben dich auf ewig die verherrlichten Glieder der Kirche, unsere Brüder und Schwestern, die schon zur Vollendung gelangt sind. Dorthin pilgern auch wir im Glauben, ermutigt durch ihre Fürsprache und ihr Beispiel, und gehen freudig dem Ziel der Verheißung entgegen. Darum preisen wir dich in der Gemeinschaft deiner Heiligen und singen mit den Chören der Engel das Lob deiner Herrlichkeit: Heilig …

KOMMUNIONVERS

Mt 5,8–10

Selig, die ein reines Herz haben;
denn sie werden Gott schauen.
Selig, die Frieden stiften;
denn sie werden Söhne Gottes genannt werden.
Selig, die um der Gerechtigkeit willen verfolgt werden;
denn ihnen gehört das Himmelreich.

SCHLUSSGEBET

Gott, du allein bist heilig, dich ehren wir, wenn wir der Heiligen gedenken. Stärke durch dein Sakrament in uns das Leben der Gnade und führe uns auf dem Weg der Pilgerschaft zum ewigen Gastmahl, wo du selbst die Vollendung der Heiligen bist. Darum bitten wir durch Christus, unseren Herrn.

FEIERLICHER SCHLUSSSEGEN

Der gütige Gott, der die Heiligen zur Vollendung geführt hat, segne euch und bewahre euch vor allem Unheil. – A: Amen.
Das Vorbild der Heiligen lehre euch und ihre Fürsprache helfe euch, Gott und den Menschen zu dienen. – A: Amen.
Am heutigen Festtag gedenkt die Kirche in Freude aller Heiligen; Gott führe euch nach diesem Leben zur ewigen Gemeinschaft mit ihnen. – A: Amen.
Das gewähre euch der dreieinige Gott, der Vater und der Sohn † und der Heilige Geist. – A: Amen.

***

FARBEN

so viele Farben
so viele Menschen
jeder ist anders
jede ist wichtig

zusammenklingend
in der Symphonie
der Ewigkeit

abstrakt
scheinbar ausdruckslos
lassen sie gemeinsam
dein Gesicht aufscheinen

GOTT

Heinz Detlef Stäps

ALLERSEELEN

2. November 2023

Der November ist der Monat des Totengedenkens. Im Gedenken wird uns in Erinnerung gerufen, dass der Tod vom Leben nicht zu trennen und auch unsere Existenz mit der Realität des Todes konfrontiert ist. Die biblischen Texte jedoch eröffnen eine Hoffnungsperspektive, die nicht nur auf das Jenseits vertrösten will, sondern dem Tod schon jetzt mit Leben begegnet.

ERÖFFNUNGSVERS

1 Thess 4,14; 1 Kor 15,22

Wie Jesus gestorben und auferstanden ist,
so wird Gott auch die in Jesus Entschlafenen mit ihm vereinen.
Denn wie in Adam alle sterben,
so werden in Christus einst alle lebendig gemacht.

KYRIE-RUFE

Herr Jesus Christus, du hast wie wir die Endlichkeit
unseres Lebens erfahren, dass wir Staub sind
und zum Staub zurückkehren.
V/A: Herr, erbarme dich.
Du hast mit allen Menschen das bedrückende Los
des sicheren Todes geteilt.
V/A: Christus, erbarme dich.
Du schenkst uns eine Hoffnung voll Unsterblichkeit.
V/A: Herr, erbarme dich.

TAGESGEBET

Allmächtiger Gott, wir glauben und bekennen, dass du deinen Sohn als Ersten von den Toten auferweckt hast. Stärke unsere Hoffnung, dass du auch unsere Brüder und Schwestern auferwecken wirst zum ewigen Leben. Darum bitten wir durch ihn, Jesus Christus.

WORTGOTTESDIENST

ZUR 1. LESUNG Starke Hoffnungsbilder werden uns hier vor Augen geführt. Sie sind geprägt von der Erwartung, dass das beschriebene Ende bald hereinbrechen wird – dass das Kommen Gottes bevorsteht. In der Spätzeit des Alten Testaments, in der der Lesungstext entstand, ist mit dieser Erwartung ganz konkret die Hoffnung auf das Eingreifen Gottes angesichts der fortdauernden Unterdrückung durch fremde Herrscher verbunden. In den Worten des Propheten wird die Zuversicht greifbar, dass Rettung naht. Und sie umfasst auch uns: In die Vision vom Festmahl sind die „Völker" mit hineingenommen: Auch sie, auch wir dürfen das rettende Eingreifen Gottes erwarten. Er wird unsere Tränen abwischen und unser Gott sein.

ERSTE LESUNG Jes 25,6a.7–9

Gott, der Herr, hat den Tod für immer verschlungen

Lesung aus dem Buch Jesája.

An jenem Tag wird der HERR der Heerscharen auf diesem Berg – dem Zion – für alle Völker ein Festmahl geben.
Er verschlingt auf diesem Berg die Hülle, die alle Völker verhüllt, und die Decke, die alle Nationen bedeckt.
Er hat den Tod für immer verschlungen und GOTT, der Herr, wird die Tränen von jedem Gesicht abwischen und die Schande seines Volkes entfernt er von der ganzen Erde, denn der HERR hat gesprochen.

An jenem Tag wird man sagen: Siehe, das ist unser Gott, auf ihn haben wir gehofft, dass er uns rettet. Das ist der HERR, auf ihn haben wir gehofft. Wir wollen jubeln und uns freuen über seine rettende Tat.

ANTWORTPSALM

Ps 23 (22), 1–3.4.5.6 (Kv: 1)

Kv Der HERR ist mein Hirt,
nichts wird mir fehlen. – Kv

Der HERR ist mein Hirt, nichts wird mir fehlen. /
Er lässt mich lagern auf grünen Auen *
und führt mich zum Ruheplatz am Wasser.
Meine Lebenskraft bringt er zurück. *
Er führt mich auf Pfaden der Gerechtigkeit,
getreu seinem Namen. – (Kv)

Auch wenn ich gehe im finsteren Tal, *
ich fürchte kein Unheil;
denn du bist bei mir, *
dein Stock und dein Stab, sie trösten mich. – (Kv)

Du deckst mir den Tisch *
vor den Augen meiner Feinde.
Du hast mein Haupt mit Öl gesalbt, *
übervoll ist mein Becher. – (Kv)

Ja, Güte und Huld *
werden mir folgen mein Leben lang
und heimkehren werde ich ins Haus des HERRN *
für lange Zeiten. – Kv

ZUR 2. LESUNG Allzu nüchtern und pessimistisch mag Paulus' Blick auf das irdische Leben uns erscheinen. Die Heimatlosigkeit, die er beschreibt, ist auf dem Hintergrund seines permanenten Unterwegsseins und angesichts der heftigen Konflikte mit der Gemeinde in Korinth, an die er seine Zeilen richtet, nachvollziehbar. Dabei ruft Paulus dennoch zur Zuversicht und zu glaubendem Vertrauen auf, trotz allem. Er erinnert: Wir müssen nicht mutlos werden, sondern können jetzt Gutes tun.

ZWEITE LESUNG 2 Kor 5, 1.6–10

Wir haben ein ewiges Haus im Himmel

Lesung aus dem zweiten Brief des Apostels Paulus an die Gemeinde in Korínth.

Schwestern und Brüder! Wir wissen: Wenn unser irdisches Zelt abgebrochen wird, dann haben wir eine Wohnung von Gott, ein nicht von Menschenhand errichtetes ewiges Haus im Himmel.

Wir sind also immer zuversichtlich, auch wenn wir wissen, dass wir fern vom Herrn in der Fremde leben, solange wir in diesem Leib zu Hause sind; denn als Glaubende gehen wir unseren Weg, nicht als Schauende. Weil wir aber zuversichtlich sind, ziehen wir es vor, aus dem Leib auszuwandern und daheim beim Herrn zu sein. Deswegen suchen wir unsere Ehre darin, ihm zu gefallen, ob wir daheim oder in der Fremde sind.

Denn wir alle müssen vor dem Richterstuhl Christi offenbar werden, damit jeder seinen Lohn empfängt für das Gute oder Böse, das er im irdischen Leben getan hat.

RUF VOR DEM EVANGELIUM Vers: Mt 25, 34

Lob dir, Christus, König und Erlöser! – Kv
(So spricht der Herr:)
Kommt her, ihr, die ihr von meinem Vater gesegnet seid,
empfangt das Reich als Erbe,
das seit der Erschaffung der Welt für euch bestimmt ist!
Lob dir, Christus, König und Erlöser!

ZUM EVANGELIUM Mit dem Verweis auf das Handeln des Menschen schließt auch der Abschnitt aus einer längeren Rede Jesu im heutigen Evangelium: Wie Paulus verweist auch Jesus auf das Gericht. Beide machen jedoch deutlich, dass das Urteil allein bei Gott liegt. Der Fokus der Rede Jesu liegt dabei auf einem anderen Aspekt: Wichtig ist ihm, dass die Menschen das Wort Gottes hören, dass sie die Stimme des Sohnes hören – gleich dreimal lenkt er in diesem kurzen Abschnitt die Aufmerksamkeit auf das Hören. Diejenigen, die hören, werden leben. Die innere Haltung des auf Gottes Wort hörenden Menschen aber wird sichtbar in seinem Tun.

EVANGELIUM Joh 5,24–29

Wer mein Wort hört und dem glaubt, der mich gesandt hat,
ist aus dem Tod ins Leben hinübergegangen

+ Aus dem heiligen Evangelium nach Johannes.

In jener Zeit sprach Jesus zu den Juden: Amen, amen, ich sage euch: Wer mein Wort hört und dem glaubt, der mich gesandt hat, hat das ewige Leben; er kommt nicht ins Gericht, sondern ist aus dem Tod ins Leben hinübergegangen.

Amen, amen, ich sage euch: Die Stunde kommt und sie ist schon da, in der die Toten die Stimme des Sohnes Gottes hören werden; und alle, die sie hören, werden leben. Denn wie der Vater das Leben in sich hat, so hat er auch dem Sohn gegeben, das Leben in sich zu haben. Und er hat ihm Vollmacht gegeben, Gericht zu halten, weil er der Menschensohn ist.

Wundert euch nicht darüber! Die Stunde kommt, in der alle, die in den Gräbern sind, seine Stimme hören und herauskommen werden: Die das Gute getan haben, werden zum Leben auferstehen, die das Böse getan haben, werden zum Gericht auferstehen.

FÜRBITTEN

„Wer mein Wort hört und dem glaubt, der mich gesandt hat, hat das ewige Leben." Diese Zusage Jesu lässt uns hoffen: für die Lebenden und die Toten. Wir rufen zu Gott, dem Vater aller Menschen:

- Um Trost für die Traurigen, die der Tod eines lieben Menschen in den Abgrund des Leids gestürzt hat. V: Gott des Lebens. A: Höre und erhöre uns.
- Um deine Nähe für alle, die von der Kirche enttäuscht sind und doch auf dich hoffen. V: Gott des Lebens. A: Höre und erhöre uns.
- Um deine Kraft für all jene, die Not sehen und Not lindern. V: Gott des Lebens. A: Höre und erhöre uns.
- Um deinen Geist für alle, die Schwerkranken und Sterbenden trostreich beistehen. V: Gott des Lebens. A: Höre und erhöre uns.
- Um das Geschenk der frohen Gemeinschaft mit dir für unsere lieben Verstorbenen und für alle Toten. V: Gott des Lebens. A: Höre und erhöre uns.

Du birgst die Toten in deiner Liebe und rundest, was ihrem Leben zur Fülle fehlt. Darauf vertrauen und dafür danken wir, am Allerseelentag und an allen Tagen unseres Lebens.

EUCHARISTIEFEIER

GABENGEBET

Herr, unser Gott, schau gütig auf unsere Gaben. Nimm deine Diener und Dienerinnen auf in die Herrlichkeit deines Sohnes, mit dem auch wir durch das große Sakrament der Liebe verbunden sind. Darum bitten wir durch ihn, Christus, unseren Herrn.

PRÄFATION

In Wahrheit ist es würdig und recht, dir, allmächtiger Vater, zu danken durch unseren Herrn Jesus Christus. Denn er ist das Heil der Welt, das Leben der Menschen, die Auferstehung der Toten. Durch ihn rühmen dich Himmel und Erde, Engel und Menschen und singen wie aus einem Munde das Lob deiner Herrlichkeit: Heilig …

KOMMUNIONVERS

Joh 11,25–26

So spricht der Herr:
Ich bin die Auferstehung und das Leben;
wer an mich glaubt, wird leben, auch wenn er stirbt,
und jeder, der lebt und an mich glaubt,
wird in Ewigkeit nicht sterben.

SCHLUSSGEBET

Barmherziger Gott, wir haben das Gedächtnis des Todes und der Auferstehung Christi gefeiert für unsere Brüder und Schwestern. Führe sie vom Tod zum Leben, aus dem Dunkel zum Licht, aus der Bedrängnis in deinen Frieden. Darum bitten wir durch Christus, unseren Herrn.

FEIERLICHER SCHLUSSSEGEN

Die Gnade seines Segens schenke euch der Gott allen Trostes, der uns aus Liebe erschaffen und uns in Christus die Hoffnung auf die selige Auferstehung geschenkt hat. – A: Amen.
Den Lebenden gewähre er die Verzeihung der Sünden, die Verstorbenen führe er in sein Licht und seinen Frieden. – A: Amen.
Der Lebenden und der Toten erbarme sich Christus, der wahrhaft aus dem Grabe erstanden ist. – A: Amen.

Das gewähre euch der dreieinige Gott, der Vater und der Sohn † und der Heilige Geist. – A: Amen.

***

HERBST

Die Blätter fallen, fallen wie von weit,
Als welkten in den Himmeln ferne Gärten;
Sie fallen mit verneinender Gebärde.
Und in den Nächten fällt die schwere Erde
Aus allen Sternen in die Einsamkeit.
Wir alle fallen. Diese Hand da fällt.
Und sieh die andre an: es ist in allen.
Und doch ist Einer, welcher dieses Fallen
Unendlich sanft in seinen Händen hält.

Rainer Maria Rilke

31. SONNTAG IM JAHRESKREIS

5. November 2023

„An ihren Früchten werdet ihr sie erkennen." So könnte die Überschrift über diesen Sonntag lauten. Die drei Schrifttexte verbindet die Botschaft, dass Lehre und Verhalten zusammengehören. Nur wenn das Verhalten dem entspricht, was die Lehrenden mit Worten verkünden, hat die Botschaft die Chance anzukommen und fruchtbar zu werden. Wer Wasser predigt und Wein trinkt, den nimmt bald niemand mehr ernst, egal wie wohlformuliert die gesprochene Botschaft sein mag. In dieser Gefahr stehen sowohl einzelne in der Verkündigung Tätige als auch die ganze Kirche. Daran werden wir eindringlich erinnert.

ERÖFFNUNGSVERS

Ps 38 (37),22–23

Herr, verlass mich nicht, bleib mir nicht fern, mein Gott!
Eile mir zu Hilfe, Herr, du mein Heil.

KYRIE-RUFE

Herr Jesus Christus, du rufst die Mühseligen
und Beladenen zu dir, denn dein Joch ist sanft
und deine Last ist leicht.
V/A: Herr, erbarme dich.
Du zerbrichst den Stock der Antreiber.
V/A: Christus, erbarme dich.
Du stürzt die Mächtigen vom Thron
und erhöhst die Niedrigen.
V/A: Herr, erbarme dich.

Ehre sei Gott, S. 479 f.

TAGESGEBET

Allmächtiger, barmherziger Gott, es ist deine Gabe und dein Werk, wenn das gläubige Volk dir würdig und aufrichtig dient. Nimm alles von uns, was uns auf dem Weg zu dir aufhält, damit wir ungehindert der Freude entgegeneilen, die du uns verheißen hast. Darum bitten wir durch Jesus Christus.

WORTGOTTESDIENST

ZUR 1. LESUNG Im 5. Jahrhundert vor Christus herrschen kultische und soziale Missstände, die ein Maleachi – „mein Bote" – genannter Prophet deutlich anprangert. Die Priester kommen ihrer Aufgabe, Gott durch ihren Dienst Ehre zu erweisen und das Volk anzuleiten und aufzurichten, nicht nach. Auch innerhalb des Volkes suchen so manche nur ihren eigenen Vorteil, anstatt einander als Kinder Gottes zu erkennen und entsprechend zu behandeln. Das kann nicht ohne Konsequenzen bleiben.

ERSTE LESUNG Mal 1,14b–2,2b.8–10

Ihr seid abgewichen vom Weg, ihr habt viele zu Fall gebracht

Lesung aus dem Buch Maleáchi.

Ein großer König bin ich, spricht der Herr der Heerscharen, und mein Name ist bei den Völkern gefürchtet.

Jetzt gilt dieses Gebot für euch, ihr Priester: Wenn ihr nicht hört und nicht von Herzen darauf bedacht seid, meinen Namen in Ehren zu halten – spricht der Herr der Heerscharen –, dann schleudere ich meinen Fluch gegen euch.

Ihr seid abgewichen vom Weg, ihr habt viele zu Fall gebracht durch eure Weisung; ihr habt den Bund Levis zunichte gemacht, spricht der HERR der Heerscharen.
Darum mache ich euch verächtlich und erniedrige euch vor dem ganzen Volk, so wie ihr euch nicht an meine Wege haltet und auf die Person seht bei der Weisung.
Haben wir nicht alle denselben Vater? Hat nicht der eine Gott uns erschaffen? Warum handeln wir dann treulos, einer gegen den andern, und entweihen den Bund unserer Väter?

ANTWORTPSALM

Ps 131 (130), 1.2–3

Kv HERR, bewahre meine Seele in deinem Frieden! – Kv

HERR, mein Herz überhebt sich nicht, *
nicht hochmütig blicken meine Augen,
ich gehe nicht um mit großen Dingen, *
mit Dingen, die mir nicht begreiflich sind. – (Kv)

Vielmehr habe ich besänftigt, habe zur Ruhe gebracht meine Seele. /
Wie ein gestilltes Kind bei seiner Mutter, *
wie das gestillte Kind, so ist meine Seele in mir.
Israel, warte auf den HERRN *
von nun an bis in Ewigkeit! – Kv

ZUR 2. LESUNG Von der Glaubwürdigkeit der Missionare hängt es ab, ob die Angesprochenen die Botschaft annehmen. Die Beziehung zwischen Paulus, Silvanus, Timotheus und der Gemeinde in Thessalonich ist entgegen verbreiteter Praxis keine professionell-finanzielle, sondern eine liebevoll-familiäre. Die drei Missionare haben sich selbst versorgt, um der Gemeinde nicht zur Last zu fallen. Das macht sie umso glaubwürdiger, da es ihnen sichtbar nicht um den eigenen Vorteil ging, sondern um die Botschaft des Gotteswortes, das wirksam verkündet werden konnte und deshalb immer noch in der Gemeinde lebendig ist.

ZWEITE LESUNG

1 Thess 2,7b–9.13

Wir wollten euch nicht nur am Evangelium Gottes teilhaben lassen, sondern auch an unserem Leben

Lesung aus dem ersten Brief des Apostels Paulus an die Gemeinde in Thessalónich.

Schwestern und Brüder! Wir sind euch freundlich begegnet: Wie eine Mutter für ihre Kinder sorgt, so waren wir euch zugetan und wollten euch nicht nur am Evangelium Gottes teilhaben lassen, sondern auch an unserem Leben; denn ihr wart uns sehr lieb geworden.

Ihr erinnert euch, Brüder und Schwestern, wie wir uns gemüht und geplagt haben. Bei Tag und Nacht haben wir gearbeitet, um keinem von euch zur Last zu fallen, und haben euch so das Evangelium Gottes verkündet.

Darum danken wir Gott unablässig dafür, dass ihr das Wort Gottes, das ihr durch unsere Verkündigung empfangen habt, nicht als Menschenwort, sondern – was es in Wahrheit ist – als Gottes Wort angenommen habt; und jetzt ist es in euch, den Glaubenden, wirksam.

RUF VOR DEM EVANGELIUM

Vers: Mt 23,9b.10b

Halleluja. Halleluja.
Einer ist euer Vater, der im Himmel.
Einer ist euer Lehrer, Christus.
Halleluja.

ZUM EVANGELIUM **Nach welchen Maßstäben soll die christliche Gemeinde miteinander leben? Der Autor des Matthäus-Evangeliums sieht die Nachfolge Jesu in der Gleichheit aller und im gegenseitigen Dienst aneinander verwirklicht. Unter denen, die Jesus folgen, darf es keine Vorrangstellungen geben; denn Christus allein ist Lehrer**

und Meister, und der himmlische Vater hat die höchste Autorität. Die polemische Darstellung des Fehlverhaltens der Pharisäer und Schriftgelehrten, denen Lehrautorität übertragen ist, dient in dieser innerjüdischen Auseinandersetzung als Negativfolie: Jesus will deutlich machen, dass Lehre und Handeln übereinstimmen müssen, damit die Botschaft Wirkkraft erlangen kann.

EVANGELIUM

Mt 23,1–12

Sie reden nur, tun es aber nicht

+ Aus dem heiligen Evangelium nach Matthäus.

In jener Zeit sprach Jesus zum Volk und zu seinen Jüngern und sagte: Auf dem Stuhl des Mose sitzen die Schriftgelehrten und die Pharisäer. Tut und befolgt also alles, was sie euch sagen, aber richtet euch nicht nach ihren Taten; denn sie reden nur, tun es aber nicht. Sie schnüren schwere und unerträgliche Lasten zusammen und legen sie den Menschen auf die Schultern, selber aber wollen sie keinen Finger rühren, um die Lasten zu bewegen.

Alles, was sie tun, tun sie, um von den Menschen gesehen zu werden: Sie machen ihre Gebetsriemen breit und die Quasten an ihren Gewändern lang, sie lieben den Ehrenplatz bei den Gastmählern und die Ehrensitze in den Synagogen und wenn man sie auf den Marktplätzen grüßt und die Leute sie Rabbi – Meister – nennen.

Ihr aber sollt euch nicht Rabbi nennen lassen; denn nur einer ist euer Meister, ihr alle aber seid Brüder. Auch sollt ihr niemanden auf Erden euren Vater nennen; denn nur einer ist euer Vater, der im Himmel. Auch sollt ihr euch nicht Lehrer nennen lassen; denn nur einer ist euer Lehrer, Christus.

Der Größte von euch soll euer Diener sein. Denn wer sich selbst erhöht, wird erniedrigt, und wer sich selbst erniedrigt, wird erhöht werden.

Glaubensbekenntnis, S. 482 ff.

FÜRBITTEN

Ehrentitel und Würdenamen können Schranken sein, die Menschen trennen und sie auf Abstand halten. Doch wer für andere da sein will, muss ihnen nahekommen. Zu Jesus, der den Menschen nahe war, rufen wir und bitten ihn:

- Für die Kirche, dass sie ihre Option für die Armen und am Rand Stehenden glaubwürdig verwirkliche. V/A: Kyrie, eleison.
- Für alle, die ein Amt in der Kirche innehaben, dass sie der Versuchung der Macht und des Machtmissbrauchs widerstehen. V/A: Kyrie, eleison.
- Für alle, die in Verkündigung und Seelsorge die Frohe Botschaft verkünden und einladend leben. V/A: Kyrie, eleison.
- Für alle, die ohne Obdach sind und ohne Hoffnung. V/A: Kyrie, eleison.
- Für alle, die sich nicht selbst erhöhen, sondern helfen, wo es nottut. V/A: Kyrie, eleison.

Die Weisungen der Bibel bürden keine untragbaren Lasten auf, sondern wollen ins Leben, ins Weite führen. Dafür danken wir und preisen Gott durch Christus, unseren Bruder und Herrn.

EUCHARISTIEFEIER

GABENGEBET

Heiliger Gott, diese Gabe werde zum reinen Opfer, das deinen Namen groß macht unter den Völkern. Für uns aber werde sie zum Sakrament, das uns die Fülle deines Erbarmens schenkt. Darum bitten wir durch Christus, unseren Herrn.

Präfation, S. 494 ff.

KOMMUNIONVERS

Joh 6, 57

So spricht der Herr:
Wie mich der lebendige Vater gesandt hat
und wie ich durch den Vater lebe,
so wird jeder, der mich isst, durch mich leben.

SCHLUSSGEBET

Gütiger Gott, du hast uns mit dem Brot des Himmels gestärkt. Lass deine Kraft in uns wirken, damit wir fähig werden, die ewigen Güter zu empfangen, die uns in diesen Gaben verheißen sind. Darum bitten wir durch Christus, unseren Herrn.

***

Für eine Wort-Gottes-Feier:

ERÖFFNUNGSGEBET ZUR WAHL

Gott, unser Vater, in deinem Sohn hast du uns einen verlässlichen Lehrer gegeben. Lass uns verstehen, was er uns sagt, und Zeugnis ablegen für ihn, unseren Herrn Jesus Christus, der mit dir und dem Heiligen Geist lebt und herrscht in Ewigkeit.

***

AN IHREN TATEN WERDEN SIE GEMESSEN

Was nützen sie?
All die schönen Worte
die frommen Sätze
die bedächtig formulierten Predigten
die geistreichen Belehrungen
wenn die Wortführenden sich selbst nicht daran halten
wenn sie sich im Glanz ihrer Rhetorik sonnen
wenn sie Wein trinken und sich hofieren lassen
wenn der Schein allzu offensichtlich trügt
Nichts nützen sie
Denn Taten sind so viel beredter
So oder so

Inga Schmitt

32. SONNTAG IM JAHRESKREIS

12. November 2023

Die Hoffnung der Glaubenden besteht darin, am Ende der Zeiten in Gemeinschaft mit Gott und Christus Jesus zu leben, Gast beim ewigen Hochzeitsfest zu sein. Es ist kein Automatismus, dieses ewige Leben zu erlangen. Leben wird denen geschenkt, die nach Gottes Willen handeln, also gerecht leben. Wer Solidarität mit den Benachteiligten übt, die Gemeinschaft fördert und zur Liebe fähig ist, hat Weisheit gefunden. Dieser Mensch ist klug und gerecht und geht damit einen Bund des Lebens mit Gott ein – jetzt und in der Ewigkeit.

ERÖFFNUNGSVERS Ps 88 (87), 3

Herr, lass mein Gebet zu dir dringen,
wende dein Ohr meinem Flehen zu.

KYRIE-RUFE

Herr Jesus Christus, du sitzest
zur Rechten des Vaters.
V/A: Herr, erbarme dich.
Du wirst wiederkommen in Herrlichkeit
und deiner Herrschaft wird kein Ende sein.
V/A: Christus, erbarme dich.
Du forderst uns auf, dir wachsam
und klug entgegenzusehen.
V/A: Herr, erbarme dich.

Ehre sei Gott, S. 479 f.

TAGESGEBET

Allmächtiger und barmherziger Gott, wir sind dein Eigentum, du hast uns in deine Hand geschrieben. Halte von uns fern, was uns gefährdet, und nimm weg, was uns an Seele und Leib bedrückt, damit wir freien Herzens deinen Willen tun. Darum bitten wir durch Jesus Christus.

WORTGOTTESDIENST

ZUR 1. LESUNG Weise ist es, ein Leben in Gerechtigkeit zu führen, da dies unvergänglich ist – indem es seine Fortsetzung bei Gott hat. Gerade den Machthabern steht es gut zu Gesicht, ihre Herrschaft gerecht auszuüben, also solidarisch zu handeln und durch ihr Handeln die Gemeinschaft zu fördern. Ihre Macht erhalten sie von Gott, ihm müssen sie sich verantworten. Lockend und einladend wirbt im Buch der Weisheit König Salomo für das Erlernen der Weisheit. Sie wird als begehrenswerte Frau dargestellt, die sich von denen finden lässt, die sie suchen. Wer kann da widerstehen?

ERSTE LESUNG

Weish 6,12–16

Wer die Weisheit sucht, findet sie

Lesung aus dem Buch der Weisheit.

Strahlend und unvergänglich ist die Weisheit; wer sie liebt, erblickt sie schnell, und wer sie sucht, findet sie. Denen, die nach ihr verlangen, kommt sie zuvor und gibt sich zu erkennen.

Wer sie am frühen Morgen sucht, braucht keine Mühe, er findet sie vor seiner Türe sitzen. Über sie nachzusinnen, ist vollkommene Klugheit; wer ihretwegen wacht, wird schnell von Sorge frei.

Sie geht selbst umher, um die zu suchen, die ihrer würdig sind; freundlich erscheint sie ihnen auf allen Wegen und kommt ihnen entgegen bei jedem Gedanken.

ANTWORTPSALM

Ps 63 (62),2.3–4.5–6.7–8 (Kv: vgl. 2)

Kv Meine Seele dürstet nach dir, mein Gott. – Kv

Gott, mein Gott bist du, dich suche ich, *
es dürstet nach dir meine Seele.
Nach dir schmachtet mein Fleisch *
wie dürres, lechzendes Land ohne Wasser. – (Kv)

Darum halte ich Ausschau nach dir im Heiligtum, *
zu sehen deine Macht und Herrlichkeit.
Denn deine Huld ist besser als das Leben. *
Meine Lippen werden dich rühmen. – (Kv)

So preise ich dich in meinem Leben, *
in deinem Namen erhebe ich meine Hände.
Wie an Fett und Mark wird satt meine Seele, *
mein Mund lobt dich mit jubelnden Lippen. – (Kv)

Ich gedenke deiner auf meinem Lager *
und sinne über dich nach, wenn ich wache.
Ja, du wurdest meine Hilfe, *
ich juble im Schatten deiner Flügel. – Kv

ZUR 2. LESUNG Die ersten christlichen Gemeinden erwarteten das Ende der Zeiten noch zu ihren Lebzeiten. Aus dieser Erwartung heraus entwickelte sich die Sorge, ob die verstorbenen Anhängerinnen und Anhänger Jesu dann im Nachteil wären. Paulus versichert der Gemeinde von Thessalonich, dass die Verstorbenen auferweckt werden, wie Jesus auferstanden ist. Am Ende der Zeiten werden alle – die bis dahin Verstorbenen und die Lebenden – in Gemeinschaft mit Christus leben. Das ist die tröstliche Hoffnung, aus der und auf die hin die Christgläubigen leben.

ZWEITE LESUNG

1 Thess 4,13–18

Gott wird die Entschlafenen durch Jesus in die Gemeinschaft mit ihm führen

Lesung aus dem ersten Brief des Apostels Paulus an die Gemeinde in Thessalónich.

Schwestern und Brüder, wir wollen euch über die Entschlafenen nicht in Unkenntnis lassen, damit ihr nicht trauert wie die anderen, die keine Hoffnung haben.

Denn wenn wir glauben, dass Jesus gestorben und auferstanden ist, so wird Gott die Entschlafenen durch Jesus in die Gemeinschaft mit ihm führen. Denn dies sagen wir euch nach einem Wort des Herrn: Wir, die Lebenden, die noch übrig sind bei der Ankunft des Herrn, werden den Entschlafenen nichts voraushaben.

Denn der Herr selbst wird vom Himmel herabkommen, wenn der Befehl ergeht, der Erzengel ruft und die Posaune Gottes erschallt. Zuerst werden die in Christus Verstorbenen auferstehen; dann werden wir, die Lebenden, die noch übrig sind, zugleich mit ihnen auf den Wolken in die Luft entrückt zur Begegnung mit dem Herrn. Dann werden wir immer beim Herrn sein.

Tröstet also einander mit diesen Worten!

Oder:

KURZFASSUNG

1 Thess 4,13–14

Gott wird die Entschlafenen durch Jesus in die Gemeinschaft mit ihm führen

Lesung aus dem ersten Brief des Apostels Paulus an die Gemeinde in Thessalónich.

Schwestern und Brüder, wir wollen euch über die Entschlafenen nicht in Unkenntnis lassen, damit ihr nicht trauert wie die anderen, die keine Hoffnung haben.

Denn wenn wir glauben, dass Jesus gestorben und auferstanden ist, so wird Gott die Entschlafenen durch Jesus in die Gemeinschaft mit ihm führen.

RUF VOR DEM EVANGELIUM

Vers: vgl. Mt 24,42a.44

Halleluja. Halleluja.
Seid wachsam und haltet euch bereit!
Denn der Menschensohn kommt
zu einer Stunde, in der ihr es nicht erwartet.
Halleluja.

ZUM EVANGELIUM Das Gleichnis von den zehn Jungfrauen gibt eine Antwort auf die Frage: „Was tun, wenn sich die Wartezeit bis zum Ende der Welt verlängert?" Wer im Himmelreich aufgenommen werden möchte, muss wachsam sein und braucht „Öl in Krügen". Es reicht nicht, „Herr, Herr!" zu rufen. Vielmehr stehen alle vor der Aufgabe, das eigene Leben nach dem Beispiel Jesu zu gestalten. Darum geht es: den Willen des Vaters im Himmel tun (vgl. Mt 7,21–23). Taten zählen, nicht Worte. Davon lässt sich nicht abgeben, das lässt sich nicht borgen, dafür ist jeder Mensch selbst verantwortlich.

EVANGELIUM

Mt 25,1–13

Siehe, der Bräutigam! Geht ihm entgegen!

+ Aus dem heiligen Evangelium nach Matthäus.

In jener Zeit erzählte Jesus seinen Jüngern das folgende Gleichnis: Mit dem Himmelreich wird es sein wie mit zehn Jungfrauen, die ihre Lampen nahmen und dem Bräutigam entgegengingen. Fünf von ihnen waren töricht und fünf waren klug. Die Törichten nahmen ihre Lampen mit, aber kein Öl, die Klugen aber nahmen mit ihren Lampen noch Öl in Krügen mit. Als nun der Bräutigam lange nicht kam, wurden sie alle müde und schliefen ein.

Mitten in der Nacht aber erscholl der Ruf: Siehe, der Bräutigam! Geht ihm entgegen! Da standen die Jungfrauen alle auf und machten ihre Lampen zurecht.

Die Törichten aber sagten zu den Klugen: Gebt uns von eurem Öl, sonst gehen unsere Lampen aus! Die Klugen erwiderten ihnen: Dann reicht es nicht für uns und für euch; geht lieber zu den Händlern und kauft es euch!

Während sie noch unterwegs waren, um es zu kaufen, kam der Bräutigam. Die Jungfrauen, die bereit waren, gingen mit ihm in den Hochzeitssaal und die Tür wurde zugeschlossen.

Später kamen auch die anderen Jungfrauen und riefen: Herr, Herr, mach uns auf! Er aber antwortete ihnen und sprach: Amen, ich sage euch: Ich kenne euch nicht.

Seid also wachsam! Denn ihr wisst weder den Tag noch die Stunde.

Glaubensbekenntnis, S. 482 ff.

FÜRBITTEN

Es braucht Achtsamkeit und Wachsamkeit, um hier und heute Jesu Kommen zu erkennen. Wir rufen zu ihm, unserem Herrn und Bruder, und bitten ihn:

- Für die Kirche und alle, die ein Amt in ihr bekleiden, dass sie wachsam gegenüber dem Missbrauch von Macht in Kirche und Gesellschaft sind. V/A: Höre und erhöre uns.

- Für alle Menschen, die Veränderungen fürchten, verschlafen oder verweigern, dass sie wach werden und vorausschauend handeln. V/A: Höre und erhöre uns.

- Für alle, die Mangel, Not und Ungerechtigkeit erkennen, dass sie die Kraft haben, aufzustehen und zu handeln. V/A: Höre und erhöre uns.

- Für die Kinder und Jugendlichen, dass sie die Ausbeutung der natürlichen Ressourcen und die Zerstörung der Natur wachsam wahrnehmen und sich dauerhaft für die Erhaltung unserer Erde einsetzen. V/A: Höre und erhöre uns.

- Für die Verstorbenen, denen Lebenschancen entgangen sind, dass sich ihr Sein vollende in Gottes Licht und Leben. V/A: Höre und erhöre uns.

Jesus, unser Bruder, du hast aus der Leben spendenden Nähe zum himmlischen Vater gelebt und gewirkt. Wir bitten dich, bleibe an unserer Seite, heute und alle Tage, die uns geschenkt sind.

EUCHARISTIEFEIER

GABENGEBET

Gott, unser Vater, nimm unsere Opfergaben gnädig an und gib, dass wir mit gläubigem Herzen das Leidensgeheimnis deines Sohnes feiern, der mit dir lebt und herrscht in alle Ewigkeit.

Präfation, S. 494 ff.

KOMMUNIONVERS

Ps 23 (22), 1–2

Der Herr ist mein Hirte, nichts wird mir fehlen.
Er lässt mich lagern auf grünen Auen
und führt mich zum Ruheplatz am Wasser.

SCHLUSSGEBET

Wir danken dir, gütiger Gott, für die heilige Gabe, in der wir die Kraft von oben empfangen. Erhalte in uns deinen Geist und lass uns dir stets aufrichtig dienen. Darum bitten wir durch Christus, unseren Herrn.

***

Für eine Wort-Gottes-Feier:

ERÖFFNUNGSGEBET ZUR WAHL

Herr, unser Gott, du Grund unserer Hoffnung. Wir haben uns versammelt und feiern deine Gegenwart. Halte uns wach in der Erwartung deines Sohnes, damit wir ihm entgegengehen, wenn er kommt: Jesus Christus, unser Herr, der mit dir und dem Heiligen Geist lebt und herrscht in Ewigkeit.

***

MEINE HOFFNUNG

Die Lebenden und die Toten
als Auferstandene
versammelt
zum ewigen Hochzeitsmahl
zum Fest ohne Ende
in der Gegenwart des Lebendigen
Die Eintrittskarte?
Verschenkte Liebe
Geteiltes Leid
Gelebte Solidarität
– Vorgeschmack auf die Ewigkeit –
Lass sie dir nicht entgehen!

Inga Schmitt

33. SONNTAG IM JAHRESKREIS

19. November 2023

Als Christinnen und Christen leben wir in der Zuversicht, dass wir bereits durch den Tod und die Auferstehung Christi gerettet sind. Gleichzeitig warten wir noch auf die endgültige Errichtung der Gottesherrschaft. Bis dahin sind wir dazu gerufen, die uns geschenkten Ressourcen mit Klugheit und Weitblick, tatkräftig und wirkungsvoll einzusetzen. Wenn wir ängstlich sind oder uns in falscher Sicherheit wähnen, taucht das unser Leben in Dunkelheit und zeugt von verlorener Hoffnung. Die Schrifttexte des vorletzten Sonntags im Jahreskreis werben dagegen dafür, das Leben aus dem Evangelium zu gestalten. Und dafür, in der Erwartung von Christi Wiederkunft frohgemut wachsam zu sein.

ERÖFFNUNGSVERS

Vgl. Jer 29,11.12.14

So spricht der Herr:
Ich sinne Gedanken des Friedens und nicht des Unheils.
Wenn ihr mich anruft, so werde ich euch erhören
und euch aus der Gefangenschaft
von allen Orten zusammenführen.

KYRIE-RUFE

Herr Jesus Christus, du hast uns dazu geschaffen,
mit Gott zu lieben.
V/A: Herr, erbarme dich.
Du bewirkst das Wollen und das Vollbringen.
V/A: Christus, erbarme dich.

Du vollendest das gute Werk,
das du bei uns begonnen hast.
V/A: Herr, erbarme dich.

Ehre sei Gott, S. 479 f.

TAGESGEBET

Gott, du Urheber alles Guten, du bist unser Herr. Lass uns begreifen, dass wir frei werden, wenn wir uns deinem Willen unterwerfen, und dass wir die vollkommene Freude finden, wenn wir in deinem Dienst treu bleiben. Darum bitten wir durch Jesus Christus.

WORTGOTTESDIENST

ZUR 1. LESUNG Mit dem Lob der tüchtigen Frau – der „Frau von Fähigkeit, Kraft, Vermögen", wie sich das Hebräische auch übersetzen lässt – endet das Buch der Sprichwörter. In diesem kunstvollen Alphabet-Gedicht (Spr 31,10–31) wird mit Motiven aus der Weisheitsliteratur die Tatkraft einer aktiven, erfolgreichen Kleinunternehmerin beschrieben. Die Weisheit, die bereits bei der Erschaffung der Welt mitgewirkt hat, wird auf diese Weise im Alltag von (Ehe-)Frauen greifbar. Ihre gestalterische Kraft beziehen diese aus ihrer Verbundenheit mit Gott, aus der Gottesfurcht. Damit sind sie uns ein Vorbild.

ERSTE LESUNG Spr 31,10–13.19–20.30–31

Sie arbeitet voll Lust mit ihren Händen

Lesung aus dem Buch der Sprichwörter.

Eine tüchtige Frau, wer findet sie? Sie übertrifft alle Perlen an Wert. Das Herz ihres Mannes vertraut auf sie und es fehlt ihm nicht an Gewinn. Sie tut ihm Gutes und nichts Böses alle Tage ihres Lebens.

Sie sorgt für Wolle und Flachs und arbeitet voll Lust mit ihren Händen. Nach dem Spinnrocken greift ihre Hand, ihre Finger fassen die Spindel.

Sie öffnet ihre Hand für den Bedürftigen und reicht ihre Hände dem Armen.

Trügerisch ist Anmut, vergänglich die Schönheit, eine Frau, die den HERRN fürchtet, sie allein soll man rühmen. Gebt ihr vom Ertrag ihrer Hände, denn im Stadttor rühmen sie ihre Werke!

ANTWORTPSALM

Ps 128 (127), 1–2.3.4–5 (Kv: vgl. 1)

Kv Selig die Menschen,
die Gottes Wege gehn. – Kv

Selig jeder, der den HERRN fürchtet, *
der auf seinen Wegen geht!
Was deine Hände erarbeitet haben, wirst du genießen; *
selig bist du – es wird dir gut ergehn. – (Kv)

Deine Frau ist wie ein fruchtbarer Weinstock *
im Innern deines Hauses.
Wie Schösslinge von Ölbäumen sind deine Kinder *
rings um deinen Tisch herum. – (Kv)

Siehe, so wird der Mann gesegnet, *
der den HERRN fürchtet.
Es segne dich der HERR vom Zion her. *
Du sollst schauen das Glück Jerusalems alle Tage deines Lebens. – Kv

ZUR 2. LESUNG Die ersten christlichen Gemeinden lebten in der Erwartung der baldigen Wiederkunft Christi und der damit verbundenen Hoffnung auf die Errichtung des Reiches Gottes. Da Zeit und Stunde dafür unbekannt sind, ermahnt Paulus die Gemeindeglieder in

Thessalonich, in aufmerksamer Erwartung zu leben, anstatt sich in falscher Sicherheit zu wiegen. Als „Kinder des Lichts" leben (wir) Christinnen und Christen bereits „nicht im Finstern", leben in Zuversicht und können deshalb den Reizen anderer Sinnangebote widerstehen.

ZWEITE LESUNG

1 Thess 5,1–6

Der Tag des Herrn soll euch nicht wie ein Dieb überraschen

Lesung aus dem ersten Brief des Apostels Paulus an die Gemeinde in Thessalónich.

Über Zeiten und Stunden, Schwestern und Brüder, brauche ich euch nicht zu schreiben. Ihr selbst wisst genau, dass der Tag des Herrn kommt wie ein Dieb in der Nacht.

Während die Menschen sagen: Friede und Sicherheit!, kommt plötzlich Verderben über sie wie die Wehen über eine schwangere Frau und es gibt kein Entrinnen. Ihr aber, Brüder und Schwestern, lebt nicht im Finstern, sodass euch der Tag nicht wie ein Dieb überraschen kann. Ihr alle seid Söhne des Lichts und Söhne des Tages. Wir gehören nicht der Nacht und nicht der Finsternis.

Darum wollen wir nicht schlafen wie die anderen, sondern wach und nüchtern sein.

RUF VOR DEM EVANGELIUM

Vers: Joh 15,4a.5b

Halleluja. Halleluja.
(So spricht der Herr:)
Bleibt in mir und ich bleibe in euch.
Wer in mir bleibt, der bringt reiche Frucht.
Halleluja.

ZUM EVANGELIUM Mit dem Gleichnis von den anvertrauten Talenten Silbergeld gibt der Autor des Matthäus-Evangeliums seinen Leserinnen und Lesern eine Anweisung mit, wie sie die Zeit bis zur

Wiederkunft des Herrn nutzen sollen: Wie die beiden ersten Diener sollen sie das, was ihnen an Gaben zur Verfügung steht – und das ist immens viel – mutig und voller Eifer einbringen und in der Nachfolge Christi für die Verkündigung der Frohen Botschaft einsetzen. Darin erweisen sie sich als treu, als gläubig. Ihre Belohnung wird dementsprechend groß sein. Ein abschreckendes Beispiel bieten die bestraften Ängstlichen, die die ihnen anvertrauten Ressourcen zurückhalten. Bereits in ihrem Verhalten im Hier und Jetzt zeigt sich Gottesferne, aus der keine Frucht hervorgeht.

EVANGELIUM

Mt 25,14–30

Über Weniges warst du treu; nimm teil am Freudenfest deines Herrn!

+ Aus dem heiligen Evangelium nach Matthäus.

In jener Zeit erzählte Jesus seinen Jüngern das folgende Gleichnis: Mit dem Himmelreich ist es wie mit einem Mann, der auf Reisen ging.

Er rief seine Diener und vertraute ihnen sein Vermögen an. Dem einen gab er fünf Talente Silbergeld, einem anderen zwei, wieder einem anderen eines, jedem nach seinen Fähigkeiten. Dann reiste er ab.

Sofort ging der Diener, der die fünf Talente erhalten hatte hin, wirtschaftete mit ihnen und gewann noch fünf weitere dazu. Ebenso gewann der, der zwei erhalten hatte, noch zwei weitere dazu. Der aber, der das eine Talent erhalten hatte, ging und grub ein Loch in die Erde und versteckte das Geld seines Herrn.

Nach langer Zeit kehrte der Herr jener Diener zurück und hielt Abrechnung mit ihnen.

Da kam der, der die fünf Talente erhalten hatte, brachte fünf weitere und sagte: Herr, fünf Talente hast du mir gegeben; sieh her, ich habe noch fünf dazugewonnen. Sein Herr sagte zu ihm: Sehr gut, du tüchtiger und treuer Diener. Über Weniges warst du treu, über Vieles werde ich dich setzen. Komm, nimm teil am Freudenfest deines Herrn!

Dann kam der Diener, der zwei Talente erhalten hatte, und sagte: Herr, du hast mir zwei Talente gegeben; sieh her, ich habe noch zwei dazugewonnen. Sein Herr sagte zu ihm: Sehr gut, du tüchtiger und treuer Diener. Über Weniges warst du treu, über Vieles werde ich dich setzen. Komm, nimm teil am Freudenfest deines Herrn!

Es kam aber auch der Diener, der das eine Talent erhalten hatte, und sagte: Herr, ich wusste, dass du ein strenger Mensch bist; du erntest, wo du nicht gesät hast, und sammelst, wo du nicht ausgestreut hast; weil ich Angst hatte, habe ich dein Geld in der Erde versteckt. Sieh her, hier hast du das Deine.

Sein Herr antwortete und sprach zu ihm: Du bist ein schlechter und fauler Diener! Du hast gewusst, dass ich ernte, wo ich nicht gesät habe, und sammle, wo ich nicht ausgestreut habe. Du hättest mein Geld auf die Bank bringen müssen, dann hätte ich es bei meiner Rückkehr mit Zinsen zurückerhalten. Nehmt ihm also das Talent weg und gebt es dem, der die zehn Talente hat!

Denn wer hat, dem wird gegeben werden und er wird im Überfluss haben; wer aber nicht hat, dem wird auch noch weggenommen, was er hat. Werft den nichtsnutzigen Diener hinaus in die äußerste Finsternis! Dort wird Heulen und Zähneknirschen sein.

Oder:

KURZFASSUNG Mt 25,14–15.19–21

Über Weniges warst du treu; nimm teil am Freudenfest deines Herrn!

+ Aus dem heiligen Evangelium nach Matthäus.

In jener Zeit erzählte Jesus seinen Jüngern das folgende Gleichnis: Mit dem Himmelreich ist es wie mit einem Mann, der auf Reisen ging.

Er rief seine Diener und vertraute ihnen sein Vermögen an. Dem einen gab er fünf Talente Silbergeld, einem anderen zwei, wieder einem anderen eines, jedem nach seinen Fähigkeiten. Dann reiste er ab.

Nach langer Zeit kehrte der Herr jener Diener zurück und hielt Abrechnung mit ihnen.

Da kam der, der die fünf Talente erhalten hatte, brachte fünf weitere und sagte: Herr, fünf Talente hast du mir gegeben; sieh her, ich habe noch fünf dazugewonnen. Sein Herr sagte zu ihm: Sehr gut, du tüchtiger und treuer Diener. Über Weniges warst du treu, über Vieles werde ich dich setzen. Komm, nimm teil am Freudenfest deines Herrn!

Glaubensbekenntnis, S. 482 ff.

FÜRBITTEN

Guter Gott, alle Menschen sind von dir und vor dir begabt. Hilf, dass wir uns mit unseren ganz unterschiedlichen Gaben annehmen, sodass wir sie einbringen können und unser Leben gelingt:

- Wir beten für Eltern, die ein Kind mit chronischer Krankheit oder Behinderung umsorgen, es stärken und seine Gaben erkennen. V: Gott, du Geber aller Gaben. A: Höre unser Rufen.

- Wir bitten für die Kinder, deren Gaben nicht gesehen werden und die ihre Talente nicht entfalten dürfen – besonders für die vielen Mädchen weltweit, denen Förderung verwehrt wird. V: Gott, du Geber aller Gaben. A: Höre unser Rufen.

- Wir beten für alle, die ihre Begabungen einsetzen, um zu versöhnen und zu heilen. V: Gott, du Geber aller Gaben. A: Höre unser Rufen.

- Wir bitten auch für die Menschen, deren Gaben verkümmern, weil sie in Süchten gefangen sind. V: Gott, du Geber aller Gaben. A: Höre unser Rufen.

- Wir beten für unsere verstorbenen Angehörigen, Lehrerinnen und Lehrer, Freundinnen und Freunde, die uns ermutigt haben, unsere Gaben zu entfalten. V: Gott, du Geber aller Gaben. A: Höre unser Rufen.

Gott, wir danken dir für den Reichtum deiner Gaben. Hilf uns, aus deiner Fülle zu leben, heute und allezeit und in Ewigkeit.

EUCHARISTIEFEIER

GABENGEBET

Herr, unser Gott, die Gabe, die wir darbringen, schenke uns die Kraft, dir treu zu dienen, und führe uns zur ewigen Gemeinschaft mit dir. Darum bitten wir durch Christus, unseren Herrn.

Präfation, S. 494 ff.

KOMMUNIONVERS

Ps 73 (72), 28

Gott nahe zu sein ist mein Glück.
Ich setze mein Vertrauen auf Gott, den Herrn.

SCHLUSSGEBET

Barmherziger Gott, wir haben den Auftrag deines Sohnes erfüllt und sein Gedächtnis begangen. Die heilige Gabe, die wir in dieser Feier empfangen haben, helfe uns, dass wir in der Liebe zu dir und unseren Brüdern Christus nachfolgen, der mit dir lebt und herrscht in alle Ewigkeit.

★★★

Für eine Wort-Gottes-Feier:

ERÖFFNUNGSGEBET ZUR WAHL

Allmächtiger Gott, du beschenkst deine Geschöpfe mit vielfältigen Gaben. Lass uns erkennen, was du von uns willst, und gib uns die Kraft, zu tun, was du von uns erwartest. Darum bitten wir dich durch unseren Herrn Jesus Christus, deinen Sohn, der mit dir lebt und herrscht in der Einheit des Heiligen Geistes, Gott von Ewigkeit zu Ewigkeit.

***

MACH ETWAS DARAUS

Talente, Gaben, Ressourcen
So viele stehen dir zur Verfügung
Leg eine Prise Hoffnung dazu
zwei Unzen Tatkraft
und auch die Gewissheit
dass du längst schon gerettet bist
Nimm all das
und gestalte
dein Leben
das Miteinander
das Füreinander
deine Welt
Und die Freude
die dich dabei erfüllt
schenkt Gott dir vielfach
wenn du mit ihm zu Tisch sitzen wirst
am ersehnten Ende der Zeiten

Inga Schmitt

CHRISTKÖNIGSSONNTAG – HOCHFEST

26. November 2023

Nur die Liebe zählt. Das hält uns das Christkönigsfest vor Augen. Am Ende werden alle daran gemessen, ob sie insbesondere den Notleidenden und am Rand Stehenden mit liebender Fürsorge begegnet sind. Solche Taten der Nächstenliebe sind Antwort auf die Zuwendung Gottes, der sich als fürsorglicher Hirte um sein Volk kümmert und Rettung und Heilung bringt. Und zugleich ahmen sie diese Zuwendung nach. Überall, wo das durch uns erfahrbar wird, blitzt bereits im Hier und Jetzt Auferstehung auf, wird die königliche Würde eines jeden Menschen, die in der Taufe durch den Ritus der Salbung vergegenwärtigt wird, sichtbar. Aus der Gabe der Erlösung entspringt die Aufgabe, diese im handelnden Glauben zu bezeugen.

ERÖFFNUNGSVERS

Offb 5,12; 1,6

Würdig ist das Lamm, das geschlachtet ist,
Macht zu empfangen,
Reichtum und Weisheit, Kraft und Ehre.
Ihm sei die Herrlichkeit und die Herrschermacht
in Ewigkeit.

KYRIE-RUFE

Jesus Christus, du allein bist der Heilige,
du allein der Herr, du allein der Höchste.
V/A: Herr, erbarme dich.
Du herrschst, bis Gott dir alle Feinde
unter deine Füße gelegt hat.
V/A: Christus, erbarme dich.

Du übergibst deine Herrschaft Gott, dem Vater,
damit Gott alles in allem sei.
V/A: Herr, erbarme dich.

Ehre sei Gott, S. 479 f.

TAGESGEBET

Allmächtiger, ewiger Gott, du hast deinem geliebten Sohn alle Gewalt gegeben im Himmel und auf Erden und ihn zum Haupt der neuen Schöpfung gemacht. Befreie alle Geschöpfe von der Macht des Bösen, damit sie allein dir dienen und dich in Ewigkeit rühmen. Darum bitten wir durch Jesus Christus.

WORTGOTTESDIENST

ZUR 1. LESUNG Im Alten Orient spiegelt sich im Bild des Hirten, das gern als Metapher für Könige verwendet wird, eine fürsorgliche Regentschaft. In der Zeit des Babylonischen Exils prangert der Prophet Ezechiel die Könige Israels an – sie haben als Hirten versagt. Damit das Volk nicht endgültig untergeht, muss Gott selbst sich seines Volkes annehmen. Als Hirte Israels führt er die Vertriebenen zusammen und zurück, bringt Heil und Heilung, schützt die Schwachen. Er schafft Recht gegen die fremden Herrscher und auch innerhalb des Volkes. Als Hirte herrscht Gott voll liebender Fürsorge und mit Gerechtigkeit. Tröstliche Verheißung und zugleich Modell einer idealen Herrschaft.

ERSTE LESUNG

Ez 34,11–12.15–17a

Ihr, meine Herde, ich sorge für Recht zwischen Schaf und Schaf

Lesung aus dem Buch Ezéchiel.

So spricht GOTT, der Herr: Siehe, ich selbst bin es, ich will nach meinen Schafen fragen und mich um sie kümmern. Wie ein Hirt sich um seine Herde kümmert an dem Tag, an dem er inmitten seiner Schafe ist, die sich verirrt haben, so werde ich mich um meine Schafe kümmern und ich werde sie retten aus all den Orten, wohin sie sich am Tag des Gewölks und des Wolkendunkels zerstreut haben.

Ich, ich selber werde meine Schafe weiden und ich, ich selber werde sie ruhen lassen – Spruch GOTTES, des Herrn. Das Verlorene werde ich suchen, das Vertriebene werde ich zurückbringen, das Verletzte werde ich verbinden, das Kranke werde ich kräftigen. Doch das Fette und Starke werde ich vertilgen. Ich werde es weiden durch Rechtsentscheid. Ihr aber, meine Herde – so spricht GOTT, der Herr –, siehe, ich sorge für Recht zwischen Schaf und Schaf.

ANTWORTPSALM

Ps 23 (22), 1–3.4.5.6 (Kv: 1)

Kv Der HERR ist mein Hirt,
nichts wird mir fehlen. – Kv

Der HERR ist mein Hirt, nichts wird mir fehlen. /
Er lässt mich lagern auf grünen Auen *
und führt mich zum Ruheplatz am Wasser.
Meine Lebenskraft bringt er zurück. *
Er führt mich auf Pfaden der Gerechtigkeit,
getreu seinem Namen. – (Kv)

Auch wenn ich gehe im finsteren Tal, *
ich fürchte kein Unheil;
denn du bist bei mir, *
dein Stock und dein Stab, sie trösten mich. – (Kv)

Du deckst mir den Tisch *
vor den Augen meiner Feinde.

Du hast mein Haupt mit Öl gesalbt, *
übervoll ist mein Becher. – (Kv)

Ja, Güte und Huld *
werden mir folgen mein Leben lang
und heimkehren werde ich ins Haus des HERRN *
für lange Zeiten. – Kv

ZUR 2. LESUNG Wenn wir doch bereits erlöst sind durch Jesu Tod am Kreuz – welche Konsequenz hat dann unser Lebensstil? Und woraus speist sich eigentlich unsere Hoffnung auf Auferstehung? Mit seinem Brief an die Gemeinde in Korinth reagiert Paulus auf verschiedene Missstände innerhalb der Gemeinde. In dem Abschnitt für den Christkönigssonntag stellt er klar, dass allen am Ende der Zeiten das Gericht bevorstehe; wir seien zwar schon erlöst, aber noch nicht endgültig. Als Auferstandener hat Christus den Tod bereits besiegt, doch endgültig geschieht dies erst, wenn Gottes Herrschaft ein für alle Mal anbricht. Und im Rückgriff auf die Sündenfallerzählung im Buch Genesis, dem ersten Buch der Bibel, hält Paulus für folgerichtig, wovon er überzeugt ist: Ein einziger Mensch – Adam – hat den Tod über alle gebracht. Also bringt auch ein einziger Mensch – der auferstandene Christus – die Auferstehung für alle. Wir sind dazu berufen, aus dieser Hoffnung und Gewissheit heraus Leben zu gestalten.

ZWEITE LESUNG 1 Kor 15,20–26.28

Christus wird seine Herrschaft Gott, dem Vater, übergeben, damit Gott alles in allem sei

Lesung aus dem ersten Brief des Apostels Paulus an die Gemeinde in Korínth.

Schwestern und Brüder! Christus ist von den Toten auferweckt worden als der Erste der Entschlafenen. Da nämlich durch einen Menschen der Tod gekommen ist, kommt durch einen Menschen auch die Auferstehung der Toten. Denn wie in Adam alle sterben, so werden in Christus alle lebendig gemacht werden.

Es gibt aber eine bestimmte Reihenfolge: Erster ist Christus; dann folgen, wenn Christus kommt, alle, die zu ihm gehören. Danach kommt das Ende, wenn er jede Macht, Gewalt und Kraft entmachtet hat und seine Herrschaft Gott, dem Vater, übergibt.

Denn er muss herrschen, bis Gott ihm alle Feinde unter seine Füße gelegt hat. Der letzte Feind, der entmachtet wird, ist der Tod.

Wenn ihm dann alles unterworfen ist, wird auch er, der Sohn, sich dem unterwerfen, der ihm alles unterworfen hat, damit Gott alles in allem sei.

RUF VOR DEM EVANGELIUM

Vers: Mk 11,9.10

Halleluja. Halleluja.
Gesegnet sei er, der kommt im Namen des Herrn!
Gesegnet sei das Reich unseres Vaters David,
das nun kommt.
Halleluja.

ZUM EVANGELIUM Woran entscheidet sich, wer im Himmelreich, im Bereich Gottes leben darf? Davon erzählt der Autor des Matthäus-Evangeliums im Gleichnis vom Gericht des Menschensohnes über die Völker. Einziger Maßstab für alle (!) Menschen ist, dass sie sich den Kleinen, denen, die Not leiden, denen, die am Rande stehen, zuwenden: dass sie Werke der Barmherzigkeit tun. Unmissverständlich und eindringlich wirbt die Gerichtsrede bei den Jüngerinnen und Jüngern Jesu, an die sich die Rede richtet, dafür: Euer Glaube muss sich an eurem Handeln messen lassen. Nicht auf Lippenbekenntnisse oder Konfessionszugehörigkeit kommt es an – allein Taten der Liebe zählen. Sie führen zum ewigen Leben.

EVANGELIUM

Mt 25,31–46

Der Menschensohn wird sich auf den Thron seiner Herrlichkeit setzen und er wird die Menschen voneinander scheiden

+ Aus dem heiligen Evangelium nach Matthäus.

In jener Zeit sprach Jesus zu seinen Jüngern: Wenn der Menschensohn in seiner Herrlichkeit kommt und alle Engel mit ihm, dann wird er sich auf den Thron seiner Herrlichkeit setzen. Und alle Völker werden vor ihm versammelt werden und er wird sie voneinander scheiden, wie der Hirt die Schafe von den Böcken scheidet. Er wird die Schafe zu seiner Rechten stellen, die Böcke aber zur Linken.

Dann wird der König denen zu seiner Rechten sagen: Kommt her, die ihr von meinem Vater gesegnet seid, empfangt das Reich als Erbe, das seit der Erschaffung der Welt für euch bestimmt ist! Denn ich war hungrig und ihr habt mir zu essen gegeben; ich war durstig und ihr habt mir zu trinken gegeben; ich war fremd und ihr habt mich aufgenommen; ich war nackt und ihr habt mir Kleidung gegeben; ich war krank und ihr habt mich besucht; ich war im Gefängnis und ihr seid zu mir gekommen.

Dann werden ihm die Gerechten antworten und sagen: Herr, wann haben wir dich hungrig gesehen und dir zu essen gegeben oder durstig und dir zu trinken gegeben? Und wann haben wir dich fremd gesehen und aufgenommen oder nackt und dir Kleidung gegeben? Und wann haben wir dich krank oder im Gefängnis gesehen und sind zu dir gekommen?

Darauf wird der König ihnen antworten: Amen, ich sage euch: Was ihr für einen meiner geringsten Brüder getan habt, das habt ihr mir getan.

Dann wird er zu denen auf der Linken sagen: Geht weg von mir, ihr Verfluchten, in das ewige Feuer, das für den Teufel und seine Engel bestimmt ist! Denn ich war hungrig und ihr habt mir nichts zu essen gegeben; ich war durstig und ihr habt mir nichts zu trinken gegeben; ich war fremd und ihr habt mich nicht aufgenommen; ich war nackt und ihr habt mir keine Kleidung gegeben; ich war krank und im Gefängnis und ihr habt mich nicht besucht.

Dann werden auch sie antworten: Herr, wann haben wir dich hungrig oder durstig oder fremd oder nackt oder krank oder im Gefängnis gesehen und haben dir nicht geholfen?

Darauf wird er ihnen antworten: Amen, ich sage euch: Was ihr für einen dieser Geringsten nicht getan habt, das habt ihr auch mir nicht getan.

Und diese werden weggehen zur ewigen Strafe, die Gerechten aber zum ewigen Leben.

Glaubensbekenntnis, S. 482 ff.

FÜRBITTEN

„Wann haben wir dich hungrig oder durstig oder obdachlos oder nackt oder krank gesehen und haben dir nicht geholfen?" Mit dieser Frage endet das alte Kirchenjahr. Sie wird uns ins neue Jahr begleiten. Wir rufen zu Jesus Christus, unserem Bruder und König, und bitten ihn:

- Für alle, die auf der Flucht ohne Obdach Kälte und Nässe ausgesetzt sind – und für alle, die sie beherbergen. V/A: Kyrie, eleison.

- Für alle, die nicht wissen, wovon sie ihre nächste Mahlzeit zubereiten sollen – und für alle, die sich nicht mit dem Hunger in der Welt abfinden, sondern helfen. V/A: Kyrie, eleison.

- Für alle, die bedrängt, verfolgt und eingekerkert werden – und für alle, die an Verschwundene erinnern und mutig Öffentlichkeit für sie schaffen. V/A: Kyrie, eleison.

- Für kranke und einsame Menschen – und für alle, die die langen Stunden ihrer Tage beleben und bereichern. V/A: Kyrie, eleison.

- Für die Opfer von Schlägen und Gewalt, besonders für die vielen misshandelten Kinder – und für alle, die ihnen aufhelfen und sie verlässlich begleiten. V/A: Kyrie, eleison.

Nicht zum Richten rufst du uns, sondern dazu, das Richtige zu tun. Hilf uns, gerecht und gut zu leben und zu tun, was recht ist, heute und allezeit bis in Ewigkeit.

EUCHARISTIEFEIER

GABENGEBET

Herr, unser Gott, wir bringen das Opfer deines Sohnes dar, das die Menschheit mit dir versöhnt. Er, der für uns gestorben ist, schenke allen Völkern Einheit und Frieden, der mit dir lebt und herrscht in alle Ewigkeit.

PRÄFATION

In Wahrheit ist es würdig und recht, dir, Herr, heiliger Vater, immer und überall zu danken. Du hast deinen eingeborenen Sohn, unseren Herrn Jesus Christus, mit dem Öl der Freude gesalbt zum ewigen Priester und zum König der ganzen Schöpfung. Als makelloses Lamm und friedenstiftendes Opfer hat er sich dargebracht auf dem Altar des Kreuzes, um das Werk der Erlösung zu vollziehen. Wenn einst die ganze Schöpfung seiner Herrschaft unterworfen ist, wird er dir, seinem Vater, das ewige, alles umfassende Reich übergeben: das Reich der Wahrheit und des Lebens, das Reich der Heiligkeit und der Gnade, das Reich der Gerechtigkeit, der Liebe und des Friedens. Durch ihn rühmen dich Himmel und Erde, Engel und Menschen und singen das Lob deiner Herrlichkeit: Heilig …

KOMMUNIONVERS

Ps 29 (28), 10–11

Der Herr thront als König in Ewigkeit.
Der Herr segne sein Volk mit Frieden.

SCHLUSSGEBET

Allmächtiger Gott, du hast uns berufen, Christus, dem König der ganzen Schöpfung, zu dienen. Stärke uns durch diese Speise, die uns Unsterblichkeit verheißt, damit wir Anteil erhalten an seiner Herrschaft und am ewigen Leben. Darum bitten wir durch ihn, Christus, unseren Herrn.

FEIERLICHER SCHLUSSSEGEN

Num 6,24–26

Der Herr segne euch und behüte euch; der Herr lasse sein Angesicht über euch leuchten und sei euch gnädig; er wende euch sein Antlitz zu und schenke euch seinen Frieden. – A: Amen.
Das gewähre euch der dreieinige Gott, der Vater und der Sohn † und der Heilige Geist. – A: Amen.

***

Für eine Wort-Gottes-Feier:

ERÖFFNUNGSGEBET ZUR WAHL

Allmächtiger Gott, dein Sohn ist uns zum Bruder geworden und sitzt zu deiner Rechten. Hilf uns, in dieser Zeit seiner Weisung zu folgen, damit wir einst aufgenommen werden in sein Reich. Darum bitten wir durch ihn, Jesus Christus, deinen Sohn, der mit dir lebt und herrscht in der Einheit des Heiligen Geistes, Gott von Ewigkeit zu Ewigkeit.

***

HEUTE EIN KÖNIG

Nur für heute
König*in sein

Nicht in rauschenden Ballkleidern und schwarzen Fräcken
nicht für Hochglanzzeitschriften und High Society-News
nicht durch blaues Blut oder Einheirat

Stattdessen
mit innerer Würde und aufrechtem Gang
mit liebevollem Blick und tatkräftiger Hand
einfach als Geschöpf Gottes

In jedem Menschen die königliche Würde von Erschaffung an erblicken
und entsprechend Ansehen schenken
das Notwendige und das Not Endende tun

Der Barmherzigkeit Gottes Hand und Fuß geben
eingehüllt in die liebende Fürsorge des Lebendigen
gekrönt vom Ewigen mit Auferstehung
hier und jetzt hier und da
am Ende der Zeiten ohne Ende

Und morgen ist morgen heute

Inga Schmitt

VERZEICHNIS DER SCHRIFTLESUNGEN

ALTES TESTAMENT

VERZEICHNIS DER PRÄFATIONEN

VERZEICHNIS DER FEIERLICHEN SCHLUSSSEGEN

VERZEICHNIS DER MEDITATIONEN

VERZEICHNIS DER AUTORINNEN UND AUTOREN MIT IHREN EINFÜHRUNGEN UND TEXTEN

PETER ADOLF, geboren 1943, Dipl. Theol., Pfarrer i. R., Theologiestudium in Bonn und Paris 1966–1973, Pfarrei-Seelsorger in Köln und Bonn.
Einführungen: 13. Sonntag im Jahreskreis; 14. Sonntag im Jahreskreis; 15. Sonntag im Jahreskreis; 16. Sonntag im Jahreskreis; 17. Sonntag im Jahreskreis.

FLORIAN BRUCKMANN, geboren 1974, Apl. Prof. Dr. Theol., Studium der Katholischen Theologie, arbeitet im Bischöflichen Ordinariat Dresden-Meißen, Publikationen zum christlich-jüdischen Dialog, zur Christologie und zum Gespräch mit philosophischen Positionen der Gegenwart.
Einführungen: 2. Sonntag der Osterzeit; 3. Sonntag der Osterzeit; 4. Sonntag der Osterzeit; 5. Sonntag der Osterzeit; 6. Sonntag der Osterzeit; Christi Himmelfahrt – Hochfest; 7. Sonntag der Osterzeit; 26. Sonntag im Jahreskreis; 27. Sonntag im Jahreskreis; 28. Sonntag im Jahreskreis.

KIRA BUSCH-WAGNER, geboren 1961, Studium der Evangelischen Theologie und Judaistik, Pfarrerin in Karlsruhe, Vorsitzende des Studienkreises „Kirche und Israel" der Evangelischen Landeskirche in Baden, theologische Bildungsarbeit, Kontaktstudium Katholische Theologie an Universität und Priesterseminar Freiburg i. Br., Veröffentlichungen in Fachzeitschriften und Presse.
Einführungen: Aschermittwoch; 1. Fastensonntag; 2. Fastensonntag; 3. Fastensonntag; 4. Fastensonntag; 5. Fastensonntag.

RENÉ DAUSNER, geboren 1975, Dr. theol. habil., Professor für Systematische Theologie (Fundamentaltheologie und Dogmatik) an der Universität Hildesheim, dogmatische und fundamentaltheologische Publikationen, Forschungsschwerpunkte im jüdisch-christlichen Gespräch, Phänomenologie sowie Theologie und Literatur.
Einführungen: Verklärung des Herrn – Fest; 19. Sonntag im Jahreskreis; Mariä Aufnahme in den Himmel – Hochfest; 20. Sonntag im Jahreskreis; 21. Sonntag im Jahreskreis; 22. Sonntag im Jahreskreis; 23. Sonntag im Jahreskreis; 24. Sonntag im Jahreskreis.

KATRIN GROSSMANN, geboren 1980, Studium der Katholischen Theologie in Tübingen und Jerusalem, Dipl. Theol., bis 2021 Beauftragte für den Dialog

mit den nichtchristlichen Religionen im Bistum Osnabrück, seit Mai 2021 im Generalsekretariat des Zentralkomitees der deutschen Katholiken Referentin für Kultur, Bildung und interreligiösen Dialog.
Einführungen: Allerheiligen – Hochfest; Allerseelen.

TOBIAS LICHT, geboren 1962, Studium der Katholischen Theologie, Dipl. Theol., von 2007 bis 2019 Leiter des „Karlsruher Foyers Kirche und Recht", Leiter des Bildungszentrums Karlsruhe (Bildungswerk der Erzdiözese Freiburg), Katholischer Beauftragter für privaten Hörfunk in Karlsruhe, umfangreiche Tätigkeit im publizistischen und im Bildungsbereich, Beirat für theologische Fragen der Zeitschrift MAGNIFICAT.
Texte: Kyrie-Rufe.
Einführung: 25. Sonntag im Jahreskreis.

SUSANNE SANDHERR, geboren 1960, Dr. theol., Studium der Katholischen Theologie, Philosophie, Germanistik und Erziehungswissenschaft, Professorin für Systematische Theologie an der Katholischen Stiftungshochschule München, Schwerpunkte: jüdisch-christlicher Dialog, Gespräche zwischen Theologie und Literatur, Theologie und Philosophie, Theologie und Therapie, Redakteurin der Zeitschrift MAGNIFICAT.
Einführungen: 1. Adventssonntag; 2. Adventssonntag; Hochfest der ohne Erbsünde empfangenen Jungfrau und Gottesmutter Maria; 3. Adventssonntag; 4. Adventssonntag; Weihnachten – Am Heiligen Abend; Weihnachten – In der Heiligen Nacht; Weihnachten – Am Morgen; Weihnachten – Am Tag.

DOROTHEE SANDHERR-KLEMP, geboren 1960, Studium der Katholischen Theologie, Germanistik und Erziehungswissenschaft, Staatsexamen, Redakteurin der Zeitschrift MAGNIFICAT, Herausgeberin und Autorin, Geistliche Beirätin des Bundesverbandes des Katholischen Deutschen Frauenbundes, Mitglied des Zentralkomitees der deutschen Katholiken.
Texte: Fürbitten.

INGA SCHMITT, geb. 1971, Studium der Theologie in Freiburg i. Br. und Münster, Dipl. Theol., Pastoralreferentin, Leiterin des Teams Liturgie und Kirchenmusik und Referentin für Glaubenskommunikation in der Abteilung Seelsorge des Bischöflichen Generalvikariats Osnabrück.
Einführungen: 29. Sonntag im Jahreskreis; 30. Sonntag im Jahreskreis; 31. Sonntag im Jahreskreis; 32. Sonntag im Jahreskreis; 33. Sonntag im Jahreskreis; Christkönigssonntag – Hochfest.